정보처리기사 필기

2026 시나공
기출문제집

길벗알앤디(강윤석, 김용갑, 김우경, 김종일) 지음

지은이 길벗알앤디
강윤석, 김용갑, 김우경, 김종일

IT 서적을 기획하고 집필하는 출판 기획 전문 집단으로, 2003년부터 길벗출판사의 IT 수험서인 〈시험에 나오는 것만 공부한다!〉 시리즈를 기획부터 집필 및 편집까지 총괄하고 있다.

30여 년간 자격증 취득에 관한 교육, 연구, 집필에 몰두해 온 강윤석 실장을 중심으로 IT 자격증 시험의 분야별 전문가들이 모여 국내 IT 수험서의 수준을 한 단계 높이기 위한 다양한 연구와 집필 활동에 전념하고 있다.

정보처리기사 필기 기출문제집 – 시나공 시리즈 ⑰

초판 발행 · 2026년 1월 5일

지은이 · 길벗알앤디(강윤석, 김용갑, 김우경, 김종일)
발행인 · 이종원
발행처 · (주)도서출판 길벗
출판사 등록일 · 1990년 12월 24일
주소 · 서울시 마포구 월드컵로 10길 56(서교동)
주문 전화 · 02)332-0931 **팩스** · 02)323-0586
홈페이지 · www.gilbut.co.kr **이메일** · gilbut@gilbut.co.kr

기획 및 책임 편집 · 강윤석(kys@gilbut.co.kr), 김미정(kongkong@gilbut.co.kr), 임은정(eunjeong@gilbut.co.kr)
표지 및 본문 디자인 · 강은경, 윤석남 **제작** · 이준호, 손일순, 이진혁 **마케팅** · 조승모, 유영은
영업관리 · 김명자 **독자지원** · 윤정아 **유통혁신** · 한준희

편집진행 및 교정 · 길벗알앤디(강윤석 · 김용갑 · 김우경 · 김종일) **일러스트** · 윤석남
전산편집 · 예다움 **CTP 출력 및 인쇄** · 예림인쇄 **제본** · 예림원색

- 이 책은 저작권법의 보호를 받는 저작물로 이 책에 실린 모든 내용, 디자인, 이미지, 편집 구성은 허락 없이 복제하거나 다른 매체에 옮겨 실을 수 없습니다.
- 인공지능(AI) 기술 또는 시스템을 훈련하기 위해 이 책의 전체 내용은 물론 일부 문장도 사용하는 것을 금지합니다.
- 잘못 만든 책은 구입한 서점에서 바꿔 드립니다.

ⓒ 길벗알앤디, 2026

ISBN 979-11-407-1665-4 13000
(길벗 도서번호 030975)

정가 23,000원

독자의 1초를 아껴주는 정성 길벗출판사

(주)도서출판 길벗 IT단행본, 성인어학, 교과서, 수험서, 경제경영, 교양, 자녀교육, 취미실용 · www.gilbut.co.kr
길벗스쿨 국어학습, 수학학습, 주니어어학, 어린이단행본, 학습단행본 · www.gilbutschool.co.kr

시나공 홈페이지 www.sinagong.co.kr

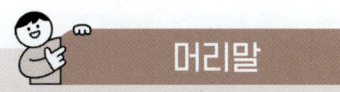

초단타 합격 전략을 아시나요? 기출문제를 확실하게 이해하세요.

시·나·공 기출문제집은 실력 테스트용이 아닙니다. 짧은 시간 안에 시험에 나온 내용을 파악하고, 나올 내용을 공부하는 초단타 합격 전략집입니다. 전문가의 조언을 통해 기출문제와 주변 지식만 확실히 습득해도 초단타 합격의 주인공은 내가 될 수 있습니다.

동영상 강의 시청 방법 혼자 공부하다가 어려운 부분이 나와도 고민하지 마세요!

'기출문제 & 전문가의 조언'에서 어렵고 까다로운 문제나 '핵심요약'에서 중요한 내용은 동영상 강의를 준비했습니다. 동영상 아이콘이 있는 내용이나 문제는 다음의 세 가지 방법을 이용하면 시나공 저자의 속 시원한 강의를 바로 동영상으로 확인할 수 있습니다.

하나 스마트폰으로 QR코드를 찍어보세요!

1. 스마트폰으로 QR코드 리더 앱을 실행하세요.
2. 동영상 강의 QR코드를 스캔하세요.
3. 스마트폰을 통해 동영상 강의가 시작됩니다.

둘 시나공 홈페이지에서 토막강의 번호를 입력하세요!

1. 시나공 홈페이지에 접속한 후 [정보처리] → [기사 필기] → [동영상 강좌] → [토막강의]를 클릭하세요.
2. '강의번호'에 토막강의 번호를 입력하면 강의목록이 표시됩니다.
3. 강의명을 클릭하면 토막강의를 볼 수 있습니다.

셋 유튜브에서는 이렇게 이용하세요!

1. 유튜브 검색 창에 "시나공" + 동영상 강의 번호를 입력하세요.

2. 검색된 항목 중 원하는 토막강의를 클릭하여 시청하세요.

목차 CONTENTS

준비운동
1. 한눈에 살펴보는 시나공의 구성 — 6
2. 수험생을 위한 합격 보장 서비스 — 8

기출문제 & 전문가의 조언
- **01회** 2025년 8월 기출문제 — 12
- **02회** 2025년 5월 기출문제 — 37
- **03회** 2025년 2월 기출문제 — 59
- **04회** 2024년 7월 기출문제 — 82
- **05회** 2024년 5월 기출문제 — 110
- **06회** 2024년 2월 기출문제 — 139
- **07회** 2023년 7월 기출문제 — 168
- **08회** 2023년 5월 기출문제 — 200
- **09회** 2023년 2월 기출문제 — 230
- **10회** 2022년 7월 기출문제 — 262
- **11회** 2022년 4월 기출문제 — 297
- **12회** 2022년 3월 기출문제 — 333
- **13회** 2021년 8월 기출문제 — 368
- **14회** 2021년 5월 기출문제 — 403
- **15회** 2021년 3월 기출문제 — 425

핵심요약
- **1과목** 소프트웨어 설계 — PDF
- **2과목** 소프트웨어 개발 — PDF
- **3과목** 데이터베이스 구축 — PDF
- **4과목** 프로그래밍 언어 활용 — PDF
- **5과목** 정보시스템 구축 관리 — PDF

※ 핵심요약은 PDF 파일로 제공됩니다. 핵심요약 PDF 사용을 위한 회원 가입 절차는 9쪽을 참고하세요.

준비운동

1 한눈에 살펴보는 시나공의 구성
2 수험생을 위한 합격 보장 서비스

한눈에 살펴보는 시나공의 구성

기출문제 & 전문가의 조언
구성 미리보기

최신기출문제 15회
실제 시험을 보는 기분으로 혼자 풀어 보고 정답을 확인하세요. 기출문제를 풀어보고 전문가의 조언을 읽어 보면 무엇을 공부해야 할지 탁! 감이 잡힙니다.

동영상 강의
어렵고 까다로운 문제는 동영상 강의를 준비했습니다.

병행학습
새로운 문제는 기출문제 근처에서 또 나온다는 사실을 알고 있지요? 기출문제와 관련하여 또 나올 만한 내용들을 실었습니다. 기출문제와 그에 관련된 내용만 확실하게 이해해도 합격할 수 있습니다.

EXAMINATION 01회

2025년 8월 기출문제

1과목 소프트웨어 설계

등급 C

1. 객체지향 프로그램에서 데이터를 추상화하는 단위는?
① 메소드   ② 클래스
③ 상속성   ④ 메시지

> **전문가의 조언**
> 객체지향 프로그램에서 데이터를 추상화하는 단위를 클래스(Class)라고 합니다.

등급 A

2. GoF(Gangs of Four) 디자인 패턴의 구조 패턴에 속하지 않는 것은?
① Composite   ② Observer
③ Adapter   ④ Decorator

> **전문가의 조언**
> 옵서버(Observer)는 행위 패턴입니다.
> • 드라이버(Driver) : 테스트 대상의 하위 모듈을 호출하는 도구로, 매개 변수(Parameter)를 전달하고, 모듈 테스트 수행 후의 결과를 도출함

등급 B

3. 파이프 필터 형태의 소프트웨어 아키텍처에 대한 설명으로 옳은 것은?
① 노드와 간선으로 구성된다.
② 서브시스템이 입력 데이터를 받아 처리하고 결과를 다음 서브시스템으로 넘겨주는 과정을 반복한다.
③ 계층 모델이라고도 한다.
④ 3개의 서브시스템(모델, 뷰, 제어)으로 구성되어 있다.

> **전문가의 조언**
> 파이프-필터 패턴에 대한 설명으로 옳은 것은 ②번입니다.

등급 C

4. 소프트웨어 공학의 기본 원칙이라고 볼 수 없는 것은?
① 품질 높은 소프트웨어 상품 개발
② 지속적인 검증 시행
③ 결과에 대한 명확한 기록 유지
④ 최대한 많은 인력 투입

> **전문가의 조언**
> 인력은 최대한 많이 투입하는 것이 아니라 가능한 효율적으로 투입되어야 합니다.

등급 A

5. 미들웨어에 대한 설명으로 틀린 것은?
① WAS : 웹 콘텐츠를 처리하기 위한 미들웨어
② ORB : 객체지향 미들웨어로 코바 표준 스펙을 구현한 미들웨어
③ MOM : 온라인 트랜잭션 업무에서 트랜잭션을 처리 및 감시하는 미들웨어
④ DB : 데이터베이스와 데이터베이스 관리 시스템을 연결하기 위한 미들웨어

> **전문가의 조언**
> • MOM(메시지 지향 미들웨어)은 메시지 기반의 비동기형 메시지를 전달하는 방식의 미들웨어입니다.
> • ③번은 TP-Monitor(트랜잭션 처리 모니터)에 대한 설명입니다.

등급 C

6. 애자일(Agile) 프로세스 모델에 대한 설명으로 틀린 것은?
① 변화에 대한 대응보다는 자세한 계획을 중심으로 소프트웨어를 개발한다.
② 프로세스와 도구 중심이 아닌 개개인과의 상호 소통을 통해 의견을 수렴한다.
③ 협상과 계약보다는 고객과의 협력을 중시한다.
④ 문서 중심이 아닌, 실행 가능한 소프트웨어를 중시한다.

> **전문가의 조언**
> 애자일(Agile)은 계획을 따르기 보다는 변화에 반응하는 것에 더 가치를 둡니다.

정답 1.② 2.② 3.② 4.④ 5.③ 6.①

'기출문제 & 전문가의 조언' 기출문제에도 등급이 있다!
기출문제라고 다 같은 기출문제가 아닙니다. 모든 문제는 출제 빈도에 따라 등급이 분류되어 있어 시험에 자주 출제되는 문제만 선별하여 공부할 수 있습니다.

단 한 번에 합격할 수 있는 비법!
구성 미리보기

2025년 8월 정보처리기사 필기

등급 C
7. 프로토타이핑 모형(Prototyping Model)에 대한 설명으로 옳지 않은 것은?
① 최종 결과물이 만들어지기 전에 의뢰자가 최종 결과물의 일부 또는 모형을 볼 수 있다.
② 프로토타이핑을 수행하는 과정에서 새로운 요구사항의 반영은 불가능하다.
③ 프로토타입은 발주자나 개발자 모두에게 공동의 참조 모델을 제공한다.
④ 프로토타입은 구현 단계의 구현 골격이 될 수 있다.

전문가의 조언
프로토타이핑 모형은 새로운 요구사항이 발생할 때마다 이를 반영한 프로토타입을 새롭게 만들면서 소프트웨어를 구현하는 방법으로, 새로운 요구사항의 반영이 가능합니다.

등급 B
10. 다음 결합도의 종류에 대한 설명 중 틀린 것은?
① 자료 결합도 : 모듈 간의 인터페이스가 자료 요소로만 구성될 때의 결합도
② 내용 결합도 : 한 모듈이 다른 모듈과 제어 신호를 이용하여 통신하고, 공유되는 공통 데이터 영역을 사용할 때의 결합도
③ 스탬프 결합도 : 모듈 간의 인터페이스로, 배열의 자료 구조가 전달될 때의 결합도
④ 외부 결합도 : 어떤 모듈에서 선언한 데이터를 다른 모듈에서 참조할 때의 결합도

전문가의 조언
• ②번은 제어 결합도(Control Coupling)에 대한 설명입니다.
• 내용 결합도(Content Coupling)는 한 모듈이 다른 모듈의 내부 기능 및 그 내부 자료를 직접 참조하거나 수정할 때의 결합도를 의미합니다.

등급 B
8. XP(eXtreme Programing)의 5가지 가치로 거리가 먼 것은?
① 용기 ② 의사소통
③ 정형 분석 ④ 피드백

전문가의 조언
정형 분석은 XP의 5가지 가치에 속하지 않습니다.

등급 A
11. 다음 중 상태 다이어그램에서 객체 전이의 요인이 되는 요소는?
① event ② state
③ message ④ transition

전문가의 조언
상태 다이어그램은 객체들 사이에 발생하는 이벤트(event)에 의한 객체들의 상태 변화를 그림으로 표현한 것입니다.

등급 C
9. 한 모듈 내의 각각의 구성 요소들이 공통의 목적을 달성하기 위하여 서로 얼마나 관련이 있는지의 기능적 연관의 정도를 나타내는 것은?
① Cohesion ② Coupling
③ Structure ④ Unity

전문가의 조언
응집도(Cohesion)는 명령어나 호출문 등 모듈의 내부 요소들의 서로 관련된 정도, 즉 모듈이 독립적인 기능으로 정의되어 있는 정도를 의미합니다.

등급 B
12. 모바일 기기에서 사용하는 NUI 인터페이스에 속하지 않는 것은 무엇인가?
① Pinch ② Press
③ Flow ④ Flick

전문가의 조언
• Flow는 NUI 인터페이스가 아닙니다.
• NUI(Natural User Interface)는 사용자의 말이나 행동으로 기기를 조작하는 인터페이스입니다. 모바일 기기에서 사용하는 행동, 즉 제스처(Gesture)에는 Tap, Double Tap, Drag, Pan, Press, Flick, Pinch 등이 있습니다.

정답 7.② 8.③ 9.① 10.② 11.① 12.③

등급
모든 문제는 출제 빈도에 따라 A, B, C, D로 등급이 분류되어 있습니다.

출제 빈도
A : 두 번 시험 보면 한 번은 꼭 나오는 문제
B : 세 번 시험 보면 한 번은 꼭 나오는 문제
C : 네 번 시험 보면 한 번은 꼭 나오는 문제
D : 출제 가능성이 낮은 문제

전문가의 조언
기출문제만 이해해도 합격할 수 있도록, 왜 답이 되는지 명쾌하게 결론을 내려줍니다.

정답
기출문제에 대한 답을 바로 표시해서 초단기 합격 전략으로 공부하는 수험생의 편의를 최대한 배려했습니다.

1등만이 드릴 수 있는 1등 혜택!
수험생을 위한 합격 보장 서비스

 서비스 하나 합격에 필요한 내용만 담은 **핵심요약**

합격에 꼭 필요한 핵심 개념 376개를 수록했습니다. 최근 10년간 출제된 기출문제를 철저히 분석한 핵심 개념 376개만 공부하면 문제의 답이 저절로 보입니다.

 서비스 둘 시나공 홈페이지 **시험 정보 제공!**

IT 자격증 시험, 혼자 공부하기 막막하다고요? 시나공 홈페이지에서 대한민국 최대, 50만 회원들과 함께 공부하세요.

지금 sinagong.co.kr에 접속하세요!

시나공 홈페이지에서는 최신기출문제와 해설, 선배들의 합격 수기와 합격 전략, 책 내용에 대한 문의 및 관련 자료 등 IT 자격증 시험을 위한 모든 정보를 제공합니다.

핵심요약 PDF 이용 방법

1. 시나공 홈페이지 상단 메뉴 중 [정보처리] → [기사 필기] → [자료실] → [도서자료실]을 클릭하세요.
2. '2026 시나공 정보처리기사 필기 기출문제집' 교재를 찾아 클릭하세요.
3. 등록된 PDF 파일을 다운받아 학습하세요.

시나공 시리즈는 단순한 책 한 권이 아닙니다. 여러분이 시나공 시리즈 책 한 권을 구입한 순간, Q&A 서비스부터 최신기출문제, 각종 학습 자료까지 IT 자격증 최고 전문가들이 제공하는 온라인&오프라인 합격 보장 교육 프로그램이 함께합니다.

서비스 셋 | 수험생 지원센터
무엇이든 물어보세요!

공부하다 답답하거나 궁금한 내용이 있으면, 시나공 홈페이지 도서별 '책 내용 질문하기' 게시판에 질문을 올리세요. 길벗알앤디의 전문가들이 빠짐없이 답변해 드립니다.

시나공 서비스 이용을 위한
회원 가입 방법

1. 시나공 홈페이지(sinagong.co.kr)에 접속하여 우측 상단의 〈회원가입〉을 클릭하고 〈이메일 주소로 회원가입〉을 클릭합니다.
   ※ 회원가입은 소셜 계정으로도 가입할 수 있습니다.
2. 가입 약관 동의를 선택한 후 〈동의〉를 클릭합니다.
3. 회원 정보를 입력한 후 〈이메일 인증〉을 클릭합니다.

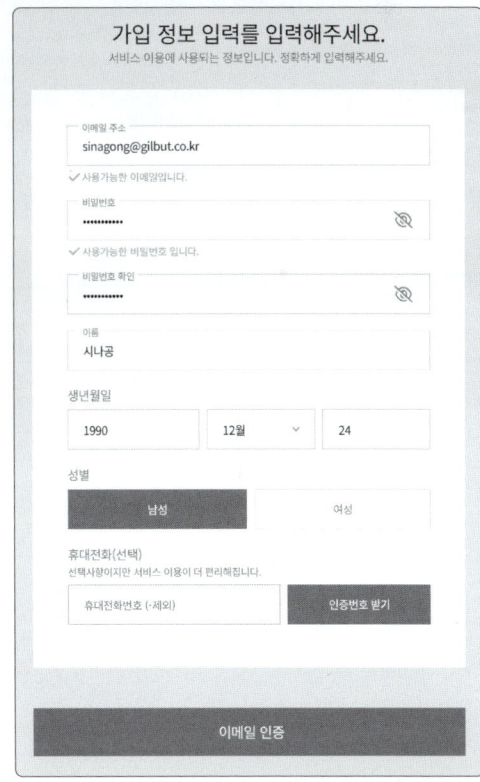

서비스 넷 | 시나공 만의
동영상 강좌

**독학이 가능한 친절한 교재가 있어도
준비할 시간이 부족하다면?**

길벗출판사의 '동영상 강좌(유료)' 이용 안내

1. 시나공 홈페이지(sinagong.co.kr)에 접속하여 로그인하세요.
2. 상단 메뉴 중 [정보처리] → [정보처리기사 필기] → [동영상 강좌] → [유료강의]를 클릭하세요.
3. 원하는 강좌를 선택하고 [수강 신청하기]를 클릭하세요.
4. 우측 상단의 [마이길벗] → [나의 동영상 강좌]로 이동하여 강좌를 수강하세요.

※ 기타 동영상 이용 문의 : 독자지원(02-332-0931)

4. 회원 가입 시 입력한 이메일 계정으로 인증 메일이 발송됩니다. 수신한 인증 메일을 열어 이메일 계정을 인증하면 회원가입이 완료됩니다.

기출문제 & 전문가의 조언

기출문제를 확실하게 이해하세요! 시나공 기출문제집에 들어 있는 기출문제는 실력 테스트용이 아닙니다. 짧은 시간 안에 시험에 나왔던 내용을 파악하고, 나올 내용을 공부하는 초단타 합격 전략 문제입니다. 전문가의 조언을 통해 기출문제와 주변 지식만 확실히 습득해도 초단타 합격의 주인공은 내가 될 수 있습니다.

EXAMINATION 01회

2025년 8월 기출문제

1과목 소프트웨어 설계

등급 C

1. 객체지향 프로그램에서 데이터를 추상화하는 단위는?
① 메소드
② 클래스
③ 상속성
④ 메시지

전문가의 조언
객체지향 프로그램에서 데이터를 추상화하는 단위를 클래스(Class)라고 합니다.

등급 A

2. GoF(Gangs of Four) 디자인 패턴의 구조 패턴에 속하지 않는 것은?
① Composite
② Observer
③ Adapter
④ Decorator

전문가의 조언
옵서버(Observer)는 행위 패턴입니다.

등급 B

3. 파이프 필터 형태의 소프트웨어 아키텍처에 대한 설명으로 옳은 것은?
① 노드와 간선으로 구성된다.
② 서브시스템이 입력 데이터를 받아 처리하고 결과를 다음 서브시스템으로 넘겨주는 과정을 반복한다.
③ 계층 모델이라고도 한다.
④ 3개의 서브시스템(모델, 뷰, 제어)으로 구성되어 있다.

전문가의 조언
파이프-필터 패턴에 대한 설명으로 옳은 것은 ②번입니다.

등급 C

4. 소프트웨어 공학의 기본 원칙이라고 볼 수 없는 것은?
① 품질 높은 소프트웨어 상품 개발
② 지속적인 검증 시행
③ 결과에 대한 명확한 기록 유지
④ 최대한 많은 인력 투입

전문가의 조언
인력은 최대한 많이 투입하는 것이 아니라 가능한 효율적으로 투입되어야 합니다.

등급 A

5. 미들웨어에 대한 설명으로 틀린 것은?
① WAS : 웹 콘텐츠를 처리하기 위한 미들웨어
② ORB : 객체지향 미들웨어로 코바 표준 스펙을 구현한 미들웨어
③ MOM : 온라인 트랜잭션 업무에서 트랜잭션을 처리 및 감시하는 미들웨어
④ DB : 데이터베이스와 데이터베이스 관리 시스템을 연결하기 위한 미들웨어

전문가의 조언
• MOM(메시지 지향 미들웨어)은 메시지 기반의 비동기형 메시지를 전달하는 방식의 미들웨어입니다.
• ③번은 TP-Monitor(트랜잭션 처리 모니터)에 대한 설명입니다.

등급 C

6. 애자일(Agile) 프로세스 모델에 대한 설명으로 틀린 것은?
① 변화에 대한 대응보다는 자세한 계획을 중심으로 소프트웨어를 개발한다.
② 프로세스와 도구 중심이 아닌 개개인과의 상호 소통을 통해 의견을 수렴한다.
③ 협상과 계약보다는 고객과의 협력을 중시한다.
④ 문서 중심이 아닌, 실행 가능한 소프트웨어를 중시한다.

전문가의 조언
애자일(Agile)은 계획을 따르기 보다는 변화에 반응하는 것에 더 가치를 둡니다.

정답 1.② 2.② 3.② 4.④ 5.③ 6.①

등급 C

7. 프로토타이핑 모형(Prototyping Model)에 대한 설명으로 옳지 않은 것은?
① 최종 결과물이 만들어지기 전에 의뢰자가 최종 결과물의 일부 또는 모형을 볼 수 있다.
② 프로토타이핑을 수행하는 과정에서 새로운 요구사항의 반영은 불가능하다.
③ 프로토타입은 발주자나 개발자 모두에게 공동의 참조 모델을 제공한다.
④ 프로토타입은 구현 단계의 구현 골격이 될 수 있다.

> **전문가의 조언**
> 프로토타이핑 모형은 새로운 요구사항이 발생할 때마다 이를 반영한 프로토타입을 새롭게 만들면서 소프트웨어를 구현하는 방법으로, 새로운 요구사항의 반영이 가능합니다.

등급 B

8. XP(eXtreme Programing)의 5가지 가치로 거리가 먼 것은?
① 용기   ② 의사소통
③ 정형 분석   ④ 피드백

> **전문가의 조언**
> 정형 분석은 XP의 5가지 가치에 속하지 않습니다.

등급 C

9. 한 모듈 내의 각각의 구성 요소들이 공통의 목적을 달성하기 위하여 서로 얼마나 관련이 있는지의 기능적 연관의 정도를 나타내는 것은?
① Cohesion   ② Coupling
③ Structure   ④ Unity

> **전문가의 조언**
> 응집도(Cohesion)는 명령어나 호출문 등 모듈의 내부 요소들의 서로 관련된 정도, 즉 모듈이 독립적인 기능으로 정의되어 있는 정도를 의미합니다.

등급 B

10. 다음 결합도의 종류에 대한 설명 중 틀린 것은?
① 자료 결합도 : 모듈 간의 인터페이스가 자료 요소로만 구성될 때의 결합도
② 내용 결합도 : 한 모듈이 다른 모듈과 제어 신호를 이용하여 통신하고, 공유되는 공통 데이터 영역을 사용할 때의 결합도
③ 스탬프 결합도 : 모듈 간의 인터페이스로, 배열의 자료 구조가 전달될 때의 결합도
④ 외부 결합도 : 어떤 모듈에서 선언한 데이터를 다른 모듈에서 참조할 때의 결합도

> **전문가의 조언**
> • ②번은 제어 결합도(Control Coupling)에 대한 설명입니다.
> • 내용 결합도(Content Coupling)는 한 모듈이 다른 모듈의 내부 기능 및 그 내부 자료를 직접 참조하거나 수정할 때의 결합도를 의미합니다.

등급 A

11. 다음 중 상태 다이어그램에서 객체 전이의 요인이 되는 요소는?
① event   ② state
③ message   ④ transition

> **전문가의 조언**
> 상태 다이어그램은 객체들 사이에 발생하는 이벤트(event)에 의한 객체들의 상태 변화를 그림으로 표현한 것입니다.

등급 B

12. 모바일 기기에서 사용하는 NUI 인터페이스에 속하지 않는 것은 무엇인가?
① Pinch   ② Press
③ Flow   ④ Flick

> **전문가의 조언**
> • Flow는 NUI 인터페이스가 아닙니다.
> • NUI(Natural User Interface)는 사용자의 말이나 행동으로 기기를 조작하는 인터페이스입니다. 모바일 기기에서 사용하는 행동, 즉 제스처(Gesture)에는 Tap, Double Tap, Drag, Pan, Press, Flick, Pinch 등이 있습니다.

정답 7.② 8.③ 9.① 10.② 11.① 12.③

등급 A

13. 자료 흐름도(DFD)를 작성하는 데 지침이 될 수 없는 항목은?
① 자료 흐름은 처리(Process)를 거쳐 변환될 때마다 새로운 이름을 부여한다.
② 어떤 처리(Process)가 출력 자료를 산출하기 위해서는 반드시 입력 자료가 발생해야 한다.
③ 자료 저장소에 입력 화살표가 있으면 반드시 출력 화살표도 표시되어야 한다.
④ 상위 단계의 처리(Process)와 하위 자료 흐름도의 자료 흐름은 서로 일치되어야 한다.

전문가의 조언
자료 저장소의 입력 화살표는 데이터의 입력 및 수정을 의미하는 것으로, 입력 화살표가 있다고 하여 반드시 출력 화살표가 있어야 하는 것은 아닙니다.

등급 C

15. 다음 중 객체지향 소프트웨어의 특성에 대한 설명으로 틀린 것은?
① 메소드를 오버라이딩으로 처리하는 것과 관련된 특성은 추상화이다.
② 데이터와 데이터를 처리하는 함수를 하나로 묶는 것을 캡슐화라고 한다.
③ 이미 정의된 상위 클래스의 모든 속성과 연산을 하위 클래스가 물려받는 것을 상속이라고 한다.
④ 한 모듈 내부에 포함된 절차와 자료들의 정보가 감추어져 다른 모듈이 접근하거나 변경하지 못하도록 하는 기법을 정보은닉이라고 한다.

전문가의 조언
• 메소드 오버라이딩이란 상위 클래스에서 정의한 메소드와 이름은 같지만 메소드 안의 실행 코드를 달리하여 자식 클래스에서 재정의해서 사용하는 것을 말합니다. 이와 같이 하나의 메시지에 대해 각각의 객체가 가지고 있는 고유한 방법(특성)으로 응답할 수 있는 능력을 다형성(Polymorphism)이라고 합니다.
• 추상화는 불필요한 부분을 생략하고 객체의 속성 중 가장 중요한 것에만 중점을 두어 개략화하는 것으로, 이와 관련된 객체지향 소프트웨어의 요소는 클래스입니다.

등급 A

14. 다음 중 활동 다이어그램에 대한 설명으로 옳은 것은?
① 클래스와 클래스가 가지는 속성, 클래스 사이의 관계를 표현한 다이어그램이다.
② 상호 작용하는 시스템이나 객체들이 주고받는 메시지를 표현하는 다이어그램이다.
③ 하나의 객체가 자신이 속한 클래스의 상태 변화 혹은 다른 객체와의 상호 작용에 따라 상태가 어떻게 변하는지를 표현하는 다이어그램이다.
④ 오퍼레이션이나 처리 과정이 수행되는 동안 일어나는 일들을 단계적으로 표현한 다이어그램이다.

전문가의 조언
• 활동 다이어그램에 대한 설명으로 옳은 것은 ④번입니다.
• ①번은 클래스 다이어그램, ②번은 순차(Sequence) 다이어그램, ③번은 상태(State) 다이어그램에 대한 설명입니다.

등급 B

16. 소프트웨어 아키텍처 모델 중 MVC(Model-View-Controller)와 관련한 설명으로 틀린 것은?
① MVC 모델은 사용자 인터페이스를 담당하는 계층의 응집도를 높일 수 있고, 여러 개의 다른 UI를 만들어 그 사이에 결합도를 낮출 수 있다.
② 모델(Model)은 뷰(View)와 제어(Controller) 사이에서 전달자 역할을 하며, 뷰마다 모델 서브시스템이 각각 하나씩 연결된다.
③ 뷰(View)는 모델(Model)에 있는 데이터를 사용자 인터페이스에 보이는 역할을 담당한다.
④ 제어(Controller)는 모델(Model)에 명령을 보냄으로써 모델의 상태를 변경할 수 있다.

전문가의 조언
모델(Model)은 서브시스템의 핵심 기능과 데이터를 보관하는 역할을 합니다.

등급 A

17. 코드의 기입 과정에서 원래 '12536'으로 기입되어야 하는데 '12936'으로 표기되었을 경우, 어떤 코드 오류에 해당하는가?
① Addition Error
② Omission Error
③ Sequence Error
④ Transcription Error

전문가의 조언
'12536'의 5 대신 9를 기입한 것, 즉 임의의 한 자리를 잘못 기입해서 발생한 오류이므로 필사 오류(Transcription Error)에 해당합니다.

등급 B

18. 다음 중 객체지향 설계 원칙에 속하지 않는 것은?
① 개방-폐쇄 원칙(OCP; Open-Closed Principle)
② 의존 역전 원칙(DIP; Dependency Inversion Principle)
③ 인터페이스 통합 원칙(IIP; Interface Integration Principle)
④ 단일 책임 원칙(SRP; Single Responsibility Principle)

전문가의 조언
객체지향 설계 원칙 중 하나는 인터페이스 통합 원칙이 아니라 인터페이스 분리 원칙입니다.

등급 A

19. 입력되는 데이터를 컴퓨터의 프로세서가 처리하기 전에 미리 처리하여 프로세서가 처리하는 시간을 줄여주는 프로그램이나 하드웨어를 말하는 것은?
① EAI
② FEP
③ GPL
④ Duplexing

전문가의 조언
문제에 제시된 내용은 전처리기(FEP; Front End Processor)의 개념입니다.

병행학습
- EAI(Enterprise Application Integration) : 기업 내 각종 애플리케이션 및 플랫폼 간의 정보 전달, 연계, 통합 등 상호 연동이 가능하게 해주는 솔루션
- GPL(General Public License) : 자유 소프트웨어 재단에서 만든 자유 소프트웨어 라이선스
- Duplexing : 서비스 중단에 대비하여 동일한 기능을 수행하는 예비 시스템을 동시에 운용하는 것

등급 A

20. 소프트웨어 설계 시 제일 상위에 있는 main user function에서 시작하여 기능을 하위 기능들로 분할해 가면서 설계하는 방식은?
① 객체 지향 설계
② 데이터 흐름 설계
③ 상향식 설계
④ 하향식 설계

전문가의 조언
프로그램의 상위 모듈에서 하위 모듈 방향으로 설계하는 기법을 하향식 설계라고 하며, 대표적인 하향식 설계 전략으로 단계적 분해(Stepwise Refinement)가 있습니다.

2 과목 소프트웨어 개발

등급 A

21. 휴리스틱 알고리즘(Heuristic Algorithm)에 해당하지 않는 것은?
① 힐 클라이밍(Hill Climbing)
② 벨만-포드 알고리즘(Bellman-Ford Algorithm)
③ A* 알고리즘(A* Algorithm)
④ 그리디 탐색(Greedy Search)

전문가의 조언
- 휴리스틱 알고리즘(Heuristic Algorithm)은 제한되고 불충분한 시간이나 정보로 인해 최적의 해결책을 보장하지는 않지만, 비교적 빠르고 효율적인 해결책을 찾아내는 알고리즘으로, 대표적으로 힐 클라이밍(Hill Climbing), A* 알고리즘(A* Algorithm), 그리디 탐색(Greedy Search) 등이 있습니다.
- 벨만-포드 알고리즘(Bellman-Ford Algorithm)은 두 노드 간의 최단 경로를 찾는 정확한 알고리즘으로, 휴리스틱 알고리즘에 해당하지 않습니다.

정답 17.④ 18.③ 19.② 20.④ 21.②

등급 C

22. 소프트웨어 버전 관리 도구가 아닌 것은?
① BitKeeper ② SVN
③ CVS ④ Maven

전문가의 조언
Maven은 빌드 자동화 도구에 해당합니다.

등급 B

23. 다음과 같이 레코드가 구성되어 있을 때, 이진 검색 방법으로 F를 찾을 경우 비교되는 횟수는?

| A B C D E F G H I J K L M N |

① 4 ② 5
③ 6 ④ 7

전문가의 조언
이진 검색 방법으로 F를 찾을 경우 비교되는 횟수는 4회입니다. A~N을 1~14로 가정하고 이진 검색 방법으로 F(6)를 찾는 방법은 다음과 같습니다.
❶ 첫 번째 값(F)과 마지막 값(L)을 이용하여 중간 값 M을 구한 후 찾으려는 값과 비교합니다.
 M = (1+14) / 2 = 7.5, 7이 찾으려는 값인지 확인합니다. 7은 찾으려는 값 6보다 크므로 찾는 값은 1~6에 있습니다. ← 1회 비교
❷ F = 1, L = 6, M = (1+6) / 2 = 3.5, 3이 찾으려는 값인지 확인합니다. 3은 찾으려는 값 6보다 작으므로 찾는 값은 4~6에 있습니다. ← 2회 비교
❸ F = 4, L = 6, M = (4+6) / 2 = 5, 5가 찾으려는 값인지 비교합니다. 5는 찾으려는 값 6보다 작으므로 찾는 값은 6에 있습니다. ← 3회 비교
❹ F = 6, L = 6, M = (6+6) / 2 = 6, 6이 찾으려는 값인지 비교합니다. 6은 찾는 값입니다. ← 4회 비교

등급 A

24. 아래 Tree 구조에 대하여 후위 순회(Postorder)한 결과는?

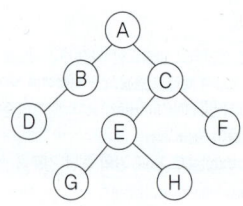

① A → B → D → C → E → G → H → F
② D → B → G → H → E → F → C → A
③ D → B → A → G → E → H → C → F
④ A → B → D → G → E → H → C → F

전문가의 조언
서브 트리를 후위 순회(Postorder)한 결과는 ②번입니다. 먼저 서브 트리를 하나의 노드로 생각할 수 있도록 서브 트리 단위로 묶습니다.

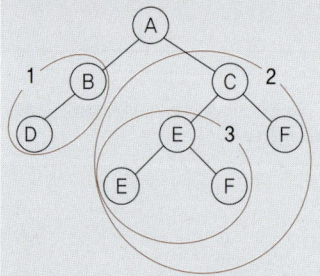

❶ Postorder는 Left → Right → Root이므로 12A가 됩니다.
❷ 1은 DB이므로 DB2A가 됩니다.
❸ 2는 3FC이므로 DB3FCA가 됩니다.
❹ 3은 GHE이므로 DBGHEFCA가 됩니다.

등급 B

25. 평가 점수에 따른 성적부여는 다음 표와 같다. 이를 구현한 소프트웨어를 경계 값 분석 기법으로 테스트 하고자 할 때 다음 중 테스트 케이스의 입력 값으로 옳지 않은 것은?

평가점수	성적
80~100	A
60~79	B
0~59	C

① 59 ② 80
③ 90 ④ 101

전문가의 조언
경계값 분석(Boundary Value Analysis) 기법은 입력 조건의 경계값을 테스트 케이스로 선정하여 검사하는 기법으로, 성적이 분리되는 평가 점수의 경계값인 101, 100, 80, 79, 60, 59, 0, -1이 적절한 입력값에 해당됩니다.

정답 22.④ 23.① 24.② 25.③

등급 C

26. 개발한 소프트웨어가 사용자의 요구사항을 충족하는지에 중점을 두고 테스트하는 방법은?

① 단위 테스트
② 인수 테스트
③ 시스템 테스트
④ 통합 테스트

전문가의 조언
개발한 소프트웨어가 사용자의 요구사항을 충족하는지에 중점을 두고 테스트하는 방법을 인수 테스트(Acceptance Test)라고 합니다.

병행학습
- 단위 테스트(Unit Test) : 코딩 직후 소프트웨어 설계의 최소 단위인 모듈이나 컴포넌트에 초점을 맞춰 하는 테스트
- 시스템 테스트(System Test) : 개발된 소프트웨어가 해당 컴퓨터 시스템에서 완벽하게 수행되는가를 점검하는 테스트
- 통합 테스트(Integration Test) : 단위 테스트가 완료된 모듈들을 결합하여 하나의 시스템으로 완성시키는 과정에서의 테스트

등급 B

27. 소프트웨어 형상 관리에 대한 설명으로 거리가 먼 것은?

① 소프트웨어에 가해지는 변경을 제어하고 관리한다.
② 프로젝트 계획, 분석서, 설계서, 프로그램, 테스트 케이스 모두 관리 대상이다.
③ 대표적인 형상 관리 도구로 Ant, Maven, Gradle 등이 있다.
④ 유지 보수 단계뿐만 아니라 개발 단계에도 적용할 수 있다.

전문가의 조언
- Ant, Maven, Gradle은 빌드 자동화 도구입니다.
- 형상 관리 도구에는 Git, CVS, Subversion, Mercurial 등이 있습니다.

등급 A

28. 다음 중 소프트웨어를 재사용함으로써 얻는 이점이 아닌 것은?

① 개발시간과 비용을 단축시킨다.
② 소프트웨어 개발의 생산성을 높인다.
③ 프로젝트 실패의 위험을 줄여 준다.
④ 새로운 개발 방법론의 도입이 쉽다.

전문가의 조언
소프트웨어 재사용은 이미 개발된 인정받은 소프트웨어의 전체 혹은 일부분을 다른 소프트웨어 개발이나 유지에 사용하는 것으로 소프트웨어를 재사용함으로써 새로운 개발 방법론을 도입하기는 어렵습니다.

등급 C

29. 하향식 통합에 있어서 모듈 간의 통합 시험을 위해 일시적으로 필요한 조건만을 가지고 임시로 제공되는 시험용 모듈을 무엇이라고 하는가?

① Stub
② Driver
③ Procedure
④ Function

전문가의 조언
하향식 통합 테스트에서 모듈 간의 통합 시험을 위해 일시적으로 필요한 조건만을 가지고 임시로 제공되는 시험용 모듈을 스텁(Stub)이라고 합니다.

병행학습
- 드라이버(Driver) : 테스트 대상의 하위 모듈을 호출하는 도구로, 매개 변수(Parameter)를 전달하고, 모듈 테스트 수행 후의 결과를 도출함

등급 B

30. 소프트웨어 공학에서 워크스루(Walkthrough)에 대한 설명으로 틀린 것은?

① 사용사례를 확장하여 명세하거나 설계 다이어그램, 원시 코드, 테스트 케이스 등에 적용할 수 있다.
② 복잡한 알고리즘 또는 반복, 실시간 동작, 병행 처리와 같은 기능이나 동작을 이해하려고 할 때 유용하다.
③ 인스펙션(Inspection)과 동일한 의미를 가진다.
④ 단순한 테스트 케이스를 이용하여 프로덕트를 수작업으로 수행해 보는 것이다.

전문가의 조언
인스펙션(Inspection)은 워크스루를 발전시킨 형태로, 소프트웨어 개발 단계에서 산출된 결과물의 품질을 평가하고 이를 개선하기 위한 방법 등을 제시합니다.

정답 26.② 27.③ 28.④ 29.① 30.③

등급 C

31. 이진 트리의 레코드 R = (88, 74, 63, 55, 37, 25, 33, 19, 26, 14, 9)에 대하여 힙(Heap) 정렬을 만들 때, 37의 왼쪽과 오른쪽의 자노드(Child Node)의 값은?

① 55, 25
② 63, 33
③ 33, 19
④ 14, 9

전문가의 조언
힙 정렬을 만들 때 37의 왼쪽과 오른쪽의 자노드의 값은 14, 9입니다. 힙 정렬은 자료를 전이진 트리로 구성해 보면 간단히 알 수 있습니다.

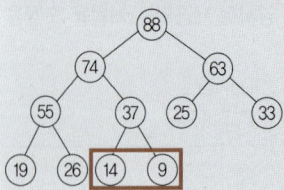

등급 A

32. 다음 초기 자료에 대하여 삽입 정렬(Insertion Sort)을 이용하여 오름차순 정렬할 경우 1회전 후의 결과는?

초기 자료 : 8, 3, 4, 9, 7

① 3, 4, 8, 7, 9
② 3, 4, 9, 7, 8
③ 7, 8, 3, 4, 9
④ 3, 8, 4, 9, 7

전문가의 조언
삽입 정렬을 이용하여 오름차순 정렬할 경우 1회전 후의 결과는 ④번입니다. 삽입 정렬(Insertion Sort)은 두 번째 자료부터 시작하여 그 앞(왼쪽)의 자료들과 비교하여 삽입할 위치를 지정한 후 자료를 뒤로 옮기고 지정한 자리에 자료를 삽입하여 정렬하는 알고리즘입니다. 즉 두 번째 자료는 첫 번째 자료, 세 번째 자료는 두 번째와 첫 번째 자료, 네 번째 자료는 세 번째, 두 번째, 첫 번째 자료와 비교한 후 자료가 삽입될 위치를 찾습니다.

• 초기 자료 : 8 3 4 9 7
• 1회전 : 8 3 4 9 7 → 3 8 4 9 7
  두 번째 값 3을 첫 번째 값과 비교하여 첫 번째 자리에 삽입하고 8을 한 칸 뒤로 이동시킵니다.
• 2회전 : 3 8 4 9 7 → 3 4 8 9 7
  세 번째 값 4를 첫 번째, 두 번째 값과 비교하여 8자리에 삽입하고 8을 한 칸씩 뒤로 이동시킵니다.
• 3회전 : 3 4 8 9 7 → 3 4 8 9 7
  네 번째 값 9를 첫 번째, 두 번째, 세 번째 값과 비교한 후 삽입할 곳이 없다면 다음 회전으로 넘어갑니다.
• 4회전 : 3 4 8 9 7 → 3 4 7 8 9
  다섯 번째 값 7을 처음부터 비교하여 8자리에 삽입하고 나머지를 한 칸씩 뒤로 이동시킵니다.

등급 B

33. 알파, 베타 테스트와 가장 밀접한 연관이 있는 테스트 단계는?

① 단위 테스트
② 인수 테스트
③ 통합 테스트
④ 시스템 테스트

전문가의 조언
알파 테스트와 베타 테스트는 인수 테스트(Acceptance Test)의 한 종류입니다.

병행학습
• 알파 테스트 : 개발자의 장소에서 사용자가 개발자 앞에서 행하는 테스트 기법
• 베타 테스트 : 선정된 최종 사용자가 여러 명의 사용자 앞에서 행하는 테스트 기법

등급 A

34. 다음은 스택의 자료 삭제 알고리즘이다. ⓐ에 들어갈 내용으로 옳은 것은? (단, Top : 스택포인터, S : 스택의 이름)

```
if Top = 0 Then
    (   ⓐ   )
Else {
    remove S(Top)
    Top = Top − 1
}
```

① Overflow
② Top = Top + 1
③ Underflow
④ Top = Top

정답 31.④ 32.④ 33.② 34.③

> **전문가의 조언**
> 스택에서 자료의 삭제가 발생했을 때 자료의 가장 위쪽을 가리키는 스택포인터가 0이면 자료가 없는 것이므로 언더플로(Underflow)가 발생하고, 아니면 현재 스택포인터의 위치에 있는 자료가 삭제되면서 스택포인터의 값이 1 감소합니다.
>
> ❶ if Top = 0 Then
> ❷   Underflow
>   Else {
> ❸   remove S(Top)
> ❹   Top = Top - 1
> }
>
> ❶ Top가 0이면 ❷번을 수행하고, 아니면 ❸, ❹번을 수행한다.
> ❷ Unerflow가 발생한다.
> ❸ 스택 S에서 Top 위치에 있는 값을 제거한다.
> ❹ Top의 값을 1 감소시킨다.

등급 B

36. 명세 기반 테스트 중 프로그램의 입력 조건에 중점을 두고, 어느 하나의 입력 조건에 대하여 타당한 값과 그렇지 못한 값을 설정하여 해당 입력 자료에 맞는 결과가 출력되는지 확인하는 테스트 기법은?

① Cause-Effect Graphing Testing
② Equivalence Partitioning Testing
③ Boundary Value Analysis
④ Comparison Testing

> **전문가의 조언**
> 문제에 제시된 내용은 동치 분할 검사(Equivalence Partitioning Testing)에 대한 설명입니다.
>
> **병행학습**
> • 원인-효과 그래프 검사(Cause-Effect Graphing Testing) : 입력 데이터 간의 관계와 출력에 영향을 미치는 상황을 체계적으로 분석한 다음 효용성이 높은 테스트 케이스를 선정하여 검사하는 기법
> • 경계값 분석(Boundary Value Analysis) : 입력 자료에만 치중한 동치 분할 기법을 보완하기 위한 기법으로, 입력 조건의 중간값보다 경계값에서 오류가 발생될 확률이 높다는 점을 이용하여 입력 조건의 경계값을 테스트 케이스로 선정하여 검사함
> • 비교 검사(Comparison Testing) : 여러 버전의 프로그램에 동일한 테스트 자료를 제공하여 동일한 결과가 출력되는지 테스트하는 기법

등급 C

35. 알고리즘 설계 기법으로 거리가 먼 것은?

① Divide and Conquer
② Greedy
③ Static Block
④ Backtracking

> **전문가의 조언**
> Static Block은 클래스가 메모리에 적재될 때 수행되는 코드 그룹을 의미하는 것으로, 설계 기법과는 무관합니다.
>
> **병행학습**
> • 분할 정복/분할 통치(Divide and Conquer) : 큰 문제를 보다 작은 문제로 분할하여 해결하는 전략
> • 탐욕 알고리즘(Greedy Algorithm) : 완벽한 해결책 보다는 차선책을 목표로 하며, 상황에 맞는 해결책을 즉석에서 모색하는 방식
> • 백트래킹(Backtracking) : 깊이 우선 탐색(Depth First Search) 알고리즘을 이용한 기법으로 문제 해결을 위한 모든 가능성을 트리로 구축하는 방식

등급 A

37. 소프트웨어 품질 관련 국제 표준인 ISO/IEC 25000에 관한 설명으로 옳지 않은 것은?

① 소프트웨어 품질 평가를 위한 소프트웨어 품질평가 통합 모델 표준이다.
② System and Software Quality Requirements and Evaluation으로 줄여서 SQuaRE라고도 한다.
③ ISO/IEC 2501n에서는 소프트웨어의 내부 측정, 외부 측정, 사용 품질 측정, 품질 측정 요소 등을 다룬다.
④ 기존 소프트웨어 품질 평가 모델과 소프트웨어 평가 절차 모델인 ISO/IEC 9126과 ISO/IEC 14598을 통합하였다.

> **전문가의 조언**
> • ISO/IEC 2501n에서는 소프트웨어의 내부 및 외부 품질과 사용 품질에 대한 모델 등 품질 모델 부분을 다룹니다.
> • 소프트웨어의 내부 측정, 외부 측정, 사용 품질 측정, 품질 측정 요소 등 품질 측정 부분을 다루는 것은 ISO/IEC 2502n입니다.

정답 35.③ 36.② 37.③

38. 테스트와 디버그의 목적으로 옳은 것은?
① 테스트는 오류를 찾는 작업이고 디버깅은 오류를 수정하는 작업이다.
② 테스트는 오류를 수정하는 작업이고 디버깅은 오류를 찾는 작업이다.
③ 둘 다 소프트웨어의 오류를 찾는 작업으로 오류 수정은 하지 않는다.
④ 둘 다 소프트웨어 오류의 발견, 수정과 무관하다.

전문가의 조언
테스트(Test)를 통해 오류를 발견한 후 디버깅(Debugging)을 통해 오류 코드를 추적하고 수정하는 작업을 수행합니다.

39. 다음이 설명하는 애플리케이션 통합 테스트 유형은?
- 깊이 우선 방식 또는 너비 우선 방식이 있다.
- 상위 컴포넌트를 테스트 하고 점증적으로 하위 컴포넌트를 테스트 한다.
- 하위 컴포넌트 개발이 완료되지 않은 경우 스텁(Stub)을 사용하기도 한다.

① 하향식 통합 테스트 ② 상향식 통합 테스트
③ 회귀 테스트   ④ 빅뱅 테스트

전문가의 조언
문제의 지문에서 설명하고 있는 애플리케이션 통합 테스트 유형은 하향식 통합 테스트입니다.

병행학습
- 상향식 통합 테스트 : 프로그램의 하위 모듈에서 상위 모듈 방향으로 통합하면서 테스트하는 기법
- 회귀 테스트 : 이미 테스트된 프로그램의 테스팅을 반복하는 것으로, 통합 테스트로 인해 변경된 모듈이나 컴포넌트에 새로운 오류가 있는지 테스트하는 기법
- 빅뱅 통합 테스트 : 모듈 간의 상호 인터페이스를 고려하지 않고 단위 테스트가 끝난 모듈을 한꺼번에 결합시켜 테스트하는 기법

40. 다음 트리의 차수(Degree)와 단말 노드(Terminal Node)의 수는?

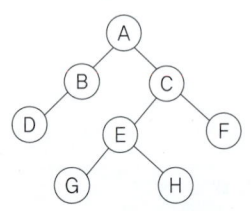

① 차수 : 4, 단말 노드 : 4
② 차수 : 2, 단말 노드 : 4
③ 차수 : 4, 단말 노드 : 8
④ 차수 : 2, 단말 노드 : 8

전문가의 조언
- 트리의 차수(Degree)는 가장 차수가 많은 노드의 차수이고, 단말 노드(Terminal Node)는 자식이 하나도 없는 노드입니다.
- A, C, E의 차수 2가 차수 중 가장 높으므로 트리의 차수는 2가 되고, 자식이 하나도 없는 노드는 D, G, H, F로 총 4개가 됩니다.

3과목 데이터베이스 구축

41. DAS(Direct Attached Storage) 연결에 사용되는 프로토콜로 관련 없는 것은?
① eSATA   ② SATA
③ SCSI   ④ iSCSI

전문가의 조언
iSCSI는 네트워크를 통해 스토리지 장치와 서버를 연결하는 프로토콜로, SAN(Storage Area Network)에서 주로 사용됩니다.

42. CREATE TABLE 명령을 이용해 테이블을 정의할 때 참조 테이블의 튜플이 삭제되더라도 기본 테이블의 튜플은 삭제되지 않도록 지정하는 옵션으로 옳은 것은?

① ON DELETE CASCASE
② ON DELETE SET NULL
③ ON DELETE NO ACTION
④ ON DELETE SET DEFAULT

전문가의 조언
참조 테이블의 튜플이 삭제되더라도 기본 테이블의 튜플은 삭제되지 않도록 지정하는 옵션은 NO ACTION입니다.

병행학습
- CASCADE : 참조 테이블의 튜플이 삭제되면 기본 테이블의 관련 튜플도 모두 삭제되고, 속성이 변경되면 관련 튜플의 속성 값도 모두 변경됨
- SET NULL : 참조 테이블에 변화가 있으면 기본 테이블의 관련 튜플의 속성 값을 NULL로 변경함
- SET DEFAULT : 참조 테이블에 변화가 있으면 기본 테이블의 관련 튜플의 속성 값을 기본값으로 변경함

43. 다음은 관계 대수의 수학적 표현식이다. 해당되는 연산은?

$R \times S = \{r \cdot s | r \in R \land s \in S\}$
$r = \langle a1, a2, \cdots, an \rangle, s = \langle b1, b2, \cdots, bm \rangle$

① 합집합　　② 교집합
③ 차집합　　④ 카티션 프로덕트

전문가의 조언
카티션 프로덕트(교차곱)는 두 릴레이션에 있는 튜플들의 순서쌍을 구하는 연산으로 r은 R에 존재하는 튜플이고, s는 S에 존재하는 튜플입니다.

병행학습
- 합집합 : $R \cup S = \{t | t \in R \lor t \in S\}$
  ※ t는 릴레이션 R 또는 S에 존재하는 튜플임
- 교집합 : $R \cap S = \{t | t \in R \land t \in S\}$
  ※ t는 릴레이션 R 그리고 S에 동시에 존재하는 튜플임
- 차집합 : $R - S = \{t | t \in R \land t \notin S\}$
  ※ t는 릴레이션 R에는 존재하고 S에 없는 튜플임

44. 관계 데이터베이스의 정규화에 대한 설명으로 옳지 않은 것은?

① 정규화를 거치지 않으면 여러 가지 상이한 종류의 정보를 하나의 릴레이션으로 표현하여 그 릴레이션을 조작할 때 이상(Anomaly) 현상이 발생할 수 있다.
② 하나의 종속성이 하나의 릴레이션에 표현될 수 있도록 릴레이션을 합병(Combination)하는 과정이다.
③ 이상(Anomaly) 현상은 데이터들 간에 존재하는 함수 종속이 하나의 원인이 될 수 있다.
④ 정규화가 잘못되면 데이터의 불필요한 중복이 야기되어 릴레이션을 조작할 때 문제가 발생할 수 있다.

전문가의 조언
정규화는 하나의 종속성이 하나의 릴레이션에 표현될 수 있도록 분해해가는 과정이라 할 수 있습니다.

45. 물리데이터 저장소의 파티션 설계에서 파티션 유형으로 옳지 않은 것은?

① 범위 분할(Range Partitioning)
② 해시 분할(Hash Partitioning)
③ 조합 분할(Composite Partitioning)
④ 유닛 분할(Unit Partitioning)

전문가의 조언
파티션의 종류에는 범위 분할, 해시 분할, 조합 분할, 목록 분할, 라운드 로빈 분할 등이 있습니다.

정답 42.③ 43.④ 44.② 45.④

46. 뷰(View)에 대한 설명 중 옳은 내용으로만 나열한 것은?

㉠ 뷰는 저장장치 내에 물리적으로 존재한다.
㉡ 뷰가 정의된 기본 테이블이 삭제되더라도 뷰는 자동으로 삭제되지 않는다.
㉢ DBA는 보안 측면에서 뷰를 활용할 수 있다.
㉣ 뷰로 구성된 내용에 대한 삽입, 삭제, 갱신 연산에는 제약이 따른다.

① ㉠, ㉡, ㉢
② ㉠, ㉢, ㉣
③ ㉡, ㉣
④ ㉢, ㉣

전문가의 조언
- 뷰(View)의 옳은 내용으로만 나열한 것은 ④번(㉢, ㉣)입니다.
- ㉠ 뷰는 저장장치 내에 물리적으로 존재하지 않는 가상 테이블입니다.
- ㉡ 뷰가 정의된 기본 테이블이 삭제되면 뷰도 자동으로 삭제됩니다.

47. 릴레이션의 특징으로 옳은 내용 모두를 나열한 것은?

㉠ 모든 튜플은 서로 다른 값을 갖는다.
㉡ 각 속성은 릴레이션 내에서 유일한 이름을 가진다.
㉢ 하나의 릴레이션에서 튜플의 순서는 존재한다.
㉣ 모든 속성 값은 원자 값이다

① ㉢, ㉣
② ㉠, ㉢, ㉣
③ ㉠, ㉡, ㉣
④ ㉠, ㉡, ㉢, ㉣

전문가의 조언
- 릴레이션의 특징으로 옳은 내용 모두를 나열한 것은 ③번(㉠, ㉡, ㉣)입니다.
- ㉢ 하나의 릴레이션에서 튜플의 순서는 존재하지 않습니다.

48. 다음 중 자료 사전(Data Dictionary)에 대한 설명으로 옳지 않은 것은?

① 메타 데이터(Meta Data)라고 한다.
② 모든 데이터 개체들에 대한 정보를 유지, 관리하는 시스템이다.
③ 일반 이용자도 SQL을 이용하여 내용을 검색해 볼 수 있다.
④ 자료 사전에 대한 갱신은 데이터베이스의 무결성 유지를 위해 이용자가 직접 갱신해야 한다.

전문가의 조언
자료 사전(Data Dictionary)은 시스템 테이블로 구성되어 있어 일반 이용자도 SQL을 이용하여 내용을 검색해 볼 수 있지만 이용자가 갱신은 할 수 없습니다. 자료 사전은 DBMS가 스스로 생성하고 유지합니다.

49. DML(Data Manipulation Language) 명령어가 아닌 것은?

① INSERT
② UPDATE
③ ALTER
④ DELETE

전문가의 조언
ALTER는 DDL(데이터 정의어)입니다.

50. 관계 대수에서 사용하는 일반 집합 연산자 중에서 결과로 산출되는 카디널리티가 두 릴레이션 중 카디널리티가 작은 릴레이션의 카디널리티보다 크지 않은 연산자는 무엇인가?

① 합집합
② 교집합
③ 차집합
④ 교차곱

전문가의 조언
문제에 제시된 내용은 교집합(INTERSECTION)에 대한 설명입니다.

병행학습
- 합집합(UNION)
  - 두 릴레이션에 존재하는 튜플의 합집합을 구하되, 결과로 생성된 릴레이션에서 중복되는 튜플은 제거되는 연산이다.
  - 합집합의 카디널리티는 두 릴레이션 카디널리티의 합보다 크지 않다.
- 차집합(DIFFERENCE)
  - 두 릴레이션에 존재하는 튜플의 차집합을 구하는 연산이다. – 차집합의 카디널리티는 릴레이션 R의 카디널리티 보다 크지 않다.
- 교차곱(CARTESIAN PRODUCT)
  - 두 릴레이션에 있는 튜플들의 순서쌍을 구하는 연산이다.
  - 교차곱의 디그리는 두 릴레이션의 디그리를 더한 것과 같고, 카디널리티는 두 릴레이션의 카디널리티를 곱한 것과 같다.

등급 A

52. 분산 데이터베이스 시스템과 관련된 설명으로 틀린 것은?

① 물리적으로 분산된 데이터베이스 시스템을 논리적으로 하나의 데이터베이스 시스템처럼 사용할 수 있도록 한 것이다.
② 물리적으로 분산되어 지역별로 필요한 데이터를 처리할 수 있는 지역 컴퓨터(Local Computer)를 분산 처리기(Distributed Processor)라고 한다.
③ 분산 데이터베이스 시스템을 위한 통신 네트워크 구조가 데이터 통신에 영향을 주므로 효율적으로 설계해야 한다.
④ 데이터베이스가 분산되어 있음을 사용자가 인식할 수 있도록 분산 투명성(Distribution Transparency)을 배제해야 한다.

전문가의 조언
데이터베이스가 분산되어 있음을 인식할 필요가 없습니다.

등급 B

51. 다음 중 외래키에 대한 설명으로 옳은 것은?

㉠ Null을 입력할 수 없다.
㉡ 후보키 중 기본키를 제외한 나머지를 의미한다.
㉢ 기본키의 일부가 외래키가 될 수 있다.
㉣ 유일성과 최소성을 가진다.
㉤ 참조 무결성과 관련이 있다.

① ㉠, ㉡
② ㉡, ㉣
③ ㉢, ㉤
④ ㉢, ㉤ 없다.

전문가의 조언
- 외래키에 대한 설명을 옳은 것은 ③번(㉢, ㉤)입니다.
- ㉠ 외래키에는 Null을 입력할 수 있습니다.
- ㉡ 대체키에 대한 설명입니다.
- ㉣ 외래키는 중복이 허용되므로 유일성과 최소성을 가질 수 없습니다.

등급 C

53. 데이터베이스의 트랜잭션 성질들 중에서 다음 설명에 해당하는 것은?

- 트랜잭션이 그 실행을 성공적으로 완료하면 언제나 일관성 있는 데이터베이스 상태로 변환한다.
- 시스템이 가지고 있는 고정 요소는 트랜잭션 수행 전과 트랜잭션 수행 완료 후의 상태가 같아야 한다.

① 원자성(Atomicity)　② 일관성(Consistency)
③ 격리성(Isolation)　④ 영속성(Durability)

전문가의 조언
문제의 지문은 일관성(Consistency)에 대한 설명입니다.

병행학습
- Atomicity(원자성) : 트랜잭션의 연산은 데이터베이스에 모두 반영되도록 완료(Commit)되든지 아니면 전혀 반영되지 않도록 복구(Rollback)되어야 함
- Isolation(독립성, 격리성, 순차성) : 둘 이상의 트랜잭션이 동시에 병행 실행되는 경우 어느 하나의 트랜잭션 실행중에 다른 트랜잭션의 연산이 끼어들 수 없음
- Durability(영속성, 지속성) : 성공적으로 완료된 트랜잭션의 결과는 시스템이 고장 나더라도 영구적으로 반영되어야 함

정답 51.③ 52.④ 53.②

54. 다음 SQL문의 실행 결과는? 등급 A

```
Select 학과 From 학과 Where 학번 In
(Select 학번 From 학생 Where 이름 = "김수철");
```

〈학생〉 테이블

이름	성별	학번
이미래	여자	1001
박인수	남자	1002
정경미	여자	1003
김수철	남자	1004

〈학과〉 테이블

학번	학과
1001	데이터베이스
1002	AI응용
1003	AI분석
1004	전기과

① 데이터베이스 ② AI응용
③ AI분석 ④ 전기과

전문가의 조언
SQL문의 실행 결과는 "전기과"입니다. 문제의 질의문은 하위 질의가 있는 질의문입니다. 먼저 WHERE 조건에 지정된 하위 질의의 SELECT문을 검색합니다. 그리고 검색 결과를 본 질의의 조건에 있는 '학번' 속성과 비교합니다.

❷ Select 학과 From 학과 Where 학번 In
❶ (Select 학번 From 학생 Where 이름 = "김수철");

❶ 〈학생〉 테이블에서 '이름' 속성의 값이 "김수철"과 같은 튜플의 '학번' 속성의 값을 검색합니다. 결과는 1004입니다.
❷ 〈학과〉 테이블에서 '학번' 속성의 값이 ❶의 결과인 1004와 같은 튜플의 '학과' 속성의 값을 검색합니다. 결과는 "전기과"입니다.

55. 등급 C

집합 A와 B에 대해 개체 집합 A의 각 원소는 개체 집합 B의 원소 여러 개와 대응하고 있지만, 개체 집합 B의 각 원소는 개체 집합 A의 원소 한 개와 대응하는 관계의 종류는 무엇인가?

① 일 대 일 ② 일 대 다
③ 다 대 다 ④ 다 대 일

전문가의 조언
문제의 지문은 일 대 다(1:n) 관계에 대한 설명입니다.

병행학습
- 일 대 일(1:1) : 개체 집합 A의 각 원소가 개체 집합 B의 원소 한 개와 대응하는 관계
- 다 대 다(N:M) : 개체 집합 A의 각 원소는 개체 집합 B의 원소 여러 개와 대응하고, 개체 집합 B의 각 원소도 개체 집합 A의 원소 여러 개와 대응하는 관계

56. 등급 C

데이터 모델의 구성 요소 중 데이터베이스 표현된 개체 인스턴스를 처리하는 작업에 대한 명세로서 데이터베이스를 조작하는 기본 도구에 해당하는 것은?

① Operation ② Constraint
③ Structure ④ Relationship

전문가의 조언
문제에서 설명하고 있는 데이터 모델의 구성 요소는 연산(Operation)입니다.

병행학습
- 구조(Structure) : 논리적으로 표현된 개체 타입들 간의 관계로서 데이터 구조 및 정적 성질을 표현함
- 제약 조건(Constraint) : 데이터베이스에 저장될 수 있는 실제 데이터의 논리적인 제약 조건

정답 54.④ 55.② 56.①

등급 A

57. 하나의 애트리뷰트가 가질 수 있는 원자값들의 집합을 의미하는 것은?
① 도메인
② 튜플
③ 엔티티
④ 다형성

전문가의 조언
하나의 애트리뷰트가 가질 수 있는 원자값들의 집합을 의미하는 것은 도메인(Domain)입니다.

병행학습
- 다형성(Polymorphism) : 객체지향의 구성 요소 중 하나로 메시지에 의해 객체(클래스)가 연산을 수행하게 될 때 하나의 메시지에 대해 각각의 객체(클래스)가 가지고 있는 고유한 방법(특성)으로 응답할 수 있는 능력을 의미함
- 개체(Entity) : 학생, 교수, 자동차 등과 같이 실세계에서 개념적 또는 물리적으로 존재하는 실제 사용을 의미함
- 튜플(Tuple) : 릴레이션을 구성하는 각각의 행을 말함

등급 B

58. DBA가 사용자 PARK에게 테이블 [STUDENT]의 데이터를 갱신할 수 있는 시스템 권한을 부여하고자 하는 SQL문을 작성하고자 한다. 다음에 주어진 SQL문의 빈칸을 알맞게 채운 것은?

SQL> GRANT _____㉠_____ _____㉡_____ STUDENT TO PARK;

① ㉠ INSERT, ㉡ INTO
② ㉠ ALTER, ㉡ TO
③ ㉠ UPDATE, ㉡ ON
④ ㉠ REPLACE, ㉡ IN

전문가의 조언
㉠과 ㉡에 들어갈 명령어는 UPDATE와 ON입니다. GRANT문의 기본 형식은 'GRANT 권한_리스트 ON 개체 TO 사용자 [WITH GRANT OPTION];'이지만, 부여받은 권한을 다른 사용자에게 다시 부여할 수 있는 권한에 대한 언급이 없으므로 '[WITH GRANT OPTION]'을 생략하고 작성하면 됩니다.

❶ GRANT **UPDATE**
❷ **ON** STUDENT
❸ **TO** PARK

❶ 갱신(UPDATE) 권한을 부여한다.
❷ 〈STUDENT〉 테이블에 대한 권한을 부여한다.
❸ 'PARK'라는 사용자에게 부여한다.

등급 B

59. 기본 테이블 R을 이용하여 뷰 V1을 정의하고, 뷰 V1을 이용하여 다시 뷰 V2가 정의되었다. 그리고 기본 테이블 R과 뷰 V2를 조인하여 뷰 V3를 정의하였다. 이때 다음과 같은 SQL문이 실행되면 어떤 결과가 발생하는지 올바르게 설명한 것은?

DROP VIEW V1 RESTRICT;

① V1만 삭제된다.
② R, V1, V2, V3 모두 삭제된다.
③ V1, V2, V3만 삭제된다.
④ 하나도 삭제되지 않는다.

전문가의 조언
- 삭제할 대상을 다른 곳에서 참조하고 있으면, 삭제를 취소하는 RESTRICT 옵션이 있기 때문에 하나도 삭제되지 않습니다.
- 참조하고 있는 다른 뷰나 제약사항까지 모두 삭제하려면 CASCADE 옵션을 명시해야 합니다.

등급 B

60. 데이터베이스에서 인덱스(Index)와 관련한 설명으로 틀린 것은?
① 인덱스의 기본 목적은 검색 성능을 최적화하는 것으로 볼 수 있다.
② B-트리 인덱스는 분기를 목적으로 하는 Branch Block을 가지고 있다.
③ BETWEEN 등 범위(Range) 검색에 활용될 수 있다.
④ 시스템이 자동으로 생성하여 사용자가 변경할 수 없다.

전문가의 조언
인덱스는 사용자가 데이터 정의어(DDL)를 이용해 생성, 변경, 제거할 수 있습니다.

4과목 프로그래밍 언어 활용

등급 A

61. 다음 C언어 프로그램이 실행되었을 때의 결과는?

```c
#include <stdio.h>
int main( ) {
    int a = 1, b = 1, c = 1;
    b = (++a, b++, a++);
    c = a + b + c;
    printf("%d", c);
}
```

① 3
② 4
③ 5
④ 6

전문가의 조언
코드의 실행 결과는 6이고, 사용된 코드의 의미는 다음과 같습니다.

```
#include <stdio.h>
int main( ) {
❶   int a = 1, b = 1, c = 1;
❷   b = (++a, b++, a++);
❸   c = a + b + c;
❹   printf("%d", c);
}
```

❶ 정수형 변수 a, b, c를 선언하고 각각을 1로 초기화한다.
❷ b에는 콤마(,) 연산자로 나열된 마지막 식의 결과인 2가 저장된다.
※ 콤마(,) 연산자는 왼쪽부터 차례로 모두 실행된 후 마지막 식의 결과가 저장됩니다.
 b = (++a, b++, a++);
         ⓐ   ⓑ   ⓒ
• ⓐ : 전치 증가 연산자이므로, a의 값은 1 증가된 2인 상태로 사용되지만 값은 저장되지 못한다.
• ⓑ : 후치 증가 연산자이므로, b의 값은 1인 상태로 사용되지만 값은 저장되지 못한다. 사용된 후 b의 값은 1 증가되어 2가 된다.
• ⓒ : 후치 증가 연산자이므로, a의 값은 2인 상태로 사용되어 2가 저장된다. 사용된 후 a의 값은 증가되어 3이 된다.
❸ a의 값 3, b의 값 2, c의 값 1을 모두 더한 6을 c에 저장한다.
❹ c의 값 6을 출력한다.
결과 6

등급 B

62. PCB(프로세스 제어 블록)를 갖고 있으며, 현재 실행 중이거나 곧 실행 가능하며, CPU를 할당받을 수 있는 프로그램으로 정의할 수 있는 것은?
① 워킹 셋
② 세그먼테이션
③ 모니터
④ 프로세스

전문가의 조언
문제에 제시된 내용은 프로세스에 대한 설명입니다.

병행학습
• 워킹 셋(Working Set) : 프로세스가 일정 시간 동안 자주 참조하는 페이지들의 집합
• 세그먼테이션(Segmentation) : 프로그램을 다양한 크기의 논리적인 단위로 나눈 것
• 모니터(Monitor) : 동기화를 구현하기 위한 특수 프로그램 기법

등급 B

63. IP 주소 체계와 관련한 설명으로 틀린 것은?
① IPv6의 패킷 헤더는 32 octet의 고정된 길이를 가진다.
② IPv6는 주소 자동설정(Auto Configuration) 기능을 통해 손쉽게 이용자의 단말을 네트워크에 접속시킬 수 있다.
③ IPv4는 호스트 주소를 자동으로 설정하며 유니캐스트(Unicast)를 지원한다.
④ IPv4는 클래스별로 네트워크와 호스트 주소의 길이가 다르다.

전문가의 조언
IPv6의 패킷 헤더는 40옥텟(octet)의 고정된 길이를 갖습니다.

정답 61.④ 62.④ 63.①

64. 다음 C언어 프로그램이 실행되었을 때의 결과는?

```
#include <stdio.h>
int main(void) {
    int a = 3, b = 4, c = 2;
    int r1, r2, r3;

    r1 = b <= 4 || c == 2;
    r2 = (a > 0) && (b < 5);
    r3 = !c;

    printf("%d", r1+r2+r3);
    return 0;
}
```

① 0 ② 1
③ 2 ④ 3

전문가의 조언
코드의 실행 결과는 2이고, 사용된 코드의 의미는 다음과 같습니다.

```
#include <stdio.h>
int main(void) {
❶ int a = 3, b = 4, c = 2;
❷ int r1, r2, r3;

❸ r1 = b <= 4 || c == 2;
❹ r2 = (a > 0) && (b < 5);
❺ r3 = !c;

❻ printf("%d", r1+r2+r3);
❼ return 0;
}
```

❶ 정수형 변수 a, b, c를 선언하고 각각 3, 4, 2로 초기화한다.
❷ 정수형 변수 r1, r2, r3을 선언한다.
❸ r1 = b <= 4 || c == 2;
　　　　　ⓐ　　　ⓑ
　　　　　　ⓒ
- ⓐ : b의 값 4는 4보다 작거나 같으므로 참(1)이다.
- ⓑ : c의 값 2는 2와 같으므로 참(1)이다.
- ⓒ : ⓐ|ⓑ는 둘 중 하나라도 참이면 참이므로 참(1)이다.
r1에는 1이 저장된다.

❹ r2 = (a > 0) && (b < 5);
　　　　　ⓐ　　　ⓑ
　　　　　　ⓒ
- ⓐ : a의 값 3은 0보다 크므로 참(1)이다.
- ⓑ : b의 값 4는 5보다 작으므로 참(1)이다.
- ⓒ : ⓐ&&ⓑ는 둘 다 참이어야 참이므로 결과는 참(1)이다.
r2에는 1이 저장된다.

❺ c의 값 2는 참이므로 거짓(0)이 저장된다.
- !(논리 NOT) : 참(1)이면 거짓(0)을, 거짓(0)이면 참을 반환하는 연산자
※ 정수로 논리값(참, 거짓)을 판별하면 0은 거짓, 0 이외의 수는 참으로 결정되어 저장됩니다.

❻ r1, r2, r3을 더한 값 2(1+1+0)을 출력한다.
　결과 `2`

❼ 프로그램을 종료한다.

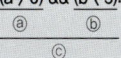

65. OSI 7계층 중 다음 설명에 해당하는 계층은?

- 두 응용 프로세스 간의 통신에 대한 제어 구조를 제공한다.
- 연결의 생성, 관리, 종료를 위해 토큰을 사용한다.

① 데이터링크 계층　② 네트워크 계층
③ 세션 계층　　　　④ 표현 계층

전문가의 조언
지문에 제시된 내용은 세션 계층에 대한 설명입니다.

66. 192.168.1.0/24 네트워크를 FLSM 방식을 이용하여 4개의 Subnet으로 나누고 IP Subnet-zero를 적용했다. 이 때 Subnetting된 네트워크 중 4번째 네트워크의 4번째 사용 가능한 IP는 무엇인가?

① 192.168.1.192　② 192.168.1.195
③ 192.168.1.196　④ 192.168.1.198

정답 64.③ 65.③ 66.③

전문가의 조언

- 192.168.1.0/24 네트워크의 서브넷 마스크는 1의 개수가 24개, 즉 11111111 11111111 11111111 00000000 → 255.255.255.0인 C 클래스에 속하는 네트워크입니다. 이 네트워크를 4개의 Subnet으로 나눠야 하는데, Subnet을 나눌 때는 서브넷 마스크가 0인 부분, 즉 마지막 8비트를 이용해 구분할 수 있습니다. 또한 Subnet을 나눌 때 "4개의 네트워크로 나눈다"는 것처럼 네트워크가 기준일 때는 왼쪽을 기준으로 4개가 포함된 Bit 만큼을 네트워크로 할당하고 나머지 비트로 호스트를 구성하면 됩니다. 4개가 포함되는 비트는 $2^2=4$이므로 2비트를 제외한 나머지 6비트로 호스트를 구성합니다.

네트워크ID			호스트ID				
0	0	0	0	0	0	0	0

- 호스트ID가 6Bit로 설정되었고, 문제에서 FLSM 방식을 이용한다고 했으므로 4개의 네트워크에 고정된 크기인 64개($2^6=64$)씩 할당하면 다음과 같습니다.

네트워크	호스트 수	IP 주소 범위
1	64	192.168.1.0 ~ 63
2	64	192.168.1.64 ~ 127
3	64	192.168.1.128 ~ 191
4	64	192.168.1.192 ~ 255

- 4번째 네트워크의 시작 주소인 192.168.1.192는 네트워크의 대표 주소로 사용되므로 사용 가능한 주소는 193부터 4번째에 해당하는 주소는 **192.168.1.196**입니다.
※ ip subnet-zero를 적용했다는 것은 Subnet 부분이 모두 0인 192.168.1.0은 사용하지 않는데, IP 주소가 부족해지면서 Subnet 부분이 모두 0인 주소도 IP 주소로 사용할 수 있도록 한다는 의미입니다.

전문가의 조언

!a && !b는 불 대수로 변환하면 $\overline{a} \cdot \overline{b}$가 됩니다. $\overline{a} \cdot \overline{b}$는 드모르강 정리에 의해 $\overline{a+b}$이므로, 이것을 다시 조건식으로 변환하면 !(a || b)가 됩니다.

병행학습

- 드모르강 법칙
  - $\overline{A+B} = \overline{A} \cdot \overline{B}$
  - $\overline{A \cdot B} = \overline{A} + \overline{B}$

- 불 대수와 드모르강 정리를 모르더라도 다음과 같이 a와 b에 들어갈 수 있는 값들을 대입하여 같은 결과를 내는 조건식을 찾을 수 있습니다.

- !(a || b)

a	b	a || b	!(a || b)
0	0	0	1
0	1	1	0
1	0	1	0
1	1	1	0

등급 A

68. C언어에서 산술 연산자가 아닌 것은?

① % ② *
③ / ④ =

전문가의 조언

C언어의 산술 연산자에는 +, -, *, /, %가 있습니다. =는 대입 연산자입니다.

등급 B

67. 다음 C언어 프로그램에서 밑줄 친 부분과 동일한 의미를 가지는 것은 어떤 것인가?

```
#include <stdio.h>
main( ) {
    int a, b;
    for (a = 0; a < 2; a++)
        for (b = 0; b < 2; b++)
            printf("%d", !a && !b);
}
```

① !a || !b ② !(a || b)
③ a && b ④ a || b

등급 B

69. 다음 중 HRN에 대한 설명으로 옳지 않은 것은?

① 대기시간과 서비스시간을 이용하는 방법이다.
② 대기 시간이 긴 프로세스일 경우 우선순위가 높다.
③ 우선순위 계산식 값이 낮을수록 우선순위가 높다.
④ SJF 기법을 보완하기 위한 스케줄링 방법이다.

전문가의 조언

HRN 기법의 우선순위 계산식을 통해 산출된 값이 클수록 우선순위가 높습니다.

정답 67.② 68.④ 69.③

70. 다음 C언어 프로그램 실행 후, 'c'를 입력하였을 때 출력 결과는?

```
#include <stdio.h>
main( ) {
    char ch;
    scanf("%c", &ch);
    switch (ch) {
        case 'a':
            printf("one ");
        case 'b':
            printf("two ");
        case 'c':
            printf("three ");
            break;
        case 'd':
            printf("four ");
            break;
    }
}
```

① one
② one two
③ three
④ one two three four

전문가의 조언

코드의 실행 결과는 three 이고, 사용된 코드의 의미는 다음과 같습니다.

```
#include <stdio.h>
main( ) {
❶   char ch;
❷   scanf("%c", &ch);
❸   switch (ch) {
       case 'a':
           printf("one ");
       case 'b':
           printf("two ");
❹     case 'c':
❺         printf("three ");
❻         break;
       case 'd':
           printf("four ");
           break;
    } ❼
}
```

❶ 문자형 변수 ch를 선언한다.
❷ 문자를 입력받아 ch에 저장한다. 문제에서 'c'를 입력한다고 하였으므로 ch에는 'c'가 저장된다.
❸ ch의 값 'c'에 해당하는 case를 찾아간다. ❹번으로 이동한다.
❹ case 'c'의 시작점이다.
❺ 화면에 three와 공백 한 칸을 출력한다.
   결과 three
❻ switch문을 벗어나 ❼번으로 이동한다.
❼ main( ) 함수가 끝났으므로 프로그램을 종료한다.

71. 빈 기억공간의 크기가 20KB, 16KB, 8KB, 40KB 일 때 기억장치 배치 전략으로 "Best Fit"을 사용하여 17KB의 프로그램을 적재할 경우 내부 단편화의 크기는 얼마인가?

① 3KB
② 23KB
③ 64KB
④ 67KB

전문가의 조언

최적 적합(Best–Fit)은 데이터가 들어갈 수 있는 크기의 빈 영역 중 단편화를 가장 적게 남기는 분할 영역에 배치시키는 방법으로, 17KB보다 큰 기억공간 중 가장 작은 기억공간인 20KB에 배치됩니다. 이 때 발생하는 내부 단편화는 3KB(20KB-17KB)입니다.

72. OSI 7계층에서 물리적 연결을 이용해 신뢰성 있는 정보를 전송하려고 동기화, 오류제어, 흐름제어 등의 전송 에러를 제어하는 계층은?

① 데이터 링크 계층
② 물리 계층
③ 응용 계층
④ 표현 계층

전문가의 조언

문제에 제시된 내용은 OSI 7계층 중 데이터 링크 계층에 대한 설명입니다.

등급 C

73. 리눅스에서 생성된 파일 권한이 644일 경우 umask 값은?
① 022
② 666
③ 777
④ 755

전문가의 조언
- 파일 권한이 644일 경우 umask 값은 **022**입니다.
- umask는 UNIX에서 파일이나 디렉터리의 초기 권한을 설정할 때 사용하는 값으로, 파일의 경우 666에서 umask를 뺀 값을, 디렉터리의 경우 777에서 umask를 뺀 값을 초기 접근 권한으로 갖습니다.
- 문제에서 파일 권한이 644라고 하였으므로, 다음과 같은 공식으로 umask의 값을 구할 수 있습니다.
  666 − umask = 644
  umask = 666 − 644
  ∴ umask = 022

등급 C

74. C언어에서 malloc( ) 함수에 대한 설명으로 틀린 것은?
① 원하는 시점에 원하는 만큼 메모리를 동적으로 할당한다.
② 사용자가 입력한 bit만큼 메모리를 할당한다.
③ free 명령어로 할당된 메모리를 해제한다.
④ 메모리 할당이 불가능할 경우 NULL이 반환된다.

전문가의 조언
malloc( ) 함수는 입력한 Byte만큼 메모리를 할당하는 함수입니다.

등급 A

75. C언어에서 사용할 수 없는 변수명은?
① student2019
② text-color
③ _korea
④ amount

전문가의 조언
변수명에는 공백이나 *, +, −, / 등의 특수문자를 사용할 수 없습니다.

등급 A

76. 다음은 DivideByZero에 대한 예외처리 구문을 JAVA 프로그램으로 구현한 것이다. 프로그램이 실행되었을 때의 결과는?

```java
public class Test {
    static void div(int a, int b) {
        try {
            System.out.print(a / b + " ");
        } catch(ArithmeticException e1) {
            System.out.print("DivideByZero ");
        } finally {
            System.out.print("Done");
        }
    }
    public static void main(String[ ] args) {
        div(5,5);
    }
}
```

① 1
② 1 DivideByZero
③ DivideByZero Done
④ 1 Done

전문가의 조언
코드의 실행 결과는 **1 Done**이고, 사용된 코드의 의미는 다음과 같습니다.

```
public class Test {
❷   static void div(int a, int b) {
❸       try {
❹           System.out.print(a / b + " ");
        } catch(ArithmeticException e1) {
            System.out.print("DivideByZero ");
❺       } finally {
❻           System.out.print("Done");
        }
    }
    public static void main(String[ ] args) {
❶       div(5,5);
    } ❼
}
```

모든 Java 프로그램은 반드시 main( ) 메소드에서 시작한다.
❶ 두 개의 5를 인수로 div( ) 메소드를 호출한다.
❷ 값을 반환하지 않는 div( ) 메소드의 시작점이다. ❶번에서 전달받은 두 개의 5는 각각 a와 b가 받는다.
❸ 예외 구문의 시작이다.

❹ a를 b로 나눈 값 1(5/5)과 공백 한 칸을 출력한다.

| 결과 | 1 |

try문이 종료되었으므로 ❺번으로 이동한다.
❺ try문이 모두 종료되면 실행되는 finally문의 시작이다.
❻ Done를 출력한다.

| 결과 | 1 Done |

div( ) 메소드가 종료되었으므로 메소드를 호출했던 ❶번의 다음 줄인 ❼번으로 이동하여 프로그램을 종료한다.

등급 A

77. 프로세스와 관련한 설명으로 틀린 것은?

① 프로세스가 준비 상태에서 프로세서가 배당되어 실행 상태로 변화하는 것을 디스패치(Dispatch)라고 한다.
② 프로세스 제어 블록(PCB, Process Control Block)은 프로세스 식별자, 프로세스 상태 등의 정보로 구성된다.
③ 이전 프로세스의 상태 레지스터 내용을 보관하고 다른 프로세스의 레지스터를 적재하는 과정을 문맥 교환(Context Switching)이라고 한다.
④ 프로세스는 스레드(Thread) 내에서 실행되는 흐름의 단위이며, 스레드와 달리 주소 공간에 실행 스택(Stack)이 없다.

전문가의 조언
스레드(Thread)는 프로세스 내에서의 작업 단위입니다.

등급 B

78. 순차 파일에 대한 설명으로 옳지 않은 것은?

① 레코드들이 순차적으로 처리되므로 대화식 처리보다 일괄 처리에 적합하다.
② 연속적인 레코드의 저장에 의해 레코드 사이에 빈 공간이 존재하지 않으므로 기억 장치의 효율적인 이용이 가능하다.
③ 매체 변환이 쉬워 어떠한 매체에도 적용할 수 있다.
④ 필요한 레코드를 삽입, 삭제, 수정하는 경우 파일을 재구성할 필요가 없으므로 파일 전체를 복사하지 않아도 된다.

전문가의 조언
필요한 레코드를 삽입, 삭제, 수정하는 경우 파일을 재구성해야 하므로 파일 전체를 복사해야 합니다.

등급 A

79. 다음 Python 프로그램의 실행 결과가 [실행결과]와 같을 때, 빈칸에 적합한 것은?

```
x = 20
if x == 10:
    print('10')
(      ) x == 20:
    print('20')
else:
    print('other')
```

[실행결과]

| 20 |

① either
② elif
③ else if
④ else

전문가의 조언
Python에서 if문에 조건을 추가할 때 사용하는 예약어는 elif입니다. 사용된 코드의 의미는 다음과 같습니다.

❶ x = 20
❷ if x == 10:
❸   print('10')
❹ elif x == 20:
❺   print('20')
❻ else:
❼   print('other')

❶ 변수 x에 20을 저장한다.
❷ x가 10이면 ❸번으로 이동하고, 아니면 ❹번으로 이동한다. x의 값은 10이 아니므로 ❹번으로 이동한다.
❹ x가 20이면 ❺번으로 이동하고, 아니면 ❻번의 다음 줄인 ❼번으로 이동한다. x의 값은 20이므로 ❺번으로 이동한다.
❺ 화면에 20을 출력한다.

| 결과 | 20 |

정답 77.④ 78.④ 79.②

등급 A

80. 3개의 페이지 프레임을 갖는 시스템에서 페이지 참조 순서가 1, 2, 1, 0, 4, 1, 3 일 경우 FIFO 알고리즘에 의한 페이지 교체의 경우 프레임의 최종 상태는?

① 1, 2, 0
② 2, 4, 3
③ 1, 4, 2
④ 4, 1, 3

전문가의 조언
프레임의 최종 상태는 4, 1, 3입니다. 3개의 페이지를 수용할 수 있는 주기억장치이므로 아래 그림과 같이 3개의 페이지 프레임으로 표현할 수 있습니다.

참조 페이지	1	2	1	0	4	1	3
페이지 프레임	1	1	1	1	4	4	4
		2	2	2	2	1	1
				0	0	0	3
부재 발생	●	●		●	●	●	●

※ ● : 페이지 부재 발생

참조 페이지가 페이지 테이블에 없을 경우 페이지 결함(부재)이 발생됩니다. 초기에는 모든 페이지가 비어 있으므로 처음 1, 2, 0 페이지 적재 시 페이지 결함이 발생됩니다. FIFO(선입선출) 기법은 가장 먼저 들어왔던 페이지를 교체하는 기법이므로 참조 페이지 4를 참조할 때에는 1을 제거한 후 4를 가져오게 됩니다. 이러한 과정으로 모든 페이지에 대한 요구를 처리하고 나면 총 페이지 결함 발생 횟수는 6회이고 마지막 프레임의 최종 상태는 4, 1, 3입니다.

5과목 정보시스템 구축 관리

등급 C

81. 2013년 6월, 스웨덴 북부 룰레오(Luleå) 지역에는 세계적인 IT 기업이 운영하는 대규모 서버 클러스터가 설치되었다. 이는 여러 대의 서버를 집약하여 하나의 시스템처럼 운영함으로써 대용량 데이터 처리와 안정적인 서비스를 제공하는 형태의 설비로, 흔히 대규모 서버 집합체라고 불린다. 이러한 형태의 컴퓨터 집약 시설을 무엇이라고 하는가?

① 메타버스(Metaverse)
② SDDC(Software Defined Data Center)
③ 서버 팜(Server Farm)
④ 클라우드 컴퓨팅(Cloud Computing)

전문가의 조언
여러 대의 서버를 집약하여 하나의 시스템처럼 운영하는 컴퓨터 집약 시설을 서버 팜(Server Farm)이라고 합니다.

함께 학습
- 메타버스(Metaverse) : 가상, 추상을 의미하는 'meta'와 우주, 현실세계를 의미하는 'Universe'의 합성어로 3차원 가상세계를 의미함. 기존의 가상 현실(Virtual Reality) 보다 진보된 개념으로 웹과 인터넷 등의 가상 세계가 현실 세계에 흡수된 형태임
- SDDC(Software Defined Data Center) : 데이터 센터의 모든 자원을 가상화하여 인력의 개입 없이 소프트웨어 조작만으로 관리 및 제어되는 데이터 센터
- 클라우드 컴퓨팅(Cloud Computing) : 각종 컴퓨팅 자원을 중앙 컴퓨터에 두고 인터넷 기능을 갖는 단말기로 언제 어디서나 인터넷을 통해 컴퓨터 작업을 수행할 수 있는 환경

등급 C

82. CPM 네트워크가 다음과 같을 때 임계경로의 소요기일은?

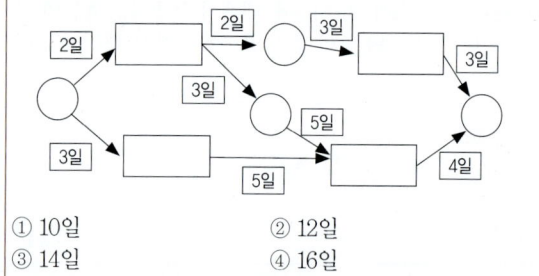

① 10일
② 12일
③ 14일
④ 16일

전문가의 조언
문제에 제시된 임계경로의 소요기일은 14일입니다. 임계경로는 최장 경로를 의미합니다. 문제에 제시된 그림을 보고 각 경로에 대한 소요기일을 계산한 후 가장 오래 걸린 기일을 찾으면 됩니다.

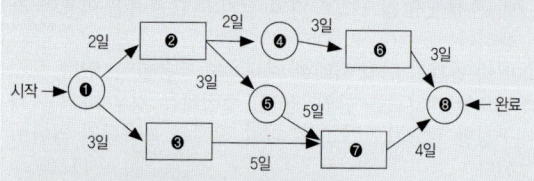

- 경로 1 : ❶ → ❷ → ❹ → ❻ → ❽ = 2+2+3+3=10일
- 경로 2 : ❶ → ❷ → ❺ → ❼ → ❽ = 2+3+5+4=14일
- 경로 3 : ❶ → ❸ → ❼ → ❽ = 3+5+4=12일

그러므로 임계경로는 경로 2이며, 소요기일은 14일입니다.

83. 정보보호를 위한 암호화에 대한 설명으로 틀린 것은?

① 평문 – 암호화되기 전의 원본 메시지
② 암호문 – 암호화가 적용된 메시지
③ 복호화 – 평문을 암호문으로 바꾸는 작업
④ 키(Key) – 적절한 암호화를 위하여 사용하는 값

전문가의 조언
복호화(Decryption)는 암호문을 평문으로 바꾸는 과정입니다.

84. 소프트웨어 비용 산정 방법 중 전문가가 독자적으로 감정할 때 발생할 수 있는 편차를 줄이기 위해 단계별로 전문가들의 견해를 조정자가 조정하여 최종 견적을 결정하는 것은?

① 전문가 감정 기법
② 델파이 방법
③ LOC 방법
④ COCOMO 방법

전문가의 조언
문제에 제시된 내용은 델파이 기법의 개념입니다.

- 전문가 감정 기법 : 조직 내에 있는 경험이 많은 두 명 이상의 전문가에게 비용 산정을 의뢰하는 기법으로, 가장 편리하고 신속하게 비용을 산정할 수 있음
- LOC 기법 : 소프트웨어 각 기능의 원시 코드 라인 수의 비관치, 낙관치, 기대치를 측정하여 예측치를 구하고 이를 이용하여 비용을 산정하는 기법
- COCOMO 모형 : 원시 프로그램의 규모인 LOC(원시 코드 라인 수)에 의한 비용 산정 기법으로, 보헴(Boehm)이 제안하였으며, 개발할 소프트웨어의 규모(LOC)를 예측한 후 이를 소프트웨어 종류에 따라 다르게 책정되는 비용 산정 방정식에 대입하여 비용을 산정함

85. 소인수 분해 문제를 이용한 공개키 암호화 기법에 널리 사용되는 암호 알고리즘 기법은?

① RSA
② DES
③ ARIA
④ SEED

전문가의 조언
소인수 분해 문제를 이용한 공개키 암호화 기법에 널리 사용되는 암호 알고리즘 기법은 RSA(Rivest Shamir Adleman)입니다.

- DES(Data Encryption Standard) : 1975년 미국 NBS에서 발표한 개인키 암호화 알고리즘으로, 블록 크기는 64비트이며, 키 길이는 56비트임
- ARIA(Academy, Research Institute, Agency) : 2004년 국가정보원과 산학연협회가 개발한 블록 암호화 알고리즘으로, 블록 크기는 128비트이며, 키 길이에 따라 128, 192, 256으로 분류함
- SEED : 1999년 한국인터넷진흥원(KISA)에서 개발한 블록 암호화 알고리즘으로, 블록 크기는 128비트이며, 키 길이에 따라 128, 256으로 분류함

86. 시스템의 사용자가 로그인하여 명령을 내리는 과정에 대한 시스템의 동작 중 다음 설명에 해당하는 것은?

- 자신의 신원(Identity)을 시스템에 증명하는 과정이다.
- 아이디와 패스워드를 입력하는 과정이 가장 일반적인 예시라고 볼 수 있다.

① Aging
② Accounting
③ Authorization
④ Authentication

전문가의 조언
문제의 지문은 인증(Authentication)에 대한 설명입니다.

87. 인증의 유형 중에서 패스워드를 사용하는 경우에 해당하는 인증 유형은?

① Something You Have
② Something You Are
③ Something You Know
③ Somewhere You Are

전문가의 조언
패스워드를 기억해서 사용하는 것이므로 Something You Know(지식 기반 인증)에 해당합니다.

88. 다음 설명에 해당하는 시스템은?

- 1990년대 David Clock이 처음 제안하였다.
- 비정상적인 접근의 탐지를 위해 의도적으로 설치해 둔 시스템이다.
- 침입자를 속여 실제 공격당하는 것처럼 보여줌으로써 크래커를 추적 및 공격기법의 정보를 수집하는 역할을 한다.
- 쉽게 공격자에게 노출되어야 하며 쉽게 공격이 가능한 것처럼 취약해 보여야 한다.

① Apache ② Hadoop
③ Honeypot ④ MapReduce

전문가의 조언
문제의 지문에 제시된 내용은 허니팟(Honeypot)의 특징입니다.

병행학습
- 아파치(Apache) : 월드 와이드 웹 컨소시엄(W3C)에서 사용하고 아파치 소프트웨어 재단에서 관리 및 운영하는 서버용 오픈소스 소프트웨어
- 하둡(Hadoop) : 오픈 소스를 기반으로 한 분산 컴퓨팅 플랫폼으로, 관계형 데이터베이스(RDB) 간 대용량 데이터를 전송할 때 스쿱(Sqoop)이라는 도구를 이용함
- 맵리듀스(MapReduce) : 대용량 데이터를 분산 처리하기 위한 목적으로 Google에 의해 고안된 프로그래밍 모델로, 대용량 데이터 처리를 위한 대표적인 병렬 처리 기법으로 많이 소개됨

89. 소프트웨어 프로젝트 관리를 효율적으로 수행하기 위한 3P 중 소프트웨어 프로젝트를 수행하기 위한 Task Framework의 고려와 가장 연관되는 것은?

① People ② Problem
③ Product ④ Process

전문가의 조언
문제에 제시된 내용은 프로젝트 관리를 위한 3P 중 Process에 대한 설명입니다.

90. 정보 시스템과 관련한 다음 설명에 해당하는 것은?

- 각 시스템 간에 공유 디스크를 중심으로 클러스터링으로 엮어 다수의 시스템을 동시에 연결할 수 있다.
- 조직, 기업의 기간 업무 서버 안정성을 높이기 위해 사용될 수 있다.
- 여러 가지 방식으로 구현되며 2개의 서버를 연결하는 것으로 2개의 시스템이 각각 업무를 수행하도록 구현하는 방식이 널리 사용된다.

① 고가용성 솔루션(HACMP)
② 점대점 연결 방식(Point-to-Point Mode)
③ 스턱스넷(Stuxnet)
④ 루팅(Rooting)

전문가의 조언
문제의 지문에 제시된 내용은 고가용성 솔루션(HACMP)의 특징입니다.

병행학습
- 점대점 연결 방식(Point-to-Point Mode) : 연결된 두 단말이 동등하게 연결되어 각 단말이 클라이언트가 될 수도, 서버가 될 수도 있는 방식
- 스턱스넷(Stuxnet) : 독일의 산업시설을 감시하고 파괴하기 위해 만들어진 악성 소프트웨어
- 루팅(Rooting) : 스마트폰의 보안 기능을 해제하여 허용되지 않은 기능을 사용하거나 불법 앱을 사용할 수 있도록 변경하는 행위

91. 소프트웨어 개발 모델 중 나선형 모델의 4가지 주요 활동이 순서대로 나열된 것은?

Ⓐ 계획 수립 Ⓑ 고객 평가
Ⓒ 개발 및 검증 Ⓓ 위험 분석

① Ⓐ-Ⓑ-Ⓒ-Ⓒ 순으로 반복
② Ⓐ-Ⓓ-Ⓒ-Ⓑ 순으로 반복
③ Ⓐ-Ⓑ-Ⓒ-Ⓓ 순으로 반복
④ Ⓐ-Ⓒ-Ⓑ-Ⓓ 순으로 반복

전문가의 조언
나선형 모델은 계획, 위험 분석, 개발, 평가 과정을 반복하며 수행하는 개발방법론입니다.

92. 다음 내용이 설명하는 것은?

- 사물통신, 사물인터넷과 같이 대역폭이 제한된 통신환경에 최적화하여 개발된 푸시기술 기반의 경량 메시지 전송 프로토콜
- 메시지 매개자(Broker)를 통해 송신자가 특정 메시지를 발행하고 수신자가 메시지를 구독하는 방식
- IBM이 주도하여 개발

① GRID
② TELNET
③ GPN
④ MQTT

전문가의 조언
문제의 지문은 MQTT에 대한 설명입니다.

병행학습
- GRID : 한 번에 한 곳만 연결할 수 있던 기존의 웹(WWW)과는 달리 동시에 여러 곳에 연결할 수 있는 인터넷 망 구조
- TELNET : 멀리 떨어져 있는 컴퓨터에 접속하여 자신의 컴퓨터처럼 사용할 수 있도록 해주는 서비스
- GPN : 제품이나 서비스의 생산, 배포, 소비가 다국적으로 상호 연결되어 기능 및 운영되는 현상

93. 시스템에 저장되는 패스워드들은 Hash 또는 암호화 알고리즘의 결과 값으로 저장된다. 이때 암호 공격을 막기 위해 똑같은 패스워드들이 다른 암호 값으로 저장되도록 추가되는 값을 의미하는 것은?

① Pass flag
② Bucket
③ Opcode
④ Salt

전문가의 조언
암호 공격을 막기 위해 똑같은 패스워드들이 다른 암호 값으로 저장되도록 추가되는 값을 솔트(Salt)라고 합니다.

94. SSH(Secure Shell)에 대한 설명으로 틀린 것은?

① SSH의 기본 네트워크 포트는 220번을 사용한다.
② 전송되는 데이터는 암호화 된다.
③ 키를 통한 인증은 클라이언트의 공개키를 서버에 등록해야 한다.
④ 서로 연결되어 있는 컴퓨터 간 원격 명령 실행이나 셸 서비스 등을 수행한다.

전문가의 조언
SSH(Secure Shell)의 기본 네트워크 포트는 22번입니다.

95. 공격자가 패킷의 출발지 주소를 변경하여 출발지와 목적지 주소(또는 포트)를 동일하게 하는 공격 유형은?

① SYN Flooding
② Land
③ TearDrop
④ Key Logger Attack

전문가의 조언
문제에서 설명하는 공격 유형은 Land입니다.

병행학습
- SYN Flooding : 공격자가 가상의 클라이언트로 위장하여 3-way-handshake 과정을 의도적으로 중단시킴으로써 공격 대상지인 서버가 대기 상태에 놓여 정상적인 서비스를 수행하지 못하게 하는 공격 방법
- TearDrop : Fragment Offset 값을 변경시켜 수신 측에서 패킷을 재조립할 때 오류로 인한 과부하를 발생시킴으로써 시스템이 다운되도록 하는 공격 방법
- Key Logger Attack : 컴퓨터 사용자의 키보드 움직임을 탐지해 ID, 패스워드, 계좌번호, 카드번호 등과 같은 개인의 중요한 정보를 몰래 빼가는 해킹 공격

96. 어떤 외부 컴퓨터가 접속되면 접속 인가 여부를 점검해서 인가된 경우에는 접속이 허용되고, 그 반대의 경우에는 거부할 수 있는 접근제어 유틸리티는?

① tcp wrapper
② trace checker
③ token finder
④ change detector

전문가의 조언
외부 컴퓨터의 접속 여부를 제어할 수 있는 접근제어 유틸리티는 TCP Wrapper입니다.

97. 판매 계획 또는 배포 계획은 발표되었으나 실제로 고객에게 판매되거나 배포되지 않고 있는 소프트웨어는?

① Grayware
② Vaporware
③ Shareware
④ Freeware

전문가의 조언
문제의 지문에 제시된 내용은 Vaporware에 대한 개념입니다.

병행학습
- Grayware : 소프트웨어를 제공하는 입장에서는 악의적이지 않은 유용한 소프트웨어라 주장할 수 있지만 사용자 입장에서는 유용할 수도 있고 악의적일 수도 있는 애드웨어, 트랙웨어, 기타 악성 코드나 악성 공유웨어를 말함
- Shareware : 기능 혹은 사용 기간에 제한을 두어 배포하는 소프트웨어로, 무료로 사용할 수 있으며, 일정 기간 사용해 보고 정식 프로그램을 구입할 수 있음
- Freeware : 무료로 사용 또는 배포가 가능한 소프트웨어

98. 시스템 내의 정보는 오직 인가된 사용자만 수정할 수 있는 보안 요소는?

① 기밀성
② 부인방지
③ 가용성
④ 무결성

전문가의 조언
시스템 내의 정보는 오직 인가된 사용자만 수정할 수 있는 보안 요소는 무결성(Integrity)입니다.

병행학습
- 기밀성 : 시스템 내의 정보와 자원은 인가된 사용자에게만 접근이 허용됨
- 부인 방지 : 데이터를 송·수신한 자가 송·수신 사실을 부인할 수 없도록 송·수신 증거를 제공함
- 가용성 : 인가받은 사용자는 언제라도 사용할 수 있음

99. DDoS 공격과 연관이 있는 공격 방법은?

① Secure shell
② Tribe Flood Network
③ Nimda
④ Deadlock

전문가의 조언
Tribe Flood Network은 DDoS 공격의 종류 중 하나로, UDP Flooding, SYN Flooding, Smurfing 등의 다양한 서비스 거부(DoS) 공격을 수행합니다.

100. 다음 내용이 설명하는 로그 파일은?

- 리눅스 시스템에서 사용자의 성공한 로그인/로그아웃 정보 기록
- 시스템의 종료/시작 시간 기록

① tapping
② xtslog
③ linuxer
④ wtmp

전문가의 조언
문제의 지문에서 설명하는 로그 파일은 wtmp입니다.

EXAMINATION 02회 2025년 5월 기출문제

1과목 소프트웨어 설계

등급 A

1. 디자인 패턴 중 구조 패턴에 속하지 않는 것은?
① Observer   ② Decorator
③ Adapter   ④ Proxy

전문가의 조언
Observer는 행위 패턴입니다.

등급 B

2. UML에 대한 설명으로 옳지 않은 것은?
① OMG에서 만든 통합 모델링 언어로서 객체 지향적 분석, 설계 방법론의 표준 지정을 목표로 한다.
② 애플리케이션을 개발할 때 쉽게 이해할 수 있도록 도와주는 여러 가지 유형의 다이어그램을 제공한다.
③ 실시간 시스템 및 분산 시스템과 같은 시스템의 분석과 설계에는 사용될 수 없다.
④ 개발자와 고객 또는 개발자 상호 간의 의사 소통을 원활하게 할 수 있다.

전문가의 조언
UML은 실시간 시스템 및 분산 시스템의 시스템 분석과 설계에 사용이 가능합니다.

등급 A

3. UI 설계 원칙에서 누구나 쉽게 이해하고 사용할 수 있어야 한다는 것은?
① 유효성   ② 직관성
③ 무결성   ④ 유연성

전문가의 조언
누구나 쉽게 이해하고 사용할 수 있어야 한다는 사용자 인터페이스(UI)의 설계 원칙은 직관성입니다.

등급 C

4. 시스템의 구성 요소 중 입력된 데이터를 처리 방법과 조건에 따라 처리하는 것을 의미하는 것은?
① Control   ② Process
③ Feedback   ④ Output

전문가의 조언
서버 튜닝은 서버의 성능을 개선하는 것으로, 구축된 플랫폼의 성능 특성 분석에 사용되는 측정 항목이 될 수 없습니다.

등급 C

5. 다음 중 CASE의 장점이 아닌 것은?
① 자동화된 기법을 통해 소프트웨어 품질이 향상된다.
② 소프트웨어의 유지보수를 간편하게 수행할 수 있다.
③ 소프트웨어의 생산성이 향상된다.
④ 소프트웨어 모듈의 재사용성이 줄어든다.

전문가의 조언
CASE를 이용하면 소프트웨어 모듈의 재사용성이 향상됩니다.

등급 B

6. UML 다이어그램 중 정적 다이어그램이 아닌 것은?
① 컴포넌트 다이어그램
② 배치 다이어그램
③ 순차 다이어그램
④ 패키지 다이어그램

전문가의 조언
순차 다이어그램(Sequence Diagram)은 시간의 흐름에 따라 상호 작용하는 객체들을 표현하는 동적 다이어그램입니다.

정답 1.① 2.③ 3.② 4.② 5.④ 6.③

등급 C

7. 소프트웨어 설계 시 구축된 플랫폼의 성능 특성 분석에 사용되는 측정 항목이 아닌 것은?

① 응답시간(Response Time)
② 가용성(Availability)
③ 사용률(Utilization)
④ 서버 튜닝(Server Tuning)

> **전문가의 조언**
> 모듈화를 통해 분리된 시스템의 각 기능들을 모듈(Module)이라고 합니다.

등급 B

8. 자료 흐름도(DFD)의 각 요소별 표기 형태의 연결이 옳지 않은 것은?

① Process : 원
② Data Flow : 화살표
③ Data Store : 삼각형
④ Terminator : 사각형

> **전문가의 조언**
> 자료 저장소(Data Store)는 평행선(=) 안에 자료 저장소 이름을 기입합니다.

등급 C

9. UI와 관련된 기본 개념 중 하나로, 시스템의 상태와 사용자의 지시에 대한 효과를 보여주어 사용자가 명령에 대한 진행 상황과 표시된 내용을 해석할 수 있도록 도와주는 것은?

① Feedback
② Posture
③ Module
④ Hash

> **전문가의 조언**
> 문제에 제시된 내용은 피드백(Feedback)에 대한 설명입니다.

등급 A

10. 객체지향 소프트웨어 공학에서 하나 이상의 유사한 객체들을 묶어서 하나의 공통된 특성을 표현한 것은?

① 트랜잭션
② 클래스
③ 시퀀스
④ 서브루틴

> **전문가의 조언**
> 하나 이상의 유사한 객체들을 묶어서 하나의 공통된 특성을 표현한 것을 클래스(Class)라고 합니다.

등급 C

11. 설계 기법 중 하향식 설계 방법과 상향식 설계 방법에 대한 비교 설명으로 가장 옳지 않은 것은?

① 하향식 설계에서는 통합 검사 시 인터페이스가 이미 정의되어 있어 통합이 간단하다.
② 하향식 설계에서 레벨이 낮은 데이터 구조의 세부 사항은 설계 초기 단계에서 필요하다.
③ 상향식 설계는 최하위 수준에서 각각의 모듈들을 설계하고 이러한 모듈이 완성되면 이들을 결합하여 검사한다.
④ 상향식 설계에서는 인터페이스가 이미 성립되어 있지 않더라도 기능 추가가 쉽다.

> **전문가의 조언**
> 상향식 설계는 하위 모듈에서 상위 모듈 방향으로 설계하는 것으로 인터페이스가 이미 성립되어 있어야만 기능 추가가 가능합니다.

등급 B

12. CASE(Computer-Aided Software Engineering) 도구에 대한 설명으로 거리가 먼 것은?

① 소프트웨어 개발 과정의 일부 또는 전체를 자동화하기 위한 도구이다.
② 표준화된 개발 환경 구축 및 문서 자동화 기능을 제공한다.
③ 작업 과정 및 데이터 공유를 통해 작업자 간 커뮤니케이션을 증대한다.
④ 2000년대 이후 소개되었으며, 객체지향 시스템에 한해 효과적으로 활용된다.

> **전문가의 조언**
> CASE는 객체지향 시스템뿐만 아니라 구조적 시스템 등 다양한 시스템에서 활용되는 자동화 도구입니다.

등급 A

13. UML 모델에서 사용하는 Structural Diagram에 속하지 않은 것은?

① Class Diagram
② Object Diagram
③ Component Diagram
④ Activity Diagram

> **전문가의 조언**
> 활동 다이어그램(Activity Diagram)은 행위 다이어그램(Behavioral Diagram)에 속합니다.

정답 7.④ 8.③ 9.① 10.② 11.④ 12.④ 13.④

등급 A

14. 객체지향 기법에서 같은 클래스에 속한 각각의 객체를 의미하는 것은?

① Instance ② Message
③ Method ④ Module

전문가의 조언
클래스에 속한 각각의 객체를 인스턴스(Instance)라 하며, 클래스로부터 새로운 객체를 생성하는 것을 인스턴스화(Instantiation)라고 합니다.

등급 A

15. 그래픽 표기법을 이용하여 소프트웨어 구성 요소를 모델링하는 럼바우 분석 기법에 포함되지 않는 것은?

① 객체 모델링
② 기능 모델링
③ 동적 모델링
④ 블랙박스 분석 모델링

전문가의 조언
럼바우 분석 기법의 분석 활동에는 객체 모델링, 동적 모델링, 기능 모델링이 있습니다.

등급 A

16. 다음 내용이 설명하는 디자인 패턴은?

- 객체를 생성하기 위한 인터페이스를 정의하여 어떤 클래스가 인스턴스화 될 것인지는 서브클래스가 결정하도록 하는 것
- Virtual-Constructor 패턴이라고도 함

① Visitor 패턴
② Observer 패턴
③ Factory Method 패턴
④ Bridge 패턴

전문가의 조언
문제의 지문에 제시된 내용은 팩토리 메소드(Factory Method) 패턴의 특징입니다.

등급 A

17. 객체지향에서 정보 은닉과 가장 밀접한 관계가 있는 것은?

① Encapsulation ② Class
③ Method ④ Instance

전문가의 조언
캡슐화(Encapsulation)된 객체는 세부 내용이 외부에 은폐되므로 정보 은닉(Information Hiding)과 밀접한 관계가 있습니다.

등급 B

18. 애자일 방법론에 해당하지 않는 것은?

① 기능 중심 개발
② 스크럼
③ 익스트림 프로그래밍
④ 모듈 중심 개발

전문가의 조언
모듈 중심 개발은 애자일 모형을 기반으로 하는 소프트웨어 개발 모형이 아닙니다.

등급 B

19. GoF(Gang of Four)의 디자인 패턴에서 행위 패턴에 속하는 것은?

① Builder ② Visitor
③ Prototype ④ Bridge

전문가의 조언
방문자(Visitor)는 행위 패턴, Builder와 Prototype은 생성 패턴, Bridge는 구조 패턴에 속합니다.

정답 14.① 15.④ 16.③ 17.① 18.④ 19.②

등급 B

20. 다음 중 비기능 요구사항에 대한 설명으로 옳은 것은?
① 은행의 조회, 입금, 출금, 이체 등이 어떻게 수행되는지 여부는 비기능 요구사항에 해당한다.
② 처리 속도 및 시간, 처리량 등의 성능에 대한 요구사항은 비기능 요구사항에 해당하지 않는다.
③ 보안 및 접근 통제를 위한 요구사항은 비기능 요구사항에 해당하지 않는다.
④ "차량 대여 시스템에서 제공하는 모든 화면은 3초 안에 사용자에게 보여야 한다"는 것은 비기능 요구사항에 해당한다.

전문가의 조언
비기능 요구사항에 대한 설명으로 옳은 것은 ④번입니다.
• ①번은 시스템이 수행해야 하는 기능에 대한 것으로 기능 요구사항입니다.
• ②, ④번은 성능에 관한 비기능 요구사항입니다.
• ③번은 보안에 관한 비기능 요구사항입니다.

2과목 소프트웨어 개발

등급 C

21. 다음 자료에 대하여 "Selection Sort"를 사용하여 오름차순으로 정렬한 경우 PASS 3의 결과는?

초기상태: 8, 3, 4, 9, 7

① 3, 4, 7, 9, 8   ② 3, 4, 8, 9, 7
③ 3, 8, 4, 9, 7   ④ 3, 4, 7, 8, 9

전문가의 조언
선택 정렬은 n개의 레코드 중에서 최소값을 찾아 첫 번째 레코드 위치에 놓고, 나머지 (n-1)개 중에서 다시 최소값을 찾아 두 번째 레코드 위치에 놓는 방식을 반복하여 정렬하는 방식입니다.

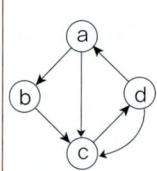

• 원본: 8 3 4 9 7
• 1회전: 8 3 4 9 7 → 3 8 4 9 7
첫 번째부터 마지막 값 중 최소값 3을 찾아 첫 번째 값 8과 위치를 교환합니다.
• 2회전: 3 8 4 9 7 → 3 4 8 9 7
두 번째부터 마지막 값 중 최소값 4를 찾아 두 번째 값 8과 위치를 교환합니다.
• 3회전: 3 4 8 9 7 → 3 4 7 9 8
세 번째부터 마지막 값 중 최소값 7을 찾아 세 번째 값 8과 위치를 교환합니다.
• 4회전: 3 4 7 9 8 → 3 4 7 8 9
네 번째부터 마지막 값 중 최소값 8을 찾아 네 번째 값 9와 위치를 교환합니다.

등급 A

22. 제어 흐름 그래프가 다음과 같을 때 McCabe의 Cyclomatic 수는 얼마인가?

① 3   ② 4
③ 5   ④ 6

전문가의 조언
제어 흐름도에서 순환복잡도(cyclomatic)는 다음과 같이 2가지 방법으로 계산할 수 있습니다.
[방법 1] 영역 수 계산
내부 영역 3(❶, ❷, ❸) + 외부 영역 1(❹) = 4

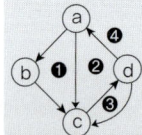

[방법 2] V(G) = E − N + 2(E는 화살표 수, N은 노드 수)
V(G) = 6 − 4 + 2 = 4

등급 C

23. 정렬된 N개의 데이터를 처리하는 데 $O(N\log_2 N)$의 시간이 소요되는 정렬 알고리즘은?
① 합병 정렬 ② 버블 정렬
③ 선택 정렬 ④ 삽입 정렬

전문가의 조언
$O(N\log_2 N)$의 시간 복잡도를 가진 정렬 알고리즘에는 힙 정렬과 2-Way 합병 정렬이 있습니다.

등급 A

24. 소프트웨어 품질 측정을 위해 개발자 관점에서 고려해야 할 항목으로 거리가 먼 것은?
① 정확성 ② 무결성
③ 사용성 ④ 간결성

전문가의 조언
소프트웨어 품질 측정을 위해 개발자 관점에서 고려해야 할 항목에는 정확성, 사용성, 무결성 등이 있습니다.

등급 A

25. 프로그램 설계도의 하나인 NS Chart에 대한 설명으로 가장 거리가 먼 것은?
① 논리의 기술에 중점을 두고 도형을 이용한 표현 방법이다.
② 이해하기 쉽고 코드 변환이 용이하다.
③ 화살표나 GOTO를 사용하여 이해하기 쉽다.
④ 연속, 선택, 반복 등의 제어 논리 구조를 표현한다.

전문가의 조언
N-S 차트는 GOTO나 화살표를 사용하지 않습니다.

등급 B

26. 블랙박스 테스트의 유형으로 틀린 것은?
① 경계값 분석 ② 오류 예측
③ 동등 분할 기법 ④ 조건, 루프 검사

전문가의 조언
조건, 루프 검사는 화이트박스 테스트의 종류입니다.

등급 C

27. 소프트웨어 품질 관련 국제 표준인 ISO/IEC 25000에 관한 설명으로 옳지 않은 것은?
① 소프트웨어 품질 평가를 위한 소프트웨어 품질평가 통합 모델 표준이다.
② System and Software Quality Requirements and Evaluation으로 줄여서 SQuaRE라고도 한다.
③ ISO/IEC 2501n에서는 소프트웨어의 내부 측정, 외부 측정, 사용 품질 측정, 품질 측정 요소 등을 다룬다.
④ 기존 소프트웨어 품질 평가 모델과 소프트웨어 평가 절차 모델인 ISO/IEC 9126과 ISO/IEC 14598을 통합하였다.

전문가의 조언
• ISO/IEC 2501n에서는 소프트웨어의 내부 및 외부 품질과 사용 품질에 대한 모델 등 품질 모델 부분을 다룹니다.
• 소프트웨어의 내부 측정, 외부 측정, 사용 품질 측정, 품질 측정 요소 등 품질 측정 부분을 다루는 것은 ISO/IEC 2502n입니다.

등급 B

28. 정형 기술 검토(FTR)의 지침으로 틀린 것은?
① 의제를 제한한다.
② 논쟁과 반박을 제한한다.
③ 문제 영역을 명확히 표현한다.
④ 참가자의 수를 제한하지 않는다.

전문가의 조언
정형 기술 검토는 의제와 참가자의 수를 제한합니다.

정답 23.① 24.④ 25.③ 26.④ 27.③ 28.④

29. 스택에서 순서가 A, B, C, D로 정해진 입력 자료를, push → push → pop → push → push → pop → pop → pop으로 연산 했을 때 출력은?

① C, B, D, A ② B, C, D, A
③ B, D, C, A ④ C, B, A, D

전문가의 조언
PUSH는 스택에 자료를 입력하는 명령이고, POP은 스택에서 자료를 출력하는 명령입니다. 문제에 제시된 대로 PUSH와 POP을 수행하면 다음의 순서로 입출력이 발생합니다.

30. 소프트웨어 테스트에서 오류의 80%는 전체 모듈의 20% 내에서 발견된다는 법칙은?

① Brooks의 법칙 ② Boehm의 법칙
③ Pareto의 법칙 ④ Jackson의 법칙

전문가의 조언
소프트웨어 테스트에서 오류의 80%는 전체 모듈의 20% 내에서 발견된다는 법칙은 파레토 법칙(Pareto Principle)입니다.

31. 스택(Stack)에 대한 옳은 내용으로만 나열된 것은?

㉠ FIFO 방식으로 처리된다.
㉡ 순서 리스트의 뒤(Rear)에서 노드가 삽입되며, 앞(Front)에서 노드가 제거된다.
㉢ 선형 리스트의 양쪽 끝에서 삽입과 삭제가 모두 가능한 자료구조이다.
㉣ 인터럽트 처리, 서브루틴 호출 작업 등에 응용된다.

① ㉠, ㉡ ② ㉡, ㉢
③ ㉣ ④ ㉠, ㉡, ㉢, ㉣

전문가의 조언
스택(Stack)의 내용으로 옳은 것은 ㉣입니다.
• ㉠ 스택은 후입선출(LIFO; Last In First Out) 방식으로 자료를 처리합니다.
• ㉡ 큐(Queue)에 대한 설명입니다.
• ㉢ 데크(Deque)에 대한 설명입니다.

32. 소스 코드 품질 분석 도구 중 정적 분석 도구가 아닌 것은?

① pmd ② checkstyle
③ valMeter ④ cppcheck

전문가의 조언
정적 분석 도구에는 pmd, cppcheck, SonarQube, checkstyle, ccm, cobertura 등이 있습니다.

33. 분할 정복(Divide and Conquer)에 기반한 알고리즘으로 피봇(pivot)을 사용하며 최악의 경우 n(n-1)/2 회의 비교를 수행해야 하는 정렬(Sort)은?

① Selection Sort ② Bubble Sort
③ Insertion Sort ④ Quick Sort

전문가의 조언
분할 정복(Divide and Conquer)에 기반한 알고리즘으로 피봇(pivot)을 사용하는 정렬은 퀵 정렬(Quick Sort)입니다.

병행학습
• 선택 정렬(Selection Sort) : n개의 레코드 중에서 최소값을 찾아 첫 번째 레코드 위치에 놓고, 나머지 (n-1)개 중에서 다시 최소값을 찾아 두 번째 레코드 위치에 놓는 방식을 반복하여 정렬하는 방식
• 버블 정렬(Bubble Sort) : 주어진 파일에서 인접한 두 개의 레코드 키 값을 비교하여 그 크기에 따라 레코드 위치를 서로 교환하는 정렬 방식
• 삽입 정렬(Insertion Sort) : 가장 간단한 정렬 방식으로 이미 순서화된 파일에 새로운 하나의 레코드를 순서에 맞게 삽입시켜 정렬함

등급 A

34. 블랙박스 테스트를 이용하여 발견할 수 있는 오류가 아닌 것은?
① 비정상적인 자료를 입력해도 오류 처리를 수행하지 않는 경우
② 정상적인 자료를 입력해도 요구된 기능이 제대로 수행되지 않는 경우
③ 반복 조건을 만족하는데도 루프 내 문장이 수행되지 않는 경우
④ 경계값을 입력할 경우 요구된 출력 결과가 나오지 않는 경우

전문가의 조언
화이트박스 테스트를 통해서만 루프 내 문장의 수행 여부를 확인할 수 있습니다.

등급 B

35. 자료 구조의 분류 중 선형 구조가 아닌 것은?
① 트리
② 리스트
③ 스택
④ 데크

전문가의 조언
트리(Tree)는 비선형 구조입니다.

등급 A

36. 다음 트리를 후위 순회(Post Traversal)한 결과는?

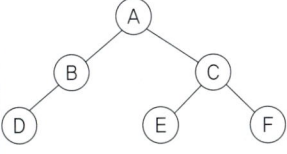

① A B D C E F
② D B A E C F
③ A B C D E F
④ D B E F C A

전문가의 조언
먼저 서브 트리를 하나의 노드로 생각할 수 있도록 서브 트리 단위로 묶습니다.

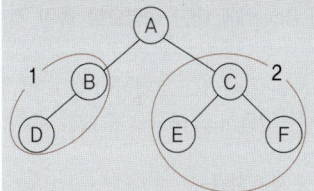

❶ Postorder는 Left → Right → Root이므로 12A가 됩니다.
❷ 1은 DB이므로 DB2A가 됩니다.
❸ 2는 EFC이므로 DBEFCA가 됩니다.

등급 B

37. 테스트 케이스와 관련한 설명으로 틀린 것은?
① 테스트의 목표 및 테스트 방법을 결정하기 전에 테스트 케이스를 작성해야 한다.
② 프로그램에 결함이 있더라도 입력에 대해 정상적인 결과를 낼 수 있기 때문에 결함을 검사할 수 있는 테스트 케이스를 찾는 것이 중요하다.
③ 개발된 서비스가 정의된 요구 사항을 준수하는지 확인하기 위한 입력 값과 실행 조건, 예상 결과의 집합으로 볼 수 있다.
④ 테스트 케이스 실행이 통과되었는지 실패하였는지 판단하기 위한 기준을 테스트 오라클(Test Oracle)이라고 한다.

전문가의 조언
테스트 케이스는 테스트의 목표와 방법을 결정한 후 작성합니다.

등급 C

38. 해시 함수가 서로 다른 키에 대해 같은 주소값을 반환해서 충돌이 발생하면 각 데이터를 해당 주소에 있는 링크드 리스트(Linked List)에 삽입하여 문제를 해결하는 기법은?
① Chaining
② Rehashing
③ Open Addressing
④ Linear Probing

전문가의 조언
각 데이터를 해당 주소에 있는 연결 리스트(Linked List)에 삽입하여 문제를 해결하는 기법은 체이닝(Chaining)입니다.

정답 34.③ 35.① 36.④ 37.① 38.①

39. 테스트 드라이버(Test Driver)에 대한 설명으로 틀린 것은?
① 시험 대상 모듈을 호출하는 간이 소프트웨어이다.
② 필요에 따라 매개 변수를 전달하고 모듈을 수행한 후의 결과를 보여줄 수 있다.
③ 상향식 통합 테스트에서 사용된다.
④ 테스트 대상 모듈이 호출하는 하위 모듈의 역할을 한다.

전문가의 조언
비어있는 하위 모듈을 대체하는 것은 스텁(Stub), 상위 모듈을 대체하는 것이 드라이버(Driver)입니다.

40. 개별 모듈을 시험하는 것으로, 모듈이 정확하게 구현되었는지, 예정한 기능이 제대로 수행되는지를 점검하는 것이 주목적인 테스트는?
① 통합 테스트(Integration Test)
② 단위 테스트(Unit Test)
③ 시스템 테스트(System Test)
④ 인수 테스트(Acceptance Test)

전문가의 조언
모듈이나 컴포넌트 단위로 기능을 확인하는 테스트는 단위 테스트(Unit Test)입니다.

3과목 데이터베이스 구축

41. 시스템에서 시스템으로 데이터를 이동시키는 기능의 3가지 형태인 추출, 변환, 올려놓기의 영문 약어를 의미하는 것은?
① FTP
② API
③ ETL
④ EAI

전문가의 조언
추출(Extraction), 변환(Transformation), 올려놓기(Load)의 영문 약어는 ETL입니다.

병행학습
- FTP(File Transfer Protocol) : 컴퓨터와 컴퓨터 또는 컴퓨터와 인터넷 사이에서 파일을 주고받을 수 있도록 하는 원격 파일 전송 프로토콜
- API(Application Programming Interface) : 응용 프로그램 개발 시 운영체제나 프로그래밍 언어 등에 있는 라이브러리를 이용할 수 있도록 규칙 등을 정의해 놓은 인터페이스
- EAI(Enterprise Application Integration) : 기업 내 각종 애플리케이션 및 플랫폼 간의 정보 전달, 연계, 통합 등 상호 연동이 가능하게 해주는 솔루션

42. 정규화에 관한 설명으로 옳지 않은 것은?
① 릴레이션 R의 도메인들의 값이 원자 값만을 가지면 릴레이션 R은 제1정규형에 해당된다.
② 릴레이션 R이 제1정규형을 만족하면서, 키가 아닌 모든 속성이 기본키에 완전 함수 종속이면 릴레이션 R은 제2정규형에 해당된다.
③ 릴레이션 R이 제2정규형을 만족하면서, 키가 아닌 모든 속성들이 기본키에 이행적으로 함수 종속되지 않으면 릴레이션 R은 제3정규형에 해당된다.
④ 릴레이션 R이 제3정규형을 만족하면서, 결정자가 모두 후보키이면 릴레이션 R은 제4정규형에 해당된다.

전문가의 조언
- 릴레이션 R이 제3정규형을 만족하면서, 결정자가 모두 후보키이면 릴레이션 R은 BCNF(Boyce-Codd 정규형)에 해당됩니다.
- 제4정규형(4NF)은 릴레이션 R에 다치 종속 A → B가 성립하는 경우 R의 모든 속성이 A에 함수적 종속 관계를 만족하는 정규형입니다.

43. 다음 릴레이션에서 카디널리티와 차수의 합은?

사번	이름	부서	직위	성별
35001	김은소	생산	대리	여
35002	이동준	영업	과장	남
35003	최시연	기획	사원	여
35004	유영조	홍보	대리	남

① 7
② 8
③ 9
④ 10

전문가의 조언
릴레이션에서 카디널리티(Cardinality)는 튜플(행)의 수, 차수(Degree)는 속성(열)의 수를 의미하므로 카디널리티는 4, 차수는 5, 즉 4+5=9입니다.

정답 39.④ 40.② 41.③ 42.④ 43.③

등급 A

44. SQL문에서 사용하는 옵션 중 검색 결과에서 레코드의 중복을 제거할 때 사용하는 것은?
① CASCADE ② DISTINCT
③ RESTRICT ④ UNION

전문가의 조언
검색 결과에서 레코드의 중복을 제거할 때 사용하는 옵션은 DISTINCT입니다.

병행학습
- CASCADE : 참조 테이블의 튜플이 삭제되면 기본 테이블의 관련 튜플도 모두 삭제되고, 속성이 변경되면 관련 튜플의 속성 값도 모두 변경됨
- RESTRICT : 다른 개체가 제거할 요소를 참조중일 때는 제거를 취소함
- UNION : 집합 연사자로, 두 SELECT문의 조회 결과를 통합하여 모두 출력함

등급 C

45. 트랜잭션의 특징으로 거리가 먼 것은?
① Consistency ② Isolation
③ Durability ④ Automatic

전문가의 조언
트랜잭션의 특징을 영어 앞글자만 모아서 ACID라고 하며, A는 Atomicity(원자성)을 의미합니다.

등급 C

46. SQL의 명령은 사용 용도에 따라 DDL, DML, DCL로 구분할 수 있다. 다음 명령 중 그 성격이 나머지 셋과 다른 하나는?
① SELECT ② CREATE
③ INSERT ④ UPDATE

전문가의 조언
CREATE는 DDL(데이터 정의어)이고, 나머지는 DML(데이터 조작어)입니다.

등급 A

47. 다음 중 기본키는 NULL 값을 가져서는 안되며, 릴레이션 내에 오직 하나의 값만 존재해야 한다는 조건을 무엇이라 하는가?
① 개체 무결성 제약조건
② 참조 무결성 제약조건
③ 도메인 무결성 제약조건
④ 속성 무결성 제약조건

전문가의 조언
기본키는 NULL값을 가져서는 안되며, 릴레이션 내에 오직 하나의 값만 존재해야 하는 조건은 개체 무결성 제약 조건입니다.

병행학습
- 참조 무결성(Referential Integrity) : 외래키 값은 Null이거나 참조 릴레이션의 기본키 값과 동일해야 하고, 릴레이션은 참조할 수 없는 외래키 값을 가질 수 없다는 규정
- 도메인 무결성(Domain Integrity, 영역 무결성) : 주어진 속성 값이 정의된 도메인에 속한 값이어야 한다는 규정

등급 B

48. 정규화된 엔티티, 속성, 관계를 시스템의 성능 향상과 개발 운영의 단순화를 위해 중복, 통합, 분리 등을 수행하는 데이터 모델링 기법은?
① 인덱스정규화 ② 반정규화
③ 집단화 ④ 머징

전문가의 조언
정규화된 엔티티, 속성, 관계를 중복, 통합, 분리하는 등 의도적으로 정규화 원칙을 위배하는 행위를 반정규화(Denormalization)라고 합니다.

등급 A

49. 릴레이션에서 튜플을 유일하게 구별해 주는 속성 또는 속성들의 조합을 의미하는 키는?
① Alternate Key ② Foreign Key
③ Primary Key ④ Candidate Key

전문가의 조언
릴레이션에서 튜플을 유일하게 구별해 주는 속성 또는 속성들의 조합을 의미하는 키는 후보키(Candidate Key)입니다.

병행학습
- 대체키(Alternate Key) : 후보키가 둘 이상일 때 기본키를 제외한 나머지 후보키를 의미함
- 외래키(Foreign Key) : 다른 릴레이션의 기본키를 참조하는 속성 또는 속성들의 집합을 의미함
- 기본키(Primary Key) : 후보키 중에서 특별히 선정된 키로 중복된 값과 NULL 값을 가질 수 없음

정답 44.② 45.④ 46.② 47.① 48.② 49.④

등급 B

50. 뷰(VIEW)에 관한 설명으로 옳지 않은 것은?
① 뷰는 가상 테이블이므로 물리적으로 구현되어 있지 않다.
② 하나의 뷰를 제거해도 그 뷰를 기초로 정의된 다른 뷰는 제거되지 않는다.
③ 필요한 데이터만 뷰로 정의해서 처리할 수 있기 때문에 관리가 용이하다.
④ SQL에서 뷰를 생성할 때는 CREATE문을 사용한다.

전문가의 조언
하나의 뷰를 삭제하면 그 뷰를 기초로 정의된 다른 뷰도 자동으로 삭제됩니다.

등급 A

51. 관계 해석(Relational Calculus)에 대한 설명으로 잘못된 것은?
① 튜플 관계 해석과 도메인 관계 해석이 있다.
② 기본적으로 관계 해석과 관계 대수는 관계 데이터베이스를 처리하는 기능과 능력면에서 동등하다.
③ 수학의 Predicate Calculus에 기반을 두고 있다.
④ 원하는 정보와 그 정보를 어떻게 유도하는가를 기술하는 절차적인 특성을 가진다.

전문가의 조언
• ④번은 관계대수에 대한 설명입니다.
• 관계해석은 원하는 정보가 무엇이라는 것만 정의하는 비절차적 방법입니다.

등급 B

52. 집합 연산자에 대한 설명으로 틀린 것은?
① UNION은 두 릴레이션의 교차곱을 수행하기 때문에 두 릴레이션의 공통 튜플 수와 관계가 없다.
② UNION ALL은 중복된 행을 포함하여 두 SELECT문의 조회 결과를 모두 출력한다.
③ 두 SELECT문의 조회 결과 중 공통된 행만 출력하는 집합 연산자는 INTERSECT이다.
④ EXCEPT는 두 릴레이션의 차집합 연산을 수행하기 때문에 첫 번째 릴레이션의 튜플보다 많은 수의 튜플이 출력될 수 없다.

전문가의 조언
UNION은 두 릴레이션의 합집합을 수행하며, 두 릴레이션의 공통 튜플, 즉 중복되는 튜플은 한 번만 출력합니다.

등급 C

53. 다음 SQL문의 실행결과로 생성되는 튜플 수는?

```
SELECT 급여 FROM 사원;
```

〈사원〉 테이블

사원ID	사원명	급여	부서ID
101	박철수	30000	1
102	한나라	35000	2
103	김감동	40000	3
104	이구수	35000	2
105	최초록	40000	3

① 1   ② 3   ③ 4   ④ 5

전문가의 조언
SQL문의 실행결과로 생성되는 튜플 수는 5개입니다.
• SELECT 급여 : '급여' 필드를 표시합니다.
• FROM 사원 : 〈사원〉 테이블의 자료를 검색합니다.
∴ WHERE문이 없으므로 〈사원〉 테이블에서 '급여' 필드의 전체 레코드를 검색합니다.

〈실행결과〉

급여
30000
35000
40000
35000
40000

등급 A

54. 시스템 카탈로그에 대한 설명으로 옳지 않은 것은?
① 시스템 자체에 관련 있는 다양한 객체에 관한 정보를 포함하는 시스템 데이터베이스이다.
② 카탈로그들이 생성되면 자료 사전에 저장되기 때문에 좁은 의미로는 자료 사전이라고도 한다.
③ 무결성 확보를 위하여 일반 사용자는 내용을 검색할 수 없다.
④ 기본 테이블, 뷰, 인덱스, 패키지, 접근 권한 등의 정보를 저장한다.

정답 50.② 51.④ 52.① 53.④ 54.③

> **전문가의 조언**
> 시스템 카탈로그 자체도 테이블(시스템 테이블)로 구성되어 있어 일반 사용자도 SQL을 이용하여 내용을 검색해 볼 수 있습니다. 단, 수정은 불가능합니다

등급 C

55. 개체-관계 모델에 대한 설명으로 옳지 않은 것은?

① 오너-멤버(Owner-Member) 관계라고도 한다.
② 개체 타입과 이들 간의 관계 타입을 기본 요소로 이용하여 현실 세계를 개념적으로 표현한다.
③ E-R 다이어그램에서 개체 타입은 사각형으로 나타낸다.
④ E-R 다이어그램에서 속성은 타원으로 나타낸다.

> **전문가의 조언**
> 오너-멤버(Owner-Member) 관계라고도 불리는 데이터 모델은 논리적 데이터 모델 중 하나인 네트워크(망)형 데이터 모델입니다.

등급 B

56. 로킹 단위가 큰 경우에 대한 설명으로 옳은 것은?

① 로킹 오버헤드 증가, 데이터베이스 공유도 저하
② 로킹 오버헤드 감소, 데이터베이스 공유도 저하
③ 로킹 오버헤드 감소, 데이터베이스 공유도 증가
④ 로킹 오버헤드 증가, 데이터베이스 공유도 증가

> **전문가의 조언**
> 로킹 단위가 크면 로크 수가 적어(오버헤드 감소) 관리하기 쉽지만 병행성(공유도) 수준이 낮아집니다.

등급 B

57. 분산 운영체제에서 사용자가 원하는 파일이나 데이터베이스, 프린터 등의 자원들이 지역 컴퓨터 또는 네트워크 내의 다른 원격지 컴퓨터에 존재하더라도 위치에 관계없이 그의 사용을 보장하는 개념은?

① 위치 투명성 ② 접근 투명성
③ 복사 투명성 ④ 접근 독립성

> **전문가의 조언**
> 문제에 제시된 내용은 위치 투명성(Location Transparency)의 개념입니다.

등급 B

58. 학적 테이블에서 전화번호가 Null 값이 아닌 학생명을 모두 검색할 때, SQL 구문으로 옳은 것은?

① SELECT 학생명 FROM 학적 WHERE 전화번호 DON'T NULL;
② SELECT 학생명 FROM 학적 WHERE 전화번호 != NOT NULL;
③ SELECT 학생명 FROM 학적 WHERE 전화번호 IS NOT NULL;
④ SELECT 학생명 FROM 학적 WHERE 전화번호 IS NULL;

> **전문가의 조언**
> SQL 구문으로 옳은 것은 ③번입니다. SQL 문장은 절별로 분리하여 이해하면 쉽습니다.
>
> ❶ SELECT 학생명
> ❷ FROM 학적
> ❸ WHERE 전화번호 IS NOT NULL;
>
> ❶ '학생명'을 표시한다.
> ❷ (학적) 테이블을 대상으로 검색한다.
> ❸ '전화번호'가 NULL이 아닌 튜플만을 대상으로 한다.
> ※ NULL 값을 질의할 때는 IS NULL, NULL 값이 아닐 경우는 IS NOT NULL을 사용합니다.

등급 B

59. 관계 대수식을 SQL 질의로 옳게 표현한 것은?

π이름(σ학과='교육'(학생))

① SELECT 학생 FROM 이름 WHERE 학과 = '교육';
② SELECT 이름 FROM 학생 WHERE 학과 = '교육';
③ SELECT 교육 FROM 학과 WHERE 이름 = '학생';
④ SELECT 학과 FROM 학생 WHERE 이름 = '교육';

> **전문가의 조언**
> 관계 대수식을 SQL 질의로 옳게 표현한 것은 ②번입니다.
>
> • π이름 : '이름' 필드를 표시하므로 **SELECT 이름**입니다.
> • σ학과 = '교육' : '학과'가 "교육"인 자료만을 대상으로 검색하므로 **WHERE 학과 = '교육'**입니다.
> • (학생) : (학생) 테이블의 자료를 검색하므로 **FROM 학생**입니다.
> ∴ 학과가 '교육'인 학생의 '이름'을 검색하라는 의미입니다.

정답 55.① 56.② 57.① 58.③ 59.②

60. 데이터베이스의 무결성 규정(Integrity Rule)과 관련한 설명으로 틀린 것은?

① 무결성 규정에는 데이터가 만족해야 될 제약 조건, 규정을 참조할 때 사용하는 식별자 등의 요소가 포함될 수 있다.
② 무결성 규정의 대상으로는 도메인, 키, 종속성 등이 있다.
③ 정식으로 허가받은 사용자가 아닌 불법적인 사용자에 의한 갱신으로부터 데이터베이스를 보호하기 위한 규정이다.
④ 릴레이션 무결성 규정(Relation Integrity Rules)은 릴레이션을 조작하는 과정에서의 의미적 관계(Semantic Relationship)를 명세한 것이다.

전문가의 조언
허가 받은 사용자만이 갱신할 수 있다는 설명은 데이터베이스의 무결성 규정(Integrity Rule)이 아닌 소프트웨어 개발 시 충족시켜야 할 보안 요소인 무결성(Integrity)에 대한 설명입니다.

4 과목 프로그래밍 언어 활용

61. 다음 Python 프로그램이 실행되었을 때, 실행 결과는?

```
def sum_many(*args):
    sum = 0
    for i in args:
        sum = sum + i
    return sum
result = sum_many(1,2,3)
print(result)
```

① 6   ② 1
③ 2   ④ 3

전문가의 조언
코드의 실행 결과는 6이며, 사용된 코드의 의미는 다음과 같습니다.

```
❷ def sum_many(*args):
❸     sum = 0
❹     for i in args:
❺         sum = sum + i
❻     return sum
❶❼ result = sum_many(1,2,3)
❽ print(result)
```

sum_many( ) 메소드를 정의하는 부분의 다음 줄부터 시작한다.
❶ result를 선언하고, 1, 2, 3을 인수로 sum_many( ) 메소드를 호출한 후 돌려받은 값을 저장한다.
❷ sum_many( ) 메소드의 시작점이다. ❶번에서 전달받은 1, 2, 3을 가변 인수 args가 튜플 형태로 받는다.
※ *args와 같이 변수명 앞에 *을 붙이면, 함수 호출 시 여러 개의 인수를 전달받을 수 있는 가변 인자로 선언됩니다.

	[0]	[1]	[1]
args	1	2	3

❸ sum을 선언하고 0으로 초기화한다.
❹ args의 요소 수만큼 ❺번을 반복 수행한다. args가 3개의 요소를 가지므로 각 요소를 i에 저장하면서 ❺번을 3회 수행한다.
❺ sum에 i의 값을 누적시킨다.
※ 반복문 실행에 따른 변수들의 변화는 다음과 같다.

i	sum
	0
1	1
2	3
3	6

❻ sum의 값 6을 메소드를 호출했던 ❼번으로 반환한다.
❼ result에 ❻번에서 돌려받은 6을 저장한다.
❽ result의 값 6을 출력한다.

| 결과 | 6 |

62. 다음 C언어 프로그램이 실행되었을 때, 실행 결과는?

```
#include <stdio.h>
int main(int argc, char* argv[ ]) {
    int a = 0xA5;
    int b = 0x0F;
    printf("%x", a&b);
    return 0;
}
```

① A5   ② 0F   ③ 5   ④ AF

정답 60.③ 61.① 62.③

> **전문가의 조언**
> 코드의 실행 결과는 5이며, 사용된 코드의 의미는 다음과 같습니다.
>
> ```
> #include <stdio.h>
> int main(int argc, char* argv[ ]) {
> ❶    int a = 0xA5;
> ❷    int b = 0x0F;
> ❸    printf("%x", a&b);
> ❹    return 0;
> }
> ```
>
> ❶ 정수형 변수 a를 선언하고, 16진수 A5를 저장한다.
> ※ 숫자 앞에 0x가 붙으면, 16진수를 의미합니다.
> ❷ 정수형 변수 b를 선언하고, 16진수 0F를 저장한다.
> ❸ a와 b의 비트 and 연산(&)의 결과 5를 16진수로 출력한다.
>
>   1010 0101 : A5₍₁₆₎
> & 0000 1111 : 0F₍₁₆₎
> ────────────────
>   0000 0101 : 5₍₁₆₎
>
> 결과 `5`
>
> ❹ main( ) 함수에서의 'return 0'은 프로그램의 종료를 의미한다.

❶ 정수형 변수 a를 선언하고, 10으로 초기화한다.
❷ 정수형 변수 b를 선언하고, a+2의 값인 12로 초기화한다. a++은 후치 연산자이므로 연산 이후 a는 11이 된다.
❸ b의 값 12를 출력한다.

결과 `12`

❹ main( ) 함수에서의 'return 0'은 프로그램의 종료를 의미한다.

63. 다음 C언어 프로그램이 실행되었을 때, 실행 결과는?

```
#include <stdio.h>
int main(int argc, char* argv[ ]) {
    int a = 10;
    int b = (a++)+2;
    printf("%d", b);
    return 0;
}
```

① 13　　　② 10
③ 11　　　④ 12

> **전문가의 조언**
> 코드의 실행 결과는 12이며, 사용된 코드의 의미는 다음과 같습니다.
>
> ```
> #include <stdio.h>
> int main(int argc, char* argv[ ]) {
> ❶    int a = 10;
> ❷    int b = (a++)+2;
> ❸    printf("%d", b);
> ❹    return 0;
> }
> ```

64. 다음 C 언어 프로그램이 실행 결과와 같이 출력될 수 있도록 코드의 ㉠, ㉡에 들어갈 예약어로 알맞은 것은?

```
#include <stdio.h>
int main(int argc, char* argv[ ]) {
    ㉠ str[3] = {'A', 'B', 'C'};
    ㉡ n[3] = {84.55, 74.85, 93.57};
    for (int i = 0; i < 3; i++) {
        printf("%c, %.5f\n", str[i], n[i]);
    }
    return 0;
}
```

[실행결과]

```
A, 84.55000
B, 74.85000
C, 93.57000
```

① ㉠ short　　㉡ char
② ㉠ double　㉡ char
③ ㉠ char　　㉡ short
④ ㉠ char　　㉡ double

정답 63.④ 64.④

전문가의 조언
코드의 ⊙과 ⓒ에 들어갈 자료형은 각각 char과 double이며, 사용된 코드의 의미는 다음과 같습니다.

```
#include <stdio.h>
int main(int argc, char* argv[ ]) {
❶    char str[3] = {'A', 'B', 'C'};
❷    double n[3] = {84.55, 74.85, 93.57};
❸    for (int i = 0; i < 3; i++) {
❹        printf("%c, %.5f\n", str[i], n[i]);
    }
❺    return 0;
}
```

❶ 3개의 요소를 갖는 문자형 배열 str을 선언하고 초기화한다.

	[0]	[1]	[2]
str	'A'	'B'	'C'

❷ 3개의 요소를 갖는 실수형 배열 n을 선언하고 초기화한다.

	[0]	[1]	[2]
n	84.55	74.85	93.57

❸ 반복 변수 i가 0부터 1씩 증가하면서 3보다 작은 동안 ❹번을 반복 수행한다.
❹ str[i]의 값을 문자형으로 출력하고 콤마(,)와 공백 한 칸을 출력한다. 이어서 n[i]의 값을 출력하되, 정수 부분은 모두 출력하고 소수점 이하는 6자리에서 반올림하여 5자리까지만 출력한다.

※ 반복문 실행에 따른 변수들의 변화는 다음과 같다.

i	str[i]	n[i]	출력
0	A	84.55	A, 84.55000
1	B	74.85	B, 74.85000
2	C	93.57	C, 93.57000
3			

❺ main( ) 함수에서의 'return 0'은 프로그램의 종료를 의미한다.

등급 B

65. 다음 중 C언어에서 정수형 변수 a에 4를 곱한 결과와 같은 것은?

① a ≪ 2
② a ≫ 2
③ a ^ 2
④ a ** 2

전문가의 조언
a에 4를 곱한 결과와 같은 것은 ①번입니다.
① ≪ (왼쪽 시프트)는 비트를 왼쪽으로 이동시키는 비트 연산자로, 1비트 이동할 때마다 2를 곱하는 것과 같습니다.
∴ a ≪ 2 : a의 값에 4(2²)를 곱한 것과 같습니다.

② ≫ (오른쪽 시프트)는 비트를 오른쪽으로 이동시키는 비트 연산자로, 1비트 이동할 때마다 2로 나눈 것과 같습니다.
∴ a ≫ 2 : a의 값을 4(2²)로 나눈 것과 같습니다.
③ ^ (비트 or)는 두 비트 중 한 비트라도 1이면 1이 되는 비트 연산입니다.
∴ a ^ 2 : a와 2를 비트 or 연산합니다.
④ ** 는 C언어에서 사용되지 않는 연산자로, 파이썬(Python)에서는 거듭제곱 연산자로 사용됩니다.

등급 B

66. 다음 중 IPv4에 대한 설명으로 옳은 것은?

① IPv6에 비해 자료 전송 속도가 빠르다.
② 주소의 길이는 32비트이다.
③ 브로드캐스트, 유니캐스트, 멀티캐스트로 구성된다.
④ 인증성, 기밀성, 데이터 무결성의 지원으로 보안 문제를 해결할 수 있다.

전문가의 조언
• IPv4에 대한 설명으로 옳은 것은 ②번입니다.
• 나머지는 모두 IPv6의 특징입니다.

등급 A

67. 다음 C언어 프로그램이 실행되었을 때의 결과는?

```
#include <stdio.h>
#include <string.h>
int main(void) {
    char str[50] = "no";
    char *p2 = "yes";
    strcat(str, p2);
    printf("%s", str);
    return 0;
}
```

① yes
② yesno
③ no
④ noyes

> **전문가의 조언**
> 코드의 실행 결과는 **noyes**이며, 사용된 코드의 의미는 다음과 같습니다.
>
> ```
> #include <stdio.h>
> #include <string.h>
>
> int main(void) {
> ❶     char str[50] = "no";
> ❷     char *p2 = "yes";
> ❸     strcat(str, p2);
> ❹     printf("%s", str);
> ❺     return 0;
> }
> ```
>
> ❶ 50개의 요소를 갖는 문자형 배열 str을 선언하고 "no"로 초기화한다.
> ❷ 문자형 포인터 변수 p2를 선언하고, "yes"가 저장된 곳의 주소로 초기화한다.
> ❸ str이 가리키는 문자열에 p2가 가리키는 문자열을 붙인다.
>   • strcat(문자열A, 문자열B) : 문자열A의 뒤에 문자열B를 연결하여 붙이는 함수
> ❹ str을 문자열로 출력한다.
>   결과 noyes
> ❺ main( ) 함수에서의 'return 0'은 프로그램의 종료를 의미한다.

등급 C

68. 은행가 알고리즘(Banker's Algorithm)은 교착상태의 해결 방법 중 어떤 기법에 해당하는가?
① Avoidance   ② Detection
③ Prevention   ④ Recovery

> **전문가의 조언**
> 은행가 알고리즘은 교착상태의 해결 방법 중 회피 기법(Avoidance)에 해당합니다.

등급 B

69. HRN 스케줄링 방식에서 입력된 작업이 다음과 같을 때 우선순위가 가장 높은 것은?

작업	대기 시간	서비스(실행) 시간
A	5	20
B	40	20
C	15	45
D	20	2

① A   ② B
③ C   ④ D

> **전문가의 조언**
> 우선순위가 가장 높은 작업은 D입니다. HRN 기법의 우선순위 공식은 '(대기 시간 + 서비스 시간) / (서비스 시간)'입니다.
> • A 작업 : (5 + 20) / 20 = 1.25
> • B 작업 : (40 + 20) / 20 = 3
> • C 작업 : (15 + 45) / 45 = 1.33
> • D 작업 : (20 + 2) / 2 = 11
> 계산된 숫자가 클수록 우선순위가 높습니다.

등급 C

70. C언어 라이브러리 중 stdlib.h에 대한 설명으로 옳은 것은?
① 문자열을 수치 데이터로 바꾸는 문자 변환함수와 수치를 문자열로 바꿔주는 변환함수 등이 있다.
② 문자열 처리 함수로 strlen( )이 포함되어 있다.
③ 표준 입출력 라이브러리이다.
④ 삼각 함수, 제곱근, 지수 등 수학적인 함수를 내장하고 있다.

> **전문가의 조언**
> ②번은 string.h, ③번은 stdio.h, ④번은 math.h에 대한 설명입니다.

등급 C

71. ISO(국제표준기구)의 OSI 7계층 중 통신망의 경로(Routing) 선택 및 통신량의 폭주 제어를 담당하는 계층은?
① 응용 계층   ② 네트워크 계층
③ 표현 계층   ④ 물리 계층

> **전문가의 조언**
> OSI 7계층 중 통신망의 경로(Routing) 선택 및 통신량의 폭주 제어를 담당하는 계층은 네트워크 계층입니다.

정답 68.① 69.④ 70.① 71.②

등급 B

72. 기억공간이 15K, 23K, 22K, 21K 순으로 빈 공간이 있을 때 기억장치 배치 전략으로 "First Fit"을 사용하여 17K의 프로그램을 적재할 경우 내부 단편화의 크기는 얼마인가?

① 5K ② 6K
③ 7K ④ 8K

전문가의 조언
내부 단편화는 분할된 영역이 할당될 프로그램의 크기보다 크기 때문에 프로그램이 할당된 후 사용되지 않고 남아 있는 빈 공간을 의미합니다. 최초 적합(First Fit)은 프로그램이나 데이터가 들어갈 수 있는 크기의 빈 영역 중에서 첫 번째 분할 영역에 배치시키는 방법으로 17K의 프로그램은 23K의 빈 영역에 저장됩니다. 그러므로 내부 단편화는 23K-17K = 6K가 됩니다.

등급 A

73. 동일한 네트워크에 있는 목적지 호스트로 IP 패킷을 직접 전달할 수 있도록 IP 주소를 MAC 주소로 변환하는 프로토콜은?

① ARP(Address Resolution Protocol)
② ICMP(Internet Control Message Protocol)
③ IGMP(Internet Group Management Protocol)
④ SNMP(Simple Network Management Protocol)

전문가의 조언
IP 주소를 호스트와 연결된 네트워크 접속 장치의 물리적 주소(MAC)로 변환하는 것은 ARP의 기능입니다.

등급 C

74. 페이징 기법에서 페이지 크기가 작아질수록 발생하는 현상이 아닌 것은?

① 기억장소 이용 효율이 증가한다.
② 입·출력 시간이 늘어난다.
③ 내부 단편화가 감소한다.
④ 페이지 맵 테이블의 크기가 감소한다.

전문가의 조언
페이지 크기가 작아질수록 페이지의 개수가 많아져 주소를 저장하는 맵 테이블의 크기가 커지게 됩니다.

등급 A

75. 다음 JAVA 프로그램이 실행되었을 때, 실행 결과는?

```
public class Ape {
    static void rs(char a[]) {
        for(int i = 0; i < a.length; i++)
            if(a[i] == 'B')
                a[i] = 'C';
            else if(i == a.length - 1)
                a[i] = a[i-1];
            else a[i] = a[i+1];
    }
    static void pca(char a[]) {
        for(int i = 0; i < a.length; i ++)
            System.out.print(a[i]);
        System.out.println( );
    }
    public static void main(String[] args) {
        char c[] = {'A','B','D','D','A','B','C'};
        rs(c);
        pca(c);
    }
}
```

① BCDABCA ② BCDABCC
③ CDDACCC ④ CDDACCA

전문가의 조언
코드의 실행 결과는 **BCDABCC**이며, 사용된 코드의 의미는 다음과 같습니다.

```
public class Ape {
❸   static void rs(char a[]) {
❹       for(int i = 0; i < a.length; i++)
❺           if(a[i] == 'B')
❻               a[i] = 'C';
❼           else if(i == a.length - 1)
❽               a[i] = a[i-1];
❾           else a[i] = a[i+1];
    }
⓫   static void pca(char a[]) {
⓬       for(int i = 0; i < a.length; i ++)
⓭           System.out.print(a[i]);
⓮       System.out.println( );
    }
```

```
public static void main(String[] args) {
❶      char c[] = {'A','B','D','D','A','B','C'};
❷      rs(c);
❿      pca(c);
   } ⓰
}
```

모든 Java 프로그램의 실행은 반드시 main( ) 메소드에서 시작한다.
❶ 7개의 요소를 갖는 문자형 배열 c를 선언하고 초기화한다.

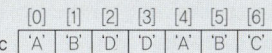

❷ 배열 c의 시작 위치를 인수로 rs( ) 메소드를 호출한다.
❸ 메소드 rs( )의 시작점이다. ❷번에서 전달받은 배열 c의 시작 위치를 배열 a가 받는다.

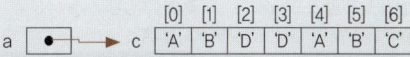

❹ 반복 변수 i가 0에서 시작하여 1씩 증가하면서 배열 a의 길이인 7보다 작은 동안 ❺~❾번을 반복 수행한다.
 • length : 배열 요소의 개수를 저장하고 있는 속성
❺ a[i]가 'B'이면 ❻번으로 이동하고, 아니면 ❼번으로 이동한다.
❻ a[i]에 'C'를 저장한다.
❼ i의 값이 6(7-1)이면 ❽번으로 이동하고, 아니면 ❾번으로 이동한다.
❽ a[i]에 a[i-1]의 값을 저장한다.
❾ a[i]에 a[i+1]의 값을 저장한다.
※ 반복문 실행에 따른 변수의 변화는 다음과 같다.

i	a [0]	[1]	[2]	[3]	[4]	[5]	[6]
0	A̸ 'B'	'B'	'D'	'D'	'A'	'B'	'C'
1	'B'	B̸ 'C'	'D'	'D'	'A'	'B'	'C'
2	'B'	'C'	D̸ 'D'	'D'	'A'	'B'	'C'
3	'B'	'C'	'D'	D̸ 'A'	'A'	'B'	'C'
4	'B'	'C'	'D'	'A'	A̸ 'B'	'B'	'C'
5	'B'	'C'	'D'	'A'	'B'	B̸ 'C'	'C'
6	'B'	'C'	'D'	'A'	'B'	'C'	C̸ 'C'
7							

 • 메소드가 종료되면 rs( ) 메소드를 호출했던 ❷번의 다음 줄인 ❿번으로 이동한다.
❿ 배열 c의 시작 위치를 인수로 pca( ) 메소드를 호출한다.
⓫ 메소드 pca( )의 시작점이다. ❿번에서 전달받은 배열 c의 시작 위치를 새로운 배열 a가 받는다.

⓬ 반복 변수 i가 0에서 시작하여 배열 a의 길이인 7보다 작은 동안 ⓭번을 반복 수행한다.
⓭ a[i]의 값을 출력한다.

결과 BCDABCC

⓮ 커서를 다음 줄의 처음으로 옮긴다. 메소드가 종료되었으므로 pca( ) 메소드를 호출했던 ❿번의 다음 줄인 ⓰번으로 이동한다.
⓰ 프로그램을 종료한다.

76. 다음 Python 프로그램이 실행되었을 때, 실행 결과는?

```
a = ["대", "한", "민", "국"]
for i in a:
    print(i)
```

① 대한민국 ② 대
             한
             민
             국

③ 대   ④ 대대대대

전문가의 조언
코드의 실행 결과로 옳은 것은 ②번이며, 사용된 코드의 의미는 다음과 같습니다.
❶ a = ["대", "한", "민", "국"]
❷ for i in a:
❸   print(i)

❶ 4개의 요소를 갖는 리스트 a를 선언하고 초기화한다.

	[0]	[1]	[2]	[3]
a	대	한	민	국

❷ 반복 변수 i에 a의 각 요소들을 순서대로 저장하며 ❸번 문장을 반복 수행한다.
❸ i의 값을 출력하고 커서를 다음 줄의 처음으로 옮긴다.

정답 76.②

※ 반복문 실행에 따른 변수의 변화는 다음과 같다.

반복 횟수	i	출력
1	"대"	대
2	"한"	대 한
3	"민"	대 한 민
4	"국"	대 한 민 국

등급 A

77. 다음 JAVA 프로그램이 실행되었을 때의 결과는?

```
public class ovr {
    public static void main(String[] args) {
        int a = 1, b = 2, c = 3, d = 4;
        int mx, mn;
        mx = a < b ? b : a;
        if (mx == 1) {
            mn = a > mx ? b : a;
        }
        else {
            mn = b < mx ? d : c;
        }
        System.out.println(mn);
    }
}
```

① 1   ② 2   ③ 3   ④ 4

전문가의 조언

코드의 실행 결과는 3이며, 사용된 코드의 의미는 다음과 같습니다.

```
public class ovr {
    public static void main(String[] args) {
❶      int a = 1, b = 2, c = 3, d = 4;
❷      int mx, mn;
❸      mx = a < b ? b : a;
❹      if (mx == 1) {
❺          mn = a > mx ? b : a;
        }
```

```
        else {
❻          mn = b < mx ? d : c;
        }
❼      System.out.println(mn);
    }
}
```

❶ 정수형 변수 a, b, c, d를 선언하고, 각각 1, 2, 3, 4로 초기화한다.
❷ 정수형 변수 mx, mn을 선언한다.
❸ a가 b보다 작으면 mx에 b의 값을 저장하고, 아니면 a의 값을 저장한다. a의 값 1은 b의 값 2보다 작으므로 mx에는 b의 값 2가 저장된다. (mx = 2)
❹ mx가 1이면 ❺번으로 이동하고, 아니면 ❻번으로 이동한다. mx의 값은 2이므로 ❻번으로 이동한다.
❻ b가 mx보다 작으면 mn에 d의 값을 저장하고, 아니면 c의 값을 저장한다. b의 값 2는 mx의 값 2보다 작지 않으므로 mn에는 c의 값 3이 저장된다. (mn = 3)
❼ mn의 값 3을 출력하고 커서를 다음 줄의 처음으로 옮긴다.

결과 3

등급 C

78. 다음과 같은 형태로 임계 구역의 접근을 제어하는 상호배제 기법은?

```
P(S) : while S <= 0 do skip;
       S := S - 1;
V(S) : S := S + 1;
```

① Dekker Algorithm   ② Lamport Algorithm
③ Peterson Algorithm ④ Semaphore

전문가의 조언

문제의 지문에 제시된 코드 형태로 임계 구역의 접근을 제어하는 상호배제 기법은 세마포어(Semaphore)입니다.

등급 B

79. JAVA에서 힙(Heap)에 남아있으나 변수가 가지고 있던 참조값을 잃거나 변수 자체가 없어짐으로써 더 이상 사용되지 않는 객체를 제거해주는 역할을 하는 모듈은?

① Heap Collector   ② Garbage Collector
③ Memory Collector   ④ Variable Collector

전문가의 조언

실제로는 사용되지 않으면서 가용 공간 리스트에 반환되지 않는 메모리 공간인 가비지(Garbage, 쓰레기)를 강제로 해제하여 사용할 수 있도록 하는 메모리 관리 모듈을 가비지 콜렉터(Garbage Collector)라고 합니다.

등급 B

80. RIP 라우팅 프로토콜에 대한 설명으로 틀린 것은?
① 경로 선택 메트릭은 홉 카운트(hop count)이다.
② 라우팅 프로토콜을 IGP와 EGP로 분류했을 때 EGP에 해당한다.
③ 최단 경로 탐색에 Bellman-Ford 알고리즘을 사용한다.
④ 각 라우터는 이웃 라우터들로부터 수신한 정보를 이용하여 라우팅 표를 갱신한다.

전문가의 조언
RIP 라우팅 프로토콜은 IGP(내부 게이트웨이 프로토콜)에 해당합니다.

등급 A

82. 다음 중 웹에서 자동화된 프로그램을 이용해 데이터를 수집하는 작업을 의미하는 것은?
① 웹 크롤링(Web Crawling)
② 데이터 마이닝(Data Mining)
③ 디지털 트윈(Digital Twin)
④ 재밍(Jamming)

전문가의 조언
웹에서 자동화된 프로그램을 이용해 데이터를 수집하는 작업을 웹 크롤링(Web Crawling)이라고 합니다.

병행학습
- 데이터 마이닝(Data Mining) : 데이터 웨어하우스에 저장된 데이터 집합에서 사용자의 요구에 따라 유용하고 가능성 있는 정보를 발견하기 위한 기법
- 디지털 트윈(Digital Twin) : 현실속의 사물을 소프트웨어로 가상화한 모델
- 재밍(Jamming) : 무선 통신에서 정상적인 통신을 어렵게 하려고 신호를 고의적으로 방해하거나 간섭하는 행위

5 과목 정보시스템 구축 관리

등급 B

81. 다음 중 신분증, OTP(One Time Password)와 관련된 인증 유형은?
① 생체 기반 인증(Something You Are)
② 위치 기반 인증(Somewhere You Are)
③ 소유 기반 인증(Something You Have)
④ 지식 기반 인증(Something You Know)

전문가의 조언
신분증, OTP 등 사용자가 소유하고 있는 것을 기반으로 인증을 수행하는 것은 소유 기반 인증(Something You Have)입니다.

병행학습
- 생체 기반 인증(Something You Are) : 지문, 홍채, 얼굴 등 사용자의 고유한 생체 정보를 기반으로 인증을 수행하는 것
- 위치 기반 인증(Somewhere You Are) : 콜백, GPS, IP 주소 등 인증을 시도하는 위치의 적절성을 확인하는 것
- 지식 기반 인증(Something You Know) : 패스워드(Password), 패스 프레이즈(Passphrase), 아이핀(i-PIN) 등 사용자가 기억하고 있는 정보를 기반으로 인증을 수행하는 것

등급 A

83. 컴퓨터 바이러스 프로그램을 찾아내고 손상된 파일을 치료하는 소프트웨어는?
① 봇넷(Botnet)
② 백신(Vaccine)
③ 애드웨어(Adware)
④ DPI(Deep Packet Inspection)

전문가의 조언
컴퓨터 바이러스 프로그램을 찾아내고 손상된 파일을 치료하는 소프트웨어는 백신(Vaccine)입니다.

병행학습
- 봇넷(Botnet) : 악성 프로그램에 감염되어 악의적인 의도로 사용될 수 있는 다수의 컴퓨터들이 네트워크로 연결된 형태를 말함
- 애드웨어(Adware) : 소프트웨어 자체에 광고를 포함하여 이를 보는 대가로 무료로 사용하는 소프트웨어
- DPI(Deep Packet Inspection) : OSI 7 Layer 전 계층의 프로토콜과 패킷 내부의 콘텐츠를 파악하여 침입 시도, 해킹 등을 탐지하고, 트래픽을 조정하기 위한 패킷 분석 기술

정답 80.② 81.③ 82.① 83.②

등급 C

84. 다음 중 클라우드 컴퓨팅의 서비스 유형이 아닌 것은?
① IaaS
② PaaS
③ SaaS
④ TaaS

전문가의 조언
- TaaS는 클라우드 컴퓨팅의 서비스 유형이 아닙니다.
- 클라우드 컴퓨팅의 서비스 유형에는 IaaS, PaaS, SaaS가 있습니다.

등급 A

85. 언제 어디서나 어떤 기기를 통해서도 컴퓨팅이 가능한 환경을 의미하는 것으로, 모든 사물에 초소형 칩을 내장시켜 네트워크로 연결하므로 사물끼리 통신이 가능한 것은?
① 유비쿼터스 컴퓨팅
② 클라우드 컴퓨팅
③ PaaS-TA
④ 스마트 그리드

전문가의 조언
문제에 제시된 내용은 유비쿼터스 컴퓨팅(Ubiquitous Computing)의 개념입니다.

병행학습
- 클라우드 컴퓨팅(Cloud Computing) : 각종 컴퓨팅 자원을 중앙 컴퓨터에 두고 인터넷 기능을 갖는 단말기로 언제 어디서나 인터넷을 통해 컴퓨터 작업을 수행할 수 있는 환경을 의미함
- 파스-타(PaaS-TA) : 소프트웨어 개발 환경을 제공하기 위해 개발한 개방형 클라우드 컴퓨팅 플랫폼
- 스마트 그리드(Smart Grid) : 정보 기술을 전력에 접목해 효율성을 높인 시스템으로, 전력 IT라고도 부름

등급 B

86. 하둡(Hadoop)과 관계형 데이터베이스 간에 데이터를 전송할 수 있도록 설계된 도구는?
① Apnic
② Topology
③ Sqoop
④ SDB

전문가의 조언
하둡(Hadoop)과 관계형 데이터베이스 간에 데이터를 전송할 수 있도록 설계된 도구는 Sqoop입니다.

등급 C

87. 비용 예측 방법에서 원시 프로그램의 규모에 의한 방법(COCOMO Model) 중 최대형 규모의 트랜잭션 처리시스템이나 운영체제 등의 소프트웨어를 개발하는 유형은?
① Organic
② Semi-Detached
③ Embedded
④ Sequential

전문가의 조언
문제에 제시된 내용은 Embedded의 개념입니다.

등급 A

88. 시스템이 몇 대가 되어도 하나의 시스템에서 인증에 성공하면 다른 시스템에 대한 접근 권한도 얻는 시스템을 의미하는 것은?
① SOS
② SBO
③ SSO
④ SOA

전문가의 조언
하나의 시스템에서 인증에 성공하면 다른 시스템에 대한 접근 권한도 얻는 시스템을 SSO(Single Sign On)라고 합니다.

등급 A

89. 다음 빈 칸에 들어갈 알맞은 기술은?

( )은/는 웹에서 제공하는 정보 및 서비스를 이용하여 새로운 소프트웨어나 서비스, 데이터베이스 등을 만드는 기술이다.

① Quantum Key Distribution
② Digital Rights Management
③ Grayware
④ Mashup

전문가의 조언
문제의 지문은 매시업(Mashup)에 대한 설명입니다.

등급 B

90. DoS(Denial of Service) 공격과 관련한 내용으로 틀린 것은?

① Ping of Death 공격은 정상 크기보다 큰 ICMP 패킷을 작은 조각(Fragment)으로 쪼개어 공격 대상이 조각화된 패킷을 처리하게 만드는 공격 방법이다.
② Smurf 공격은 멀티캐스트(Multicast)를 활용하여 공격 대상이 네트워크의 임의의 시스템에 패킷을 보내게 만드는 공격이다.
③ SYN Flooding은 존재하지 않는 클라이언트가 서버별로 한정된 접속 가능 공간에 접속한 것처럼 속여 다른 사용자가 서비스를 이용하지 못하게 하는 것이다.
④ Land 공격은 패킷 전송 시 출발지 IP 주소와 목적지 IP 주소 값을 똑같이 만들어서 공격 대상에게 보내는 공격 방법이다.

전문가의 조언
Smurf 공격은 네트워크 라우터의 브로드캐스트(Broadcast) 주소를 활용한 DoS 공격입니다.

등급 B

91. 국내 IT 서비스 경쟁력 강화를 목표로 개발되었으며, 인프라 제어 및 관리 환경, 실행 환경, 개발 환경, 서비스 환경, 운영 환경으로 구성되어 있는 개방형 클라우드 컴퓨팅 플랫폼은?

① N2OS
② PaaS-TA
③ KAWS
④ Metaverse

전문가의 조언
문제에 제시된 내용은 PaaS-TA에 대한 설명입니다.

등급 C

92. 특정 사이트에 매우 많은 ICMP Echo를 보내면, 이에 대한 응답(Respond)을 하기 위해 시스템 자원을 모두 사용해 버려 시스템이 정상적으로 동작하지 못하도록 하는 공격방법은?

① Role-Based Access Control
② Ping Flood
③ Brute-Force
④ Trojan Horses

전문가의 조언
문제에 제시된 내용은 Ping Flood(핑 홍수)에 대한 설명입니다.

등급 A

93. 다음이 설명하는 용어로 옳은 것은?

- 오픈 소스를 기반으로 한 분산 컴퓨팅 플랫폼이다.
- 일반 PC급 컴퓨터들로 가상화된 대형 스토리지를 형성한다.
- 다양한 소스를 통해 생성된 빅데이터를 효율적으로 저장하고 처리한다.

① 하둡(Hadoop)
② 비컨(Beacon)
③ 포스퀘어(Foursquare)
④ 맴리스터(Memristor)

전문가의 조언
문제의 지문에 제시된 내용은 하둡(Hadoop)에 대한 설명입니다.

등급 A

94. 다음 설명에 해당하는 공격 기법은?

시스템 공격 기법 중 하나로 허용 범위 이상의 ICMP 패킷을 전송하여 대상 시스템의 네트워크를 마비시킨다.

① Ping of Death
② Session Hijacking
③ Piggyback Attack
④ XSS

전문가의 조언
허용 범위 이상의 ICMP 패킷을 전송하여 대상 시스템의 네트워크를 마비시키는 공격 기법은 죽음의 핑(Ping of Death)입니다.

정답 90.② 91.② 92.② 93.① 94.①

95. 다음이 설명하는 IT 기술은?

- 컨테이너 응용 프로그램의 배포를 자동화하는 오픈소스 엔진이다.
- 소프트웨어 컨테이너 안에 응용 프로그램들을 배치시키는 일을 자동화해 주는 오픈 소스 프로젝트이자 소프트웨어로 볼 수 있다.

① Stack Guard ② Docker
③ Cipher Container ④ Scytale

전문가의 조언
지문의 설명에 해당하는 IT 기술은 도커(Docker)입니다.

96. DES는 몇 비트의 암호화 알고리즘인가?

① 8 ② 24
③ 64 ④ 132

전문가의 조언
암호화 알고리즘이 몇 비트냐고 묻는 것은 한 번에 암호화하는 블록의 크기를 묻는 것입니다. DES(Data Encryption Standard)의 블록 크기는 64비트입니다.

97. 간트 차트(Gantt Chart)에 대한 설명으로 틀린 것은?

① 프로젝트를 이루는 소작업 별로 언제 시작되고 언제 끝나야 하는지를 한 눈에 볼 수 있도록 도와준다.
② 자원 배치 계획에 유용하게 사용된다.
③ CPM 네트워크로부터 만드는 것이 가능하다.
④ 수평 막대의 길이는 각 작업(Task)에 필요한 인원수를 나타낸다.

전문가의 조언
간트 차트(Gantt Chart)에서 수평 막대의 길이는 각 작업(Task)의 기간을 나타냅니다.

98. 소프트웨어 생명 주기 모형 중 Spiral Model에 대한 설명으로 틀린 것은?

① 비교적 대규모 시스템에 적합하다.
② 개발 순서는 계획 및 정의, 위험 분석, 공학적 개발, 고객 평가 순으로 진행된다.
③ 소프트웨어를 개발하면서 발생할 수 있는 위험을 관리하고 최소화하는 것을 목적으로 한다.
④ 계획, 설계, 개발, 평가의 개발 주기가 한 번만 수행된다.

전문가의 조언
나선형 모델(Spiral Model)은 계획 수립, 위험 분석, 개발 및 검증, 고객 평가 과정을 반복하며 수행하는 개발 방법론입니다.

99. 정보 보안의 3대 요소에 해당하지 않는 것은?

① 사용성 ② 기밀성
③ 가용성 ④ 무결성

전문가의 조언
정보 보안의 3대 요소는 기밀성, 무결성, 가용성입니다.

100. 공개키 암호화 방식에 대한 설명으로 옳지 않은 것은?

① 대표적으로 RSA 기법이 있다.
② 키의 분배가 용이하다.
③ 사용자가 증가할수록 관리해야 할 키의 수가 많아진다.
④ 알고리즘이 복잡하고 암호화와 복호화 속도가 느리다.

전문가의 조언
공개키 암호화 방식은 관리해야 할 키의 개수가 적습니다.

EXAMINATION 03회 2025년 2월 기출문제

1과목 소프트웨어 설계

등급 A

1. CASE에 대한 설명으로 옳지 않은 것은?
① 소프트웨어 모듈의 재사용성이 향상된다.
② 자동화된 기법을 통해 소프트웨어 품질이 향상된다.
③ 소프트웨어 사용자들이 소프트웨어 사용 방법을 신속히 숙지할 수 있도록 개발된 자동화 패키지이다.
④ 소프트웨어 유지보수를 간편하게 수행할 수 있다.

전문가의 조언
CASE는 요구사항 분석을 위한 자동화 도구로, 사용 방법의 신속한 숙지와는 무관합니다.

등급 A

2. GoF(Gangs of Four) 디자인 패턴 분류에 해당하지 않는 것은?
① 생성 패턴
② 객체 패턴
③ 행위 패턴
④ 구조 패턴

전문가의 조언
GoF의 디자인 패턴은 생성 패턴, 구조 패턴, 행위 패턴으로 분류됩니다.

등급 B

3. 데이터 흐름도(DFD)의 구성 요소에 포함되지 않는 것은?
① Process
② Data Flow
③ Data Store
④ Data Dictionary

전문가의 조언
• Data Dictionary(자료 사전)는 데이터(자료) 흐름도의 구성 요소가 아닙니다.
• 데이터(자료) 흐름도의 구성 요소에는 프로세스(Process), 자료 흐름(Data Flow), 자료 저장소(Data Store), 단말(Terminator)이 있습니다.

등급 C

4. 미들웨어(Middleware)에 대한 설명으로 틀린 것은?
① 여러 운영체제에서 응용 프로그램들 사이에 위치한 소프트웨어이다.
② 미들웨어의 서비스 이용을 위해 사용자가 정보 교환 방법 등의 내부 동작을 쉽게 확인할 수 있어야 한다.
③ 소프트웨어 컴포넌트를 연결하기 위한 준비된 인프라 구조를 제공한다.
④ 여러 컴포넌트를 1 대 1, 1 대 다, 다 대 다 등 여러 가지 형태로 연결이 가능하다.

전문가의 조언
사용자가 미들웨어의 내부 동작을 확인하려면 별도의 응용 소프트웨어를 사용해야 하므로, 사용자가 미들웨어의 내부 동작을 확인하기는 쉽지 않습니다.

등급 A

5. 럼바우의 객체 지향 분석기법에서 시간의 흐름에 따라 변하는 객체들 사이의 제어흐름, 상호작용, 연산순서 등의 동적인 행위를 상태 다이어그램으로 나타낸 것은?
① 객체 모델링
② 기능 모델링
③ 동적 모델링
④ 정적 모델링

전문가의 조언
럼바우의 객체 지향 분석기법에서 시간의 흐름에 따라 변하는 객체들 사이의 동적인 행위를 상태 다이어그램으로 나타낸 것은 동적 모델링입니다.

병행학습
• 객체 모델링(Object Modeling) : 정보 모델링이라고도 하며, 시스템에서 요구되는 객체를 찾아내어 속성과 연산 식별 및 객체들간의 관계를 규정하여 객체 다이어그램으로 표시하는 것
• 기능 모델링(Functional Modeling) : 자료 흐름도(DFD)를 이용하여 다수의 프로세스들 간의 자료 흐름을 중심으로 처리 과정을 표현한 모델링

정답 1.③ 2.② 3.④ 4.② 5.③

등급 B

6. 객체에게 어떤 행위를 하도록 지시하는 명령은?
① Class   ② Package
③ Object   ④ Message

전문가의 조언
객체에게 어떤 행위를 하도록 지시하는 명령은 Message(메시지)입니다.

병행학습
- Class(클래스) : 공통된 속성과 연산(행위)을 갖는 객체의 집합으로, 객체의 일반적인 타입(Type)
- Instance(인스턴스) : 클래스에 속한 각각의 객체
- Object(객체) : 데이터와 데이터를 처리하는 함수를 묶어 놓은(캡슐화한) 하나의 소프트웨어 모듈

등급 C

9. HIPO(Hierarchy Input Process Output)에 대한 설명으로 거리가 먼 것은?
① 상향식 소프트웨어 개발을 위한 문서화 도구이다.
② HIPO 차트 종류에는 가시적 도표, 총체적 도표, 세부적 도표가 있다.
③ 기능과 자료의 의존 관계를 동시에 표현할 수 있다.
④ 보기 쉽고 이해하기 쉽다.

전문가의 조언
HIPO는 시스템의 분석 및 설계나 문서화할 때 사용되는 기법으로, 하향식 소프트웨어 개발을 위한 문서화 도구입니다.

등급 A

7. 검토 회의 전에 요구사항 명세서를 미리 배포하여 사전 검토한 후 짧은 검토 회의를 통해 오류를 조기에 검출하는데 목적을 두는 요구 사항 검토 방법은?
① 빌드 검증   ② 동료검토
③ 워크스루   ④ 개발자검토

전문가의 조언
문제에서 설명하는 요구사항 검토 방법은 워크스루(Walk Through)입니다.

병행학습
- 동료검토(Peer Review) : 요구사항 명세서 작성자가 명세서 내용을 직접 설명하고 동료들이 이를 들으면서 결함을 발견하는 형태의 검토 방법

등급 A

10. 객체지향 기법에서 클래스들 사이의 '부분-전체(Part-Whole)' 관계 또는 '부분(is-a-part-of)'의 관계로 설명되는 연관성을 나타내는 용어는?
① 일반화   ② 추상화
③ 캡슐화   ④ 집단화

전문가의 조언
클래스들 사이의 '부분-전체(Part-Whole)' 관계 또는 '부분(is-a-part-of)'의 관계와 같이 하나의 사물이 다른 사물에 포함되어 있는 관계를 집합 또는 집단 관계라고 합니다.

등급 A

8. 결합도(Coupling) 단계를 약한 순서에서 강한 순서로 가장 옳게 표시한 것은?
① Stamp → Data → Control → Common → Content
② Control → Data → Stamp → Common → Content
③ Content → Stamp → Control → Common → Data
④ Data → Stamp → Control → Common → Content

전문가의 조언
결합도 단계를 약한 순서에서 강한 순서로 가장 옳게 나열한 것은 ④번입니다.

등급 B

11. 럼바우(Rumbaugh) 분석기법에서 정보 모델링이라고도 하며, 시스템에서 요구되는 객체를 찾아내어 속성과 연산 식별 및 객체들 간의 관계를 규정하여 다이어그램을 표시하는 모델링은?
① Object   ② Dynamic
③ Function   ④ Static

전문가의 조언
정보 모델링이라고 불리는 럼바우 분석 기법의 모델링은 객체 모델링(Object Modeling)입니다.

12. XP(eXtreme Programming)에 대한 설명으로 틀린 것은?

① XP는 빠른 개발을 위해 단순함을 포기한다.
② 변화에 대응하기 보다는 변화에 반응하는 것에 더 가치를 둔다.
③ 스파이크 솔루션은 기술 문제가 발생한 경우 이를 해결하기 위해 사용한다.
④ 짝 프로그램(Pair Programming)은 독립적으로 코딩할 때보다 더 나은 환경을 조성한다.

전문가의 조언
XP는 단순한 설계를 통해 소프트웨어를 빠르게 개발하는 것을 목적으로 합니다.

13. UML 모델에서 사용하는 Structural Diagram에 속하지 않은 것은?

① Class Diagram
② Object Diagram
③ Component Diagram
④ Activity Diagram

전문가의 조언
활동 다이어그램(Activity Diagram)은 행위 다이어그램(Behavioral Diagram)에 속합니다.

14. 객체 지향 개념 중 하나 이상의 유사한 객체들을 묶어 공통된 특성을 표현한 데이터 추상화를 의미하는 것은?

① Method
② Class
③ Field
④ Message

전문가의 조언
하나 이상의 유사한 객체들을 묶어 공통된 특성을 표현한 데이터 추상화를 클래스(Class)라고 합니다.

15. 소프트웨어 개발 영역을 결정하는 요소 중 다음 사항과 관계있는 것은?

- 소프트웨어에 의해 간접적으로 제어되는 장치와 소프트웨어를 실행하는 하드웨어
- 기존의 소프트웨어와 새로운 소프트웨어를 연결하는 소프트웨어
- 순서적 연산에 의해 소프트웨어를 실행하는 절차

① 기능(Function)
② 성능(Performance)
③ 제약조건(Constraint)
④ 인터페이스(Interface)

전문가의 조언
문제의 지문에서 설명하는 요소는 인터페이스(Interface)입니다.

16. 디자인 패턴 중 Singleton에 대한 설명으로 옳은 것은?

① 하나의 객체를 생성하면 생성된 객체를 어디서든 참조할 수 있지만, 여러 프로세스가 동시에 참조할 수는 없는 패턴이다.
② 원본 객체를 복제하는 방법으로 객체를 생성하는 패턴이다.
③ 여러 객체를 가진 복합 객체와 단일 객체를 구분 없이 다루고자 할 때 사용하는 패턴이다.
④ 수많은 객체들 간의 복잡한 상호작용을 캡슐화하여 객체로 정의하는 패턴이다.

전문가의 조언
- Singleton 패턴에 대한 설명으로 옳은 것은 ①번입니다.
- ②번은 프로토타입, ③번은 컴포지트(Composite), ④번은 중재자(Mediator) 패턴에 대한 설명입니다.

17. 디자인 패턴을 이용한 소프트웨어 재사용으로 얻어지는 장점이 아닌 것은?

① 소프트웨어 코드의 품질을 향상시킬 수 있다.
② 개발 프로세스를 무시할 수 있다.
③ 개발자들 사이의 의사소통을 원활하게 할 수 있다.
④ 소프트웨어의 품질과 생산성을 향상시킬 수 있다.

전문가의 조언
디자인 패턴을 이용한다고 하더라도 기존의 개발 프로세스를 무시할 수는 없습니다.

정답 12.① 13.④ 14.② 15.④ 16.① 17.②

18. 다음 내용이 설명하는 UI 설계 도구는? [등급 B]

- 디자인, 사용 방법 설명, 평가 등을 위해 실제 화면과 유사하게 만든 정적인 형태의 모형
- 시각적으로만 구성 요소를 배치하는 것으로 일반적으로 실제로 구현되지는 않음

① 스토리보드(Storyboard)
② 목업(Mockup)
③ 프로토타입(Prototype)
④ 유스케이스(Usecase)

전문가의 조언
문제의 지문에 제시된 내용은 목업(Mockup)의 특징입니다.

병행학습
- 스토리보드 : 와이어프레임에 콘텐츠에 대한 설명, 페이지 간 이동 흐름 등을 추가한 문서
- 프로토타입 : 와이어프레임이나 스토리보드 등에 인터랙션을 적용함으로써 실제 구현된 것처럼 테스트가 가능한 동적인 형태의 모형
- 유스케이스 : 사용자 측면에서의 요구사항

19. 유스케이스 다이어그램(UseCase Diagram)에 관련된 내용으로 틀린 것은? [등급 B]

① 시스템과 상호 작용하는 외부 시스템은 액터로 파악해서는 안된다.
② 유스케이스는 사용자 측면에서의 요구사항으로, 사용자가 원하는 목표를 달성하기 위해 수행할 내용을 기술한다.
③ 시스템 액터는 다른 프로젝트에서 이미 개발되어 사용되고 있으며, 본 시스템과 데이터를 주고받는 등 서로 연동되는 시스템을 말한다.
④ 액터가 인식할 수 없는 시스템 내부의 기능을 하나의 유스케이스로 파악해서는 안된다.

전문가의 조언
시스템과 상호작용하는 모든 외부 요소를 액터라고 합니다.

20. 요구사항 개발 프로세스의 순서로 옳은 것은? [등급 B]

㉠ 도출(Elicitation)　　㉡ 분석(Analysis)
㉢ 명세(Specification)　㉣ 확인(Validation)

① ㉠ → ㉡ → ㉢ → ㉣
② ㉠ → ㉢ → ㉡ → ㉣
③ ㉠ → ㉣ → ㉡ → ㉢
④ ㉠ → ㉡ → ㉣ → ㉢

전문가의 조언
요구사항 개발 프로세스는 '도출 → 분석 → 명세 → 확인' 순으로 수행됩니다.

2 과목　소프트웨어 개발

21. 다음 중 테스트 오라클의 종류에 해당하지 않는 것은? [등급 B]

① 샘플링 오라클
② 일관성 검사 오라클
③ 토탈 오라클
④ 휴리스틱 오라클

전문가의 조언
- 토탈 오라클은 테스트 오라클의 종류가 아닙니다.
- 테스트 오라클의 종류에는 참(True), 샘플링(Sampling), 추정(Heuristic), 일관성(Consistent) 검사 오라클이 있습니다.

22. 다음 중 코드 커버리지 분석 도구가 아닌 것은? [등급 C]

① Cobertura
② CSS
③ Jacoco
④ Clover

전문가의 조언
CSS(Cascading Style Sheets)는 HTML 등의 마크업 언어가 실제로 웹사이트에 표시되는 방법을 기술하는 스타일 언어입니다.

23. 위험 모니터링의 의미로 옳은 것은?

① 위험을 이해하는 것
② 첫 번째 조치로 위험을 피할 수 있도록 하는 것
③ 위험 발생 후 즉시 조치하는 것
④ 위험 요소 징후들에 대하여 계속적으로 인지하는 것

> **전문가의 조언**
> 'Monitoring'은 '감시하는 것'을 의미하며, '감시'는 '경계하며 지켜본다'는 의미를 갖습니다. 즉 위험 모니터링(Monitoring)은 위험 요소 징후들에 대하여 계속적으로 인지하는 것입니다.

24. 다음 트리를 전위 순회(Preorder Traversal)한 결과는?

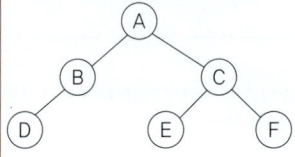

① A B D C E F
② D B A E C F
③ D B E F C A
④ A B C D E F

> **전문가의 조언**
> 먼저 서브 트리를 하나의 노드로 생각할 수 있도록 서브 트리 단위로 묶습니다.
>
>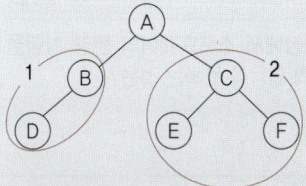
>
> ❶ Preorder는 Root → Left → Right 이므로 A12가 됩니다.
> ❷ 1은 BD이므로 ABD2가 됩니다.
> ❸ 2는 CEF이므로 ABDCEF가 됩니다.

25. 블랙박스 검사에 대한 설명으로 옳지 않은 것은?

① 인터페이스 결함, 성능 결함, 초기화와 종료 이상 결함 등을 찾아낸다.
② 각 기능별로 적절한 정보 영역을 정하여 적합한 입력에 대한 출력의 정확성을 점검한다.
③ 블랙박스 검사는 기능 검사라고도 한다.
④ 조건 검사, 루프 검사, 데이터 흐름 검사 등의 유형이 있다.

> **전문가의 조언**
> • 조건 검사, 루프 검사, 데이터 흐름 검사는 화이트박스 테스트의 유형에 해당합니다.
> • 블랙박스 테스트의 유형에는 동치 분할 검사, 경계값 분석, 원인-효과 그래프 검사, 오류 예측 검사, 비교 검사 등이 있습니다.

26. 정형 기술 검토의 지침 사항으로 틀린 것은?

① 제품의 검토에만 집중한다.
② 문제 영역을 명확히 표현한다.
③ 참가자의 수를 제한하고 사전 준비를 강요한다.
④ 논쟁이나 반박을 제한하지 않는다.

> **전문가의 조언**
> 정형 기술 검토(FTR)는 소프트웨어 기술자들에 의해 수행되는 소프트웨어 품질 보증 활동으로, 논쟁이나 반박을 제한해야 합니다.

27. 통합 개발 환경(IDE)에 대한 설명으로 옳지 않은 것은?

① 프로그램 개발과 관련된 모든 작업을 하나의 프로그램에서 처리할 수 있도록 제공하는 소프트웨어적인 개발 환경을 말한다.
② 통합 개발 환경 도구의 기능에는 코딩, 컴파일, 디버깅 등이 있다.
③ C, JAVA 등의 다양한 프로그래밍 언어로 프로그램을 작성하는 기능을 지원한다.
④ Python과 같은 인터프리터 언어로 프로그램을 작성하는 기능은 지원하지 않는다.

> **전문가의 조언**
> 통합 개발 환경(IDE)은 Python과 같은 인터프리터 언어로 프로그램을 작성하는 기능도 지원합니다.

정답 23.④ 24.① 25.④ 26.④ 27.④

등급 A

28. 소프트웨어 설치 매뉴얼에 기본적으로 포함되어야 할 사항이 아닌 것은?

① 소프트웨어 개요
② 소프트웨어 설치 관련 파일
③ 소프트웨어 개발 비용
④ 소프트웨어 설치 및 삭제

전문가의 조언
설치 매뉴얼의 기본적인 포함 사항에는 소프트웨어 개요, 설치 관련 파일, 설치 아이콘, 프로그램 삭제, 관련 추가 정보 등이 있습니다.

등급 A

29. 소프트웨어 재공학의 주요 활동 중 기존 소프트웨어 시스템을 새로운 기술 또는 하드웨어 환경에서 사용할 수 있도록 변환하는 작업을 의미하는 것은?

① Analysis
② Migration
③ Restructuring
④ Reverse Engineering

전문가의 조언
기존 소프트웨어 시스템을 새로운 기술 또는 하드웨어 환경에서 사용할 수 있도록 변환하는 작업을 이식(Migration)이라고 합니다.

등급 B

30. 데이터베이스의 3층 스키마 중 모든 응용 시스템과 사용자들이 필요로 하는 데이터를 통합한 조직 전체의 데이터 베이스 구조를 논리적으로 정의하는 스키마는?

① 내부 스키마
② 개념 스키마
③ 외부 스키마
④ 동적 스키마

전문가의 조언
문제에 제시된 내용은 개념 스키마에 대한 설명입니다.

병행학습
- **내부 스키마** : 물리적 저장장치의 입장에서 본 데이터베이스 구조로서, 실제로 데이터베이스에 저장될 레코드의 형식을 정의하고 저장 데이터 항목의 표현 방법, 내부 레코드의 물리적 순서 등을 나타냄
- **외부 스키마** : 사용자나 응용 프로그래머가 각 개인의 입장에서 필요로 하는 데이터베이스의 논리적 구조를 정의한 것

등급 C

31. 스택(STACK)의 응용 분야로 거리가 먼 것은?

① 인터럽트의 처리
② 수식의 계산
③ 서브루틴의 복귀 번지 저장
④ 운영체제의 작업 스케줄링

전문가의 조언
작업 스케줄링에 사용되는 것은 큐(Queue)입니다.

등급 A

32. 연결 리스트(Linked List)에 대한 설명으로 거리가 먼 것은?

① 노드의 삽입이나 삭제가 쉽다.
② 노드들이 포인터로 연결되어 검색이 빠르다.
③ 연결을 해주는 포인터(Pointer)를 위한 추가 공간이 필요하다.
④ 연결 리스트 중에서 중간 노드 연결이 끊어지면 그 다음 노드를 찾기 힘들다.

전문가의 조언
연결 리스트(Linked List)는 노드들이 포인터로 연결되어 포인터를 찾아가는 시간이 필요하므로 선형 리스트에 비해 검색 속도가 느립니다.

등급 B

33. 소프트웨어의 개발 과정에서 소프트웨어의 변경 사항을 관리하기 위해 개발된 일련의 활동을 뜻하는 것은?

① 복호화
② 형상 관리
③ 저작권
④ 크랙

전문가의 조언
소프트웨어의 개발 과정에서 소프트웨어의 변경 사항을 관리하기 위해 개발된 일련의 활동을 형상 관리(SCM)라고 합니다.

등급 A

34. 소프트웨어 품질 목표 중 쉽게 배우고 사용할 수 있는 정도를 나타내는 것은?
① Correctness ② Reliability
③ Usability ④ Integrity

전문가의 조언
쉽게 배우고 사용할 수 있는 정도를 나타내는 품질 특성은 사용성(Usability)입니다.

등급 A

35. 빌드 자동화 도구에 대한 설명으로 틀린 것은?
① Gradle은 실행할 처리 명령들을 모아 태스크로 만든 후 태스크 단위로 실행한다.
② 빌드 자동화 도구는 지속적인 통합 개발 환경에서 유용하게 활용된다.
③ 빌드 자동화 도구에는 Ant, Gradle, Jenkins 등이 있다.
④ Jenkins는 Groovy를 기반으로 한 오픈 소스로 안드로이드 앱 개발 환경에서 사용된다.

전문가의 조언
• Jenkins는 Java 기반 오픈소스 형태의 서버 서블릿 컨테이너에서 실행되는 서버 기반 도구입니다.
• ④번은 Gradle에 대한 설명입니다.

등급 B

36. 디지털 저작권 관리(DRM)의 기술 요소가 아닌 것은?
① 식별 기술 ② 저작권 표현
③ 복호화 기술 ④ 정책 관리 기술

전문가의 조언
디지털 저작권 관리(DRM)의 기술 요소에는 암호화, 키 관리, 암호화 파일 생성, 식별 기술, 저작권 표현, 정책 관리, 크랙 방지, 인증 등이 있습니다.

등급 C

37. 소프트웨어 패키징에 대한 설명으로 틀린 것은?
① 패키징은 개발자 중심으로 진행한다.
② 신규 및 변경 개발소스를 식별하고, 이를 모듈화하여 상용제품으로 패키징한다.
③ 고객의 편의성을 위해 매뉴얼 및 버전관리를 지속적으로 한다.
④ 범용 환경에서 사용이 가능하도록 일반적인 배포 형태로 패키징이 진행된다.

전문가의 조언
소프트웨어 패키징은 개발자가 아니라 사용자를 중심으로 진행합니다.

등급 B

38. 위험 관리의 일반적인 절차로 적합한 것은?
① 위험 식별 → 위험 분석 및 평가 → 위험 관리 계획 → 위험 감시 및 조치
② 위험 분석 및 평가 → 위험 식별 → 위험 관리 계획 → 위험 감시 및 조치
③ 위험 관리 계획 → 위험 감시 및 조치 → 위험 식별 → 위험 분석 및 평가
④ 위험 감시 및 조치 → 위험 식별 → 위험 분석 및 평가 → 위험 관리 계획

전문가의 조언
위험 관리의 일반적인 절차는 어떠한 위험이 있는지 먼저 식별하고, 그 위험을 분석한 후 이 위험을 어떻게 관리할 것인지 계획한 다음 위험에 대해 감시하고 조치를 취해야 합니다.

등급 A

39. 버블 정렬을 이용한 오름차순 정렬시 다음 자료에 대한 1회전 후의 결과는?

9, 6, 7, 3, 5

① 6, 3, 5, 7, 9 ② 6, 7, 3, 5, 9
③ 3, 5, 6, 7, 9 ④ 6, 9, 7, 3, 5

정답 34.③ 35.④ 36.③ 37.① 38.① 39.②

전문가의 조언
버블 정렬은 주어진 파일에서 인접한 두 개의 레코드 키 값을 비교하여 그 크기에 따라 레코드 위치를 서로 교환하는 정렬 방식으로 다음과 같은 과정으로 진행됩니다.
- 초기상태 : 9, 6, 7, 3, 5
- 1회전
  6, 9, 7, 3, 5 → 6, 7, 9, 3, 5 → 6, 7, 3, 9, 5 → 6, 7, 3, 5, 9
- 2회전
  6, 7, 3, 5, 9 → 6, 3, 7, 5, 9 → 6, 3, 5, 7, 9
- 3회전
  3, 6, 5, 7, 9 → 3, 5, 6, 7, 9
- 4회전
  3, 5, 6, 7, 9

---

40. 평가 점수에 따른 성적부여는 다음 표와 같다. 이를 구현한 소프트웨어를 경계 값 분석 기법으로 테스트 하고자 할 때 다음 중 테스트 케이스의 입력 값으로 옳지 않은 것은?

등급 A

평가 점수	성적
80~100	A
60~79	B
0~59	C

① 59
② 80
③ 90
④ 101

전문가의 조언
경계값 분석 기법은 입력 조건의 경계값을 테스트 케이스로 선정하여 검사하는 기법으로, 성적이 분리되는 평가 점수의 경계값인 101, 100, 80, 79, 60, 59, 0, -1이 적절한 입력값에 해당됩니다.

3과목 데이터베이스 구축

등급 C

41. 분산 데이터베이스에 대한 설명으로 옳지 않은 것은?
① 분산 데이터베이스는 논리적으로는 하나의 시스템에 속하지만 물리적으로는 여러 개의 컴퓨터 사이트에 분산되어 있다.
② 분산 설계 방법에는 테이블 위치 분산, 분할, 할당이 있다.
③ 비중복 할당은 최적의 노드를 선택해서 분산 데이터베이스의 단일 노드에서만 분할이 존재하도록 하는 것이다.
④ 수직 분할은 특정 속성의 값을 기준으로 행(Row) 단위로 분할하는 것이다.

전문가의 조언
- 수직 분할은 데이터 컬럼(속성) 단위로 분할하는 것입니다.
- 특정 속성의 값을 기준으로 행(Row) 단위로 분할하는 것은 수평 분할입니다.

등급 A

42. 다음 관계 대수 중 순수 관계 연산자가 아닌 것은?
① SECTION
② PROJECT
③ DIVISION
④ JOIN

전문가의 조언
- SECTION은 순수 관계 연산자가 아닙니다.
- 순수 관계 연산자에는 PROJECT, DIVISION, JOIN, SELECT가 있습니다.

등급 A

43. 데이터가 물리적으로 저장되어 있는 위치를 알 필요 없이 데이터베이스의 논리적인 명칭만으로 접근할 수 있는 것을 의미하는 분산 데이터베이스 목표는?
① Concurrency Transparency
② Failure Transparency
③ Location Transparency
④ Replication Transparency

전문가의 조언
문제에서 설명하는 분산 데이터베이스 목표는 위치 투명성(Location Transparency)입니다.

병행학습
- 중복 투명성(Replication Transparency) : 동일 데이터가 여러 곳에 중복되어 있더라도 사용자는 마치 하나의 데이터만 존재하는 것처럼 사용하고, 시스템은 자동으로 여러 자료에 대한 작업을 수행함
- 병행 투명성(Concurrency Transparency) : 분산 데이터베이스와 관련된 다수의 트랜잭션들이 동시에 실현되더라도 그 트랜잭션의 결과는 영향을 받지 않음
- 장애 투명성(Failure Transparency) : 트랜잭션, DBMS, 네트워크, 컴퓨터 장애에도 불구하고 트랜잭션을 정확하게 처리함

등급 A

44. 뷰에 대한 설명으로 틀린 것은?
① 뷰에 대한 사용자의 권한을 제한할 수 있다.
② 뷰 테이블에 행이나 열을 추가할 때에는 ALTER 문을 사용하여야 한다.
③ 뷰는 다른 뷰를 대상으로 설정될 수 있다.
④ 뷰 테이블은 물리적으로 구현된 것은 아니다.

전문가의 조언
한 번 생성한 뷰의 정의는 ALTER 문을 이용하여 변경할 수 없습니다. 뷰를 변경하려면 제거하고 다시 만들어야 합니다.

등급 B

45. 3NF에서 BCNF가 되기 위한 조건은?
① 이행적 함수 종속 제거
② 부분적 함수 종속 제거
③ 다치 종속 제거
④ 결정자이면서 후보키가 아닌 것 제거

전문가의 조언
제3정규형(3NF)에서 BCNF로 정규화하기 위해서는 모든 결정자가 후보키가 될 수 있도록 결정자가 후보키가 아닌 것을 제거해야 합니다.

병행학습
- 이행적 함수 종속 제거 : 2NF → 3NF
- 부분적 함수 종속 제거 : 1NF → 2NF
- 다치 종속 제거 : BCNF → 4NF

등급 B

46. 관계 데이터베이스의 정규화에 대한 설명으로 옳지 않은 것은?
① 정규화를 거치지 않으면 여러 가지 상이한 종류의 정보를 하나의 릴레이션으로 표현하여 그 릴레이션을 조작할 때 이상(Anomaly) 현상이 발생할 수 있다.
② 정규화의 목적은 각 릴레이션에 분산된 종속성을 하나의 릴레이션에 통합하는 것이다.
③ 이상(Anomaly) 현상은 데이터들 간에 존재하는 함수 종속이 하나의 원인이 될 수 있다.
④ 정규화가 잘못되면 데이터의 불필요한 중복이 야기되어 릴레이션을 조작할 때 문제가 발생할 수 있다.

전문가의 조언
정규화하는 것은 각 릴레이션에 분산된 종속성을 하나의 릴레이션에 통합하는 것이 아니라 더 작은 테이블로 분해해 가면서 종속성을 제거하는 것입니다.

등급 C

47. SQL 명령 중 DDL에 해당하는 것으로만 짝지어진 것은?
① CREATE, ALTER, SELECT
② CREATE, UPDATE, DROP
③ CREATE, ALTER, DROP
④ DELETE, ALTER, DROP

전문가의 조언
DDL에 해당하는 것으로만 짝지어진 것은 ③번입니다.
- SELECT, UPDATE, DELETE는 DML(데이터 조작어)에 해당합니다.

등급 A

48. 다음 중 Hash 파티셔닝에 대한 설명으로 옳은 것을 모두 고른 것은?

ㄱ. 지정한 열의 값을 기준으로 범위를 지정하여 분할
ㄴ. 데이터를 고르게 분산할 때 유용
ㄷ. 데이터가 고른 컬럼에 효과적
ㄹ. 해시 함수를 이용하여 데이터 분할

① ㄱ, ㄴ, ㄷ, ㄹ
② ㄱ, ㄴ, ㄷ
③ ㄱ, ㄹ
④ ㄴ, ㄷ, ㄹ

정답 44.② 45.④ 46.② 47.③ 48.④

전문가의 조언
문제의 지문에서 해시 분할(Hash Partitioning)에 대한 설명으로 옳은 것은 ⓒ, ⓒ, ⓔ입니다.
- ㉠은 범위 분할(Range Partitioning)에 대한 설명입니다.

49. 다음 질의에 대한 SQL문은?

> 프로젝트번호(PNO) 1, 2, 3에서 일하는 사원의 주민등록번호(JUNO)를 검색하라. (단, 사원 테이블(WORKS)은 프로젝트번호(PNO), 주민등록번호(JUNO) 필드로 구성된다.)

① SELECT WORKS FROM JUNO WHERE PNO IN 1, 2, 3;
② SELECT WORKS FROM JUNO WHERE PNO ON 1, 2, 3;
③ SELECT JUNO FROM WORKS WHERE PNO IN (1, 2, 3);
④ SELECT JUNO FROM WORKS WHERE PNO ON (1, 2, 3);

전문가의 조언
문제의 지문에 제시된 질의에 대한 SQL문으로 옳은 것은 ③번입니다.
- 주민등록번호(JUNO)를 검색하므로 **SELECT JUNO**입니다.
- 〈사원(WORKS)〉 테이블을 대상으로 하므로 **FROM WORKS**입니다.
- 프로젝트번호(PNO)가 1, 2, 3인 자료만을 대상으로 하므로 **WHERE PNO IN (1, 2, 3)**입니다.

50. 릴레이션 R의 차수(Degree)가 3, 카디널리티(Cardinality)가 3, 릴레이션 S의 차수가 4, 카디널리티가 4일 때, 두 릴레이션을 카티션 프로덕트(Cartesian Product)한 결과 릴레이션의 차수와 카디널리티는?

① 4, 4
② 7, 7
③ 7, 12
④ 12, 12

전문가의 조언
- 카티션 프로덕트(Cartesian Product), 즉 교차곱은 두 릴레이션의 차수(Degree, 속성의 수)는 더하고, 카디널리티(튜플의 수)는 곱하면 됩니다.
- 차수는 3 + 4 = 7이고, 카디널리티는 3 × 4 = 12입니다.

51. 트랜잭션을 수행하는 도중 장애로 인해 손상된 데이터베이스를 손상되기 이전의 정상적인 상태로 복구시키는 작업은?

① Recovery
② Restart
③ Commit
④ Abort

전문가의 조언
손상된 데이터베이스를 손상되기 이전의 정상적인 상태로 복구시키는 작업을 회복(Recovery)이라고 합니다.

52. 다음 표와 같은 판매실적 테이블에서 서울지역에 한하여 판매액 내림차순으로 지점명과 판매액을 출력하고자 한다. 가장 적절한 SQL 구문은?

[테이블명 : 판매실적]

도시	지점명	판매액
서울	강남 지점	330
서울	강북 지점	168
광주	광주 지점	197
서울	강서 지점	158
서울	강동 지점	197
대전	대전 지점	165

① SELECT 지점명, 판매액 FROM 판매실적
　WHERE 도시= "서울"
　ORDER BY 판매액 DESC;
② SELECT 지점명, 판매액 FROM 판매실적
　ORDER BY 판매액 DESC;
③ SELECT 지점명, 판매액 FROM 판매실적
　WHERE 도시= "서울" ASC;
④ SELECT * FROM 판매실적
　WHEN 도시= "서울"
　ORDER BY 판매액 DESC;

> 전문가의 조언
> 문제에 제시된 질의에 대한 SQL문으로 옳은 것은 ①번입니다.
> • '지점명'과 '판매액'을 출력하므로 SELECT 지점명, 판매액입니다.
> • 〈판매실적〉 테이블을 대상으로 하므로 FROM 판매실적입니다.
> • "서울" 지역에 한하므로 WHERE 도시='서울'입니다.
> • '판매액'을 기준으로 내림차순으로 출력하므로 ORDER BY 판매액 DESC입니다.

등급 B

55. 데이터베이스에서 병행제어의 목적으로 틀린 것은?
① 시스템 활용도 최대화
② 사용자에 대한 응답시간 최소화
③ 데이터베이스 공유 최소화
④ 데이터베이스 일관성 유지

> 전문가의 조언
> 병행제어의 목적 중 하나는 데이터베이스 공유 최대화입니다.

등급 A

53. 다음 두 릴레이션에서 외래키로 사용된 것은?

제품(<u>제품코드</u>, 제품명, 단가, 구입처)
판매(<u>판매코드</u>, 판매처, 제품코드, 수량)
(단, 밑줄 친 속성은 기본키)

① 제품코드
② 제품명
③ 판매코드
④ 판매처

> 전문가의 조언
> • 두 릴레이션에 공통으로 존재하는 속성명은 '제품코드'입니다.
> • 〈제품〉 릴레이션의 '제품코드'는 기본키 속성으로 동일한 속성값이 존재할 수 없고, 〈판매〉 릴레이션의 '제품코드'는 일반 속성으로 여러 속성값이 존재할 수 있으므로 〈판매〉 릴레이션의 '제품코드' 속성이 〈제품〉 릴레이션의 기본키 속성인 '제품코드'를 참조하는 외래키가 됩니다.

등급 B

56. 릴레이션에 있는 모든 튜플에 대해 유일성은 만족시키지만 최소성은 만족시키지 못하는 키는?
① 후보키
② 기본키
③ 슈퍼키
④ 외래키

> 전문가의 조언
> 슈퍼키는 한 릴레이션 내에 있는 속성들의 집합으로 구성된 키로, 릴레이션을 구성하는 모든 튜플에 대해 유일성(Unique)은 만족하지만, 최소성(Minimality)은 만족하지 못합니다.
>
> 병행학습
> • 후보키(Candidate Key) : 릴레이션을 구성하는 속성들 중에서 튜플을 유일하게 식별하기 위해 사용되는 속성들의 부분집합으로, 유일성과 최소성을 모두 만족함
> • 기본키(Primary Key) : 후보키 중에서 특별히 선정된 키로 중복된 값과 NULL 값을 가질 수 없음
> • 외래키(Foreign Key) : 다른 릴레이션의 기본키를 참조하는 속성 또는 속성들의 집합을 의미하며, 릴레이션 간의 관계를 표현할 때 사용함

등급 A

54. 트랜잭션의 특성을 모두 나열한 것은?

㉠ Atomicity   ㉡ Durability
㉢ Transparency   ㉣ Portability
㉤ Consistency   ㉥ Isolation

① ㉠, ㉡
② ㉠, ㉡, ㉥
③ ㉠, ㉢, ㉤
④ ㉠, ㉡, ㉤, ㉥

> 전문가의 조언
> 트랜잭션의 특성에는 Atomicity(원자성), Durability(영속성), Consistency(일관성), Isolation(독립성)이 있습니다.

등급 C

57. 관계형 데이터 모델의 릴레이션에 대한 설명으로 틀린 것은?
① 모든 속성 값은 원자 값을 갖는다.
② 한 릴레이션에 포함된 튜플은 모두 상이하다.
③ 한 릴레이션에 포함된 튜플 사이에는 순서가 없다.
④ 한 릴레이션을 구성하는 속성 사이에는 순서가 존재한다.

> 전문가의 조언
> 릴레이션 스키마를 구성하는 속성들 간의 순서는 중요하지 않으며, 특별한 순서가 없습니다.

정답 53.① 54.④ 55.③ 56.③ 57.④

58. SQL 구문에서 "having" 절은 반드시 어떤 구문과 사용되어야 하는가?
① GROUP BY
② ORDER BY
③ UPDATE
④ JOIN

전문가의 조언
HAVING은 특정 속성을 기준으로 그룹화하여 검색할 때 그룹에 대한 조건을 지정하는 절로 GROUP BY와 함께 사용합니다.

59. 관계형 데이터베이스의 제약 조건 중 개체 무결성과 참조 무결성을 설명하는 아래의 표에 들어갈 내용으로 적합하지 않은 것은?

구분	제약 조건	
	개체 무결성	참조 무결성
제약 대상	①	②
키	③	④

① 테이블
② 속성, 튜플
③ 기본키
④ 외래키

전문가의 조언
개체 무결성은 기본키인 속성의 값을 제약하고, 참조 무결성은 외래키인 속성의 값을 제약하므로, ①, ②번 모두 속성 또는 속성, 튜플이 들어가야 합니다.

60. SQL의 TRUNCATE 명령어에 대한 설명으로 옳지 않은 것은?
① DELETE와 같이 테이블의 모든 데이터를 삭제한다.
② DROP과 달리 테이블 스키마는 제거되지 않고 유지된다.
③ DELETE에 비해 빠르게 데이터를 제거하는 것이 가능하다.
④ DELETE와 동일하게 ROLLBACK 명령어로 삭제된 데이터를 되살릴 수 있다.

전문가의 조언
DELETE 명령어로 삭제된 데이터는 ROLLBACK 명령어로 되살릴 수 있지만 TRUNCATE 명령어로 삭제된 데이터는 되살릴 수 없습니다.

4과목 프로그래밍 언어 활용

61. 다음 중 C언어의 변수명으로 사용할 수 없는 것은?
① text-01
② Kim
③ _2for
④ union

전문가의 조언
union은 공유 자료형을 의미하는 예약어이므로 변수명으로 사용할 수 없습니다.

62. 다음 중 JAVA의 비교 연산자가 아닌 것은?
① >
② ||
③ ==
④ !=

전문가의 조언
||는 두 개의 논리값 중 하나라도 참이면 참을 결과로 얻는 논리 연산자입니다.

63. 다음 중 JAVA에서 우선 순위가 가장 높은 연산자는?
① %
② ^
③ ==
④ <<

전문가의 조언
- 보기에 제시된 연산자 중 우선 순위가 가장 높은 것은 %입니다.
- 보기에 제시된 연산자를 우선 순위가 높은 것에서 낮은 것 순으로 나열하면, 산술 연산자(%) → 시프트 연산자(<<) → 관계 연산자(==) → 비트 연산자(^) 순입니다.

64. 다음 중 JAVA에서 정수형으로 사용할 수 없는 자료형은?
① long
② short
③ double
④ byte

전문가의 조언
double 실수형 데이터 타입입니다.

65. 다음 중 JAVA에서 예외 처리를 위한 기본 형식에 사용되는 예약어가 아닌 것은?

① try
② finally
③ catch
④ continue

> 전문가의 조언
> continue는 반복문의 실행을 제어하기 위해 사용되는 예약어로, continue 이후의 문장을 실행하지 않고 제어를 반복문의 처음으로 옮깁니다.

66. 순차 파일에 대한 설명으로 옳지 않은 것은?

① DASD(Direct Access Storage Device)의 물리적 주소를 통하여 파일의 각 레코드에 직접 접근한다.
② 레코드들이 순차적으로 처리되므로 대화식 처리보다 일괄 처리에 적합하다.
③ 연속적인 레코드의 저장에 의해 레코드 사이에 빈 공간이 존재하지 않으므로 기억 장치의 효율적인 이용이 가능하다.
④ 매체 변환이 쉬워 어떠한 매체에도 적용할 수 있다.

> 전문가의 조언
> • 순차 파일은 SASD(Sequential Access Storage Device)을 사용하여 원하는 레코드에 접근하기 위해 처음부터 순서대로 접근합니다.
> • DASD(Direct Access Storage Device)를 사용하는 것은 직접 파일입니다.

67. IPv6에 대한 특성으로 틀린 것은?

① 표시방법은 8비트씩 4부분의 10진수로 표시한다.
② 2^{128}개의 주소를 표현할 수 있다.
③ 등급별, 서비스별로 패킷을 구분할 수 있어 품질보장이 용이하다.
④ 확장기능을 통해 보안기능을 제공한다.

> 전문가의 조언
> IPv6는 16비트씩 8부분, 총 128비트로 구성되어 있으며 각 부분은 16진수로 표현합니다.

68. 다음 C언어 프로그램이 실행되었을 때의 결과는?

```
#include <stdio.h>
int main(int argc, char *argv[ ]) {
    int a[2][2] = {{11, 22}, {44, 55}};
    int i, sum = 0;
    int *p;
    p = a[0];
    for(i = 1; i < 4; i++)
        sum += *(p + i);
    printf("%d", sum);
    return 0;
}
```

① 55
② 77
③ 121
④ 132

> 전문가의 조언
> 코드의 실행 결과는 121이고, 사용된 코드의 의미는 다음과 같습니다.
>
> ```
> #include <stdio.h>
> int main(int argc, char *argv[ ]) {
> ❶  int a[2][2] = {{11, 22}, {44, 55}};
> ❷  int i, sum = 0;
> ❸  int *p;
> ❹  p = a[0];
> ❺  for(i = 1; i < 4; i++)
> ❻      sum += *(p + i);
> ❼  printf("%d", sum);
> ❽  return 0;
> }
> ```
>
> ❶ 2행 2열의 요소를 갖는 정수형 2차원 배열 a를 선언하고 초기화한다.

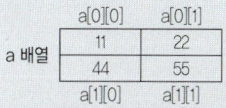

> ❷ 정수형 변수 i, sum을 선언하고, sum을 0으로 초기화한다.
> ❸ 정수형 포인터 변수 p를 선언한다.
> ❹ p에 a배열의 a[0] 행의 시작 주소를 저장한다.
> ※ a[0]은 행의 첫 번째 요소(a[0][0])의 위치를 가리킨다.
> ❺ 반복 변수 i가 1부터 1씩 증가하면서 4보다 작은 동안 ❻번을 반복 수행한다.
> ❻ sum에 p+i가 가리키는 곳의 값을 저장한다.
> • p는 a[0][0]을 가리키므로 숫자가 더해진 만큼 다음 값을 가리키게 된다. 즉, p+1은 a[0][1]을, p+2는 a[1][0]을, p+3은 a[1][1]을 가리킨다.

정답 65.④ 66.① 67.① 68.③

※ 반복문 실행에 따른 변수의 변화는 다음과 같다.

반복횟수	i	*(p+i)	sum
			0
1	1	22	22
2	2	44	66
3	3	55	121
반복실행 안됨	4		

❼ sum의 값을 정수로 출력한다.
결과 121

❽ 프로그램을 종료한다.

② 브리지는 LAN과 LAN을 연결하거나 LAN 안에서의 컴퓨터 그룹을 연결하는 기능을 수행하며, 데이터 링크 계층 중 MAC 계층에서 사용된다.
③ 스위치는 LAN과 LAN을 연결하여 훨씬 더 큰 LAN을 만드는 장치로, OSI 7계층의 2계층에서 사용된다.
④ 라우터는 LAN과 LAN의 연결 기능에 데이터 전송의 최적 경로를 선택할 수 있는 기능이 추가된 것으로, 서로 다른 LAN이나 LAN과 WAN의 연결도 수행하고, OSI 7계층의 네트워크 계층에서 동작한다.

전문가의 조언
- ①번은 리피터(Repeater)에 대한 설명입니다.
- 브라우터(Brouter)는 브리지와 라우터의 기능을 모두 갖추고 있는 네트워크 장비입니다.

등급 C

69. 메모리 관리 기법 중 Worst fit 방법을 사용할 경우 10K 크기의 프로그램 실행을 위해서는 어느 부분에 할당되는가?

영역 번호	메모리 크기	사용 여부
NO.1	8K	FREE
NO.2	12K	FREE
NO.3	10K	IN USE
NO.4	20K	IN USE
NO.5	16K	FREE

① NO.2　　② NO.3
③ NO.4　　④ NO.5

전문가의 조언
최악 적합(Worst-Fit)은 데이터가 들어갈 수 있는 크기의 빈 영역 중에서 단편화를 가장 많이 남기는 분할 영역에 배치시키는 방법으로, 사용 여부가 FREE인 메모리 중 가장 메모리 크기가 큰 영역인 NO.5에 배치됩니다.

등급 B

71. 다음 C언어 프로그램이 실행되었을 때, 실행 결과는?

```c
#include <stdio.h>
#include <stdlib.h>
int main(int argc, char* argv[ ]) {
    char str1[20] = "KOREA";
    char str2[20] = "LOVE";
    char* p1 = NULL;
    char* p2 = NULL;
    p1 = str1;
    p2 = str2;
    str1[1] = p2[2];
    str2[3] = p1[4];
    strcat(str1, str2);
    printf("%c", *(p1 + 2));
    return 0;
}
```

① E　　② V
③ R　　④ O

등급 A

70. 네트워크 장비에 대한 설명으로 옳지 않은 것은?

① 브라우터는 전송되는 신호가 전송 선로의 특성 및 외부 충격 등의 요인으로 인해 원래의 형태와 다르게 왜곡되거나 약해질 경우 원래의 신호 형태로 재생하여 다시 전송하는 역할을 수행한다.

전문가의 조언
코드의 실행 결과는 R이고, 사용된 코드의 의미는 다음과 같습니다.

```c
#include <stdio.h>
#include <stdlib.h>
int main(int argc, char* argv[]) {
❶ char str1[20] = "KOREA";
❷ char str2[20] = "LOVE";
❸ char* p1 = NULL;
❹ char* p2 = NULL;
❺ p1 = str1;
❻ p2 = str2;
❼ str1[1] = p2[2];
❽ str2[3] = p1[4];
❾ strcat(str1, str2);
❿ printf("%c", *(p1 + 2));
⓫ return 0;
}
```

❶ 20개의 요소를 갖는 문자형 배열 str1을 선언하고 "KOREA"로 초기화한다.

	[0]	[1]	[2]	[3]	[4]	…	[20]
str1	'K'	'O'	'R'	'E'	'A'	\0	

❷ 20개의 요소를 갖는 문자형 배열 str2를 선언하고 "LOVE"로 초기화한다.

	[0]	[1]	[2]	[3]	[4]	…	[20]
str2	'L'	'O'	'V'	'E'	\0		

❸ 문자형 포인터 변수 p1을 선언하고 NULL로 초기화한다.
❹ 문자형 포인터 변수 p2를 선언하고 NULL로 초기화한다.
❺ p1에 str1 배열의 시작 주소를 저장한다.

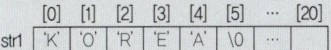

	[0]	[1]	[2]	[3]	[4]	[5]	…	[20]
str1	'K'	'O'	'R'	'E'	'A'	\0		

❻ p2에 str2 배열의 시작 주소를 저장한다.

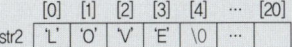

	[0]	[1]	[2]	[3]	[4]	…	[20]
str2	'L'	'O'	'V'	'E'	\0		

❼ p2는 str2를 가리키므로 str2[2]의 값인 'V'를 str1[1]에 저장한다.

	[0]	[1]	[2]	[3]	[4]	[5]	…	[20]
str1	'K'	'V'	'R'	'E'	'A'	\0		

❽ p1은 str1을 가리키므로 str1[4]의 값인 'A'를 str2[3]에 저장한다.

	[0]	[1]	[2]	[3]	[4]	…	[20]
str2	'L'	'O'	'V'	'A'	\0		

❾ str1의 문자열 뒤에 str2의 문자열을 이어붙인다.
- strcat(문자배열A, 문자배열B) : A 배열에 저장된 문자열의 마지막에 이어서 B 배열에 저장된 문자열을 이어붙인다.

	[0]	[1]	[2]	[3]	[4]	[5]	[6]	[7]	[8]	[9]	…	[20]
str1	'K'	'V'	'R'	'E'	'A'	'L'	'O'	'V'	'A'	\0		

❿ p1+2가 가리키는 곳의 값을 문자로 출력한다. p1은 str1 배열의 시작주소, 즉 str1[0]의 위치를 가리키므로, p1+2는 str1[0]의 다음 두 번째 요소인 'R'을 가리킨다.

결과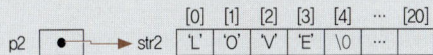

⓫ main( ) 함수에서의 'return 0'은 프로그램의 종료를 의미한다.

등급 B

72. OSI 7계층 중 네트워크 계층에 대한 설명으로 틀린 것은?

① 패킷을 발신지로부터 최종 목적지까지 전달하는 책임을 진다.
② 한 노드로부터 다른 노드로 프레임을 전송하는 책임을 진다.
③ 패킷에 발신지와 목적지의 논리 주소를 추가한다.
④ 라우터 또는 교환기는 패킷 전달을 위해 경로를 지정하거나 교환 기능을 제공한다.

전문가의 조언
네트워크 계층의 프로토콜 데이터 단위(PDU)는 패킷(Packet)입니다. PDU가 프레임(Frame)인 계층은 데이터 링크 계층입니다.

등급 C

73. 귀도 반 로섬(Guido van Rossum)이 발표한 언어로, 인터프리터 방식이자 객체지향적이며, 배우기 쉽고 이식성이 좋은 것이 특징인 스크립트 언어는?

① C++
② JAVA
③ C#
④ Python

전문가의 조언
문제에 제시된 내용은 파이썬(Python)에 대한 설명입니다.

병행학습
- C++ : C 언어에 객체지향 개념을 적용한 언어로, 모든 문제를 객체로 모델링하여 표현함
- JAVA : 썬 마이크로시스템즈에서 개발한 객체지향 언어로, 분산 네트워크 환경에 적용이 가능하고, 멀티스레드 기능을 제공하며, 운영체제 및 하드웨어에 독립적임
- C# : .Net 프레임워크의 한 부분으로 만들어진 C언어로, C++과 Visual Basic의 편의성을 결합함

74. 페이지 부재율(Page Fault Ratio)과 스래싱(Thrashing)의 관계에 대한 설명 중 가장 옳은 것은?

① 페이지 부재율이 크면 스래싱이 많이 일어난 것이다.
② 페이지 부재율과 스래싱은 관계가 없다.
③ 다중 프로그래밍의 정도가 높아지면 페이지 부재율과 스래싱이 감소한다.
④ 스래싱이 많이 발생하면 페이지 부재율이 감소한다.

전문가의 조언
페이지 부재율은 프로그램 실행 시 참조할 페이지가 주기억장치에 없는 비율을 의미하는 것으로, 페이지 부재율이 크면 프로세스의 처리 시간보다 페이지 교체 시간이 더 많아지는 스래싱 현상이 많이 발생하게 됩니다.
- ②, ④ 페이지 부재율이 많이 발생하면 스래싱 현상이 증가합니다.
- ③ 다중 프로그래밍의 정도가 아주 높아지면 페이지 부재율과 스래싱이 증가합니다.

75. 다음 C언어 프로그램이 실행되었을 때, 실행 결과는?

```
#include <stdio.h>
#include <stdlib.h>
int main(int argc, char* argv[ ]) {
    int arr[2][3] = { 1,2,3,4,5,6 };
    int (*p)[3] = NULL;
    p = arr;
    printf("%d, ", *(p[0] + 1) + *(p[1] + 2));
    printf("%d", *(*(p + 1) + 0) + *(*(p + 1) + 1));
    return 0;
}
```

① 7, 5   ② 8, 5   ③ 8, 9   ④ 7, 9

전문가의 조언
코드 실행 결과는 8, 9이고, 사용된 코드의 의미는 다음과 같습니다.

```
#include <stdio.h>
#include <stdlib.h>
int main(int argc, char* argv[ ]) {
❶   int arr[2][3] = { 1,2,3,4,5,6 };
❷   int (*p)[3] = NULL;
❸   p = arr;
```

❹ printf("%d, ", *(p[0] + 1) + *(p[1] + 2));
❺ printf("%d", *(*(p + 1) + 0) + *(*(p + 1) + 1));
❻ return 0;
}

❶ 2행 3열의 요소를 갖는 정수형 2차원 배열 arr을 선언하고 초기화한다.

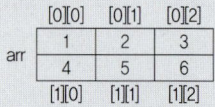

❷ 3개의 요소를 갖는 정수형 포인터 배열 p를 선언하고 NULL로 초기화한다.
❸ p에 arr의 주소를 저장한다.

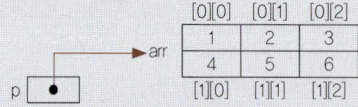

❹ printf("%d, ", *(p[0] + 1) + *(p[1] + 2));
                    ㉠   ㉡

- ㉠ : p[0]은 arr 배열의 첫 번째 행의 시작 주소를 가리키므로 여기에 1을 더한다는 것은 1행의 두 번째 열의 값 2를 가리키는 것이다.
- ㉡ : p[1]은 arr 배열의 두 번째 행의 시작 주소를 가리키므로 여기에 2를 더한다는 것은 2행의 세 번째 열의 값 6을 가리키는 것이다.
- ㉠의 값 2와 ㉡의 값 6을 더한 값 8을 정수로 출력한 후 이어서 쉼표(,)와 공백 한 칸을 출력한다.

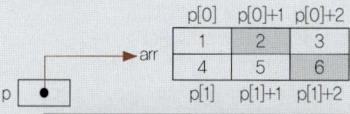

결과 8,

❺ printf("%d", *(*(p + 1) + 0) + *(*(p + 1) + 1));
                  ㉠   ㉡

- 2차원 배열에서 배열명은 실제 값에 해당하는 요소가 아닌 첫 번째 행의 주소를 가리킨다. 즉, p 또는 arr는 배열의 첫 번째 요소인 1을 가리키는 것이 아닌 첫 번째 행 전체를 가리키므로 만약 두 번째 행을 1차원 배열의 포인터처럼 사용하려면 ❹번에서와 같이 p[1]을 사용하거나 *(p+1)을 사용해야 한다.

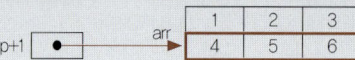

- ㉠ : *(p+1)은 arr 배열의 두 번째 행의 시작 주소를 가리키므로 여기에 0을 더한다는 것은 2행의 첫 번째 열의 값 4를 가리키는 것이다.
- ㉡ : *(p+1)은 arr 배열의 두 번째 행의 시작 주소를 가리키므로 여기에 1을 더한다는 것은 2행의 두 번째 열의 값 5를 가리키는 것이다.
- ㉠의 값 4와 ㉡의 값 5를 더한 값 9를 정수로 출력한다.

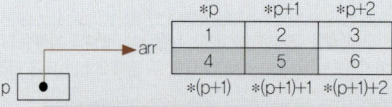

결과 8, 9

❻ main( ) 함수에서의 'return 0'은 프로그램의 종료를 의미한다.

76. 다음 JAVA 프로그램이 실행되었을 때의 결과는?

```
public class Operator {
    public static void main(String[] args) {
        int x=5, y=0, z=0;
        y = x++;
        z = --x;
        System.out.print(x + ", " + y +", " +z);
    }
}
```

① 5, 5, 5
② 5, 6, 5
③ 6, 5, 5
④ 5, 6, 4

전문가의 조언
코드 실행 결과는 **5, 5, 5**이고, 사용된 코드의 의미는 다음과 같습니다.

```
public class Operator {
    public static void main(String[] args) {
❶      int x=5, y=0, z=0;
❷      y = x++;
❸      z = --x;
❹      System.out.print(x + ", " + y +", " +z);
    }
}
```

❶ 정수형 변수 x, y, z를 선언하고, 각각 5, 0, 0으로 초기화한다. (x=5, y=0, z=0)
❷ x는 후치 증가 연산자이므로, x의 값 5를 y에 저장한 후 x의 값을 1 증가시킨다. (x=6, y=5, z=0)
❸ x는 전치 감소 연산자이므로, x의 값을 1 감소시킨 후 x의 값 5를 z에 저장한다. (x=5, y=5, z=5)
❹ x, y, z의 값을 ", "으로 구분하여 출력한다.

결과 `5, 5, 5`

77. HRN 스케줄링 방식에서 입력된 작업이 다음과 같을 때 우선순위가 가장 높은 것은?

작업	대기 시간	서비스(실행) 시간
A	5	20
B	40	20
C	15	45
D	20	2

① A
② B
③ C
④ D

전문가의 조언
우선순위가 가장 높은 작업은 D입니다. HRN 기법의 우선순위 공식은 '(대기 시간 + 서비스 시간) / (서비스 시간)'입니다.
- A 작업 : (5 + 20) / 20 = 1.25
- B 작업 : (40 + 20) / 20 = 3
- C 작업 : (15 + 45) / 45 = 1.33
- D 작업 : (20 + 2) / 2 = 11

계산된 숫자가 클수록 우선순위가 높습니다.

78. C언어에서 문자열 처리 함수의 서식과 그 기능의 연결로 틀린 것은?

① strlen(s) – s의 길이를 구한다.
② strcpy(s1, s2) – s2를 s1으로 복사한다.
③ strcmp(s1, s2) – s1과 s2를 연결한다.
④ strrev(s) – s를 거꾸로 변환한다.

전문가의 조언
strcmp는 s1과 s2에 저장된 문자열이 동일한지 비교하는 함수입니다. 함수명에는 함수의 용도를 의미하는 영문 약어가 포함돼 있습니다. ①번에는 길이를 의미하는 length가, ②번에는 복사를 의미하는 copy가, ③번에는 비교를 의미하는 compare가, ④번에는 반전을 의미하는 reverse가 약어로 포함되어 있습니다.

정답 76.① 77.④ 78.③

79. 다음 파이썬 코드에서 '53t44'를 입력했을 때 출력 결과는?

```
a, b = map(int, input( ).split( "t" ));
print(a, b)
```

① 53 t 44 ② 53t44
③ 53 44 ④ 53, 44

전문가의 조언

코드의 출력 결과로 옳은 것은 ③번입니다. 사용된 코드의 의미는 다음과 같습니다.

❶ a, b = map(int, input().split("t"));
❷ print(a, b)

❶ input( ) 메소드로 입력받은 값을 "t"를 구분자로 하여 분리한 후 정수로 변환하여 a, b에 저장한다. 문제에서 "53t44"를 입력하였으므로, "t"를 구분자로 53과 44가 분리된 후 정수로 변환되어 각각 a와 b에 저장된다.
• map( ) : 2개 이상의 값을 원하는 자료형으로 변환할 때 사용하는 함수
• input( ).split('분리문자')
 - 입력받은 값을 '분리문자'로 구분하여 반환한다.
 - '분리문자'를 생략하면 공백으로 값을 구분한다.
❷ a와 b를 출력한다. Python의 print( ) 메소드에서 2개 이상의 값을 출력할 때, sep 속성값을 정의하지 않으면 기본값이 공백이므로 다음과 같이 출력된다.

결과 `53 44`

전문가의 조언

페이지 결함의 발생 횟수는 6회입니다. 4개의 페이지를 수용할 수 있는 주기억장치이므로 아래 그림과 같이 4개의 페이지 프레임으로 표현할 수 있습니다.

참조 페이지	1	2	3	1	2	4	5	1
페이지 프레임	1	1	1	1	1	1	5	5
		2	2	2	2	2	2	1
			3	3	3	3	3	3
						4	4	4
부재 발생	●	●	●			●	●	●

※ ● : 페이지 부재 발생

참조 페이지가 페이지 테이블에 없을 경우 페이지 결함(부재)이 발생됩니다. 초기에는 모든 페이지가 비어 있으므로 처음 1, 2, 3, 4 페이지 적재 시 페이지 결함이 발생됩니다. FIFO 기법은 가장 먼저 들어와 있었던 페이지를 교체하는 기법이므로 참조 페이지 5를 참조할 때에는 0을 제거한 후 5를 가져오게 됩니다. 이러한 과정으로 모든 페이지에 대한 요구를 처리하고 나면 총 페이지 결함 발생 횟수는 6회입니다.

80. 4개의 페이지를 수용할 수 있는 주기억장치가 있으며, 초기에는 모두 비어 있다고 가정한다. 다음의 순서로 페이지 참조가 발생할 때, FIFO 페이지 교체 알고리즘을 사용할 경우 페이지 결함의 발생 횟수는?

페이지 참조 순서 : 1, 2, 3, 1, 2, 4, 5, 1

① 6회 ② 7회
③ 8회 ④ 9회

5과목 정보시스템 구축 관리

81. 소프트웨어 개발 조직의 업무 능력 및 조직의 성숙도를 평가하는 것은?

① CMMI ② LOC
③ AOE ④ SDN

전문가의 조언

소프트웨어 개발 조직의 업무 능력 및 조직의 성숙도를 평가하는 모델은 CMMI(Capability Maturity Model Integration, 능력 성숙도 통합 모델)입니다.

등급 B

82. 라우팅(Routing) 프로토콜이 아닌 것은?

① BGP
② OSPF
③ SIP
④ RIP

전문가의 조언
- SIP는 통신 세션을 시작하는 세션 개시 프로토콜(Session Initiation Protocol)로, 라우팅 프로토콜이 아닙니다.
- 라우팅 프로토콜에는 IGP, EGP, BGP, RIP, OSPF 등이 있습니다.

등급 C

83. 정보 보안의 3요소에 해당하지 않는 것은?

① 기밀성
② 무결성
③ 가용성
④ 휘발성

전문가의 조언
소프트웨어 개발이 있어 충족시켜야 할 3대 주요 보안 요소에는 기밀성(Confidentiality), 무결성(Integrity), 가용성(Availability)이 있습니다.

등급 B

84. 다음 내용이 설명하는 것은?

- 블록체인(Blockchain) 개발 환경을 클라우드로 서비스하는 개념
- 블록체인 네트워크에 노드의 추가 및 제거가 용이
- 블록체인의 기본 인프라를 추상화하여 블록체인 응용 프로그램을 만들 수 있는 클라우드 컴퓨팅 플랫폼

① OTT
② BaaS
③ SDDC
④ Wi-SUN

전문가의 조언
문제의 지문에 제시된 내용은 BaaS(서비스형 블록체인)에 대한 설명입니다.

병행학습
- OTT(Over The Top service) : TV, PC, 스마트폰 등으로 드라마, 영화 등의 미디어 콘텐츠를 제공하는 온라인 서비스
- SDDC(Software Defined Data Center) : 데이터 센터의 모든 자원을 가상화하여 인력의 개입 없이 소프트웨어 조작만으로 관리 및 제어되는 데이터 센터
- Wi-SUN : 스마트 그리드와 같은 장거리 무선 통신을 필요로 하는 사물 인터넷(IoT) 서비스를 위한 저전력 장거리(LPWA; Low-Power Wide Area) 통신 기술

등급 A

85. 세션 하이재킹을 탐지하는 방법으로 거리가 먼 것은?

① FTP SYN SEGMENT 탐지
② 비동기화 상태 탐지
③ ACK STORM 탐지
④ 패킷의 유실 및 재전송 증가 탐지

전문가의 조언
- FTP SYN SEGMENT 탐지는 세션 하이재킹 탐지 방법이 아닙니다.
- 세션 하이재킹의 탐지 방법에는 비동기화 상태 탐지, ACK Storm 탐지, 패킷의 유실과 재전송 증가 탐지, 예상치 못한 접속의 리셋 탐지 등이 있습니다.

등급 A

86. 다음 설명에 해당하는 암호화 알고리즘은?

- DES의 보안 문제를 해결하기 위해 개발되었다.
- NIST에서 개발한 개인키 암호화 알고리즘이다.

① ARIA
② AES
③ DSA
④ SEED

전문가의 조언
DES의 보안 문제 해결을 위해 NIST에서 개발한 개인키 암호화 알고리즘은 AES(Advanced Encryption Standard)입니다.

병행학습
- ARIA(Academy, Research Institute, Agency) : 2004년 국가정보원과 산학연협회가 개발한 블록 암호화 알고리즘으로, 블록 크기는 128비트이며, 키 길이에 따라 128, 192, 256으로 분류함
- SEED : 1999년 한국인터넷진흥원(KISA)에서 개발한 블록 암호화 알고리즘으로, 블록 크기는 128비트이며, 키 길이에 따라 128, 256으로 분류함

정답 82.③ 83.④ 84.② 85.① 86.②

등급 B

87. 브리지와 구내 정보 통신망(LAN)으로 구성된 통신망에서 루프(폐회로)를 형성하지 않으면서 연결을 설정하는 알고리즘은?

① Spanning Tree Algorithm
② Diffie-Hellman Algorithm
③ Hash Algorithm
④ Digital Signature Algorithm

전문가의 조언
루프(폐회로)를 형성하지 않으면서 연결을 설정하는 알고리즘은 STA(Spanning Tree Algorithm)입니다.

병행학습
- Diffie-Hellman Algorithm : 이산대수의 복잡성을 활용하여 두 사용자가 사전에 어떠한 비밀 교환 없이도 비밀 키 교환을 가능하게 하는 알고리즘
- Hash Algorithm : 임의의 길이의 입력 데이터나 메시지를 고정된 길이의 값이나 키로 변환하는 알고리즘
- DSA(Digital Signature Algorithm) : 미국 표준 기술 연구소(NIST)에서 표준안으로 개발한 공개 키 기반의 알고리즘으로, 디지털 서명 기술을 제공하기 위해 이산대수의 복잡성을 활용하였음

등급 A

88. Secure 코딩에서 입력 데이터의 보안 약점과 관련한 설명으로 틀린 것은?

① SQL 삽입 : 사용자의 입력 값 등 외부 입력 값이 SQL 쿼리에 삽입되어 공격
② 크로스사이트 스크립트 : 검증되지 않은 외부 입력 값에 의해 브라우저에서 악의적인 코드가 실행
③ 운영체제 명령어 삽입 : 운영체제 명령어 파라미터 입력 값이 적절한 사전검증을 거치지 않고 사용되어 공격자가 운영체제 명령어를 조작
④ 자원 삽입 : 사용자가 내부 입력 값을 통해 시스템 내에 사용이 불가능한 자원을 지속적으로 입력함으로써 시스템에 과부하 발생

전문가의 조언
경로 조작 및 자원 삽입은 데이터 입·출력 경로를 조작하여 서버 자원을 수정 및 삭제할 수 있는 보안 약점입니다.

등급 C

89. IPSec(IP Security)에 대한 설명으로 틀린 것은?

① 암호화 수행시 일방향 암호화만 지원한다.
② ESP는 발신지 인증, 데이터 무결성, 기밀성 모두를 보장한다.
③ 운영 모드는 Tunnel 모드와 Transport 모드로 분류된다.
④ AH는 발신지 호스트를 인증하고, IP 패킷의 무결성을 보장한다.

전문가의 조언
IPSec는 암호화와 복호화가 모두 가능한 양방향 암호 방식입니다.

등급 A

90. 침입 탐지 시스템(IDS; Intrusion Detection System)과 관련한 설명으로 틀린 것은?

① 이상 탐지 기법(Anomaly Detection)은 Signature Base나 Knowledge Base라고도 불리며 이미 발견되고 정립된 공격 패턴을 입력해두었다가 탐지 및 차단한다.
② HIDS(Host-Based Intrusion Detection)는 운영체제에 설정된 사용자 계정에 따라 어떤 사용자가 어떤 접근을 시도하고 어떤 작업을 했는지에 대한 기록을 남기고 추적한다.
③ NIDS(Network-Based Intrusion Detection System)로는 대표적으로 Snort가 있다.
④ 외부 인터넷에 서비스를 제공하는 서버가 위치하는 네트워크인 DMZ(Demilitarized Zone)에는 IDS가 설치될 수 있다.

전문가의 조언
- ①번은 오용 탐지 기법(Misuse Detection)에 대한 설명입니다.
- 이상 탐지 기법(Anomaly Detection)은 평균적인 시스템의 상태를 기준으로 비정상적인 행위나 자원의 사용이 감지되면 이를 알려주는 시스템입니다.

91. 다음 암호 알고리즘 중 성격이 다른 하나는?

① MD4
② MD5
③ SHA-1
④ AES

전문가의 조언
AES는 개인키 암호화 알고리즘이고, MD4, MD5, SHA-1은 해시 알고리즘입니다.

92. 악성코드의 유형 중 다른 컴퓨터의 취약점을 이용하여 스스로 전파하거나 메일로 전파되며 스스로를 증식하는 것은?

① Worm
② Rogue Ware
③ Adware
④ Reflection Attack

전문가의 조언
네트워크를 통해 연속적으로 자신을 복제하는 악성코드는 웜(Worm)입니다.

병행학습
- 로그웨어(Rogue Ware) : 사용자를 속여 악성코드를 설치하도록 유도하는 소프트웨어로, 주로 바이러스에 감염되었다며 백신 소프트웨어처럼 보이는 악성코드를 설치하도록 유도함
- 애드웨어(Adware) : 소프트웨어 자체에 광고를 포함하여 이를 보는 대가로 무료로 사용하는 소프트웨어
- 반사 공격(Reflection Attack) : 송신자가 생성한 메시지를 가로채 접근 권한을 얻는 형태의 공격 기법

93. 교착상태(Deadlock)의 필요조건에 해당하지 않는 것은?

① Circular Wait
② Preemption
③ Hold and Wait
④ Mutual Exclusion

전문가의 조언
교착 상태 발생의 필요 충분 조건 4가지 중 하나는 선점(Preemption)이 아니라 비선점(Non-preemption)입니다.

94. COCOMO 모델에 의한 비용 산정에 대한 설명으로 옳지 않은 것은?

① 보헴이 제안한 원시 프로그램의 규모에 의한 비용 예측 모형이다.
② 같은 규모의 소프트웨어라도 그 유형에 따라 비용이 다르게 산정된다.
③ 비용 산정 유형으로 Organic Mode, Embedded Mode, Semi-Detached Mode가 있다.
④ UFP(Unadjusted Function Point)를 계산한다.

전문가의 조언
UFP(Unadjusted Function Point)는 기능 점수(Function Point) 모델에서 기능 점수를 산출하는 과정 중에 계산되는 값입니다.

정답 91.④ 92.① 93.② 94.④

95. 다음 내용이 설명하는 것은?

- 네트워크상에 광채널 스위치의 이점인 고속 전송과 장거리 연결 및 멀티 프로토콜 기능을 활용
- 각기 다른 운영체제를 가진 여러 기종들이 네트워크상에서 동일 저장장치의 데이터를 공유하게 함으로써, 여러 개의 저장장치나 백업 장비를 단일화시킨 시스템

① SAN ② MBR
③ NAC ④ NIC

전문가의 조언
문제의 지문은 SAN(Storage Area Network)에 대한 설명입니다.

병행학습
- MBR(Memory Buffer Register, 메모리 버퍼 레지스터) : 기억장치를 출입하는 데이터가 잠시 기억되는 레지스터
- NAC(Network Access Control) : 네트워크에 접속하는 내부 PC의 MAC 주소를 IP 관리 시스템에 등록한 후 일관된 보안 관리 기능을 제공하는 보안 솔루션
- NIC(Network Interface Card, 네트워크 인터페이스 카드) : 컴퓨터와 컴퓨터 또는 컴퓨터와 네트워크를 연결하는 장치로, 정보 전송 시 정보가 케이블을 통해 전송될 수 있도록 정보 형태를 변경함

96. CPM(Critical Path Method)에 대한 설명으로 옳지 않은 것은?

① 프로젝트 내에서 각 작업이 수행되는 시간과 각 작업 사이의 관계를 파악할 수 있다.
② 작업 일정을 한눈에 볼 수 있도록 해주며 막대 그래프의 형태로 표현한다.
③ 효과적인 프로젝트의 통제를 가능하게 해 준다.
④ 경영층의 과학적인 의사 결정을 지원한다.

전문가의 조언
작업 일정을 한눈에 볼 수 있도록 해주며 막대 그래프의 형태로 표현하는 것은 간트 차트(Gantt Chart)입니다.

97. 소프트웨어 생명주기 모델 중 나선형 모델(Spiral Model)과 관련한 설명으로 틀린 것은?

① 소프트웨어 개발 프로세스를 위험 관리(Risk Management) 측면에서 본 모델이다.
② 각 단계를 확실히 매듭짓고 그 결과를 철저하게 검토하여 승인 과정을 거친 후에 다음 단계를 진행하는 개발 방법론이다.
③ 시스템을 여러 부분으로 나누어 여러 번의 개발 주기를 거치면서 시스템이 완성된다.
④ 요구사항이나 아키텍처를 이해하기 어렵다거나 중심이 되는 기술에 문제가 있는 경우 적합한 모델이다.

전문가의 조언
②번은 폭포수 모형에 대한 설명입니다.

98. 클라우드 기반 HSM(Cloud-based Hardware Security Module)에 대한 설명으로 틀린 것은?

① 클라우드(데이터센터) 기반 암호화 키 생성, 처리, 저장 등을 하는 보안 기기이다.
② 국내에서는 공인인증제의 폐지와 전자서명법 개정을 추진하면서 클라우드 HSM 용어가 자주 등장하였다.
③ 클라우드에 인증서를 저장하므로 기존 HSM 기기나 휴대폰에 인증서를 저장해 다닐 필요가 없다.
④ 하드웨어가 아닌 소프트웨어적으로만 구현되기 때문에 소프트웨어식 암호 기술에 내재된 보안 취약점을 해결할 수 없다는 것이 주요 단점이다.

전문가의 조언
클라우드 기반 HSM은 암호화 키 생성이 하드웨어적으로 구현되므로 소프트웨어적으로 구현된 암호 기술이 가지는 보안 취약점을 무시할 수 있습니다.

등급 B

99. SQL Injection 공격과 관련한 설명으로 틀린 것은?
① SQL Injection은 임의로 작성한 SQL 구문을 애플리케이션에 삽입하는 공격 방식이다.
② SQL Injection 취약점이 발생하는 곳은 주로 웹 애플리케이션과 데이터베이스가 연동되는 부분이다.
③ DBMS의 종류와 관계없이 SQL Injection 공격 기법은 모두 동일하다.
④ 로그인과 같이 웹에서 사용자의 입력 값을 받아 데이터베이스 SQL문으로 데이터를 요청하는 경우 SQL Injection을 수행할 수 있다.

전문가의 조언
SQL 삽입(SQL Injection) 공격은 웹 응용 프로그램에 SQL을 삽입하여 내부 데이터베이스(DB) 서버의 데이터를 유출 및 변조하고 관리자 인증을 우회하는 기법으로, DBMS의 종류에 따라 접근하는 방법이 달라지므로 공격 기법이 모두 동일하다는 말은 잘못되었습니다.

등급 C

100. Wi-Fi에서 제정한 무선 랜(WLAN) 인증 및 암호화 관련 표준은?
① WCDMA ② WPA
③ SSL ④ SHA

전문가의 조언
Wi-Fi에서 제정한 무선 랜(WLAN) 인증 및 암호화 관련 표준은 WPA(Wi-Fi Protected Access)이며, IEEE 802.11i버전에서 지원합니다.

2024년 7월 기출문제

1과목 | 소프트웨어 설계

1. 소프트웨어 공학의 기본 원칙이라고 볼 수 없는 것은?
① 품질 높은 소프트웨어 상품 개발
② 지속적인 검증 시행
③ 결과에 대한 명확한 기록 유지
④ 최대한 많은 인력 투입

전문가의 조언
인력은 최대한 많이 투입하는 것이 아니라 가능한 효율적으로 투입되어야 합니다

2. CASE(Computer Aided Software Engineering)에 대한 설명으로 옳지 않은 것은?
① 프로그램의 구현과 유지보수 작업만을 중심으로 소프트웨어 생산성 문제를 해결한다.
② 소프트웨어 생명 주기의 전체 단계를 연결해 주고 자동화해 주는 통합된 도구를 제공한다.
③ 개발 과정의 속도를 향상시킨다.
④ 소프트웨어 부품의 재사용을 가능하게 한다.

전문가의 조언
CASE는 프로그램의 구현과 유지보수 작업만을 중심으로 하는 것이 아니라 요구 분석, 설계, 구현, 검사 및 디버깅 과정 전체 또는 일부를 자동화하는 것입니다.

병행학습 CASE(Computer Aided Software Engineering)
- 소프트웨어 개발 과정에서 사용되는 요구 분석, 설계, 구현, 검사 및 디버깅 과정 전체 또는 일부를 컴퓨터와 전용 소프트웨어 도구를 사용하여 자동화하는 것이다.
- 객체지향 시스템, 구조적 시스템 등 다양한 시스템에서 활용되는 자동화 도구(CASE Tool)이다.
- CASE 도구를 통해 관리되는 공통 모듈을 사용할 수 있어 재사용성을 향상시킬 수 있다.
- CASE 도구가 모듈 관리를 자동으로 수행하므로 유지보수가 간편해진다.
- 소프트웨어 개발 도구와 방법론이 결합된 것으로, 정형화된 구조 및 방법(메커니즘)을 소프트웨어 개발에 적용하여 생산성 및 품질 향상을 구현하는 공학 기법이다.

3. GoF(Gangs of Four) 디자인 패턴 분류에 해당하지 않는 것은?
① 생성 패턴
② 객체 패턴
③ 행위 패턴
④ 구조 패턴

전문가의 조언
GoF의 디자인 패턴은 생성 패턴, 구조 패턴, 행위 패턴으로 분류됩니다.

4. 소프트웨어 아키텍처 모델 중 MVC(Model-View-Controller)와 관련한 설명으로 틀린 것은?
① MVC 모델은 사용자 인터페이스를 담당하는 계층의 응집도를 높일 수 있고, 여러 개의 다른 UI를 만들어 그 사이에 결합도를 낮출 수 있다.
② 모델(Model)은 뷰(View)와 제어(Controller) 사이에서 전달자 역할을 하며, 뷰마다 모델 서브시스템이 각각 하나씩 연결된다.
③ 뷰(View)는 모델(Model)에 있는 데이터를 사용자 인터페이스에 보이는 역할을 담당한다.
④ 제어(Controller)는 모델(Model)에 명령을 보냄으로써 모델의 상태를 변경할 수 있다.

전문가의 조언
모델(Model)은 서브시스템의 핵심 기능과 데이터를 보관하는 역할을 합니다.

병행학습 모델-뷰-컨트롤러 패턴(Model-View-Controller Pattern)
- 모델-뷰-컨트롤러 패턴은 서브시스템을 3개의 부분으로 구조화하는 패턴이며, 각 부분의 역할은 다음과 같다.
  – 모델(Model) : 서브시스템의 핵심 기능과 데이터를 보관함
  – 뷰(View) : 사용자에게 정보를 표시함
  – 컨트롤러(Controller) : 사용자로부터 받은 입력을 처리하며, 처리 결과에 따라 모델의 상태를 갱신함

정답 1.④ 2.① 3.② 4.②

- 모델-뷰-컨트롤러 패턴의 각 부분은 별도의 컴포넌트로 분리되어 있으므로 서로 영향을 받지 않고 개발 작업을 수행할 수 있다.
- 모델-뷰-컨트롤러 패턴에서는 여러 개의 뷰를 만들 수 있으므로 한 개의 모델에 대해 여러 개의 뷰를 필요로 하는 대화형 애플리케이션에 적합하다.

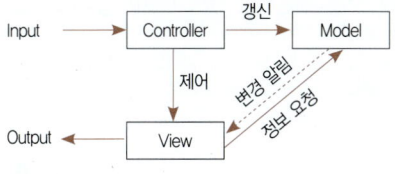

등급 A

5. 럼바우(Rumbaugh)의 객체지향 분석 기법 중 자료 흐름도(DFD)를 주로 이용하는 것은?

① 기능 모델링
② 동적 모델링
③ 객체 모델링
④ 정적 모델링

전문가의 조언
자료 흐름도(DFD)는 럼바우(Rumbaugh)의 객체지향 분석 기법 중 기능 모델링에서 주로 이용됩니다.

병행학습 럼바우(Rumbaugh)의 분석 기법
- 모든 소프트웨어 구성 요소를 그래픽 표기법을 이용하여 모델링하는 기법으로, 객체 모델링 기법(OMT, Object-Modeling Technique)이라고도 한다.
- 분석 활동은 '객체 모델링 → 동적 모델링 → 기능 모델링' 순으로 이루어진다.
- 객체 모델링(Object Modeling)
  - 정보 모델링이라고도 하며, 시스템에서 요구되는 객체를 찾아내어 속성과 연산 식별 및 객체들 간의 관계를 규정하여 객체 다이어그램으로 표시하는 것이다.
  - 분석 활동의 세 가지 모델 중 가장 중요하며 선행되어야 할 모델링이다.
- 동적 모델링(Dynamic Modeling) : 상태 다이어그램(상태도)을 이용하여 시간의 흐름에 따른 객체들 간의 제어 흐름, 상호 작용, 동작 순서 등의 동적인 행위를 표현하는 모델링임
- 기능 모델링(Functional Modeling) : 자료 흐름도(DFD)를 이용하여 다수의 프로세스들 간의 자료 흐름을 중심으로 처리 과정을 표현한 모델링임

등급 C

6. UML에 대한 설명으로 옳지 않은 것은?

① OMG에서 만든 통합 모델링 언어로서 객체 지향적 분석, 설계 방법론의 표준 지정을 목표로 한다.
② 애플리케이션을 개발할 때 쉽게 이해할 수 있도록 도와주는 여러 가지 유형의 다이어그램을 제공한다.
③ 실시간 시스템 및 분산 시스템과 같은 시스템의 분석과 설계에는 사용될 수 없다.
④ 개발자와 고객 또는 개발자 상호 간의 의사 소통을 원활하게 할 수 있다.

전문가의 조언
UML은 실시간 시스템 및 분산 시스템의 시스템 분석과 설계에 사용이 가능합니다.

등급 A

7. 분산 시스템에서의 미들웨어(Middleware)와 관련한 설명으로 틀린 것은?

① 분산 시스템에서 다양한 부분을 관리하고 통신하며 데이터를 교환하게 해주는 소프트웨어로 볼 수 있다.
② 위치 투명성(Location Transparency)을 제공한다.
③ 분산 시스템의 여러 컴포넌트가 요구하는 재사용 가능한 서비스의 구현을 제공한다.
④ 애플리케이션과 사용자 사이에서만 분산 서비스를 제공한다.

전문가의 조언
애플리케이션과 사용자 사이뿐만 아니라 클라이언트와 서버, 운영체제와 응용 프로그램과 같이 두 시스템 사이에서 다양한 서비스를 제공하는 소프트웨어를 미들웨어(Middleware)라고 합니다.

병행학습 미들웨어(Middleware)의 종류
- DB(DataBase) : 데이터베이스 벤더(Vendor)에서 제공하는 클라이언트에서 원격의 데이터베이스와 연결하기 위한 미들웨어
- RPC(Remote Procedure Call) : 응용 프로그램의 프로시저를 사용하여 원격 프로시저를 마치 로컬 프로시저처럼 호출하는 방식의 미들웨어
- MOM(Message Oriented Middleware) : 메시지 기반의 비동기형 메시지를 전달하는 방식의 미들웨어
- TP-Monitor(Transaction Processing Monitor) : 항공기나 철도 예약 업무 등과 같은 온라인 트랜잭션 업무에서 트랜잭션을 처리 및 감시하는 미들웨어
- ORB(Object Request Broker) : 객체지향 미들웨어로 코바(CORBA) 표준 스펙을 구현한 미들웨어
- WAS(Web Application Server) : 사용자의 요구에 따라 변하는 동적인 콘텐츠를 처리하기 위해 사용되는 미들웨어

정답 5.① 6.③ 7.④

8. 코드의 기입 과정에서 원래 '12536'으로 기입되어야 하는 데 '12936'으로 표기되었을 경우, 어떤 코드 오류에 해당하는가?

① Addition Error
② Omission Error
③ Sequence Error
④ Transcription Error

전문가의 조언
'12536'의 5 대신 9를 기입한 것, 즉 임의의 한 자리를 잘못 기입해서 발생한 오류이므로 필사 오류(Transcription Error)에 해당합니다.

병행학습 코드의 오류
- 필사 오류(Transcription Error) = 오자 오류 : 입력시 임의의 한 자리를 잘못 기록한 경우 발생(예 12345 → 12745)
- 전위 오류(Transposition Error) : 입력시 좌우 자리를 바꾸어 기록한 경우 발생(예 12345 → 12435)
- 이중 오류(Double Transposition Error) : 전위 오류가 2개 이상 발생한 경우(예 12345 → 13254)
- 생략 오류(Omission Error) : 입력시 한 자리를 빼놓고 기록한 경우 발생(예 12345 → 1245)
- 추가 오류(Addition Error) : 입력시 한 자리를 더 추가하여 기록한 경우 발생(예 12345 → 123745)
- 임의 오류(Random Error) : 오류가 두 가지 이상 결합하여 발생한 경우(예 12345 → 127435)

9. 소프트웨어 설계에서 자주 발생하는 문제에 대한 일반적이고 반복적인 해결 방법을 무엇이라고 하는가?

① 모듈 분해
② 디자인 패턴
③ 연관 관계
④ 클래스 도출

전문가의 조언
소프트웨어 설계에서 자주 발생하는 문제에 대한 일반적이고 반복적인 해결 방법을 디자인 패턴이라고 합니다.

병행학습 디자인 패턴(Design Pattern)
- 각 모듈의 세분화된 역할이나 모듈들 간의 인터페이스와 같은 코드를 작성하는 수준의 세부적인 구현 방안을 설계할 때 참조할 수 있는 전형적인 해결 방식 또는 예제를 의미한다.
- 디자인 패턴은 문제 및 배경, 실제 적용된 사례, 재사용이 가능한 샘플 코드 등으로 구성되어 있다.
- '바퀴를 다시 발명하지 마라(Don't reinvent the wheel)'라는 말과 같이, 개발 과정 중에 문제가 발생하면 새로 해결책을 구상하는 것보다 문제에 해당하는 디자인 패턴을 참고하여 적용하는 것이 더 효율적이다.
- 한 패턴에 변형을 가하거나 특정 요구사항을 반영하면 유사한 형태의 다른 패턴으로 변화되는 특징이 있다.

- 1995년 GoF(Gang of Four)라고 불리는 에릭 감마(ErichGamma), 리차드 헬름(Richard Helm), 랄프 존슨(RalphJohnson), 존 블리시디스(John Vlissides)가 처음으로 구체화 및 체계화하였다.
- GoF의 디자인 패턴은 수많은 디자인 패턴들 중 가장 일반적인 사례에 적용될 수 있는 패턴들을 분류하여 정리함으로써, 지금까지도 소프트웨어 공학이나 현업에서 가장 많이 사용되는 디자인 패턴이다.
- GoF의 디자인 패턴은 유형에 따라 생성 패턴 5개, 구조 패턴 7개, 행위 패턴 11개 총 23개의 패턴으로 구성된다.

10. 그래픽 표기법을 이용하여 소프트웨어 구성 요소를 모델링하는 럼바우 분석 기법에 포함되지 않는 것은?

① 객체 모델링
② 기능 모델링
③ 동적 모델링
④ 블랙박스 분석 모델링

전문가의 조언
럼바우 분석 기법의 분석 활동에는 객체 모델링, 동적 모델링, 기능 모델링이 있습니다.

병행학습 럼바우(Rumbaugh)의 분석 기법
- 모든 소프트웨어 구성 요소를 그래픽 표기법을 이용하여 모델링하는 기법으로, 객체 모델링 기법(OMT; Object-Modeling Technique)이라고도 한다.
- 분석 활동은 '객체 모델링 → 동적 모델링 → 기능 모델링' 순으로 이루어진다.
- 객체 모델링(Object Modeling)
  – 정보 모델링이라고도 하며, 시스템에서 요구되는 객체를 찾아내어 속성과 연산 식별 및 객체들 간의 관계를 규정하여 객체 다이어그램으로 표시하는 것이다.
  – 분석 활동의 세 가지 모델 중 가장 중요하며 선행되어야 할 모델링이다.
- 동적 모델링(Dynamic Modeling) : 상태 다이어그램(상태도)을 이용하여 시간의 흐름에 따른 객체들 간의 제어 흐름, 상호 작용, 동작 순서 등의 동적인 행위를 표현하는 모델링임
- 기능 모델링(Functional Modeling) : 자료 흐름도(DFD)를 이용하여 다수의 프로세스들 간의 자료 흐름을 중심으로 처리 과정을 표현한 모델링임

11. 바람직한 소프트웨어 설계 지침이 아닌 것은?

① 적당한 모듈의 크기를 유지한다.
② 모듈 간의 접속 관계를 분석하여 복잡도와 중복을 줄인다.
③ 모듈 간의 결합도는 강할수록 바람직하다.
④ 모듈 간의 효과적인 제어를 위해 설계에서 계층적 자료 조직이 제시되어야 한다.

전문가의 조언
모듈 간의 결합도는 약할수록 바람직한 설계입니다.

정답 8.④ 9.② 10.④ 11.③

병행학습 효과적인 모듈 설계 방안

- 결합도는 줄이고 응집도는 높여서 모듈의 독립성과 재사용성을 높인다.
- 모듈의 제어 영역 안에서 그 모듈의 영향 영역을 유지시킨다.
- 복잡도와 중복성을 줄이고 일관성을 유지시킨다.
- 모듈의 기능은 예측이 가능해야 하며 지나치게 제한적이어서는 안 된다.
- 유지보수가 용이해야 한다.
- 모듈 크기는 시스템의 전반적인 기능과 구조를 이해하기 쉬운 크기로 분해한다.
- 하나의 입구와 하나의 출구를 갖도록 해야 한다.
- 인덱스 번호나 기능 코드들이 전반적인 처리 논리 구조에 예기치 못한 영향을 끼치지 않도록 모듈 인터페이스를 설계해야 한다.
- 효과적인 제어를 위해 모듈 간의 계층적 관계를 정의하는 자료가 제시되어야 한다.

등급 B

12. 다음 중 요구사항 모델링에 활용되지 않는 것은?

① 애자일(Agile) 방법
② 유스케이스 다이어그램(Use Case Diagram)
③ 시퀀스 다이어그램(Sequence Diagram)
④ 단계 다이어그램(Phase Diagram)

전문가의 조언
단계 다이어그램은 물리 화학 등에서 사용되는 다이어그램으로, 요구사항 모델링과는 관계가 없습니다.

등급 B

13. 프로토타이핑 모형(Prototyping Model)에 대한 설명으로 옳지 않은 것은?

① 실제 개발될 소프트웨어에 대한 견본품(Prototype)을 만들어 최종 결과물을 예측하는 모형이다.
② 의뢰자나 개발자 모두에게 공동의 참조 모델을 제공한다.
③ 프로토타이핑이 진행되는 과정에서 새로운 요구사항이 도출되지 않아야 한다.
④ 단기간 제작 목적으로 인하여 비효율적인 언어나 알고리즘을 사용할 수 있다.

전문가의 조언
프로토타이핑 모형은 새로운 요구사항이 도출될 때마다 이를 반영한 프로토타입을 새롭게 만들면서 소프트웨어를 구현하는 방법으로, 새롭게 도출된 요구사항을 충분히 반영합니다.

병행학습 프로토타입 모형(Prototype Model, 원형 모형)

- 사용자의 요구사항을 정확히 파악하기 위해 실제 개발될 소프트웨어에 대한 견본(시제)품(Prototype)을 만들어 최종 결과물을 예측하는 모형이다.
- 시제품은 의뢰자나 개발자 모두에게 공동의 참조 모델이 된다.
- 시스템의 일부 혹은 시스템의 모형을 만드는 과정으로서 요구된 소프트웨어를 구현하는데, 이는 추후 구현 단계에서 사용될 골격 코드가 된다.
- 새로운 요구사항이 도출될 때마다 이를 반영한 프로토타입을 새롭게 만들면서 소프트웨어를 구현한다.
- 단기간 제작을 목적으로 하다 보니 비효율적인 언어나 알고리즘이 사용될 수 있다.

등급 B

14. 소프트웨어 설계에서 사용되는 대표적인 추상화(Abstraction) 기법이 아닌 것은?

① 자료 추상화   ② 제어 추상화
③ 과정 추상화   ④ 강도 추상화

전문가의 조언
추상화 기법에는 과정 추상화, 데이터(자료) 추상화, 제어 추상화가 있습니다.

병행학습 추상화(Abstraction)

- 문제의 전체적이고 포괄적인 개념을 설계한 후 차례로 세분화하여 구체화시켜 나가는 것이다.
- 인간이 복잡한 문제를 다룰 때 가장 기본적으로 사용하는 방법으로, 완전한 시스템을 구축하기 전에 그 시스템과 유사한 모델을 만들어서 여러 가지 요인들을 테스트할 수 있다.
- 추상화는 최소의 비용으로 실제 상황에 대처할 수 있고, 시스템의 구조 및 구성을 대략적으로 파악할 수 있게 해준다.
- 추상화의 유형
  - 과정 추상화 : 자세한 수행 과정을 정의하지 않고, 전반적인 흐름만 파악할 수 있게 설계하는 방법
  - 데이터 추상화 : 데이터의 세부적인 속성이나 용도를 정의하지 않고, 데이터 구조를 대표할 수 있는 표현으로 대체하는 방법
  - 제어 추상화 : 이벤트 발생의 정확한 절차나 방법을 정의하지 않고, 대표할 수 있는 표현으로 대체하는 방법

등급 C

15. IPSec(IP Security)에 대한 설명으로 틀린 것은?

① 암호화 수행시 일방향 암호화만 지원한다.
② ESP는 발신지 인증, 데이터 무결성, 기밀성 모두를 보장한다.
③ 운영 모드는 Tunnel 모드와 Transport 모드로 분류된다.
④ AH는 발신지 호스트를 인증하고, IP 패킷의 무결성을 보장한다.

전문가의 조언
IPSec은 암호화와 복호화가 모두 가능한 양방향 암호 방식입니다.

등급 A

16. UML 확장 모델에서 스테레오 타입 객체를 표현할 때 사용하는 기호로 맞는 것은?

① 《 》
② (( ))
③ {{ }}
④ [[ ]]

전문가의 조언
UML 확장 모델에서 스테레오 타입 객체를 표현할 때 사용하는 기호는 《 》입니다.

등급 A

17. 애자일(Agile) 프로세스 모델에 대한 설명으로 틀린 것은?

① 변화에 대한 대응보다는 자세한 계획을 중심으로 소프트웨어를 개발한다.
② 프로세스와 도구 중심이 아닌 개개인과의 상호소통을 통해 의견을 수렴한다.
③ 협상과 계약보다는 고객과의 협력을 중시한다.
④ 문서 중심이 아닌, 실행 가능한 소프트웨어를 중시한다.

전문가의 조언
애자일(Agile)은 계획을 따르기 보다는 변화에 반응하는 것에 더 가치를 둡니다.

병행학습 애자일 모형(Agile Model)

- 애자일은 '민첩한', '기민한'이라는 의미로, 고객의 요구사항 변화에 유연하게 대응할 수 있도록 일정한 주기를 반복하면서 개발과정을 진행한다.
- 애자일 모형은 어느 특정 개발 방법론이 아니라 좋은 것을 빠르고 낭비 없이 만들기 위해 고객과의 소통에 초점을 맞춘 방법론을 통칭한다.
- 애자일 모형은 기업 활동 전반에 걸쳐 사용된다.
- 애자일 모형은 스프린트(Sprint) 또는 이터레이션(Iteration)이라고 불리는 짧은 개발 주기를 반복하며, 반복되는 주기마다 만들어지는 결과물에 대한 고객의 평가와 요구를 적극 수용한다.
- 각 개발주기에서는 고객이 요구사항에 우선순위를 부여하여 개발 작업을 진행한다.
- 소규모 프로젝트, 고도로 숙달된 개발자, 급변하는 요구사항에 적합하다.
- 애자일 모형을 기반으로 하는 소프트웨어 개발 모형
  – 스크럼(Scrum)
  – XP(eXtreme Programming)
  – 칸반(Kanban)
  – Lean, 크리스탈(Crystal)
  – ASD(Adaptive Software Development)
  – 기능 중심 개발(FDD; Feature Driven Development)
  – DSDM(Dynamic System Development Method)
  – DAD(Disciplined Agile Delivery)
- 애자일 개발 4가지 핵심 가치
  1. 프로세스와 도구보다는 개인과 상호작용에 더 가치를 둔다.
  2. 방대한 문서보다는 실행되는 SW에 더 가치를 둔다.
  3. 계약 협상보다는 고객과 협업에 더 가치를 둔다.
  4. 계획을 따르기 보다는 변화에 반응하는 것에 더 가치를 둔다.

등급 B

18. 파이프 필터 형태의 소프트웨어 아키텍처에 대한 설명으로 옳은 것은?

① 노드와 간선으로 구성된다.
② 서브시스템이 입력 데이터를 받아 처리하고 결과를 다음 서브시스템으로 넘겨주는 과정을 반복한다.
③ 계층 모델이라고도 한다.
④ 3개의 서브시스템(모델, 뷰, 제어)으로 구성되어 있다.

전문가의 조언
파이프-필터 패턴에 대한 설명으로 옳은 것은 ②번입니다.

정답 15.① 16.① 17.① 18.②

병행학습 주요 아키텍처 패턴(Patterns)의 종류
- 레이어 패턴(Layers pattern) : 시스템을 계층(Layer)으로 구분하여 구성하는 고전적인 방법 중의 하나로 각각의 서브시스템들이 계층 구조를 이루며, 하위 계층은 상위 계층에 대한 서비스 제공자가 되고, 상위 계층은 하위 계층의 클라이언트가 됨
- 클라이언트-서버 패턴(Clinent-Server Pattern) : 하나의 서버 컴포넌트와 다수의 클라이언트 컴포넌트로 구성되는 패턴으로, 클라이언트가 서버에 요청하고 응답을 받아 사용자에게 제공하는 방식
- 파이프-필터 패턴(Pipe-Filter Pattern) : 데이터 스트림 절차의 각 단계를 필터(Filter) 컴포넌트로 캡슐화하여 파이프(Pipe)를 통해 데이터를 전송하는 패턴
- 모델-뷰-컨트롤러 패턴(Model-View-Controller Pattern) : 서브시스템을 모델(Model), 뷰(View), 컨트롤러(Controller)의 세 부분으로 구조화하는 패턴

등급 B

20. 객체에게 어떤 행위를 하도록 지시하는 명령은?
① Class   ② Package
③ Object ④ Message

전문가의 조언
객체(Object)의 행위를 요구하기 위해서는 메시지(Message)를 보내야 합니다.

병행학습
- Class(클래스) : 공통된 속성과 연산(행위)을 갖는 객체의 집합으로, 객체의 일반적인 타입(Type)
- Object(객체) : 데이터와 데이터를 처리하는 함수를 묶어 놓은(캡슐화한) 하나의 소프트웨어 모듈

등급 C

19. 다음 중 스크럼에 대한 설명으로 잘못된 것은?
① 스크럼은 제품 책임자(Product Owner), 스크럼 마스터(Scrum Master), 개발팀(Development Team)으로 구성된다.
② 스프린트 회고를 통해 개선할 점은 없는지 등을 확인하고 기록한다.
③ 스프린트는 실제 개발 작업을 진행하는 과정으로 보통 1~4주 정도의 기간 내에서 진행한다.
④ 스프린트 이벤트에는 스프린트 계획 회의, 월별 스크럼 회의, 스프린트 회고, 스프린트 검토 회의가 있다.

전문가의 조언
스프린트의 진행 상황을 점검하기 위한 스크럼 회의는 월 단위가 아니라 매일 진행하는데, 이를 일일 스크럼 회의(Daily Scrum Meeting)라고 합니다.

병행학습 스프린트(Sprint)
- 실제 개발 작업을 진행하는 과정으로, 보통 2~4주 정도의 기간 내에서 진행한다.
- 스프린트 백로그에 작성된 태스크를 대상으로 속도를 추정한 후 개발 담당자에게 할당한다.
- 태스크를 할당할 때는 개발자가 원하는 태스크를 직접 선별하여 담당할 수 있도록 하는 것이 좋다.
- 개발 담당자에게 할당된 태스크는 보통 할 일(To Do), 진행 중(In Progress), 완료(Done)의 상태를 갖는다.

2 과목   소프트웨어 개발

등급 B

21. 누구나 쉽게 이해하고 수정 및 추가할 수 있는 단순, 명료한 코드를 의미하는 것은?
① 나쁜 코드   ② 클린 코드
③ 스파게티 코드   ④ 외계인 코드

전문가의 조언
누구나 쉽게 이해하고 수정 및 추가할 수 있는 단순, 명료한 코드를 클린 코드(Clean Code)라고 합니다.

병행학습
- 나쁜 코드(Bad Code) : 프로그램의 로직(Logic)이 복잡하고 이해하기 어려운 코드로, 스파게티 코드와 외계인 코드가 여기에 해당함
- 스파게티 코드(Spaghetti Code) : 코드의 로직이 서로 복잡하게 얽혀 있는 코드
- 외계인 코드(Alien Code) : 아주 오래되거나 참고문서 또는 개발자가 없어 유지보수 작업이 어려운 코드

등급 C

22. 알고리즘 설계 기법으로 거리가 먼 것은?
① Divide and Conquer ② Greedy
③ Static Block ④ Backtracking

전문가의 조언
Static Block은 클래스가 메모리에 적재될 때 수행되는 코드 그룹을 의미하는 것으로, 설계 기법과는 무관합니다.

병행학습
- 분할 정복/분할 통치(Divide and Conquer) : 큰 문제를 보다 작은 문제로 분할하여 해결하는 전략
- 탐욕 알고리즘(Greedy Algorithm) : 완벽한 해결책 보다는 차선책을 목표로 하며, 상황에 맞는 해결책을 즉석에서 모색하는 방식
- 백트래킹(Backtracking) : 깊이 우선 탐색(Depth First Search) 알고리즘을 이용한 기법으로 문제 해결을 위한 모든 가능성을 트리로 구축하는 방식

등급 B

23. 소프트웨어 공학에서 워크스루(Walkthrough)에 대한 설명으로 틀린 것은?
① 사용사례를 확장하여 명세하거나 설계 다이어그램, 원시 코드, 테스트 케이스 등에 적용할 수 있다.
② 복잡한 알고리즘 또는 반복, 실시간 동작, 병행 처리와 같은 기능이나 동작을 이해하려고 할 때 유용하다.
③ 인스펙션(Inspection)과 동일한 의미를 가진다.
④ 단순한 테스트 케이스를 이용하여 프로덕트를 수작업으로 수행해 보는 것이다.

전문가의 조언
인스펙션(Inspection)은 워크스루를 발전시킨 형태로, 소프트웨어 개발 단계에서 산출된 결과물의 품질을 평가하고 이를 개선하기 위한 방법 등을 제시합니다.

등급 A

24. 다음 중 인터페이스 구현 검증 도구에 대한 설명으로 옳지 않은 것은?
① STAF : Ruby를 사용하는 애플리케이션 테스트 프레임워크이다.
② xUnit : NUnit, JUnit 등 다양한 언어를 지원하는 단위 테스트 프레임워크이다.
③ FitNesse : 웹 기반 테스트케이스 설계, 실행, 결과 확인 등을 지원하는 테스트 프레임워크이다.
④ NTAF : Naver의 테스트 자동화 프레임워크로, FitNesse와 STAF을 통합하였다.

전문가의 조언
- STAF는 서비스 호출 및 컴포넌트 재사용 등 다양한 환경을 지원하는 테스트 프레임워크입니다.
- ①번은 watir에 대한 설명입니다.

등급 C

25. 탐색 방법 중 키 값으로부터 레코드가 저장되어 있는 주소를 직접 계산하여, 산출된 주소로 바로 접근하는 방법으로 키-주소 변환 방법이라고도 하는 것은?
① 이진 탐색 ② 피보나치 탐색
③ 해싱 탐색 ④ 블록 탐색

전문가의 조언
문제에 제시된 내용은 해싱(Hashing) 탐색에 대한 설명입니다.

병행학습
- 이진(Binary) 탐색 : 전체 파일을 두 개의 서브파일로 분리해 가면서 Key 레코드를 검색하는 방식
- 피보나치(Fibonacci) 탐색 : 피보나치 수열에 따라 다음에 비교할 대상을 선정하여 검색하는 방식
- 블록 탐색(Block) 탐색 : 파일을 구성하는 레코드들을 여러 개의 Block으로 분할하여 Block 단위는 순서화시키고, Block 내의 자료는 순서화와 관계없이 저장시킴

등급 A

26. 단위 테스트(Unit Test)와 관련한 설명으로 틀린 것은?
① 구현 단계에서 각 모듈의 개발을 완료한 후 개발자가 명세서의 내용대로 정확히 구현되었는지 테스트한다.
② 모듈 내부의 구조를 구체적으로 볼 수 있는 구조적 테스트를 주로 시행한다.
③ 필요 데이터를 인자를 통해 넘겨주고, 테스트 완료 후 그 결과값을 받는 역할을 하는 가상의 모듈을 테스트 스텁(Stub)이라고 한다.
④ 테스트할 모듈을 호출하는 모듈도 있고, 테스트할 모듈이 호출하는 모듈도 있다.

> **전문가의 조언**
> • ③번은 테스트 드라이버(Test Driver)에 대한 설명입니다.
> • 테스트 스텁(Test Stub)은 제어 모듈이 호출하는 타 모듈의 기능을 단순히 수행하는 도구로, 일시적으로 필요한 조건만을 가지고 있는 시험용 모듈입니다.

등급 C

27. 소프트웨어를 보다 쉽게 이해할 수 있고 적은 비용으로 수정할 수 있도록 겉으로 보이는 동작의 변화 없이 내부 구조를 변경하는 것은?

① Refactoring
② Architecting
③ Specification
④ Renewal

> **전문가의 조언**
> 소프트웨어를 보다 쉽게 이해할 수 있고 적은 비용으로 수정할 수 있도록 겉으로 보이는 동작의 변화 없이 내부 구조를 변경하는 것을 리팩토링(Refactoring)이라고 합니다.

등급 A

28. 다음 그림에서 트리의 차수는?

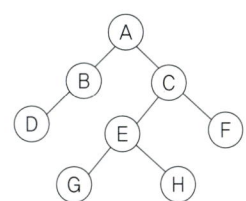

① 1
② 2
③ 3
④ 8

> **전문가의 조언**
> 트리(Tree)의 차수(Degree)는 가장 차수가 많은 노드의 차수입니다. 문제에 주어진 트리(Tree)에서 각 노드의 차수는 A=2, B=1, C=2, E=2입니다. A, C, E 노드의 차수가 2로 가장 크므로 트리의 차수는 2입니다.

등급 A

29. 알파, 베타 테스트와 가장 밀접한 연관이 있는 테스트 단계는?

① 단위 테스트
② 인수 테스트
③ 통합 테스트
④ 시스템 테스트

> **전문가의 조언**
> 알파 테스트와 베타 테스트는 인수 테스트의 한 종류입니다.
>
> 병행학습
> • 알파 테스트 : 개발자의 장소에서 사용자가 개발자 앞에서 행하는 테스트 기법
> • 베타 테스트 : 선정된 최종 사용자가 여러 명의 사용자 앞에서 행하는 테스트 기법

등급 B

30. 물리데이터 저장소의 파티션 설계에서 파티션 유형으로 옳지 않은 것은?

① 범위 분할(Range Partitioning)
② 해시 분할(Hash Partitioning)
③ 조합 분할(Composite Partitioning)
④ 유닛 분할(Unit Partitioning)

> **전문가의 조언**
> 파티션의 종류에는 범위 분할, 해시 분할, 조합 분할, 목록 분할, 라운드 로빈 분할 등이 있습니다.
>
> 병행학습 **파티션의 종류**
> • 범위 분할(Range Partitioning)
>   – 지정한 열의 값을 기준으로 범위를 지정하여 분할한다.
>   예 일별, 월별, 분기별 등
> • 해시 분할(Hash Partitioning)
>   – 해시 함수를 적용한 결과 값에 따라 데이터를 분할한다.
>   – 특정 파티션에 데이터가 집중되는 범위 분할의 단점을 보완한 것으로, 데이터를 고르게 분산할 때 유용하다.
> • 조합 분할(Composite Partitioning)
>   – 범위 분할로 분할한 다음 해시 함수를 적용하여 다시 분할하는 방식이다.
>   – 범위 분할한 파티션이 너무 커서 관리가 어려울 때 유용하다.
> • 목록 분할(List Partitioning)
>   – 지정한 열 값에 대한 목록을 만들어 이를 기준으로 분할한다.
>   예 '국가'라는 열에 '한국', '미국', '일본'이 있는 경우 '미국'을 제외할 목적으로 '아시아'라는 목록을 만들어 분할함
> • 라운드 로빈 분할(Round Robin Partitioning)
>   – 레코드를 균일하게 분배하는 방식이다.
>   – 각 레코드가 순차적으로 분배되며, 기본키가 필요없다.

정답 27.① 28.② 29.② 30.④

- 4회전: 3 4 7 9 8 → 3 4 7 8 9
  네 번째부터 마지막 값 중 최소값 8을 찾아 네 번째 값 9와 위치를 교환합니다.

등급 C

31. 소프트웨어 품질 목표 중 하나 이상의 하드웨어 환경에서 운용되기 위해 쉽게 수정될 수 있는 시스템 능력을 의미하는 것은?

① Portability
② Efficiency
③ Usability
④ Correctness

전문가의 조언
하나 이상의 하드웨어 환경에서 운용되기 위해 쉽게 수정될 수 있는 시스템 능력을 이식성(Portability)이라고 합니다.

병행학습
- 효율성(Efficiency) : 사용자가 요구하는 기능을 할당된 시간 동안 한정된 자원으로 얼마나 빨리 처리할 수 있는지 정도를 나타냄
- 사용성(Usability) : 사용자와 컴퓨터 사이에 발생하는 어떠한 행위에 대하여 사용자가 정확하게 이해하고 사용하며, 향후 다시 사용하고 싶은 정도를 나타냄

등급 B

33. 소프트웨어 테스트에서 오류의 80%는 전체 모듈의 20% 내에서 발견된다는 법칙은?

① Brooks의 법칙
② Boehm의 법칙
③ Pareto의 법칙
④ Jackson의 법칙

전문가의 조언
소프트웨어 테스트에서 오류의 80%는 전체 모듈의 20% 내에서 발견된다는 법칙은 파레토 법칙(Pareto Principle)입니다.

등급 A

32. 다음 자료에 대하여 "Selection Sort"를 사용하여 오름차순으로 정렬한 경우 PASS 3의 결과는?

| 초기상태 : 8, 3, 4, 9, 7 |

① 3, 4, 7, 9, 8
② 3, 4, 8, 9, 7
③ 3, 8, 4, 9, 7
④ 3, 4, 7, 8, 9

전문가의 조언
선택 정렬은 n개의 레코드 중에서 최소값을 찾아 첫 번째 레코드 위치에 놓고, 나머지 n-1개 중에서 다시 최소값을 찾아 두 번째 레코드 위치에 놓는 방식을 반복하여 정렬하는 방식입니다.

- 원본 : 8 3 4 9 7
- 1회전 : 8 3 4 9 7 → 3 8 4 9 7
  첫 번째부터 마지막 값 중 최소값 3을 찾아 첫 번째 값 8과 위치를 교환합니다.
- 2회전 : 3 8 4 9 7 → 3 4 8 9 7
  두 번째부터 마지막 값 중 최소값 4를 찾아 두 번째 값 8과 위치를 교환합니다.
- 3회전 : 3 4 8 9 7 → 3 4 7 9 8
  세 번째부터 마지막 값 중 최소값 7을 찾아 세 번째 값 8과 위치를 교환합니다.

등급 A

34. 제어 흐름 그래프가 다음과 같을 때 McCabe의 Cyclomatic 수는 얼마인가?

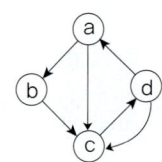

① 3
② 4
③ 5
④ 6

전문가의 조언
제어 흐름도에서 순환복잡도(Cyclomatic)는 다음과 같이 2가지 방법으로 계산할 수 있습니다.
[방법 1] 영역 수 계산
내부 영역 3(❶, ❷, ❸) + 외부 영역 1(❹) = 4

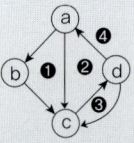

[방법 2] V(G) = E − N + 2 (E는 화살표 수, N은 노드 수)
V(G) = 6 − 4 + 2 = 4

등급 A

35. 자료 구조의 분류 중 선형 구조가 아닌 것은?
① 트리　　② 리스트
③ 스택　　④ 데크

> **전문가의 조언**
> 트리(Tree)는 비선형 구조입니다.

병행학습 자료 구조의 분류
- 선형 구조(Linear Structure) : 배열(Array), 선형 리스트(Linear List), 스택(Stack), 큐(Queue), 데크(Deque)
- 비선형 구조(Non-Linear Structure) : 트리(Tree), 그래프(Graph)

등급 C

37. 소프트웨어 생명 주기 모델 중 V 모델과 관련한 설명으로 틀린 것은?
① 요구 분석 및 설계 단계를 거치지 않으며 항상 통합 테스트를 중심으로 V 형태를 이룬다.
② Perry에 의해 제안되었으며 세부적인 테스트 과정으로 구성되어 신뢰도 높은 시스템을 개발하는데 효과적이다.
③ 개발 작업과 검증 작업 사이의 관계를 명확히 들어내 놓은 폭포수 모델의 변형이라고 볼 수 있다.
④ 폭포수 모델이 산출물 중심이라면 V 모델은 작업과 결과의 검증에 초점을 둔다.

> **전문가의 조언**
> 소프트웨어 생명 주기의 V-모델은 '요구사항 → 분석 → 설계 → 구현' 단계로 수행되며 각 단계를 테스트와 연결하여 표현합니다.

등급 B

36. 버전 관리 항목 중 저장소에 새로운 버전의 파일로 갱신하는 것을 의미하는 용어는?
① 형상 감사(Configuration Audit)
② 롤백(Rollback)
③ 단위 테스트(Unit Test)
④ 체크인(Check-In)

> **전문가의 조언**
> 체크아웃 한 파일의 수정을 완료한 후 저장소(Repository)의 파일을 새로운 버전으로 갱신하는 것을 의미하는 용어는 체크인(Check-In)입니다.

병행학습 소프트웨어의 버전 등록 관련 주요 용어
- 저장소(Repository) : 최신 버전의 파일들과 변경 내역에 대한 정보들이 저장되어 있는 곳
- 가져오기(Import) : 버전 관리가 되고 있지 않은 아무것도 없는 저장소(Repository)에 처음으로 파일을 복사함
- 체크아웃(Check-Out) : 저장소(Repository)에서 소스 파일과 함께 버전 관리를 위한 파일들을 받아옴
- 체크인(Check-In) : 체크아웃 한 파일의 수정을 완료한 후 저장소(Repository)의 파일을 새로운 버전으로 갱신함
- 커밋(Commit) : 체크인을 수행할 때 이전에 갱신된 내용이 있는 경우에는 충돌(Conflict)을 알리고 diff 도구를 이용해 수정한 후 갱신을 완료함
- 동기화(Update) : 저장소에 있는 최신 버전으로 자신의 작업 공간을 동기화함

등급 B

38. 정렬된 N개의 데이터를 처리하는 데 $O(Nlog_2N)$의 시간이 소요되는 정렬 알고리즘은?
① 합병 정렬　　② 버블 정렬
③ 선택 정렬　　④ 삽입 정렬

> **전문가의 조언**
> $O(Nlog_2N)$의 시간 복잡도를 가진 정렬 알고리즘에는 힙 정렬과 2-Way 합병 정렬이 있습니다.
> • 버블 정렬, 선택 정렬, 삽입 정렬의 시간 복잡도는 $O(n^2)$입니다.

등급 A

39. 블랙박스 테스트의 유형으로 틀린 것은?
① 경계값 분석　　② 오류 예측
③ 동등 분할 기법　④ 조건, 루프 검사

> **전문가의 조언**
> 조건, 루프 검사는 화이트박스 테스트의 종류입니다.

정답 35.① 36.④ 37.① 38.① 39.④

병행학습

화이트박스 테스트의 종류

- 기초 경로 검사
  - 대표적인 화이트박스 테스트 기법이다.
  - 테스트 케이스 설계자가 절차적 설계의 논리적 복잡성을 측정할 수 있게 해주는 테스트 기법으로, 테스트 측정 결과는 실행 경로의 기초를 정의하는 데 지침으로 사용된다.
- 제어 구조 검사
  - 조건 검사(Condition Testing) : 프로그램 모듈 내에 있는 논리적 조건을 테스트 하는 테스트 케이스 설계 기법
  - 루프 검사(Loop Testing) : 프로그램의 반복(Loop) 구조에 초점을 맞춰 실시하는 테스트 케이스 설계 기법
  - 데이터 흐름 검사(Data Flow Testing) : 프로그램에서 변수의 정의와 변수 사용의 위치에 초점을 맞춰 실시하는 테스트 케이스 설계 기법

블랙박스 테스트의 종류

- 동치 분할 검사(Equivalence Partitioning Testing) : 입력 자료에 초점을 맞춰 테스트 케이스를 만들고 검사하는 방법으로 동등 분할 기법이라고도 함
- 경계값 분석(Boundary Value Analysis) : 입력 자료에만 치중한 동치 분할 기법을 보완하기 위한 기법

등급 A

40. 중위 표기법(Infix)의 수식 (A + B) * C + (D + E)를 후위 표기법(Postfix)으로 옳게 표기한 것은?

① AB+CDE*++   ② AB+C*DE++
③ +AB*C+DE+   ④ +*+ABC+DE

전문가의 조언

후위 표기 방식은 중위 표기 방식으로 표현된 수식에서 연산자를 해당 피연산자 두 개의 뒤(오른쪽)로 이동시킨 것입니다.

❶ 먼저 연산 우선 순위에 맞게 괄호로 묶습니다.
  (((A + B) * C) + (D + E))

❷ 연산자를 해당 괄호의 뒤로 옮깁니다.

  ↓
  (((A B) + C) * (D E) +) +

❸ 괄호를 제거합니다.
  A B + C * D E + +

3과목 데이터베이스 구축

등급 C

41. SQL의 기능에 따른 분류 중에서 REVOKE문과 같이 데이터의 사용 권한을 관리하는데 사용하는 언어는?

① DDL(Data Definition Language)
② DML(Data Manipulation Language)
③ DCL(Data Control Language)
④ DUL(Data User Language)

전문가의 조언

DCL(데이터 제어어)은 데이터 관리를 목적으로 사용하는 언어로, 명령어에는 COMMIT, ROLLBACK, GRANT, REVOKE가 있습니다.

병행학습

- DDL(데이터 정의어) : SCHEMA, DOMAIN, TABLE, VIEW, INDEX를 정의하거나 변경 또는 삭제할 때 사용하는 언어로, 명령어에는 CREATE, ALTER, DROP이 있음
- DML(데이터 조작어) : 데이터베이스 사용자가 응용 프로그램이나 질의어를 통하여 저장된 데이터를 실질적으로 처리하는 데 사용되는 언어로, 명령어에는 SELECT, INSERT, DELETE, UPDATE가 있음

등급 A

42. 트랜잭션의 특징 중 트랜잭션이 일단 완료되면 그 후에 어떤 형태로 시스템이 고장 나더라도 트랜잭션의 결과는 잃어버리지 않고 지속되는 것은?

① Isolation   ② Durability
③ Consistency   ④ Atomicity

전문가의 조언

문제에 제시된 내용은 Durability(영속성)에 대한 설명입니다.

병행학습

- Isolation(독립성) : 둘 이상의 트랜잭션이 동시에 병행 실행되는 경우 어느 하나의 트랜잭션 실행중에 다른 트랜잭션의 연산이 끼어들 수 없음
- Consistency(일관성) : 트랜잭션이 그 실행을 성공적으로 완료하면 언제나 일관성 있는 데이터베이스 상태로 변환함
- Atomicity(원자성) : 트랜잭션의 연산은 데이터베이스에 모두 반영되도록 완료(Commit)되든지 아니면 전혀 반영되지 않도록 복구(Rollback)되어야 함

정답 40.② 41.③ 42.②

등급 A

43. 기본 테이블 R을 이용하여 뷰 V1을 정의하고, 뷰 V1을 이용하여 다시 뷰 V2가 정의되었다. 그리고 기본 테이블 R과 뷰 V2를 조인하여 뷰 V3를 정의하였다. 이때 다음과 같은 SQL문이 실행되면 어떤 결과가 발생하는지 올바르게 설명한 것은?

```
DROP VIEW V1 RESTRICT;
```

① V1만 삭제된다.
② R, V1, V2, V3 모두 삭제된다.
③ V1, V2, V3만 삭제된다.
④ 하나도 삭제되지 않는다.

전문가의 조언
삭제할 대상을 다른 곳에서 참조하고 있으면, 삭제를 취소하는 RESTRICT 옵션이 있기 때문에 하나도 삭제되지 않습니다. 참조하고 있는 다른 뷰나 제약사항까지 모두 삭제하려면 CASCADE 옵션을 명시해야 합니다.

등급 A

44. 다음 SQL문에서 사용된 BETWEEN 연산의 의미와 동일한 것은?

```
SELECT *
FROM 성적
WHERE (점수 BETWEEN 90 AND 95) AND 학과 = '컴퓨터공학과';
```

① 점수 >= 90 AND 점수 <= 95
② 점수 > 90 AND 점수 < 95
③ 점수 > 90 AND 점수 <= 95
④ 점수 >= 90 AND 점수 < 95

전문가의 조언
SQL문에서 사용된 BETWEEN 연산의 의미와 동일한 것은 ①번입니다.
• SELECT * : 모든 필드를 표시합니다.
• FROM 성적 : 〈성적〉 테이블의 자료를 검색합니다.
• WHERE (점수 BETWEEN 90 AND 95) : 점수가 90~95 사이이고
• AND 학과 = '컴퓨터공학과'; : '학과'가 '컴퓨터공학과'인 자료만을 대상으로 합니다.
∴ 〈성적〉 테이블에서 점수가 90~95 사이이고 '학과'가 '컴퓨터공학과'인 모든 필드를 검색합니다.

등급 B

45. 다음 중 외래키에 대한 설명으로 옳은 것은?

㉠ Null을 입력할 수 없다.
㉡ 후보키 중 기본키를 제외한 나머지를 의미한다.
㉢ 기본키의 일부가 외래키가 될 수 있다.
㉣ 유일성과 최소성을 가진다.
㉤ 참조 무결성과 관련이 있다.

① ㉠, ㉡   ② ㉡, ㉤   ③ ㉢, ㉤   ④ ㉢, ㉣

전문가의 조언
외래키에 대한 설명을 옳은 것은 ㉢, ㉤입니다.
㉠ 외래키에는 Null을 입력할 수 있습니다.
㉡ 대체키에 대한 설명입니다.
㉣ 외래키는 중복이 허용되므로 유일성과 최소성을 가질 수 없습니다.

병행학습 키(Key)의 개념 및 종류

• 데이터베이스에서 조건에 만족하는 튜플을 찾거나 순서대로 정렬할 때 기준이 되는 속성이다.
• 슈퍼키(Super Key) : 한 릴레이션 내에 있는 속성들의 집합으로 구성된 키로, 릴레이션을 구성하는 모든 튜플에 대해 유일성(Unique)은 만족하지만, 최소성(Minimality)은 만족하지 못함
• 후보키(Candidate Key) : 릴레이션을 구성하는 속성들 중에서 튜플을 유일하게 식별하기 위해 사용되는 속성들의 부분집합으로, 유일성과 최소성을 모두 만족함
• 기본키(Primary Key) : 후보키 중에서 특별히 선정된 키로 중복된 값과 NULL 값을 가질 수 없음
• 대체키(Alternate Key) : 후보키 중에서 선정된 기본키를 제외한 나머지 후보키를 의미함
• 외래키(Foreign Key) : 다른 릴레이션의 기본키를 참조하는 속성 또는 속성들의 집합을 의미하며, 릴레이션 간의 관계를 표현할 때 사용함

등급 B

46. 관계대수 및 관계해석에 대한 설명으로 옳지 않은 것은?

① 관계해석은 원하는 정보와 그 정보를 어떻게 유도하는가를 기술하는 절차적인 특성을 지닌다.
② 관계해석과 관계대수는 관계 데이터베이스를 처리하는 기능과 능력 면에서 동등하다.
③ 관계해석은 원래 수학의 프레디킷 해석에 기반을 두고 있다.
④ 관계대수는 릴레이션을 처리하기 위한 연산의 집합으로 피연산자가 릴레이션이고 결과도 릴레이션이다.

전문가의 조언
• 관계해석은 원하는 정보가 무엇이라는 것만 정의하는 비절차적 특성을 지닙니다.
• ①번은 관계대수에 대한 설명입니다.

등급 C

47. 분산 데이터베이스의 투명성(Transparency)에 해당 하지 않는 것은?

① Location Transparency
② Replication Transparency
③ Failure Transparency
④ Media Access Transparency

전문가의 조언
분산 데이터베이스의 투명성에는 위치 투명성(Location Transparency), 중복 투명성(Replication Transparency), 병행 투명성(Concurrency Transparency), 장애 투명성(Failure Transparency)이 있습니다.

병행학습 분산 데이터베이스(Distributed Database)

- 논리적으로는 같은 시스템에 속하지만 물리적으로는 컴퓨터 네트워크를 통해 분산되어 있는 데이터베이스이다.
- 분산 데이터베이스의 목표

위치 투명성 (Location Transparency)	접근하려는 데이터베이스의 실제 위치를 알 필요 없이 단지 데이터베이스의 논리적인 명칭만으로 접근할 수 있음
중복 투명성 (Replication Transparency)	동일한 데이터가 여러 곳에 중복되어 있더라도 사용자는 마치 하나의 데이터만 존재하는 것처럼 사용할 수 있고, 시스템은 자동으로 여러 데이터에 대한 작업을 수행함
병행 투명성 (Concurrency Transparency)	분산 데이터베이스와 관련된 다수의 트랜잭션들이 동시에 실행되더라도 그 트랜잭션들의 수행 결과는 서로 영향을 받지 않음
장애 투명성 (Failure Transparency)	트랜잭션, DBMS, 네트워크, 컴퓨터 장애에도 불구하고 트랜잭션은 정확하게 수행됨

- 분산 데이터베이스의 구성 요소

분산 처리기	자체적으로 처리 능력을 가지며, 지리적으로 분산되어 있는 컴퓨터 시스템을 말함
분산 데이터베이스	지리적으로 분산되어 있는 데이터베이스로서 해당 지역의 특성에 맞게 데이터베이스가 구성됨
통신 네트워크	분산 처리기들을 통신망으로 연결하여 논리적으로 하나의 시스템처럼 작동할 수 있도록 하는 통신 네트워크를 말함

- 분산 데이터베이스의 장·단점

장점	· 지역 자치성이 높음 · 자료의 공유성이 향상됨 · 분산 제어가 가능함 · 시스템 성능이 향상됨 · 중앙 컴퓨터의 장애가 전체 시스템에 영향을 끼치지 않음 · 효용성과 융통성이 높음 · 신뢰성 및 가용성이 높음 · 점진적 시스템 용량 확장이 용이함
단점	· DBMS가 수행할 기능이 복잡함 · 데이터베이스 설계가 어려움 · 소프트웨어 개발 비용이 증가함 · 처리 비용이 증가함 · 잠재적 오류가 증가함

등급 A

48. 시스템 카탈로그에 대한 설명으로 틀린 것은?

① 시스템 카탈로그의 갱신은 무결성 유지를 위하여 SQL을 이용하여 사용자가 직접 갱신하여야 한다.
② 데이터베이스에 포함되는 데이터 객체에 대한 정의나 명세에 대한 정보를 유지관리한다.
③ DBMS가 스스로 생성하고 유지하는 데이터베이스 내의 특별한 테이블의 집합체이다.
④ 카탈로그에 저장된 정보를 메타 데이터라고도 한다.

전문가의 조언
시스템 카탈로그는 일반 이용자도 SQL을 통해 검색할 수는 있지만, 갱신은 허용되지 않습니다.

병행학습 시스템 카탈로그(System Catalog)

- 시스템 그 자체에 관련이 있는 다양한 객체에 관한 정보를 포함하는 시스템 데이터베이스이다.
- 시스템 카탈로그 내의 각 테이블은 사용자를 포함하여 DBMS에서 지원하는 모든 데이터 객체에 대한 정의나 명세에 관한 정보를 유지 관리하는 시스템 테이블이다.
- 카탈로그들이 생성되면 데이터 사전(Data Dictionary)에 저장되기 때문에 좁은 의미로는 카탈로그를 데이터 사전이라고도 한다.
- 시스템 카탈로그에 저장된 정보를 메타 데이터(Meta-Data)라고 한다.
- 카탈로그 자체도 시스템 테이블로 구성되어 있어 일반 이용자도 SQL을 이용하여 내용을 검색해 볼 수 있다.
- INSERT, DELETE, UPDATE문으로 카탈로그를 갱신하는 것은 허용되지 않는다.
- 데이터베이스 시스템에 따라 상이한 구조를 갖는다.
- 카탈로그는 DBMS가 스스로 생성하고 유지한다.

49. 다음 조건을 모두 만족하는 정규형은?

- 테이블 R에 속한 모든 도메인이 원자값만으로 구성되어 있다.
- 테이블 R에서 키가 아닌 모든 필드가 키에 대해 함수적으로 종속되며, 키의 부분집합이 결정자가 되는 부분 종속이 존재하지 않는다.
- 테이블 R에 존재하는 모든 함수적 종속에서 결정자가 후보키이다.

① BCNF
② 제1정규형
③ 제2정규형
④ 제3정규형

전문가의 조언
테이블 R에서 존재하는 모든 함수적 종속에서 결정자가 후보키(Candidate Key)인 정규형은 BCNF입니다.

병행학습
- 1NF(제1정규형) : 릴레이션에 속한 모든 도메인(Domain)이 원자값(Atomic Value)만으로 되어 있는 정규형. 즉, 릴레이션의 모든 속성 값이 원자 값으로만 되어 있는 정규형
- 2NF(제2정규형) : 릴레이션 R이 1NF이고, 기본키가 아닌 모든 속성이 기본키에 대하여 완전 함수적 종속을 만족하는 정규형
- 3NF(제3정규형) : 릴레이션 R이 2NF이고, 기본키가 아닌 모든 속성이 기본키에 대해 이행적 종속을 만족하지 않는 정규형

50. 로킹 단위(Locking Granularity)에 대한 설명으로 옳은 것은?

① 로킹 단위가 크면 병행성 수준이 낮아진다.
② 로킹 단위가 크면 병행 제어 기법이 복잡해진다.
③ 로킹 단위가 작으면 로크(lock)의 수가 적어진다.
④ 로킹은 파일 단위로 이루어지며, 레코드와 필드는 로킹 단위가 될 수 없다.

전문가의 조언
로킹 단위가 크면 병행성 수준이 낮아집니다.
② 로킹 단위가 크면 병행 제어 기법이 단순해지고, 로킹 단위가 작아지면 병행 제어 기법이 복잡해집니다.
③ 로킹 단위가 작으면 로크의 수가 많아지고, 로킹 단위가 크면 로크의 수가 적어집니다.
④ 파일, 레코드, 필드는 물론 데이터베이스까지 로킹 단위가 될 수 있습니다.

병행학습 로킹 단위(Locking Granularity)
- 병행제어에서 한꺼번에 로킹할 수 있는 객체의 크기를 의미한다.
- 데이터베이스, 파일, 레코드, 필드 등이 로킹 단위가 될 수 있다.
- 로킹 단위가 크면 로크 수가 작아 관리하기 쉽지만 병행성 수준이 낮아지고 데이터베이스 공유도가 저하된다.
- 로킹 단위가 작으면 로크 수가 많아 관리하기 복잡해 오버헤드가 증가하지만 병행성 수준이 높아지고, 데이터베이스 공유도가 증가한다.

51. 관계형 데이터 모델의 릴레이션에 대한 설명으로 틀린 것은?

① 모든 속성 값은 원자 값을 갖는다.
② 한 릴레이션에 포함된 튜플은 모두 상이하다.
③ 한 릴레이션에 포함된 튜플 사이에는 순서가 없다.
④ 한 릴레이션을 구성하는 속성 사이에는 순서가 존재한다.

전문가의 조언
릴레이션 스키마를 구성하는 속성들 간의 순서는 중요하지 않으며, 특별한 순서가 없습니다.

병행학습 릴레이션의 특징

〈학생〉

학번	이름	학년	신장	학과
89001	홍길동	2	170	CD
89002	이순신	1	169	CD
87012	임꺽정	2	180	ID
86032	장보고	4	174	ED

- 한 릴레이션에 포함된 튜플들은 모두 상이하다.
  - 예 〈학생〉 릴레이션을 구성하는 홍길동 레코드는 홍길동에 대한 학적사항을 나타내는 것으로 〈학생〉 릴레이션 내에서는 유일하다.
- 한 릴레이션에 포함된 튜플 사이에는 순서가 없다.
  - 예 〈학생〉 릴레이션에서 홍길동 레코드와 임꺽정 레코드의 위치가 바뀌어도 상관없다.
- 튜플들의 삽입, 삭제 등의 작업으로 인해 릴레이션은 시간에 따라 변한다.
  - 예 〈학생〉 릴레이션에 새로운 학생의 레코드를 삽입하거나, 기존 학생에 대한 레코드를 삭제함으로써 테이블은 내용 면에서나 크기 면에서 변하게 된다.

정답 49.① 50.① 51.④

등급 A

52. 다음 [조건]에 부합하는 SQL문을 작성하고자 할 때, [SQL 문]의 빈칸에 들어갈 내용으로 옳은 것은? (단, '팀코드' 및 '이름'은 속성이며, '직원'은 테이블이다.)

[조건]

이름이 '정도일'인 팀원이 소속된 팀코드를 이용하여 해당 팀에 소속된 팀원들의 이름을 출력하는 SQL문 작성

[SQL문]

```
SELECT 이름
FROM 직원
WHERE 팀코드=(          );
```

① WHERE 이름='정도일'
② SELECT 팀코드 FROM 이름 WHERE 직원='정도일'
③ WHERE 직원='정도일'
④ SELECT 팀코드 FROM 직원 WHERE 이름='정도일'

전문가의 조언
[SQL문]의 빈칸에 들어갈 내용으로 옳은 것은 ④번입니다. 문제의 질의문은 하위 질의가 있는 질의문으로 먼저 WHERE 조건에 지정된 하위 질의의 SELECT문을 검색합니다. 그리고 검색 결과를 본 질의의 조건에 있는 '팀코드' 속성과 비교합니다.
❶ SELECT 팀코드 FROM 직원 WHERE 이름='정도일' : 〈직원〉 테이블에서 '이름' 속성의 값이 '정도일'과 같은 레코드의 '팀코드' 속성의 값을 검색합니다.
❷ SELECT 이름 FROM 직원 WHERE 팀코드= ❶; : 〈직원〉 테이블에서 '팀코드' 속성의 값이 ❶의 결과와 같은 레코드의 '이름' 속성의 값을 검색합니다.

등급 A

53. 다음 릴레이션의 Degree와 Cardinality는?

학번	이름	학년	학과
13001	홍길동	3학년	전기
13002	이순신	4학년	기계
13003	강감찬	2학년	컴퓨터

① Degree : 4, Cardinality : 3
② Degree : 3, Cardinality : 4
③ Degree : 3, Cardinality : 12
④ Degree : 12, Cardinality : 3

전문가의 조언
차수(Degree)는 속성의 수, 카디널리티(Cardinality)는 튜플의 수를 의미하므로 차수(Degree)는 4, 카디널리티(Cardinality)는 3입니다.

병행학습 관계형 데이터베이스 관련 용어
• 튜플(Tuple)
 – 릴레이션을 구성하는 각각의 행을 말한다.
 – 튜플은 속성의 모임으로 구성된다.
 – 파일 구조에서 레코드와 같은 의미이다.
 – 튜플의 수를 카디널리티(Cardinality) 또는 기수, 대응수라고 한다.
• 속성(Attribute)
 – 데이터베이스를 구성하는 가장 작은 논리적 단위이다.
 – 파일 구조상의 데이터 항목 또는 데이터 필드에 해당된다.
 – 속성은 개체의 특성을 기술한다.
 – 속성의 수를 디그리(Degree) 또는 차수라고 한다.
• 도메인(Domain)
 – 하나의 애트리뷰트가 취할 수 있는 같은 타입의 원자(Atomic)값들의 집합이다.
 – 도메인은 실제 애트리뷰트 값이 나타날 때 그 값의 합법 여부를 시스템이 검사하는데에도 이용된다.
 예 성별 애트리뷰트의 도메인은 '남'과 '여'로, 그 외의 값은 입력될 수 없다.

등급 A

54. SQL의 명령을 사용 용도에 따라 DDL, DML, DCL로 구분할 경우, 그 성격이 나머지 셋과 다른 것은?

① SELECT
② UPDATE
③ INSERT
④ GRANT

전문가의 조언
SELECT, UPDATE, INSERT는 DML(데이터 조작어), GRANT는 데이터 제어어(DCL)입니다.

병행학습
• DDL(데이터 정의어) : CREATE, ALTER, DROP
• DML(데이터 조작어) : SELECT, UPDATE, INSERT, DELETE
• DCL(데이터 제어어) : COMMIT, ROLLBACK, GRANT, REVOKE

정답 52.④ 53.① 54.④

등급 B

55. 뷰(VIEW)에 대한 설명으로 틀린 것은?
① 뷰 위에 또 다른 뷰를 정의할 수 있다.
② 뷰에 대한 조작에서 삽입, 갱신, 삭제 연산은 제약이 따른다.
③ 뷰의 정의는 기본 테이블과 같이 ALTER문을 이용하여 변경한다.
④ 뷰가 정의된 기본 테이블이 제거되면 뷰도 자동적으로 제거된다.

전문가의 조언
뷰는 기본 테이블이나 또 다른 뷰를 이용해서 만든 가상 테이블로서, 기본 테이블과 비교할 때 삽입, 삭제, 갱신 연산에 제약이 있으므로, ALTER문을 이용해 정의를 변경할 수 없습니다.

병행학습

뷰(View)의 개념
- 사용자에게 접근이 허용된 자료만을 제한적으로 보여주기 위해 하나 이상의 기본 테이블로부터 유도된, 이름을 가지는 가상 테이블이다.
- 뷰는 저장장치 내에 물리적으로 존재하지 않지만, 사용자에게는 있는 것처럼 간주된다.

뷰(View)의 특징
- 뷰는 기본 테이블로부터 유도된 테이블이기 때문에 기본 테이블과 같은 형태의 구조를 사용하며, 조작도 기본 테이블과 거의 같다.
- 뷰는 가상 테이블이기 때문에 물리적으로 구현되어 있지 않다.
- 데이터의 논리적 독립성을 제공할 수 있다.
- 필요한 데이터만 뷰로 정의해서 처리할 수 있기 때문에 관리가 용이하고 명령문이 간단해진다.
- 뷰를 통해서만 데이터에 접근하게 하면 뷰에 나타나지 않는 데이터를 안전하게 보호하는 효율적인 기법으로 사용할 수 있다.
- 기본 테이블의 기본키를 포함한 속성(열) 집합으로 뷰를 구성해야만 삽입, 삭제, 갱신 연산이 가능하다.
- 일단 정의된 뷰는 다른 뷰의 정의에 기초가 될 수 있다.
- 뷰가 정의된 기본 테이블이나 뷰를 삭제하면 그 테이블이나 뷰를 기초로 정의된 다른 뷰도 자동으로 삭제된다.

등급 B

56. 개체-관계 모델(E-R)의 그래픽 표현으로 옳지 않은 것은?
① 개체 타입 - 사각형
② 속성 - 원형
③ 관계 타입 - 마름모
④ 연결 - 삼각형

전문가의 조언
E-R 모델에서 연결은 선으로 표현합니다.

병행학습 E-R 다이어그램

기호	기호 이름	의미
사각형	사각형	개체(Entity) 타입
마름모	마름모	관계(Relationship) 타입
타원	타원	속성(Attribute)
이중 타원	이중 타원	다중값 속성(복합 속성)
밑줄 타원	밑줄 타원	기본키 속성
복수 타원	복수 타원	복합 속성
선	선, 링크	개체 타입과 속성을 연결

등급 C

57. 데이터베이스 로그(log)를 필요로 하는 회복 기법은?
① 즉각 갱신 기법
② 대수적 코딩 방법
③ 타임 스탬프 기법
④ 폴딩 기법

전문가의 조언
데이터베이스 로그를 이용해 회복 작업을 수행하는 것은 즉각 갱신 기법입니다.

병행학습 즉각 갱신 기법(Immediate Update)
- 트랜잭션이 데이터를 갱신하면 트랜잭션이 부분 완료되기 전이라도 즉시 실제 데이터베이스에 반영하는 방법이다.
- 장애가 발생하여 회복 작업할 경우를 대비하여 갱신된 내용들은 Log에 보관시킨다.
- 회복 작업을 할 경우에는 Redo와 Undo 모두 사용 가능하다.

등급 C

58. 데이터베이스의 인덱스와 관련한 설명으로 틀린 것은?

① 문헌의 색인, 사전과 같이 데이터를 쉽고 빠르게 찾을 수 있도록 만든 데이터 구조이다.
② 테이블에 붙여진 색인으로 데이터 검색 시 처리속도 향상에 도움이 된다.
③ 인덱스의 추가, 삭제 명령어는 각각 ADD, DELETE이다.
④ 대부분의 데이터베이스에서 테이블을 삭제하면 인덱스도 같이 삭제된다.

전문가의 조언
인덱스를 추가하는 명령어는 CREATE, 삭제하는 명령어는 DROP입니다.

등급 B

59. 데이터베이스의 논리적 설계(Logical Design) 단계에서 수행하는 작업이 아닌 것은?

① 레코드 집중의 분석 및 설계
② 논리적 데이터베이스 구조로 매핑(mapping)
③ 트랜잭션 인터페이스 설계
④ 스키마의 평가 및 정제

전문가의 조언
레코드 집중의 분석은 물리적 설계 단계에서 수행하는 작업입니다.

병행학습

논리적 설계(데이터 모델링)
- 현실 세계에서 발생하는 자료를 컴퓨터가 이해하고 처리할 수 있는 물리적 저장장치에 저장할 수 있도록 변환하기 위해 특정 DBMS가 지원하는 논리적 자료 구조로 변환시키는 과정이다.
- 개념 세계의 데이터를 필드로 기술된 데이터 타입과 이 데이터 타입들 간의 관계로 표현되는 논리적 구조의 데이터로 모델화한다.
- 개념적 설계가 개념 스키마를 설계하는 단계라면 논리적 설계에서는 개념 스키마를 평가 및 정제하고 DBMS에 따라 서로 다른 논리적 스키마를 설계하는 단계이다.
- 트랜잭션의 인터페이스를 설계한다.
- 관계형 데이터베이스라면 테이블을 설계하는 단계이다.

물리적 설계(데이터 구조화)
- 논리적 설계 단계에서 논리적 구조로 표현된 데이터를 디스크 등의 물리적 저장장치에 저장할 수 있는 물리적 구조의 데이터로 변환하는 과정이다.
- 물리적 설계 단계에서는 다양한 데이터베이스 응용에 대해 처리 성능을 얻기 위해 데이터베이스 파일의 저장 구조 및 액세스 경로를 결정한다.
- 저장 레코드의 양식, 순서, 접근 경로, 조회가 집중되는 레코드와 같은 정보를 사용하여 데이터가 컴퓨터에 저장되는 방법을 묘사한다.
- 물리적 설계 시 고려할 사항 : 트랜잭션 처리량, 응답 시간, 디스크 용량, 저장 공간의 효율화 등

등급 A

60. 테이블 R1, R2에 대하여 다음 SQL문의 결과는?

```
(SELECT 학번 FROM R1)
INTERSECT
(SELECT 학번 FROM R2)
```

[R1] 테이블

학번	학점 수
20201111	15
20202222	20

[R2] 테이블

학번	과목번호
20202222	CS200
20203333	CS300

①

학번	학점 수	과목번호
20202222	20	CS200

②

학번
20202222

③

학번
20201111
20202222
20203333

④

학번	학점 수	과목번호
20201111	15	NULL
20202222	20	CS200
20203333	NULL	CS300

전문가의 조언
- INTERSECT는 두 SELECT문의 조회 결과 중 공통된 행만 출력하는 집합 연산자입니다.
- SELECT 학번 FROM R1과 SELECT 학번 FROM R2의 결과는

학번
20201111
20202222

와

학번
20202222
20203333

이므로, 공통된 행인

학번
20202222

가 결과로 출력되게 됩니다.

정답 58.③ 59.① 60.②

병행학습 집합 연산자의 종류(통합 질의의 종류)

집합 연산자	설명	집합 종류
UNION	• 두 SELECT문의 조회 결과를 통합하여 모두 출력함 • 중복된 행은 한 번만 출력함	합집합
UNION ALL	• 두 SELECT문의 조회 결과를 통합하여 모두 출력함 • 중복된 행도 그대로 출력함	합집합
INTERSECT	두 SELECT문의 조회 결과 중 공통된 행만 출력함	교집합
EXCEPT	첫 번째 SELECT문의 조회 결과에서 두 번째 SELECT문의 조회 결과를 제외한 행을 출력함	차집합

4 과목 프로그래밍 언어 활용

61. 순차 파일에 대한 설명으로 옳지 않은 것은? [등급 C]

① DASD(Direct Access Storage Device)의 물리적 주소를 통하여 파일의 각 레코드에 직접 접근한다.
② 레코드들이 순차적으로 처리되므로 대화식 처리보다 일괄 처리에 적합하다.
③ 연속적인 레코드의 저장에 의해 레코드 사이에 빈 공간이 존재하지 않으므로 기억 장치의 효율적인 이용이 가능하다.
④ 매체 변환이 쉬워 어떠한 매체에도 적용할 수 있다.

전문가의 조언
• 순차 파일은 SASD(Sequential Access Storage Device)을 사용하여 원하는 레코드에 접근하기 위해 처음부터 순서대로 접근합니다.
• DASD(Direct Access Storage Device)를 사용하는 것은 직접 파일입니다.

62. 운영체제의 운용 기법 중 시스템은 일정 시간 단위로 CPU를 한 사용자에서 다음 사용자로 신속하게 전환함으로써 각각의 사용자들은 실제로 자신만이 컴퓨터를 사용하고 있는 것으로 여기는 시스템을 의미하는 것은? [등급 C]

① Time Sharing Processing System
② Batch Processing System
③ Real Time Processing System
④ Multi Programming System

전문가의 조언
문제에 제시된 내용은 Time Sharing Processing System(시분할 처리 시스템)에 대한 설명입니다.

병행학습
• Batch Processing System(일괄 처리 시스템) : 초기의 컴퓨터 시스템에서 사용된 형태로, 일정량 또는 일정 기간 동안 데이터를 모아서 한꺼번에 처리하는 방식
• Real Time Processing System(실시간 처리 시스템) : 데이터 발생 즉시, 또는 데이터 처리 요구가 있는 즉시 처리하여 결과를 산출하는 방식
• Multi Programming System(다중 프로그래밍 시스템) : 하나의 CPU와 주기억장치를 이용하여 여러 개의 프로그램을 동시에 처리하는 방식

63. 3개의 페이지를 수용할 수 있는 주기억장치가 있으며, 초기에는 모두 비어 있다고 가정한다. 다음의 순서로 페이지 참조가 발생할 때, FIFO 페이지 교체 알고리즘을 사용할 경우 몇 번의 페이지 결함이 발생하는가? [등급 A]

> 페이지 참조 순서 1, 2, 3, 1, 2, 4, 1, 2, 5

① 4 ② 5
③ 6 ④ 7

전문가의 조언
FIFO 알고리즘을 사용하여 문제에 제시된 페이지 참조 순서로 페이지를 참조할 경우 페이지 결함 발생 횟수는 7회입니다. 3개의 페이지를 수용할 수 있는 주기억장치이므로 아래 그림과 같이 3개의 페이지로 표현할 수 있습니다.

참조 페이지	1	2	3	1	2	4	1	2	5
페이지 프레임	1	1	1	1	1	4	4	4	5
		2	2	2	2	2	1	1	1
			3	3	3	3	3	2	2
부재 발생	●	●	●			●	●	●	●

※ ● : 페이지 부재 발생

참조 페이지가 페이지 테이블에 없을 경우 페이지 결함(부재)이 발생됩니다. 초기에는 모든 페이지가 비어 있으므로 처음 1, 2, 3 페이지 적재 시 페이지 결함이 발생됩니다. 선입선출(FIFO) 기법은 각각의 페이지가 주기억장치에 적재될 때마다 그때의 시간을 기억시켜 가장 먼저 들어와서 가장 오래 있었던 페이지를 교체하는 기법이므로 참조 페이지 4를 참조할 때에는 1을 제거한 후 4를 가져오게 됩니다. 이런 방법으로 모든 페이지에 대한 요구를 처리하고 나면 총 페이지 결함 발생 수는 7회입니다.

정답 61.① 62.① 63.④

64. IPv6에 대한 설명으로 틀린 것은?

① 멀티캐스팅(Multicast) 대신 브로드캐스트(Broadcast)를 사용한다.
② 보안과 인증 확장 헤더를 사용함으로써 인터넷 계층의 보안 기능을 강화하였다.
③ 애니캐스트(Anycast)는 하나의 호스트에서 그룹 내의 가장 가까운 곳에 있는 수신자에게 전달하는 방식이다.
④ 128비트 주소 체계를 사용한다.

전문가의 조언
IPv6는 유니캐스트, 멀티캐스트, 애니캐스트의 3가지 방식의 주소 체계를 사용합니다.

병행학습 IPv6(Internet Protocol version 6)
- 현재 사용하고 있는 IP 주소 체계인 IPv4의 주소 부족 문제를 해결하기 위해 개발되었다.
- 16비트씩 8부분, 총 128비트로 구성되어 있다.
- 각 부분을 16진수로 표현하고, 콜론(:)으로 구분한다.
- IPv4에 비해 자료 전송 속도가 빠르고, IPv4와 호환성이 뛰어나다.
- 인증성, 기밀성, 데이터 무결성의 지원으로 보안 문제를 해결할 수 있다.

65. OSI 7계층에서 단말기 사이에 오류 수정과 흐름 제어를 수행하여 신뢰성 있고 명확한 데이터를 전달하는 계층은?

① 전송 계층
② 응용 계층
③ 세션 계층
④ 표현 계층

전문가의 조언
문제에 제시된 내용은 전송 계층의 역할입니다.

병행학습
- 응용 계층 : 사용자(응용 프로그램)가 OSI 환경에 접근할 수 있도록 서비스를 제공함
- 세션 계층 : 송·수신측 간의 관련성을 유지하고 대화 제어를 담당함
- 표현 계층 : 응용 계층으로부터 받은 데이터를 세션 계층에 보내기 전에 통신에 적당한 형태로 변환하고, 세션 계층에서 받은 데이터는 응용 계층에 맞게 변환하는 기능을 함

66. 커널의 버전을 확인할 때 사용하는 리눅스 명령어는?

① ls
② chmod
③ rm
④ uname

전문가의 조언
리눅스에서 커널의 버전을 확인할 때 사용하는 명령어는 uname입니다.

병행학습
- ls : 현재 디렉터리 내의 파일 목록을 확인함
- chmod : 파일의 보호 모드를 설정하여 파일의 사용 허가를 지정함
- rm : 파일을 삭제함

67. HRN 스케줄링 방식에서 입력된 작업이 다음과 같을 때 우선순위가 가장 높은 것은?

작업	대기 시간	서비스(실행) 시간
A	5	20
B	40	20
C	15	45
D	20	2

① A
② B
③ C
④ D

전문가의 조언
우선순위가 가장 높은 작업은 D입니다. HRN 기법의 우선순위 공식은 '(대기 시간 + 서비스 시간) / (서비스 시간)'입니다.
- A 작업 : (5 + 20) / 20 = 1.25
- B 작업 : (40 + 20) / 20 = 3
- C 작업 : (15 + 45) / 45 = 1.33
- D 작업 : (20 + 2) / 2 = 11

계산된 숫자가 클수록 우선순위가 높습니다.

68. 128.107.176.0/22 네트워크에서 호스트에 의해 사용될 수 있는 서브넷 마스크는?

① 255.0.0.0
② 255.248.0.0
③ 255.255.252.0
④ 255.255.255.255

전문가의 조언
128.107.176.0/22 네트워크의 서브넷 마스크는 1의 개수가 22개, 즉 11111111 11111111 11111100 00000000이므로 255.255.252.0입니다.

69. 다음 C 프로그램의 결과 값은?

```
main(void) {
    int i;
    int sum = 0;
    for(i = 1; i <= 10; i = i + 2)
        sum = sum + i;
    printf("%d", sum);
}
```

① 15 ② 19
③ 25 ④ 27

전문가의 조언
코드의 실행 결과로 출력되는 sum의 값은 25입니다.

```
main(void) {
 ❶ int i;
 ❷ int sum = 0;
 ❸ for(i = 1; i <= 10; i = i + 2)
 ❹     sum = sum + i;
 ❺ printf("%d", sum);
}
```

❶ 정수형 변수 i를 선언한다.
❷ 정수형 변수 sum을 선언하고 0으로 초기화한다.
❸ 반복 변수 i가 1에서 2씩 증가하면서 10보다 작거나 같은 동안 ❹번을 반복 수행한다.
❹ sum에 i의 값을 누적한다.
❺ sum의 값을 출력한다.

※ 반복문 실행에 따른 변수들의 변화는 다음과 같습니다.

반복 횟수	i	sum
		0
1	1	1
2	3	4
3	5	9
4	7	16
5	9	25
	11	

70. 다음 중 JAVA에서 우선순위가 가장 낮은 연산자는?

① -- ② %
③ &   ④ =

전문가의 조언
- 보기에서는 대입 연산자인 =의 우선순위가 가장 낮습니다.
- 연산자의 우선순위는 높은 것부터 차례대로 단항, 산술, 시프트, 관계, 비트, 논리, 조건, 대입, 순서 연산자 순입니다.

병행학습 연산자 우선순위
- 다음은 우선순위가 높은 것부터 낮은 순서로 연산자를 나열한 것이며, 우선 순위가 같은 연산자가 함께 쓰인 경우 화살표에 따른 순서로 연산된다.
    예 → : 왼쪽에 있는 연산자부터 차례로 계산
       ← : 오른쪽에 있는 연산자부터 차례로 계산
- 단항 연산자(←) : !(논리 not), ~(비트 not), ++(증가), --(감소), sizeof(기타)
- 이항 연산자(→)
    - 산술 연산자 : *, /, %(나머지), +, -
    - 시프트 연산자 : <<, >>
    - 관계 연산자1 : <, <=, >=, >
    - 관계 연산자2 : ==(같다), !=(같지 않다)
    - 비트 연산자 : &(비트 and), ^(비트 xor), |(비트 or)
    - 논리 연산자 : &&(논리 and), ||(논리 or)
- 삼항(조건) 연산자(→) : (조건식) ? (참) : (거짓)
- 대입 연산자(←) : =, +=, -=, *=, /=, %=, <<=, >>= 등
- 순서 연산자 : ,

71. C 언어에서 변수로 사용할 수 없는 것은?

① data02 ② int01
③ _sub   ④ short

전문가의 조언
2Byte 정수 자료형을 의미하는 short는 예약어이므로, 변수의 이름으로 사용될 수 없습니다.

병행학습 C언어의 변수명 작성 규칙
- 영문자, 숫자, _(under bar)를 사용할 수 있다.
- 첫 글자는 영문자나 _(under bar)로 시작해야 하며, 숫자는 올 수 없다.
- 글자 수에 제한이 없다.
- 공백이나 *, +, -, / 등의 특수문자를 사용할 수 없다.
- 대 · 소문자를 구분한다.
- 예약어를 변수명으로 사용할 수 없다.
- 변수 선언 시 문장 끝에 반드시 세미콜론(;)을 붙여야 한다.

정답 69.③ 70.④ 71.④

72. C 언어에서 산술 연산자가 아닌 것은?
① % ② *
③ / ④ =

전문가의 조언
- =는 대입 연산자입니다.
- C 언어의 산술 연산자에는 +, -, *, /, %가 있습니다.

병행학습 연산자의 종류
- 단항 연산자 : !(논리 not), ~(비트 not), ++(증가), --(감소), sizeof(기타)
- 이항 연산자
  - 산술 연산자 : *, /, %(나머지), +, -
  - 시프트 연산자 : <<, >>
  - 관계 연산자 : <, <=, >=, >, ==(같다), !=(같지 않다)
  - 비트 연산자 : &(비트 and), ^(비트 xor), |(비트 or)
  - 논리 연산자 : &&(논리 and), ||(논리 or)
- 삼항(조건) 연산자 : (조건식) ? (참) : (거짓)
- 대입 연산자 : =, +=, -=, *=, /=, %=, <<=, >>= 등
- 순서 연산자 : ,

73. 다음 파이썬 코드에서 '53t44'를 입력했을 때 출력 결과는?

```
a, b = map(int, input( ).split( "t" ));
print(a, b)
```

① 53 t 44 ② 53t44
③ 53 44 ④ 53, 44

전문가의 조언
코드의 출력 결과로 옳은 것은 ③번입니다.

❶ a, b = map(int, input( ).split("t"));
❷ print(a, b)

❶ input( ) 메소드로 입력받은 값을 "t"를 구분자로 하여 분리한 후 정수로 변환하여 a, b에 저장한다. 문제에서 "53t44"를 입력하였으므로, "t"를 구분자로 하여 53과 44가 분리된 후 정수로 변환되어 각각 a와 b에 저장된다.
- map( ) : 2개 이상의 값을 원하는 자료형으로 변환할 때 사용하는 함수
- input( ).split('분리문자')
  - 입력받은 값을 '분리문자'로 구분하여 반환한다.
  - '분리문자'를 생략하면 공백으로 값을 구분한다.
❷ a와 b를 출력한다. Python의 print( ) 메소드에서 2개 이상의 값을 출력할 때, sep 속성값을 정의하지 않으면 기본값이 공백이므로 다음과 같이 출력된다.

결과 53 44

74. C 언어에서 연산자 우선순위가 높은 것에서 낮은 것으로 바르게 나열된 것은?

ㄱ ( )   ㄴ ==   ㄷ <
ㄹ <<   ㅁ || ㅂ <

① ㄱ, ㅂ, ㄹ, ㄷ, ㄴ, ㅁ
② ㄱ, ㄹ, ㅂ, ㄷ, ㄴ, ㅁ
③ ㄱ, ㅂ, ㄴ, ㄷ, ㄹ, ㅁ
④ ㄱ, ㅂ, ㄷ, ㅁ, ㄹ, ㄴ

전문가의 조언
- 연산자 운선순위가 높은 것에서 낮은 것으로 바르게 나열한 것은 ①번입니다.
- 연산자 우선순위는 낮지만 먼저 계산해야 할 식은 괄호( )로 묶어줍니다. 그러므로 보기에서 가장 우선순위가 높은 것은 괄호( )입니다.
- 연산자의 우선순위는 높은 것부터 차례대로 단항, 산술, 시프트, 관계, 비트, 논리, 조건, 대입, 순서 연산자 순이며, 관계 연산자 중에서 <, <=, >=, >는 == , !=보다 우선순위가 높습니다.

75. 리눅스에서 생성된 파일 권한이 644일 경우 umask 값은?
① 022 ② 666
③ 777 ④ 755

전문가의 조언
- 파일 권한이 644일 경우 umask 값은 022입니다.
- umask는 UNIX에서 파일이나 디렉터리의 초기 권한을 설정할 때 사용하는 값으로, 파일의 경우 666에서 umask를 뺀 값, 디렉터리의 경우 777에서 umask를 뺀 값을 초기 접근 권한으로 갖습니다.
- 문제에서 파일 권한이 644라고 하였으므로, 다음과 같은 공식으로 umask의 값을 구할 수 있습니다.
  666 - umask = 644
  umask = 666 - 644
  ∴ umask = 022

등급 C

76. Python 데이터 타입 중 시퀀스(Sequence) 데이터 타입에 해당하며 다양한 데이터 타입들을 주어진 순서에 따라 저장할 수 있으나 저장된 내용을 변경할 수 없는 것은?

① 복소수(complex) 타입
② 리스트(list) 타입
③ 사전(dict) 타입
④ 튜플(tuple) 타입

전문가의 조언
저장된 내용을 변경할 수 없는 순차형 데이터 타입은 튜플(Tuple)입니다.

병행학습
- 복소수(complex) 타입 : 복소수 형태의 값을 저장하기 위한 자료형
- 리스트(list) 타입 : 여러 요소를 저장하는 자료형으로, 대괄호[ ]를 이용하여 각 요소에 접근함
- 사전(dict) 타입 : 키(Key)와 값(Value)의 쌍으로 연결된 요소들로 이루어진 자료형

등급 B

77. 빈 기억공간의 크기가 20KB, 16KB, 8KB, 40KB 일 때 기억장치 배치 전략으로 "Best Fit"을 사용하여 17KB의 프로그램을 적재할 경우 내부 단편화의 크기는 얼마인가?

① 3KB
② 23KB
③ 64KB
④ 67KB

전문가의 조언
최적 적합(Best-Fit)은 데이터가 들어갈 수 있는 크기의 빈 영역 중 단편화를 가장 적게 남기는 분할 영역에 배치시키는 방법으로, 17KB보다 큰 기억공간 중 가장 작은 기억공간인 20KB에 배치됩니다. 이 때 발생하는 내부 단편화는 3KB(20KB-17KB)입니다.

병행학습 배치(Placement) 전략

최초 적합 (First-Fit)	프로그램이나 데이터가 들어갈 수 있는 크기의 빈 영역 중에서 첫 번째 분할 영역에 배치시키는 방법
최적 적합 (Best-Fit)	프로그램이나 데이터가 들어갈 수 있는 크기의 빈 영역 중에서 단편화를 가장 작게 남기는 분할 영역에 배치시키는 방법
최악 적합 (Worst-Fit)	프로그램이나 데이터가 들어갈 수 있는 크기의 빈 영역 중에서 단편화를 가장 많이 남기는 분할 영역에 배치시키는 방법

등급 C

78. 교착상태의 해결 방법 중 은행원 알고리즘(Banker's Algorithm)이 해당되는 기법은?

① Detection
② Avoidance
③ Recovery
④ Prevention

전문가의 조언
은행원 알고리즘은 교착상태의 해결 방법 중 회피 기법(Avoidance)에 해당합니다.

병행학습 교착상태 해결 방법

- 예방 기법(Prevention)
  - 교착상태가 발생하지 않도록 사전에 시스템을 제어하는 방법으로, 교착상태 발생의 네 가지 조건 중에서 어느 하나를 제거(부정)함으로써 수행된다.
  - 상호 배제(Mutual Exclusion) 부정 : 한 번에 여러 개의 프로세스가 공유 자원을 사용할 수 있도록 함
  - 점유 및 대기(Hold and Wait) 부정 : 프로세스가 실행되기 전 필요한 모든 자원을 할당하여 프로세스 대기를 없애거나 자원이 점유되지 않은 상태에서만 자원을 요구하도록 함
  - 비선점(Non-preemption) 부정 : 자원을 점유하고 있는 프로세스가 다른 자원을 요구할 때 점유하고 있는 자원을 반납하고, 요구한 자원을 사용하기 위해 기다리게 함
  - 환형 대기(Circular Wait) 부정 : 자원을 선형 순서로 분류하여 고유 번호를 할당하고, 각 프로세스는 현재 점유한 자원의 고유 번호보다 앞이나 뒤 어느 한쪽 방향으로만 자원을 요구하도록 하는 것

- 회피 기법(Avoidance) : 교착상태가 발생할 가능성을 배제하지 않고 교착상태가 발생하면 적절히 피해나가는 방법으로, 주로 은행원 알고리즘(Banker's Algorithm)이 사용됨
- 발견(Detection) 기법 : 시스템에 교착 상태가 발생했는지 점검하여 교착 상태에 있는 프로세스와 자원을 발견하는 것으로, 자원 할당 그래프 등을 사용함
- 회복(Recovery) 기법 : 교착 상태를 일으킨 프로세스를 종료하거나 교착 상태의 프로세스에 할당된 자원을 선점하여 프로세스나 자원을 회복하는 것

등급 C

79. TCP 프로토콜과 관련한 설명으로 틀린 것은?

① 인접한 노드 사이의 프레임 전송 및 오류를 제어한다.
② 흐름 제어(Flow Control)의 기능을 수행한다.
③ 전이중(Full Duplex) 방식의 양방향 가상회선을 제공한다.
④ 전송 데이터와 응답 데이터를 함께 전송할 수 있다.

전문가의 조언
- 프레임의 전송 및 오류 제어는 데이터 링크 계층의 프로토콜인 HDLC, LAPB, LLC, MAC 등이 수행합니다.
- TCP는 패킷의 전송 및 오류를 제어합니다.

정답 76.④ 77.① 78.② 79.①

> **병행학습** TCP/IP(Transmission Control Protocol/Internet Protocol)
- 인터넷에 연결된 서로 다른 기종의 컴퓨터들이 데이터를 주고받을 수 있도록 하는 표준 프로토콜이다.
- 1960년대 말 ARPA에서 개발하여 ARPANET(1972)에서 사용하기 시작했다.
- UNIX의 기본 프로토콜로 사용되었고, 현재 인터넷 범용 프로토콜로 사용된다.
- 다음과 같은 기능을 수행하는 TCP 프로토콜과 IP 프로토콜이 결합된 것을 의미한다.
- TCP(Transmission Control Protocol)
  - OSI 7계층의 전송 계층에 해당한다.
  - 신뢰성 있는 연결형 서비스를 제공한다.
  - 패킷의 다중화, 순서 제어, 오류 제어, 흐름 제어 기능을 제공한다.
  - 스트림(Stream) 전송 기능 제공한다.
  - TCP 헤더에는 Source/Destination Port Number, Sequence Number, Acknowledgment Number, Checksum 등이 포함된다.
- IP(Internet Protocol)
  - OSI 7계층의 네트워크 계층에 해당한다.
  - 데이터그램을 기반으로 하는 비연결형 서비스를 제공한다.
  - 패킷의 분해/조립, 주소 지정, 경로 선택 기능을 제공한다.
  - 헤더의 길이는 최소 20Byte에서 최대 60Byte이다.
  - IP 헤더에는 Version, Header Length, Total Packet Length, Header Checksum, Source IP Address, Destination IP Address 등이 포함된다.

등급 B

80. 네트워크 장비에 대한 설명으로 옳지 않은 것은?
① 브라우터는 전송되는 신호가 전송 선로의 특성 및 외부 충격 등의 요인으로 인해 원래의 형태와 다르게 왜곡되거나 약해질 경우 원래의 신호 형태로 재생하여 다시 전송하는 역할을 수행한다.
② 브리지는 LAN과 LAN을 연결하거나 LAN 안에서의 컴퓨터 그룹을 연결하는 기능을 수행하며, 데이터 링크 계층 중 MAC 계층에서 사용된다.
③ 스위치는 LAN과 LAN을 연결하여 훨씬 더 큰 LAN을 만드는 장치로, OSI 7계층의 2계층에서 사용된다.
④ 라우터는 LAN과 LAN의 연결 기능에 데이터 전송의 최적 경로를 선택할 수 있는 기능이 추가된 것으로, 서로 다른 LAN이나 LAN과 WAN의 연결도 수행하고, OSI 7계층의 네트워크 계층에서 동작한다.

전문가의 조언
- ①번은 리피터(Repeater)에 대한 설명입니다.
- 브라우터(Brouter)는 브리지와 라우터의 기능을 모두 갖추고 있는 네트워크 장비입니다.

5과목 정보시스템 구축 관리

등급 B

81. 각 사용자 인증의 유형에 대한 설명으로 가장 적절하지 않은 것은?
① 지식 : 주체는 '그가 알고 있는 것'을 보여주며 예시로는 패스워드, PIN 등이 있다.
② 소유 : 주체는 '그가 가지고 있는 것'을 보여주며 예시로는 토큰, 스마트 카드 등이 있다.
③ 존재 : 주체는 '그를 대체하는 것'을 보여주며 예시로는 패턴, QR 등이 있다.
④ 행위 : 주체는 '그가 하는 것'을 보여주며 예시로는 서명, 움직임, 음성 등이 있다.

전문가의 조언
- '존재'라는 사용자 인증 유형은 없습니다.
- 패턴은 지식 기반 인증에, QR은 소유 기반 인증에 속합니다.

등급 B

82. CPM 네트워크가 다음과 같을 때 임계경로의 소요기일은?

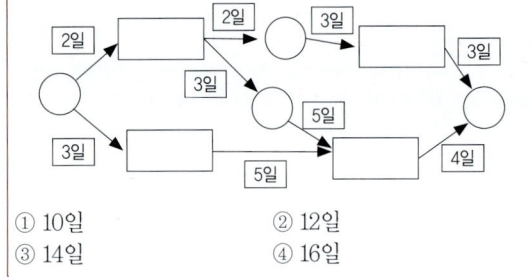

① 10일 ② 12일
③ 14일 ④ 16일

전문가의 조언
임계경로는 경로 2이며, 소요기일은 14일입니다. 임계경로는 최장 경로를 의미합니다. 문제에 제시된 그림을 보고 각 경로에 대한 소요기일을 계산한 후 가장 오래 걸린 기일을 찾으면 됩니다.

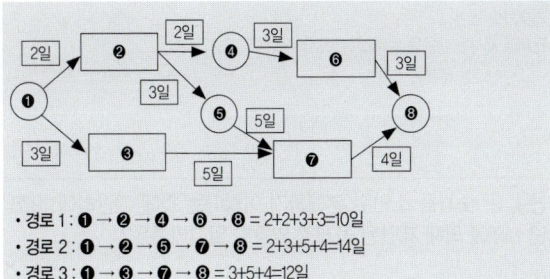

- 경로 1 : ❶ → ❷ → ❹ → ❻ → ❽ = 2+2+3+3=10일
- 경로 2 : ❶ → ❷ → ❺ → ❼ → ❽ = 2+3+5+4=14일
- 경로 3 : ❶ → ❸ → ❼ → ❽ = 3+5+4=12일

등급 A

83. 정보 시스템과 관련한 다음 설명에 해당하는 것은?

- 각 시스템 간에 공유 디스크를 중심으로 클러스터링으로 엮어 다수의 시스템을 동시에 연결할 수 있다.
- 조직, 기업의 기간 업무 서버 안정성을 높이기 위해 사용될 수 있다.
- 여러 가지 방식으로 구현되며 2개의 서버를 연결하는 것으로 2개의 시스템이 각각 업무를 수행하도록 구현하는 방식이 널리 사용된다.

① 고가용성 솔루션(HACMP)
② 점대점 연결 방식(Point-to-Point Mode)
③ 스턱스넷(Stuxnet)
④ 루팅(Rooting)

전문가의 조언
문제의 지문에 제시된 내용은 고가용성 솔루션(HACMP)의 특징입니다.

병행학습
- 점대점 연결 방식(Point-to-Point Mode) : 연결된 두 단말이 동등하게 연결되어 각 단말이 클라이언트가 될 수도, 서버가 될 수도 있는 방식
- 스턱스넷(Stuxnet) : 독일의 산업시설을 감시하고 파괴하기 위해 만들어진 악성 소프트웨어
- 루팅(Rooting) : 스마트폰의 보안 기능을 해제하여 허용되지 않은 기능을 사용하거나 불법 앱을 사용할 수 있도록 변경하는 행위

등급 B

84. COCOMO Model 중 기관 내부에서 개발된 중소규모의 소프트웨어로 일괄 자료 처리나 과학 기술 계산용, 비즈니스 자료 처리용으로 5만 라인 이하의 소프트웨어를 개발하는 유형은?

① Embeded   ② Organic
③ Semi-Detached ④ Semi-Embeded

전문가의 조언
문제에서 설명하고 있는 소프트웨어 개발 유형은 조직형(Orgranic Mode)입니다.

병행학습
- 내장형(Embedded Mode) : 최대형 규모의 트랜잭션 처리 시스템이나 운영체제 등의 30만(300KDSI) 라인 이상의 소프트웨어를 개발하는 유형
- 반분리형(Semi-Detached Mode) : 조직형과 내장형의 중간형으로, 트랜잭션 처리 시스템이나 운영체제, 데이터베이스 관리 시스템 등의 30만(300KDSI) 라인 이하의 소프트웨어를 개발하는 유형

등급 A

85. 시스템 내의 정보는 오직 인가된 사용자만 수정할 수 있는 보안 요소는?

① 기밀성   ② 부인방지
③ 가용성   ④ 무결성

전문가의 조언
시스템 내의 정보는 오직 인가된 사용자만 수정할 수 있는 보안 요소는 무결성(Integrity)입니다.

병행학습
- 기밀성(Confidentiality) : 시스템 내의 정보와 자원은 인가된 사용자에게만 접근이 허용되며, 정보가 전송 중에 노출되더라도 데이터를 읽을 수 없음
- 부인 방지(NonRepudiation) : 데이터를 송·수신한 자가 송·수신 사실을 부인할 수 없도록 송·수신 증거를 제공함
- 가용성(Availability) : 인가받은 사용자는 언제라도 사용할 수 있음

등급 A

86. 합법적으로 소유하고 있던 사용자의 도메인을 탈취하거나 DNS 이름을 속여 사용자들이 진짜 사이트로 오인하도록 유도하여 개인 정보를 훔치는 공격 기법은?

① Ransomware   ② Pharming
③ Phishing   ④ XSS

전문가의 조언
문제에 제시된 내용은 Pharming의 개념입니다.

병행학습
- 랜섬웨어(Ransomware) : 인터넷 사용자의 컴퓨터에 잠입해 내부 문서나 파일 등을 암호화해 사용자가 열지 못하게 하는 프로그램으로, 암호 해독용 프로그램의 전달을 조건으로 사용자에게 돈을 요구하기도 함
- 피싱(Phishing) : 낚시라는 뜻의 은어로, 허위 웹 사이트를 내세워 사용자의 개인 신용 정보를 빼내는 수법을 의미함
- 크로스사이트 스크립팅(XSS) : 웹페이지에 악의적인 스크립트를 삽입하여 방문자들의 정보를 탈취하거나, 비정상적인 기능 수행을 유발하는 보안 약점

등급 A

87. 다음 내용이 설명하는 것은?

개인과 기업, 국가적으로 큰 위협이 되고 있는 주요 사이버 범죄 중 하나로, Snake, Darkside 등 시스템을 잠그거나 데이터를 암호화해 사용할 수 없도록 하고 이를 인질로 금전을 요구하는 데 사용되는 악성 프로그램

① Format String ② Ransomware
③ Buffer overflow ④ Adware

전문가의 조언
문제의 지문은 랜섬웨어(Ransomware)에 대한 설명입니다.

병행학습 정보 보안 침해 공격 관련 용어

- 좀비(Zombie) PC : 악성코드에 감염되어 다른 프로그램이나 컴퓨터를 조종하도록 만들어진 컴퓨터로, C&C(Command & Control) 서버의 제어를 받아 주로 DDoS 공격 등에 이용됨
- C&C 서버 : 해커가 원격지에서 감염된 좀비 PC에 명령을 내리고 악성코드를 제어하기 위한 용도로 사용되는 서버를 의미함
- 봇넷(Botnet) : 악성 프로그램에 감염되어 악의적인 의도로 사용될 수 있는 다수의 컴퓨터들이 네트워크로 연결된 형태를 의미함
- 웜(Worm) : 네트워크를 통해 연속적으로 자신을 복제하여 시스템의 부하를 높임으로써 결국 시스템을 다운시키는 바이러스의 일종으로, 분산 서비스 거부 공격, 버퍼 오버플로 공격, 슬래머 등이 웜 공격의 한 형태임
- 제로 데이 공격(Zero Day Attack) : 보안 취약점이 발견되었을 때 발견된 취약점의 존재 자체가 널리 공표되기도 전에 해당 취약점을 통하여 이루어지는 보안 공격으로, 공격의 신속성을 의미함
- 키로거 공격(Key Logger Attack) : 컴퓨터 사용자의 키보드 움직임을 탐지해 ID, 패스워드, 계좌번호, 카드번호 등과 같은 개인의 중요한 정보를 몰래 빼가는 해킹 공격
- 랜섬웨어(Ransomware) : 인터넷 사용자의 컴퓨터에 잠입해 내부 문서나 파일 등을 암호화해 사용자가 열지 못하게 하는 프로그램으로, 암호 해독용 프로그램의 전달을 조건으로 사용자에게 돈을 요구하기도 함
- 백도어(Back Door, Trap Door) : 시스템 설계자가 서비스 기술자나 유지 보수 프로그램 작성자(Programmer)의 액세스 편의를 위해 시스템 보안을 제거하여 만들어놓은 비밀 통로로, 컴퓨터 범죄에 악용되기도 함

등급 C

88. S/W Project 일정이 지연된다고 해서 Project 말기에 새로운 인원을 추가 투입하면 Project는 더욱 지연되게 된다는 내용과 관련되는 법칙은?

① Putnam의 법칙 ② Mayer의 법칙
③ Brooks의 법칙 ④ Boehm의 법칙

전문가의 조언
문제에 제시된 내용은 브룩스(Brooks)의 법칙의 개념입니다.

등급 C

89. 큰 숫자를 소인수 분해하기 어렵다는 것에 기반하에 1978년 MIT에 의해 제안된 공개키 암호화 알고리즘은?

① DES ② ARIA
③ SEED ④ RSA

전문가의 조언
큰 숫자를 소인수 분해하기 어렵다는 것에 기반하여 만들어진 암호화 알고리즘은 RSA입니다.

병행학습
- DES(Data Encryption Standard) : 1975년 미국 NBS에서 발표한 개인키 암호화 알고리즘으로, 블록 크기는 64비트이며, 키 길이는 56비트임
- ARIA(Academy, Research Institute, Agency) : 2004년 국가정보원과 산학연협회가 개발한 블록 암호화 알고리즘으로, 블록 크기는 128비트이며, 키 길이에 따라 128, 192, 256으로 분류됨
- SEED : 1999년 한국인터넷진흥원(KISA)에서 개발한 블록 암호화 알고리즘으로, 블록 크기는 128비트이며, 키 길이에 따라 128, 256으로 분류함

등급 A

90. 다음 내용이 설명하는 것은?

- 블록체인(Blockchain) 개발 환경을 클라우드로 서비스하는 개념
- 블록체인 네트워크에 노드의 추가 및 제거가 용이
- 블록체인의 기본 인프라를 추상화하여 블록체인 응용 프로그램을 만들 수 있는 클라우드 컴퓨팅 플랫폼

① OTT ② BaaS
③ SDDC ④ Wi-SUN

전문가의 조언
문제의 지문에 제시된 내용은 BaaS(서비스형 블록체인)에 대한 설명입니다.

병행학습
- OTT(Over The Top service) : TV, PC, 스마트폰 등으로 드라마, 영화 등의 미디어 콘텐츠를 제공하는 온라인 서비스
- SDDC(Software Defined Data Center) : 데이터 센터의 모든 자원을 가상화하여 인력의 개입 없이 소프트웨어 조작만으로 관리 및 제어되는 데이터 센터
- Wi-SUN : 스마트 그리드와 같은 장거리 무선 통신을 필요로 하는 사물 인터넷(IoT) 서비스를 위한 저전력 장거리(LPWA; Low-Power Wide Area) 통신 기술

91. 서버에 열린 포트 정보를 스캐닝해서 보안 취약점을 찾는데 사용하는 도구는?

① type
② mkdir
③ ftp
④ nmap

전문가의 조언
서버에 열린 포트 정보를 스캐닝해서 보안 취약점을 찾는데 사용하는 도구는 nmap입니다.

병행학습
- type : 명령어의 정보를 확인하는 옵션 또는 ftp에서 전송 모드를 설정할 때 사용하는 명령어
- mkdir : 서버에 디렉터리를 생성하는 명령어
- ftp : FTP 서버에 접속할 때 사용하는 명령어

---

92. 시스템이 몇 대가 되어도 하나의 시스템에서 인증에 성공하면 다른 시스템에 대한 접근 권한도 얻는 시스템을 의미하는 것은?

① SOS
② SBO
③ SSO
④ SOA

전문가의 조언
하나의 시스템에서 인증에 성공하면 다른 시스템에 대한 접근 권한도 얻는 시스템을 SSO(Single Sign On)라고 합니다.

---

93. S/W 각 기능의 원시 코드 라인수의 비관치, 낙관치, 기대치를 측정하여 예측치를 구하고 이를 이용하여 비용을 산정하는 기법은?

① Effort Per Task 기법
② 전문가 감정 기법
③ 델파이 기법
④ LOC 기법

전문가의 조언
문제에 제시된 내용은 LOC 기법에 대한 설명입니다.

병행학습
- 개발 단계별 인월수(Effort Per Task) 기법 : LOC 기법을 보완하기 위한 기법으로, 각 기능을 구현시키는 데 필요한 노력을 생명 주기의 각 단계별로 산정함
- 전문가 감정 기법 : 조직 내에 있는 경험이 많은 두 명 이상의 전문가에게 비용 산정을 의뢰하는 기법으로, 가장 편리하고 신속하게 비용을 산정할 수 있음
- 델파이 기법 : 전문가 감정 기법의 주관적인 편견을 보완하기 위해 많은 전문가의 의견을 종합하여 산정하는 기법

---

94. 생명 주기 모형 중 가장 오래된 모형으로, 많은 적용 사례가 있지만 요구사항의 변경이 어렵고 각 단계의 결과가 확인되어야 다음 단계로 넘어갈 수 있는 선형 순차적, 고전적 생명 주기 모형이라고도 하는 것은?

① Waterfall Model
② Prototype Model
③ Cocomo Model
④ Spiral Model

전문가의 조언
문제에 제시된 내용은 폭포수 모형(Waterfall Model)에 대한 설명입니다.

병행학습
- 프로토타입 모형(Prototype Model, 원형 모형) : 사용자의 요구사항을 정확히 파악하기 위해 실제 개발될 소프트웨어에 대한 견본품(Prototype)을 만들어 최종 결과물을 예측하는 모형
- 나선형 모형(Spiral Model, 점진적 모형) : 폭포수 모형과 프로토타입 모형의 장점에 위험 분석 기능을 추가한 모형으로, 나선을 따라 돌듯이 여러 번의 소프트웨어 개발 과정을 거쳐 점진적으로 완벽한 최종 소프트웨어를 개발함

---

95. 세션 하이재킹을 탐지하는 방법으로 거리가 먼 것은?

① FTP SYN SEGMENT 탐지
② 비동기화 상태 탐지
③ ACK STORM 탐지
④ 패킷의 유실 및 재전송 증가 탐지

전문가의 조언
- FTP SYN SEGMENT 탐지는 세션 하이재킹 탐지 방법이 아닙니다.
- 세션 하이재킹의 탐지 방법에는 비동기화 상태 탐지, ACK Storm 탐지, 패킷의 유실과 재전송 증가 탐지, 예상치 못한 접속의 리셋 탐지 등이 있습니다.

병행학습 세션 하이재킹(Session Hijacking)
- 서버에 접속하고 있는 클라이언트들의 세션 정보를 가로채는 공격 기법으로, 세션 가로채기라고도 한다.
- 정상적인 연결을 RST(Reset) 패킷을 통해 종료시킨 후 재연결 시 희생자가 아닌 공격자에게 연결하는 방식이다.
- 공격자는 서버와 상호 간의 동기화된 시퀀스 번호를 이용하여 인가되지 않은 시스템의 기능을 이용하거나 중요한 정보에 접근할 수 있게 된다.
- 탐지 방법
  - 비동기화 상태 탐지
  - ACK Storm 탐지
  - 패킷의 유실과 재전송 증가 탐지
  - 예상치 못한 접속의 리셋 탐지

정답 91.④ 92.③ 93.④ 94.① 95.①

등급 B

96. 다음 설명에 해당하는 공격 기법은?

> 시스템 공격 기법 중 하나로, 허용 범위 이상의 ICMP 패킷을 전송하여 대상 시스템의 네트워크를 마비시킨다.

① Ping of Death
② Session Hijacking
③ Piggyback Attack
④ XSS

전문가의 조언
허용 범위 이상의 ICMP 패킷을 전송하여 대상 시스템의 네트워크를 마비시키는 공격 기법은 죽음의 핑(Ping of Death)입니다.

병행학습
• 피기백 공격(Piggyback Attack) : 시스템의 올바른 인증 절차나 보안 프로그램에 편승하는 공격 방법으로, 권한 있는 사람이 열고 지나간 문틈을 파고들어 가는 것에 빗 댐

등급 B

97. 다음 설명에 해당하는 암호화 알고리즘은?

> • DES의 보안 문제를 해결하기 위해 개발되었다.
> • NIST에서 개발한 개인키 암호화 알고리즘이다.

① ARIA
② AES
③ DSA
④ SEED

전문가의 조언
DES의 보안 문제 해결을 위해 NIST에서 개발한 개인키 암호화 알고리즘은 AES(Advanced Encryption Standard)입니다.

병행학습 주요 암호화 알고리즘
• SEED
  – 1999년 한국인터넷진흥원(KISA)에서 개발한 블록 암호화 알고리즘이다.
  – 블록 크기는 128비트이며, 키 길이에 따라 128, 256으로 분류한다.
• ARIA(Academy, Research Institute, Agency)
  – 2004년 국가정보원과 산학연협회가 개발한 블록 암호화 알고리즘이다.
  – 블록 크기는 128비트이며, 키 길이에 따라 128, 192, 256으로 분류한다.
• DES(Data Encryption Standard)
  – 1975년 미국 NBS에서 발표한 개인키 암호화 알고리즘
  – 블록 크기는 64비트이며, 키 길이는 56비트이다.
• RSA(Rivest Shamir Adleman)
  – 1978년 MIT의 라이베스트(Rivest), 샤미르(Shamir), 애들먼(Adelman)에 의해 제안된 공개키 암호화 알고리즘이다.
  – 소인수 분해 문제를 이용한 공개키 암호화 기법에 널리 사용된다.

등급 C

98. 침입 탐지 시스템(IDS; Intrusion Detection System)과 관련한 설명으로 틀린 것은?

① 이상 탐지 기법(Anomaly Detection)은 Signature Base나 Knowledge Base라고도 불리며 이미 발견되고 정립된 공격 패턴을 입력해두었다가 탐지 및 차단한다.
② HIDS(Host-Based Intrusion Detection)는 운영체제에 설정된 사용자 계정에 따라 어떤 사용자가 어떤 접근을 시도하고 어떤 작업을 했는지에 대한 기록을 남기고 추적한다.
③ NIDS(Network-Based Intrusion Detection System)로는 대표적으로 Snort가 있다.
④ 외부 인터넷에 서비스를 제공하는 서버가 위치하는 네트워크인 DMZ(Demilitarized Zone)에는 IDS가 설치될 수 있다.

전문가의 조언
• ①번은 오용 탐지 기법(Misuse Detection)에 대한 설명입니다.
• 이상 탐지 기법(Anomaly Detection)은 평균적인 시스템의 상태를 기준으로 비정상적인 행위나 자원의 사용이 감지되면 이를 알려주는 시스템입니다.

병행학습 침입 탐지 시스템(IDS; Intrusion Detection System)
• 컴퓨터 시스템의 비정상적인 사용, 오용, 남용 등을 실시간으로 탐지하는 시스템이다.
• 방화벽과 같은 침입 차단 시스템만으로는 내부 사용자의 불법적인 행동과 외부 해킹에 100% 완벽하게 대처할 수는 없다.
• 문제가 발생한 경우 모든 내·외부 정보의 흐름을 실시간으로 차단하기 위해 해커 침입 패턴에 대한 추적과 유해 정보 감시가 필요하다.
• 오용 탐지(Misuse Detection) : 미리 입력해 둔 공격 패턴이 감지되면 이를 알려줌
• 이상 탐지(Anomaly Detection) : 평균적인 시스템의 상태를 기준으로 비정상적인 행위나 자원의 사용이 감지되면 이를 알려줌
• 침입 탐지 시스템의 종류
  – HIDS(Host-Based Intrusion Detection)
    ▶ 시스템의 내부를 감시하고 분석하는데 중점을 둔 침입 탐지 시스템이다.
    ▶ 내부 시스템의 변화를 실시간으로 감시하여 누가 접근해서 어떤 작업을 수행했는지 기록하고 추적한다.
    ▶ 종류 : OSSEC, md5deep, AIDE, Samhain 등
  – NIDS(Network-Based Intrusion Detection System)
    ▶ 외부로부터의 침입을 감시하고 분석하는데 중점을 둔 침입 탐지 시스템이다.
    ▶ 네트워크 트래픽을 감시하여 서비스 거부 공격, 포트 스캔 등의 악의적인 시도를 탐지한다.
    ▶ 종류 : Snort, Zeek 등

정답 96.① 97.② 98.①

- 침입 탐지 시스템의 위치
  - 패킷이 라우터로 들어오기 전 : 네트워크에 시도되는 모든 공격을 탐지할 수 있음
  - 라우터 뒤 : 라우터에 의해 패킷 필터링을 통과한 공격을 탐지할 수 있음
  - 방화벽 뒤 : 내부에서 외부로 향하는 공격을 탐지할 수 있음
  - 내부 네트워크 : 내부에서 내부 네트워크의 해킹 공격을 탐지할 수 있음
  - DMZ : DMZ는 외부 인터넷에 서비스를 제공하는 서버가 위치하는 네트워크로, 강력한 외부 공격이나 내부 공격으로부터 중요 데이터를 보호하거나 서버의 서비스 중단을 방지할 수 있음

등급 B

99. 기기를 키오스크에 갖다 대면 원하는 데이터를 바로 가져올 수 있는 기술로 10㎝ 이내 근접 거리에서 기가급 속도로 데이터 전송이 가능한 초고속 근접무선통신(NFC; Near Field Communication) 기술은?

① BcN(Broadband Convergence Network)
② Zing
③ Marine Navi
④ C-V2X(Cellular Vehicle To Everything)

전문가의 조언
10cm 이내 거리에서 3.5Gbps 속도의 데이터 전송이 가능한 초고속 근접무선통신(NFC)을 징(Zing)이라고 합니다.

병행학습
- 광대역 통합망(BcN; Broadband Convergence Network) : 개별적인 망들이 갖고 있는 한계점을 극복하여 음성, 데이터, 유선, 무선, 통신, 방송 등의 다양한 멀티미디어 서비스를 장소와 시간에 관계없이 일정한 품질로 안전하게 이용할 수 있는 차세대 네트워크
- 마린내비(Marine Navi) : 소형 선박의 충돌사고 예방을 위해 KT에서 만든 선박 안전 솔루션으로, GPS 기반 선박 자동식별 장치(AIS)를 통해 선박의 속도와 위치를 파악하고, 주변 선박과의 거리, 충돌 가능성 등을 인공지능(AI)을 통해 분석하여 전자해도(ENC)로 제공함
- 셀룰러-차량 · 사물통신(C-V2X; Cellular Vehicle To Everything) : 이동통신망을 이용하여 차량 대 차량, 차량 대 보행자, 차량 대 인프라 간에 정보를 공유하는 기술로, 3GPP에서 제정한 기술 표준 중 하나임

등급 C

100. 프로젝트 일정 관리 시 사용하는 PERT 차트에 대한 설명에 해당하는 것은?

① 각 작업들이 언제 시작하고 언제 종료되는지에 대한 일정을 막대 도표를 이용하여 표시한다.
② 시간선(Time-Line) 차트라고도 한다.
③ 수평 막대의 길이는 각 작업의 기간을 나타낸다.
④ 작업들 간의 상호 관련성, 결정경로, 경계시간, 자원할당 등을 제시한다.

전문가의 조언
①, ②, ③번은 간트 차트에 대한 설명입니다.

병행학습 PERT(Program Evaluation and Review Technique, 프로그램 평가 및 검토 기술)
- 프로젝트에 필요한 전체 작업의 상호 관계를 표시하는 네트워크로, 각 작업별로 낙관적인 경우, 가능성이 있는 경우, 비관적인 경우로 나누어 각 단계별 종료 시기를 결정하는 방법이다.
- 과거에 경험이 없어서 소요 기간 예측이 어려운 소프트웨어에서 사용한다.
- 노드와 간선으로 구성되며 원 노드에는 작업을, 간선(화살표)에는 낙관치, 기대치, 비관치를 표시한다.
- 결정 경로, 작업에 대한 경계 시간, 작업 간의 상호 관련성 등을 알 수 있다.
- 다음과 같은 PERT 공식을 이용하여 작업 예측치를 계산한다.
  - 작업 예측치 = $\dfrac{비관치 + 4 \times 기대치 + 낙관치}{6}$
  - 평방 편차 = $\left[\dfrac{비관치 - 낙관치}{6}\right]^2$

2024년 5월 기출문제

1과목 소프트웨어 설계

등급 A

1. GoF(Gangs of Four) 디자인 패턴 중 생성 패턴으로 옳은 것은?
① Abstract Factory ② Bridge
③ Observer ④ Composite

전문가의 조언
보기 중 생성 패턴은 추상 팩토리(Abstract Factory)입니다.
• 브리지(Bridge), 컴포지트(Composite)는 구조 패턴, 옵서버(Observer)는 행위 패턴입니다.

등급 B

2. 소프트웨어 품질 관련 국제 표준인 ISO/IEC 25000의 특성이 아닌 것은?
① 호환성 ② 보안성
③ 신뢰성 ④ 반복성

전문가의 조언
• 반복성은 ISO/IEC 25000의 특성이 아닙니다.
• ISO/IEC 25000의 특성에는 기능성, 효율성, 호환성, 사용성, 신뢰성, 보안성, 유지보수성, 이식성이 있습니다.

등급 A

3. 캡슐화된 객체 내부의 자료 구조 또는 함수 이용이 외부에 영향을 받지 않기 위해 부작용을 최소화한 객체지향 개념은?
① Finding ② Inheritance
③ Information Hiding ④ Polymorphism

전문가의 조언
문제에 제시된 내용은 정보 은닉(Information Hiding)의 개념입니다.

병행학습
• 상속(Inheritance) : 상위 클래스의 메소드와 속성을 하위 클래스가 물려받는 것을 의미함
• 다형성(Polymorphism) : 메시지에 의해 객체(클래스)가 연산을 수행하게 될 때 하나의 메시지에 대해 각각의 객체(클래스)가 가지고 있는 고유한 방법(특성)으로 응답할 수 있는 능력을 의미함

등급 C

4. 요구공학 프로세스의 요구사항 개발 과정으로 옳지 않은 것은?
① 요구사항 도출 ② 요구사항 구현
③ 요구사항 검증 ④ 요구사항 명세

전문가의 조언
• 요구사항 구현은 요구사항 개발 과정이 아닙니다.
• 요구사항 개발 과정은 '도출 → 분석 → 명세 → 확인(검증)' 순으로 진행됩니다.

등급 C

5. 요구사항 분석을 위해 리눅스에서 커널 버전을 확인하기 위한 명령어로 옳은 것은?
① pwd ② ls
③ uname ④ mv

전문가의 조언
리눅스에서 현재 사용중인 커널 버전을 확인하는 명령은 uname -r입니다.

병행학습
• ls : 현재 디렉터리 내의 파일 목록을 확인함
• pwd : 현재 작업중인 디렉터리 경로를 화면에 출력함
• mv : 파일을 이동시키거나 이름을 변경함

정답 1.① 2.④ 3.③ 4.② 5.③

등급 A

6. 모듈화를 통해 분리된 시스템의 각 기능들로, 서브루틴, 서브시스템, 소프트웨어 내의 프로그램, 작업 단위 등과 같은 의미로 사용되는 것은?

① Module
② Component
③ Things
④ Prototype

전문가의 조언
모듈화를 통해 분리된 시스템의 각 기능들을 모듈(Module)이라고 합니다.

병행학습 모듈화(Modularity)
- 소프트웨어의 성능을 향상시키거나 시스템의 수정 및 재사용, 유지 관리 등이 용이하도록 시스템의 기능들을 모듈 단위로 나누는 것을 의미한다.
- 자주 사용되는 계산식이나 사용자 인증과 같은 기능들을 공통 모듈로 구성하여 프로젝트의 재사용성을 향상시킬 수 있다.
- 모듈의 크기를 너무 작게 나누면 개수가 많아져 모듈 간의 통합 비용이 많이 들고, 너무 크게 나누면 개수가 적어 통합 비용은 적게 들지만 모듈 하나의 개발 비용이 많이 든다.
- 모듈화를 통해 기능의 분리가 가능하여 인터페이스가 단순해진다.
- 모듈화를 통해 프로그램의 효율적인 관리가 가능하고 오류의 파급 효과를 최소화할 수 있다.

등급 C

7. 다음 내용이 설명하는 UI 설계 도구는?

- 디자인, 사용 방법 설명, 평가 등을 위해 실제 화면과 유사하게 만든 정적인 형태의 모형
- 시각적으로만 구성 요소를 배치하는 것으로 일반적으로 실제로 구현되지는 않음

① 스토리보드(Storyboard)
② 목업(Mockup)
③ 프로토타입(Prototype)
④ 유스케이스(Usecase)

전문가의 조언
문제의 지문에 제시된 내용은 목업(Mockup)의 특징입니다.

병행학습
- 스토리보드 : 와이어프레임에 콘텐츠에 대한 설명, 페이지 간 이동 흐름 등을 추가한 문서
- 프로토타입 : 와이어프레임이나 스토리보드 등에 인터랙션을 적용함으로써 실제 구현된 것처럼 테스트가 가능한 동적인 형태의 모형
- 유스케이스 : 사용자 측면에서의 요구사항

등급 B

8. 기본 유스케이스 수행 시 특별한 조건을 만족할 때 수행하는 유스케이스는?

① 연관
② 확장
③ 선택
④ 특화

전문가의 조언
특별한 조건을 만족할 때 수행할 유스케이스는 ≪extends≫로 연결하여 표현하는데, 이와 같이 연결되는 관계를 확장 관계라고 합니다.

등급 C

9. 분산 시스템을 위한 마스터-슬레이브(Master-Slave) 아키텍처에 대한 설명으로 틀린 것은?

① 일반적으로 실시간 시스템에서 사용된다.
② 마스터 프로세스는 일반적으로 연산, 통신, 조정을 책임진다.
③ 슬레이브 프로세스는 데이터 수집 기능을 수행할 수 없다.
④ 마스터 프로세스는 슬레이브 프로세스들을 제어할 수 있다.

전문가의 조언
- 슬레이브 프로세스는 데이터 수집 기능을 수행할 수 있습니다.
- 슬레이브 프로세스에서는 마스터 프로세스에서 수행하는 연산, 통신, 제어 등의 기능을 제외하고는 별도로 제한되는 기능은 없습니다.

병행학습 주요 아키텍처 패턴(Patterns)의 종류
- 레이어 패턴(Layers pattern) : 시스템을 계층(Layer)으로 구분하여 구성하는 고전적인 방법 중의 하나로 각각의 서브시스템들이 계층 구조를 이루며, 하위 계층은 상위 계층에 대한 서비스 제공자가 되고, 상위 계층은 하위 계층의 클라이언트가 됨
- 클라이언트-서버 패턴 : 하나의 서버 컴포넌트와 다수의 클라이언트 컴포넌트로 구성되는 패턴으로, 클라이언트가 서버에 요청하고 응답을 받아 사용자에게 제공하는 방식
- 파이프-필터 패턴 : 데이터 스트림 절차의 각 단계를 필터(Filter) 컴포넌트로 캡슐화하여 파이프(Pipe)를 통해 데이터를 전송하는 패턴
- 모델-뷰-컨트롤러 패턴 : 서브시스템을 모델(Model), 뷰(View), 컨트롤러(Controller)의 세 부분으로 구조화하는 패턴

등급 A

10. 속성과 관련된 연산(Operation)을 클래스 안에 묶어서 하나로 취급하는 것을 의미하는 객체지향 개념은?
① Inheritance   ② Class
③ Encapsulation   ④ Association

전문가의 조언
속성과 관련된 연산(Operation)을 클래스 안에 묶어서 하나로 취급하는 것을 의미하는 객체지향 개념은 캡슐화(Encapsulation)입니다.

병행학습
- Inheritance(상속) : 상위 클래스의 메소드와 속성을 하위 클래스가 물려받는 것을 의미함
- Class : 공통된 속성과 연산(행위)을 갖는 객체의 집합으로, 객체의 일반적인 타입(Type)을 의미함
- Association(연관) : 2개 이상의 사물이 서로 관련되어 있음

등급 B

12. 다음 중 비기능 요구사항에 대한 설명으로 옳은 것은?
① 은행의 조회, 입금, 출금, 이체 등이 어떻게 수행되는지 여부는 비기능 요구사항에 해당한다.
② 처리 속도 및 시간, 처리량 등의 성능에 대한 요구사항은 비기능 요구사항에 해당하지 않는다.
③ 보안 및 접근 통제를 위한 요구사항은 비기능 요구사항에 해당하지 않는다.
④ "차량 대여 시스템에서 제공하는 모든 화면은 3초 안에 사용자에게 보여야 한다"는 것은 비기능 요구사항에 해당한다.

전문가의 조언
비기능 요구사항에 대한 설명으로 옳은 것은 ④번입니다.
- ①번은 시스템이 수행해야 하는 기능에 대한 것으로 기능 요구사항입니다.
- ②, ④번은 성능에 관한 비기능 요구사항입니다.
- ③번은 보안에 관한 비기능 요구사항입니다.

등급 C

11. 다음 내용이 설명하는 객체지향 설계 원칙은?

- 클라이언트는 자신이 사용하지 않는 메소드와 의존관계를 맺으면 안 된다.
- 클라이언트가 사용하지 않는 인터페이스 때문에 영향을 받아서는 안 된다.

① 인터페이스 분리 원칙   ② 단일 책임 원칙
③ 개방 폐쇄의 원칙   ④ 리스코프 교체의 원칙

전문가의 조언
문제의 지문에 제시된 내용은 객체지향 설계 원칙 중 인터페이스 분리 원칙에 대한 설명입니다.

병행학습
- 단일 책임 원칙(SRP; Single Responsibility Principle) : 객체는 단 하나의 책임만 가져야 한다는 원칙
- 개방-폐쇄 원칙(OCP; Open-Closed Principle) : 기존의 코드를 변경하지 않고 기능을 추가할 수 있도록 설계해야 한다는 원칙
- 리스코프 치환 원칙(LSP; Liskov Substitution Principle) : 자식 클래스는 최소한 자신의 부모 클래스에서 가능한 행위는 수행할 수 있어야 한다는 설계 원칙

등급 B

13. 사용자 인터페이스(User Interface)에 대한 설명으로 틀린 것은?
① 사용자와 시스템이 정보를 주고받는 상호작용이 잘 이루어지도록 하는 장치나 소프트웨어를 의미한다.
② 편리한 유지보수를 위해 개발자 중심으로 설계되어야 한다.
③ 배우기가 용이하고 쉽게 사용할 수 있도록 만들어져야 한다.
④ 사용자 요구사항이 UI에 반영될 수 있도록 구성해야 한다.

전문가의 조언
사용자 인터페이스(UI)는 사용자가 쉽게 이해하고 편리하게 사용할 수 있도록 사용자 중심으로 설계되어야 합니다.

병행학습 사용자 인터페이스(UI, User Interface)
- 사용자와 시스템 간의 상호작용이 원활하게 이뤄지도록 도와주는 장치나 소프트웨어를 의미한다.
- 사용자의 만족도에 가장 큰 영향을 미치는 중요한 요소로, 소프트웨어 영역 중 변경이 가장 많이 발생한다.

- 사용자의 편리성과 가독성을 높임으로써 작업 시간을 단축시키고 업무에 대한 이해도를 높여준다.
- 최소한의 노력으로 원하는 결과를 얻을 수 있게 한다.
- 수행 결과의 오류를 줄인다.
- 사용자의 막연한 작업 기능에 대해 구체적인 방법을 제시해 준다.
- 정보 제공자와 공급자 간의 매개 역할을 수행한다.
- 사용자 인터페이스를 설계하기 위해서는 소프트웨어 아키텍처를 반드시 숙지해야 한다.

등급 A

14. 애자일(Agile) 기법 중 스크럼(Scrum)과 관련된 용어에 대한 설명이 틀린 것은?

① 스크럼 마스터(Scrum Master)는 스크럼 프로세스를 따르고, 팀이 스크럼을 효과적으로 활용할 수 있도록 보장하는 역할 등을 맡는다.
② 제품 백로그(Product Backlog)는 스크럼 팀이 해결해야 하는 목록으로 소프트웨어 요구사항, 아키텍처 정의 등이 포함될 수 있다.
③ 스프린트(Sprint)는 하나의 완성된 최종 결과물을 만들기 위한 주기로 3달 이상의 장기간으로 결정된다.
④ 속도(Velocity)는 한 번의 스프린트에서 한 팀이 어느 정도의 제품 백로그를 감당할 수 있는지에 대한 추정치로 볼 수 있다.

전문가의 조언
스프린트는 실제 개발 작업을 진행하는 과정으로, 보통 2~4주 정도의 기간 내에서 진행합니다.

병행학습 스프린트(Sprint)
- 실제 개발 작업을 진행하는 과정으로, 보통 2~4주 정도의 기간 내에서 진행한다.
- 스프린트 백로그에 작성된 태스크를 대상으로 속도를 추정한 후 개발 담당자에게 할당한다.
- 태스크를 할당할 때는 개발자가 원하는 태스크를 직접 선별하여 담당할 수 있도록 하는 것이 좋다.
- 개발 담당자에게 할당된 태스크는 보통 할 일(To Do), 진행 중(In Progress), 완료(Done)의 상태를 갖는다.

등급 B

15. 다음 중 객체지향 설계 원칙에 속하지 않는 것은?
① 개방-폐쇄 원칙(OCP; Open-Closed Principle)
② 의존 역전 원칙(DIP; Dependency Inversion Principle)
③ 인터페이스 통합 원칙(IIP; Interface Integration Principle)
④ 단일 책임 원칙(SRP; Single Responsibility Principle)

전문가의 조언
객체지향 설계 원칙 중 하나는 인터페이스 통합 원칙이 아니라 인터페이스 분리 원칙입니다.

병행학습 객체지향 설계 원칙
- 시스템 변경이나 확장에 유연한 시스템을 설계하기 위해 지켜야 할 다섯 가지 원칙으로, 다섯 가지 원칙의 앞 글자를 따 SOLID 원칙이라고도 불린다.
- 단일 책임 원칙(SRP; Single Responsibility Principle)
  - 객체는 단 하나의 책임만 가져야 한다는 원칙이다.
  - 응집도는 높고, 결합도는 낮게 설계하는 것을 의미한다.
- 개방-폐쇄 원칙(OCP; Open-Closed Principle)
  - 기존의 코드를 변경하지 않고 기능을 추가할 수 있도록 설계해야 한다는 원칙이다.
  - 공통 인터페이스를 하나의 인터페이스로 묶어 캡슐화하는 방법이 대표적이다.
- 리스코프 치환 원칙(LSP; Liskov Substitution Principle)
  - 자식 클래스는 최소한 자신의 부모 클래스에서 가능한 행위는 수행할 수 있어야 한다는 설계 원칙이다.
  - 자식 클래스는 부모 클래스의 책임을 무시하거나 재정의하지 않고 확장만 수행하도록 해야한다.
- 인터페이스 분리 원칙(ISP; Interface Segregation Principle)
  - 자신이 사용하지 않는 인터페이스와 의존 관계를 맺거나 영향을 받지 않아야 한다는 원칙이다.
  - 단일 책임 원칙이 객체가 갖는 하나의 책임이라면, 인터페이스 분리 원칙은 인터페이스가 갖는 하나의 책임이다.
- 의존 역전 원칙(DIP; Dependency Inversion Principle)
  - 각 객체들 간의 의존 관계가 성립될 때, 추상성이 낮은 클래스보다 추상성이 높은 클래스와 의존 관계를 맺어야 한다는 원칙이다.
  - 일반적으로 인터페이스를 활용하면 이 원칙은 준수된다.

등급 B

16. 순차 다이어그램(Sequence Diagram)과 관련한 설명으로 틀린 것은?

① 주로 정적인 측면에서 모델링을 설계하기 위해 사용한다.
② 시간의 흐름에 따라 객체들이 주고 받는 메시지의 전달 과정을 강조한다.
③ 수직 방향이 시간의 흐름을 나타낸다.
④ 구성 요소에는 회귀 메시지, 제어 블록 등이 있다.

전문가의 조언
순차 다이어그램은 주로 동적인 측면에서 모델링을 설계하기 위해 사용합니다.

병행학습 순차(Sequence) 다이어그램
- 순차 다이어그램은 시스템이나 객체들이 메시지를 주고받으며 시간의 흐름에 따라 상호 작용하는 과정을 액터, 객체, 메시지 등의 요소를 사용하여 그림으로 표현한 것이다.
- 순차 다이어그램은 시스템이나 객체들의 상호 작용 과정에서 주고받는 메시지를 표현한다.
- 순차 다이어그램을 통해 각 동작에 참여하는 시스템이나 객체들의 수행 기간을 확인할 수 있다.
- 순차 다이어그램은 클래스 내부에 있는 객체들을 기본 단위로 하여 그들의 상호 작용을 표현한다.
- 순차 다이어그램은 주로 기능 모델링에서 작성한 유스케이스 명세서를 하나의 표현 범위로 하지만, 하나의 클래스에 포함된 오퍼레이션을 하나의 범위로 표현하기도 한다.

등급 C

17. 입력되는 데이터를 컴퓨터의 프로세서가 처리하기 전에 미리 처리하여 프로세서가 처리하는 시간을 줄여주는 프로그램이나 하드웨어를 말하는 것은?

① EAI
② FEP
③ GPL
④ Duplexing

전문가의 조언
문제에 제시된 내용은 전처리기(FEP; Front End Processor)의 개념입니다.

병행학습
- EAI(Enterprise Application Integration) : 기업 내 각종 애플리케이션 및 플랫폼 간의 정보 전달, 연계, 통합 등 상호 연동이 가능하게 해주는 솔루션
- GPL(General Public License) : 자유 소프트웨어 재단에서 만든 자유 소프트웨어 라이선스
- Duplexing : 서비스 중단에 대비하여 동일한 기능을 수행하는 예비 시스템을 동시에 운용하는 것

등급 A

18. 익스트림 프로그래밍에 대한 설명으로 틀린 것은?

① 대표적인 구조적 방법론 중 하나이다.
② 소규모 개발 조직이 불확실하고 변경이 많은 요구를 접하였을 때 적절한 방법이다.
③ 익스트림 프로그래밍을 구동시키는 원리는 상식적인 원리와 경험을 최대한 끌어 올리는 것이다.
④ 구체적인 실천 방법을 정의하고 있으며, 개발 문서보다는 소스 코드에 중점을 둔다.

전문가의 조언
익스트림 프로그래밍(eXtreme Programming)은 애자일 개발 방법론을 기반으로 하는 소프트웨어 개발 모형입니다.

병행학습 XP(eXtreme Programming)
- XP는 수시로 발생하는 고객의 요구사항에 유연하게 대응하기 위해 고객의 참여와 개발 과정의 반복을 극대화하여 개발 생산성을 향상시키는 방법이다.
- XP는 짧고 반복적인 개발 주기, 단순한 설계, 고객의 적극적인 참여를 통해 소프트웨어를 빠르게 개발하는 것을 목적으로 한다.
- 릴리즈의 기간을 짧게 반복하면서 고객의 요구사항 반영에 대한 가시성을 높인다.
- 릴리즈 테스트마다 고객을 직접 참여시킴으로써 요구한 기능이 제대로 작동하는 지 고객이 직접 확인할 수 있다.
- 비교적 소규모 인원의 개발 프로젝트에 효과적이다.
- XP의 5가지 핵심 가치 : 의사소통(Communication), 단순성(Simplicity), 용기(Courage), 존중(Respect), 피드백(Feedback)

등급 A

19. 자료 흐름도(DFD)의 각 요소별 표기 형태의 연결이 옳지 않은 것은?

① Process : 원
② Data Flow : 화살표
③ Data Store : 삼각형
④ Terminator : 사각형

전문가의 조언
자료 저장소(Data Store)는 평행선(=) 안에 자료 저장소 이름을 기입합니다.

병행학습 자료 흐름도의 구성 표기법

프로세스 (Process)	• 자료를 변환시키는 시스템의 한 부분(처리 과정)을 나타내며 처리, 기능, 변환, 버블이라고도 함 • 원이나 둥근 사각형으로 표시하고 그 안에 프로세스 이름을 기입함
자료 흐름 (Data Flow)	• 자료의 이동(흐름)이나 연관관계를 나타냄 • 화살표 위에 자료의 이름을 기입함
자료 저장소 (Data Store)	• 시스템에서의 자료 저장소(파일, 데이터베이스)를 나타냄 • 도형(평행선) 안에 자료 저장소 이름을 기입함
단말 (Terminator)	• 시스템과 교신하는 외부 개체로, 입력 데이터가 만들어지고 출력 데이터를 받음(정보의 생산자와 소비자) • 도형(사각형) 안에 이름을 기입함

• 유스케이스 다이어그램의 구성 요소

시스템(System)/ 시스템 범위 (System Scope)	시스템 내부에서 수행되는 기능들을 외부 시스템과 구분하기 위해 시스템 내부의 유스케이스들을 사각형으로 묶어 시스템의 범위를 표현함
액터(Actor)	• 시스템과 상호작용을 하는 모든 외부 요소로, 사람이나 외부 시스템을 의미함 • 액터 : 시스템을 사용함으로써 이득을 얻는 대상으로, 주로 사람이 해당함 • 부액터 : 주액터의 목적 달성을 위해 시스템에 서비스를 제공하는 외부 시스템으로, 조직이나 기관 등이 될 수 있음
유스케이스 (Use Case)	사용자가 보는 관점에서 시스템이 액터에게 제공하는 서비스 또는 기능을 표현한 것
관계(Relationship)	유스케이스 다이어그램에서 관계는 액터와 유스케이스, 유스케이스와 유스케이스 사이에서 나타날 수 있으며, 포함 관계, 확장 관계, 일반화 관계의 3종류가 있음

등급 B

20. 유스케이스(Usecase)에 대한 설명 중 옳은 것은?
① 유스케이스 다이어그램은 개발자의 요구를 추출하고 분석하기 위해 주로 사용한다.
② 액터는 대상 시스템과 상호 작용하는 사람이나 다른 시스템에 의한 역할이다.
③ 사용자 액터는 본 시스템과 데이터를 주고받는 연동 시스템을 의미한다.
④ 연동의 개념은 일방적으로 데이터를 파일이나 정해진 형식으로 넘겨주는 것을 의미한다.

전문가의 조언
유스케이스에 대한 설명 중 옳은 것은 ②번입니다.
① 유스케이스 다이어그램은 추출된 사용자의 요구를 분석하는 데 사용합니다.
③ 사용자 액터(주액터)는 시스템을 사용함으로써 이득을 얻는 대상을 의미합니다. 본 시스템과 데이터를 주고받는 연동 시스템을 시스템 액터(부액터)라고 합니다.
④ 연동은 2개 이상의 시스템이 일방이 아닌 상호 간의 동작에 영향을 줄 수 있도록 연결망을 구성하는 것을 의미합니다.

병행학습 유스케이스(Use Case) 다이어그램
• 개발될 시스템과 관련된 외부 요소들, 즉 사용자와 다른 외부 시스템들이 개발될 시스템을 이용해 수행할 수 있는 기능을 사용자의 관점(View)에서 표현한 것이다.
• 외부 요소와 시스템 간의 상호 작용을 확인할 수 있다.
• 사용자의 요구사항을 분석하기 위한 도구로 사용된다.
• 시스템의 범위를 파악할 수 있다.

2과목 소프트웨어 개발

등급 C

21. 다음 중 커버리지의 종류가 아닌 것은?
① 구문 커버리지
② 결정 커버리지
③ 조건 커버리지
④ 강도 커버리지

전문가의 조언
• 강도 커러버리는 커버리지의 종류가 아닙니다.
• 커버리지의 종류에는 구문 커버리지(Statement Coverage), 결정 커버리지(Decision Coverage), 조건 커버리지(Condition Coverage), 조건/결정 커버리지(Condition/Decision Coverage) 등이 있습니다.

병행학습 프로젝트 관리(Project Management)
주어진 기간 내에 최소의 비용으로 사용자를 만족시키는 시스템을 개발하기 위한 전반적인 활동이다.

관리 유형	주요 내용
일정 관리	작업 순서, 작업 기간 산정, 일정 개발, 일정 통제
비용 관리	비용 산정, 비용 예산 편성, 비용 통제
인력 관리	프로젝트 팀 편성, 자원 산정, 프로젝트 조직 정의, 프로젝트 팀 개발, 자원 통제, 프로젝트 팀 관리
위험 관리	위험 식별, 위험 평가, 위험 대처, 위험 통제
품질 관리	품질 계획, 품질 보증 수행, 품질 통제 수행

등급 A

22. 다음 자료에 대하여 선택(Selection) 정렬을 이용하여 오름차순으로 정렬하고자 한다. 2회전 수행 결과는?

> 27, 7, 4, 30, 25

① 4, 7, 25, 27, 30
② 4, 7, 30, 27, 25
③ 4, 7, 27, 30, 25
④ 4, 7, 25, 30, 27

전문가의 조언
선택 정렬은 n개의 레코드 중에서 최소값을 찾아 첫 번째 레코드 위치에 놓고, 나머지 n-1개 중에서 다시 최소값을 찾아 두 번째 레코드 위치에 놓는 방식을 반복하여 정렬하는 방식입니다.

- 원본 : 27, 7, 4, 30, 25
- 1회전 : 27 7 4 30 25 → 4 7 27 30 25
  첫 번째부터 마지막 값 중 최소값 4를 찾아 첫 번째 값 27과 위치를 교환합니다.
- 2회전 : 4 7 27 30 25 → 4 7 27 30 25
  두 번째부터 마지막 값 중 최소값 7을 찾아 위치 교환이 없다면 다음 회전으로 넘어갑니다.
- 3회전 : 4 7 27 30 25 → 4 7 25 30 27
  세 번째부터 마지막 값 중 최소값 25를 찾아 세 번째 값 27과 위치를 교환합니다.
- 4회전 : 4 7 25 30 27 → 4 7 25 27 30
  네 번째부터 마지막 값 중 최소값 27을 찾아 네 번째 값 30과 위치를 교환합니다.

등급 C

23. 소프트웨어 프로젝트 관리에 대한 설명으로 가장 옳은 것은?
① 개발에 따른 산출물 관리
② 소요인력은 최대화하되 정책 결정은 신속하게 처리
③ 주어진 기간은 연장하되 최소의 비용으로 시스템 개발
④ 주어진 기간 내에 최소의 비용으로 사용자를 만족시키는 시스템을 개발

전문가의 조언
프로젝트 관리(Project Management)는 주어진 기간 내에 최소의 비용으로 사용자를 만족시키는 시스템을 개발하기 위한 전반적인 활동입니다.

등급 A

24. 다음과 같은 중위식(Infix)을 후위식(Postfix)으로 올바르게 표현한 것은?

> A / B * (C + D) + E

① + * / A B + C D E
② C D + A B / * E +
③ / * + + A B C D E
④ A B / C D + * E +

전문가의 조언
중위식(Infix)을 후위식(Postfix)으로 표현하려면 연산자의 우선순위에 따라 괄호로 묶고 해당 괄호의 뒤(오른쪽)로 연산자를 옮기면 됩니다.
❶ 연산 우선순위에 따라 괄호로 묶습니다.
  (((A / B) * (C + D)) + E)
❷ 연산자를 해당 괄호의 뒤(오른쪽)로 옮깁니다.
  (((A / B) * (C + D)) + E)
  ↓
  (((A B) / (C D) +) * E) +
❸ 괄호를 제거합니다.
  A B / C D + * E +

정답 22.③ 23.④ 24.④

등급 A

25. 명세 기반 테스트 중 프로그램의 입력 조건에 중점을 두고, 어느 하나의 입력 조건에 대하여 타당한 값과 그렇지 못한 값을 설정하여 해당 입력 자료에 맞는 결과가 출력되는지 확인하는 테스트 기법은?

① Cause-Effect Graphing Testing
② Equivalence Partitioning Testing
③ Boundary Value Analysis
④ Comparison Testing

전문가의 조언
문제에 제시된 내용은 동치 분할 검사(Equivalence Partitioning Testing)에 대한 설명입니다.

병행학습

- 원인-효과 그래프 검사(Cause-Effect Graphing Testing) : 입력 데이터 간의 관계와 출력에 영향을 미치는 상황을 체계적으로 분석한 다음 효용성이 높은 테스트 케이스를 선정하여 검사하는 기법
- 경계값 분석(Boundary Value Analysis) : 입력 자료에만 치중한 동치 분할 기법을 보완하기 위한 기법으로, 입력 조건의 중간값보다 경계값에서 오류가 발생될 확률이 높다는 점을 이용하여 입력 조건의 경계값을 테스트 케이스로 선정하여 검사함
- 비교 검사(Comparison Testing) : 여러 버전의 프로그램에 동일한 테스트 자료를 제공하여 동일한 결과가 출력되는지 테스트하는 기법

병행학습 테스트 드라이버와 테스트 스텁

구분	드라이버(Driver)	스텁(Stub)
개념	테스트 대상의 하위 모듈을 호출하는 도구로, 매개 변수(Parameter)를 전달하고, 모듈 테스트 수행 후의 결과를 도출함	제어 모듈이 호출하는 타 모듈의 기능을 단순히 수행하는 도구로, 일시적으로 필요한 조건만을 가지고 있는 시험용 모듈
필요 시기	상위 모듈 없이 하위 모듈이 있는 경우 하위 모듈 구동	상위 모듈은 있지만 하위 모듈이 없는 경우 하위 모듈 대체
테스트 방식	상향식(Bottom Up) 테스트	하향식(Top-Down) 테스트
공통점	소프트웨어 개발과 테스트를 병행할 경우 이용	
차이점	• 이미 존재하는 하위 모듈과 존재하지 않는 상위 모듈 간의 인터페이스 역할을 함 • 소프트웨어 개발이 완료되면 드라이버는 본래의 모듈로 교체됨	• 일시적으로 필요한 조건만을 가지고 임시로 제공되는 가짜 모듈의 역할을 함 • 시험용 모듈이기 때문에 일반적으로 드라이버보다 작성하기 쉬움

등급 B

26. 하향식 통합에 있어서 모듈 간의 통합 시험을 위해 일시적으로 필요한 조건만을 가지고 임시로 제공되는 시험용 모듈을 무엇이라고 하는가?

① Stub
② Driver
③ Procedure
④ Function

전문가의 조언
하향식 통합 테스트에서 모듈 간의 통합 시험을 위해 일시적으로 필요한 조건만을 가지고 임시로 제공되는 시험용 모듈을 스텁(Stub)이라고 합니다.

등급 C

27. 소프트웨어를 보다 쉽게 이해할 수 있고 적은 비용으로 수정할 수 있도록 겉으로 보이는 동작의 변화 없이 내부 구조를 변경하는 것은?

① Refactoring
② Architecting
③ Specification
④ Renewal

전문가의 조언
소프트웨어를 보다 쉽게 이해할 수 있고 적은 비용으로 수정할 수 있도록 겉으로 보이는 동작의 변화 없이 내부 구조를 변경하는 것을 리팩토링(Refactoring)이라고 합니다.

등급 B

28. 디지털 저작권 관리(DRM)의 기술 요소가 아닌 것은?
① 크랙 방지 기술
② 정책 관리 기술
③ 암호화 기술
④ 방화벽 기술

전문가의 조언
디지털 저작권 관리(DRM)의 기술 요소에는 암호화, 키 관리, 암호화 파일 생성, 식별 기술, 저작권 표현, 정책 관리, 크랙 방지, 인증 등이 있습니다.

병행학습
- 방화벽 기술 : 기업이나 조직 내부의 네트워크와 인터넷 간에 전송되는 정보를 선별하여 수용·거부·수정하는 기능을 가진 침입 차단 시스템

등급 B

29. 소프트웨어 모듈화의 장점이 아닌 것은?
① 오류의 파급 효과를 최소화한다.
② 기능의 분리가 가능하여 인터페이스가 복잡하다.
③ 모듈의 재사용 가능으로 개발과 유지보수가 용이하다.
④ 프로그램의 효율적인 관리가 가능하다.

전문가의 조언
모듈화의 장점은 기능의 분리가 가능하여 인터페이스가 단순해지는 것입니다.

병행학습 모듈화(Modularity)
- 소프트웨어의 성능을 향상시키거나 시스템의 수정 및 재사용, 유지 관리 등이 용이하도록 시스템의 기능들을 모듈 단위로 나누는 것을 의미한다.
- 자주 사용되는 계산식이나 사용자 인증과 같은 기능들을 공통 모듈로 구성하여 프로젝트의 재사용성을 향상시킬 수 있다.
- 모듈의 크기를 너무 작게 나누면 개수가 많아져 모듈 간의 통합 비용이 많이 들고, 너무 크게 나누면 개수가 적어 통합 비용은 적게 들지만 모듈 하나의 개발 비용이 많이 든다.
- 모듈화를 통해 기능의 분리가 가능하여 인터페이스가 단순해진다.
- 모듈화를 통해 프로그램의 효율적인 관리가 가능하고 오류의 파급 효과를 최소화할 수 있다.

등급 B

30. 정형 기술 검토(FTR)의 지침 사항으로 옳은 내용 모두를 나열한 것은?

㉠ 의제를 제한한다.
㉡ 논쟁과 반박을 제한한다.
㉢ 문제 영역을 명확히 표현한다.
㉣ 참가자의 수를 제한하지 않는다.

① ㉠, ㉣
② ㉠, ㉡, ㉢
③ ㉠, ㉡, ㉣
④ ㉠, ㉡, ㉢, ㉣

전문가의 조언
- 정형 기술 검토(FTR)의 지침 사항으로 옳은 내용 모두를 나열한 것은 ②번입니다.
- 정형 기술 검토는 의제와 참가자의 수를 제한합니다.

병행학습 정형 기술 검토(FTR; Formal Technical Review)
- 가장 일반적인 검토 방법으로 소프트웨어 기술자들에 의해 수행되는 소프트웨어 품질 보증 활동이다.
- 정형 기술 검토 유형에는 검토 회의(Walkthrough), 검열(Inspections) 등이 있으며 이는 모두 회의 형태로 수행된다.
- 정형 기술 검토의 지침 사항
  - 제품의 검토에만 집중하라.
  - 의제를 제한하여 진행하라.
  - 논쟁과 반박을 제한하라.
  - 문제 영역을 명확히 표현하라.
  - 해결책이나 개선책에 대해서는 논하지 말아라.
  - 참가자의 수를 제한하고 사전 준비를 강요하라.
  - 검토될 확률이 있는 각 제품에 대한 체크 리스트를 개발하라.

등급 A

31. 블랙 박스 검사에 관하여 기술한 것 중 잘못된 것은?
① 모듈의 구조보다 기능을 검사한다.
② 동치 분할(Equivalence Partitioning)이라는 기법을 사용한다.
③ Nassi-Shneiderman 도표를 사용하여 검정 기준을 작성할 수 있다.
④ 원인-결과 그래프(Cause and Effect Graph)로 테스트 케이스를 작성할 수 있다.

전문가의 조언
N-S 차트를 이용하여 검정 기준을 작성할 수 있는 것은 화이트 박스 검사입니다.

등급 B

32. 개발한 소프트웨어가 사용자의 요구사항을 충족하는지에 중점을 두고 테스트하는 방법은?
① 단위 테스트
② 인수 테스트
③ 시스템 테스트
④ 통합 테스트

전문가의 조언
개발한 소프트웨어가 사용자의 요구사항을 충족하는지에 중점을 두고 테스트하는 방법을 인수 테스트(Acceptance Test)라고 합니다.

병행학습
- 단위 테스트(Unit Test) : 코딩 직후 소프트웨어 설계의 최소 단위인 모듈이나 컴포넌트에 초점을 맞춰 하는 테스트
- 시스템 테스트(System Test) : 개발된 소프트웨어가 해당 컴퓨터 시스템에서 완벽하게 수행되는가를 점검하는 테스트
- 통합 테스트(Integration Test) : 단위 테스트가 완료된 모듈들을 결합하여 하나의 시스템으로 완성시키는 과정에서의 테스트

등급 B

33. 웹과 컴퓨터 프로그램에서 용량이 적은 데이터를 교환하기 위해 데이터 객체를 속성·값의 쌍 형태로 표현하는 형식으로, 자바 스크립트(JavaScript)를 토대로 개발되어진 형식은?
① Python
② XML
③ JSON
④ WEB SEVER

전문가의 조언
문제에 제시된 내용은 JSON(JavaScript Object Notation)에 대한 설명입니다.

병행학습
- 파이썬(Python) : 객체지향 기능을 지원하는 대화형 인터프리터 언어로, 플랫폼에 독립적이고 문법이 간단하여 배우기 쉬움
- XML(eXtensible sMarkup Language) : 특수한 목적을 갖는 마크업 언어를 만드는 데 사용되는 다목적 마크업 언어
- 웹 서버(Web Server) : 클라이언트로부터 직접 요청을 받아 처리하는 서버로, 저용량의 정적 파일들을 제공함

등급 A

34. 다음 중 인터페이스 구현 검증 도구에 대한 설명으로 옳지 않은 것은?
① STAF : Ruby를 사용하는 애플리케이션 테스트 프레임워크이다.
② xUnit : NUnit, JUnit 등 다양한 언어를 지원하는 단위 테스트 프레임워크이다.
③ FitNesse : 웹 기반 테스트케이스 설계, 실행, 결과 확인 등을 지원하는 테스트 프레임워크이다.
④ NTAF : Naver의 테스트 자동화 프레임워크로, FitNesse와 STAF를 통합하였다.

전문가의 조언
- STAF는 서비스 호출 및 컴포넌트 재사용 등 다양한 환경을 지원하는 테스트 프레임워크입니다.
- ①번은 watir에 대한 설명입니다.

등급 B

35. 아주 오래되거나 참고문서 또는 개발자가 없어 유지보수 작업이 아주 어려운 프로그램을 의미하는 것은?
① Title Code
② Source Code
③ Object Code
④ Alien Code

전문가의 조언
아주 오래되거나 참고문서 또는 개발자가 없어 유지보수 작업이 어려운 프로그램을 외계인 코드(Alien Code)라고 합니다.

병행학습 소스 코드 최적화
- 나쁜 코드(Bad Code)를 배제하고, 클린 코드(Clean Code)로 작성하는 것이다.
- 나쁜 코드로 작성된 애플리케이션의 코드를 클린 코드로 수정하면 애플리케이션의 성능이 개선된다.
- 클린 코드(Clean Code) : 누구나 쉽게 이해하고 수정 및 추가할 수 있는 단순, 명료한 코드, 즉 잘 작성된 코드를 의미함
- 나쁜 코드(Bad Code)
  – 프로그램의 로직(Logic)이 복잡하고 이해하기 어려운 코드로, 스파게티 코드와 외계인 코드가 여기에 해당한다.
  – 스파게티 코드 : 코드의 로직이 서로 복잡하게 얽혀 있는 코드
  – 외계인 코드 : 아주 오래되거나 참고문서 또는 개발자가 없어 유지보수 작업이 어려운 코드

정답 32.② 33.③ 34.① 35.④

등급 A

36. 제어 흐름 그래프가 다음과 같을 때 McCabe의 Cyclomatic 수는 얼마인가?

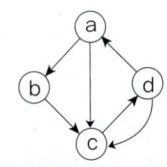

① 3　　② 4
③ 5　　④ 6

전문가의 조언
제어 흐름도에서 순환복잡도(Cyclomatic)는 다음과 같이 2가지 방법으로 계산할 수 있습니다.
[방법 1] 영역 수 계산
내부 영역 3(❶, ❷, ❸) + 외부 영역 1(❹) = 4

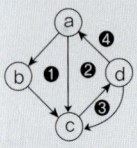

[방법 2] V(G) = E − N + 2(E는 화살표 수, N은 노드 수)
V(G) = 6 − 4 + 2 = 4

등급 C

38. 소프트웨어 품질 목표 중 하나 이상의 하드웨어 환경에서 운용되기 위해 쉽게 수정될 수 있는 시스템 능력을 의미하는 것은?
① Portability　　② Efficiency
③ Usability　　④ Correctness

전문가의 조언
하나 이상의 하드웨어 환경에서 운용되기 위해 쉽게 수정될 수 있는 시스템 능력을 이식성(Portability)이라고 합니다.

병행학습 소프트웨어 품질 특성
- 기능성(Functionality) : 소프트웨어가 사용자의 요구사항을 정확하게 만족하는 기능을 제공하는지 여부를 나타냄
- 신뢰성(Reliability) : 소프트웨어가 요구된 기능을 정확하고 일관되게 오류 없이 수행할 수 있는 정도를 나타냄
- 사용성(Usability) : 사용자와 컴퓨터 사이에 발생하는 어떠한 행위에 대하여 사용자가 정확하게 이해하고 사용하며, 향후 다시 사용하고 싶은 정도를 나타냄
- 효율성(Efficiency) : 사용자가 요구하는 기능을 할당된 시간 동안 한정된 자원으로 얼마나 빨리 처리할 수 있는지 정도를 나타냄
- 유지 보수성(Maintainability) : 환경의 변화 또는 새로운 요구사항이 발생했을 때 소프트웨어를 개선하거나 확장할 수 있는 정도를 나타냄
- 이식성(Portability) : 소프트웨어가 다른 환경에서도 얼마나 쉽게 적용할 수 있는지 정도를 나타냄

등급 B

37. 소프트웨어 공학에서 워크스루(Walkthrough)에 대한 설명으로 틀린 것은?
① 사용사례를 확장하여 명세하거나 설계 다이어그램, 원시 코드, 테스트 케이스 등에 적용할 수 있다.
② 복잡한 알고리즘 또는 반복, 실시간 동작, 병행 처리와 같은 기능이나 동작을 이해하려고 할 때 유용하다.
③ 인스펙션(Inspection)과 동일한 의미를 가진다.
④ 단순한 테스트 케이스를 이용하여 프로덕트를 수작업으로 수행해 보는 것이다.

전문가의 조언
인스펙션(Inspection)은 워크스루를 발전시킨 형태로, 소프트웨어 개발 단계에서 산출된 결과물의 품질을 평가하고 이를 개선하기 위한 방법 등을 제시합니다.

등급 C

39. 소프트웨어 생명주기 모델 중 V 모델과 관련한 설명으로 틀린 것은?
① 요구 분석 및 설계 단계를 거치지 않으며 항상 통합 테스트를 중심으로 V 형태를 이룬다.
② Perry에 의해 제안되었으며 세부적인 테스트 과정으로 구성되어 신뢰도 높은 시스템을 개발하는데 효과적이다.
③ 개발 작업과 검증 작업 사이의 관계를 명확히 들어내 놓은 폭포수 모델의 변형이라고 볼 수 있다.
④ 폭포수 모델이 산출물 중심이라면 V 모델은 작업과 결과의 검증에 초점을 둔다.

전문가의 조언
소프트웨어 생명 주기의 V-모델은 '요구사항 → 분석 → 설계 → 구현' 단계로 수행되며 각 단계를 테스트와 연결하여 표현합니다.

병행학습 소프트웨어 생명 주기의 V-모델

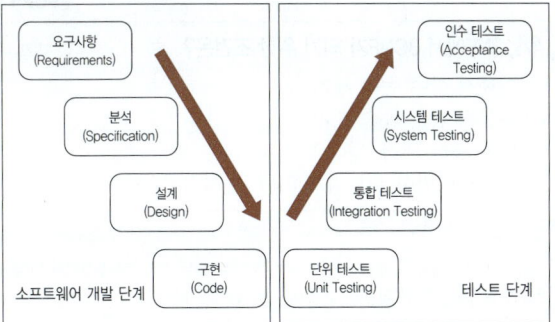

3과목 데이터베이스 구축

등급 C

41. 주어진 속성의 값이 하나의 속성이 취할 수 있는 같은 타입의 모든 원자값들의 집합에 속한 값이어야 한다는 제약 조건은?

① 기본키 제약 조건
② 외래키 제약 조건
③ 도메인 제약 조건
④ 키 제약 조건

전문가의 조언
문제에 제시된 내용은 도메인 제약 조건에 대한 설명입니다.

 등급 A

40. 다음 트리를 전위 순회(Preorder Traversal)한 결과는?

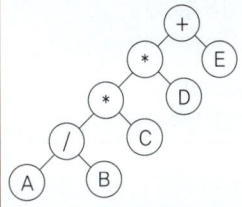

① + *AB / *CDE
② AB / C*D*E +
③ A / B*C*D + E
④ + **/ ABCDE

전문가의 조언
먼저 서브 트리를 하나의 노드로 생각할 수 있도록 서브 트리 단위로 묶습니다.

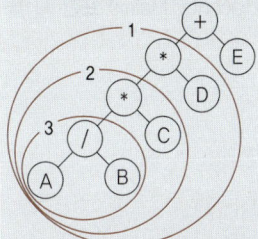

❶ Preorder는 Root → Left → Right이므로 +1E입니다.
❷ 1은 *2D이므로 +*2DE입니다.
❸ 2는 *3C이므로 +**3CDE입니다.
❹ 3은 /AB이므로 +**/ABCDE입니다.

등급 A

42. 관계형 데이터 모델의 릴레이션에 대한 설명으로 틀린 것은?

① 모든 속성 값은 원자 값을 갖는다.
② 한 릴레이션에 포함된 튜플은 모두 상이하다.
③ 한 릴레이션에 포함된 튜플 사이에는 순서가 없다.
④ 한 릴레이션을 구성하는 속성 사이에는 순서가 존재한다.

전문가의 조언
릴레이션 스키마를 구성하는 속성들 간의 순서는 중요하지 않으며, 특별한 순서가 없습니다.

병행학습 릴레이션의 특징

〈학생〉

학번	이름	학년	신장	학과
89001	홍길동	2	170	CD
89002	이순신	1	169	CD
87012	임꺽정	2	180	ID
86032	장보고	4	174	ED

• 한 릴레이션에 포함된 튜플들은 모두 상이하다.
  예 〈학생〉 릴레이션을 구성하는 홍길동 레코드는 홍길동에 대한 학적사항을 나타내는 것으로 〈학생〉 릴레이션 내에서는 유일하다.
• 한 릴레이션에 포함된 튜플 사이에는 순서가 없다.
  예 〈학생〉 릴레이션에서 홍길동 레코드와 임꺽정 레코드의 위치가 바뀌어도 상관없다.
• 튜플들의 삽입, 삭제 등의 작업으로 인해 릴레이션은 시간에 따라 변한다.
  예 〈학생〉 릴레이션에 새로운 학생의 레코드를 삽입하거나, 기존 학생에 대한 레코드를 삭제함으로써 테이블은 내용 면에서나 크기 면에서 변하게 된다.

- 릴레이션 스키마를 구성하는 속성들 간의 순서는 중요하지 않다.
  - 예 학번, 이름 등의 속성을 나열하는 순서가 이름, 학번 순으로 바뀌어도 데이터 처리에는 전혀 문제가 되지 않는다.
- 속성의 유일한 식별을 위해 속성의 명칭은 유일해야 하지만, 속성을 구성하는 값은 동일한 값이 있을 수 있다.
  - 예 각 학생의 학년을 기술하는 속성인 '학년'은 다른 속성명들과 구분되어 유일해야 하지만 '학년' 속성에는 2, 1, 2, 4 등이 입력된 것처럼 동일한 값이 있을 수 있다.
- 릴레이션을 구성하는 튜플을 유일하게 식별하기 위해 속성들의 부분집합을 키(Key)로 설정한다.
  - 예 〈학생〉 릴레이션에서는 '학번'이나 '성명'이 튜플들을 구분하는 유일한 값인 키가 될 수 있다.
- 속성은 더 이상 쪼갤 수 없는 원자값만을 저장한다.
  - 예 '학년'에 저장된 1, 2, 4 등은 더 이상 세분화할 수 없다.

등급 A

43. 시스템 카탈로그에 대한 설명으로 옳지 않은 것은?

① 시스템 카탈로그에 저장된 정보를 슈퍼 데이터(Super Data)라고 한다.
② 시스템 자신이 필요로 하는 스키마 및 여러 가지 객체에 관한 정보를 포함하고 있는 시스템 데이터베이스이다.
③ 카탈로그들이 생성되면 자료 사전에 저장되기 때문에 좁은 의미로 자료 사전이라고 한다.
④ 시스템 카탈로그에 대한 사용자의 접근은 읽기 전용으로만 허용된다.

전문가의 조언
시스템 카탈로그에 저장된 정보를 메타 데이터(Meta-Data)라고 합니다.

병행학습 **시스템 카탈로그(System Catalog)**
- 시스템 그 자체에 관련이 있는 다양한 객체에 관한 정보를 포함하는 시스템 데이터베이스이다.
- 시스템 카탈로그 내의 각 테이블은 사용자를 포함하여 DBMS에서 지원하는 모든 데이터 객체에 대한 정의나 명세에 관한 정보를 유지 관리하는 시스템 테이블이다.
- 카탈로그들이 생성되면 데이터 사전(Data Dictionary)에 저장되기 때문에 좁은 의미로는 카탈로그를 데이터 사전이라고도 한다.
- 시스템 카탈로그에 저장된 정보를 메타 데이터(Meta-Data)라고 한다.
- 카탈로그 자체도 시스템 테이블로 구성되어 있어 일반 이용자도 SQL을 이용하여 내용을 검색해 볼 수 있다.
- INSERT, DELETE, UPDATE문으로 카탈로그를 갱신하는 것은 허용되지 않는다.
- 데이터베이스 시스템에 따라 상이한 구조를 갖는다.
- 카탈로그는 DBMS가 스스로 생성하고 유지한다.

등급 A

44. 3NF에서 BCNF가 되기 위한 조건은?

① 이행적 함수 종속 제거
② 부분적 함수 종속 제거
③ 다치 종속 제거
④ 결정자이면서 후보키가 아닌 것 제거

전문가의 조언
제3정규형(3NF)에서 BCNF로 정규화하기 위해서는 모든 결정자가 후보키가 될 수 있도록 결정자가 후보키가 아닌 것을 제거해야 합니다.

병행학습 **정규화 과정**

비정규 릴레이션
↓ 도메인이 원자값
1NF
↓ 부분적 함수 종속 제거
2NF
↓ 이행적 함수 종속 제거
3NF
↓ 결정자이면서 후보키가 아닌 것 제거
BCNF
↓ 다치 종속 제거
4NF
↓ 조인 종속성 이용
5NF

정규화 단계 암기 요령
두부를 좋아하는 정규가 두부가게에 가서 가게에 있는 두부를 다 달라고 말하니 주인이 깜짝 놀라서 말했다.

두부이걸다줘? ≒ 도부이결다조

도메인이 원자값
부분적 함수 종속 제거
이행적 함수 종속 제거
결정자이면서 후보키가 아닌 것 제거
다치 종속 제거
조인 종속성 이용

등급 C

45. 다음 그래프의 인접 행렬(Adjacency Matrix) 표현 시 옳은 것은?

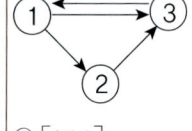

① $\begin{bmatrix} 0 & 1 & 1 \\ 0 & 0 & 1 \\ 1 & 0 & 0 \end{bmatrix}$ ② $\begin{bmatrix} 0 & 1 & 1 \\ 0 & 1 & 1 \\ 1 & 0 & 0 \end{bmatrix}$

③ $\begin{bmatrix} 0 & 0 & 1 \\ 1 & 0 & 1 \\ 0 & 0 & 1 \end{bmatrix}$ ④ $\begin{bmatrix} 1 & 0 & 1 \\ 0 & 1 & 1 \\ 1 & 0 & 1 \end{bmatrix}$

전문가의 조언

방향성 그래프에서 0은 방향 간선이 없는 것이고, 1은 방향 간선이 있는 것입니다. 1이 있는 곳은 1→3, 1→2, 2→3, 3→1입니다. 이를 행렬로 표현하면 다음과 같습니다.

	1	2	3
1	0	1	1
2	0	0	1
3	1	0	0

병행학습
논리적 설계(데이터 모델링)

- 현실 세계에서 발생하는 자료를 컴퓨터가 이해하고 처리할 수 있는 물리적 저장장치에 저장할 수 있도록 변환하기 위해 특정 DBMS가 지원하는 논리적 자료 구조로 변환시키는 과정이다.
- 개념 세계의 데이터를 필드로 기술된 데이터 타입과 이 데이터 타입들 간의 관계로 표현되는 논리적 구조의 데이터로 모델화한다.
- 개념적 설계가 개념 스키마를 설계하는 단계라면 논리적 설계에서는 개념 스키마를 평가 및 정제하고 DBMS에 따라 서로 다른 논리적 스키마를 설계하는 단계이다.
- 트랜잭션의 인터페이스를 설계한다.
- 관계형 데이터베이스라면 테이블을 설계하는 단계이다.

물리적 설계(데이터 구조화)

- 논리적 설계 단계에서 논리적 구조로 표현된 데이터를 디스크 등의 물리적 저장장치에 저장할 수 있는 물리적 구조의 데이터로 변환하는 과정이다.
- 물리적 설계 단계에서는 다양한 데이터베이스 응용에 대해 처리 성능을 얻기 위해 데이터베이스 파일의 저장 구조 및 액세스 경로를 결정한다.
- 저장 레코드의 양식, 순서, 접근 경로, 조회가 집중되는 레코드와 같은 정보를 사용하여 데이터가 컴퓨터에 저장되는 방법을 묘사한다.
- **물리적 설계 시 고려할 사항** : 트랜잭션 처리량, 응답 시간, 디스크 용량, 저장 공간의 효율화 등

등급 C

46. 데이터 모델의 구성 요소가 아닌 것은?

① 추상적인 개념으로 조직된 구조
② 구성 요소의 연산
③ 구성 요소의 제약 조건
④ 구성 요소들의 저장 인터페이스

전문가의 조언

데이터 모델의 구성 요소에는 구조(Structure), 연산(Operation), 제약 조건(Constraint)이 있습니다.

병행학습 데이터 모델에 표시할 요소

- **구조(Structure)** : 논리적으로 표현된 개체 타입들 간의 관계로서 데이터 구조 및 정적 성질을 표현한다.
- **연산(Operation)** : 데이터베이스에 저장된 실제 데이터를 처리하는 작업에 대한 명세로서 데이터베이스를 조작하는 기본 도구이다.
- **제약 조건(Constraint)** : 데이터베이스에 저장될 수 있는 실제 데이터의 논리적인 제약 조건이다.

등급 B

48. 정규화 과정에서 발생하는 이상(Anomaly)에 관한 설명으로 옳지 않은 것은?

① 이상은 속성들 간에 존재하는 여러 종류의 종속 관계를 하나의 릴레이션에 표현할 때 발생한다.
② 속성들 간의 종속 관계를 분석하여 여러 개의 릴레이션을 하나로 결합하여 이상을 해결한다.
③ 삭제 이상, 삽입 이상, 갱신 이상이 있다.
④ 정규화는 이상을 제거하기 위하여 중복성 및 종속성을 배제시키는 방법으로 사용한다.

전문가의 조언

이상을 해결하기 위해 정규화를 수행하는데, 정규화는 속성들 간의 종속 관계를 분석하여 한 개의 릴레이션을 여러 개의 릴레이션으로 분해합니다.

등급 A

47. 데이터베이스 설계 시 물리적 설계 단계에서 수행하는 사항이 아닌 것은?

① 저장 레코드 양식 설계
② 레코드 집중의 분석 및 설계
③ 접근 경로 설계
④ 목표 DBMS에 맞는 스키마 설계

전문가의 조언

④번은 논리적 설계 단계에서 수행하는 사항입니다.

49. 사용자 X1에게 department 테이블에 대한 검색 연산을 회수하는 명령은? **등급 A**

① delete select on department to X1;
② remove select on department from X1;
③ revoke select on department from X1;
④ grant select on department from X1;

전문가의 조언
사용자로부터 권한을 취소(회수)하는 명령어는 revoke입니다.

❶ revoke select
❷ on department
❸ from X1;

❶ 검색(select) 권한을 취소하라.
❷ 〈department〉 테이블에 대한 권한을 취소하라.
❸ 사용자 'X1'에 대한 권한을 취소하라.

병행학습 GRANT / REVOKE
• 데이터베이스 관리자가 데이터베이스 사용자에게 권한을 부여하거나 취소하기 위한 명령어이다.
• GRANT : 권한 부여를 위한 명령어
• REVOKE : 권한 취소를 위한 명령어
• 사용자등급 지정 및 해제

• GRANT 사용자등급 TO 사용자_ID_리스트 [IDENTIFIED BY 암호];
• REVOKE 사용자등급 FROM 사용자_ID_리스트;

• 테이블 및 속성에 대한 권한 부여 및 취소

• GRANT 권한_리스트 ON 개체 TO 사용자 [WITH GRANT OPTION];
• REVOKE [GRANT OPTION FOR] 권한_리스트 ON 개체 FROM 사용자 [CASCADE];

50. 관계대수에 대한 설명으로 틀린 것은? **등급 B**

① 원하는 릴레이션을 정의하는 방법을 제공하며 비절차적 언어이다.
② 릴레이션 조작을 위한 연산의 집합으로 피연산자와 결과가 모두 릴레이션이다.
③ 일반 집합 연산과 순수 관계 연산으로 구분된다.
④ 질의에 대한 해를 구하기 위해 수행해야 할 연산의 순서를 명시한다.

전문가의 조언
①번은 관계해석에 대한 설명입니다.

병행학습 관계대수(Relational Algebra)
• 관계형 데이터베이스에서 원하는 정보와 그 정보를 검색하기 위해서 어떻게 유도하는가를 기술하는 절차적인 언어이다.
• 릴레이션을 처리하기 위해 연산자와 연산규칙을 제공하는 언어로 피연산자가 릴레이션이고, 결과도 릴레이션이다.
• 질의에 대한 해를 구하기 위해 수행해야 할 연산의 순서를 명시한다.
• 관계대수에는 관계 데이터베이스에 적용하기 위해 특별히 개발한 순수 관계 연산자와 수학적 집합 이론에서 사용하는 일반 집합 연산자가 있다.
• 순수 관계 연산자 : SELECT, PROJECT, JOIN, DIVISION
• 일반 집합 연산자 : UNION(합집합), INTERSECTION(교집합), DIFFERENCE(차집합), CARTESIAN PRODUCT(교차곱)

51. 다음 R과 S 두 릴레이션에 대한 Division 연산의 수행 결과는? **등급 A**

R

D1	D2	D3
a	1	A
b	1	A
c	2	A
d	2	B

S

D2	D3
1	A

①
D3
A
B

②
D2
2
2

③
D3
A

④
D1
a
b

전문가의 조언
X⊃Y인 두 개의 릴레이션 R(X)와 S(Y)가 있을 때, R의 속성이 S의 속성값을 모두 가진 튜플에서 S가 가진 속성을 제외한 속성만을 구하는 연산을 Division이라고 합니다.

❶ 릴레이션 R에서 릴레이션 S의 속성값을 모두 가진 튜플을 추출하면 다음과 같습니다.

D1	D2	D3
a	1	A
b	1	A

❷ 릴레이션 S가 가진 속성을 제외하게 되면 다음과 같습니다.

D1
a
b

등급 B

52. 병행제어의 로킹(Locking) 단위에 대한 설명으로 옳지 않은 것은?

① 데이터베이스, 파일, 레코드 등은 로킹 단위가 될 수 있다.
② 로킹 단위가 작아지면 로킹 오버헤드가 증가한다.
③ 한꺼번에 로킹할 수 있는 단위를 로킹 단위라고 한다.
④ 로킹 단위가 작아지면 병행성 수준이 낮아진다.

전문가의 조언
로킹 단위가 작아지면 병행성 수준이 높아지고, 데이터베이스 공유도가 증가합니다.

병행학습 로킹 단위(Locking Granularity)
- 병행제어에서 한꺼번에 로킹할 수 있는 객체의 크기를 의미한다.
- 데이터베이스, 파일, 레코드, 필드 등은 로킹 단위가 될 수 있다.
- 로킹 단위가 크면 로크 수가 작아 관리하기 쉽지만 병행성 수준이 낮아지고 데이터베이스 공유도가 저하된다.
- 로킹 단위가 작으면 로크 수가 많아 관리하기 복잡해 오버헤드가 증가하지만 병행성 수준이 높아지고, 데이터베이스 공유도가 증가한다.

등급 A

54. 어떤 릴레이션 R에서 X와 Y를 각각 R의 애트리뷰트 집합의 부분 집합이라고 할 경우 애트리뷰트 X의 값 각각에 대해 시간에 관계없이 항상 애트리뷰트 Y의 값이 오직 하나만 연관되어 있을 때 Y는 X에 함수 종속이라고 한다. 이 함수 종속의 표기로 옳은 것은?

① Y → X
② Y ⊂ X
③ X → Y
④ X ⊂ Y

전문가의 조언
X가 Y를 함수적으로 종속할 때 X → Y로 표기합니다.

병행학습 함수적 종속(Functional Dependency)
- 함수적 종속은 데이터들이 어떤 기준값에 의해 종속되는 것을 의미한다.
- 예를 들어 〈수강〉 릴레이션이 (학번, 이름, 과목명)으로 되어 있을 때, '학번'이 결정되면 '과목명'에 상관없이 '학번'에는 항상 같은 '이름'이 대응된다. '학번'에 따라 '이름'이 결정될 때 '이름'이 '학번'에 함수 종속적이라고 하며 '학번 → 이름'과 같이 쓴다.

등급 C

53. 다음 중 SQL의 집계 함수(Aggregation Function)가 아닌 것은?

① AVG
② COUNT
③ SUM
④ CREATE

전문가의 조언
- 속성의 값을 집계할 때 사용하는 집계(그룹) 함수에는 COUNT, SUM, AVG, MAX, MIN 등이 있습니다.
- CREATE는 테이블이나 뷰를 생성하는 DDL 명령어입니다.

병행학습 그룹 함수
- GROUP BY절에 지정된 그룹별로 속성의 값을 집계할 때 사용된다.
- COUNT(속성명) : 그룹별 튜플 수를 구하는 함수
- SUM(속성명) : 그룹별 합계를 구하는 함수
- AVG(속성명) : 그룹별 평균을 구하는 함수
- MAX(속성명) : 그룹별 최대값을 구하는 함수
- MIN(속성명) : 그룹별 최소값을 구하는 함수
- STDDEV(속성명) : 그룹별 표준편차를 구하는 함수
- VARIANCE(속성명) : 그룹별 분산을 구하는 함수

등급 C

55. 파티셔닝 방식 중 '월별, 분기별'과 같이 지정한 열의 값을 기준으로 범위를 지정하여 분할하는 방식은?

① Range Partitioning
② Hash Partitioning
③ Composite Partitioning
④ List Partitioning

전문가의 조언
지정한 열의 값을 기준으로 범위를 지정하여 분할하는 방식은 범위 분할(Range Partitioning)입니다.

병행학습 파티션의 종류
- 범위 분할(Range Partitioning)
  - 지정한 열의 값을 기준으로 범위를 지정하여 분할한다.
  - 예 일별, 월별, 분기별 등
- 해시 분할(Hash Partitioning)
  - 해시 함수를 적용한 결과 값에 따라 데이터를 분할한다.
  - 특정 파티션에 데이터가 집중되는 범위 분할의 단점을 보완한 것으로, 데이터를 고르게 분산할 때 유용하다.
  - 특정 데이터가 어디에 있는지 판단할 수 없다.
  - 고객번호, 주민번호 등과 같이 데이터가 고른 컬럼에 효과적이다.

- 조합 분할(Composite Partitioning)
  - 범위 분할로 분할한 다음 해시 함수를 적용하여 다시 분할하는 방식이다.
  - 범위 분할한 파티션이 너무 커서 관리가 어려울 때 유용하다.
- 목록 분할(List Partitioning)
  - 지정한 열 값에 대한 목록을 만들어 이를 기준으로 분할한다.
  - 예 '국가'라는 열에 '한국', '미국', '일본'이 있는 경우 '미국'을 제외할 목적으로 '아시아'라는 목록을 만들어 분할함
- 라운드 로빈 분할(Round Robin Partitioning)
  - 레코드를 균일하게 분배하는 방식이다.
  - 각 레코드가 순차적으로 분배되며, 기본키가 필요없다.

병행학습 삭제문(DELETE FROM~)

- 삭제문은 기본 테이블에 있는 튜플들 중에서 특정 튜플(행)을 삭제할 때 사용한다.
- 일반 형식

```
DELETE
FROM 테이블명
[WHERE 조건];
```

- 모든 레코드를 삭제할 때는 WHERE절을 생략한다.
- 모든 레코드를 삭제하더라도 테이블 구조는 남아 있기 때문에 디스크에서 테이블을 완전히 제거하는 DROP과는 다르다.

등급 B

56. 관계대수의 순수 관계 연산자가 아닌 것은?

① Select
② Cartesian Product
③ Division
④ Project

전문가의 조언
- 순수 관계 연산자에는 Select, Project, Join, Division이 있습니다.
- Cartesian Product(교차곱)는 일반 집합 연산자입니다.

등급 B

57. DELETE 명령에 대한 설명으로 틀린 것은?

① 테이블의 행을 삭제할 때 사용한다.
② WHERE 조건절이 없는 DELETE 명령을 수행하면 DROP TABLE 명령을 수행했을 때와 동일한 효과를 얻을 수 있다.
③ SQL을 사용 용도에 따라 분류할 경우 DML에 해당한다.
④ 기본 사용 형식은 "DELETE FROM 테이블 [WHERE 조건];"이다.

전문가의 조언
- DROP은 테이블을 삭제하고, DELETE는 레코드를 삭제하는 명령문입니다.
- DELETE에 WHERE 조건절을 생략하면 테이블은 남아있고 테이블 안에 있는 모든 레코드가 삭제됩니다.

등급 B

58. E-R 모델의 표현 방법으로 옳지 않은 것은?

① 개체 타입 : 사각형
② 관계 타입 : 마름모
③ 속성 : 오각형
④ 연결 : 선

전문가의 조언
E-R 모델에서 속성은 타원으로 표현합니다.

병행학습 E-R 다이어그램

기호	기호 이름	의미
사각형	사각형	개체(Entity) 타입
마름모	마름모	관계(Relationship) 타입
타원	타원	속성(Attribute)
이중 타원	이중 타원	다중값 속성(복합 속성)
밑줄 타원	밑줄 타원	기본키 속성
복수 타원	복수 타원	복합 속성
선	선, 링크	개체 타입과 속성을 연결

등급 B

59. 테이블 R과 S에 대한 다음의 SQL문이 실행되었을 때, 실행 결과로 옳은 것은?

R 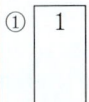   S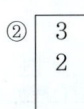

```
SELECT A FROM R
UNION ALL
SELECT A FROM S;
```

①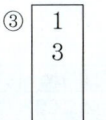

1

②

3
2

③

1
3

④

1
3
1
2

전문가의 조언
- SQL문의 실행 결과로 옳은 것은 ④번입니다.
- 문제에 제시된 질의문은 집합 연산자 UNION ALL을 이용한 통합 질의로, 여러 테이블의 필드 값을 통합하여 표시하되 중복된 레코드도 그대로 표시합니다.

집합 연산자의 종류(통합 질의의 종류)

집합 연산자	설명	집합 종류
UNION	• 두 SELECT문의 조회 결과를 통합하여 모두 출력함 • 중복된 행은 한 번만 출력함	합집합
UNION ALL	• 두 SELECT문의 조회 결과를 통합하여 모두 출력함 • 중복된 행도 그대로 출력함	합집합
INTERSECT	두 SELECT문의 조회 결과 중 공통된 행만 출력함	교집합
EXCEPT	첫 번째 SELECT문의 조회 결과에서 두 번째 SELECT문의 조회 결과를 제외한 행을 출력함	차집합

등급 A

60. 뷰(VIEW)에 대한 설명으로 옳지 않은 것은?
① DBA는 보안 측면에서 뷰를 활용할 수 있다.
② 뷰 위에 또 다른 뷰를 정의할 수 있다.
③ 뷰에 대한 삽입, 갱신, 삭제 연산 시 제약사항이 따르지 않는다.
④ 독립적인 인덱스를 가질 수 없다.

전문가의 조언
뷰는 기본 테이블이나 또 다른 뷰를 이용해서 만든 가상 테이블로서, 기본 테이블과 비교할 때 삽입, 삭제, 갱신 연산에 제약이 있습니다.

뷰(View)의 개념
- 사용자에게 접근이 허용된 자료만을 제한적으로 보여주기 위해 하나 이상의 기본 테이블로부터 유도된, 이름을 가지는 가상 테이블이다.
- 뷰는 저장장치 내에 물리적으로 존재하지 않지만, 사용자에게는 있는 것처럼 간주된다.

뷰(View)의 특징
- 뷰는 기본 테이블로부터 유도된 테이블이기 때문에 기본 테이블과 같은 형태의 구조를 사용하며, 조작도 기본 테이블과 거의 같다.
- 뷰는 가상 테이블이기 때문에 물리적으로 구현되어 있지 않다.
- 데이터의 논리적 독립성을 제공할 수 있다.
- 필요한 데이터만 뷰로 정의해서 처리할 수 있기 때문에 관리가 용이하고 명령문이 간단해진다.
- 뷰를 통해서만 데이터에 접근하게 하면 뷰에 나타나지 않는 데이터를 안전하게 보호하는 효율적인 기법으로 사용할 수 있다.
- 기본 테이블의 기본키를 포함한 속성(열) 집합으로 뷰를 구성해야만 삽입, 삭제, 갱신 연산이 가능하다.
- 일단 정의된 뷰는 다른 뷰의 정의에 기초가 될 수 있다.
- 뷰가 정의된 기본 테이블이나 뷰를 삭제하면 그 테이블이나 뷰를 기초로 정의된 다른 뷰도 자동으로 삭제된다.

4과목 프로그래밍 언어 활용

등급 C

61. HTTP의 잘 알려진(Well Known) 포트 번호는?
① 23
② 80
③ 53
④ 443

전문가의 조언
HTTP의 잘 알려진(Well Known) 포트 번호는 80입니다.

62. C 언어에서 다음과 같은 구조체를 정의해서 사용할 경우 구조체 bit_field의 크기는 몇 바이트인가?

```
struct bit_field {
    unsigned char a : 2;
    unsigned char b : 3;
    unsigned char c : 4;
}
```

① 2
② 3
③ 4
④ 5

전문가의 조언
구조체 bit_field의 크기는 2Byte입니다. 사용된 코드의 의미는 다음과 같습니다.

❶ struct bit_field {
❷   unsigned char a : 2;
❸   unsigned char b : 3;
❹   unsigned char c : 4;
  }

❶ 구조체 bit_field를 정의한다.
❷ 부호없는 문자형 변수 a를 선언하면서 크기를 2bit로 지정한다.
❸ 부호없는 문자형 변수 b를 선언하면서 크기를 3bit로 지정한다.
❹ 부호없는 문자형 변수 c를 선언하면서 크기를 4bit로 지정한다.
※ 구조체 bit_field의 변수들이 모두 unsigned char이므로 메모리 공간은 1Byte 단위로 확보합니다. 변수 a, b, c를 모두 합치면 총 9Bit인데, 메모리 공간은 1Byte 단위로 확보하므로, 총 2Byte가 할당됩니다.

63. 다음 파이썬으로 구현된 프로그램의 실행 결과로 옳은 것은?

```
k1=["bob", "and", "cho", "tom", "jessy"]
k2=k1
del(k2[3])
print(k1)
```

① ['bob']
② ['bob', 'and', 'cho']
③ ['bob', 'and', 'cho', 'jessy']
④ ['bob', 'and', 'cho', 'tom', 'jessy']

전문가의 조언
코드의 실행 결과로 옳은 것은 ③번입니다. 사용된 코드의 의미는 다음과 같습니다.

❶ k1=["bob", "and", "cho", "tom", "jessy"]
❷ k2=k1
❸ del(k2[3])
❹ print(k1)

❶ 5개의 요소를 갖는 리스트 k1을 선언하고 초기화한다.

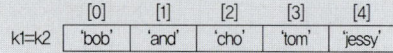

	[0]	[1]	[2]	[3]	[4]
k1	'bob'	'and'	'cho'	'tom'	'jessy'

❷ 리스트 k1을 k2에 할당한다. 이제 k2는 k1과 동일한 리스트 객체를 참조하게 된다.

	[0]	[1]	[2]	[3]	[4]
k1=k2	'bob'	'and'	'cho'	'tom'	'jessy'

❸ k2[3], 즉 리스트 k2의 네 번째 요소를 삭제한다.

	[0]	[1]	[2]	[3]
k1=k2	'bob'	'and'	'cho'	'jessy'

❹ 리스트 k1을 출력한다. k1과 k2는 동일한 리스트 객체를 참조하므로, 앞선 ❸번 작업의 결과가 리스트 k1에도 적용된다.

결과 ['bob', 'and', 'cho', 'jessy']

64. 다음은 키보드로 숫자를 입력받아 홀수인지 짝수인지 판별하여 출력하는 코드를 C 언어로 구현한 것이다. 괄호(①, ②)에 순서대로 들어갈 내용으로 알맞은 것은?

```
#include <stdio.h>
int main( ) {
    int num;

    scanf("%d", &num);

    if (num (  ①  ) 2 == 1) {
        printf("홀수입니다.\n");
    }
    (  ②  ) {
        printf("짝수입니다.\n");
    }
}
```

① %, else
② %, else if
③ /, else
④ /, else if

정답 62.① 63.③ 64.①

전문가의 조언
괄호(①, ②)에 순서대로 들어갈 내용은 %, else입니다. 사용된 코드의 의미는 다음과 같습니다.

```
#include <stdio.h>
int main( ) {
❶   int num;
❷   scanf("%d", &num);
❸   if (num % 2 == 1) {
❹       printf("홀수입니다.\n");
    }
❺   else {
❻       printf("짝수입니다.\n");
    }
}
```

❶ 정수형 변수 num을 선언한다.
❷ 키보드로 정수를 입력받아 변수 num에 저장한다.
❸ num을 2로 나눈 나머지가 1이면 ❹번을 수행하고 아니면 ❺번으로 이동한다.
❹ 홀수입니다.를 출력한 후 커서를 다음 줄의 처음으로 이동한다.
❺ ❸번 조건이 거짓일 경우 실행할 문장의 시작점이다.
❻ 짝수입니다.를 출력한 후 커서를 다음 줄의 처음으로 이동한다.

❶ k를 선언하고 "Hello Python Programming Language"로 초기화한다.
❷ a를 선언하고 공백을 기준으로 k에 저장된 문자열을 구분한 값으로 초기화한다.

	[0]	[1]	[2]	[3]
a	'Hello'	'Python'	'Programming'	'Language'

❸ b를 선언하고 a의 1번째 위치에서 2(3-1)번째 위치까지 5씩 증가하면서 가져온 값으로 초기화한다.

b	'Python'

※ 증가값이 5인데, a의 1번째 위치에서 5 증가한 위치의 값이 없으므로 a의 1번째 위치에 저장된 값만 가져옵니다.

❹ b를 출력한다.

결과 ['Python']

 등급 B

66. 다음 파이썬으로 구현된 프로그램의 실행 결과로 옳은 것은?

```
e = [10 * i for i in range(10) if i % 2 == 0]
print(e)
```

① [0, 2, 4, 6, 8]
② [0, 1, 3, 5, 7, 9]
③ [0, 20, 40, 60, 80]
④ [0, 10, 30, 50, 70, 90]

전문가의 조언
코드의 실행 결과로 옳은 것은 ③번입니다. 사용된 코드의 의미는 다음과 같습니다.

❶ e = [10 * i for i in range(10) if i % 2 == 0]
❷ print(e)

❶ • 리스트 e를 선언하고 i가 0부터 9까지 증가하면서 i를 2로 나눈 나머지가 0인 경우에만 '10*i'를 수행한 값으로 초기화한다.
• i가 0, 2, 4, 6, 8인 경우에만 조건이 참이되므로, 이때의 '10*i'의 값인 0, 20, 40, 60, 80으로 e가 초기화된다.

	[0]	[1]	[2]	[3]	[4]
e	0	20	40	60	80

• ❶의 코드는 리스트 컴프리헨션을 이용하여 아래의 코드를 한 줄로 간결하게 표현한 것이다.

```
e = [ ]
for i in range(10):
    if i % 2 == 0:
        e.append(10 * i)
print(e)
```

※ 리스트 컴프리헨션(List Comprehension)
• 리스트 생성을 위한 여러 줄의 코드를 한 줄로 간결하게 표현하는 방법입니다.

 등급 B

65. 다음 파이썬으로 구현된 프로그램의 실행 결과로 옳은 것은?

```
k="Hello Python Programming Language"
a=k.split( )
b=a[1:3:5]
print(b)
```

① ['Hello']
② ['Python']
③ ['Programming']
④ ['Language']

전문가의 조언
코드의 실행 결과로 옳은 것은 ②번입니다. 사용된 코드의 의미는 다음과 같습니다.

❶ k="Hello Python Programming Language"
❷ a=k.split( )
❸ b=a[1:3:5]
❹ print(b)

정답 65.② 66.③

- 형식 : [표현식 for 아이템 in 이터러블 if 조건]
  - 표현식 : 리스트의 각 요소로 사용할 값이나 연산
  - 아이템 : '이터러블'에서 가져오는 요소
  - 이터러블 : 리스트, 튜플, 문자열 등 반복 가능한 객체
  - 조건 : 조건이 참인 경우에만 표현식을 실행하여 리스트에 추가함

❷ e를 출력한다.
결과   [0, 20, 40, 60, 80]

참조할 페이지가 페이지 프레임에 없을 경우 페이지 결함(부재)이 발생됩니다. 초기에는 모든 페이지 프레임이 비어 있으므로 처음 2, 3 페이지 적재 시 페이지 결함이 발생됩니다. 선입선출(FIFO) 기법은 각각의 페이지가 주기억장치에 적재될 때마다 그때의 시간을 기억시켜 가장 먼저 들어와서 가장 오래 있었던 페이지를 교체하는 기법이므로 참조 페이지 5를 참조할 때에는 2를 제거한 후 5를 가져오게 됩니다. 이와 같은 방식으로 모든 페이지 요청을 처리하고 나면 총 페이지 결함 발생 수는 9번입니다.

등급 C

67. 자바에서 사용하는 접근 제어자의 종류가 아닌 것은?

① Internal   ② Private
③ Protected   ④ Public

전문가의 조언
- Internal은 자바에서 사용하는 접근 제어자가 아닙니다.
- JAVA의 접근 제어자에는 Public, Default, Private, Protected 등이 있습니다.

등급 C

69. 선점 스케줄링과 비선점 스케줄링에 대한 비교 설명 중 옳은 것은?

① 선점 스케줄링은 이미 할당된 CPU를 다른 프로세스가 강제로 빼앗아 사용할 수 없다.
② 선점 스케줄링은 상대적으로 과부하가 적다.
③ 비선점 스케줄링은 시분할 시스템에 유용하다.
④ 비선점 스케줄링은 응답시간의 예측이 용이하다.

전문가의 조언
선점 스케줄링과 비선점 스케줄링에 대한 비교 설명 중 옳은 것은 ④번입니다.
① 선점 스케줄링은 이미 할당된 CPU를 다른 프로세스가 강제로 빼앗아 사용할 수 있습니다.
② 선점 스케줄링은 강제로 CPU를 빼앗아 사용할 수 있으므로 과부하가 많이 발생합니다.
③ 비선점 스케줄링은 일괄 처리 시스템에 유용하고, 선점 스케줄링이 시분할 시스템에 유용합니다.

등급 A

68. 3개의 페이지 프레임(Frame)을 가진 기억장치에서 페이지 요청을 다음과 같은 페이지 번호 순으로 요청했을 때 교체 알고리즘으로 FIFO 방법을 사용한다면 몇 번의 페이지 부재(Fault)가 발생하는가?(단, 현재 기억장치는 모두 비어 있다고 가정한다.)

요청된 페이지 번호의 순서 :
2, 3, 2, 1, 5, 2, 4, 5, 3, 2, 5, 2

① 7번   ② 8번
③ 9번   ④ 10번

전문가의 조언
페이지 부재 횟수는 9번입니다. 3개의 페이지를 수용할 수 있는 주기억장치이므로 다음 그림과 같이 3개의 페이지 프레임으로 표현할 수 있습니다.

요청 페이지	2	3	2	1	5	2	4	5	3	2	5	2
페이지 프레임	2	2	2	2	5	5	5	5	3	3	3	3
		3	3	3	3	2	2	2	2	2	5	5
				1	1	1	4	4	4	4	4	2
부재 발생	●	●		●	●	●	●		●	●	●	●

등급 A

70. 다음 중 가장 강한 응집도(Cohesion)는?

① Sequential Cohesion
② Procedural Cohesion
③ Logical Cohesion
④ Coincidental Cohesion

전문가의 조언
보기 중 가장 강한 응집도는 Sequential Cohesion입니다.

병행학습 응집도(Cohesion)

- 정보 은닉 개념을 확장한 것으로, 명령어나 호출문 등 모듈의 내부 요소들의 서로 관련되어 있는 정도, 즉 모듈이 독립적인 기능으로 정의되어 있는 정도를 의미한다.
- 다양한 기준으로 모듈을 구성할 수 있으나 응집도가 강할수록 품질이 높고, 약할수록 품질이 낮다.
- 응집도의 종류(강함에서 약함순)
  - 기능적 응집도(Functional Cohesion) : 모듈 내부의 모든 기능 요소들이 단일 문제와 연관되어 수행될 경우의 응집도
  - 순차적 응집도(Sequential Cohesion) : 모듈 내 하나의 활동으로부터 나온 출력 데이터를 그 다음 활동의 입력 데이터로 사용할 경우의 응집도
  - 교환(통신)적 응집도(Communication Cohesion) : 동일한 입력과 출력을 사용하여 서로 다른 기능을 수행하는 구성 요소들이 모였을 경우의 응집도
  - 절차적 응집도(Procedural Cohesion) : 모듈이 다수의 관련 기능을 가질 때 모듈 안의 구성 요소들이 그 기능을 순차적으로 수행할 경우의 응집도
  - 시간적 응집도(Temporal Cohesion) : 특정 시간에 처리되는 몇 개의 기능을 모아 하나의 모듈로 작성할 경우의 응집도
  - 논리적 응집도(Logical Cohesion) : 유사한 성격을 갖거나 특정 형태로 분류되는 처리 요소들로 하나의 모듈이 형성되는 경우의 응집도
  - 우연적 응집도(Coincidental Cohesion) : 모듈 내부의 각 구성 요소들이 서로 관련 없는 요소로만 구성된 경우의 응집도

등급 B

71. 트랜잭션의 특성 중 트랜잭션 내의 모든 연산은 반드시 한꺼번에 완료되어야 하며, 그렇지 못한 경우는 한꺼번에 취소되어야 한다는 것은?

① Atomicity　　② Consistency
③ Isolation　　④ Durability

전문가의 조언
문제에 제시된 내용은 Atomicity(원자성)에 대한 설명입니다.

병행학습
- Consistency(일관성) : 트랜잭션이 그 실행을 성공적으로 완료하면 언제나 일관성 있는 데이터베이스 상태로 변환함
- Isolation(독립성, 격리성) : 둘 이상의 트랜잭션이 동시에 병행 실행되는 경우 어느 하나의 트랜잭션 실행 중에 다른 트랜잭션의 연산이 끼어들 수 없음
- Durability(영속성, 지속성) : 성공적으로 완료된 트랜잭션의 결과는 영구적으로 반영되어야 함

등급 B

72. C 언어에서 malloc( ) 함수에 대한 설명으로 틀린 것은?
① 원하는 시점에 원하는 만큼 메모리를 동적으로 할당한다.
② 사용자가 입력한 bit만큼 메모리를 할당한다.
③ free 명령어로 할당된 메모리를 해제한다.
④ 메모리 할당이 불가능할 경우 NULL이 반환된다.

전문가의 조언
malloc( ) 함수는 입력한 Byte만큼 메모리를 할당하는 함수입니다.

등급 A

73. 다음 JAVA 코드 출력문의 결과는?

```
…생략…
System.out.println("5 + 2 = " + 3 + 4);
System.out.println("5 + 2 = " + (3 + 4));
…생략…
```

① 5 + 2 = 34　　② 5 + 2 + 3 + 4
　5 + 2 = 34　　　5 + 2 = 7
③ 7 = 7　　　　 ④ 5 + 2 = 34
　7 + 7　　　　　 5 + 2 = 7

전문가의 조언
코드 출력문의 결과로 옳은 것은 ④번입니다. Java의 print( ) 또는 println( ) 사용시 '숫자 + 숫자'는 연산 수행 후의 숫자 결과를, '문자 + 숫자'는 두 값을 이어서 문자 결과를 출력합니다.

❶ System.out.println("5 + 2 = " + 3 + 4);
❷ System.out.println("5 + 2 = " + (3 + 4));

❶ ("5 + 2 = " + 3) + 4)의 순서로 수행되며, ("5 + 2 = " + 3)는 문자+숫자이므로 5 + 2 = 3이라는 문자로, ("5 + 2 = 3" + 4) 또한 문자+숫자이므로 5 + 2 = 34라는 결과를 출력합니다.

❷ ("5 + 2 = " + (3 + 4))의 순서로 수행되며, 3 + 4는 숫자+숫자이므로 7이 되고, ("5 + 2 = " + 7)은 문자+숫자이므로 5 + 2 = 7이라는 결과를 출력합니다.

등급 A

74. 다음 C 언어 프로그램의 결과로 옳은 것은?

```
#include <stdio.h>
main( ) {
    char c = 'A';
    c = c + 1;
    printf("%d", c);
}
```

① A   ② B   ③ 65   ④ 66

전문가의 조언
- 문자는 아스키코드로 저장됩니다. 대문자 'A'는 아스키코드 값 65이고, 1을 더하게 되면 66이 되어 대문자 'B'를 가리키게 됩니다.
- 하지만 출력문에서 출력 형식이 문자를 출력하는 %c 아닌 정수를 출력하는 %d를 사용했으므로 대문자 'B'가 아닌 아스키코드 값 66이 출력되게 됩니다.
사용된 코드의 의미는 다음과 같습니다.

```
#include <stdio.h>
main( ) {
❶   char c = 'A';
❷   c = c + 1;
❸   printf("%d", c);
}
```

❶ 문자형 변수 c를 선언하고 'A'로 초기화한다.
❷ c에 1을 더한다.
❸ c의 값을 정수로 출력한다.

결과 `66`

등급 C

75. 오류 제어에 사용되는 자동 반복 요청 방식(ARQ)이 아닌 것은?

① Stop-and-wait ARQ
② Go-back-N ARQ
③ Selective-Repeat ARQ
④ Non-Acknowledge ARQ

전문가의 조언
- ARQ의 종류 중 Non-Acknowledge라는 ARQ는 없습니다.
- 자동 반복 요청 방식의 종류에는 Stop-and-Wait(정지-대기) ARQ, Go-Back-N ARQ, Selective-Repeat(선택적 재전송) ARQ, Adaptive(적응적) ARQ가 있습니다.

등급 B

76. TCP 헤더와 관련한 설명으로 틀린 것은?

① 순서 번호(Sequence Number)는 전달하는 바이트마다 번호가 부여된다.
② 수신 번호 확인(Acknowledgement Number)은 상대편 호스트에서 받으려는 바이트의 번호를 정의한다.
③ 체크섬(Checksum)은 데이터를 포함한 세그먼트의 오류를 검사한다.
④ 윈도우 크기는 송수신 측의 버퍼 크기로 최대 크기는 32767bit이다.

전문가의 조언
TCP 헤더에서 윈도우의 최대 크기는 65,535($2^{16}-1$)byte입니다.

 TCP/IP(Transmission Control Protocol/Internet Protocol)
- 인터넷에 연결된 서로 다른 기종의 컴퓨터들이 데이터를 주고받을 수 있도록 하는 표준 프로토콜이다.
- 1960년대 말 ARPA에서 개발하여 ARPANET(1972)에서 사용하기 시작했다.
- UNIX의 기본 프로토콜로 사용되었고, 현재 인터넷 범용 프로토콜로 사용된다.
- 다음과 같은 기능을 수행하는 TCP 프로토콜과 IP 프로토콜이 결합된 것을 의미한다.
- TCP(Transmission Control Protocol)
  - OSI 7계층의 전송 계층에 해당한다.
  - 신뢰성 있는 연결형 서비스를 제공한다.
  - 패킷의 다중화, 순서 제어, 오류 제어, 흐름 제어 기능을 제공한다.
  - 스트림(Stream) 전송 기능을 제공한다.
  - TCP 헤더에는 Source/Destination Port Number, Sequence Number, Acknowledgment Number, Checksum 등이 포함된다.
- IP(Internet Protocol)
  - OSI 7계층의 네트워크 계층에 해당한다.
  - 데이터그램을 기반으로 하는 비연결형 서비스를 제공한다.
  - 패킷의 분해/조립, 주소 지정, 경로 선택 기능을 제공한다.
  - 헤더의 길이는 최소 20Byte에서 최대 60Byte이다.
  - IP 헤더에는 Version, Header Length, Total Packet Length, Header Checksum, Source IP Address, Destination IP Address 등이 포함된다.

등급 B

77. CIDR(Classless Inter-Domain Routing) 표기로 203.241.132.82/27과 같이 사용되었다면, 해당 주소의 서브넷 마스크(Subnet Mask)는?

① 255.255.255.0   ② 255.255.255.224
③ 255.255.255.240   ④ 255.255.255.248

전문가의 조언
- 문제에 제시된 조건에 맞는 서브넷 마스크는 255.255.255.224입니다.
- CIDR(Classless Inter-Domain Routing)은 클래스 없는 도메인 간 라우팅 기법으로, CIDR 기법 사용 시 서브넷 마스크는 IP 주소 뒤의 숫자를 이용해 구할 수 있습니다. 203.241.132.82/27 네트워크의 서브넷 마스크는 1의 개수가 27개, 즉 11111111 11111111 11111111 11100000 → 255.255.255.224가 됩니다.

병행학습 서브네팅(Subnetting)
- 서브네팅은 할당된 네트워크 주소를 다시 여러 개의 작은 네트워크로 나누어 사용하는 것을 말한다.
- 4바이트의 IP 주소 중 네트워크 주소와 호스트 주소를 구분하기 위한 비트를 서브넷 마스크(Subnet Mask)라고 하며, 이를 변경하여 네트워크 주소를 여러 개로 분할하여 사용한다.
- 서브넷 마스크는 각 클래스마다 다르게 사용된다.

등급 A

78. TCP/IP에서 사용되는 논리 주소를 물리 주소로 변환시켜 주는 프로토콜은?

① TCP ② ARP
③ FTP ④ IP

전문가의 조언
TCP/IP 네트워크에서 논리 주소를 물리 주소로 변환하는 프로토콜은 ARP(Address Resolution Protocol)입니다.

병행학습
- TCP(Transmission Control Protocol) : 신뢰성 있는 연결형 서비스를 제공하고, 패킷의 다중화, 순서 제어, 오류 제어, 흐름 제어 기능을 제공함
- FTP(File Transfer Protocol) : 컴퓨터와 컴퓨터 또는 컴퓨터와 인터넷 사이에서 파일을 주고받을 수 있도록 하는 원격 파일 전송 프로토콜
- IP(Internet Protocol) : 데이터그램을 기반으로 하는 비연결형 서비스와 패킷의 분해/조립, 주소 지정, 경로 선택 기능을 제공

등급 C

79. 다음 중 가장 약한 결합도(Coupling)는?

① Common Coupling
② Content Coupling
③ External Coupling
④ Stamp Coupling

전문가의 조언
보기 중 가장 약한 결합도는 Stamp Coupling입니다.

병행학습 결합도(Coupling)
- 모듈 간에 상호 의존하는 정도 또는 두 모듈 사이의 연관 관계를 의미한다.
- 다양한 결합으로 모듈을 구성할 수 있으나 결합도가 약할수록 품질이 높고, 강할수록 품질이 낮다.
- 결합도가 강하면 시스템 구현 및 유지보수 작업이 어렵다.
- 결합도의 종류(약함에서 강한순)
  - 자료 결합도(Data Coupling) : 모듈 간의 인터페이스가 자료 요소로만 구성될 때의 결합도
  - 스탬프(검인) 결합도(Stamp Coupling) : 모듈 간의 인터페이스가 배열이나 레코드 등의 자료 구조가 전달될 때의 결합도
  - 제어 결합도(Control Coupling) : 어떤 모듈이 다른 모듈 내부의 논리적인 흐름을 제어하기 위해 제어 신호를 이용하여 통신하거나 제어 요소를 전달하는 결합도
  - 외부 결합도(External Coupling) : 어떤 모듈에서 외부로 선언한 데이터(변수)를 다른 모듈에서 참조할 때의 결합도
  - 공통(공유) 결합도(Common Coupling) : 공유되는 공통 데이터 영역을 여러 모듈이 사용할 때의 결합도
  - 내용 결합도(Content Coupling) : 한 모듈이 다른 모듈의 내부 기능 및 그 내부 자료를 직접 참조하거나 수정할 때의 결합도

등급 C

80. 빈 기억공간의 크기가 20KB, 16KB, 8KB, 40KB 일 때 기억장치 배치 전략으로 "Best Fit"을 사용하여 17KB의 프로그램을 적재할 경우 내부 단편화의 크기는 얼마인가?

① 3KB ② 23KB
③ 64KB ④ 67KB

전문가의 조언
최적 적합(Best-Fit)은 데이터가 들어갈 수 있는 크기의 빈 영역 중 단편화를 가장 적게 남기는 분할 영역에 배치시키는 방법으로, 17KB보다 큰 기억공간 중 가장 작은 기억공간인 20KB에 배치됩니다. 이 때 발생하는 내부 단편화는 3KB(20KB-17KB)입니다.

병행학습 배치(Placement) 전략

최초 적합 (First-Fit)	프로그램이나 데이터가 들어갈 수 있는 크기의 빈 영역 중에서 첫 번째 분할 영역에 배치시키는 방법
최적 적합 (Best-Fit)	프로그램이나 데이터가 들어갈 수 있는 크기의 빈 영역 중에서 단편화를 가장 작게 남기는 분할 영역에 배치시키는 방법
최악 적합 (Worst-Fit)	프로그램이나 데이터가 들어갈 수 있는 크기의 빈 영역 중에서 단편화를 가장 많이 남기는 분할 영역에 배치시키는 방법

5과목 정보시스템 구축 관리

등급 A

81. 다음 중 암호화 기법이 아닌 것은?
① AES
② DES
③ RSA
④ SHA

전문가의 조언
SHA(Secure Hash Algorithm)는 암호화 기법이 아니라 데이터의 무결성을 검증하기 위해 사용하는 해시 함수입니다.

등급 B

82. 다음 중 소유 기반 인증(Something You Have)에 속하지 않는 것은?
① 지문
② 마그네틱 카드
③ 신분증
④ OTP

전문가의 조언
지문은 생체 기반 인증(Something You Are)에 속합니다.

병행학습 인증의 주요 유형
- 지식 기반 인증(Something You Know)
  - 사용자가 기억하고 있는 정보를 기반으로 인증을 수행하는 것이다.
  - 예시 : 고정된 패스워드(Password), 패스 프레이즈(Passphrase), 아이핀(i-PIN)
- 소유 기반 인증(Something You Have)
  - 사용자가 소유하고 있는 것을 기반으로 인증을 수행하는 것이다.
  - 예시 : 신분증, 메모리 카드(토큰), 스마트 카드, OTP(One Time Password)
- 생체 기반 인증(Something You Are)
  - 사용자의 고유한 생체 정보를 기반으로 인증을 수행하는 것이다.
  - 예시 : 지문, 홍채/망막, 얼굴, 음성, 정맥 등
- 행위 기반 인증(Something You Do)
  - 사용자의 행동 정보를 이용해 인증을 수행한다.
  - 예시 : 서명, 동작, 음성 등
- 위치 기반 인증(Somewhere You Are)
  - 인증을 시도하는 위치의 적절성을 확인한다.
  - 예시 : 콜백, GPS나 IP 주소를 이용한 위치 기반 인증

등급 B

83. 다음 내용이 설명하는 스토리지 시스템은?

- 하드디스크와 같은 데이터 저장장치를 호스트버스 어댑터에 직접 연결하는 방식
- 저장장치와 호스트 기기 사이에 네트워크 디바이스 없이 직접 연결하는 방식으로 구성

① DAS
② NAS
③ SAN
④ NFC

전문가의 조언
문제의 지문에서 설명하는 스토리지 시스템은 DAS(Direct Attached Storage)입니다.

병행학습
- NAS(Network Attached Storage) : 서버와 저장장치를 네트워크를 통해 연결하는 방식
- SAN(Storage Area Network) : DAS의 빠른 처리와 NAS의 파일 공유 장점을 혼합한 방식으로, 서버와 저장장치를 연결하는 전용 네트워크를 별도로 구성하는 방식

등급 A

84. 소프트웨어 생명주기 모델 중 나선형 모델(Spiral Model)과 관련한 설명으로 틀린 것은?
① 소프트웨어 개발 프로세스를 위험 관리(Risk Management) 측면에서 본 모델이다.
② 각 단계를 확실히 매듭짓고 그 결과를 철저하게 검토하여 승인 과정을 거친 후에 다음 단계를 진행하는 개발 방법론이다.
③ 시스템을 여러 부분으로 나누어 여러 번의 개발 주기를 거치면서 시스템이 완성된다.
④ 요구사항이나 아키텍처를 이해하기 어렵다거나 중심이 되는 기술에 문제가 있는 경우 적합한 모델이다.

전문가의 조언
②번은 폭포수 모형에 대한 설명입니다.

나선형 모형(Spiral Model, 점진적 모형)
- 보헴(Boehm)이 제안한 것으로, 폭포수 모형과 프로토타입 모형의 장점에 위험 분석 기능을 추가한 모형이다.
- 나선을 따라 돌듯이 여러 번의 소프트웨어 개발 과정을 거쳐 점진적으로 완벽한 최종 소프트웨어를 개발하는 것으로, 점진적 모형이라고도 한다.
- 소프트웨어를 개발하면서 발생할 수 있는 위험을 관리하고 최소화하는 것을 목적으로 한다.
- 점진적으로 개발 과정이 반복되므로 누락되거나 추가된 요구사항을 첨가할 수 있고, 정밀하며, 유지보수 과정이 필요 없다.
- 수행 과정(반복) : 계획 수립 → 위험 분석 → 개발 및 검증 → 고객 평가

85. 다음 내용에 적합한 용어는? 등급 B

- 대용량 데이터를 분산 처리하기 위한 목적으로 개발된 프로그래밍 모델이다.
- Google에 의해 고안된 기술로써 대표적인 대용량 데이터 처리를 위한 병렬 처리 기법을 제공한다.
- 임의의 순서로 정렬된 데이터를 분산 처리하고 이를 다시 합치는 과정을 거친다.

① MapReduce ② SQL
③ Hijacking ④ Logs

전문가의 조언
문제의 지문은 MapReduce에 대한 내용입니다.

병행학습
- SQL(Structured Query Language) : 국제표준 데이터베이스 언어로, 관계형 데이터베이스(RDB)를 지원하며, 관계대수와 관계해석을 기초로 한 혼합 데이터 언어
- Hijacking : 다른 사람의 세션 또는 터미널의 상태를 도용하는 해킹 기법
- Logs : 시스템 사용에 대한 모든 내역을 기록해 놓은 것으로, 이러한 로그 정보를 이용하면 시스템 침해 사고 발생 시 해킹 흔적이나 공격 기법을 파악할 수 있음

86. CMMI의 단계가 아닌 것은? 등급 C
① 초기 ② 관리
③ 정의 ④ 반복

전문가의 조언
- 반복은 CMMI의 단계가 아닙니다.
- CMMI는 초기, 관리, 정의, 정량적 관리, 최적화의 5단계로 구분합니다.

CMMI(Capability Maturity Model Integration)
- 소프트웨어 개발 조직의 업무 능력 및 조직의 성숙도를 평가하는 모델로, 미국 카네기멜론 대학교의 소프트웨어 공학연구소(SEI)에서 개발하였다.
- CMMI의 소프트웨어 프로세스 성숙도는 초기, 관리, 정의, 정량적 관리, 최적화의 5단계로 구분한다.

단계	프로세스	특징
초기(Initial)	정의된 프로세스 없음	작업자 능력에 따라 성공 여부 결정
관리(Managed)	규칙화된 프로세스	특정한 프로젝트 내의 프로세스 정의 및 수행
정의(Defined)	표준화된 프로세스	조직의 표준 프로세스를 활용하여 업무 수행
정량적 관리(Quantitatively Managed)	예측 가능한 프로세스	프로젝트를 정량적으로 관리 및 통제
최적화(Optimizing)	지속적 개선 프로세스	프로세스 역량 향상을 위해 지속적인 프로세스 개선

87. LOC 기법에 의하여 예측된 총 라인수가 36000라인, 개발에 참여할 프로그래머가 6명, 프로그래머들의 평균 생산성이 월간 300라인일 때 개발에 소요되는 기간을 계산한 결과로 가장 옳은 것은? 등급 B

① 5개월 ② 10개월
③ 15개월 ④ 20개월

전문가의 조언
- 프로그래머들의 평균 생산성이 월간 300라인이라면 프로그래머 6명의 월간 생산성은 1,800입니다.
- 총 라인수가 36,000이므로 36,000 / 1,800 = 20, 즉 개발 기간은 20개월입니다.

LOC(원시 코드 라인 수, source Line Of Code) 기법
- LOC 기법은 소프트웨어 각 기능의 원시 코드 라인 수의 비관치, 낙관치, 기대치를 측정하여 예측치를 구하고 이를 이용하여 비용을 산정하는 기법이다.
- 측정이 용이하고 이해하기 쉬워 가장 많이 사용된다.
- 예측치를 이용하여 생산성, 노력, 개발 기간 등의 비용을 산정한다.

$$예측치 = \frac{a + 4m + b}{6}$$

단, a : 낙관치, b : 비관치, m : 기대치(중간치)

- 산정 공식
  - 노력(인월) = 개발 기간 × 투입 인원
    = LOC / 1인당 월평균 생산 코드 라인 수
  - 개발 비용 = 노력(인월) × 단위 비용(1인당 월평균 인건비)
  - 개발 기간 = 노력(인월) / 투입 인원
  - 생산성 = LOC / 노력(인월)

88. 클라이언트/서버(Client/Server) 모델에서의 소프트웨어 개발에 대한 설명으로 옳지 않은 것은?

① 사용자의 요구사항은 서버의 데이터베이스 시스템에 영향을 미친다.
② 병목 현상을 없애기 위해 비즈니스 로직을 분리하여 관리할 수 있다.
③ 미들웨어의 사용은 서버와 클라이언트의 작업량을 증가시켰다.
④ 대부분 네트워크로 연결되어 있고 인증 작업을 필요로 한다.

전문가의 조언
미들웨어(Middleware)는 클라이언트가 서버 측에 어떠한 처리를 요구하고, 또 서버가 그 처리된 결과를 클라이언트에게 돌려주는 과정을 효율적으로 수행하도록 도와주는 소프트웨어입니다. 그러므로 미들웨어의 사용은 서버와 클라이언트간의 작업량을 증가시킬 수 없습니다.

89. 물리적인 사물과 컴퓨터에 동일하게 표현되는 가상의 모델로, 실제 물리적인 자산 대신 소프트웨어로 가상화함으로써 실제 자산의 특성에 대한 정확한 정보를 얻을 수 있고, 자산 최적화, 돌발사고 최소화, 생산성 증가 등 설계부터 제조, 서비스에 이르는 모든 과정의 효율성을 향상시킬 수 있는 모델은?

① 최적화
② 실행 시간
③ 디지털 트윈
④ N-Screen

전문가의 조언
문제의 내용은 디지털 트윈에 대한 설명입니다.

병행학습
- 최적화 : 목적에 가장 알맞고 적절하게 설계하는 것
- 실행 시간 : 프로세스나 프로그램이 실행되고 종료하기까지의 시간
- N-Screen : N개의 서로 다른 단말기에서 동일한 콘텐츠를 자유롭게 이용할 수 있는 기술

90. 다음 설명에서 괄호(㉠, ㉡)에 들어갈 알맞은 암호화 알고리즘은?

- (㉠) : 이산 대수 문제를 타원곡선으로 옮겨 기밀성과 효율성을 높인 암호화 알고리즘
- (㉡) : 소인수 분해의 어려움에 안전성의 근거를 둔 암호화 알고리즘

① ㉠ : ECC, ㉡ : Rabin
② ㉠ : DES, ㉡ : Rabin
③ ㉠ : ECC, ㉡ : SHA
④ ㉠ : DES, ㉡ : SHA

전문가의 조언
문제의 지문에 제시된 내용 중 ㉠은 ECC, ㉡은 Rabin 암호화 알고리즘의 특징입니다.

91. 소프트웨어 프로젝트 관리를 효율적으로 수행하기 위한 3P 중 소프트웨어 프로젝트를 수행하기 위한 Task Framework의 고려와 가장 연관되는 것은?

① People
② Problem
③ Product
④ Process

전문가의 조언
문제에 제시된 내용은 프로젝트 관리를 위한 3P 중 Process에 대한 설명입니다.

병행학습
- 사람(People) : 프로젝트 관리에서 가장 기본이 되는 인적 자원
- 문제(Problem) : 사용자 입장에서 문제를 분석하여 인식함
- 프로세스(Process) : 소프트웨어 개발에 필요한 전체적인 작업 계획 및 구조(Framework)

등급 C

92. Python 기반의 웹 크롤링(Web Crawling) 프레임워크로 옳은 것은?
① Li-fi
② Scrapy
③ CrawlCat
④ SBAS

전문가의 조언
웹 크롤링을 지원하는 가장 대표적인 프레임워크는 파이썬(Python)의 스크래피(Scrapy)입니다.

등급 A

93. 악성코드의 유형 중 다른 컴퓨터의 취약점을 이용하여 스스로 전파하거나 메일로 전파되며 스스로를 증식하는 것은?
① Worm
② Rogue Ware
③ Adware
④ Reflection Attack

전문가의 조언
네트워크를 통해 연속적으로 자신을 복제하는 악성코드는 웜(Worm)입니다.

병행학습
- 로그웨어(Rogue Ware) : 사용자를 속여 악성코드를 설치하도록 유도하는 소프트웨어로, 주로 바이러스에 감염되었다며 백신 소프트웨어처럼 보이는 악성코드를 설치하도록 유도함
- 애드웨어(Adware) : 소프트웨어 자체에 광고를 포함하여 이를 보는 대가로 무료로 사용하는 소프트웨어
- 반사 공격(Reflection Attack) : 송신자가 생성한 메시지를 가로채 접근 권한을 얻는 형태의 공격 기법

등급 A

94. 다음 설명에 해당하는 시스템은?

- 1990년대 David Clock이 처음 제안하였다.
- 비정상적인 접근의 탐지를 위해 의도적으로 설치해 둔 시스템이다.
- 침입자를 속여 실제 공격당하는 것처럼 보여줌으로써 크래커를 추적 및 공격기법의 정보를 수집하는 역할을 한다.
- 쉽게 공격자에게 노출되어야 하며 쉽게 공격이 가능한 것처럼 취약해 보여야 한다.

① Apache
② Hadoop
③ Honeypot
④ MapReduce

전문가의 조언
문제의 지문에 제시된 내용은 허니팟(Honeypot)의 특징입니다.

병행학습
- 아파치(Apache) : 월드 와이드 웹 컨소시엄(W3C)에서 사용하고 아파치 소프트웨어 재단에서 관리 및 운영하는 서버용 오픈소스 소프트웨어
- 하둡(Hadoop) : 오픈 소스를 기반으로 한 분산 컴퓨팅 플랫폼으로, 관계형 데이터베이스(RDB) 간 대용량 데이터를 전송할 때 스쿱(Sqoop)이라는 도구를 이용함
- 맵리듀스(MapReduce) : 대용량 데이터를 분산 처리하기 위한 목적으로 Google에 의해 고안된 프로그래밍 모델로, 대용량 데이터 처리를 위한 대표적인 병렬 처리 기법으로 많이 소개됨

등급 B

95. 접근 통제 방법 중 조직 내에서 직무, 직책 등 개인의 역할에 따라 결정하여 부여하는 접근 정책은?
① RBAC
② DAC
③ MAC
④ QAC

전문가의 조언
직무나 직책과 같이 개인의 역할에 따라 접근 권한을 부여하는 접근 정책은 역할 기반 접근통제(RBAC; Role Based Access Control)입니다.

병행학습
- 임의 접근통제(DAC; Discretionary Access Control) : 데이터에 접근하는 사용자의 신원에 따라 접근 권한을 부여하는 방식
- 강제 접근통제(MAC; Mandatory Access Control) : 주체와 객체의 등급을 비교하여 접근 권한을 부여하는 방식

등급 A

96. 다음 중 프로토타입 모형을 선택하는 것이 가장 적합한 경우는?
① 구축하고자 하는 시스템의 요구사항이 불분명할 때
② 고객이 완성된 제품만을 보기 원할 때
③ 고객이 개발 과정에 참여하지 않을 때
④ 소프트웨어 개발 과정에서 발생할 수 있는 위험을 최소화하고자 할 때

전문가의 조언
프로토타입 모형은 구축하고자 하는 시스템의 요구사항이 불분명할 때 요구사항을 정확히 파악하기 위해 실제 개발될 소프트웨어에 대한 견본(Prototype)을 만들어 최종 결과물을 예측하는 개발 모형입니다.

정답 92.② 93.① 94.③ 95.① 96.①

병행학습 프로토타입 모형(Prototype Model, 원형 모형)
- 사용자의 요구사항을 정확히 파악하기 위해 실제 개발될 소프트웨어에 대한 견본(시제품(Prototype)을 만들어 최종 결과물을 예측하는 모형이다.
- 시제품은 의뢰자나 개발자 모두에게 공동의 참조 모델이 된다.
- 시스템의 일부 혹은 시스템의 모형을 만드는 과정으로서 요구된 소프트웨어를 구현하는데, 이는 추후 구현 단계에서 사용될 골격 코드가 된다.
- 새로운 요구사항이 도출될 때마다 이를 반영한 프로토타입을 새롭게 만들면서 소프트웨어를 구현한다.
- 단기간 제작을 목적으로 하다 보니 비효율적인 언어나 알고리즘이 사용될 수 있다.

등급 A

97. 빅데이터 분석 기술 중 대량의 데이터를 분석하여 데이터 속에 내재되어 있는 변수 사이의 상호 관계를 규명하여 일정한 패턴을 찾아내는 기법은?

① Data Mining   ② Wm-Bus
③ Digital Twin   ④ Zigbee

전문가의 조언
빅데이터 분석 기술 중 대량의 데이터를 분석하여 데이터 속에 내재되어 있는 변수 사이의 상호 관계를 규명하여 일정한 패턴을 찾아내는 기법을 데이터 마이닝(Data Mining)이라고 합니다.

병행학습
- 무선 미터버스(WM-bus) : 수도 등의 원격 검침을 위해 사용되는 무선 프로토콜
- 디지털 트윈(Digital Twin) : 현실속의 사물을 소프트웨어로 가상화한 모델
- 지그비(Zigbee) : 저속 전송 속도를 갖는 홈오토메이션 및 데이터 네트워크를 위한 표준 기술

등급 B

98. 판매 계획 또는 배포 계획은 발표되었으나 실제로 고객에게 판매되거나 배포되지 않고 있는 소프트웨어는?

① Grayware   ② Vaporware
③ Shareware   ④ Freeware

전문가의 조언
문제의 지문에 제시된 내용은 Vaporware에 대한 개념입니다.

병행학습
- Grayware : 소프트웨어를 제공하는 입장에서는 악의적이지 않은 유용한 소프트웨어라고 주장할 수 있지만 사용자 입장에서는 유용할 수도 있고 악의적일 수도 있는 애드웨어, 트랙웨어, 기타 악성 코드나 악성 공유웨어를 말함
- Shareware : 기능 혹은 사용 기간에 제한을 두어 배포하는 소프트웨어로, 무료로 사용할 수 있으며, 일정 기간 사용해 보고 정식 프로그램을 구입할 수 있음
- Freeware : 무료로 사용 또는 배포가 가능한 소프트웨어

등급 C

99. 메모리 상에서 프로그램의 복귀 주소와 변수 사이에 특정 값을 저장해 두었다가 그 값이 변경되었을 경우 오버플로우 상태로 가정하여 프로그램 실행을 중단하는 기술은?

① 모드체크   ② 리커버리 통제
③ 시스로그   ④ 스택가드

전문가의 조언
문제에 제시된 내용은 스택가드(StackGuard)에 대한 설명입니다.

병행학습
- 모드체크(Mode Check) : 영문, 숫자, 특수문자 등 입력될 수 있는 문자의 종류가 제한된 경우 입력 문자를 확인하여 이상 유무를 검색하는 것
- 시스로그(Syslog) : 시스템 관리자가 송·수신한 메시지나 명령, 시스템 이벤트 발생 내용, 시스템 작업과 관련된 정보 등을 저장한 자료의 집합

등급 C

100. TCP/IP 기반 네트워크에서 동작하는 발행-구독 기반의 메시징 프로토콜로 최근 IoT 환경에서 자주 사용되고 있는 프로토콜은?

① MLFQ   ② MQTT
③ Zigbee   ④ MTSP

전문가의 조언
문제에 제시된 내용은 MQTT(Message Queuing Telemetry Transport)에 대한 설명입니다.

병행학습
- MLFQ(Multi Level Feedback Queue, 다단계 피드백 큐) : 특정 그룹의 준비상태 큐에 들어간 프로세스가 다른 준비상태 큐로 이동할 수 없는 다단계 큐 기법을 준비상태 큐 사이를 이동할 수 있도록 개선한 기법
- 지그비(Zigbee) : 저전력, 저비용, 저속도와 2.4GHz를 기반으로 하는 홈 자동화 및 데이터 전송을 위한 무선 네트워크 로, 전력 소모를 최소화하였음

EXAMINATION 06회 2024년 2월 기출문제

1과목 소프트웨어 설계

등급 C

1. 소프트웨어 프로젝트 관리를 효과적으로 수행하는데 필요한 3P로 적절하지 않은 것은?

① People(사람) ② Problem(문제)
③ Process(프로세스) ④ Product(제품)

전문가의 조언
프로젝트 관리를 위한 3P(3대 요소)에는 사람(People), 문제(Problem), 프로세스(Process)가 있습니다.

등급 C

2. 인터페이스 구현 검증 도구가 아닌 것은?

① Foxbase ② STAF
③ watir ④ xUnit

전문가의 조언
인터페이스 구현 검증 도구에는 xUnit, STAF, FitNesse, NTAF, Selenium, watir 등이 있습니다.

병행학습 인터페이스 구현 검증 도구
- xUnit : Java(Junit), C++(Cppunit), .Net(Nunit), Http(HttpUnit) 등 다양한 언어를 지원하는 단위 테스트 프레임워크
- STAF : 서비스 호출 및 컴포넌트 재사용 등 다양한 환경을 지원하는 테스트 프레임워크
- FitNesse : 웹 기반 테스트케이스 설계, 실행, 결과 확인 등을 지원하는 테스트 프레임워크
- NTAF : FitNesse의 장점인 협업 기능과 STAF의 장점인 재사용 및 확장성을 통합한 NHN(Naver)의 테스트 자동화 프레임워크
- Selenium : 다양한 브라우저 및 개발 언어를 지원하는 웹 애플리케이션 테스트 프레임워크
- watir : Ruby를 사용하는 애플리케이션 테스트 프레임워크

등급 A

3. 데이터 흐름도(DFD)의 구성 요소에 포함되지 않는 것은?

① Process ② Data Flow
③ Data Store ④ Data Dictionary

전문가의 조언
데이터(자료) 흐름도의 구성 요소에는 프로세스(Process), 자료 흐름(Data Flow), 자료 저장소(Data Store), 단말(Terminator)이 있습니다.

병행학습 자료 흐름도의 구성 요소

프로세스 (Process)	• 자료를 변환시키는 시스템의 한 부분(처리 과정)을 나타내며 처리, 기능, 변환, 버블이라고도 함 • 원이나 둥근 사각형으로 표시하고 그 안에 프로세스 이름을 기입함
자료 흐름 (Data Flow)	• 자료의 이동(흐름)이나 연관관계를 나타냄 • 화살표 위에 자료의 이름을 기입함
자료 저장소 (Data Store)	• 시스템에서의 자료 저장소(파일, 데이터베이스)를 나타냄 • 도형(평행선) 안에 자료 저장소 이름을 기입함
단말 (Terminator)	• 시스템과 교신하는 외부 개체로, 입력 데이터가 만들어지고 출력 데이터를 받음(정보의 생산자와 소비자) • 도형(사각형) 안에 이름을 기입함

등급 A

4. 다음 중 익스트림 프로그래밍에 대한 설명으로 옳지 않은 것은?

① 테스트 이후 새로운 요구사항이 작성되거나 요구사항의 상대적 우선순위가 변경될 수 있다.
② 하나의 릴리지를 더 세분화한 한 단위를 이터레이션이라고 한다.
③ 모든 개발자들이 전체 코드에 대한 공동 책임을 가지며, 개발자 누구든지 어떤 코드라도 변경할 수 있다.
④ 고객의 요구사항에 좀 더 유연하게 대응할 수 있도록 릴리즈 규모를 크게한다.

전문가의 조언
익스트림 프로그래밍은 애자일 소프트웨어 개발 방법론 중 하나로, 릴리즈 규모를 작게 반복함으로써 고객의 요구사항에 좀더 유연하게 대응할 수 있습니다.

정답 1.④ 2.① 3.④ 4.④

병행학습 XP(eXtreme Programming)
- XP는 수시로 발생하는 고객의 요구사항에 유연하게 대응하기 위해 고객의 참여와 개발 과정의 반복을 극대화하여 개발 생산성을 향상시키는 방법이다.
- XP는 짧고 반복적인 개발 주기, 단순한 설계, 고객의 적극적인 참여를 통해 소프트웨어를 빠르게 개발하는 것을 목적으로 한다.
- 릴리즈의 기간을 짧게 반복하면서 고객의 요구사항 반영에 대한 가시성을 높인다.
- 릴리즈 테스트마다 고객을 직접 참여시킴으로써 요구한 기능이 제대로 작동하는지 고객이 직접 확인할 수 있다.
- 비교적 소규모 인원의 개발 프로젝트에 효과적이다.
- XP의 5가지 핵심 가치 : 의사소통(Communication), 단순성(Simplicity), 용기(Courage), 존중(Respect), 피드백(Feedback)

등급 B

5. HIPO(Hierarchy Input Process Output)에 대한 설명으로 거리가 먼 것은?
① 상향식 소프트웨어 개발을 위한 문서화 도구이다.
② HIPO 차트 종류에는 가시적 도표, 총체적 도표, 세부적 도표가 있다.
③ 기능과 자료의 의존 관계를 동시에 표현할 수 있다.
④ 보기 쉽고 이해하기 쉽다.

전문가의 조언
HIPO는 시스템의 분석 및 설계나 문서화할 때 사용되는 기법으로, 하향식 소프트웨어 개발을 위한 문서화 도구입니다.

병행학습 HIPO(Hierarchy Input Process Output)
- 시스템의 분석 및 설계나 문서화할 때 사용되는 기법으로, 시스템 실행 과정인 입력, 처리, 출력의 기능을 나타낸다.
- 기본 시스템 모델은 입력, 처리, 출력으로 구성되며, 하향식 소프트웨어 개발을 위한 문서화 도구이다.
- 체계적인 문서 관리가 가능하다.
- 기호, 도표 등을 사용하므로 보기 쉽고 이해하기도 쉽다.
- 기능과 자료의 의존 관계를 동시에 표현할 수 있다.
- 변경, 유지보수가 용이하다.
- 시스템의 기능을 여러 개의 고유 모듈들로 분할하여 이들 간의 인터페이스를 계층 구조로 표현한 것을 HIPO Chart라고 한다.
- HIPO Chart의 종류
  - 가시적 도표(도식 목차) : 시스템의 전체적인 기능과 흐름을 보여주는 계층(Tree) 구조도
  - 총체적 도표(총괄도표, 개요 도표) : 프로그램을 구성하는 기능을 기술한 것으로 입력, 처리, 출력에 대한 전반적인 정보를 제공하는 도표
  - 세부적 도표(상세 도표) : 총체적 도표에 표시된 기능을 구성하는 기본 요소들을 상세히 기술하는 도표

등급 A

6. 미들웨어(Middleware)에 대한 설명으로 틀린 것은?
① 여러 운영체제에서 응용 프로그램들 사이에 위치한 소프트웨어이다.
② 미들웨어의 서비스 이용을 위해 사용자가 정보 교환 방법 등의 내부 동작을 쉽게 확인할 수 있어야 한다.
③ 소프트웨어 컴포넌트를 연결하기 위한 준비된 인프라 구조를 제공한다.
④ 여러 컴포넌트를 1 대 1, 1 대 다, 다 대 다 등 여러 가지 형태로 연결이 가능하다.

전문가의 조언
사용자가 미들웨어의 내부 동작을 확인하려면 별도의 응용 소프트웨어를 사용해야 하므로, 사용자가 미들웨어의 내부 동작을 확인하기는 쉽지 않습니다.

병행학습 미들웨어(Middleware)의 종류
- DB(DataBase) : 데이터베이스 벤더(Vendor)에서 제공하는 클라이언트에서 원격의 데이터베이스와 연결하기 위한 미들웨어
- RPC(Remote Procedure Call) : 응용 프로그램의 프로시저를 사용하여 원격 프로시저를 마치 로컬 프로시저처럼 호출하는 방식의 미들웨어
- MOM(Message Oriented Middleware) : 메시지 기반의 비동기형 메시지를 전달하는 방식의 미들웨어
- TP-Monitor(Transaction Processing Monitor) : 항공기나 철도 예약 업무 등과 같은 온라인 트랜잭션 업무에서 트랜잭션을 처리 및 감시하는 미들웨어
- ORB(Object Request Broker) : 객체지향 미들웨어로 코바(CORBA) 표준 스펙을 구현한 미들웨어
- WAS(Web Application Server) : 사용자의 요구에 따라 변하는 동적인 콘텐츠를 처리하기 위해 사용되는 미들웨어

등급 B

7. 객체지향 기법에서 클래스들 사이의 '부분-전체(Part-Whole)' 관계 또는 '부분(is-a-part-of)'의 관계로 설명되는 연관성을 나타내는 용어는?
① 일반화
② 추상화
③ 캡슐화
④ 집단화

전문가의 조언
클래스들 사이의 '부분-전체(Part-Whole)' 관계 또는 '부분(is-a-part-of)'의 관계와 같이 하나의 사물이 다른 사물에 포함되어 있는 관계를 집합 또는 집단 관계라고 합니다.

병행학습 연관성(Relationship)
- 연관성은 두 개 이상의 객체(클래스)들이 상호 참조하는 관계를 말하며 종류는 다음과 같다.
- is member of : 연관화(Association), 2개 이상의 객체가 상호 관련되어 있음을 의미함
- is instance of : 분류화(Classification), 동일한 형의 특성을 갖는 객체들을 모아 구성하는 것
- is part of : 집단화(Aggregation), 관련 있는 객체들을 묶어 하나의 상위 객체를 구성하는 것
- is a
  - 일반화(Generalization) : 공통적인 성질들로 추상화한 상위 객체를 구성하는 것
  - 특수화/상세화(Specialization) : 상위 객체를 구체화하여 하위 객체를 구성하는 것

등급 C

9. 다음 중 소프트웨어 요구사항 분석을 위해 대상이 되는 목표 집단에 속한 사용자 유형의 대표가 되는 가상 인물에 대한 표현으로 옳은 것은?

① 페르소나
② 진첩도
③ 번업 차트
④ 스토리 맵

전문가의 조언
어떤 제품이나 서비스를 사용할 만한 대상 영역에 속한 다양한 사용자 유형들을 대표하는 가상의 인물을 페르소나(Persona)라고 합니다.

등급 A

10. 다음 중 바람직한 설계 원리로 옳지 않은 것은?

① 유연한 구조
② 복잡성의 최소화
③ 강력한 결합
④ 편리한 유지 관리

전문가의 조언
바람직한 소프트웨어 위한 설계 원리 중 하나는 결합도는 줄이고 응집도는 높여야 합니다.

등급 A

8. 다음 내용이 설명하는 객체지향 설계 원칙은?

> 각 객체들 간의 의존 관계가 성립될 때, 추상성이 낮은 클래스보다 추상성이 높은 클래스와 의존 관계를 맺어야 한다는 원칙이다.

① 의존 역전 원칙
② 리스코프 교체의 원칙
③ 인터페이스 분리 원칙
④ 개방 폐쇄의 원칙

전문가의 조언
문제의 지문에 제시된 내용은 의존 역전 원칙(DIP; Dependency Inversion Principle)의 개념입니다.

병행학습
- 리스코프 치환 원칙(LSP; Liskov Substitution Principle) : 자식 클래스는 최소한 자신의 부모 클래스에서 가능한 행위는 수행할 수 있어야 한다는 설계 원칙
- 인터페이스 분리 원칙(ISP; Interface Segregation Principle) : 자신이 사용하지 않는 인터페이스와 의존 관계를 맺거나 영향을 받지 않아야 한다는 원칙
- 개방-폐쇄 원칙(OCP; Open-Closed Principle) : 기존의 코드를 변경하지 않고 기능을 추가할 수 있도록 설계해야 한다는 원칙

등급 A

11. 객체지향의 주요 개념에 대한 설명으로 틀린 것은?

① 캡슐화는 상위 클래스에서 속성이나 연산을 전달받아 새로운 형태의 클래스로 확장하여 사용하는 것을 의미한다.
② 객체는 실세계에 존재하거나 생각할 수 있는 것을 말한다.
③ 클래스는 하나 이상의 유사한 객체들을 묶어 공통된 특성을 표현한 것이다.
④ 다형성은 상속받은 여러 개의 하위 객체들이 다른 형태의 특성을 갖는 객체로 이용될 수 있는 성질이다.

전문가의 조언
- 상위 클래스에서 속성이나 연산을 전달받는 개념은 상속(Inheritance)입니다.
- 캡슐화(Encapsulation)는 외부에서 접근을 제한하기 위해 인터페이스를 제외한 세부 내용을 은닉하는 것입니다.

정답 8.① 9.① 10.③ 11.①

등급 B

12. N-S(Nassi-Schneiderman) Chart에 대한 설명으로 거리가 먼 것은?

① 논리의 기술에 중점을 둔 도형식 표현 방법이다.
② 연속, 선택 및 다중 선택, 반복 등의 제어 논리 구조로 표현한다.
③ 주로 화살표를 사용하여 논리적인 제어 구조로 흐름을 표현한다.
④ 조건이 복합되어 있는 곳의 처리를 시각적으로 명확히 식별하는데 적합하다.

전문가의 조언
화살표를 사용하여 논리적인 제어구조로 흐름을 표현하는 표기법은 흐름도(Flowchart)입니다.

병행학습 N-S 차트(Nassi-Schneiderman Chart)
- 논리의 기술에 중점을 둔 도형을 이용한 표현 방법으로, 박스 다이어그램, Chapin Chart라고도 한다.
- 연속, 선택 및 다중 선택, 반복 등의 제어 논리 구조를 표현한다.
- GOTO나 화살표를 사용하지 않는다.
- 조건이 복합되어 있는 곳의 처리를 시각적으로 명확히 식별하는 데 적합하다.
- 선택과 반복 구조를 시각적으로 표현한다.
- 이해하기 쉽고, 코드 변환이 용이하다.
- 읽기는 쉽지만 작성하기가 어려우며, 임의로 제어를 전이하는 것이 불가능하다.
- 총체적인 구조 표현과 인터페이스를 나타내기가 어렵다.
- 단일 입구와 단일 출구로 표현한다.

등급 B

13. 럼바우(Rumbaugh)의 객체지향 분석 기법 중 자료 흐름도(DFD)를 주로 이용하는 것은?

① 기능 모델링
② 동적 모델링
③ 객체 모델링
④ 정적 모델링

전문가의 조언
자료 흐름도(DFD)는 럼바우(Rumbaugh)의 객체지향 분석 기법 중 기능 모델링에서 주로 이용됩니다.

병행학습 럼바우(Rumbaugh)의 분석 기법
- 모든 소프트웨어 구성 요소를 그래픽 표기법을 이용하여 모델링하는 기법으로, 객체 모델링 기법(OMT, Object-Modeling Technique)이라고도 한다.
- 분석 활동은 '객체 모델링 → 동적 모델링 → 기능 모델링' 순으로 이루어진다.
- **객체 모델링(Object Modeling)**
  – 정보 모델링이라고도 하며, 시스템에서 요구되는 객체를 찾아내어 속성과 연산 식별 및 객체들 간의 관계를 규정하여 객체 다이어그램으로 표시하는 것이다.
  – 분석 활동의 세 가지 모델 중 가장 중요하며 선행되어야 할 모델링이다.
- **동적 모델링(Dynamic Modeling)** : 상태 다이어그램(상태도)을 이용하여 시간의 흐름에 따른 객체들 간의 제어 흐름, 상호 작용, 동작 순서 등의 동적인 행위를 표현하는 모델링임
- **기능 모델링(Functional Modeling)** : 자료 흐름도(DFD)를 이용하여 다수의 프로세스들 간의 자료 흐름을 중심으로 처리 과정을 표현한 모델링임

등급 B

14. 아래의 UML 모델에서 '차' 클래스와 각 클래스의 관계로 옳은 것은?

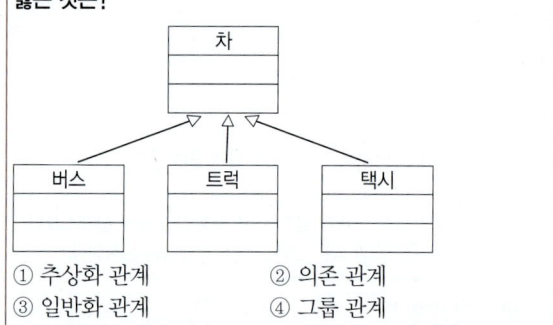

① 추상화 관계
② 의존 관계
③ 일반화 관계
④ 그룹 관계

전문가의 조언
문제의 UML 모델은 하나의 사물이 다른 사물에 비해 더 일반적인지 구체적인지를 표현하는 일반화(Generalization) 관계를 표현하고 있습니다. 차를 구체적으로 표현하면 버스, 트럭, 택시가 되고, 반대로 버스, 트럭, 택시를 일반적으로 표현하면 차가 됩니다.

병행학습 관계(Relationships)
- **연관(Association) 관계**
  2개 이상의 사물이 서로 관련되어 있음
  예 사람 1 ──── 1 집
- **집합(Aggregation) 관계**
  하나의 사물이 다른 사물에 포함되어 있는 관계
  예

- 포함(Composition) 관계
  집합 관계의 특수한 형태로, 포함하는 사물의 변화가 포함되는 사물에게 영향을 미치는 관계

- 일반화(Generalization) 관계
  하나의 사물이 다른 사물에 비해 더 일반적인지 구체적인지를 표현하는 관계

  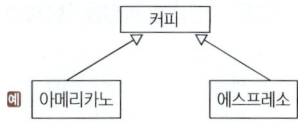

- 의존(Dependency) 관계
  연관 관계와 같이 사물 사이에 서로 연관은 있으나 필요에 의해 서로에게 영향을 주는 짧은 시간 동안만 연관을 유지하는 관계

등급 B

15. 하나의 사물의 변화가 다른 사물에도 영향을 미치는 관계로, 일반적으로 한 클래스가 다른 클래스를 오퍼레이션의 매개 변수로 사용하는 경우에 나타나는 관계는?

① Generalization   ② Association
③ Dependency   ④ Realization

전문가의 조언
문제에서 설명하는 관계는 의존(Dependency) 관계입니다.

병행학습
- Generalization(일반화) : 하나의 사물이 다른 사물에 비해 더 일반적인지 구체적인지를 표현하는 관계
- Association(연관) : 2개 이상의 사물이 서로 관련되어 있음을 표현하는 관계
- Realization(실체화) : 사물이 할 수 있거나 해야 하는 기능(오퍼레이션, 인터페이스)으로 서로를 그룹화 할 수 있는 관계를 표현함

등급 C

16. 다음 중 요구사항 모델링에 활용되지 않는 것은?

① 애자일(Agile) 방법
② 유스케이스 다이어그램(Use Case Diagram)
③ 시퀀스 다이어그램(Sequence Diagram)
④ 단계 다이어그램(Phase Diagram)

전문가의 조언
단계 다이어그램은 물리 화학 등에서 사용되는 다이어그램으로, 요구사항 모델링과는 관계가 없습니다.

등급 C

17. 소프트웨어 설계 시 제일 상위에 있는 main user function에서 시작하여 기능을 하위 기능들로 분할해 가면서 설계하는 방식은?

① 객체 지향 설계   ② 데이터 흐름 설계
③ 상향식 설계   ④ 하향식 설계

전문가의 조언
프로그램의 상위 모듈에서 하위 모듈 방향으로 설계하는 기법을 하향식 설계라고 하며, 대표적인 하향식 설계 전략으로 단계적 분해(Stepwise Refinement)가 있습니다.

병행학습 단계적 분해(Stepwise Refinement)
- Niklaus Wirth에 의해 제안된 하향식 설계 전략으로, 문제를 상위의 중요 개념으로부터 하위의 개념으로 구체화시키는 분할 기법이다.
- 추상화의 반복에 의해 세분화된다.
- 소프트웨어의 기능에서부터 시작하여 점차적으로 구체화하고, 알고리즘, 자료 구조 등 상세한 내역은 가능한 한 뒤로 미루어 진행한다.

등급 C

18. 소프트웨어 설계 시 구축된 플랫폼의 성능 특성 분석에 사용되는 측정 항목이 아닌 것은?

① 응답시간(Response Time)
② 서버 튜닝(Server Tuning)
③ 가용성(Availability)
④ 사용률(Utilization)

전문가의 조언
서버 튜닝은 서버의 성능 개선을 의미하는 것으로, 성능 특성 분석에 사용되는 측정 항목이 될 수 없습니다.

병행학습
- 응답시간(Response Time) : 요청을 전달한 시간부터 응답이 도착할 때까지 걸린 시간
- 가용성(Availability) : 시스템을 사용할 필요가 있을 때 즉시 사용 가능한 정도
- 사용률(Utilization) : 의뢰한 작업을 처리하는 동안의 CPU 사용량, 메모리 사용량, 네트워크 사용량 등 자원 사용률

2과목 소프트웨어 개발

19. 입력되는 데이터를 컴퓨터의 프로세서가 처리하기 전에 미리 처리하여 프로세서가 처리하는 시간을 줄여주는 프로그램이나 하드웨어를 말하는 것은? 〔등급 B〕

① EAI
② FEP
③ GPL
④ Duplexing

전문가의 조언
입력되는 데이터를 컴퓨터의 프로세서가 처리하기 전에 미리 처리하여 프로세서가 처리하는 시간을 줄여주는 프로그램이나 하드웨어를 전처리기(FEP; Front End Processor)라고 합니다.

병행학습
- EAI(Enterprise Application Integration) : 기업 내 각종 애플리케이션 및 플랫폼 간의 정보 전달, 연계, 통합 등 상호 연동이 가능하게 해주는 솔루션
- GPL(General Public License) : 자유 소프트웨어 재단에서 만든 자유 소프트웨어 라이선스
- Duplexing : 서비스 중단에 대비하여 동일한 기능을 수행하는 예비 시스템을 동시에 운용하는 것

20. 프로그램의 소스나 코드에서 결함을 찾아내고 이를 확인하려는 작업을 의미하는 것은? 〔등급 A〕

① 소스 코드 인스펙션
② 재공학
③ 역공학
④ 재사용

전문가의 조언
프로그램의 소스나 코드에서 결함을 찾아내고 이를 확인하려는 작업을 소스 코드 인스펙션이라고 합니다.

병행학습
- 재공학(Reengineering) : 새로운 요구에 맞도록 기존 시스템을 이용하여 보다 나은 시스템을 구축하고, 새로운 기능을 추가하여 소프트웨어 성능을 향상시키는 것
- 역공학(Reverse Engineering) : 기존 소프트웨어를 분석하여 소프트웨어 개발 과정과 데이터 처리 과정을 설명할 수 있는 분석 및 설계 정보를 재발견하거나 다시 만들어 내는 활동
- 재사용(Reuse) : 이미 개발되어 인정받은 소프트웨어의 전체 혹은 일부분을 다른 소프트웨어 개발이나 유지에 사용하는 것

21. 소프트웨어 버전 등록 관련 용어 중 체크아웃 한 파일의 수정을 완료한 후 저장소에 새로운 버전으로 파일을 갱신하는 것을 의미하는 용어는? 〔등급 A〕

① 가져오기(Import)
② 체크아웃(Check-out)
③ 커밋(Commit)
④ 체크인(Check-in)

전문가의 조언
체크아웃 한 파일의 수정을 완료한 후 저장소에 새로운 버전으로 파일을 갱신하는 것을 의미하는 용어는 체크인(Check-In)입니다.

병행학습
- 가져오기(Import) : 버전 관리가 되고 있지 않은 아무것도 없는 저장소(Repository)에 처음으로 파일을 복사함
- 체크아웃(Check-Out) : 프로그램을 수정하기 위해 저장소(Repository)에서 파일을 받아오며, 소스 파일과 함께 버전 관리를 위한 파일들도 받아옴
- 커밋(Commit) : 체크인을 수행할 때 이전에 갱신된 내용이 있는 경우에는 충돌(Conflict)을 알리고 diff 도구를 이용해 수정한 후 갱신을 완료함

22. 다음 설명의 소프트웨어 테스트의 기본 원칙은? 〔등급 C〕

- 파레토 법칙이 좌우한다.
- 애플리케이션 결함의 대부분은 소수의 특정한 모듈에 집중되어 존재한다.
- 결함은 발생한 모듈에서 계속 추가로 발생할 가능성이 높다.

① 살충제 패러독스
② 결함 집중
③ 오류 부재의 궤변
④ 완벽한 테스팅은 불가능

전문가의 조언
파레토 법칙과 같이 대부분의 결함이 소수의 특정 모듈에 집중해서 발생하는 현상을 결함 집중(Defect Clustering)이라고 합니다.

병행학습
- 살충제 패러독스(Pesticide Paradox) : 살충제를 지속적으로 뿌리면 벌레가 내성이 생겨서 죽지 않는 현상을 의미하는 것으로, 애플리케이션 테스트에서는 동일한 테스트를 반복하면 더 이상 결함이 발견되지 않는 현상
- 오류-부재의 궤변(Absence of Errors Fallacy) : 결함을 모두 제거해도 사용자의 요구사항을 만족시키지 못하면 해당 소프트웨어는 품질이 높다고 말할 수 없음
- 완벽한 테스팅은 불가능 : 애플리케이션 테스트는 소프트웨어의 잠재적인 결함을 줄일 수 있지만 소프트웨어에 결함이 없다고 증명할 수는 없음

등급 B

23. 해싱 함수(Hashing Function)의 종류가 아닌 것은?
① 제곱법(Mid-Square)
② 숫자 분석법(Digit Analysis)
③ 개방 주소법(Open Addressing)
④ 제산법(Division)

전문가의 조언
해싱 함수의 종류에는 제산법, 제곱법, 폴딩법, 기수 변환법, 대수적 코딩법, 계수 분석법(숫자 분석법), 무작위법이 있습니다.

병행학습 해싱 함수(Hashing Function)
- 제산법(Division) : 레코드 키(K)를 해시표(Hash Table)의 크기보다 큰 수 중에서 가장 작은 소수(Prime, Q)로 나눈 나머지를 홈 주소로 삼는 방식, 즉 h(K) = K mod Q임
- 제곱법(Mid-Square) : 레코드 키 값(K)을 제곱한 후 그 중간 부분의 값을 홈 주소로 삼는 방식
- 폴딩법(Folding) : 레코드 키 값(K)을 여러 부분으로 나눈 후 각 부분의 값을 더하거나 XOR(배타적 논리합)한 값을 홈 주소로 삼는 방식
- 기수 변환법(Radix) : 키 숫자의 진수를 다른 진수로 변환시켜 주소 크기를 초과한 높은 자릿수는 절단하고, 이를 다시 주소 범위에 맞게 조정하는 방법
- 대수적 코딩법(Algebraic Coding) : 키 값을 이루고 있는 각 자리의 비트 수를 한 다항식의 계수로 간주하고, 이 다항식을 해시표의 크기에 의해 정의된 다항식으로 나누어 얻은 나머지 다항식의 계수를 홈 주소로 삼는 방식
- 계수 분석법(Digit Analysis, 숫자 분석법) : 키 값을 이루는 숫자의 분포를 분석하여 비교적 고른 자리를 필요한 만큼 택해서 홈 주소로 삼는 방식
- 무작위법(Random) : 난수(Random Number)를 발생시켜 나온 값을 홈 주소로 삼는 방식

등급 A

24. 인터페이스 구현 검증 도구가 아닌 것은?
① ESB
② xUnit
③ STAF
④ NTAF

전문가의 조언
ESB(Enterprise Service Bus)는 애플리케이션 간 연계, 데이터 변환, 웹 서비스 지원 등 표준 기반의 인터페이스를 제공하는 솔루션입니다.

병행학습 인터페이스 구현 검증 도구
- xUnit : Java(Junit), C++(Cppunit), .Net(Nunit), Http(HttpUnit) 등 다양한 언어를 지원하는 단위 테스트 프레임워크
- STAF : 서비스 호출 및 컴포넌트 재사용 등 다양한 환경을 지원하는 테스트 프레임워크

- FitNesse : 웹 기반 테스트케이스 설계, 실행, 결과 확인 등을 지원하는 테스트 프레임워크
- NTAF : FitNesse의 장점인 협업 기능과 STAF의 장점인 재사용 및 확장성을 통합한 NHN(Naver)의 테스트 자동화 프레임워크
- Selenium : 다양한 브라우저 및 개발 언어를 지원하는 웹 애플리케이션 테스트 프레임워크
- watir : Ruby를 사용하는 애플리케이션 테스트 프레임워크

등급 B

25. 알파, 베타 테스트와 가장 밀접한 연관이 있는 테스트 단계는?
① 단위 테스트
② 인수 테스트
③ 통합 테스트
④ 시스템 테스트

전문가의 조언
알파 테스트와 베타 테스트는 인수 테스트의 한 종류입니다.

병행학습
- 알파 테스트 : 개발자의 장소에서 사용자가 개발자 앞에서 행하는 테스트 기법
- 베타 테스트 : 선정된 최종 사용자가 여러 명의 사용자 앞에서 행하는 테스트 기법

등급 C

26. 소프트웨어 테스트에서 검증(Verification)과 확인(Validation)에 대한 설명으로 틀린 것은?
① 소프트웨어 테스트에서 검증과 확인을 구별하면 찾고자 하는 결함 유형을 명확하게 하는 데 도움이 된다.
② 검증은 소프트웨어 개발 과정을 테스트하는 것이고, 확인은 소프트웨어 결과를 테스트 것이다.
③ 검증은 작업 제품이 요구 명세의 기능, 비기능 요구사항을 얼마나 잘 준수하는지 측정하는 작업이다.
④ 검증은 작업 제품이 사용자의 요구에 적합한지 측정하며, 확인은 작업 제품이 개발자의 기대를 충족시키는지를 측정한다.

전문가의 조언
검증(Verification)은 개발자의 입장에서 개발한 소프트웨어가 명세서에 맞게 만들어졌는지를 점검하는 것이고, 확인(Validation)은 사용자의 입장에서 개발한 소프트웨어가 고객의 요구사항에 맞게 구현되었는지를 확인하는 것입니다.

정답 23.③ 24.① 25.② 26.④

등급 B

27. 하향식 통합에 있어서 모듈 간의 통합 시험을 위해 일시적으로 필요한 조건만을 가지고 임시로 제공되는 시험용 모듈을 무엇이라고 하는가?

① Stub
② Driver
③ Procedure
④ Function

전문가의 조언
하향식 통합 테스트에서 모듈 간의 통합 시험을 위해 일시적으로 필요한 조건만을 가지고 임시로 제공되는 시험용 모듈을 스텁(Stub)이라고 합니다.

병행학습
- 드라이버(Driver) : 테스트 대상의 하위 모듈을 호출하는 도구로, 매개 변수(Parameter)를 전달하고, 모듈 테스트 수행 후의 결과를 도출함

등급 A

28. 디지털 저작권 관리(DRM) 기술과 거리가 먼 것은?

① 콘텐츠 암호화 및 키 관리
② 콘텐츠 식별체계 표현
③ 콘텐츠 오류 감지 및 복구
④ 라이선스 발급 및 관리

전문가의 조언
콘텐츠 오류 감지 및 복구는 디지털 저작권 관리 기술에 속하지 않습니다.

병행학습 디지털 저작권 관리(DRM)의 기술 요소
- 암호화(Encryption) : 콘텐츠 및 라이선스를 암호화하고 전자 서명을 할 수 있는 기술
- 키 관리(Key Management) : 콘텐츠를 암호화한 키에 대한 저장 및 분배 기술
- 암호화 파일 생성(Packager) : 콘텐츠를 암호화된 콘텐츠로 생성하기 위한 기술
- 식별 기술(Identification) : 콘텐츠에 대한 식별 체계 표현 기술
- 저작권 표현(Right Expression) : 라이선스의 내용 표현 기술
- 정책 관리(Policy Management) : 라이선스 발급 및 사용에 대한 정책 표현 및 관리 기술
- 크랙 방지(Tamper Resistance) : 크랙에 의한 콘텐츠 사용 방지 기술
- 인증(Authentication) : 라이선스 발급 및 사용의 기준이 되는 사용자 인증 기술

등급 C

29. 테스트 결과가 올바른지 판단하기 위해 사용되는 것은?

① 테스트 오라클
② 테스트 시나리오
③ 테스트 케이스
④ 테스트 데이터

전문가의 조언
테스트 결과가 올바른지 판단하기 위해 사전에 정의된 참 값을 대입하여 비교하는 기법 및 활동을 테스트 오라클(Test Oracle)이라고 합니다.

병행학습
- 테스트 시나리오(Test Scenario) : 테스트 케이스를 적용하는 순서에 따라 여러 개의 테스트 케이스들을 묶은 집합으로, 테스트 케이스들을 적용하는 구체적인 절차를 명세한 문서
- 테스트 케이스(Test Case) : 구현된 소프트웨어가 사용자의 요구사항을 정확하게 준수했는지를 확인하기 위해 설계된 입력 값, 실행 조건, 기대 결과 등으로 구성된 테스트 항목에 대한 명세서
- 테스트 데이터(Test Data) : 시스템의 기능이나 적합성 등을 테스트하기 위해 만든 데이터 집합으로, 소프트웨어의 기능을 차례대로 테스트할 수 있도록 만든 데이터

등급 B

30. 인터페이스 구현 시 사용하는 기술로 속성-값 쌍(Attribute-Value Pairs)으로 이루어진 데이터 오브젝트를 전달하기 위해 사용하는 개방형 표준 포맷은?

① JSON
② HTML
③ AVPN
④ DOF

전문가의 조언
속성-값 쌍(Attribute-Value Pairs)으로 이루어진 데이터 오브젝트를 전달하기 위해 사용하는 개방형 표준 포맷은 JSON(JavaScript Object Notation)입니다.

등급 C

31. 다음 설명에 해당하는 정렬(Sort)은?

- 레코드의 많은 자료 이동을 없애고 하나의 파일을 부분적으로 나누어 가면서 정렬하는 방법이다.
- 분할(Divide)과 정복(Conquer)을 통해 자료를 정렬한다.
- 피봇(pivot)을 사용하며, 최악의 경우 $n(n-1)/2$회의 비교를 수행해야 한다.

① 힙 정렬
② 퀵 정렬
③ 선택 정렬
④ 버블 정렬

정답 27.① 28.③ 29.① 30.① 31.②

전문가의 조언
문제의 지문에서 설명하는 정렬은 퀵 정렬(Quick Sort)입니다.

병행학습
- 힙 정렬(Heap Sort) : 완전이진 트리(Complete Binary Tree)를 이용한 정렬 방식
- 선택 정렬(Selection Sort) : n개의 레코드 중에서 최소값을 찾아 첫 번째 레코드 위치에 놓고, 나머지 (n-1)개 중에서 다시 최소값을 찾아 두 번째 레코드 위치에 놓는 방식을 반복하여 정렬하는 방식
- 버블 정렬(Bubble Sort) : 주어진 파일에서 인접한 두 개의 레코드 키 값을 비교하여 그 크기에 따라 레코드 위치를 서로 교환하는 정렬 방식

등급 A

32. 다음 중 선형 구조로만 묶인 것은?
① 스택, 트리
② 큐, 데크
③ 큐, 그래프
④ 리스트, 그래프

전문가의 조언
선형 구조에는 배열, 선형 리스트, 스택, 큐, 데크가 있고, 비선형 구조에는 트리, 그래프가 있습니다.

병행학습 자료 구조의 분류
- 선형 구조(Linear Structure) : 배열(Array), 선형 리스트(Linear List), 스택(Stack), 큐(Queue), 데크(Deque)
- 비선형 구조(Non-Linear Structure) : 트리(Tree), 그래프(Graph)

등급 B

33. 정형 기술 검토(FTR)의 지침으로 틀린 것은?
① 의제를 제한한다.
② 논쟁과 반박을 제한한다.
③ 문제 영역을 명확히 표현한다.
④ 참가자의 수를 제한하지 않는다.

전문가의 조언
정형 기술 검토는 의제와 참가자의 수를 제한합니다.

병행학습 정형 기술 검토(FTR; Formal Technical Review)
- 가장 일반적인 검토 방법으로 소프트웨어 기술자들에 의해 수행되는 소프트웨어 품질 보증 활동이다.
- 정형 기술 검토 유형에는 검토 회의(Walkthrough), 검열(Inspections) 등이 있으며 이는 모두 회의 형태로 수행된다.
- 정형 기술 검토의 지침 사항
  - 제품의 검토에만 집중하라.
  - 의제를 제한하여 진행하라.
  - 논쟁과 반박을 제한하라.
  - 문제 영역을 명확히 표현하라.
  - 해결책이나 개선책에 대해서는 논하지 말아라.
  - 참가자의 수를 제한하고 사전 준비를 강요하라.
  - 검토될 확률이 있는 각 제품에 대한 체크 리스트를 개발하라.

등급 A

34. 다음 트리에 대한 INORDER 운행 결과는?

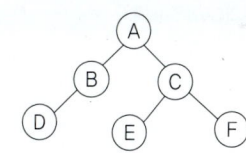

① D B A E C F
② A B D C E F
③ D B E C F A
④ A B C D E F

전문가의 조언
먼저 서브트리를 하나의 노드로 생각할 수 있도록 서브트리 단위로 묶습니다.

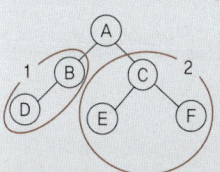

❶ 중위 순회(Inorder)는 Left → Root → Right 이므로 1A2 가 됩니다.
❷ 1은 DB이므로 DBA2 가 됩니다.
❸ 2는 ECF이므로 DBAECF 가 됩니다.

등급 C

35. 제품 소프트웨어 패키징 도구 활용 시 고려사항이 아닌 것은?

① 제품 소프트웨어의 종류에 적합한 암호화 알고리즘을 고려한다.
② 추가로 다양한 이기종 연동을 고려한다.
③ 사용자 편의성을 위한 복잡성 및 비효율성 문제를 고려한다.
④ 내부 콘텐츠에 대한 보안은 고려하지 않는다.

전문가의 조언
저작권자가 아닌 일반 사용자에게 배포되는 소프트웨어이므로 내부 콘텐츠에 대한 암호화 및 보안이 고려되어야 합니다.

병행학습 | 소프트웨어 패키징 시 고려사항
- 사용자의 시스템 환경, 즉 운영체제(OS), CPU, 메모리 등에 필요한 최소 환경을 정의한다.
- UI(User Interface)는 사용자가 눈으로 직접 확인할 수 있도록 시각적인 자료와 함께 제공하고 매뉴얼과 일치시켜 패키징한다.
- 소프트웨어는 단순히 패키징하여 배포하는 것으로 끝나는 것이 아니라 하드웨어와 함께 관리될 수 있도록 Managed Service 형태로 제공하는 것이 좋다.
- 사용자에게 배포되는 소프트웨어이므로 내부 콘텐츠에 대한 암호화 및 보안을 고려한다.
- 다른 여러 콘텐츠 및 단말기 간 DRM(디지털 저작권 관리) 연동을 고려한다.
- 사용자의 편의성을 위한 복잡성 및 비효율성 문제를 고려한다.
- 제품 소프트웨어 종류에 적합한 암호화 알고리즘을 적용한다.

등급 B

36. 클린 코드 작성원칙에 대한 설명으로 틀린 것은?

① 코드의 중복을 최소화 한다.
② 코드가 다른 모듈에 미치는 영향을 최대화하도록 작성한다.
③ 누구든지 코드를 쉽게 읽을 수 있도록 작성한다.
④ 간단하게 코드를 작성한다.

전문가의 조언
클린 코드(Clean Code)는 의존성 배제 원칙에 따라 코드가 다른 모듈에 미치는 영향을 최소화해야 합니다.

병행학습 | 클린 코드(Clean Code) 작성 원칙

가독성	• 누구든지 코드를 쉽게 읽을 수 있도록 작성함 • 코드 작성 시 이해하기 쉬운 용어를 사용하거나 들여쓰기 기능 등을 사용함
단순성	• 코드를 간단하게 작성함 • 한 번에 한 가지를 처리하도록 코드를 작성하고 클래스/메소드/함수 등을 최소 단위로 분리함
의존성 배제	• 코드가 다른 모듈에 미치는 영향을 최소화함 • 코드 변경 시 다른 부분에 영향이 없도록 작성함
중복성 최소화	• 코드의 중복을 최소화함 • 중복된 코드는 삭제하고 공통된 코드를 사용함
추상화	상위 클래스/메소드/함수에서는 간략하게 애플리케이션의 특성을 나타내고, 상세 내용은 하위 클래스/메소드/함수에서 구현함

등급 A

37. 소프트웨어 테스트와 관련한 설명으로 틀린 것은?

① 화이트박스 테스트는 모듈의 논리적인 구조를 체계적으로 점검할 수 있다.
② 블랙박스 테스트는 프로그램의 구조를 고려하지 않는다.
③ 테스트 케이스에는 일반적으로 시험 조건, 테스트 데이터, 예상 결과가 포함되어야 한다.
④ 화이트박스 테스트에서 기본 경로(Basis Path)란 흐름 그래프의 시작 노드에서 종료 노드까지의 서로 독립된 경로로 싸이클을 허용하지 않는 경로를 말한다.

전문가의 조언
기초 경로(Base Path=Basis Path)는 수행 가능한 모든 경로를 의미합니다.

병행학습
블랙박스 테스트(Black Box Test)
- 소프트웨어가 수행할 특정 기능을 알기 위해서 각 기능이 완전히 작동되는 것을 입증하는 테스트로, 기능 테스트라고도 한다.
- 프로그램의 구조를 고려하지 않기 때문에 테스트 케이스는 프로그램 또는 모듈의 요구나 명세를 기초로 결정한다.
- 소프트웨어 인터페이스에서 실시되는 테스트이다.
- 부정확하거나 누락된 기능, 인터페이스 오류, 자료 구조나 외부 데이터베이스 접근에 따른 오류, 행위나 성능 오류, 초기화와 종료 오류 등을 발견하기 위해 사용되며, 테스트 과정의 후반부에 적용된다.
- 종류 : 동치 분할 검사, 경계값 분석, 원인-효과 그래프 검사, 오류 예측 검사, 비교 검사 등

화이트박스 테스트(White Box Test)
- 모듈의 원시 코드를 오픈시킨 상태에서 원시 코드의 논리적인 모든 경로를 테스트하여 테스트 케이스를 설계하는 방법이다.
- 설계된 절차에 초점을 둔 구조적 테스트로 프로시저 설계의 제어 구조를 사용하여 테스트 케이스를 설계하며, 테스트 과정의 초기에 적용된다.
- 모듈 안의 작동을 직접 관찰한다.
- 원시 코드(모듈)의 모든 문장을 한 번 이상 실행함으로써 수행된다.
- 프로그램의 제어 구조에 따라 선택, 반복 등의 분기점 부분들을 수행함으로써 논리적 경로를 제어한다.
- 종류 : 기초 경로 검사, 제어 구조 검사(조건 검사, 루프 검사, 데이터 흐름 검사) 등

등급 B

38. 소프트웨어 테스트에서 오류의 80%는 전체 모듈의 20% 내에서 발견된다는 법칙은?
① Brooks의 법칙　② Boehm의 법칙
③ Pareto의 법칙　④ Jackson의 법칙

전문가의 조언
소프트웨어 테스트에서 오류의 80%는 전체 모듈의 20% 내에서 발견된다는 법칙은 파레토 법칙(Pareto Principle)입니다.

등급 A

39. 다음 초기 자료에 대하여 삽입 정렬(Insertion Sort)을 이용하여 오름차순 정렬할 경우 1회전 후의 결과는?

초기 자료 : 8, 3, 4, 9, 7

① 3, 4, 8, 7, 9　② 3, 4, 9, 7, 8
③ 7, 8, 3, 4, 9　④ 3, 8, 4, 9, 7

전문가의 조언
삽입 정렬은 두 번째 자료부터 시작하여 그 앞(왼쪽)의 자료들과 비교하여 삽입할 위치를 지정한 후 자료를 뒤로 옮기고 지정한 자리에 자료를 삽입하여 정렬하는 알고리즘입니다. 즉 두 번째 자료는 첫 번째 자료, 세 번째 자료는 두 번째와 첫 번째 자료, 네 번째 자료는 세 번째, 두 번째, 첫 번째 자료와 비교한 후 자료가 삽입될 위치를 찾습니다.
- 초기 자료 : 8 3 4 9 7
- 1회전 : 8 3 4 9 7 → 3 8 4 9 7
  두 번째 값 3을 첫 번째 값과 비교하여 첫 번째 자리에 삽입하고 8을 한 칸씩 뒤로 이동시킵니다.
- 2회전 : 3 8 4 9 7 → 3 4 8 9 7
  세 번째 값 4를 첫 번째, 두 번째 값과 비교하여 8자리에 삽입하고 8을 한 칸씩 뒤로 이동시킵니다.
- 3회전 : 3 4 8 9 7 → 3 4 8 9 7
  네 번째 값 9를 첫 번째, 두 번째, 세 번째 값과 비교한 후 삽입할 곳이 없다면 다음 회전으로 넘어갑니다.
- 4회전 : 3 4 8 9 7 → 3 4 7 8 9
  다섯 번째 값 7을 처음부터 비교하여 8자리에 삽입하고 나머지를 한 칸씩 뒤로 이동시킵니다.

등급 A

40. 이진 트리의 레코드 R = (88, 74, 63, 55, 37, 25, 33, 19, 26, 14, 9)에 대하여 힙(Heap) 정렬을 만들 때, 37의 왼쪽과 오른쪽의 자노드(Child Node)의 값은?
① 55, 25　② 63, 33
③ 33, 19　④ 14, 9

전문가의 조언
힙 정렬은 자료를 완전이진 트리(Complete Binary Tree)로 구성해 보면 간단하게 알 수 있습니다.

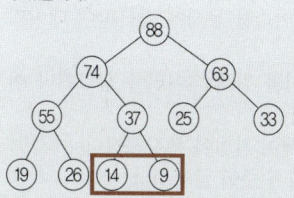

3과목 데이터베이스 구축

등급 A

41. 다음에 제시된 SQL의 명령어 중 성격이 다른 하나는?
① CREATE
② REVOKE
③ ALTER
④ DROP

전문가의 조언
CREATE, ALTER, DROP은 DDL(데이터 정의어)이고, REVOKE는 DCL(데이터 제어어)입니다.

등급 B

42. 릴레이션에 있는 모든 튜플에 대해 유일성은 만족시키지만 최소성은 만족시키지 못하는 키는?
① 후보키
② 기본키
③ 슈퍼키
④ 외래키

전문가의 조언
슈퍼키는 한 릴레이션 내에 있는 속성들의 집합으로 구성된 키로, 릴레이션을 구성하는 모든 튜플에 대해 유일성(Unique)은 만족하지만, 최소성(Minimality)은 만족하지 못합니다.

병행학습
- **후보키(Candidate Key)** : 릴레이션을 구성하는 속성들 중에서 튜플을 유일하게 식별하기 위해 사용되는 속성들의 부분집합으로, 유일성과 최소성을 모두 만족함
- **기본키(Primary Key)** : 후보키 중에서 특별히 선정된 키로 중복된 값과 NULL 값을 가질 수 없음
- **외래키(Foreign Key)** : 다른 릴레이션의 기본키를 참조하는 속성 또는 속성들의 집합을 의미하며, 릴레이션 간의 관계를 표현할 때 사용

등급 B

43. 데이터베이스의 병행 제어(Concurrency Control)에 대한 설명으로 옳지 않은 것은?
① 여러 사용자가 데이터베이스를 동시에 접근하여 데이터를 처리하기 위함이다.
② 처리 결과의 정확성 유지를 위해 데이터를 잠그거나 여는 등의 제어가 필요하다.
③ 로킹 단위가 크면 병행 제어 기법이 복잡해진다.
④ 로킹 단위가 크면 병행성 수준이 낮아진다.

전문가의 조언
로킹 단위가 크면 병행 제어 기법이 단순해 집니다.

병행학습
병행제어(Concurrency Control)
- 다중 프로그램의 이점을 활용하여 동시에 여러 개의 트랜잭션을 병행수행 할 때, 동시에 실행되는 트랜잭션들이 데이터베이스의 일관성을 파괴하지 않도록 트랜잭션 간의 상호 작용을 제어하는 것이다.
- **병행제어의 목적**
  - 데이터베이스의 공유를 최대화한다.
  - 시스템의 활용도를 최대화한다.
  - 데이터베이스의 일관성을 유지한다.
  - 사용자에 대한 응답 시간을 최소화한다.

로킹 단위
- 병행제어에서 한꺼번에 로킹할 수 있는 객체의 크기를 의미한다.
- 데이터베이스, 파일, 레코드, 필드 등이 로킹 단위가 될 수 있다.
- 로킹 단위가 크면 로크 수가 적어(오버헤드 감소) 관리하기 쉽지만 병행성 수준이 낮아지고, 로킹 단위가 작으면 로크 수가 많아(오버헤드 증가) 관리하기는 복잡하지만 병행성 수준이 높아진다.

등급 A

44. 다음 중 기본키는 NULL 값을 가져서는 안되며, 릴레이션 내에 오직 하나의 값만 존재해야 한다는 조건을 무엇이라 하는가?
① 개체 무결성 제약 조건
② 참조 무결성 제약 조건
③ 도메인 무결성 제약 조건
④ 속성 무결성 제약 조건

전문가의 조언
기본키는 NULL값을 가져서는 안되며, 릴레이션 내에 오직 하나의 값만 존재해야 하는 조건은 개체 무결성 제약 조건입니다.

병행학습
- **참조 무결성(Referential Integrity)** : 외래키 값은 Null이거나 참조 릴레이션의 기본키 값과 동일해야 하고, 릴레이션은 참조할 수 없는 외래키 값을 가질 수 없다는 규정
- **도메인 무결성(Domain Integrity, 영역 무결성)** : 주어진 속성 값이 정의된 도메인에 속한 값이어야 한다는 규정

45. 뷰(View)에 대한 설명으로 옳지 않은 것은?

① 뷰는 CREATE 문을 사용하여 정의한다.
② 뷰는 데이터의 논리적 독립성을 제공한다.
③ 뷰를 제거할 때에는 DROP 문을 사용한다.
④ 뷰는 저장장치 내에 물리적으로 존재한다.

> **전문가의 조언**
> 뷰(View)는 저장장치 내에 물리적으로 존재하지 않는 가상 테이블입니다.

병행학습 뷰(View)의 개념
- 사용자에게 접근이 허용된 자료만을 제한적으로 보여주기 위해 하나 이상의 기본 테이블로부터 유도된, 이름을 가지는 가상 테이블이다.
- 뷰는 저장장치 내에 물리적으로 존재하지 않지만, 사용자에게는 있는 것처럼 간주된다.

뷰(View)의 특징
- 뷰는 기본 테이블로부터 유도된 테이블이기 때문에 기본 테이블과 같은 형태의 구조를 사용하며, 조작도 기본 테이블과 거의 같다.
- 뷰는 가상 테이블이기 때문에 물리적으로 구현되어 있지 않다.
- 데이터의 논리적 독립성을 제공할 수 있다.
- 필요한 데이터만 뷰로 정의해서 처리할 수 있기 때문에 관리가 용이하고 명령문이 간단해진다.
- 뷰를 통해서만 데이터에 접근하게 하면 뷰에 나타나지 않는 데이터를 안전하게 보호하는 효율적인 기법으로 사용할 수 있다.
- 기본 테이블의 기본키를 포함한 속성(열) 집합으로 뷰를 구성해야만 삽입, 삭제, 갱신 연산이 가능하다.
- 일단 정의된 뷰는 다른 뷰의 정의에 기초가 될 수 있다.
- 뷰가 정의된 기본 테이블이나 뷰를 삭제하면 그 테이블이나 뷰를 기초로 정의된 다른 뷰도 자동으로 삭제된다.

46. 어떤 릴레이션 R에서 X와 Y를 각각 R의 애트리뷰트 집합의 부분 집합이라고 할 경우 애트리뷰트 X의 값 각각에 대해 시간에 관계없이 항상 애트리뷰트 Y의 값이 오직 하나만 연관되어 있을 때 Y는 X에 함수 종속이라고 한다. 이 함수 종속의 표기로 옳은 것은?

① Y → X
② Y ⊂ X
③ X → Y
④ X ⊂ Y

> **전문가의 조언**
> X가 Y를 함수적으로 종속할 때 X → Y로 표기합니다.

병행학습 함수적 종속(Functional Dependency)
- 함수적 종속은 데이터들이 어떤 기준값에 의해 종속되는 것을 의미한다.
- 예를 들어 〈수강〉 릴레이션이 (학번, 이름, 과목명)으로 되어 있을 때, '학번'이 결정되면 '과목명'에 상관없이 '학번'에는 항상 같은 '이름'이 대응된다. '학번'에 따라 '이름'이 결정될 때 '이름'이 '학번'에 함수 종속적이라고 하며 '학번 → 이름'과 같이 쓴다.

47. 정규화된 엔티티, 속성, 관계를 시스템의 성능 향상과 개발 운영의 단순화를 위해 중복, 통합, 분리 등을 수행하는 데이터 모델링 기법은?

① 인덱스정규화
② 반정규화
③ 집단화
④ 머징

> **전문가의 조언**
> 시스템의 성능 향상과 개발 운영의 단순화를 위해 정규화된 데이터 모델을 통합, 중복, 분리하는 등 의도적으로 정규화 원칙을 위배하는 행위는 반정규화입니다.

병행학습 반정규화(Denormalization)
- 시스템의 성능 향상, 개발 및 운영의 편의성 등을 위해 정규화된 데이터 모델을 통합, 중복, 분리하는 과정으로, 의도적으로 정규화 원칙을 위배하는 행위이다.
- 반정규화를 수행하면 시스템의 성능이 향상되고 관리 효율성은 증가하지만 데이터의 일관성 및 정합성이 저하될 수 있다.
- 과도한 반정규화는 오히려 성능을 저하시킬 수 있다.
- 반정규화를 위해서는 사전에 데이터의 일관성과 무결성을 우선으로 할지, 데이터베이스의 성능과 단순화를 우선으로 할지를 결정해야 한다.
- 반정규화 방법에는 테이블 통합, 테이블 분할, 중복 테이블 추가, 중복 속성 추가 등이 있다.

48. 데이터베이스의 트랜잭션 성질들 중에서 다음 설명에 해당하는 것은?

- 트랜잭션이 그 실행을 성공적으로 완료하면 언제나 일관성 있는 데이터베이스 상태로 변환한다.
- 시스템이 가지고 있는 고정 요소는 트랜잭션 수행 전과 트랜잭션 수행 완료 후의 상태가 같아야 한다.

① 원자성(Atomicity)
② 일관성(Consistency)
③ 격리성(Isolation)
④ 영속성(Durability)

정답 45.④ 46.③ 47.② 48.②

전문가의 조언
문제의 지문은 일관성(Consistency)에 대한 설명입니다.

병행학습
- Atomicity(원자성) : 트랜잭션의 연산은 데이터베이스에 모두 반영되도록 완료(Commit)되든지 아니면 전혀 반영되지 않도록 복구(Rollback)되어야 함
- Isolation(독립성, 격리성, 순차성) : 둘 이상의 트랜잭션이 동시에 병행 실행되는 경우 어느 하나의 트랜잭션 실행중에 다른 트랜잭션의 연산이 끼어들 수 없음
- Durability(영속성, 지속성) : 성공적으로 완료된 트랜잭션의 결과는 시스템이 고장 나더라도 영구적으로 반영되어야 함

등급 A

49. 릴레이션의 특징으로 옳은 내용 모두를 나열한 것은?

㉠ 모든 튜플은 서로 다른 값을 갖는다.
㉡ 각 속성은 릴레이션 내에서 유일한 이름을 가진다.
㉢ 하나의 릴레이션에서 튜플의 순서는 없다.
㉣ 모든 속성 값은 원자 값이다.

① ㉢, ㉣
② ㉡, ㉢, ㉣
③ ㉠, ㉡, ㉣
④ ㉠, ㉡, ㉢, ㉣

전문가의 조언
문제의 지문에 제시된 특징은 모두 옳은 내용입니다.

병행학습 릴레이션의 특징

〈학생〉

학번	이름	학년	신장	학과
89001	홍길동	2	170	CD
89002	이순신	1	169	CD
87012	임꺽정	2	180	ID
86032	장보고	4	174	ED

- 한 릴레이션에 포함된 튜플들은 모두 상이하다.
  - 예 〈학생〉 릴레이션을 구성하는 홍길동 레코드는 홍길동에 대한 학적사항을 나타내는 것으로 〈학생〉 릴레이션 내에서는 유일하다.
- 한 릴레이션에 포함된 튜플 사이에는 순서가 없다.
  - 예 〈학생〉 릴레이션에서 홍길동 레코드와 임꺽정 레코드의 위치가 바뀌어도 상관 없다.
- 튜플들의 삽입, 삭제 등의 작업으로 인해 릴레이션은 시간에 따라 변한다.
  - 예 〈학생〉 릴레이션에 새로운 학생의 레코드를 삽입하거나, 기존 학생에 대한 레코드를 삭제함으로써 테이블은 내용 면에서나 크기 면에서 변하게 된다.
- 릴레이션 스키마를 구성하는 속성들 간의 순서는 중요하지 않다.
  - 예 학번, 이름 등의 속성을 나열하는 순서가 이름, 학번 순으로 바뀌어도 데이터 처리에는 전혀 문제가 되지 않는다.

- 속성의 유일한 식별을 위해 속성의 명칭은 유일해야 하지만, 속성을 구성하는 값은 동일한 값이 있을 수 있다.
  - 예 각 학생의 학년을 기술하는 속성인 '학년'은 다른 속성명들과 구분되어 유일해야 하지만 '학년' 속성에는 2, 1, 2, 4 등이 입력된 것처럼 동일한 값이 있을 수 있다.
- 릴레이션을 구성하는 튜플을 유일하게 식별하기 위해 속성들의 부분집합을 키(Key)로 설정한다.
  - 예 〈학생〉 릴레이션에서는 '학번'이나 '성명'이 튜플들을 구분하는 유일한 값인 키가 될 수 있다.
- 속성은 더 이상 쪼갤 수 없는 원자값만을 저장한다.
  - 예 '학년'에 저장된 1, 2, 4 등은 더 이상 세분화할 수 없다.

등급 B

50. 데이터베이스 설계 단계 중 저장 레코드 양식 설계, 레코드 집중의 분석 및 설계, 접근 경로 설계와 관계되는 것은?

① 논리적 설계
② 요구 조건 분석
③ 개념적 설계
④ 물리적 설계

전문가의 조언
문제에 제시된 내용은 물리적 설계에 대한 설명입니다.

병행학습
- 논리적 설계 단계 : 현실 세계에서 발생하는 자료를 컴퓨터가 이해하고 처리할 수 있는 물리적 저장장치에 저장할 수 있도록 변환하기 위해 특정 DBMS가 지원하는 논리적 자료 구조로 변환(mapping)시키는 과정
- 요구 조건 분석 : 데이터베이스를 사용할 사람들로부터 필요한 용도를 파악하는 것
- 개념적 설계 : 정보의 구조를 얻기 위하여 현실 세계의 무한성과 계속성을 이해하고, 다른 사람과 통신하기 위하여 현실 세계에 대한 인식을 추상적 개념으로 표현하는 과정

등급 B

51. 정규화를 거치지 않아 발생하게 되는 이상(Anomaly) 현상의 종류에 대한 설명으로 옳지 않은 것은?

① 삭제 이상이란 릴레이션에서 한 튜플을 삭제할 때 의도와는 상관없는 값들도 함께 삭제되는 연쇄 삭제 현상이다.
② 삽입 이상이란 릴레이션에서 데이터를 삽입할 때 의도와는 상관없이 원하지 않는 값들도 함께 삽입되는 현상이다.
③ 갱신 이상이란 릴레이션에서 튜플에 있는 속성값을 갱신할 때 일부 튜플의 정보만 갱신되어 정보에 모순이 생기는 현상이다.
④ 종속 이상이란 하나의 릴레이션에 하나 이상의 함수적 종속성이 존재하는 현상이다.

> **전문가의 조언**
> 이상의 종류에는 삽입 이상, 삭제 이상, 갱신 이상이 있으며, 종속 이상은 존재하지 않습니다.

🅱🅷🅷 이상(Anomaly)

- 정규화를 거치지 않으면 데이터베이스 내에 데이터들이 불필요하게 중복되어 릴레이션 조작 시 예기치 못한 곤란한 현상이 발생하는데, 이를 이상(Anomaly)이라 하며, 삽입 이상, 삭제 이상, 갱신 이상이 있다.
- **삽입 이상**(Insertion Anomaly) : 릴레이션에 데이터를 삽입할 때 의도와는 상관없이 원하지 않은 값들도 함께 삽입되는 현상
- **삭제 이상**(Deletion Anomaly) : 릴레이션에서 한 튜플을 삭제할 때 의도와는 상관없는 값들도 함께 삭제되는 연쇄가 일어나는 현상
- **갱신 이상**(Update Anomaly) : 릴레이션에서 튜플에 있는 속성값을 갱신할 때 일부 튜플의 정보만 갱신되어 정보에 모순이 생기는 현상

등급 A

52. 다음 SQL문의 실행 결과는?

[R1 테이블]

학번	이름	학년	학과	주소
1000	홍길동	4	컴퓨터	서울
2000	김철수	3	전기	경기
3000	강남길	1	컴퓨터	경기
4000	오말자	4	컴퓨터	경기
5000	장미화	2	전자	서울

[R2 테이블]

학번	과목번호	학점	점수
1000	C100	A	91
1000	C200	A	94
2000	C300	B	85
3000	C400	A	90
3000	C500	C	75
3000	C100	A	90
4000	C400	A	95
4000	C500	A	91
4000	C100	B	80
4000	C200	C	74
5000	C400	B	85

[SQL 문]
```
SELECT 이름
FROM R1
WHERE 학번 IN
    (SELECT 학번
    FROM R2
    WHERE 과목번호 = 'C100');
```

① | 이름 |
|---|
| 홍길동 |
| 강남길 |
| 장미화 |

② | 이름 |
|---|
| 홍길동 |
| 강남길 |
| 오말자 |

③ | 이름 |
|---|
| 홍길동 |
| 김철수 |
| 강남길 |
| 오말자 |
| 장미화 |

④ | 이름 |
|---|
| 홍길동 |
| 김철수 |

> **전문가의 조언**
> SQL문의 실행 결과로 옳은 것은 ②번입니다. 〈R2〉 테이블에서 '과목번호' 속성이 "C100"인 학번을 〈R1〉 테이블에서 찾아 '이름' 속성을 출력합니다.
>
> ❷ SELECT 이름 FROM R1 WHERE 학번 IN
> ❶ (SELECT 학번 FROM R2 WHERE 과목번호 = 'C100');
>
> ❶ SELECT 학번 FROM R2 WHERE 과목번호 = 'C100' : 〈R2〉 테이블에서 '과목번호'가 "C100"인 튜플의 '학번'을 검색한다. 결과는 1000, 3000, 4000이다.
> ❷ SELECT 이름 FROM R1 WHERE 학번 IN (❷) : 〈R1〉 테이블에서 '학번'이 1000, 3000, 4000인 튜플의 '이름'을 검색한다. 결과는 "홍길동", "강남길", "오말자"이다.

정답 52.②

53. 다음에 해당하는 함수 종속의 추론 규칙은?

X → Y이고 Y → Z이면 X → Z이다.

① 분해 규칙
② 이행 규칙
③ 반사 규칙
④ 결합 규칙

전문가의 조언
X → Y이고 Y → Z일 때, X → Z를 만족하는 관계를 이행적 함수 종속 또는 이행 규칙이라고 합니다.

54. 시스템 카탈로그에 대한 설명으로 옳지 않은 것은?

① 사용자가 직접 시스템 카탈로그의 내용을 갱신하여 데이터베이스 무결성을 유지한다.
② 시스템 자신이 필요로 하는 스키마 및 여러 가지 객체에 관한 정보를 포함하고 있는 시스템 데이터베이스이다.
③ 시스템 카탈로그에 저장되는 내용을 메타 데이터라고도 한다.
④ 시스템 카탈로그는 DBMS가 스스로 생성하고 유지한다.

전문가의 조언
시스템 카탈로그는 사용자가 조회할 수는 있으나 갱신하는 것은 불가능합니다.

병행학습 시스템 카탈로그(System Catalog)
- 시스템 그 자체에 관련이 있는 다양한 객체에 관한 정보를 포함하는 시스템 데이터베이스이다.
- 시스템 카탈로그 내의 각 테이블은 사용자를 포함하여 DBMS에서 지원하는 모든 데이터 객체에 대한 정의나 명세에 관한 정보를 유지 관리하는 시스템 테이블이다.
- 카탈로그들이 생성되면 데이터 사전(Data Dictionary)에 저장되기 때문에 좁은 의미로는 카탈로그를 데이터 사전이라고 한다.
- 시스템 카탈로그에 저장된 정보를 메타 데이터(Meta-Data)라고 한다.
- 카탈로그 자체도 시스템 테이블로 구성되어 있어 일반 이용자도 SQL을 이용하여 내용을 검색해 볼 수 있다.
- INSERT, DELETE, UPDATE문으로 카탈로그를 갱신하는 것은 허용되지 않는다.
- 데이터베이스 시스템에 따라 상이한 구조를 갖는다.
- 카탈로그는 DBMS가 스스로 생성하고 유지한다.

55. 병렬 데이터베이스 환경 중 수평 분할에서 활용되는 분할 기법이 아닌 것은?

① 라운드-로빈
② 범위 분할
③ 예측 분할
④ 해시 분할

전문가의 조언
- 파티셔닝(=분할) 방식에는 범위 분할, 목록 분할, 해시 분할, 조합 분할, 라운드로빈 분할이 있습니다.
- 예측 분할이라는 방식은 존재하지 않습니다.

병행학습 파티션의 종류
- **범위 분할(Range Partitioning)**
  – 지정한 열 값의 기준으로 범위를 지정하여 분할한다.
  예 일별, 월별, 분기별 등
- **해시 분할(Hash Partitioning)**
  – 해시 함수를 적용한 결과 값에 따라 데이터를 분할한다.
  – 특정 파티션에 데이터가 집중되는 범위 분할의 단점을 보완한 것으로, 데이터를 고르게 분산할 때 유용하다.
  – 특정 데이터가 어디에 있는지 판단할 수 없다.
  – 고객번호, 주민번호 등과 같이 데이터가 고른 컬럼에 효과적이다.
- **조합 분할(Composite Partitioning)**
  – 범위 분할로 분할한 다음 해시 함수를 적용하여 다시 분할하는 방식이다.
  – 범위 분할한 파티션이 너무 커서 관리가 어려울 때 유용하다.
- **목록 분할(List Partitioning)**
  – 지정한 열 값에 대한 목록을 만들어 이를 기준으로 분할한다.
  예 '국가'라는 열에 '한국', '미국', '일본'이 있는 경우 '미국'을 제외할 목적으로 '아시아'라는 목록을 만들어 분할한다.
- **라운드 로빈 분할(Round Robin Partitioning)**
  – 레코드를 균일하게 분배하는 방식이다.
  – 각 레코드가 순차적으로 분배되며, 기본키가 필요없다.

56. 다음은 관계 대수의 수학적 표현식이다. 해당되는 연산은?

$R \times S = \{ r \cdot s \mid r \in R \wedge s \in S \}$
$r = \langle a1, a2, \cdots, an \rangle, s = \langle b1, b2, \cdots, bm \rangle$

① 합집합
② 교집합
③ 차집합
④ 카티션 프로덕트

전문가의 조언
카티션 프로덕트(교차곱)는 두 릴레이션에 있는 튜플들의 순서쌍을 구하는 연산으로 r은 R에 존재하는 튜플이고, s는 S에 존재하는 튜플입니다.

병행학습
- 합집합 : R∪S={t|t∈R∨t∈S}
  ※ t는 릴레이션 R 또는 S에 존재하는 튜플임
- 교집합 : R∩S={t|t∈R∧t∈S}
  ※ t는 릴레이션 R 그리고 S에 동시에 존재하는 튜플임
- 차집합 : R−S={t|t∈R∧t∉S}
  ※ t는 릴레이션 R에는 존재하고 S에 없는 튜플임

등급 A

57. 제 3정규형에서 보이스코드 정규형(BCNF)으로 정규화하기 위한 작업은?

① 원자 값이 아닌 도메인을 분해
② 부분 함수 종속 제거
③ 이행 함수 종속 제거
④ 결정자가 후보키가 아닌 함수 종속 제거

전문가의 조언
BCNF는 결정자가 모두 후보키인 정규형으로, 제 3정규형에서 결정자가 후보키가 아닌 것을 제거하면 BCNF가 됩니다.

병행학습 정규화 과정

| 비정규 릴레이션 |
| ↓ 도메인이 원자값 |
| 1NF |
| ↓ 부분적 함수 종속 제거 |
| 2NF |
| ↓ 이행적 함수 종속 제거 |
| 3NF |
| ↓ 결정자이면서 후보키가 아닌 것 제거 |
| BCNF |
| ↓ 다치 종속 제거 |
| 4NF |
| ↓ 조인 종속성 이용 |
| 5NF |

정규화 단계 암기 요령

두부를 좋아하는 정규화가 두부가게에 가서 가게에 있는 두부를 다 달라고 말하니 주인이 깜짝 놀라며 말했다.

두부이걸다줘? ≒ 도부이걸다조

도메인이 원자값
부분적 함수 종속 제거
이행적 함수 종속 제거
결정자이면서 후보키가 아닌 것 제거
다치 종속 제거
조인 종속성 이용

등급 B

58. 관계대수에 대한 설명으로 틀린 것은?

① 원하는 릴레이션을 정의하는 방법을 제공하며 비절차적 언어이다.
② 릴레이션 조작을 위한 연산의 집합으로 피연산자와 결과가 모두 릴레이션이다.
③ 일반 집합 연산과 순수 관계 연산으로 구분된다.
④ 질의에 대한 해를 구하기 위해 수행해야 할 연산의 순서를 명시한다.

전문가의 조언
원하는 릴레이션을 정의하는 방법을 제공하는 비절차적 특성을 지닌 것은 관계해석입니다.

병행학습 관계대수(Relational Algebra)
- 관계형 데이터베이스에서 원하는 정보와 그 정보를 검색하기 위해서 어떻게 유도하는가를 기술하는 절차적인 언어이다.
- 릴레이션을 처리하기 위해 연산자와 연산규칙을 제공하는 언어로 피연산자가 릴레이션이고, 결과도 릴레이션이다.
- 질의에 대한 해를 구하기 위해 수행해야 할 연산의 순서를 명시한다.
- 관계대수에는 관계 데이터베이스에 적용하기 위해 특별히 개발한 순수 관계 연산자와 수학적 집합 이론에서 사용하는 일반 집합 연산자가 있다.
- **순수 관계 연산자** : SELECT, PROJECT, JOIN, DIVISION
- **일반 집합 연산자** : UNION(합집합), INTERSECTION(교집합), DIFFERENCE(차집합), CARTESIAN PRODUCT(교차곱)

등급 B

59. CREATE TABLE 명령을 이용해 테이블을 정의할 때 참조 테이블의 튜플이 삭제되더라도 기본 테이블의 튜플은 삭제되지 않도록 지정하는 옵션으로 옳은 것은?

① ON DELETE CASCASE
② ON DELETE SET NULL
③ ON DELETE NO ACTION
④ ON DELETE SET DEFAULT

전문가의 조언
참조 테이블의 튜플이 삭제되더라도 기본 테이블의 튜플은 삭제되지 않도록 지정하는 옵션은 NO ACTION입니다.

병행학습

- **CASCADE** : 참조 테이블의 튜플이 삭제되면 기본 테이블의 관련 튜플도 모두 삭제되고, 속성이 변경되면 관련 튜플의 속성 값도 모두 변경됨
- **SET NULL** : 참조 테이블에 변화가 있으면 기본 테이블의 관련 튜플의 속성 값을 NULL로 변경함
- **SET DEFAULT** : 참조 테이블에 변화가 있으면 기본 테이블의 관련 튜플의 속성 값을 기본값으로 변경함

등급 B

60. 사용자 X1에게 department 테이블에 대한 검색 연산을 회수하는 명령은?

① delete select on department to X1;
② remove select on department from X1;
③ revoke select on department from X1;
④ grant select on department from X1;

전문가의 조언
사용자로부터 권한을 취소(회수)하는 명령어는 revoke입니다.

병행학습

- **revoke select** : 검색(select) 권한을 취소하라.
- **on department** : 〈department〉 테이블에 대한 권한을 취소하라.
- **from X1;** : 사용자 'X1'에 대한 권한을 취소하라.

4과목 프로그래밍 언어 활용

07200874 등급 B

61. 200.1.1.0/24 네트워크를 FLSM 방식을 이용하여 10개의 Subnet으로 나누고, ip subnet-zero를 적용했다. 이때 서브네팅된 네트워크 중 10번째 네트워크의 broadcast IP 주소는?

① 200.1.1.159   ② 201.1.5.175
③ 202.1.11.254   ④ 203.1.255.245

전문가의 조언
200.1.1.0/24 네트워크에서 10번째 네트워크의 broadcast IP 주소는 200.1.1.159입니다.

- 200.1.1.0/24 네트워크의 서브넷 마스크는 1의 개수가 24개, 즉 11111111 11111111 11111111 00000000 → 255.255.255.0인 C 클래스에 속하는 네트워크입니다. 이 네트워크를 10개의 Subnet으로 나눠야 하는데, Subnet을 나눌 때는 서브넷 마스크가 0인 부분, 즉 마지막 8비트를 이용해 나눠야 합니다. 또한 "10개의 Subnet으로 나눈다"는 것과 같이 네트워크가 기준일 때는 왼쪽을 기준으로 10개가 포함된 Bit만큼을 네트워크로 할당하고, 나머지 비트를 호스트로 할당하면 됩니다. 10개가 포함되는 비트는 2^4=16(2^3은 8로 10개를 포함 못함)이므로 4비트를 제외한 나머지 4비트로 호스트를 구성합니다.

네트워크 ID				호스트 ID			
0	0	0	0	0	0	0	0

- 호스트ID가 4Bit로 설정되었고, 문제에서 FLSM 방식을 이용한다고 했으므로 10개의 네트워크에 고정된 크기인 16개(2^4=16)씩 할당하면 다음과 같습니다.

네트워크	호스트 수	IP 주소 범위
1	16	200.1.1.0 ~ 200.1.1.15
2	16	200.1.1.16 ~ 200.1.1.31
3	16	200.1.1.32 ~ 200.1.1.47
4	16	200.1.1.48 ~ 200.1.1.63
5	16	200.1.1.64 ~ 200.1.1.79
6	16	200.1.1.80 ~ 200.1.1.95
7	16	200.1.1.96 ~ 200.1.1.111
8	16	200.1.1.112 ~ 200.1.1.127
9	16	200.1.1.128 ~ 200.1.1.143
10	16	200.1.1.144 ~ 200.1.1.159

※ 'subnet-zero'는 Subnet 부분이 모두 0인 네트워크를 의미하며 일반적으로 사용하지 않는데, IP 주소가 부족할 경우 'ip subnet-zero'를 적용하여 이 부분도 IP 주소로 사용할 수 있도록 합니다.
※ broadcast 주소는 해당 IP 주소 범위에서 가장 마지막 주소를 의미합니다.

등급 C

62. 배치 프로그램의 필수 요소에 대한 설명으로 틀린 것은?

① 자동화는 심각한 오류 상황 외에는 사용자의 개입 없이 동작해야 한다.
② 안정성은 어떤 문제가 생겼는지, 언제 발생했는지 등을 추적할 수 있어야 한다.
③ 대용량 데이터는 대용량의 데이터를 처리할 수 있어야 한다.
④ 무결성은 주어진 시간 내에 처리를 완료할 수 있어야 하고, 동시에 동작하고 있는 다른 애플리케이션을 방해하지 말아야 한다.

전문가의 조언
주어진 시간 내에 처리를 완료할 수 있어야 하고, 동시에 동작하고 있는 다른 애플리케이션을 방해하지 말아야 하는 것은 배치 프로그램의 '성능'에 대한 설명입니다.

병행학습 배치 프로그램의 필수 요소
- 대용량 데이터 : 대량의 데이터를 가져오거나, 전달하거나, 계산하는 등의 처리가 가능해야 함
- 자동화 : 심각한 오류가 발생하는 상황을 제외하고는 사용자의 개입 없이 수행되어야 함
- 견고성 : 잘못된 데이터나 데이터 중복 등의 상황으로 중단되는 일 없이 수행되어야 함
- 안정성/신뢰성 : 오류가 발생하면 오류의 발생 위치, 시간 등을 추적할 수 있어야 함
- 성능 : 다른 응용 프로그램의 수행을 방해하지 않아야 하고, 지정된 시간 내에 처리가 완료되어야 함

등급 A

63. 다음 C 프로그램의 결과 값은?

```
main(void) {
  int i;
  int sum = 0;
  for(i = 1; i <= 10; i = i + 2)
    sum = sum + i;
  printf("%d", sum);
}
```

① 15　　② 19
③ 25　　④ 27

전문가의 조언
코드의 실행 결과는 25입니다. 사용된 코드의 의미는 다음과 같습니다.

```
main(void) {
❶ int i;
❷ int sum = 0;
❸ for(i = 1; i <= 10; i = i + 2)
❹   sum = sum + i;
❺ printf("%d", sum);
}
```

❶ 정수형 변수 i를 선언한다.
❷ 정수형 변수 sum을 선언하고 0으로 초기화한다.
❸ 반복 변수 i가 1에서 2씩 증가하면서 10보다 작거나 같은 동안 ❹번을 반복 수행한다.
❹ sum에 i의 값을 누적한다.
❺ sum의 값을 출력한다.

※ 반복문 실행에 따른 변수들의 값의 변화는 다음과 같습니다.

반복횟수	i	sum
		0
1	1	1
2	3	4
3	5	9
4	7	16
5	9	25
	11	

등급 B

64. OSI 7계층에서 물리적 연결을 이용해 신뢰성 있는 정보를 전송하려고 동기화, 오류 제어, 흐름 제어 등의 전송 에러를 제어하는 계층은?

① 데이터 링크 계층　　② 물리 계층
③ 응용 계층　　④ 표현 계층

전문가의 조언
문제에 제시된 내용은 OSI 7계층 중 데이터 링크 계층에 대한 설명입니다.

병행학습
- 물리 계층(Physical Layer) : 전송에 필요한 두 장치 간의 실제 접속과 절단 등 기계적, 전기적, 기능적, 절차적 특성에 대한 규칙을 정의함
- 응용 계층(Application Layer) : 사용자(응용 프로그램)가 OSI 환경에 접근할 수 있도록 서비스를 제공함
- 표현 계층(Presentation Layer) : 응용 계층으로부터 받은 데이터를 세션 계층에 보내기 전에 통신에 적당한 형태로 변환하고, 세션 계층에서 받은 데이터는 응용 계층에 맞게 변환하는 기능을 함

등급 C

65. JAVA 언어에서 접근 제한자가 아닌 것은?

① public　　② protected
③ package　　④ private

전문가의 조언
- package는 JAVA 언어에서 사용하는 접근 제한자가 아닙니다.
- JAVA의 접근 제한자에는 Public, Default, Private, Protected가 있습니다.

정답 63.③ 64.① 65.③

66. 4개의 페이지를 수용할 수 있는 주기억장치가 있으며, 초기에는 모두 비어 있다고 가정한다. 다음의 순서로 페이지 참조가 발생할 때, FIFO 페이지 교체 알고리즘을 사용할 경우 페이지 결함의 발생 횟수는?

> 페이지 참조 순서 : 1, 2, 3, 1, 2, 4, 5, 1

① 6회   ② 7회   ③ 8회   ④ 9회

전문가의 조언
페이지 결함의 발생 횟수는 6회입니다. 4개의 페이지를 수용할 수 있는 주기억장치이므로 아래 그림과 같이 4개의 페이지 프레임으로 표현할 수 있습니다.

참조 페이지	1	2	3	1	2	4	5	1
페이지 프레임	1	1	1	1	1	1	5	5
		2	2	2	2	2	2	1
			3	3	3	3	3	3
						4	4	4
부재 발생	●	●	●			●	●	●

※ ● : 페이지 부재 발생

참조 페이지가 페이지 테이블에 없을 경우 페이지 결함(부재)이 발생됩니다. 초기에는 모든 페이지가 비어 있으므로 처음 1, 2, 3, 4 페이지 적재 시 페이지 결함이 발생됩니다. FIFO 기법은 가장 먼저 들어와 있었던 페이지를 교체하는 기법이므로 참조 페이지 5를 참조할 때에는 1을 제거한 후 5를 가져오게 됩니다. 이러한 과정으로 모든 페이지에 대한 요구를 처리하고 나면 총 페이지 결함 발생 횟수는 6회입니다.

67. C 언어에서 산술 연산자가 아닌 것은?

① %   ② *
③ <<   ④ /

전문가의 조언
• <<는 비트 연산자입니다.
• C 언어의 산술 연산자에는 +, -, *, /, %가 있습니다.

병행학습 연산자의 종류
• 단항 연산자 : !(논리 not), ~(비트 not), ++(증가), --(감소), sizeof(기타)
• 이항 연산자
 - 산술 연산자 : *, /, %(나머지), +, -
 - 시프트 연산자 : <<, >>
 - 관계 연산자 : <, <=, >, >=, ==(같다), !=(같지 않다)
 - 비트 연산자 : &(비트 and), ^(비트 xor), |(비트 or)
 - 논리 연산자 : &&(논리 and), ||(논리 or)
• 삼항(조건) 연산자 : (조건식) ? (참) : (거짓)
• 대입 연산자 : =, +=, -=, *=, /=, %=, <<=, >>= 등
• 순서 연산자 : ,

68. C 언어에서 현재 수행중인 반복문을 빠져나갈 때 사용하는 명령문은?

① continue   ② escape
③ break   ④ exit

전문가의 조언
C 언어나 JAVA에서 현재 반복문을 빠져나갈 때 사용하는 명령문은 break입니다.

69. 다음은 사용자로부터 입력받은 문자열에서 처음과 끝의 3글자를 추출한 후 합쳐서 출력하는 파이썬 코드이다. ㉠에 들어갈 내용은?

```
String = input("7문자 이상 문자열을 입력하시오 :")
m = ( ㉠ )
print(m)
```

① string[1:3]+string[-3:]
② string[:3]+string[-3:-1]
③ string[0:3]+string[-3:]
④ string[0:]+string[:-1]

전문가의 조언
입력받은 문자열에서 처음과 끝의 3글자를 추출한 후 합쳐서 출력하기 위해 지문의 ㉠에 들어갈 내용은 ③번입니다.
• 문제에 제시된 보기들은 '객체명[초기위치:최종위치]'으로 기본 형식에서 '증가값'이 생략된 경우입니다. '증가값'이 생략된 경우에는 '초기위치'부터 '최종위치-1'까지 1씩 증가하면서 요소들을 가져옵니다. 각 보기의 의미는 다음과 같습니다.
① string[1:3]+string[-3:] : 1, 2번째 위치의 2글자와 -3, -2, -1번째 위치의 3글자를 가져옵니다.
② string[:3]+string[-3:-1] : 0, 1, 2번째 위치의 3글자와 -3, -2번째 위치의 2글자를 가져옵니다.
③ string[0:3]+string[-3:] : 0, 1, 2번째 위치의 3글자와 -3, -2, -1번째 위치의 3글자를 가져옵니다.
④ string[0:]+string[:-1] : 0부터 마지막 위치까지의 모든 글자와, 첫 위치부터 -1까지의 모든 글자를 가져옵니다.
※ 문자열의 위치는 0부터 시작하며, -1위치는 문자열의 마지막 위치를 가리킵니다.
※ '초기위치', '최종위치'의 0은 생략이 가능합니다.

70. IPv6에 대한 설명으로 틀린 것은?

① 멀티캐스팅(Multicast) 대신 브로드캐스트(Broadcast)를 사용한다.
② 보안과 인증 확장 헤더를 사용함으로써 인터넷 계층의 보안 기능을 강화하였다.
③ 애니캐스트(Anycast)는 하나의 호스트에서 그룹 내의 가장 가까운 곳에 있는 수신자에게 전달하는 방식이다.
④ 128비트 주소 체계를 사용한다.

전문가의 조언
IPv6는 유니캐스트, 멀티캐스트, 애니캐스트의 3가지 방식의 주소 체계를 사용합니다.

IPv6(Internet Protocol version 6)
- 현재 사용하고 있는 IP 주소 체계인 IPv4의 주소 부족 문제를 해결하기 위해 개발되었다.
- 16비트씩 8부분, 총 128비트로 구성되어 있다.
- 각 부분을 16진수로 표현하고, 콜론(:)으로 구분한다.
- IPv4에 비해 자료 전송 속도가 빠르고, IPv4와 호환성이 뛰어나다.
- 인증성, 기밀성, 데이터 무결성의 지원으로 보안 문제를 해결할 수 있다.
- IPv6의 주소 체계

유니캐스트 (Unicast)	• 단일 송신자와 단일 수신자 간의 통신 • 1:1 통신에 사용
멀티캐스트 (Multicast)	• 단일 송신자와 다중 수신자 간의 통신 • 1:N 통신에 사용
애니캐스트 (Anycast)	• 단일 송신자와 가장 가까이 있는 단일 수신자 간의 통신 • 1:1 통신에 사용

71. 다음 JAVA 프로그램의 결과로 옳은 것은?

```java
public class Test {
    public static void main(String[] args) {
        try {
            int a = 32, b = 0;
            double c = a / b;
            System.out.print('A');
        }
        catch (ArithmeticException e) {
            System.out.print('B');
        }
        catch (NumberFormatException e) {
            System.out.print('C');
        }
        catch (Exception e) {
            System.out.print('D');
        }
    }
}
```

① A ② B
③ C ④ D

전문가의 조언
코드의 실행 결과는 B입니다. 사용된 코드의 의미는 다음과 같습니다.

```java
public class Test {
    public static void main(String[] args) {
❶       try {
❷           int a = 32, b = 0;
❸           double c = a / b;
            System.out.print('A');
        }
❹       catch (ArithmeticException e) {
❺           System.out.print('B');
        }
        catch (NumberFormatException e) {
            System.out.print('C');
        }
        catch (Exception e) {
            System.out.print('D');
        } ❻
    }
}
```

❶ 예외 구문의 시작이다.
❷ 정수형 변수 a와 b를 선언하고, 각각 32와 0으로 초기화한다.
❸ • 실수형 변수 c를 선언하고 a/b인 32/0의 결과값으로 초기화한다.
  • 수를 0으로 나누는 연산은 수학적 오류를 유발하므로, 해당 오류를 처리하는 ArithmeticException의 catch문으로 이동한다.
  ※ ArithmeticException : 0으로 나누는 등의 산술 연산에 대한 예외가 발생한 경우 사용하는 예외 객체
❹ ArithmeticException에 해당하는 예외를 다루는 catch문의 시작이다.
❺ 화면에 B를 출력한다. try문이 종료되었으므로 ❻번으로 이동하여 프로그램을 종료한다.

결과 B

정답 70.① 71.②

등급 A

72. 다음 C 언어 프로그램의 결과로 옳은 것은?

```
#include <stdio.h>
main( ) {
    char c = 'A';
    c = c + 1;
    printf("%d", c);
}
```

① A   ② B   ③ 65   ④ 66

전문가의 조언
코드의 실행 결과는 66입니다.
- 문자는 아스키코드로 저장됩니다. 대문자 'A'는 아스키코드 값 65이고, 1을 더하게 되면 66이 되어 대문자 'B'를 가리키게 됩니다.
- 하지만 출력문에서 출력 형식이 문자를 출력하는 %c가 아닌 정수를 출력하는 %d를 사용했으므로 대문자 'B'가 아닌 아스키코드 값 66이 출력되게 됩니다.

사용된 코드의 의미는 다음과 같습니다.

```
#include <stdio.h>
main( ) {
❶   char c = 'A';
❷   c = c + 1;
❸   printf("%d", c);
}
```

❶ 문자형 변수 c를 선언하고 'A'로 초기화한다.
❷ c에 1을 더한다.
❸ c의 값을 정수로 출력한다.

결과   66

등급 B

73. JAVA의 변수명 작성 규칙에 대한 설명으로 옳지 않은 것은?

① 변수명에 $를 사용할 수 있다.
② 첫 자리에 숫자를 사용할 수 있다.
③ 예약어는 변수명으로 사용할 수 없다.
④ 대·소문자를 구분한다.

전문가의 조언
변수 이름의 첫 자리에는 숫자를 사용할 수 없습니다.

 변수명 작성 규칙
- 영문자, 숫자, _(under bar)를 사용할 수 있다.
- 첫 글자는 영문자나 _(under bar)로 시작해야 하며, 숫자는 올 수 없다.
- 글자 수에 제한이 없다.
- 공백이나 *, +, -, / 등의 특수문자를 사용할 수 없다.
- 대·소문자를 구분한다.
- 예약어를 변수명으로 사용할 수 없다.
- 변수 선언 시 문장 끝에 반드시 세미콜론(;)을 붙여야 한다.

등급 C

74. 오류 제어에 사용되는 자동 반복 요청 방식(ARQ)이 아닌 것은?

① Stop-and-wait ARQ
② Go-back-N ARQ
③ Selective-Repeat ARQ
④ Non-Acknowledge ARQ

전문가의 조언
- 자동 반복 요청 방식(ARQ) 중 Non-Acknowledge ARQ라는 방식은 없습니다.
- 자동 반복 요청 방식의 오류 제어에는 Stop-and-Wait(정지-대기) ARQ, Go-Back-N ARQ, Selective-Repeat(선택적 재전송) ARQ, Adaptive(적응적) ARQ가 있습니다.

등급 A

75. 다음 C 언어 프로그램의 결과로 옳은 것은?

```
#include <stdio.h>
main( ) {
    int r = 0;
    do {
        r = r + 1;
    } while (r <= 0);
    if (r == 1)
        r++;
    else
        r = r + 3;
    printf("%d", r);
}
```

① 1   ② 2   ③ 3   ④ 4

정답 72.④ 73.② 74.④ 75.②

전문가의 조언
코드의 실행 결과는 2입니다. 사용된 코드의 의미는 다음과 같습니다.

```
#include <stdio.h>
main( ) {
❶   int r = 0;
❷   do {
❸       r = r + 1;
❹   } while (r <= 0);
❺   if (r == 1)
❻       r++;
    else
        r = r + 3;
❼   printf("%d", r);
}
```

❶ 정수형 변수 r을 선언하고 0으로 초기화한다.
❷ do~while문의 시작점이다. ❸번을 반복 수행한다.
❸ r에 1을 누적시킨다. (r = 1)
❹ r은 0보다 작거나 같지 않으므로 do~while문을 벗어나 ❺번으로 이동한다.
❺ r이 1이면 ❻번으로 이동하고, 아니면 else의 다음 문장으로 이동한다. r의 값이 1이므로 ❻번으로 이동한다.
❻ 'r = r + 1;'과 동일하다. r에 1을 누적시킨다. (r = 2)
❼ r의 값을 정수로 출력한다.

결과 **2**

등급 **C**

76. 은행가 알고리즘(Banker's Algorithm)은 교착상태의 해결 방법 중 어떤 기법에 해당하는가?

① Avoidance   ② Detection
③ Prevention   ④ Recovery

전문가의 조언
은행가 알고리즘은 교착상태의 해결 방법 중 회피 기법(Avoidance)에 해당합니다.

병행학습
• **예방 기법(Prevention)** : 교착상태가 발생하지 않도록 사전에 시스템을 제어하는 방법으로, 교착상태 발생의 네 가지 조건 중에서 어느 하나를 제거(부정)함으로써 수행됨
• **발견(Detection) 기법** : 시스템에 교착 상태가 발생했는지 점검하여 교착 상태에 있는 프로세스와 자원을 발견하는 것으로, 자원 할당 그래프 등을 사용함
• **회복(Recovery) 기법** : 교착 상태를 일으킨 프로세스를 종료하거나 교착 상태의 프로세스에 할당된 자원을 선점하여 프로세스나 자원을 회복하는 것

등급 **C**

77. 동일한 네트워크에 있는 목적지 호스트로 IP 패킷을 직접 전달할 수 있도록 IP 주소를 MAC 주소로 변환하는 프로토콜은?

① ARP(Address Resolution Protocol)
② ICMP(Internet Control Message Protocol)
③ IGMP(Internet Group Management Protocol)
④ SNMP(Simple Network Management Protocol)

전문가의 조언
IP 주소를 호스트와 연결된 네트워크 접속 장치의 물리적 주소(MAC)로 변환하는 것은 ARP의 기능입니다.

등급 **A**

78. 다음 JAVA 프로그램의 결과로 옳은 것은?

```
public class Test {
    public static void main(String[ ] args) {
        int r = 4 | 7;
        System.out.print(r);
    }
}
```

① 0   ② 2
③ 4   ④ 7

전문가의 조언
코드의 실행 결과는 7입니다. 사용된 코드의 의미는 다음과 같습니다.

```
public class Test {
    public static void main(String[] args) {
❶       int r = 4 | 7;
❷       System.out.print(r);
    }
}
```

❶ 정수형 변수 r을 선언하고 4와 7을 |(비트 or) 연산한 값으로 초기화한다.
• |(비트 or)는 두 비트 중 한 비트라도 1이면 1이 되는 비트 연산자이다.

```
  4 = 0000 0100
  7 = 0000 0111
|   ─────────────
      0000 0111(7)
```

• r에는 7이 저장된다.
❷ r의 값을 출력한다.

결과 **7**

정답 76.① 77.① 78.④

79. 다음 파이썬 코드에서 '53t44'를 입력했을 때 출력 결과는?

```
a, b = map(int, input( ).split("t"));
print(a, b)
```

① 53 t 44
② 53t44
③ 53 44
④ 53, 44

전문가의 조언

코드의 출력 결과는 53 44입니다. 사용된 코드의 의미는 다음과 같습니다.

❶ a, b = map(int, input( ).split("t"));
❷ print(a, b)

❶ input( ) 메소드로 입력받은 값을 "t"를 구분자로 하여 분리한 후 정수로 변환하여 a, b에 저장한다. 문제에서 "53t44"를 입력하였으므로, "t"를 구분자로 53과 44가 분리된 후 정수로 변환되어 각각 a와 b에 저장된다.
• map( ) : 2개 이상의 값을 원하는 자료형으로 변환할 때 사용하는 함수
• input( ).split('분리문자')
 – 입력받은 값을 '분리문자'로 구분하여 반환한다.
 – '분리문자'를 생략하면 공백으로 값을 구분한다.
❷ a와 b를 출력한다. Python의 print( ) 메소드에서 2개 이상의 값을 출력할 때, sep 속성값을 정의하지 않으면 기본값이 공백이므로 다음과 같이 출력된다.
결과 `53 44`

80. UDP 프로토콜의 특징이 아닌 것은?

① 비연결형 서비스를 제공한다.
② 단순한 헤더 구조로 오버헤드가 적다.
③ 주로 주소를 지정하고, 경로를 설정하는 기능을 한다.
④ TCP와 같이 트랜스포트 계층에 존재한다.

전문가의 조언

③번은 IP(Internet Protocol)에 대한 설명입니다.

병행학습 UDP(User Datagram Protocol)

• 데이터 전송 전에 연결을 설정하지 않는 비연결형 서비스를 제공한다.
• TCP에 비해 상대적으로 단순한 헤더 구조를 가지므로, 오버헤드가 적고, 흐름 제어나 순서 제어가 없어 전송 속도가 빠르다.
• 고속의 안정성 있는 전송 매체를 사용하여 빠른 속도를 필요로 하는 경우, 동시에 여러 사용자에게 데이터를 전달할 경우, 정기적으로 반복해서 전송할 경우에 사용한다.
• 실시간 전송에 유리하며, 신뢰성보다는 속도가 중요시되는 네트워크에서 사용된다.
• UDP 헤더에는 Source Port Number, Destination Port Number, Length, Checksum 등이 포함된다.

5과목 정보시스템 구축 관리

81. 기존 무선 랜의 한계 극복을 위해 등장하였으며, 대규모 디바이스의 네트워크 생성에 최적화되어 차세대 이동통신, 홈 네트워킹, 공공 안전 등의 특수목적에 사용되는 새로운 방식의 네트워크 기술을 의미하는 것은?

① Software Defined Perimeter
② Virtual Private Network
③ Local Area Network
④ Mesh Network

전문가의 조언

문제에 제시된 내용은 Mesh Network의 특징입니다.

병행학습

• SDP(Software Defined Perimeter) : 신원을 기반으로 자원에 대한 접근을 제어하는 프레임워크
• VPN(Virtual Private Network) : 가상 사설 네트워크로서 인터넷 등 통신 사업자의 공중 네트워크와 암호화 기술을 이용하여 사용자가 마치 자신의 전용 회선을 사용하는 것처럼 해주는 보안 솔루션
• LAN(Local Area Network) : 회사, 학교, 연구소 등에서 비교적 가까운 거리에 있는 컴퓨터, 프린터, 테이프 등과 같은 자원을 연결하여 구성한 근거리 통신망

82. Secure 코딩에서 입력 데이터의 보안 약점과 관련한 설명으로 틀린 것은?

① SQL 삽입 : 사용자의 입력 값 등 외부 입력 값이 SQL 쿼리에 삽입되어 공격
② 크로스사이트 스크립트 : 검증되지 않은 외부 입력 값에 의해 브라우저에서 악의적인 코드가 실행
③ 운영체제 명령어 삽입 : 운영체제 명령어 파라미터 입력 값이 적절한 사전검증을 거치지 않고 사용되어 공격자가 운영체제 명령어를 조작
④ 자원 삽입 : 사용자가 내부 입력 값을 통해 시스템 내에 사용이 불가능한 자원을 지속적으로 입력함으로써 시스템에 과부하 발생

전문가의 조언
경로 조작 및 자원 삽입은 데이터 입·출력 경로를 조작하여 서버 자원을 수정 및 삭제할 수 있는 보안 약점입니다.

83. 생명주기 모형 중 가장 오래된 모형으로 많은 적용 사례가 있지만 요구사항의 변경이 어렵고 각 단계의 결과가 확인 되어야 다음 단계로 넘어갈 수 있는 선형 순차적, 고전적 생명주기 모형이라고도 하는 것은?

① Waterfall Model
② Prototype Model
③ Cocomo Model
④ Spiral Model

전문가의 조언
문제에 제시된 내용은 폭포수 모형(Waterfall Model)에 대한 설명입니다.

병행학습
- 프로토타입 모형(Prototype Model, 원형 모형) : 사용자의 요구사항을 정확히 파악하기 위해 실제 개발될 소프트웨어에 대한 견본품(Prototype)을 만들어 최종 결과물을 예측하는 모형
- COCOMO 모형 : 소프트웨어 비용 산정 기법 중 개발 유형으로 Organic, Semi-Detached, Embedded로 구분됨
- 나선형 모형(Spiral Model, 점진적 모형) : 폭포수 모형과 프로타타입 모형의 장점에 위험 분석 기능을 추가한 모형으로, 나선을 따라 돌듯이 여러 번의 소프트웨어 개발 과정을 거쳐 점진적으로 완벽한 최종 소프트웨어를 개발함

84. S/W 각 기능의 원시 코드 라인수의 비관치, 낙관치, 기대치를 측정하여 예측치를 구하고 이를 이용하여 비용을 산정하는 기법은?

① Effort Per Task 기법
② 전문가 감정 기법
③ 델파이 기법
④ LOC 기법

전문가의 조언
문제에 제시된 내용은 LOC 기법에 대한 설명입니다.

병행학습
- 개발 단계별 인월수(Effort Per Task) 기법 : LOC 기법을 보완하기 위한 기법으로, 각 기능을 구현시키는 데 필요한 노력을 생명 주기의 각 단계별로 산정함
- 전문가 감정 기법 : 조직 내에 있는 경험이 많은 두 명 이상의 전문가에게 비용 산정을 의뢰하는 기법으로, 가장 편리하고 신속하게 비용을 산정할 수 있음
- 델파이 기법 : 전문가 감정 기법의 주관적인 편견을 보완하기 위해 많은 전문가의 의견을 종합하여 산정하는 기법

85. 다음 내용이 설명하는 로그 파일은?

- 리눅스 시스템에서 사용자의 성공한 로그인/로그아웃 정보 기록
- 시스템의 종료/시작 시간 기록

① tapping
② xtslog
③ linuxer
④ wtmp

전문가의 조언
문제의 지문에서 설명하는 로그 파일은 wtmp입니다.
- xferlog : FTP로 접속하는 사용자에 대한 로그를 기록

병행학습 리눅스의 주요 로그 파일
- console : 커널에 관련된 내용을 지정된 장치에 표시
- boot : 부팅 시 나타나는 메시지들을 기록
- cron : 작업 스케줄러인 crond의 작업 내역을 기록
- messages : 커널(kernel)에서 실시간으로 보내오는 메시지들을 기록
- secure : 시스템의 접속에 대한 로그를 기록
- xferlog : FTP로 접속하는 사용자에 대한 로그를 기록
- maillog : 송수신 메일에 대한 로그를 기록
- wtmp : 성공한 로그인/로그아웃에 대한 로그를 기록
- utmp : 현재 로그인한 사용자의 상태에 대한 로그를 기록
- lastlog : 마지막으로 성공한 로그인에 대한 로그를 기록

정답 82.④ 83.① 84.④ 85.④

86. 접근 통제 방법 중 조직 내에서 직무, 직책 등 개인의 역할에 따라 결정하여 부여하는 접근 정책은? 등급 B
① RBAC   ② DAC
③ MAC   ④ QAC

전문가의 조언
직무나 직책과 같이 개인의 역할에 따라 접근 권한을 부여하는 접근 정책은 역할 기반 접근통제(RBAC; Role Based Access Control)입니다.

병행학습
- 임의 접근통제(DAC; Discretionary Access Control) : 데이터에 접근하는 사용자의 신원에 따라 접근 권한을 부여하는 방식
- 강제 접근통제(MAC; Mandatory Access Control) : 주체와 객체의 등급을 비교하여 접근 권한을 부여하는 방식

87. IPSec(IP Security)에 대한 설명으로 틀린 것은? 등급 B
① 암호화 수행시 일방향 암호화만 지원한다.
② ESP는 발신지 인증, 데이터 무결성, 기밀성 모두를 보장한다.
③ 운영 모드는 Tunnel 모드와 Transport 모드로 분류된다.
④ AH는 발신지 호스트를 인증하고, IP 패킷의 무결성을 보장한다.

전문가의 조언
IPSec는 암호화와 복호화가 모두 가능한 양방향 암호 방식입니다.

88. CPM 네트워크가 다음과 같을 때 임계경로의 소요기일은? 등급 B

① 10일   ② 12일
③ 14일   ④ 16일

전문가의 조언
임계경로의 소요기일은 14일입니다. 임계경로는 최장 경로를 의미합니다. 문제에 제시된 그림을 보고 각 경로에 대한 소요기일을 계산한 후 가장 오래 걸린 기일을 찾으면 됩니다.

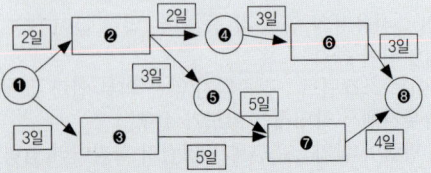

- 경로 1 : ❶ → ❷ → ❹ → ❻ → ❽ = 2+2+3+3=10일
- 경로 2 : ❶ → ❷ → ❺ → ❼ → ❽ = 2+3+5+4=14일
- 경로 3 : ❶ → ❸ → ❼ → ❽ = 3+5+4=12일

그러므로 임계경로는 경로 2이며, 소요기일은 14일입니다.

89. 시스템에 저장되는 패스워드들은 Hash 또는 암호화 알고리즘의 결과 값으로 저장된다. 이때 암호 공격을 막기 위해 똑같은 패스워드들이 다른 암호 값으로 저장되도록 추가되는 값을 의미하는 것은? 등급 C
① Pass flag   ② Bucket
③ Opcode   ④ Salt

전문가의 조언
암호 공격을 막기 위해 똑같은 패스워드들이 다른 암호 값으로 저장되도록 추가되는 값을 솔트(Salt)라고 합니다.

90. 다음 빈 칸에 들어갈 알맞은 기술은? 등급 A

( )은/는 웹에서 제공하는 정보 및 서비스를 이용하여 새로운 소프트웨어 서비스, 데이터베이스 등을 만드는 기술이다.

① Quantum Key Distribution
② Digital Rights Management
③ Grayware
④ Mashup

정답 86.① 87.① 88.③ 89.④ 90.④

전문가의 조언
문제의 지문은 매시업(Mashup)에 대한 설명입니다.

병행학습
- **양자 암호키 분배(QKD; Quantum Key Distribution)**: 양자 통신을 위해 비밀키를 분배하여 관리하는 기술로, 두 시스템이 암호 알고리즘 동작을 위한 비밀키를 안전하게 공유하기 위해 양자 암호키 분배 시스템을 설치하여 운용함
- **디지털 저작권 관리(DRM; Digital Rights Management)**: 인터넷이나 기타 디지털 매체를 통해 유통되는 데이터의 저작권을 보호하기 위해 데이터의 안전한 배포를 활성화하거나 불법 배포를 방지하기 위한 시스템
- **그레이웨어(Grayware)**: 소프트웨어를 제공하는 입장에서는 악의적이지 않은 유용한 소프트웨어라고 주장할 수 있지만 사용자 입장에서는 유용할 수도 있고 악의적일 수도 있는 애드웨어, 트랙웨어, 기타 악성 코드나 악성 공유웨어를 말함

등급 **A**

91. 다음 설명에서 괄호(㉠, ㉡)에 들어갈 알맞은 암호화 알고리즘은?

- (㉠): 이산 대수 문제를 타원곡선으로 옮겨 기밀성과 효율성을 높인 암호화 알고리즘
- (㉡): 소인수 분해의 어려움에 안전성의 근거를 둔 암호화 알고리즘

① ㉠: ECC, ㉡: Rabin
② ㉠: DES, ㉡: Rabin
③ ㉠: ECC, ㉡: SHA
④ ㉠: DES, ㉡: SHA

전문가의 조언
문제의 지문에 제시된 내용 중 ㉠은 ECC, ㉡은 Rabin 암호화 알고리즘의 특징입니다.

등급 **B**

92. 다음 중 1992년 미국 SF 작가 닐 스티븐슨의 소설 '스노 크래시'에 처음 등장한 개념으로, 현실 세계와 같은 사회·경제·문화 활동이 이뤄지는 3차원 가상 세계를 가리키는 용어는?

① IoT(Internet of Things)
② 메타버스
③ 피코넷
④ 클라우드 컴퓨팅

전문가의 조언
문제에 제시된 내용은 메타버스에 대한 설명입니다.

병행학습
- **IoT(Internet of Things)**: 정보 통신 기술을 기반으로 실세계(Physical World)와 가상 세계(Virtual World)의 다양한 사물들을 인터넷으로 서로 연결하여 진보된 서비스를 제공하기 위한 서비스 기반 기술
- **피코넷(PICONET)**: 여러 개의 독립된 통신장치가 블루투스 기술이나 UWB 통신 기술을 사용하여 통신망을 형성하는 무선 네트워크 기술
- **클라우드 컴퓨팅(Cloud Computing)**: 각종 컴퓨팅 자원을 중앙 컴퓨터에 두고 인터넷 기능을 갖는 단말기로 언제 어디서나 인터넷을 통해 컴퓨터 작업을 수행할 수 있는 환경

등급 **C**

93. Python 기반의 웹 크롤링(Web Crawling) 프레임워크로 옳은 것은?

① Li-fi
② Scrapy
③ CrawlCat
④ SBAS

전문가의 조언
웹 크롤링을 지원하는 가장 대표적인 프레임워크는 파이썬(Python)의 스크래피(Scrapy)입니다.

등급 **A**

94. DoS(Denial of Service) 공격과 관련한 내용으로 틀린 것은?

① Ping of Death 공격은 정상 크기보다 큰 ICMP 패킷을 작은 조각(Fragment)으로 쪼개어 공격 대상이 조각화된 패킷을 처리하게 만드는 공격 방법이다.
② Smurf 공격은 멀티캐스트(Multicast)를 활용하여 공격 대상이 네트워크의 임의의 시스템에 패킷을 보내게 만드는 공격이다.
③ SYN Flooding은 존재하지 않는 클라이언트가 서버별로 한정된 접속 가능 공간에 접속한 것처럼 속여 다른 사용자가 서비스를 이용하지 못하게 하는 것이다.
④ Land 공격은 패킷 전송 시 출발지 IP 주소와 목적지 IP 주소 값을 똑같이 만들어서 공격 대상에게 보내는 공격 방법이다.

전문가의 조언
Smurf 공격은 네트워크 라우터의 브로드캐스트(Broadcast) 주소를 활용한 DoS 공격입니다.

정답 91.① 92.② 93.② 94.②

병행학습 SMURFING(스머핑)
- IP나 ICMP의 특성을 악용하여 엄청난 양의 데이터를 한 사이트에 집중적으로 보냄으로써 네트워크를 불능 상태로 만드는 공격 방법이다.
- 공격자는 송신 주소를 공격 대상지의 IP 주소로 위장하고 해당 네트워크 라우터의 브로드캐스트 주소를 수신지로 하여 패킷을 전송하면, 라우터의 브로드캐스트 주소로 수신된 패킷은 해당 네트워크 내의 모든 컴퓨터로 전송된다.
- 해당 네트워크 내의 모든 컴퓨터는 수신된 패킷에 대한 응답 메시지를 송신 주소인 공격 대상지로 집중적으로 전송하게 되는데, 이로 인해 공격 대상지는 네트워크 과부하로 인해 정상적인 서비스를 수행할 수 없게 된다.
- SMURFING 공격을 무력화하는 방법 중 하나는 각 네트워크 라우터에서 브로드캐스트 주소를 사용할 수 없게 미리 설정해 놓는 것이다.

등급 B

95. 기기를 키오스크에 갖다 대면 원하는 데이터를 바로 가져올 수 있는 기술로 10cm 이내 근접 거리에서 기가급 속도로 데이터 전송이 가능한 초고속 근접무선통신(NFC; Near Field Communication) 기술은?
① BcN(Broadband Convergence Network)
② Zing
③ Marine Navi
④ C-V2X(Cellular Vehicle To Everything)

전문가의 조언
10cm 이내 거리에서 3.5Gbps 속도의 데이터 전송이 가능한 초고속 근접무선통신(NFC)을 징(Zing)이라고 합니다.

병행학습
- 광대역 통합망(BcN; Broadband Convergence Network) : 개별적인 망들이 갖고 있는 한계점을 극복하여 음성, 데이터, 유선, 무선, 통신, 방송 등의 다양한 멀티미디어 서비스를 장소와 시간에 관계없이 일정한 품질로 안전하게 이용할 수 있는 차세대 네트워크
- 마린내비(Marine Navi) : 소형 선박의 충돌사고 예방을 위해 KT에서 만든 선박 안전 솔루션으로, GPS 기반 선박 자동식별 장치(AIS)를 통해 선박의 속도와 위치를 파악하고, 주변 선박과의 거리, 충돌 가능성 등을 인공지능(AI)을 통해 분석하여 전자해도(ENC)로 제공함
- 셀룰러-차량 · 사물통신(C-V2X; Cellular Vehicle To Everything) : 이동통신망을 이용하여 차량 대 차량, 차량 대 보행자, 차량 대 인프라 간에 정보를 공유하는 기술로, 3GPP에서 제정한 기술 표준 중 하나임

등급 C

96. 크래커가 침입하여 백도어를 만들어 놓거나, 설정 파일을 변경했을 때 분석하는 도구는?
① tripwire
② tcpdump
③ cron
④ netcat

전문가의 조언
파일 변경 및 인터페이스 취약점을 분석하는데 사용되는 도구는 데이터 무결성 검사 도구로, 종류에는 Tripwire, AIDE, Samhain, Claymore, Slipwire, Fcheck 등이 있습니다.

병행학습 데이터 무결성 검사 도구
- 시스템 파일의 변경 유무를 확인하고, 파일이 변경되었을 경우 이를 관리자에게 알려주는 도구로, 인터페이스 보안 취약점을 분석하는데 사용된다.
- 크래커나 허가받지 않은 내부 사용자들이 시스템에 침입하면 백도어를 만들어 놓거나 시스템 파일을 변경하여 자신의 흔적을 감추는데, 무결성 검사 도구를 이용하여 이를 감지할 수 있다.
- 해시(Hash) 함수를 이용하여 현재 파일 및 디렉토리의 상태를 DB에 저장한 후 감시하다가 현재 상태와 DB의 상태가 달라지면 관리자에게 변경 사실을 알려준다.
- 대표적인 데이터 무결성 검사 도구에는 Tripwire, AIDE, Samhain, Claymore, Slipwire, Fcheck 등이 있다.

등급 B

97. 인증의 유형 중에서 패스워드를 사용하는 경우에 해당하는 인증 유형은?
① Something You Have
② Something You Are
③ Something You Know
③ Somewhere You Are

전문가의 조언
패스워드를 기억해서 사용하는 것이므로 Something You Know(지식 기반 인증)에 해당합니다.

병행학습
- Something You Have : 신분증, 메모리 카드, OTP 등 사용자가 소유하고 있는 것을 기반으로 인증을 수행하는 것
- Something You Are : 지문, 홍채, 얼굴 등 사용자의 고유한 생체 정보를 기반으로 인증을 수행하는 것
- Somewhere You Are : 콜백, GPS, IP 주소 등 인증을 시도하는 위치의 적절성을 확인하는 것

등급 A

98. TCP/IP 기반 네트워크에서 동작하는 발행-구독 기반의 메시징 프로토콜로 최근 IoT 환경에서 자주 사용되고 있는 프로토콜은?

① MLFQ
② MQTT
③ Zigbee
④ MTSP

전문가의 조언
문제에 제시된 내용은 MQTT(Message Queuing Telemetry Transport)에 대한 설명입니다.

병행학습
- MLFQ(Multi Level Feedback Queue, 다단계 피드백 큐) : 특정 그룹의 준비상태 큐에 들어간 프로세스가 다른 준비상태 큐로 이동할 수 없는 다단계 큐 기법을 준비상태 큐 사이를 이동할 수 있도록 개선한 기법
- 지그비(Zigbee) : 저전력, 저비용, 저속도와 2.4GHz를 기반으로 하는 홈 자동화 및 데이터 전송을 위한 무선 네트워크로, 전력 소모를 최소화하였음

등급 C

99. OSI 7 Layer 전 계층의 프로토콜과 패킷 내부의 콘텐츠를 파악하여 침입 시도, 해킹 등을 탐지하고 트래픽을 조정하기 위한 패킷 분석 기술은?

① PLCP(Packet Level Control Processor)
② Traffic Distributor
③ Packet Tree
④ DPI(Deep Packet Inspection)

전문가의 조언
문제에서 설명하는 분석 기술은 DPI(Deep Packet Inspection)입니다.

병행학습 PLCP(Packet Level Control Processor)
패킷 교환 서브시스템에서 패킷 레벨 제어 및 경로 정보 처리 기능과 가입자 링크, 과금, 통계 자료 수집 등을 담당한다.

등급 A

100. 다음에서 설명하는 IT 기술은?

- 네트워크를 제어부, 데이터 전달부로 분리하여 네트워크 관리자가 보다 효율적으로 네트워크를 제어, 관리할 수 있는 기술
- 기존의 라우터, 스위치 등과 같이 하드웨어에 의존하는 네트워크 체계에서 안정성, 속도, 보안 등을 소프트웨어로 제어, 관리하기 위해 개발됨
- 네트워크 장비의 펌웨어 업그레이드를 통해 사용자의 직접적인 데이터 전송 경로 관리가 가능하고, 기존 네트워크에는 영향을 주지 않으면서 특정 서비스의 전송 경로 수정을 통하여 인터넷상에서 발생하는 문제를 처리할 수 있음

① SDN(Software Defined Networking)
② NFS(Network File System)
③ Network Mapper
④ AOE Network

전문가의 조언
문제의 지문에 제시된 내용은 소프트웨어 정의 네트워킹(SDN; Software Defined Networking)에 대한 설명입니다.

병행학습 소프트웨어 정의 기술(SDE; SDx; Software-Defined Everything)
- 네트워크, 데이터 센터 등에서 소유한 자원을 가상화하여 개별 사용자에게 제공하고, 중앙에서는 통합적으로 제어가 가능한 기술이다.
- 소프트웨어 정의 네트워킹(SDN; Software Defined Networking)
  - 네트워크를 컴퓨터처럼 모델링하여 여러 사용자가 각각의 소프트웨어들로 네트워킹을 가상화하여 제어하고 관리하는 네트워크이다.
  - 하드웨어에 의존하는 네트워크 체계에 비해 보다 효율적으로 네트워크를 제어, 관리할 수 있다.
  - 기존 네트워크에는 영향을 주지 않으면서 특정 서비스의 전송 경로 수정을 통하여 인터넷상에서 발생하는 문제를 처리할 수 있다.
- 소프트웨어 정의 데이터센터(SDDC; Software Defined Data Center) : 데이터 센터의 모든 자원을 가상화하여 인력의 개입없이 소프트웨어 조작만으로 관리 및 제어되는 데이터 센터
- 소프트웨어 정의 스토리지(SDS; Software-Defined Storage) : 물리적인 데이터 스토리지(Data Storage)를 가상화하여 여러 스토리지를 하나처럼 관리하거나, 하나의 스토리지를 여러 스토리지로 나눠 사용할 수 있는 기술

EXAMINATION 07회 2023년 7월 기출문제

1과목 소프트웨어 설계

등급 A

1. 다음 중 애자일(Agile) 소프트웨어 개발에 대한 설명으로 틀린 것은?

① 공정과 도구보다 개인과의 상호작용을 더 가치 있게 여긴다.
② 동작하는 소프트웨어보다는 포괄적인 문서를 가치 있게 여긴다.
③ 계약 협상보다는 고객과의 협력을 가치 있게 여긴다.
④ 계획을 따르기보다 변화에 대응하기를 가치 있게 여긴다.

전문가의 조언
애자일은 문서보다는 실행되는 SW(소프트웨어)에 더 가치를 둡니다.

병행학습 애자일 모형(Agile Model)
- 애자일은 '민첩한', '기민한'이라는 의미로, 고객의 요구사항 변화에 유연하게 대응할 수 있도록 일정한 주기를 반복하면서 개발과정을 진행한다.
- 애자일 모형은 어느 특정 개발 방법론이 아니라 좋은 것을 빠르고 낭비 없이 만들기 위해 고객과의 소통에 초점을 맞춘 방법론을 통칭한다.
- 애자일 모형은 기업 활동 전반에 걸쳐 사용된다.
- 애자일 모형은 스프린트(Sprint) 또는 이터레이션(Iteration)이라고 불리는 짧은 개발 주기를 반복하며, 반복되는 주기마다 만들어지는 결과물에 대한 고객의 평가와 요구를 적극 수용한다.
- 각 개발주기에서는 고객이 요구사항에 우선순위를 부여하여 개발 작업을 진행한다.
- 소규모 프로젝트, 고도로 숙달된 개발자, 급변하는 요구사항에 적합하다.
- 애자일 모형을 기반으로 하는 소프트웨어 개발 모형
  - 스크럼(Scrum)
  - XP(eXtreme Programming)
  - 칸반(Kanban)
  - Lean, 크리스탈(Crystal)
  - ASD(Adaptive Software Development)
  - 기능 중심 개발(FDD; Feature Driven Development)
  - DSDM(Dynamic System Development Method)
  - DAD(Disciplined Agile Delivery)

- 애자일 개발 4가지 핵심 가치
  1. 프로세스와 도구보다는 개인과 상호작용에 더 가치를 둔다.
  2. 방대한 문서보다는 실행되는 SW에 더 가치를 둔다.
  3. 계약 협상보다는 고객과 협업에 더 가치를 둔다.
  4. 계획을 따르기 보다는 변화에 반응하는 것에 더 가치를 둔다.

등급 B

2. XP(eXtreme Programing)의 5가지 가치로 거리가 먼 것은?

① 용기 ② 의사소통
③ 정형 분석 ④ 피드백

전문가의 조언
정형 분석은 XP의 5가지 가치에 속하지 않습니다.

병행학습 XP(eXtreme Programming)
- XP는 수시로 발생하는 고객의 요구사항에 유연하게 대응하기 위해 고객의 참여와 개발 과정의 반복을 극대화하여 개발 생산성을 향상시키는 방법이다.
- XP는 짧고 반복적인 개발 주기, 단순한 설계, 고객의 적극적인 참여를 통해 소프트웨어를 빠르게 개발하는 것을 목적으로 한다.
- 릴리즈의 기간을 짧게 반복하면서 고객의 요구사항 반영에 대한 가시성을 높인다.
- 릴리즈 테스트마다 고객을 직접 참여시킴으로써 요구한 기능이 제대로 작동하는지 고객이 직접 확인할 수 있다.
- 비교적 소규모 인원의 개발 프로젝트에 효과적이다.
- XP의 5가지 핵심 가치 : 의사소통(Communication), 단순성(Simplicity), 용기(Courage), 존중(Respect), 피드백(Feedback)

등급 B

3. 자료 흐름도(DFD)의 각 요소별 표기 형태의 연결이 옳지 않은 것은?

① 자료 흐름(Data Flow) : 화살표
② 처리(Process) : 원
③ 자료 저장소(Data Store) : 직선(평행선)
④ 단말(Terminator) : 오각형

전문가의 조언
자료 흐름도에서 단말(Terminator)은 사각형 안에 이름을 기입합니다.

병행학습 자료 흐름도의 구성 요소

프로세스 (Process)	• 자료를 변환시키는 시스템의 한 부분(처리 과정)을 나타내며 처리, 기능, 변환, 버블이라고도 함 • 원이나 둥근 사각형으로 표시하고 그 안에 프로세스 이름을 기입함
자료 흐름 (Data Flow)	• 자료의 이동(흐름)이나 연관관계를 나타냄 • 화살표 위에 자료의 이름을 기입함
자료 저장소 (Data Store)	• 시스템에서의 자료 저장소(파일, 데이터베이스)를 나타냄 • 도형(평행선) 안에 자료 저장소 이름을 기입함
단말 (Terminator)	• 시스템과 교신하는 외부 개체로, 입력 데이터가 만들어지고 출력 데이터를 받음(정보의 생산자와 소비자) • 도형(시각형) 안에 이름을 기입함

등급 C

4. HIPO(Hierarchy Input Process Output)에 대한 설명으로 거리가 먼 것은?
① 상향식 소프트웨어 개발을 위한 문서화 도구이다.
② HIPO 차트 종류에는 가시적 도표, 총체적 도표, 세부적 도표가 있다.
③ 기능과 자료의 의존 관계를 동시에 표현할 수 있다.
④ 보기 쉽고 이해하기 쉽다.

전문가의 조언
HIPO는 하향식 소프트웨어 개발을 위한 문서화 도구입니다.

병행학습 HIPO(Hierarchy Input Process Output)
• 시스템의 분석 및 설계나 문서화할 때 사용되는 기법으로, 시스템 실행 과정인 입력, 처리, 출력의 기능을 나타낸다.
• 기본 시스템 모델은 입력, 처리, 출력으로 구성되며, 하향식 소프트웨어 개발을 위한 문서화 도구이다.
• 체계적인 문서 관리가 가능하다.
• 기호, 도표 등을 사용하므로 보기 쉽고 이해하기도 쉽다.
• 기능과 자료의 의존 관계를 동시에 표현할 수 있다.
• 변경, 유지보수가 용이하다.
• 시스템의 기능을 여러 개의 고유 모듈들로 분할하여 이들 간의 인터페이스를 계층 구조로 표현한 것을 HIPO Chart라고 한다.

• HIPO Chart의 종류
 – 가시적 도표(도식 목차) : 시스템의 전체적인 기능과 흐름을 보여주는 계층(Tree) 구조도
 – 총체적 도표(총괄도표, 개요 도표) : 프로그램을 구성하는 기능을 기술한 것으로 입력, 처리, 출력에 대한 전반적인 정보를 제공하는 도표
 – 세부적 도표(상세 도표) : 총체적 도표에 표시된 기능을 구성하는 기본 요소들을 상세히 기술하는 도표

등급 C

5. 다음 중 상태 다이어그램에서 객체 전이의 요인이 되는 요소는?
① event ② state
③ message ④ transition

전문가의 조언
상태 다이어그램은 객체들 사이에 발생하는 이벤트(event)에 의한 객체들의 상태 변화를 그림으로 표현한 것입니다.

병행학습 상태 다이어그램(State Diagram)
• 하나의 객체가 자신이 속한 클래스의 상태 변화 혹은 다른 객체와의 상호 작용에 따라 상태가 어떻게 변화하는지를 표현한다.
• 이벤트(event)에 의한 객체들의 상태 변화를 그림으로 표현한다.
• 럼바우(Rumbaugh) 객체지향 분석 기법에서 동적 모델링에 활용된다.

등급 B

6. UML 확장 모델에서 스테레오 타입 객체를 표현할 때 사용하는 기호로 맞는 것은?
① ≪ ≫ ② (( ))
③ {{ }} ④ [[ ]]

전문가의 조언
스테레오 타입을 표현하는 기호는 겹화살괄호(≪ ≫)입니다.

정답 4.① 5.① 6.①

등급 B

7. 유스케이스 다이어그램(UseCase Diagram)에 관련된 내용으로 틀린 것은?

① 시스템과 상호 작용하는 외부 시스템은 액터로 파악해서는 안된다.
② 유스케이스는 사용자 측면에서의 요구사항으로, 사용자가 원하는 목표를 달성하기 위해 수행할 내용을 기술한다.
③ 시스템 액터는 다른 프로젝트에서 이미 개발되어 사용되고 있으며, 본 시스템과 데이터를 주고받는 등 서로 연동되는 시스템을 말한다.
④ 액터가 인식할 수 없는 시스템 내부의 기능을 하나의 유스케이스로 파악해서는 안된다.

전문가의 조언
시스템과 상호작용하는 모든 외부 요소를 액터라고 합니다.

병행학습 유스케이스(Use Case) 다이어그램
- 개발될 시스템과 관련된 외부 요소들, 즉 사용자와 다른 외부 시스템들이 개발될 시스템을 이용해 수행할 수 있는 기능을 사용자의 관점(View)에서 표현한 것이다.
- 외부 요소와 시스템 간의 상호 작용을 확인할 수 있다.
- 사용자의 요구사항을 분석하기 위한 도구로 사용된다.
- 시스템의 범위를 파악할 수 있다.
- 유스케이스 다이어그램의 구성 요소

구성 요소	설명
시스템(System)/ 시스템 범위 (System Scope)	시스템 내부에서 수행되는 기능들을 외부 시스템과 구분하기 위해 시스템 내부의 유스케이스들을 사각형으로 묶어 시스템의 범위를 표현함
액터(Actor)	• 시스템과 상호작용을 하는 모든 외부 요소로, 사람이나 외부 시스템을 의미함 • 액터 : 시스템을 사용함으로써 이득을 얻는 대상으로, 주로 사람이 해당함 • 부액터 : 주액터의 목적 달성을 위해 시스템에 서비스를 제공하는 외부 시스템으로, 조직이나 기관 등이 될 수 있음
유스케이스 (Use Case)	사용자가 보는 관점에서 시스템이 액터에게 제공하는 서비스 또는 기능을 표현한 것
관계(Relationship)	유스케이스 다이어그램에서 관계는 액터와 유스케이스, 유스케이스와 유스케이스 사이에서 나타날 수 있으며, 포함 관계, 확장 관계, 일반화 관계의 3종류가 있음

등급 A

8. UI의 종류로 멀티 터치(Multi-touch), 동작 인식(Gesture Recognition) 등 사용자의 자연스러운 움직임을 인식하여 서로 주고받는 정보를 제공하는 사용자 인터페이스를 의미하는 것은?

① GUK(Graphical User Interface)
② OUI(Organic User Interface)
③ NUI(Natural User Interface)
④ CLK(Command Line Interface)

전문가의 조언
사용자의 자연스러운 움직임을 인식하여 서로 주고받는 정보를 제공하는 사용자 인터페이스는 NUI(Natural User Interface)입니다.

병행학습 사용자 인터페이스의 종류
- CLI(Command Line Interface) : 명령과 출력이 텍스트 형태로 이뤄지는 인터페이스
- GUI(Graphical User Interface) : 아이콘이나 메뉴를 마우스로 선택하여 작업을 수행하는 그래픽 환경의 인터페이스
- NUI(Natural User Interface) : 사용자의 말이나 행동으로 기기를 조작하는 인터페이스
- VUI(Voice User Interface) : 사람의 음성으로 기기를 조작하는 인터페이스
- OUI(Organic User Interface) : 모든 사물과 사용자 간의 상호작용을 위한 인터페이스

등급 C

9. 모듈화를 통해 분리된 시스템의 각 기능들로, 서브루틴, 서브시스템, 소프트웨어 내의 프로그램, 작업 단위 등과 같은 의미로 사용되는 것은?

① Module
② Component
③ Things
④ Prototype

전문가의 조언
모듈화를 통해 분리된 시스템의 각 기능들을 모듈(Module)이라고 합니다.

병행학습 모듈화(Modularity)
- 소프트웨어의 성능을 향상시키거나 시스템의 수정 및 재사용, 유지 관리 등이 용이하도록 시스템의 기능들을 모듈 단위로 나누는 것을 의미한다.
- 자주 사용되는 계산식이나 사용자 인증과 같은 기능들을 공통 모듈로 구성하여 프로젝트의 재사용성을 향상시킬 수 있다.
- 모듈의 크기를 너무 작게 나누면 개수가 많아져 모듈 간의 통합 비용이 많이 들고, 너무 크게 나누면 개수가 적어 통합 비용은 적게 들지만 모듈 하나의 개발 비용이 많이 든다.

- 모듈화를 통해 기능의 분리가 가능하여 인터페이스가 단순해진다.
- 모듈화를 통해 프로그램의 효율적인 관리가 가능하고 오류의 파급 효과를 최소화할 수 있다.

등급 B

10. 파이프 필터 형태의 소프트웨어 아키텍처에 대한 설명으로 옳은 것은?

① 노드와 간선으로 구성된다.
② 서브시스템이 입력 데이터를 받아 처리하고 결과를 다음 서브시스템으로 넘겨주는 과정을 반복한다.
③ 계층 모델이라고도 한다.
④ 3개의 서브시스템(모델, 뷰, 제어)으로 구성되어 있다.

전문가의 조언
- 파이프 필터 형태의 소프트웨어 아키텍처에 대한 설명으로 옳은 것은 ②번입니다.
- ①번은 자료 구조 중 그래프, ③번은 레이어 패턴, ④번은 모델-뷰-컨트롤러 패턴에 대한 설명입니다.

병행학습 주요 아키텍처 패턴(Patterns)의 종류
- 레이어 패턴(Layers pattern) : 시스템을 계층(Layer)으로 구분하여 구성하는 고전적인 방법 중의 하나로 각각의 서브시스템들이 계층 구조를 이루며, 하위 계층은 상위 계층에 대한 서비스 제공자가 되고, 상위 계층은 하위 계층의 클라이언트가 됨
- 클라이언트-서버 패턴(Clinent-Server Pattern) : 하나의 서버 컴포넌트와 다수의 클라이언트 컴포넌트로 구성되는 패턴으로, 클라이언트가 서버에 요청하고 응답을 받아 사용자에게 제공하는 방식
- 파이프-필터 패턴(Pipe-Filter Pattern) : 데이터 스트림 절차의 각 단계를 필터(Filter) 컴포넌트로 캡슐화하여 파이프(Pipe)를 통해 데이터를 전송하는 패턴
- 모델-뷰-컨트롤러 패턴(Model-View-Controller Pattern) : 서브시스템을 모델(Model), 뷰(View), 컨트롤러(Controller)의 세 부분으로 구조화하는 패턴

등급 A

11. 객체지향의 주요 구성 요소 중 데이터와 데이터를 처리하는 메소드를 묶어 놓은 하나의 소프트웨어 모듈을 무엇이라고 하는가?

① 클래스(Class)   ② 객체(Object)
③ 상속(Inheritance)   ④ 관계(Relationship)

전문가의 조언
데이터와 데이터를 처리하는 메소드(함수)를 묶어 놓은 하나의 소프트웨어 모듈을 객체(Object)라고 합니다.

병행학습
- Class(클래스) : 공통된 속성과 연산(행위)을 갖는 객체의 집합으로, 객체의 일반적인 타입(Type)
- 상속(Inheritance) : 이미 정의된 상위 클래스(부모 클래스)의 모든 속성과 연산을 하위 클래스(자식 클래스)가 물려받는 것
- 관계(Relationships) : 사물과 사물 사이의 연관성을 표현하는 것

등급 B

12. 객체지향 분석 기법에 대한 설명으로 옳지 않은 것은?

① 데이터와 행위를 하나로 묶어 객체를 정의 내리고 추상화시키는 작업이라 할 수 있다.
② 코드 재사용에 의한 프로그램 생산성 향상 및 요구에 따른 시스템의 쉬운 변경이 가능하다.
③ 동적 모델링 기법이 사용될 수 있다.
④ E-R 다이어그램은 객체지향 분석 기법의 표현 도구로 적합하지 않다.

전문가의 조언
객체지향 분석의 방법론 중 Coad와 Yourdon 방법은 E-R 다이어그램을 사용하여 객체의 행위를 모델링합니다.

병행학습 객체지향 분석(OOA; Object Oriented Analysis)
- 사용자의 요구사항을 분석하여 요구된 문제와 관련된 모든 클래스(객체), 이와 연관된 속성과 연산, 그들 간의 관계 등을 정의하여 모델링하는 작업이다.
- 소프트웨어를 개발하기 위한 비즈니스(업무)를 객체와 속성, 클래스와 멤버, 전체와 부분 등으로 나누어서 분석한다.
- 분석가에게 주요한 모델링 구성 요소인 클래스, 객체, 속성, 연산들을 표현해서 문제를 모형화할 수 있게 해준다.
- 객체는 클래스로부터 인스턴스화되고, 이 클래스를 식별하는 것이 객체지향 분석의 주요한 목적이다.

등급 A

13. 럼바우(Rumbaugh)의 객체지향 분석 절차를 가장 바르게 나열한 것은?

① 객체 모형 → 동적 모형 → 기능 모형
② 객체 모형 → 기능 모형 → 동적 모형
③ 기능 모형 → 동적 모형 → 객체 모형
④ 기능 모형 → 객체 모형 → 동적 모형

정답 10.② 11.② 12.④ 13.①

> **전문가의 조언**
> 럼바우(Rumbaugh)의 객체지향 분석 절차는 '객체 모델링 → 동적 모델링 → 기능 모델링' 순으로 진행됩니다.

병행학습 럼바우(Rumbaugh)의 분석 기법

- 모든 소프트웨어 구성 요소를 그래픽 표기법을 이용하여 모델링하는 기법으로, 객체 모델링 기법(OMT; Object-Modeling Technique)이라고도 한다.
- 분석 활동은 '객체 모델링 → 동적 모델링 → 기능 모델링' 순으로 이루어진다.
- 객체 모델링(Object Modeling)
  - 정보 모델링이라고도 하며, 시스템에서 요구되는 객체를 찾아내어 속성과 연산 식별 및 객체들 간의 관계를 규정하여 객체 다이어그램으로 표시하는 것이다.
  - 분석 활동의 세 가지 모델 중 가장 중요하며 선행되어야 할 모델링이다.
- 동적 모델링(Dynamic Modeling) : 상태 다이어그램(상태도)을 이용하여 시간의 흐름에 따른 객체들 간의 제어 흐름, 상호 작용, 동작 순서 등의 동적인 행위를 표현하는 모델링임
- 기능 모델링(Functional Modeling) : 자료 흐름도(DFD)를 이용하여 다수의 프로세스들 간의 자료 흐름을 중심으로 처리 과정을 표현한 모델링임

- 결합도의 종류
  - 자료 결합도(Data Coupling) : 모듈 간의 인터페이스가 자료 요소로만 구성될 때의 결합도
  - 스탬프(검인) 결합도(Stamp Coupling) : 모듈 간의 인터페이스로 배열이나 레코드 등의 자료 구조가 전달될 때의 결합도
  - 제어 결합도(Control Coupling) : 어떤 모듈이 다른 모듈 내부의 논리적인 흐름을 제어하기 위해 제어 신호를 이용하여 통신하거나 제어 요소(Function Code, Switch, Tag, Flag)를 전달하는 결합도
  - 외부 결합도(External Coupling) : 어떤 모듈에서 외부로 선언한 데이터(변수)를 다른 모듈에서 참조할 때의 결합도
  - 공통(공유) 결합도(Common Coupling) : 공유되는 공통 데이터 영역을 여러 모듈이 사용할 때의 결합도
  - 내용 결합도(Content Coupling) : 한 모듈이 다른 모듈의 내부 기능 및 그 내부 자료를 직접 참조하거나 수정할 때의 결합도

등급 A

14. 결합도(Coupling)에 대한 설명으로 틀린 것은?

① 데이터 결합도(Data Coupling)는 두 모듈이 매개변수로 자료를 전달할 때 자료 구조 형태로 전달되어 이용될 때 데이터가 결합되어 있다고 한다.
② 내용 결합도(Content Coupling)는 하나의 모듈이 직접적으로 다른 모듈의 내용을 참조할 때 두 모듈은 내용적으로 결합되어 있다고 한다.
③ 공통 결합도(Common Coupling)는 두 모듈이 동일한 전역 데이터를 접근한다면 공통 결합되어 있다고 한다.
④ 결합도(Coupling)는 두 모듈간의 상호작용, 또는 의존도 정도를 나타내는 것이다.

> **전문가의 조언**
> - 데이터 결합도는 모듈 간의 인터페이스가 자료 요소로만 구성될 때의 결합도입니다.
> - ①번은 스탬프 결합도에 대한 설명입니다.

병행학습 결합도(Coupling)

- 결합도는 모듈 간에 상호 의존하는 정도 또는 두 모듈 사이의 연관 관계를 의미한다.
- 다양한 결합으로 모듈을 구성할 수 있으나 결합도가 약할수록 품질이 높고, 강할수록 품질이 낮다.
- 결합도가 강하면 시스템 구현 및 유지보수 작업이 어렵다.

등급 C

15. 코드 설계에서 일정한 일련번호를 부여하는 방식의 코드는?

① 연상 코드　　　② 블록 코드
③ 순차 코드　　　④ 표의 숫자 코드

> **전문가의 조언**
> 순차 코드는 자료의 발생 순서, 크기 순서 등 일정 기준에 따라서 최초의 자료부터 차례로 일련번호를 부여하는 방법입니다.

병행학습 코드(Code)

- 컴퓨터를 이용하여 자료를 처리하는 과정에서 분류·조합 및 집계를 용이하게 하고, 특정 자료의 추출을 쉽게 하기 위해서 사용하는 기호이다.
- 순차 코드(Sequence Code) : 자료의 발생 순서, 크기 순서 등 일정 기준에 따라서 최초의 자료부터 차례로 일련번호를 부여하는 방법
- 블록 코드(Block Code) : 코드화 대상 항목 중에서 공통성이 있는 것끼리 블록으로 구분하고, 각 블록 내에서 일련번호를 부여하는 방법
- 10진 코드(Decimal Code) : 코드화 대상 항목을 0~9까지 10진 분할하고, 다시 그 각각에 대하여 10진 분할하는 방법을 필요한 만큼 반복하는 방법
- 그룹 분류 코드(Group Classification Code) : 코드화 대상 항목을 일정 기준에 따라 대분류, 중분류, 소분류 등으로 구분하고, 각 그룹 안에서 일련번호를 부여하는 방법
- 연상 코드(Mnemonic Code) : 코드화 대상 항목의 명칭이나 약호와 관계있는 숫자나 문자, 기호를 이용하여 코드를 부여하는 방법
- 표의 숫자 코드(Significant Digit Code) : 코드화 대상 항목의 성질, 즉 길이, 넓이, 부피, 지름, 높이 등의 물리적 수치를 그대로 코드에 적용시키는 방법
- 합성 코드(Combined Code) : 필요한 기능을 하나의 코드로 수행하기 어려운 경우 2개 이상의 코드를 조합하여 만드는 방법

정답 14.① 15.③

16. 다음 내용이 설명하는 디자인 패턴은?

- 객체를 생성하기 위한 인터페이스를 정의하여 어떤 클래스가 인스턴스화 될 것인지는 서브클래스가 결정하도록 하는 것
- Virtual-Constructor 패턴이라고도 함

① Visitor패턴
② Observer패턴
③ Factory Method 패턴
④ Bridge 패턴

전문가의 조언
문제의 지문에 제시된 내용은 팩토리 메소드(Factory Method) 패턴의 특징입니다.

병행학습
- 방문자(Visitor) : 각 클래스들의 데이터 구조에서 처리 기능을 분리하여 별도의 클래스로 구성하는 패턴
- 옵서버(Observer) : 한 객체의 상태가 변화하면 객체에 상속되어 있는 다른 객체들에게 변화된 상태를 전달하는 패턴
- 브리지(Bridge) : 구현부에서 추상층을 분리하여, 서로가 독립적으로 확장할 수 있도록 구성한 패턴

17. 디자인 패턴 중 구조 패턴에 속하지 않는 것은?

① Observer
② Decorator
③ Adapter
④ Proxy

전문가의 조언
Observer는 행위 패턴입니다.

병행학습 디자인 패턴의 종류
- 생성 패턴(Creational Pattern) : 추상 팩토리(Abstract Factory), 빌더(Builder), 팩토리 메소드(Factory Method), 프로토타입(Prototype), 싱글톤(Singleton)
- 구조 패턴(Structural Pattern) : 어댑터(Adapter), 브리지(Bridge), 컴포지트(Composite), 데코레이터(Decorator), 퍼싸드(Facade), 플라이웨이트(Flyweight), 프록시(Proxy)
- 행위 패턴(Behavioral Pattern) : 커맨드(Command), 책임 연쇄(Chain of Responsibility), 인터프리터(Interpreter), 반복자(Iterator), 중재자(Mediator), 메멘토(Memento), 옵서버(Observer), 상태(State), 전략(Strategy), 템플릿 메소드(Template Method), 방문자(Visitor)

18. 미들웨어에 대한 설명으로 옳지 않은 것은?

① DB는 데이터베이스 벤더에서 제공하는 클라이언트에서 원격의 데이터베이스와 연결하기 위한 미들웨어이다.
② WAS는 사용자의 요구에 따라 변하는 동적인 콘텐츠를 처리하기 위해 사용되는 미들웨어이다.
③ MOM은 메시지 기반의 비동기형 메시지를 전달하는 방식의 미들웨어이다.
④ RPC는 코바(CORBA) 표준 스펙을 구현한 객체 지향 미들웨어이다.

전문가의 조언
- RPC(Remote Procedure Call)는 응용 프로그램의 프로시저를 사용하여 원격 프로시저를 마치 로컬 프로시저처럼 호출하는 방식의 미들웨어입니다.
- ④번은 ORB(Object Request Broker)에 대한 설명입니다.

병행학습 미들웨어(Middleware)의 종류
- DB(DataBase) : 데이터베이스 벤더(Vendor)에서 제공하는 클라이언트에서 원격의 데이터베이스와 연결하기 위한 미들웨어
- RPC(Remote Procedure Call) : 응용 프로그램의 프로시저를 사용하여 원격 프로시저를 마치 로컬 프로시저처럼 호출하는 방식의 미들웨어
- MOM(Message Oriented Middleware) : 메시지 기반의 비동기형 메시지를 전달하는 방식의 미들웨어
- TP-Monitor(Transaction Processing Monitor) : 항공기나 철도 예약 업무 등과 같은 온라인 트랜잭션 업무에서 트랜잭션을 처리 및 감시하는 미들웨어
- ORB(Object Request Broker) : 객체지향 미들웨어로 코바(CORBA) 표준 스펙을 구현한 미들웨어
- WAS(Web Application Server) : 사용자의 요구에 따라 변하는 동적인 콘텐츠를 처리하기 위해 사용되는 미들웨어

19. 다음 중 CASE의 장점이 아닌 것은?

① 자동화된 기법을 통해 소프트웨어 품질이 향상된다.
② 소프트웨어의 유지보수를 간편하게 수행할 수 있다.
③ 소프트웨어의 생산성이 향상된다.
④ 소프트웨어 모듈의 재사용성이 줄어든다.

전문가의 조언
CASE를 이용하면 소프트웨어 모듈의 재사용성이 향상됩니다.

병행학습 CASE(Computer Aided Software Engineering)

- 소프트웨어 개발 과정에서 사용되는 요구 분석, 설계, 구현, 검사 및 디버깅 과정 전체 또는 일부를 컴퓨터와 전용 소프트웨어 도구를 사용하여 자동화하는 것이다.
- 객체지향 시스템, 구조적 시스템 등 다양한 시스템에서 활용되는 자동화 도구 (CASE Tool)이다.
- CASE 도구를 통해 관리되는 공통 모듈을 사용할 수 있어 재사용성을 향상시킬 수 있다.
- CASE 도구가 모듈 관리를 자동으로 수행하므로 유지보수가 간편해진다.
- 소프트웨어 개발 도구와 방법론이 결합된 것으로, 정형화된 구조 및 방법(메커니즘)을 소프트웨어 개발에 적용하여 생산성 및 품질 향상을 구현하는 공학 기법이다.
- 소프트웨어 개발의 모든 단계에 걸쳐 일관된 방법론을 제공하는 자동화 도구들을 지원하고, 개발자들은 이 도구를 사용하여 소프트웨어 개발의 표준화를 지향하며, 자동화의 이점을 얻을 수 있게 해준다.
- CASE 도구는 요구 분석, 설계 과정을 지원하는 상위 CASE 도구와 구현, 테스트 과정을 지원하는 하위 CASE 도구로 구분할 수 있다.
- CASE의 주요 기능 : 소프트웨어 생명 주기 전 단계의 연결, 다양한 소프트웨어 개발 모형 지원, 그래픽 지원, 모델들의 모순 검사 및 오류검증, 자료흐름도 작성 등
- CASE의 원천 기술 : 구조적 기법, 프로토타이핑, 자동 프로그래밍, 정보 저장소, 분산처리

- 자료 사전에서 사용되는 표기 기호

기호	의미
=	자료의 정의
+	자료의 연결
( )	자료의 생략
[|]	자료의 선택
{ }	자료의 반복
**	자료의 설명

등급 B

20. 다음 중 자료 사전(Data Dictionary)에 대한 설명으로 옳지 않은 것은?

① 메타 데이터(Meta Data)라고 한다.
② 모든 데이터 개체들에 대한 정보를 유지, 관리하는 시스템이다.
③ 일반 이용자도 SQL을 이용하여 내용을 검색해 볼 수 있다.
④ 자료 사전에 대한 갱신은 데이터베이스의 무결성 유지를 위해 이용자가 직접 갱신해야 한다.

전문가의 조언
자료 사전(Data Dictionary)은 시스템 테이블로 구성되어 있어 일반 이용자도 SQL을 이용하여 내용을 검색해 볼 수 있지만 이용자가 갱신은 할 수 없습니다. 자료 사전은 DBMS가 스스로 생성하고 유지합니다.

병행학습 자료 사전(DD; Data Dictionary)

- 자료 흐름도에 있는 자료를 더 자세히 정의하고 기록한 것이며, 이처럼 데이터를 설명하는 데이터를 데이터의 데이터 또는 메타 데이터(Meta Data)라고 한다.
- 자료 흐름도에 시각적으로 표시된 자료에 대한 정보를 체계적이고 조직적으로 모아 개발자나 사용자가 편리하게 사용할 수 있는 것

2과목 소프트웨어 개발

등급 C

21. 프로그램의 소스나 코드에서 결함을 찾아내고 이를 확인하려는 작업을 의미하는 것은?

① 소스 코드 인스펙션　② 재공학
③ 역공학　　　　　　　④ 재사용

전문가의 조언
프로그램의 소스나 코드에서 결함을 찾아내고 이를 확인하려는 작업을 소스 코드 인스펙션이라고 합니다.

병행학습

- 재공학(Reengineering) : 새로운 요구에 맞도록 기존 시스템을 이용하여 보다 나은 시스템을 구축하고, 새로운 기능을 추가하여 소프트웨어 성능을 향상시키는 것
- 역공학(Reverse Engineering) : 기존 소프트웨어를 분석하여 소프트웨어 개발 과정과 데이터 처리 과정을 설명하는 분석 및 설계 정보를 재발견하거나 다시 만들어 내는 활동
- 소프트웨어 재사용(Software Reuse) : 이미 개발되어 인정받은 소프트웨어의 전체 혹은 일부분을 다른 소프트웨어 개발이나 유지에 사용하는 것

등급 D

22. 코드 검사 수행 시 발견된 오류와 그 설명으로 틀린 것은?

① 데이터 오류(DA; Data Error)는 데이터 유형 정의, 변수 선언, 매개 변수 등에서 나타나는 오류이다.
② 기능 오류(FN; Function Error)는 서브루틴이나 블록이 수행하는 방법(How)이 잘못되어 있는 오류이다.
③ 성능 오류(PF; Performance Error)는 프로그램을 수행하며 요구되는 성능을 만족시키지 못하는 오류이다.
④ 문서 오류(DC; Documentation Error)는 프로그램 구성 요소인 선언 부분, 잘못되거나 불필요한 주석 등을 의미한다.

전문가의 조언
- 기능 오류는 서브루틴이나 블록이 잘못된 것(What)을 수행하는 오류입니다.
- ②번은 논리 오류(LO; Logic Error)에 대한 설명입니다.

등급 C

23. 이진 트리의 특성으로 틀린 것은? (단, n_0 : 단말 노드 수, n_1 : 차수 1인 노드 수, n_2 : 차수 2인 노드 수, n : 노드 총 수, e : 간선 총 수)

① $n_0 = n_2 + 2$
② $e = n_1 + 2n_2$
③ $n = e + 1$
④ $n = n_0 + n_1 + n_2$

전문가의 조언
다음 트리를 예로들어 값을 구해보도록 하겠습니다.

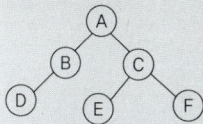

- n_0 : 단말 노드의 수는 3(D, E, F)입니다.
- n_1 : 차수가 1인 노드의 수는 1(B)입니다.
- n_2 : 차수가 2인 노드의 수는 2(A, C)입니다.
- n : 노드의 총수는 6(A~F)입니다.
- e : 간선의 총수는 5입니다.

① $n_0 = n_2 + 2 : 3 \neq 2+2$
② $e = n_1 + 2n_2 : 5 = 1+4(2\times 2)$
③ $n = e + 1 : 6 = 5+1$
④ $n = n_0 + n_1 + n_2 : 6 = 3+1+2$

병행학습 트리(Tree)

- 정점(Node, 노드)과 선분(Branch, 가지)을 이용하여 사이클을 이루지 않도록 구성한 그래프(Graph)의 특수한 형태이다.
- 노드(Node) : 트리의 기본 요소로서 자료 항목과 다른 항목에 대한 가지(Branch)를 합친 것
- 근 노드(Root Node) : 트리의 맨 위에 있는 노드
- 디그리(Degree, 차수) : 각 노드에서 뻗어 나온 가지의 수
- 단말 노드(Terminal Node) : 자식이 하나도 없는 노드, 즉 디그리가 0인 노드
- 트리의 디그리 : 노드들의 디그리 중에서 가장 많은 수

등급 A

24. 화이트박스 테스트에 대한 설명으로 옳지 않은 것은?

① 제품의 내부 요소들이 명세서에 따라 수행되고 충분히 실행되는가를 보장하기 위한 검사이다.
② 모듈 안의 작동을 직접 관찰한다.
③ 프로그램 원시 코드의 논리적인 구조를 커버하도록 테스트 케이스를 설계한다.
④ 화이트박스 테스트 기법에는 기초 경로 검사, 동치 분할, 경계값 분석 등이 있다.

전문가의 조언
- 화이트박스 테스트 기법에는 기초 경로 검사, 제어 구조 검사 등이 있습니다.
- 동치 분할과 경계값 분석은 블랙박스 테스트 기법에 해당합니다.

병행학습 화이트박스 테스트(White Box Test)

화이트박스 테스트의 특징
- 모듈의 원시 코드를 오픈시킨 상태에서 원시 코드의 논리적인 모든 경로를 테스트하여 테스트 케이스를 설계하는 방법이다.
- 화이트박스 테스트는 설계된 절차에 초점을 둔 구조적 테스트로 프로시저 설계의 제어 구조를 사용하여 테스트 케이스를 설계하며, 테스트 과정의 초기에 적용된다.
- 모듈 안의 작동을 직접 관찰한다.
- 원시 코드의 모든 문장을 한 번 이상 실행함으로써 수행된다.
- 프로그램의 제어 구조에 따라 선택, 반복 등의 분기점 부분들을 수행함으로써 논리적 경로를 제어한다.

화이트박스 테스트의 종류
- 기초 경로 검사(Base Path Testing) : 테스트 케이스 설계자가 절차적 설계의 논리적 복잡성을 측정할 수 있게 해주는 테스트 기법
- 제어 구조 검사(Control Structure Testing)
  - 조건 검사(Condition Testing) : 프로그램 모듈 내에 있는 논리적 조건을 테스트하는 테스트 케이스 설계 기법
  - 루프 검사(Loop Testing) : 프로그램의 반복(Loop) 구조에 초점을 맞춰 실시하는 테스트 케이스 설계 기법
  - 데이터 흐름 검사(Data Flow Testing) : 프로그램에서 변수의 정의와 변수 사용의 위치에 초점을 맞춰 실시하는 테스트 케이스 설계 기법

25. 정형 기술 검토(FTR)에 대한 설명으로 옳지 않은 것은?

① 논쟁과 반박을 제한하지 않는다.
② 문제 영역을 명확히 표현한다.
③ 참가자의 수를 제한한다.
④ 의제를 제한한다.

전문가의 조언
정형 기술 검토(FTR)는 논쟁과 반박을 제한합니다.

병행학습 정형 기술 검토(FTR; Formal Technical Review)
- 가장 일반적인 검토 방법으로 소프트웨어 기술자들에 의해 수행되는 소프트웨어 품질 보증 활동이다.
- 정형 기술 검토 유형에는 검토 회의(Walkthrough), 검열(Inspections) 등이 있으며 이는 모두 회의 형태로 수행된다.
- 정형 기술 검토의 지침 사항
  - 제품의 검토에만 집중하라.
  - 의제를 제한하여 진행하라.
  - 논쟁과 반박을 제한하라.
  - 문제 영역을 명확히 표현하라.
  - 해결책이나 개선책에 대해서는 논하지 말아라.
  - 참가자의 수를 제한하고 사전 준비를 강요하라.
  - 검토될 확률이 있는 각 제품에 대한 체크 리스트를 개발하라.

26. 다음 설명에 해당하는 것은?

기존 소프트웨어를 분석하여 소프트웨어 개발 과정과 데이터 처리 과정을 설명하는 분석 및 설계 정보를 재발견하거나 다시 만들어 내는 활동이다.

① Analysis
② Restructuring
③ Reverse Engineering
④ Migration

전문가의 조언
일반적인 개발 단계와는 반대로(Reverse), 기존 소프트웨어를 분석하여 새로운 정보를 재발견하거나 다시 만들어 내는 활동을 역공학(Reverse Engineering)이라고 합니다.

병행학습
- 분석(Analysis) : 기존 소프트웨어의 명세서를 확인하여 소프트웨어의 동작을 이해하고, 재공학할 대상을 선정하는 활동
- 재구성(Restructuring) : 기존 소프트웨어의 구조를 향상시키기 위하여 코드를 재구성하는 활동으로, 소프트웨어의 기능과 외적인 동작은 바뀌지 않음
- 이식(Migration) : 기존 소프트웨어를 다른 운영체제나 하드웨어 환경에서 사용할 수 있도록 변환하는 활동

27. ISO/IEC 25010의 소프트웨어 품질 특성 중 사용성(Usability)에 해당하지 않는 것은?

① 학습성
② 설치성
③ 접근성
④ 조작성

전문가의 조언
설치성은 소프트웨어 품질 특성 중 이식성(Portability)에 해당합니다.

병행학습 ISO/IEC 25010에서 제시한 소프트웨어의 품질 특성
- 기능 적합성 : 기능 완전성, 기능 정확성, 기능 적절성
- 성능 효율성 : 시간 효율성, 자원 효율성, 사양
- 호환성 : 공존성, 상호운영성
- 사용성 : 적절 인지도, 학습성, 조작성, 사용자 오류 방지, UI 미학, 접근성
- 신뢰성 : 성숙성, 사용가능성, 결함 허용성, 복구성
- 보안성 : 기밀성, 무결성, 부인방지, 책임추적성, 인증성
- 유지 보수성 : 모듈성, 재사용성, 분석성, 변경성, 시험성
- 이식성 : 적응성, 설치성, 대체성

28. 인터페이스 구현 검증 도구가 아닌 것은?

① Foxbase
② STAF
③ watir
④ xUnit

전문가의 조언
인터페이스 구현 검증 도구에는 xUnit, STAF, FitNesse, NTAF, Selenium, watir 등이 있습니다.

병행학습 인터페이스 구현 검증 도구
- xUnit : Java(Junit), C++(Cppunit), .Net(Nunit), Http(HttpUnit) 등 다양한 언어를 지원하는 단위 테스트 프레임워크
- STAF : 서비스 호출 및 컴포넌트 재사용 등 다양한 환경을 지원하는 테스트 프레임워크
- FitNesse : 웹 기반 테스트케이스 설계, 실행, 결과 확인 등을 지원하는 테스트 프레임워크
- NTAF : FitNesse의 장점인 협업 기능과 STAF의 장점인 재사용 및 확장성을 통합한 NHN(Naver)의 테스트 자동화 프레임워크
- Selenium : 다양한 브라우저 및 개발 언어를 지원하는 웹 애플리케이션 테스트 프레임워크
- watir : Ruby를 사용하는 애플리케이션 테스트 프레임워크

29. 소스 코드 품질 분석 도구 중 정적 분석 도구가 아닌 것은?

① pmd
② cppcheck
③ valMeter
④ checkstyle

전문가의 조언
소스 코드 품질 분석 도구는 정적 분석 도구와 동적 분석 도구로 나뉘며, 정적 분석 도구에는 pmd, cppcheck, SonarQube, checkstyle, ccm, cobertura 등이 있고, 동적 분석 도구에는 Avalanche, Valgrind 등이 있습니다.

30. 다음 설명이 의미하는 것은?

- 삽입과 삭제가 리스트의 양쪽 끝에서 발생할 수 있는 형태이다.
- 입력이 한쪽에서만 발생하고 출력은 양쪽에서 일어날 수 있는 입력 제한과, 입력은 양쪽에서 일어나고 출력은 한 곳에서만 이루어지는 출력 제한이 있다.

① 스택
② 큐
③ 다중 스택
④ 데크

전문가의 조언
삽입과 삭제가 리스트의 양쪽 끝에서 발생할 수 있는 자료 구조는 데크(Deque)입니다.

병행학습
- 스택(Stack) : 리스트의 한쪽 끝으로만 자료의 삽입, 삭제 작업이 이루어지는 자료 구조
- 큐(Queue) : 리스트의 한쪽에서는 삽입 작업이 이루어지고 다른 한쪽에서는 삭제 작업이 이루어지도록 구성된 자료 구조

31. 검증 검사 기법 중 개발자의 장소에서 사용자가 개발자 앞에서 행하는 기법이며, 일반적으로 통제된 환경에서 사용자와 개발자가 함께 확인하면서 수행되는 검사는?

① 동치 분할 검사
② 형상 검사
③ 알파 검사
④ 베타 검사

전문가의 조언
문제에 제시된 내용은 알파 검사에 대한 설명입니다.

병행학습 베타 테스트
- 선정된 최종 사용자가 여러 명의 사용자 앞에서 행하는 테스트 기법으로, 필드 테스팅(Field Testing)이라고도 불린다.
- 실업무를 가지고 사용자가 직접 테스트하는 것으로, 개발자에 의해 제어되지 않은 상태에서 테스트가 행해지며, 발견된 오류와 사용상의 문제점을 기록하고 개발자에게 주기적으로 보고한다.

32. 알고리즘 시간 복잡도 O(1)이 의미하는 것은?

① 컴퓨터 처리가 불가
② 알고리즘 입력 데이터 수가 한 개
③ 알고리즘 수행시간이 입력 데이터 수와 관계 없이 일정
④ 알고리즘 길이가 입력 데이터보다 작음

전문가의 조언
O(1)은 빅오 표기법의 시간 복잡도를 표기하는 방법의 하나로, 입력 데이터 수에 관계없이 문제 해결에 하나의 단계만을 거친다는 것을 의미합니다.

병행학습 빅오 표기법(Big-O Notation)
알고리즘의 실행시간이 최악일 때를 표기하는 방법으로, 신뢰성이 떨어지는 오메가 표기법이나 평가하기 까다로운 세타 표기법에 비해 성능을 예측하기 용이하여 주로 사용되는 표기법이다.

$O(1)$	입력값(n)에 관계 없이 일정하게 문제 해결에 하나의 단계만을 거침 예 스택의 삽입(Push), 삭제(Pop)
$O(\log_2 n)$	문제 해결에 필요한 단계가 입력값(n) 또는 조건에 의해 감소함 예 이진 트리(Binary Tree), 이진 검색(Binary Search)
$O(n)$	문제 해결에 필요한 단계가 입력값(n)과 1:1의 관계를 가짐 예 for문
$O(n\log_2 n)$	문제 해결에 필요한 단계가 $n(\log_2 n)$번만큼 수행됨 예 힙 정렬(Heap Sort), 2-Way 합병 정렬(Merge Sort)
$O(n^2)$	문제 해결에 필요한 단계가 입력값(n)의 제곱만큼 수행됨 예 삽입 정렬(Insertion Sort), 쉘 정렬(Shell Sort), 선택 정렬(Selection Sort), 버블 정렬(Bubble Sort), 퀵 정렬(Quick Sort)
$O(2^n)$	문제 해결에 필요한 단계가 2의 입력값(n) 제곱만큼 수행됨 예 피보나치 수열(Fibonacci Sequence)

등급 B

33. 디지털 저작권 관리(DRM)의 기술 요소가 아닌 것은?
① 식별 기술
② 저작권 표현
③ 복호화 기술
④ 정책 관리 기술

전문가의 조언
디지털 저작권 관리(DRM)의 기술 요소에는 암호화, 키 관리, 암호화 파일 생성, 식별 기술, 저작권 표현, 정책 관리, 크랙 방지, 인증 등이 있습니다.

병행학습 디지털 저작권 관리(DRM)의 기술 요소
- 암호화(Encryption) : 콘텐츠 및 라이선스를 암호화하고 전자 서명을 할 수 있는 기술
- 키 관리(Key Management) : 콘텐츠를 암호화한 키에 대한 저장 및 분배 기술
- 암호화 파일 생성(Packager) : 콘텐츠를 암호화된 콘텐츠로 생성하기 위한 기술
- 식별 기술(Identification) : 콘텐츠에 대한 식별 체계 표현 기술
- 저작권 표현(Right Expression) : 라이선스의 내용 표현 기술
- 정책 관리(Policy Management) : 라이선스 발급 및 사용에 대한 정책 표현 및 관리 기술
- 크랙 방지(Tamper Resistance) : 크랙에 의한 콘텐츠 사용 방지 기술
- 인증(Authentication) : 라이선스 발급 및 사용의 기준이 되는 사용자 인증 기술

등급 A

34. 화이트박스 테스트 기법에 해당하는 것은?
① 기초 경로 검사
② 동치 분할 검사
③ 경계값 분석
④ 원인 효과 그래프 검사

전문가의 조언
기초 경로 검사는 화이트박스 테스트 기법이고, 나머지는 블랙박스 텍스트 기법에 해당합니다.

병행학습
화이트박스 테스트의 종류
- 기초 경로 검사
  - 대표적인 화이트박스 테스트 기법이다.
  - 테스트 케이스 설계자가 절차적 설계의 논리적 복잡성을 측정할 수 있게 해주는 테스트 기법으로, 테스트 측정 결과는 실행 경로의 기초를 정의하는 데 지침으로 사용된다.
- 제어 구조 검사
  - 조건 검사(Condition Testing) : 프로그램 모듈 내에 있는 논리적 조건을 테스트하는 테스트 케이스 설계 기법
  - 루프 검사(Loop Testing) : 프로그램의 반복(Loop) 구조에 초점을 맞춰 실시하는 테스트 케이스 설계 기법
  - 데이터 흐름 검사(Data Flow Testing) : 프로그램에서 변수의 정의와 변수 사용의 위치에 초점을 맞춰 실시하는 테스트 케이스 설계 기법

블랙박스 테스트의 종류
- 동치 분할 검사(Equivalence Partitioning Testing) : 입력 자료에 초점을 맞춰 테스트 케이스를 만들고 검사하는 방법으로 동등 분할 기법이라고도 함
- 경계값 분석(Boundary Value Analysis) : 입력 자료에만 치중한 동치 분할 기법을 보완하기 위한 기법
- 원인-효과 그래프 검사(Cause-Effect Graphing Testing) : 입력 데이터 간의 관계와 출력에 영향을 미치는 상황을 체계적으로 분석한 다음 효용성이 높은 테스트 케이스를 선정하여 검사하는 기법
- 오류 예측 검사(Error Guessing) : 과거의 경험이나 확인자의 감각으로 테스트하는 기법
- 비교 검사(Comparison Testing) : 여러 버전의 프로그램에 동일한 테스트 자료를 제공하여 동일한 결과가 출력되는지 테스트하는 기법

등급 B

35. 다음과 같이 레코드가 구성되어 있을 때, 이진 검색 방법으로 F를 찾을 경우 비교되는 횟수는?

ABCDEFGHIJKLMN

① 4
② 5
③ 6
④ 7

전문가의 조언
A~N을 1~14로 가정하고 이진 검색 방법으로 F(6)를 찾는 방법은 다음과 같습니다.
❶ 첫 번째 값(F)과 마지막 값(L)을 이용하여 중간 값 M을 구한 후 찾으려는 값과 비교합니다.
  M = (1+14) / 2 = 7.5, 7이 찾으려는 값인지 확인합니다. 7은 찾으려는 값 6보다 크므로 찾는 값은 1~6에 있습니다. ← 1회 비교
❷ F = 1, L = 6, M = (1+6) / 2 = 3.5, 3이 찾으려는 값인지 확인합니다. 3은 찾으려는 값 6보다 작으므로 찾는 값은 4~6에 있습니다. ← 2회 비교
❸ F = 4, L = 6, M = (4+6) / 2 = 5, 5가 찾으려는 값인지 비교합니다. 5는 찾으려는 값 6보다 작으므로 찾는 값은 6에 있습니다. ← 3회 비교
❹ F = 6, L = 6, M = (6+6) / 2 = 6, 6이 찾으려는 값인지 비교합니다. 6은 찾는 값입니다. ← 4회 비교

병행학습 이분 검색(이진 검색, Binary Search)
- 전체 파일을 두 개의 서브파일로 분리해 가면서 Key 레코드를 검색하는 방식이다.
- 이분 검색은 반드시 순서화된 파일이어야 검색할 수 있다.
- 찾고자 하는 Key 값을 파일의 중간 레코드 Key 값과 비교하면서 검색한다.
- 비교 횟수를 거듭할 때마다 검색 대상이 되는 데이터의 수가 절반으로 줄어듦으로 탐색 효율이 좋고 탐색 시간이 적게 소요된다.
- 중간 레코드 번호 $M = \frac{(F+L)}{2}$ (단, F : 첫 번째 레코드 번호, L : 마지막 레코드 번호)

등급 B

36. IDE(Integrated Development Environment) 도구의 각 기능에 대한 설명으로 틀린 것은?

① Coding – 프로그래밍 언어를 가지고 컴퓨터 프로그램을 작성할 수 있는 환경을 제공
② Compile – 저급 언어의 프로그램을 고급 언어 프로그램으로 변환하는 기능
③ Debugging – 프로그램에서 발견되는 버그를 찾아 수정할 수 있는 기능
④ Deployment – 소프트웨어를 최종 사용자에게 전달하기 위한 기능

전문가의 조언
컴파일(Compile)은 개발자가 작성한 고급 언어로 된 프로그램을 컴퓨터가 이해할 수 있는 목적 프로그램으로 번역하여 컴퓨터에서 실행 가능한 형태로 변환하는 기능입니다.

통합 개발 환경(IDE; Integrated Development Environment)
- 코딩, 디버그, 컴파일, 배포 등 프로그램 개발과 관련된 모든 작업을 하나의 프로그램에서 처리할 수 있도록 제공하는 소프트웨어적 개발 환경을 말한다.
- 기존 소프트웨어 개발에서는 편집기(Editor), 컴파일러(Compiler), 디버거(Debugger) 등의 다양한 툴을 별도로 사용했으나 현재는 하나의 인터페이스로 통합하여 제공한다.
- 통합 개발 환경 도구는 통합 개발 환경을 제공하는 소프트웨어를 의미한다.

통합 개발 환경 도구의 기능
- 코딩(Coding) : C, JAVA 등의 프로그래밍 언어로 프로그램을 작성하는 기능
- 컴파일(Compile) : 개발자가 작성한 고급 언어로 된 프로그램을 컴퓨터가 이해할 수 있는 목적 프로그램으로 번역하여 컴퓨터에서 실행 가능한 형태로 변환하는 기능
- 디버깅(Debugging) : 소프트웨어나 하드웨어의 오류나 잘못된 동작, 즉 버그(Bug)를 찾아 수정하는 기능
- 배포(Deployment) : 소프트웨어를 사용자에게 전달하는 기능

등급 A

37. 소프트웨어 형상 관리의 의미로 적절한 것은?

① 비용에 관한 사항을 효율적으로 관리하는 것
② 개발 과정의 변경 사항을 관리하는 것
③ 테스트 과정에서 소프트웨어를 통합하는 것
④ 개발 인력을 관리하는 것

전문가의 조언
형상 관리는 소프트웨어의 개발 과정에서 소프트웨어의 변경 사항을 관리하기 위해 개발된 일련의 활동을 의미합니다.

형상 관리(SCM; Software Configuration Management)
- 소프트웨어의 개발 과정에서 소프트웨어의 변경 사항을 관리하기 위해 개발된 일련의 활동이다.
- 소프트웨어 변경의 원인을 알아내고 제어하며, 적절히 변경되고 있는지 확인하여 해당 담당자에게 통보한다.
- 형상 관리는 소프트웨어 개발의 전 단계에 적용되는 활동이며, 유지보수 단계에서도 수행된다.
- 형상 관리는 소프트웨어 개발의 전체 비용을 줄이고, 개발 과정의 여러 방해 요인이 최소화되도록 보증하는 것을 목적으로 한다.
- 형상 관리는 소프트웨어 개발의 전체 비용을 줄이고, 개발 과정의 여러 방해 요인이 최소화되도록 보증하는 것을 목적으로 한다.
- 관리 항목에는 소스 코드뿐만 아니라 프로젝트 계획, 분석서, 설계서, 프로그램, 테스트 케이스 등이 포함된다.
- 형상 관리를 통해 가시성과 추적성을 보장함으로써 소프트웨어의 생산성과 품질을 높일 수 있다.
- 대표적인 형상 관리 도구에는 Git, CVS, Subversion 등이 있다.
- 형상 관리 기능
  - 형상 식별 : 형상 관리 대상에 이름과 관리 번호를 부여하고, 계층(Tree) 구조로 구분하여 수정 및 추적이 용이하도록 하는 작업
  - 버전 제어 : 소프트웨어 업그레이드나 유지 보수 과정에서 생성된 다른 버전의 형상 항목을 관리하고, 이를 위해 특정 절차와 도구(Tool)를 결합시키는 작업
  - 형상 통제(변경 관리) : 식별된 형상 항목에 대한 변경 요구를 검토하여 현재의 기준선(Base Line)이 잘 반영될 수 있도록 조정하는 작업
  - 형상 감사 : 기준선의 무결성을 평가하기 위해 확인, 검증, 검열 과정을 통해 공식적으로 승인하는 작업
  - 형상 기록(상태 보고) : 형상의 식별, 통제, 감사 작업의 결과를 기록·관리하고 보고서를 작성하는 작업

등급 B

38. 정렬된 N개의 데이터를 처리하는 데 $O(N\log_2 N)$의 시간이 소요되는 정렬 알고리즘은?

① 합병 정렬　　② 버블 정렬
③ 선택 정렬　　④ 삽입 정렬

전문가의 조언
$O(N\log_2 N)$의 시간 복잡도를 가진 정렬 알고리즘에는 힙 정렬과 2-Way 합병 정렬이 있습니다.
- 버블 정렬, 선택 정렬, 삽입 정렬의 시간 복잡도는 $O(n^2)$입니다.

정답 36.② 37.② 38.①

39. 자료 구조의 분류 중 선형 구조가 아닌 것은?
① 트리
② 리스트
③ 스택
④ 데크

전문가의 조언
트리(Tree)는 비선형 구조입니다.

병행학습 자료 구조의 분류
- 선형 구조(Linear Structure) : 배열(Array), 선형 리스트(Linear List), 스택(Stack), 큐(Queue), 데크(Deque)
- 비선형 구조(Non-Linear Structure) : 트리(Tree), 그래프(Graph)

40. 스택에서 순서가 A, B, C, D로 정해진 입력 자료를, push → push → pop → push → push → pop → pop → pop으로 연산 했을 때 출력은?
① C, B, D, A
② B, C, D, A
③ B, D, C, A
④ C, B, A, D

전문가의 조언
PUSH는 스택에 자료를 입력하는 명령이고, POP은 스택에서 자료를 출력하는 명령입니다. 문제에 제시된 대로 PUSH와 POP을 수행하면 다음의 순서로 입출력이 발생합니다.

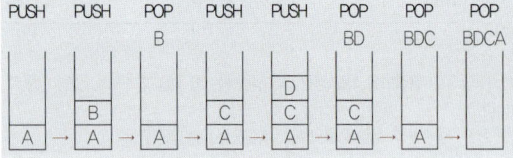

3과목 데이터베이스 구축

41. SQL의 기능에 따른 분류 중에서 REVOKE문과 같이 데이터의 사용 권한을 관리하는데 사용하는 언어는?
① DDL(Data Definition Language)
② DML(Data Manipulation Language)
③ DCL(Data Control Language)
④ DUL(Data User Language)

전문가의 조언
DCL(Data Control Language)은 데이터 관리를 목적으로 사용하는 언어로, 명령어에는 COMMIT, ROLLBACK, GRANT, REVOKE가 있습니다.

병행학습 DCL(Data Control Language, 데이터 제어어)
- 데이터의 보안, 무결성, 회복, 병행 수행 제어 등을 정의하는 데 사용되는 언어이다.
- 데이터베이스 관리자가 데이터 관리를 목적으로 사용한다.
- DCL(데이터 제어어)의 종류

COMMIT	명령에 의해 수행된 결과를 실제 물리적 디스크로 저장하고, 데이터베이스 조작 작업이 정상적으로 완료되었음을 관리자에게 알려줌
ROLLBACK	데이터베이스 조작 작업이 비정상적으로 종료되었을 때 원래의 상태로 복구함
GRANT	데이터베이스 사용자에게 사용 권한을 부여함
REVOKE	데이터베이스 사용자의 사용 권한을 취소함

42. 데이터베이스의 트랜잭션 성질들 중에서 다음 설명에 해당하는 것은?

- 트랜잭션이 그 실행을 성공적으로 완료하면 언제나 일관성 있는 데이터베이스 상태로 변환한다.
- 시스템이 가지고 있는 고정 요소는 트랜잭션 수행 전과 트랜잭션 수행 완료 후의 상태가 같아야 한다.

① Atomicity
② Consistency
③ Isolation
④ Durability

전문가의 조언
문제의 지문은 일관성(Consistency)에 대한 설명입니다.

병행학습
- Atomicity(원자성) : 트랜잭션의 연산은 데이터베이스에 모두 반영되도록 완료(Commit)되든지 아니면 전혀 반영되지 않도록 복구(Rollback)되어야 함
- Isolation(독립성, 격리성, 순차성) : 둘 이상의 트랜잭션이 동시에 병행 실행되는 경우 어느 하나의 트랜잭션 실행중에 다른 트랜잭션의 연산이 끼어들 수 없음
- Durability(영속성, 지속성) : 성공적으로 완료된 트랜잭션의 결과는 시스템이 고장 나더라도 영구적으로 반영되어야 함

병행학습 정규화(Normalization)의 개념 및 목적
- 정규화란 함수적 종속성 등의 종속성 이론을 이용하여 잘못 설계된 관계형 스키마를 더 작은 속성의 세트로 쪼개어 바람직한 스키마로 만들어 가는 과정이다.
- 데이터 구조의 안정성 및 무결성을 유지한다.
- 어떠한 릴레이션이라도 데이터베이스 내에서 표현 가능하게 만든다.
- 효과적인 검색 알고리즘을 생성할 수 있다.
- 데이터 중복을 배제하여 이상(Anomaly)의 발생 방지 및 자료 저장 공간의 최소화가 가능하다.
- 데이터 삽입 시 릴레이션을 재구성할 필요성을 줄인다.
- 데이터 모형의 단순화가 가능하다.
- 속성의 배열 상태 검증이 가능하다.
- 개체와 속성의 누락 여부 확인이 가능하다.
- 자료 검색과 추출의 효율성을 추구한다.

등급 A

43. 다음 중 SQL에서의 DDL문이 아닌 것은?
① CREATE
② SELECT
③ ALTER
④ DROP

전문가의 조언
SELECT는 DML(데이터 조작어)입니다.

병행학습
- DDL(데이터 정의어) : CREATE, ALTER, DROP
- DML(데이터 조작어) : SELECT, UPDATE, INSERT, DELETE
- DCL(데이터 제어어) : COMMIT, ROLLBACK, GRANT, REVOKE

등급 B

45. SQL문에서 STUDENT(SNO, SNAME, YEAR, DEPT) 테이블에 학번 600, 성명 홍길동, 학년 2학년인 학생 튜플을 삽입하는 명령으로 옳은 것은?(단, SNO는 학번, SNAME은 성명, YEAR는 학년, DEPT는 학생, 교수 구분 필드임)?
① INSERT STUDENT INTO VALUES (600, '홍길동', 2);
② INSERT FROM STUDENT VALUES (600, '홍길동', 2);
③ INSERT INTO STUDENT(SNO, SNAME, YEAR) VALUES (600, '홍길동', 2);
④ INSERT TO STUDENT(SNO, SNAME, YEAR) VALUES (600, '홍길동', 2);

전문가의 조언
삽입문의 문법인 'INSERT INTO 테이블명(속성명) VALUES(값)'을 올바르게 적용한 것은 ③번입니다.

병행학습 삽입문(INSERT INTO~)
- 기본 테이블에 새로운 튜플을 삽입할 때 사용한다.
- 일반 형식

```
INSERT INTO 테이블명([속성명1, 속성명2…])
VALUES (데이터1, 데이터2… );
```

- 대응하는 속성과 데이터는 개수와 데이터 유형이 일치해야 한다.
- 기본 테이블의 모든 속성을 사용할 때는 속성명을 생략할 수 있다.
- SELECT문을 사용하여 다른 테이블의 검색 결과를 삽입할 수 있다.

등급 C

44. 정규화에 대한 설명으로 옳지 않은 것은?
① 정규화 하는 것은 테이블을 결합하여 종속성을 감소시키는 것이다.
② 제 2정규형은 반드시 제 1정규형을 만족해야 한다.
③ 제 1정규형은 릴레이션에 속한 모든 도메인이 원자값 만으로 되어 있는 릴레이션이다.
④ BCNF는 강한 제 3정규형이라고도 한다.

전문가의 조언
정규화하는 것은 테이블을 결합하여 종속성을 감소시키는 것이 아니라 더 작은 테이블로 분해해 가면서 종속성을 제거하는 것입니다.

정답 43.② 44.① 45.③

등급 B

46. SQL View(뷰)에 대한 설명으로 틀린 것은?
① 뷰(View)를 제거하고자 할 때는 DROP 문을 이용한다.
② 뷰(View)의 정의를 변경하고자 할 때는 ALTER 문을 이용한다.
③ 뷰(View)를 생성하고자 할 때는 CREATE 문을 이용한다.
④ 뷰(View)의 내용을 검색하고자 할 때는 SELECT 문을 이용한다.

전문가의 조언
- 한 번 생성한 뷰는 정의를 변경할 수 없으므로 ALTER 문을 사용할 수 없습니다.
- 뷰를 변경하려면 제거하고 다시 만들어야 합니다.

병행학습

뷰(View)의 개념
- 사용자에게 접근이 허용된 자료만을 제한적으로 보여주기 위해 하나 이상의 기본 테이블로부터 유도된, 이름을 가지는 가상 테이블이다.
- 뷰는 저장장치 내에 물리적으로 존재하지 않지만, 사용자에게는 있는 것처럼 간주된다.

뷰(View)의 특징
- 뷰는 기본 테이블로부터 유도된 테이블이기 때문에 기본 테이블과 같은 형태의 구조를 사용하며, 조작도 기본 테이블과 거의 같다.
- 뷰는 가상 테이블이기 때문에 물리적으로 구현되어 있지 않다.
- 데이터의 논리적 독립성을 제공할 수 있다.
- 필요한 데이터만 뷰로 정의해서 처리할 수 있기 때문에 관리가 용이하고 명령문이 간단해진다.
- 뷰를 통해서만 데이터에 접근하게 하면 뷰에 나타나지 않는 데이터를 안전하게 보호하는 효율적인 기법으로 사용할 수 있다.
- 기본 테이블의 기본키를 포함한 속성(열) 집합으로 뷰를 구성해야만 삽입, 삭제, 갱신 연산이 가능하다.
- 일단 정의된 뷰는 다른 뷰의 정의에 기초가 될 수 있다.
- 뷰가 정의된 기본 테이블이나 뷰를 삭제하면 그 테이블이나 뷰를 기초로 정의된 다른 뷰도 자동으로 삭제된다.

등급 B

47. 트랜잭션의 상태 중 트랜잭션의 마지막 연산이 실행된 직후의 상태로, 모든 연산의 처리는 끝났지만 트랜잭션이 수행한 최종 결과를 데이터베이스에 반영하지 않은 상태는?
① Active
② Partially Committed
③ Committed
④ Aborted

전문가의 조언
최종 결과를 데이터베이스에 반영하지 않은, 연산이 실행된 직후의 상태를 부분 완료(Partially Committed)라고 합니다.

병행학습 트랜잭션의 상태

활동(Active)	트랜잭션이 실행 중인 상태
실패(Failed)	트랜잭션 실행에 오류가 발생하여 중단된 상태
철회(Aborted)	트랜잭션이 비정상적으로 종료되어 Rollback 연산을 수행한 상태
부분 완료 (Partially Committed)	트랜잭션을 모두 성공적으로 실행한 후 Commit 연산이 실행되기 직전인 상태
완료(Committed)	트랜잭션을 모두 성공적으로 실행한 후 Commit 연산을 실행한 후의 상태

등급 C

48. 로킹 기법에서 2단계 로킹 규약에 대한 설명으로 옳은 것은?
① 트랜잭션은 Lock만 수행할 수 있고, Unlock은 수행할 수 없는 확장 단계가 있다.
② 트랜잭션이 Unlock과 Lock을 동시에 수행할 수 있는 단계를 병렬 전환 단계라 한다.
③ 한 트랜잭션이 Unlock 후 다른 데이터 아이템을 Lock 할 수 있다.
④ 교착상태를 일으키지 않는다.

전문가의 조언
- 2단계 로킹 규약은 새로운 Lock은 수행할 수 있지만 Unlock은 수행할 수 없는 확장 단계와 새로운 Unlock은 수행할 수 있지만 Lock은 수행할 수 없는 축소 단계가 있습니다.
- 또한 2단계 로킹 규약은 직렬성을 보장하는 장점은 있지만 교착상태를 예방할 수 없다는 단점이 있습니다.

49. 다음 SQL문의 빈 칸에 들어갈 내용은?

```
update 직원
(     ) 급여 = 급여 * 1.1
where 급여 ≤ 100000 or 입사일 < 19990101;
```

① into
② Set
③ from
④ Select

전문가의 조언
UPDATE문의 문법인 'UPDATE 테이블명 SET 속성명=데이터 WHERE 조건'에 따라 괄호에 들어갈 예약어는 SET입니다.

병행학습 갱신문(UPDATE~ SET~)

• 기본 테이블에 있는 튜플들 중에서 특정 튜플의 내용을 변경할 때 사용한다.
• 일반 형식

```
UPDATE 테이블명
SET 속성명 = 데이터[, 속성명=데이터, …]
[WHERE 조건];
```

50. 다음 중 외래키에 대한 설명으로 옳은 것은?

㉠ Null을 입력할 수 없다.
㉡ 후보키 중 기본키를 제외한 나머지를 의미한다.
㉢ 기본키의 일부가 외래키가 될 수 있다.
㉣ 유일성과 최소성을 가진다.
㉤ 참조 무결성과 관련이 있다.

① ㉠, ㉡
② ㉡, ㉤
③ ㉢, ㉤
④ ㉢, ㉣

전문가의 조언
외래키에 대한 설명을 옳은 것은 ㉢, ㉤입니다.
㉠ 외래키에는 Null을 입력할 수 있습니다.
㉡ 대체키에 대한 설명입니다.
㉣ 외래키는 중복이 허용되므로 유일성과 최소성을 가질 수 없습니다.

병행학습 키(Key)의 개념 및 종류

• 데이터베이스에서 조건에 만족하는 튜플을 찾거나 순서대로 정렬할 때 기준이 되는 속성이다.
• **슈퍼키(Super Key)** : 한 릴레이션 내에 있는 속성들의 집합으로 구성된 키로, 릴레이션을 구성하는 모든 튜플에 대해 유일성(Unique)은 만족하지만, 최소성(Minimality)은 만족하지 못함
• **후보키(Candidate Key)** : 릴레이션을 구성하는 속성들 중에서 튜플을 유일하게 식별하기 위해 사용되는 속성들의 부분집합으로, 유일성과 최소성을 모두 만족함
• **기본키(Primary Key)** : 후보키 중에서 특별히 선정된 키로 중복된 값과 NULL 값을 가질 수 없음
• **대체키(Alternate Key)** : 후보키 중에서 선정된 기본키를 제외한 나머지 후보키를 의미함
• **외래키(Foreign Key)** : 다른 릴레이션의 기본키를 참조하는 속성 또는 속성들의 집합을 의미하며, 릴레이션 간의 관계를 표현할 때 사용함

51. 릴레이션의 특징으로 거리가 먼 것은?

① 모든 튜플은 서로 다른 값을 갖는다.
② 모든 속성 값은 원자 값이다.
③ 튜플 사이에는 순서가 없다.
④ 각 속성은 유일한 이름을 가지며, 속성의 순서는 큰 의미가 있다.

전문가의 조언
릴레이션에서 각 속성은 유일한 이름을 가져야 하지만, 속성의 순서는 큰 의미가 없습니다.

병행학습 릴레이션의 특징

〈학생〉

학번	이름	학년	신장	학과
89001	홍길동	2	170	CD
89002	이순신	1	169	CD
87012	임꺽정	2	180	ID
86032	장보고	4	174	ED

• 한 릴레이션에 포함된 튜플들은 모두 상이하다.
  예 〈학생〉 릴레이션을 구성하는 홍길동 레코드는 홍길동에 대한 학적사항을 나타내는 것으로 〈학생〉 릴레이션 내에서는 유일하다.
• 한 릴레이션에 포함된 튜플 사이에는 순서가 없다.
  예 〈학생〉 릴레이션에서 홍길동 레코드와 임꺽정 레코드의 위치가 바뀌어도 상관없다.
• 튜플들의 삽입, 삭제 등의 작업으로 인해 릴레이션은 시간에 따라 변한다.
  예 〈학생〉 릴레이션에 새로운 학생의 레코드를 삽입하거나, 기존 학생에 대한 레코드를 삭제함으로써 테이블은 내용 면에서나 크기 면에서 변하게 된다.

정답 49.② 50.③ 51.④

- 릴레이션 스키마를 구성하는 속성들 간의 순서는 중요하지 않다.
  - 예) 학번, 이름 등의 속성을 나열하는 순서가 이름, 학번 순으로 바뀌어도 데이터 처리에는 전혀 문제가 되지 않는다.
- 속성의 유일한 식별을 위해 속성의 명칭은 유일해야 하지만, 속성을 구성하는 값은 동일한 값이 있을 수 있다.
  - 예) 각 학생의 학년을 기술하는 속성인 '학년'은 다른 속성명들과 구분되어 유일해야 하지만 '학년' 속성에는 2, 1, 2, 4 등이 입력된 것처럼 동일한 값이 있을 수 있다.
- 릴레이션을 구성하는 튜플을 유일하게 식별하기 위해 속성들의 부분집합을 키(Key)로 설정한다.
  - 예) 〈학생〉 릴레이션에서는 '학번'이나 '성명'이 튜플들을 구분하는 유일한 값인 키가 될 수 있다.
- 속성은 더 이상 쪼갤 수 없는 원자값만을 저장한다.
  - 예) '학년'에 저장된 1, 2, 4 등은 더 이상 세분화할 수 없다.

병행학습 관계해석(Relational Calculus)
- 관계 데이터 모델의 제안자인 코드(E. F. Codd)가 수학의 Predicate Calculus(술어해석)에 기반을 두고 관계 데이터베이스를 위해 제안했다.
- 관계 데이터의 연산을 표현하는 방법으로, 원하는 정보를 정의할 때는 계산 수식을 사용한다.
- 원하는 정보가 무엇이라는 것만 정의하는 비절차적 특성을 지닌다.
- 튜플 관계해석과 도메인 관계해석이 있다.
- 기본적으로 관계해석과 관계대수는 관계 데이터베이스를 처리하는 기능과 능력면에서 동등하며, 관계대수로 표현한 식은 관계해석으로 표현할 수 있다.
- 질의어로 표현한다.

등급 B

52. 관계형 데이터베이스에서 다음 설명에 해당하는 키(Key)는?

> 한 릴레이션 내의 속성들의 집합으로 구성된 키로서, 릴레이션을 구성하는 모든 튜플에 대한 유일성은 만족시키지만 최소성은 만족시키지 못한다.

① 후보키　　② 대체키
③ 슈퍼키　　④ 외래키

전문가의 조언
문제의 지문에 해당하는 키는 슈퍼키(Super Key)입니다.

등급 A

53. 관계 해석(Relational Calculus)에 대한 설명으로 잘못된 것은?
① 튜플 관계 해석과 도메인 관계 해석이 있다.
② 기본적으로 관계 해석과 관계 대수는 관계 데이터베이스를 처리하는 기능과 능력면에서 동등하다.
③ 수학의 Predicate Calculus에 기반을 두고 있다.
④ 원하는 정보와 그 정보를 어떻게 유도하는가를 기술하는 절차적인 특성을 가진다.

전문가의 조언
- ④번은 관계대수에 대한 설명입니다.
- 관계해석은 원하는 정보가 무엇이라는 것만 정의하는 비절차적 방법입니다.

등급 C

54. 릴레이션 R의 차수(Degree)가 3, 카디널리티(Cardinality)가 3, 릴레이션 S의 차수가 4, 카디널리티가 4일 때, 두 릴레이션을 카티션 프로덕트(Cartesian Product)한 결과 릴레이션의 차수와 카디널리티는?

① 4, 4　　② 7, 7
③ 7, 12　　④ 12, 12

전문가의 조언
- 카티션 프로덕트(Cartesian Product), 즉 교차곱은 두 릴레이션의 차수(Degree, 속성의 수)는 더하고, 카디널리티(튜플의 수)는 곱하면 됩니다.
- 차수는 3 + 4 = 7이고, 카디널리티는 3 × 4 = 12입니다.

등급 B

55. 다음 SQL문에서 사용된 BETWEEN 연산의 의미와 동일한 것은?

```
SELECT *
FROM 성적
WHERE (점수 BETWEEN 90 AND 95) AND 학과 = '컴퓨터공학과';
```

① 점수 >= 90 AND 점수 <= 95
② 점수 > 90 AND 점수 < 95
③ 점수 > 90 AND 점수 <= 95
④ 점수 >= 90 AND 점수 < 95

정답 52.③ 53.④ 54.③ 55.①

> **전문가의 조언**
> - SELECT * : 모든 필드를 표시합니다.
> - FROM 성적 : 〈성적〉 테이블의 자료를 검색합니다.
> - WHERE (점수 BETWEEN 90 AND 95) : 점수가 90~95 사이이고
> - AND 학과 = '컴퓨터공학과'; : '학과'가 "컴퓨터공학과"인 자료만을 대상으로 합니다.
> ∴ 〈성적〉 테이블에서 점수가 90~95 사이이고 '학과'가 '컴퓨터공학과'인 모든 필드를 검색합니다.

등급 C

56. 다음의 관계대수 문장을 SQL로 표현한 것으로 옳은 것은?

$$\pi_{name,\ dept}(\sigma_{year=3}(student))$$

① SELECT name, dept FROM student HAVING year=3;
② SELECT name, dept FROM student WHERE year=3;
③ SELECT student FROM name, dept WHERE year=3;
④ SELECT student FROM name, dept HAVING year=3;

> **전문가의 조언**
> - $\pi_{name,\ dept}$: 'name', 'dept' 필드를 표시하므로 **SELECT name, dept**입니다.
> - $\sigma_{year=3}$: 'year'가 3인 자료만을 대상으로 검색하므로 **WHERE year=3**입니다.
> - (student) : 〈student〉 테이블의 자료를 검색하므로 **FROM student**입니다.
> ∴ year가 3인 student의 name, dept를 검색하라는 의미입니다.

등급 B

57. 개체-관계 모델(E-R Model)에 대한 설명으로 옳지 않은 것은?

① 특정 DBMS를 고려한 것은 아니다.
② E-R 다이어그램에서 개체 타입은 사각형, 관계 타입은 타원, 속성은 다이아몬드로 나타낸다.
③ 개체 타입과 관계 타입을 기본 개념으로 현실 세계를 개념적으로 표현하는 방법이다.
④ 1976년 Peter Chen이 제안하였다.

> **전문가의 조언**
> E-R 다이어그램은 관계 타입은 마름모(=다이아몬드), 속성은 타원으로 나타냅니다.

병행학습 E-R 다이어그램

기호	기호 이름	의미
	사각형	개체(Entity) 타입
◇	마름모	관계(Relationship) 타입
○	타원	속성(Attribute)
◎	이중 타원	다중값 속성(복합 속성)
○	밑줄 타원	기본키 속성
○○○	복수 타원	복합 속성
───	선, 링크	개체 타입과 속성을 연결

등급 A

58. 분산 데이터베이스의 특징에 대한 설명으로 틀린 것은?

① 지역 서버의 고유 데이터에 대한 작업은 중앙 서버의 통제 없이 자유롭게 수행할 수 있다.
② 새로운 지역 서버를 추가하거나 장비를 추가하는 등의 작업이 용이하다.
③ 위치 투명성, 중복 투명성, 병행 투명성, 장애 투명성을 목표로 한다.
④ 데이터베이스 설계 및 소프트웨어 개발이 쉽고, 전반적인 시스템의 성능이 향상된다.

> **전문가의 조언**
> 분산 데이터베이스는 데이터베이스 설계 및 소프트웨어 개발이 어렵습니다.

병행학습 분산 데이터베이스(Distributed Database)

- 논리적으로는 같은 시스템에 속하지만 물리적으로는 컴퓨터 네트워크를 통해 분산되어 있는 데이터베이스이다.
- 분산 데이터베이스의 목표

위치 투명성 (Location Transparency)	접근하려는 데이터베이스의 실제 위치를 알 필요 없이 단지 데이터베이스의 논리적인 명칭만으로 접근할 수 있음
중복 투명성 (Replication Transparency)	동일한 데이터가 여러 곳에 중복되어 있더라도 사용자는 마치 하나의 데이터만 존재하는 것처럼 사용할 수 있고, 시스템은 자동으로 여러 데이터에 대한 작업을 수행함

정답 56.② 57.② 58.④

병행 투명성 (Concurrency Transparency)	분산 데이터베이스와 관련된 다수의 트랜잭션들이 동시에 실행되더라도 그 트랜잭션들의 수행 결과는 서로 영향을 받지 않음
장애 투명성 (Failure Transparency)	트랜잭션, DBMS, 네트워크, 컴퓨터 장애에도 불구하고 트랜잭션은 정확하게 수행됨

• 분산 데이터베이스의 구성 요소

분산 처리기	자체적으로 처리 능력을 가지며, 지리적으로 분산되어 있는 컴퓨터 시스템을 말함
분산 데이터베이스	지리적으로 분산되어 있는 데이터베이스로서 해당 지역의 특성에 맞게 데이터베이스가 구성됨
통신 네트워크	분산 처리기들을 통신망으로 연결하여 논리적으로 하나의 시스템처럼 작동할 수 있도록 하는 통신 네트워크를 말함

• 분산 데이터베이스의 장·단점

장점	• 지역 자치성이 높음 • 자료의 공유성이 향상됨 • 분산 제어가 가능함 • 시스템 성능이 향상됨 • 중앙 컴퓨터의 장애가 전체 시스템에 영향을 끼치지 않음 • 효용성과 융통성이 높음 • 신뢰성 및 가용성이 높음 • 점진적 시스템 용량 확장이 용이함
단점	• DBMS가 수행할 기능이 복잡함 • 데이터베이스 설계가 어려움 • 소프트웨어 개발 비용이 증가함 • 처리 비용이 증가함 • 잠재적 오류가 증가함

등급 C

59. 정규화된 엔티티, 속성, 관계를 시스템의 성능 향상과 개발 운영의 단순화를 위해 중복, 통합, 분리 등을 수행하는 데이터 모델링 기법은?
① 인덱스정규화
② 반정규화
③ 집단화
④ 머징

전문가의 조언
시스템의 성능 향상과 개발 운영의 단순화를 위해 정규화된 데이터 모델을 통합, 중복, 분리하는 등 의도적으로 정규화 원칙을 위배하는 행위는 반정규화입니다.

병행학습 반정규화(Denormalization)
• 시스템의 성능 향상, 개발 및 운영의 편의성 등을 위해 정규화된 데이터 모델을 통합, 중복, 분리하는 과정으로, 의도적으로 정규화 원칙을 위배하는 행위이다.
• 반정규화를 수행하면 시스템의 성능이 향상되고 관리 효율성은 증가하지만 데이터의 일관성 및 정합성이 저하될 수 있다.
• 과도한 반정규화는 오히려 성능을 저하시킬 수 있다.
• 반정규화를 위해서는 사전에 데이터의 일관성과 무결성을 우선으로 할지, 데이터베이스의 성능과 단순화를 우선으로 할지를 결정해야 한다.
• 반정규화 방법에는 테이블 통합, 테이블 분할, 중복 테이블 추가, 중복 속성 추가 등이 있다.

등급 B

60. 시스템 카탈로그에 관한 설명으로 틀린 것은?
① 시스템 카탈로그는 DBMS가 스스로 생성하고 유지하는 데이터베이스 내의 특별한 테이블들의 집합체이다.
② 일반 사용자들도 SQL을 이용하여 시스템 카탈로그를 직접 갱신할 수 있다.
③ 데이터베이스 구조가 변경될 때마다 DBMS는 자동적으로 시스템 카탈로그 테이블들의 행을 삽입, 삭제, 수정한다.
④ 시스템 카탈로그는 데이터베이스 구조에 관한 메타 데이터를 포함한다.

전문가의 조언
시스템 카탈로그 자체도 시스템 테이블로 구성되어 있어 일반 이용자도 SQL을 이용하여 내용을 검색해 볼 수 있지만 INSERT, DELETE, UPDATE문으로 카탈로그를 갱신하는 것은 허용되지 않습니다.

병행학습 시스템 카탈로그(System Catalog)
• 시스템 그 자체에 관련이 있는 다양한 객체에 관한 정보를 포함하는 시스템 데이터베이스이다.
• 시스템 카탈로그 내의 각 테이블은 사용자를 포함하여 DBMS에서 지원하는 모든 데이터 객체에 대한 정의나 명세에 관한 정보를 유지 관리하는 시스템 테이블이다.
• 카탈로그들이 생성되면 데이터 사전(Data Dictionary)에 저장되기 때문에 좁은 의미로는 카탈로그를 데이터 사전이라고도 한다.
• 시스템 카탈로그에 저장된 정보를 메타 데이터(Meta-Data)라고 한다.
• 카탈로그 자체도 시스템 테이블로 구성되어 있어 일반 이용자도 SQL을 이용하여 내용을 검색해 볼 수 있다.
• INSERT, DELETE, UPDATE문으로 카탈로그를 갱신하는 것은 허용되지 않는다.
• 데이터베이스 시스템에 따라 상이한 구조를 갖는다.
• 카탈로그는 DBMS가 스스로 생성하고 유지한다.

4과목 프로그래밍 언어 활용

등급 B

61. 커널의 버전을 확인할 때 사용하는 리눅스 명령어는?
① ls ② chmod
③ rm ④ uname

전문가의 조언
리눅스에서 커널의 버전을 확인할 때 사용하는 명령어는 uname입니다.

병행학습 UNIX/LINUX 기본 명령어

명령어	설명
cat	파일 내용을 화면에 표시함
chdir	현재 사용할 디렉터리의 위치를 변경함
chmod	파일의 보호 모드를 설정하여 파일의 사용 허가를 지정함
chown	소유자를 변경함
cp	파일을 복사함
exec	새로운 프로세스를 수행함
find	파일을 찾음
fork	새로운 프로세스를 생성함(하위 프로세스 호출, 프로세스 복제 명령)
fsck	파일 시스템을 검사하고 보수함
getpid	자신의 프로세스 아이디를 얻음
getppid	부모 프로세스 아이디를 얻음
ls	현재 디렉터리 내의 파일 목록을 확인함
mount/unmount	파일 시스템을 마운팅함/마운팅 해제함
rm	파일을 삭제함
wait	fork 후 exec에 의해 실행되는 프로세스의 상위 프로세스가 하위 프로세스 종료 등의 event를 기다림
uname	시스템의 이름과 버전, 네트워크 호스트명 등의 시스템 정보를 표시함

등급 A

62. 다음 C언어 프로그램의 결과로 옳은 것은?

```
#include <stdio.h>
main( ) {
    int a[10];
    a[0] = 0;
    a[1] = 1;
    for (int i = 0; i < 8; i++)
        a[i + 2] = a[i + 1] + a[i];
    printf("%d", a[9]);
}
```

① 8 ② 13
③ 21 ④ 34

전문가의 조언
코드의 실행 결과는 34입니다.
사용된 코드의 의미는 다음과 같습니다.

```
#include <stdio.h>
main( ) {
❶  int a[10];
❷  a[0] = 0;
❸  a[1] = 1;
❹  for (int i = 0; i < 8; i++)
❺      a[i + 2] = a[i + 1] + a[i];
❻  printf("%d", a[9]);
}
```

❶ 10개의 요소를 갖는 정수형 배열 a를 선언한다.
❷ a[0]에 0을 저장한다.
❸ a[1]에 1을 저장한다.

	[0]	[1]	[2]	[3]	[4]	[5]	[6]	[7]	[8]	[9]
a	0	1								

❹ 반복 변수 i가 1씩 증가하면서 8보다 작은 동안 ❺번을 반복 수행한다.
❺ a[i+2]에 a[i+1]과 a[i]를 합한 값을 저장한다.

반복문 수행에 따른 값의 변화는 다음과 같다.

| i | a ||||||||||
	[0]	[1]	[2]	[3]	[4]	[5]	[6]	[7]	[8]	[9]
0	0	1	1							
1	0	1	1	2						
2	0	1	1	2	3					
3	0	1	1	2	3	5				
4	0	1	1	2	3	5	8			
5	0	1	1	2	3	5	8	13		
6	0	1	1	2	3	5	8	13	21	
7	0	1	1	2	3	5	8	13	21	34
8										

❻ a[9]의 값을 정수로 출력한다.

결과 34

등급 B

63. 빈 기억공간의 크기가 20K, 16K, 8K, 40K일 때 기억장치 배치 전략으로 "Worst Fit"을 사용하여 17K의 프로그램을 적재할 경우 내부 단편화의 크기는?

① 3K
② 23K
③ 44K
④ 67K

전문가의 조언
- 최악 적합(Worst Fit)은 프로그램이나 데이터가 들어갈 수 있는 크기의 빈 영역 중에서 단편화를 가장 많이 남기는 분할 영역에 배치시키는 방법으로 17K의 프로그램은 40K의 빈 영역에 저장됩니다.
- 내부 단편화는 40K-17K= 23K가 됩니다.

병행학습 배치(Placement) 전략

최초 적합 (First-Fit)	프로그램이나 데이터가 들어갈 수 있는 크기의 빈 영역 중에서 첫 번째 분할 영역에 배치시키는 방법
최적 적합 (Best-Fit)	프로그램이나 데이터가 들어갈 수 있는 크기의 빈 영역 중에서 단편화를 가장 작게 남기는 분할 영역에 배치시키는 방법
최악 적합 (Worst-Fit)	프로그램이나 데이터가 들어갈 수 있는 크기의 빈 영역 중에서 단편화를 가장 많이 남기는 분할 영역에 배치시키는 방법

등급 C

64. 오류 제어에 사용되는 자동 반복 요청 방식(ARQ)이 아닌 것은?

① Stop-and-wait ARQ
② Go-back-N ARQ
③ Selective-Repeat ARQ
④ Non-Acknowledge ARQ

전문가의 조언
- 자동 반복 요청 방식(ARQ) 중 Non-Acknowledge ARQ라는 방식은 없습니다.
- 자동 반복 요청 방식의 오류 제어에는 Stop-and-Wait(정지-대기) ARQ, Go-Back-N ARQ, Selective-Repeat(선택적 재전송) ARQ, Adaptive(적응적) ARQ가 있습니다.

병행학습 자동 반복 요청(ARQ; Automatic Repeat reQuest)
- 오류 발생 시 수신 측에 오류 발생을 송신 측에 통보하고, 송신 측은 오류 발생 블록을 재전송하는 모든 절차를 의미하는 것이다.

- 정지-대기(Stop-and-Wait) ARQ
  - 수신 측의 확인 신호(ACK)를 받은 후에 다음 패킷을 전송하는 방식이다.
  - 한 번에 하나의 패킷만을 전송할 수 있다.
  - 블록을 전송할 때마다 수신 측의 응답을 기다려야 하므로 전송 효율이 떨어진다.
  - 오류가 발생한 경우 앞서 송신했던 블록만 재전송하면 되므로 구현 방법이 가장 단순하다.

- Go-Back-N ARQ
  - 여러 블록을 연속적으로 전송하고, 수신 측에서 부정 응답(NAK)을 보내오면 송신 측이 오류가 발생한 블록 이후의 모든 블록을 재전송한다.
  - 전송 오류가 발생하지 않으면 쉬지 않고 연속적으로 송신이 가능하다.
  - 오류가 발생한 부분부터 모두 재전송하므로 중복 전송의 단점이 있다.

- Selective-Repeat(선택적 재전송) ARQ
  - 여러 블록을 연속적으로 전송하고, 수신 측에서 부정 응답(NAK)을 보내오면 송신 측이 오류가 발생한 블록만을 재전송한다.
  - 수신 측에서 데이터를 처리하기 전에 원래 순서대로 조립해야 하므로, 더 복잡한 논리 회로와 큰 용량의 버퍼가 필요하다.

- 적응적(Adaptive) ARQ
  - 전송 효율을 최대로 하기 위해서 데이터 블록의 길이를 채널의 상태에 따라 그때그때 동적으로 변경하는 방식이다.
  - 전송 효율이 제일 좋다.
  - 제어 회로가 매우 복잡하고 비용이 많이 소요되므로 현재는 거의 사용되지 않는다.

등급 D

65. 다음 중 소프트웨어 개발 지원 도구에 대한 설명으로 옳지 않은 것은?

① 성능이나 편의성뿐만 아니라 범용성도 고려하여 개발 도구를 선정해야 한다.
② IDE는 개발자가 편리하게 컴파일 및 디버깅할 수 있도록 지원하는 도구이다.
③ 외부의 플러그인을 쉽게 검색하고 적용할 수 있는 IDE를 선정해야 한다.
④ 코드 품질 및 인터페이스 검사 도구는 모든 코딩을 완료한 후에 실행하는 것이 좋다.

전문가의 조언
코드 품질 테스트 및 인터페이스 검사 도구는 하나의 모듈이 완성될 때 마다 사용하는 것이 좋습니다.

등급 B

66. JAVA의 변수명 작성 규칙에 대한 설명으로 옳지 않은 것은?

① 변수명에 $를 사용할 수 있다.
② 첫 자리에 숫자를 사용할 수 있다.
③ 예약어는 변수명으로 사용할 수 없다.
④ 대·소문자를 구분한다.

전문가의 조언
변수 이름의 첫 자리에는 숫자를 사용할 수 없습니다.

병행학습 변수명 작성 규칙
• 영문자, 숫자, _(under bar)를 사용할 수 있다.
• 첫 글자는 영문자나 _(under bar)로 시작해야 하며, 숫자는 올 수 없다.
• 글자 수에 제한이 없다.
• 공백이나 *, +, -, / 등의 특수문자를 사용할 수 없다.
• 대·소문자를 구분한다.
• 예약어를 변수명으로 사용할 수 없다.
• 변수 선언 시 문장 끝에 반드시 세미콜론(;)을 붙여야 한다.

등급 A

67. 다음 C언어 프로그램의 결과로 옳은 것은?

```
#include <stdio.h>
main( ) {
    int r = 0;
    do {
        r = r + 1;
    } while (r <= 0);
    if (r == 1)
        r++;
    else
        r = r + 3;
    printf("%d", r);
}
```

① 1 ② 2
③ 3 ④ 4

전문가의 조언
코드의 실행 결과는 **2**입니다.
사용된 코드의 의미는 다음과 같습니다.

```
#include <stdio.h>
main( ) {
❶   int r = 0;
❷   do {
❸       r = r + 1;
❹   } while (r <= 0);
❺   if (r == 1)
❻       r++;
    else
        r = r + 3;
❼   printf("%d", r);
}
```

❶ 정수형 변수 r을 선언하고 0으로 초기화한다.
❷ do~while문의 시작점이다. ❸번을 반복 수행한다.
❸ r에 1을 누적시킨다. (r = 1)
❹ r은 0보다 작거나 같지 않으므로 do~while문을 벗어나 ❺번으로 이동한다.
❺ r이 1이면 ❻번으로 이동하고, 아니면 else의 다음 문장으로 이동한다. r의 값이 1 이므로 ❻번으로 이동한다.
❻ 'r = r + 1;'과 동일하다. r에 1을 누적시킨다. (r = 2)
❼ r의 값을 정수로 출력한다.

결과 **2**

정답 65.④ 66.② 67.②

등급 A

68. 다음 C언어 프로그램의 결과로 옳은 것은?

```
#include <stdio.h>
main( ) {
    int i = 0;
    while (1) {
        if (i == 4)
            break;
        i++;
    }
    printf("%d", i);
}
```

① 3
② 4
③ 5
④ 6

전문가의 조언
코드의 실행 결과는 **4**입니다.
사용된 코드의 의미는 다음과 같습니다.

```
#include <stdio.h>
main( ) {
❶   int i = 0;
❷   while (1) {
❸       if (i == 4)
❹           break;
❺       i++;
    }
❻   printf("%d", i);
}
```

❶ 정수형 변수 i를 선언하고 0으로 초기화한다.
❷ ❸~❺번을 무한 반복한다.
❸ i가 4이면 ❹번으로 이동하고, 아니면 ❺번으로 이동한다.
❹ while문을 벗어나 ❻번으로 이동한다.
❺ 'i = i + 1'과 동일하다. i에 1을 누적시킨다.
❻ i의 값을 정수로 출력한다. ❸번에서 i가 4일 때 ❹번으로 이동하게 되므로 출력되는 값은 4이다.

결과 4

등급 B

69. 4개의 페이지를 수용할 수 있는 주기억장치가 있으며, 초기에는 모두 비어 있다고 가정한다. 다음의 순서로 페이지 참조가 발생할 때, FIFO 페이지 교체 알고리즘을 사용할 경우 페이지 결함의 발생 횟수는?

페이지 참조 순서 : 0, 1, 2, 3, 0, 1, 4, 0, 1, 2, 3, 4

① 7회
② 8회
③ 9회
④ 10회

전문가의 조언
4개의 페이지를 수용할 수 있는 주기억장치이므로 아래 그림과 같이 4개의 페이지 프레임으로 표현할 수 있습니다.

참조 페이지	0	1	2	3	0	1	4	0	1	2	3	4
페이지 프레임	0	0	0	0	0	0	4	4	4	4	3	3
		1	1	1	1	1	1	0	0	0	0	4
			2	2	2	2	2	2	1	1	1	1
				3	3	3	3	3	3	2	2	2
부재 발생	●	●	●	●			●	●	●	●	●	●

※ ● : 페이지 부재 발생

참조 페이지가 페이지 테이블에 없을 경우 페이지 결함(부재)이 발생됩니다. 초기에는 모든 페이지가 비어 있으므로 처음 0, 1, 2, 3 페이지 적재 시 페이지 결함이 발생됩니다. FIFO 기법은 가장 먼저 들어와 있었던 페이지를 교체하는 기법이므로 참조 페이지 4를 참조할 때에는 0을 제거한 후 4를 가져오게 됩니다. 이러한 과정으로 모든 페이지에 대한 요구를 처리하고 나면 총 페이지 결함 발생 횟수는 10회입니다.

등급 C

70. TCP에 대한 설명으로 옳지 않은 것은?
① 프레임을 전송 단위로 사용한다.
② 요청과 응답을 동시에 주고 받는 전이중 연결 방식을 사용한다.
③ 순서 제어, 오류 제어, 흐름 제어 기능을 제공한다.
④ 투명성이 보장되는 통신을 제공한다.

전문가의 조언
TCP 프로토콜은 패킷 단위의 스트림(Stream) 전송 기능을 제공합니다.

병행학습 TCP/IP(Transmission Control Protocol/Internet Protocol)
- 인터넷에 연결된 서로 다른 기종의 컴퓨터들이 데이터를 주고받을 수 있도록 하는 표준 프로토콜이다.
- 1960년대 말 ARPA에서 개발하여 ARPANET(1972)에서 사용하기 시작했다.
- UNIX의 기본 프로토콜로 사용되었고, 현재 인터넷 범용 프로토콜로 사용된다.
- 다음과 같은 기능을 수행하는 TCP 프로토콜과 IP 프로토콜이 결합된 것을 의미한다.
- TCP(Transmission Control Protocol)
  - OSI 7계층의 전송 계층에 해당한다.
  - 신뢰성 있는 연결형 서비스를 제공한다.
  - 패킷의 다중화, 순서 제어, 오류 제어, 흐름 제어 기능을 제공한다.
  - 스트림(Stream) 전송 기능을 제공한다.
  - TCP 헤더에는 Source/Destination Port Number, Sequence Number, Acknowledgment Number, Checksum 등이 포함된다.
- IP(Internet Protocol)
  - OSI 7계층의 네트워크 계층에 해당한다.
  - 데이터그램을 기반으로 하는 비연결형 서비스를 제공한다.
  - 패킷의 분해/조립, 주소 지정, 경로 선택 기능을 제공한다.
  - 헤더의 길이는 최소 20Byte에서 최대 60Byte이다.
  - IP 헤더에는 Version, Header Length, Total Packet Length, Header Checksum, Source IP Address, Destination IP Address 등이 포함된다.

등급 B

71. 동일한 네트워크에 있는 목적지 호스트로 IP 패킷을 직접 전달할 수 있도록 IP 주소를 MAC 주소로 변환하는 프로토콜은?
① ARP(Address Resolution Protocol)
② ICMP(Internet Control Message Protocol)
③ IGMP(Internet Group Management Protocol)
④ SNMP(Simple Network Management Protocol)

전문가의 조언
IP 주소를 호스트와 연결된 네트워크 접속 장치의 물리적 주소(MAC)로 변환하는 것은 ARP의 기능입니다.

병행학습
- ICMP(Internet Control Message Protocol, 인터넷 제어 메시지 프로토콜) : IP와 조합하여 통신중에 발생하는 오류의 처리와 전송 경로 변경 등을 위한 제어 메시지를 관리하는 역할을 하며, 헤더는 8Byte로 구성됨
- IGMP(Internet Group Management Protocol, 인터넷 그룹 관리 프로토콜) : 멀티캐스트를 지원하는 호스트나 라우터 사이에서 멀티캐스트 그룹 유지를 위해 사용됨
- SNMP(Simple Network Management Protocol) : TCP/IP의 네트워크 관리 프로토콜로, 라우터나 허브 등의 네트워크 기기의 네트워크 정보를 네트워크 관리 시스템에 보내는 데 사용되는 표준 통신 규약

등급 A

72. 다음 중 IP 주소 체계에 대한 설명으로 옳지 않은 것은?
① IPv6의 패킷 헤더는 32 octet의 고정된 길이를 가진다.
② IPv6는 주소 자동설정(Auto Configuration) 기능을 통해 손쉽게 이용자의 단말을 네트워크에 접속시킬 수 있다.
③ IPv4는 호스트 주소를 자동으로 설정하며 유니캐스트(Unicast)를 지원한다.
④ IPv4는 클래스별로 네트워크와 호스트 주소의 길이가 다르다.

전문가의 조언
IPv6의 패킷 헤더는 40옥텟(octet)의 고정된 길이를 갖습니다.

병행학습 IPv6(Internet Protocol version 6)
- 현재 사용하고 있는 IP 주소 체계인 IPv4의 주소 부족 문제를 해결하기 위해 개발되었다.
- 16비트씩 8부분, 총 128비트로 구성되어 있다.
- 각 부분을 16진수로 표현하고, 콜론(:)으로 구분한다.
- 패킷 헤더는 40옥텟(octet)의 고정된 길이를 갖는다.
- IPv4에 비해 자료 전송 속도가 빠르고, IPv4와 호환성이 뛰어나다.
- 인증성, 기밀성, 데이터 무결성의 지원으로 보안 문제를 해결할 수 있다.

등급 A

73. 다음 C언어 프로그램의 결과로 옳은 것은?

```
#include <stdio.h>
main( ) {
    char c = 'A';
    c = c + 1;
    printf("%d", c);
}
```

① A
② B
③ 65
④ 66

전문가의 조언
문자는 아스키코드로 저장됩니다. 대문자 'A'는 아스키코드로 65이고, 1을 더하면 66이므로 대문자 'B'가 됩니다. 하지만 출력문에서 출력 형식이 문자를 출력하는 %c가 아닌 정수를 출력하는 %d를 사용했으므로 대문자 'B'가 아닌 아스키코드 값 66이 출력되게 됩니다. 사용된 코드의 의미는 다음과 같습니다.

정답 71.① 72.① 73.④

```
#include <stdio.h>
main( ) {
❶  char c = 'A';
❷  c = c + 1;
❸  printf("%d", c);
}
```

❶ 문자형 변수 c를 선언하고 'A'로 초기화한다.
❷ c에 1을 누적시킨다.
❸ c의 값을 정수로 출력한다.

결과 66

74. 다음 JAVA 프로그램의 결과로 옳은 것은?

```
public class Test {
    public static void main(String[ ] args) {
        int r = 4 | 7;
        System.out.print(r);
    }
}
```

① 0 ② 2
③ 4 ④ 7

전문가의 조언
코드의 실행 결과는 **7**입니다.
사용된 코드의 의미는 다음과 같습니다.

```
public class Test {
    public static void main(String[ ] args) {
❶      int r = 4 | 7;
❷      System.out.print(r);
    }
}
```

❶ 정수형 변수 r을 선언하고 4와 7을 |(비트 or) 연산 한 값으로 초기화한다.
 • |(비트 or)는 두 비트 중 한 비트라도 1이면 1이 되는 비트 연산자이다.
```
4 = 0000  0100
7 = 0000  0111
    ─────────────
    0000  0111 (7)
```
 • r에는 7이 저장된다.

결과 7

75. 다음 JAVA 프로그램의 결과로 옳은 것은?

```
public class Test {
    public static void main(String[ ] args) {
        try {
            int a = 32, b = 0;
            double c = a / b;
            System.out.print('A');
        }
        catch (ArithmeticException e) {
            System.out.print('B');
        }
        catch (NumberFormatException e) {
            System.out.print('C');
        }
        catch (Exception e) {
            System.out.print('D');
        }
    }
}
```

① A   ② B   ③ C   ④ D

전문가의 조언
코드의 실행 결과는 **B**입니다.
사용된 코드의 의미는 다음과 같습니다.

```
public class Test {
    public static void main(String[ ] args) {
❶      try {
❷          int a = 32, b = 0;
❸          double c = a / b;
            System.out.print('A');
        }
❹      catch (ArithmeticException e) {
❺          System.out.print('B');
        }
        catch (NumberFormatException e) {
            System.out.print('C');
        }
        catch (Exception e) {
            System.out.print('D');
        } ❻
    }
}
```

❶ 예외 구문의 시작이다.
❷ 정수형 변수 a와 b를 선언하고, 각각 32와 0으로 초기화한다.
❸ • 실수형 변수 c를 선언하고 32/0의 결과값으로 초기화한다.
• 어떤 수를 0으로 나누는 연산은 수학적 오류를 유발하므로, 해당 오류를 처리하는 ArithmeticException의 catch문으로 이동한다.
※ ArithmeticException : 0으로 나누는 등의 산술 연산에 대한 예외가 발생한 경우 사용하는 예외 객체
❹ ArithmeticException에 해당하는 예외를 다루는 catch문의 시작이다.
❺ 화면에 B를 출력한다. try문이 종료되었으므로 ❻번으로 이동하여 프로그램을 종료한다.

결과 B

전문가의 조언
하나라도 참이면 참을 반환하고, 둘 모두 거짓이어야 거짓을 반환하는 논리 연산자는 ||(논리 or)입니다.

병행학습 연산자의 종류
• 단항 연산자 : !(논리 not), ~(비트 not), ++(증가), ――(감소), sizeof(기타)
• 이항 연산자
  – 산술 연산자 : *, /, %(나머지), +, -
  – 시프트 연산자 : ≪, ≫
  – 관계 연산자 : <, <=, >=, >, ==(같다), !=(같지 않다)
  – 비트 연산자 : &(비트 and), ^(비트 xor), |(비트 or)
  – 논리 연산자 : &&(논리 and), ||(논리 or)
• 삼항(조건) 연산자 : (조건식) ? (참) : (거짓)
• 대입 연산자 : =, +=, -=, *=, /=, %=, ≪=, ≫= 등
• 순서 연산자 : ,

등급 A

76. C언어에서 비트 논리 연산자에 해당하지 않는 것은?
① ^
② ?
③ &
④ ~

전문가의 조언
• ?는 비트 연산자가 아닙니다.
• C언어의 비트 연산자에는 &, ^, |, ~, ≪, ≫ 등이 있습니다.

병행학습 비트 연산자
비트별(0, 1)로 연산하여 결과를 얻는 연산자이다.

연산자	의미	비고
&	and	모든 비트가 1일 때만 1
^	xor	모든 비트가 같으면 0, 하나라도 다르면 1
|	or	모든 비트 중 한 비트라도 1이면 1
~	not	각 비트의 부정. 0이면 1, 1이면 0
≪	왼쪽 시프트	비트를 왼쪽으로 이동
≫	오른쪽 시프트	비트를 오른쪽으로 이동

등급 C

77. 자바에서 두 개의 논리 값을 연산하여 하나라도 참(true)이면 참을 반환하고, 둘 모두 거짓(false)이어야 거짓을 반환하는 연산을 수행하는 연산자는?
① ==
② &&
③ ||
④ +=

등급 A

78. 다음 Python 프로그램의 실행 결과가 [실행결과]와 같을 때, 빈칸에 적합한 것은?

```
x = 20
if x == 10:
    print('10')
(     ) x == 20:
    print('20')
else:
    print('other')
```

[실행결과]

20

① either
② elif
③ else if
④ else

전문가의 조언
Python에서 if문에 조건을 추가할 때 사용하는 예약어는 elif입니다. 사용된 코드의 의미는 다음과 같습니다.

❶ x = 20
❷ if x == 10:
❸   print('10')
❹ elif x == 20:
❺   print('20')
❻ else:
❼   print('other')

❶ 변수 x에 20을 저장한다.
❷ x가 10이면 ❸번으로 이동하고, 아니면 ❹번으로 이동한다. x의 값은 10이 아니므로 ❹번으로 이동한다.
❹ x가 20이면 ❺번으로 이동하고, 아니면 ❻번의 다음 줄인 ❼번으로 이동한다. x의 값은 20이므로 ❺번으로 이동한다.
❺ 화면에 20을 출력한다.

결과 20

등급 B

79. Python 데이터 타입 중 시퀀스(Sequence) 데이터 타입에 해당하며 다양한 데이터 타입들을 주어진 순서에 따라 저장할 수 있으나 저장된 내용을 변경할 수 없는 것은?

① 복소수(complex) 타입
② 리스트(list) 타입
③ 사전(dict) 타입
④ 튜플(tuple) 타입

전문가의 조언
저장된 내용을 변경할 수 없는 순차형 데이터 타입은 튜플(Tuple)입니다.

병행학습
• 복소수(complex) 타입 : 복소수 형태의 값을 저장하기 위한 자료형
• 리스트(list) 타입 : 여러 요소를 저장하는 자료형으로, 대괄호[ ]를 이용하여 각 요소에 접근함
• 사전(dict) 타입 : 키(Key)와 값(Value)의 쌍으로 연결된 요소들로 이루어진 자료형

등급 A

80. OSI 7계층 중 다음 설명에 해당하는 계층은?

• 개방 시스템들 간의 네트워크 연결을 관리하는 기능과 데이터의 교환 및 중계 기능을 함
• 네트워크 연결을 설정, 유지, 해제하는 기능을 함

① 데이터 링크 계층   ② 네트워크 계층
③ 전송 계층   ④ 표현 계층

전문가의 조언
네트워크 연결의 설정, 유지, 해제와 같은 네트워크 관리는 네트워크 계층의 기능입니다.

병행학습 OSI(Open System Interconnection) 참조 모델

• 다른 시스템 간의 원활한 통신을 위해 ISO(국제표준화기구)에서 제안한 통신 규약(Protocol)이다.
• OSI 7계층 : 하위 계층(물리 계층 → 데이터 링크 계층 → 네트워크 계층), 상위 계층(전송 계층 → 세션 계층 → 표현 계층 → 응용 계층)
• 물리 계층(Physical Layer) : 전송에 필요한 두 장치 간의 실제 접속과 절단 등 기계적, 전기적, 기능적, 절차적 특성에 대한 규칙을 정의함
• 데이터 링크 계층(Data Link Layer)
 – 두 개의 인접한 개방 시스템들 간에 신뢰성 있고 효율적인 정보 전송을 할 수 있도록 한다.
 – 흐름 제어, 프레임 동기화, 오류 제어, 순서 제어 기능을 한다.
• 네트워크 계층(Network Layer, 망 계층)
 – 개방 시스템들 간의 네트워크 연결을 관리하는 기능과 데이터의 교환 및 중계 기능을 한다.
 – 경로 설정(Routing), 트래픽 제어, 패킷 정보 전송을 수행한다.
• 전송 계층(Transport Layer)
 – 종단 시스템(End-to-End) 간의 전송 연결 설정, 데이터 전송, 연결 해제 기능을 한다.
 – 주소 설정, 다중화(데이터의 분할과 재조립), 오류 제어, 흐름 제어를 수행한다.
• 세션 계층(Session Layer)
 – 송·수신 측 간의 관련성을 유지하고 대화 제어를 담당한다.
 – 대화(회화) 구성 및 동기 제어, 데이터 교환 관리 기능을 한다.
• 표현 계층(Presentation Layer)
 – 응용 계층으로부터 받은 데이터를 세션 계층에 맞게, 세션 계층에서 받은 데이터는 응용 계층에 맞게 변환하는 기능을 한다.
 – 코드 변환, 데이터 암호화, 데이터 압축, 구문 검색, 정보 형식(포맷) 변환, 문맥 관리 기능을 한다.
• 응용 계층(Application Layer) : 사용자(응용 프로그램)가 OSI 환경에 접근할 수 있도록 응용 프로세스 간의 정보 교환, 전자 사서함, 파일 전송, 가상 터미널 등의 서비스를 제공함

5과목 정보시스템 구축 관리

등급 A

81. 소프트웨어 개발 모델 중 다음과 같은 과정으로 활동을 수행하는 모델은?

계획 수립 → 위험 분석 → 개발 및 검증 → 고객 평가

① Spiral Model   ② Agile Model
③ Prototype Model   ④ Waterfall Model

전문가의 조언
문제의 지문에 제시된 내용은 Spiral Model(나선형 모형)의 개발 과정입니다.

병행학습 나선형 모형(Spiral Model, 점진적 모형)
- 보헴(Boehm)이 제안한 것으로, 폭포수 모형과 프로토타입 모형의 장점에 위험 분석 기능을 추가한 모형이다.
- 나선을 따라 돌듯이 여러 번의 소프트웨어 개발 과정을 거쳐 점진적으로 완벽한 최종 소프트웨어를 개발하는 것으로, 점진적 모형이라고도 한다.
- 소프트웨어를 개발하면서 발생할 수 있는 위험을 관리하고 최소화하는 것을 목적으로 한다.
- 점진적으로 개발 과정이 반복되므로 누락되거나 추가된 요구사항을 첨가할 수 있고, 정밀하며, 유지보수 과정이 필요 없다.
- 수행 과정(반복) : 계획 수립 → 위험 분석 → 개발 및 검증 → 고객 평가

전문가의 조언
기존 소프트웨어를 다른 운영체제나 하드웨어 환경에서 사용할 수 있도록 변환하는 활동을 이식(Migration)이라고 합니다.

병행학습
- 분석(Analysis) : 기존 소프트웨어의 명세서를 확인하여 소프트웨어의 동작을 이해하고, 재공학 대상을 선정하는 활동
- 재구성(Restructuring) : 상대적으로 같은 추상적 수준에서 하나의 표현을 다른 표현 형태로 바꾸는 활동
- 역공학(Reverse Engineering) : 기존 소프트웨어를 분석하여 소프트웨어 개발 과정과 데이터 처리 과정을 설명하는 분석 및 설계 정보를 재발견하거나 다시 만들어 내는 활동

등급 B

82. 다음 내용이 설명하는 스토리지 시스템은?

- 하드디스크와 같은 데이터 저장장치를 호스트버스 어댑터에 직접 연결하는 방식
- 저장장치와 호스트 기기 사이에 네트워크 디바이스 없이 직접 연결하는 방식으로 구성

① DAS ② NAS
③ SAN ④ NFC

전문가의 조언
문제의 지문에서 설명하는 스토리지 시스템은 DAS(Direct Attached Storage)입니다.

병행학습
- NAS(Network Attached Storage) : 서버와 저장장치를 네트워크를 통해 연결하는 방식
- SAN(Storage Area Network) : DAS의 빠른 처리와 NAS의 파일 공유 장점을 혼합한 방식으로, 서버와 저장장치를 연결하는 전용 네트워크를 별도로 구성하는 방식

등급 C

83. 소프트웨어 재공학의 주요 활동 중 기존 소프트웨어를 다른 운영체제나 하드웨어 환경에서 사용할 수 있도록 변환하는 것은?

① 역공학 ② 분석
③ 재구성 ④ 이식

등급 C

84. CPM 네트워크가 다음과 같을 때 임계경로의 소요기일은?

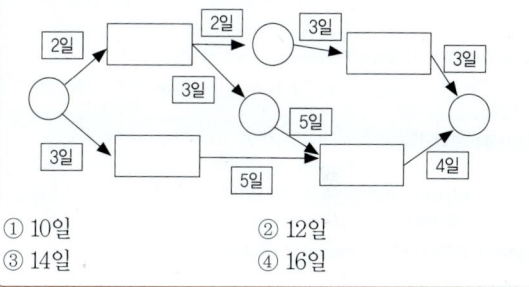

① 10일 ② 12일
③ 14일 ④ 16일

전문가의 조언
임계경로는 최장 경로를 의미합니다. 문제에 제시된 그림을 보고 각 경로에 대한 소요기일을 계산한 후 가장 오래 걸린 기일을 찾으면 됩니다.

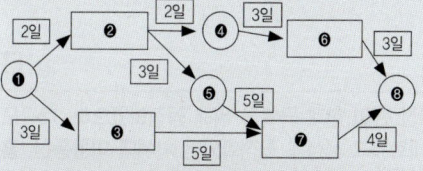

- 경로 1 : ❶ → ❷ → ❹ → ❻ → ❽ = 2+2+3+3=10일
- 경로 2 : ❶ → ❷ → ❺ → ❼ → ❽ = 2+3+5+4=14일
- 경로 3 : ❶ → ❸ → ❼ → ❽ = 3+5+4=12일

그러므로 임계경로는 경로 2이며, 소요기일은 14일입니다.

등급 B

85. 다음 설명에 해당하는 소프트웨어는?

- 개발해야 할 애플리케이션의 일부분이 이미 내장된 클래스 라이브러리로 구현이 되어 있다.
- 따라서, 그 기반이 되는 이미 존재하는 부분을 확장 및 이용하는 것으로 볼 수 있다.
- JAVA 기반의 대표적인 소프트웨어로는 스프링(Spring)이 있다.

① 전역 함수 라이브러리
② 소프트웨어 개발 프레임워크
③ 컨테이너 아키텍처
④ 어휘 분석기

전문가의 조언
문제의 지문은 소프트웨어 개발 프레임워크에 대한 설명입니다.

병행학습 소프트웨어 개발 프레임워크

- 프레임워크(Framework)는 소프트웨어 개발에 공통적으로 사용되는 구성 요소와 아키텍처를 일반화하여 손쉽게 구현할 수 있도록 여러 가지 기능들을 제공해주는 반제품 형태의 소프트웨어 시스템이다.
- 주요 기능 : 예외 처리, 트랜잭션 처리, 메모리 공유, 데이터 소스 관리, 서비스 관리, 쿼리 서비스, 로깅 서비스, 사용자 인증 서비스 등
- 스프링 프레임워크(Spring Framework) : 자바 플랫폼을 위한 오픈 소스 경량형 애플리케이션 프레임워크로, 동적인 웹 사이트의 개발을 위해 다양한 서비스를 제공함
- 전자정부 프레임워크 : 우리나라의 공공부문 정보화 사업 시 효율적인 정보 시스템의 구축을 지원하기 위해 필요한 기능 및 아키텍처를 제공하는 프레임워크로, 개발 프레임워크의 표준 정립으로 응용 소프트웨어의 표준화, 품질 및 재사용성의 향상을 목적으로 함
- 닷넷 프레임워크(.NET Framework) : Windows 프로그램의 개발 및 실행 환경을 제공하는 프레임워크로, Microsoft 사에서 통합 인터넷 전략을 위해 개발하였으며, 실행을 관리하는 CLR(Common Language Runtime, 공용 언어 런타임)이라는 이름의 가상머신 상에서 작동함

등급 B

86. 기존 무선 랜의 한계 극복을 위해 등장하였으며, 대규모 디바이스의 네트워크 생성에 최적화되어 차세대 이동통신, 홈 네트워킹, 공공 안전 등의 특수목적에 사용되는 새로운 방식의 네트워크 기술을 의미하는 것은?

① Software Defined Perimeter
② Virtual Private Network
③ Local Area Network
④ Mesh Network

전문가의 조언
문제에 제시된 내용은 Mesh Network의 특징입니다.

병행학습

- SDP(Software Defined Perimeter) : 신원을 기반으로 자원에 대한 접근을 제어하는 프레임워크
- VPN(Virtual Private Network) : 가상 사설 네트워크로서 인터넷 등 통신 사업자의 공중 네트워크와 암호화 기술을 이용하여 사용자가 마치 자신의 전용 회선을 사용하는 것처럼 해주는 보안 솔루션
- LAN(Local Area Network) : 회사, 학교, 연구소 등에서 비교적 가까운 거리에 있는 컴퓨터, 프린터, 테이프 등과 같은 자원을 연결하여 구성한 근거리 통신망

등급 D

87. 판매 계획 또는 배포 계획은 발표되었으나 실제로 고객에게 판매되거나 배포되지 않고 있는 소프트웨어는?

① Grayware   ② Vaporware
③ Shareware   ④ Freeware

전문가의 조언
문제의 지문에 제시된 내용은 Vaporware에 대한 개념입니다.

병행학습

- Grayware : 소프트웨어를 제공하는 입장에서는 악의적이지 않은 유용한 소프트웨어라고 주장할 수 있지만 사용자 입장에서는 유용할 수도 있고 악의적일 수도 있는 애드웨어, 트랙웨어, 기타 악성 코드나 악성 공유웨어를 말함
- Shareware : 기능 혹은 사용 기간에 제한을 두어 배포하는 소프트웨어로, 무료로 사용할 수 있으며, 일정 기간 사용해 보고 정식 프로그램을 구입할 수 있음
- Freeware : 무료로 사용 또는 배포가 가능한 소프트웨어

등급 A

88. 다음 내용이 설명하는 것은?

- 블록체인(Blockchain) 개발환경을 클라우드로 서비스하는 개념
- 블록체인 네트워크에 노드의 추가 및 제거가 용이
- 블록체인의 기본 인프라를 추상화하여 블록체인 응용 프로그램을 만들 수 있는 클라우드 컴퓨팅 플랫폼

① OTT   ② BaaS
③ SDDC   ④ Wi-SUN

전문가의 조언
문제의 지문에 제시된 내용은 BaaS(서비스형 블록체인)에 대한 설명입니다.

병행학습

- OTT(Over The Top service) : TV, PC, 스마트폰 등으로 드라마, 영화 등의 미디어 콘텐츠를 제공하는 온라인 서비스
- SDDC(Software Defined Data Center) : 데이터 센터의 모든 자원을 가상화하여 인력의 개입 없이 소프트웨어 조작만으로 관리 및 제어되는 데이터 센터
- Wi-SUN : 스마트 그리드와 같은 장거리 무선 통신을 필요로 하는 사물 인터넷(IoT) 서비스를 위한 저전력 장거리(LPWA; Low-Power Wide Area) 통신 기술

등급 C

89. 정보 시스템과 관련한 다음 설명에 해당하는 것은?

- 각 시스템 간에 공유 디스크를 중심으로 클러스터링으로 엮어 다수의 시스템을 동시에 연결할 수 있다.
- 조직, 기업의 기간 업무 서버 안정성을 높이기 위해 사용될 수 있다.
- 여러 가지 방식으로 구현되며 2개의 서버를 연결하는 것으로 2개의 시스템이 각각 업무를 수행하도록 구현하는 방식이 널리 사용된다.

① 고가용성 솔루션(HACMP)
② 점대점 연결 방식(Point-to-Point Mode)
③ 스턱스넷(Stuxnet)
④ 루팅(Rooting)

전문가의 조언
문제의 지문에 제시된 내용은 고가용성 솔루션(HACMP)의 특징입니다.

병행학습

- 점대점 연결 방식(Point-to-Point Mode) : 연결된 두 단말이 동등하게 연결되어 각 단말이 클라이언트가 될 수도, 서버가 될 수도 있는 방식
- 스턱스넷(Stuxnet) : 독일의 산업시설을 감시하고 파괴하기 위해 만들어진 악성 소프트웨어
- 루팅(Rooting) : 스마트폰의 보안 기능을 해제하여 허용되지 않은 기능을 사용하거나 불법 앱을 사용할 수 있도록 변경하는 행위

등급 C

90. 빅데이터 분석 기술 중 대량의 데이터를 분석하여 데이터 속에 내재되어 있는 변수 사이의 상호관계를 규명하여 일정한 패턴을 찾아내는 기법은?

① Data Mining
② WM-Bus
③ Digital Twin
④ Zigbee

전문가의 조언
문제에 제시된 내용은 데이터 마이닝(Data Mining)의 개념입니다.

병행학습

- 무선 미터버스(WM-bus) : 수도 등의 원격 검침을 위해 사용되는 무선 프로토콜
- 디지털 트윈(Digital Twin) : 현실속의 사물을 소프트웨어로 가상화한 모델
- 지그비(Zigbee) : 저속 전송 속도를 갖는 홈오토메이션 및 데이터 네트워크를 위한 표준 기술

등급 B

91. Secure 코딩에서 입력 데이터의 보안 약점과 관련한 설명으로 틀린 것은?

① SQL 삽입 : 사용자의 입력 값 등 외부 입력 값이 SQL 쿼리에 삽입되어 공격
② 크로스사이트 스크립트 : 검증되지 않은 외부 입력 값에 의해 브라우저에서 악의적인 코드가 실행
③ 운영체제 명령어 삽입 : 운영체제 명령어 파라미터 입력 값이 적절한 사전검증을 거치지 않고 사용되어 공격자가 운영체제 명령어를 조작
④ 자원 삽입 : 사용자가 내부 입력 값을 통해 시스템 내에 사용이 불가능한 자원을 지속적으로 입력함으로써 시스템에 과부하 발생

전문가의 조언
경로 조작 및 자원 삽입은 데이터 입·출력 경로를 조작하여 서버 자원을 수정 및 삭제할 수 있는 보안 약점입니다.

병행학습 입력 데이터 검증 및 표현의 보안 약점

- SQL 삽입(SQL Injection) : 웹 응용 프로그램에 SQL을 삽입하여 내부 데이터베이스(DB) 서버의 데이터를 유출 및 변조하고, 관리자 인증을 우회하는 보안 약점
- 경로 조작 및 자원 삽입 : 데이터 입출력 경로를 조작하여 서버 자원을 수정·삭제할 수 있는 보안 약점
- 크로스사이트 스크립팅(XSS; Cross Site Scripting) : 웹페이지에 악의적인 스크립트를 삽입하여 방문자들의 정보를 탈취하거나, 비정상적인 기능 수행을 유발하는 보안 약점
- 운영체제 명령어 삽입 : 외부 입력값을 통해 시스템 명령어의 실행을 유도함으로써 권한을 탈취하거나 시스템 장애를 유발하는 보안 약점
- 위험한 형식 파일 업로드 : 악의적인 명령어가 포함된 스크립트 파일을 업로드함으로써 시스템에 손상을 주거나, 시스템을 제어할 수 있는 보안 약점
- 신뢰되지 않는 URL 주소로 자동접속 연결 : 입력 값으로 사이트 주소를 받는 경우 이를 조작하여 방문자를 피싱 사이트로 유도하는 보안 약점
- 메모리 버퍼 오버플로 : 연속된 메모리 공간을 사용하는 프로그램에서 할당된 메모리의 범위를 넘어선 위치에서 자료를 읽거나 쓰려고 할 때 발생하는 보안 약점

등급 D

92. 다음 설명에서 괄호(㉠, ㉡)에 들어갈 알맞은 암호화 알고리즘은?

- (㉠) : 이산 대수 문제를 타원곡선으로 옮겨 기밀성과 효율성을 높인 암호화 알고리즘
- (㉡) : 소인수 분해의 어려움에 안정성의 근거를 둔 암호화 알고리즘

① ㉠ : ECC, ㉡ : Rabin
② ㉠ : DES, ㉡ : Rabin
③ ㉠ : ECC, ㉡ : SHA
④ ㉠ : DES, ㉡ : SHA

전문가의 조언
문제의 지문에 제시된 내용 중 ㉠은 ECC, ㉡은 Rabin 암호화 알고리즘의 특징입니다.

등급 A

93. 블록 암호화 방식과 해시 암호화 방식을 나열한 것이다. 다음 중 유형이 다른 하나는?

① DES
② SNEFRU
③ MD5
④ SHA

전문가의 조언
DES는 1975년 미국 NBS에서 발표한 개인키 암호화 알고리즘으로, 해시 암호화 방식과 관계가 없습니다.

병행학습
- SNEFRU : 1990년 R.C.Merkle가 발표한 해시 함수
- MD5 : 1991년 R.Rivest가 MD4를 대체하기 위해 고안한 암호화 해시 함수
- SHA : 1993년 미국 국가안보국(NSA)이 처음 설계한 해시 함수 시리즈로, SHA-0 이후 SHA-1, SHA-2, SHA-224, SHA-256, SHA-384, SHA-512가 발표됨

등급 C

94. 다음 중 서비스 거부 공격의 유형에 해당하지 않는 것은?

① Ping of Death
② SYN Flooding
③ Land
④ Memory Hacking

전문가의 조언
Memory Hacking은 컴퓨터 메모리(주기억장치)에 있는 데이터를 위·변조하는 해킹 방법으로, 서비스 거부 공격의 유형이 아닙니다.

등급 C

95. 다음이 설명하는 서비스 공격 유형은?

공격자가 가상의 클라이언트로 위장하여 3-way-handshake 과정을 의도적으로 중단시킴으로써 공격 대상지인 서버가 대기 상태에 놓여 정상적인 서비스를 수행하지 못하게 하는 공격 방법이다.

① SYN Flooding
② SMURFING
③ Land
④ TearDrop

전문가의 조언
문제의 지문에 제시된 내용은 SYN Flooding의 특징입니다.

병행학습
- SMURFING : IP나 ICMP의 특성을 악용하여 엄청난 양의 데이터를 한 사이트에 집중적으로 보냄으로써 네트워크를 불능 상태로 만드는 공격 방법
- Land : 패킷을 전송할 때 송신 IP 주소와 수신 IP 주소를 모두 공격 대상의 IP 주소로 하여 공격 대상에게 전송하는 것으로, 이 패킷을 받은 공격 대상은 송신 IP 주소가 자신이므로 자신에게 응답을 수행하게 되는데, 이러한 패킷이 계속해서 전송될 경우 자신에 대해 무한히 응답하게 하는 공격임
- TearDrop : Fragment Offset 값을 변경시켜 수신 측에서 패킷을 재조립할 때 오류로 인한 과부하를 발생시킴으로써 시스템이 다운되도록 하는 공격 방법

등급 C

96. 백도어 탐지 방법으로 틀린 것은?

① 무결성 검사
② 닫힌 포트 확인
③ 로그 분석
④ SetUID 파일 검사

전문가의 조언
백도어 탐지 방법 중 하나는 닫힌 포트 확인이 아니라 열린 포트 확인입니다.

등급 B

97. 인증의 유형 중에서 패스워드를 사용하는 경우에 해당하는 인증 유형은?

① Something You Have
② Something You Are
③ Something You Know
④ Somewhere You Are

전문가의 조언
패스워드를 기억해서 사용하는 것이므로 Something You Know(지식 기반 인증)에 해당합니다.

병행학습
- Something You Have : 신분증, 메모리 카드, OTP 등 사용자가 소유하고 있는 것을 기반으로 인증을 수행하는 것
- Something You Are : 지문, 홍채, 얼굴 등 사용자의 고유한 생체 정보를 기반으로 인증을 수행하는 것
- Somewhere You Are : 콜백, GPS, IP 주소 등 인증을 시도하는 위치의 적절성을 확인하는 것

등급 B

98. 취약점 관리를 위한 응용 프로그램의 보안 설정과 가장 거리가 먼 것은?

① 서버 관리실 출입 통제
② 실행 프로세스 권한 설정
③ 운영체제의 접근 제한
④ 운영체제의 정보 수집 제한

전문가의 조언
- 서버 관리실 출입 통제는 물리적 보안에 포함되는 보안 조치입니다.
- 응용 프로그램과 관련된 보안은 기술적 보안이며, ②, ③, ④번이 이에 해당합니다.

병행학습 관리적, 물리적, 기술적 보안 개념의 수립
- 관리적 보안 : 정보보호 정책, 정보보호 조직, 정보자산 분류, 정보보호 교육 및 훈련, 인적 보안, 업무 연속성 관리 등의 정의
- 물리적 보안 : 건물 및 사무실 출입 통제 지침, 전산실 관리 지침, 정보 시스템 보호 설치 및 관리 지침, 재해 복구 센터 운영 등의 정의
- 기술적 보안 : 사용자 인증, 접근 제어, PC, 서버, 네트워크, 응용 프로그램, 데이터(DB) 등의 보안 지침 정의

등급 D

99. 다음 내용이 설명하는 것은?

- 인트라넷이나 인터넷에서 서버의 파일 및 프린터를 사용할 수 있는 프리웨어 프로그램이다.
- 리눅스, 유닉스, OpenVMS, OS/2 등 다양한 운용 체계에 설치되는 클라이언트/서버 프로토콜 기반의 프로그램이다.
- 이 프로그램을 사용하여 다른 컴퓨터에 파일, 프린터, 기타 자원의 접근 요구를 할 수 있고, 다른 컴퓨터는 그 요구에 응하여 가부간 응답을 보낸다.

① SAMBA   ② SDN
③ IoT   ④ Ransomware

전문가의 조언
문제의 지문에 제시된 내용은 SAMBA의 특징입니다.

병행학습
- SDN : 네트워크를 컴퓨터처럼 모델링하여 여러 사용자가 각각의 소프트웨어들로 네트워킹을 가상화하여 제어하고 관리하는 네트워크
- IoT : 정보 통신 기술을 기반으로 실세계와 가상 세계의 다양한 사물들을 인터넷으로 서로 연결하여 진보된 서비스를 제공하기 위한 서비스 기반 기술
- Ransomware : 인터넷 사용자의 컴퓨터에 잠입해 내부 문서나 파일 등을 암호화해 사용자가 열지 못하게 하는 프로그램

등급 C

100. 소프트웨어 프로젝트 관리를 효율적으로 수행하기 위한 3P 중 소프트웨어 프로젝트를 수행하기 위한 Task Framework의 고려와 가장 연관되는 것은?

① People   ② Problem
③ Product   ④ Process

전문가의 조언
문제에 제시된 내용은 프로젝트 관리를 위한 3P 중 Process에 대한 설명입니다.

병행학습 프로젝트 관리를 위한 3P(3대 요소)
- 사람(People) : 프로젝트 관리에서 가장 기본이 되는 인적 자원
- 문제(Problem) : 사용자 입장에서 문제를 분석하여 인식함
- 프로세스(Process) : 소프트웨어 개발에 필요한 전체적인 작업 계획 및 구조(Framework)

정답 97.③ 98.① 99.① 100.④

2023년 5월 기출문제

1과목 소프트웨어 설계

등급 B

1. 프로토타이핑 모형(Prototyping Model)에 대한 설명으로 옳지 않은 것은?

① 실제 개발될 소프트웨어에 대한 견본품(Prototype)을 만들어 최종 결과물을 예측하는 모형이다.
② 의뢰자나 개발자 모두에게 공동의 참조 모델을 제공한다.
③ 프로토타이핑이 진행되는 과정에서 새로운 요구사항이 도출되지 않아야 한다.
④ 단기간 제작 목적으로 인하여 비효율적인 언어나 알고리즘을 사용할 수 있다.

전문가의 조언
프로토타이핑 모형은 새로운 요구사항이 도출될 때마다 이를 반영한 프로토타입을 새롭게 만들면서 소프트웨어를 구현하는 방법으로, 새롭게 도출된 요구사항을 충분히 반영합니다.

병행학습 프로토타입 모형(Prototype Model, 원형 모형)
- 사용자의 요구사항을 정확히 파악하기 위해 실제 개발될 소프트웨어에 대한 견본(시제품)(Prototype)을 만들어 최종 결과물을 예측하는 모형이다.
- 시제품은 의뢰자나 개발자 모두에게 공동의 참조 모델이 된다.
- 시스템의 일부 혹은 시스템의 모형을 만드는 과정으로서 요구된 소프트웨어를 구현하는데, 이는 추후 구현 단계에서 사용될 골격 코드가 된다.
- 새로운 요구사항이 도출될 때마다 이를 반영한 프로토타입을 새롭게 만들면서 소프트웨어를 구현한다.
- 단기간 제작을 목적으로 하다 보니 비효율적인 언어나 알고리즘이 사용될 수 있다.

등급 B

2. XP(eXtreme Programming)에 대한 설명으로 틀린 것은?

① XP는 빠른 개발을 위해 단순함을 포기한다.
② 변화에 대응하기 보다는 변화에 반응하는 것에 더 가치를 둔다.
③ 스파이크 솔루션은 기술 문제가 발생한 경우 이를 해결하기 위해 사용한다.
④ 짝 프로그램(Pair Programming)은 독립적으로 코딩할 때보다 더 나은 환경을 조성한다.

전문가의 조언
XP는 단순한 설계를 통해 소프트웨어를 빠르게 개발하는 것을 목적으로 합니다.

병행학습 XP(eXtreme Programming)
- XP는 수시로 발생하는 고객의 요구사항에 유연하게 대응하기 위해 고객의 참여와 개발 과정의 반복을 극대화하여 개발 생산성을 향상시키는 방법이다.
- XP는 짧고 반복적인 개발 주기, 단순한 설계, 고객의 적극적인 참여를 통해 소프트웨어를 빠르게 개발하는 것을 목적으로 한다.
- 릴리즈의 기간을 짧게 반복하면서 고객의 요구사항 반영에 대한 가시성을 높인다.
- 릴리즈 테스트마다 고객을 직접 참여시킴으로써 요구한 기능이 제대로 작동하는지 고객이 직접 확인할 수 있다.
- 비교적 소규모 인원의 개발 프로젝트에 효과적이다.
- XP의 5가지 핵심 가치 : 의사소통(Communication), 단순성(Simplicity), 용기(Courage), 존중(Respect), 피드백(Feedback)

등급 D

3. 요구사항을 도출하기 위한 주요 기법이 아닌 것은?

① 사용자 인터뷰
② 설문 조사
③ 사용자 교육
④ 라피도 프로토타이핑

전문가의 조언
사용자 교육은 요구사항을 도출하는 기법이 아닙니다.

병행학습 요구사항 도출(Requirement Elicitation, 요구사항 수집)
- 시스템, 사용자, 그리고 시스템 개발에 관련된 사람들이 서로 의견을 교환하여 요구사항이 어디에 있는지, 어떻게 수집할 것인지를 식별하고 이해하는 과정이다.
- 요구사항 도출은 소프트웨어가 해결해야 할 문제를 이해하는 첫 번째 단계이다.
- 요구사항 도출 단계에서 개발자와 고객 사이의 관계가 만들어지고 이해관계자(Stakeholder)가 식별된다.
- 이 단계에서는 다양한 이해관계자 간의 효율적인 의사소통이 중요하다.
- 요구사항 도출은 소프트웨어 개발 생명 주기(SDLC; Software Development Life Cycle) 동안 지속적으로 반복된다.
- 요구사항을 도출하는 주요 기법에는 청취와 인터뷰, 설문, 브레인스토밍, 워크샵, 프로토타이핑, 유스케이스 등이 있다.

등급 C

4. CASE(Computer Aided Software Engineering)에 대한 설명으로 틀린 것은?

① 소프트웨어 모듈의 재사용성이 향상된다.
② 자동화된 기법을 통해 소프트웨어 품질이 향상된다.
③ 소프트웨어 사용자들에게 사용 방법을 신속히 숙지시키기 위해 사용된다.
④ 소프트웨어 유지보수를 간편하게 수행할 수 있다.

> **전문가의 조언**
> CASE는 요구사항 분석을 위한 자동화 도구로, 사용 방법의 신속한 숙지와는 무관합니다.

병행학습 CASE(Computer Aided Software Engineering)
- 소프트웨어 개발 과정에서 사용되는 요구 분석, 설계, 구현, 검사 및 디버깅 과정 전체 또는 일부를 컴퓨터와 전용 소프트웨어 도구를 사용하여 자동화하는 것이다.
- 객체지향 시스템, 구조적 시스템 등 다양한 시스템에서 활용되는 자동화 도구(CASE Tool)이다.
- CASE 도구를 통해 관리되는 공통 모듈을 사용할 수 있어 재사용성을 향상시킬 수 있다.
- CASE 도구가 모듈 관리를 자동으로 수행하므로 유지보수가 간편해진다.
- 소프트웨어 개발 도구와 방법론이 결합된 것으로, 정형화된 구조 및 방법(메커니즘)을 소프트웨어 개발에 적용하여 생산성 및 품질 향상을 구현하는 공학 기법이다.
- 소프트웨어 개발의 모든 단계에 걸쳐 일관된 방법론을 제공하는 자동화 도구들을 지원하고, 개발자들은 이 도구를 사용하여 소프트웨어 개발의 표준화를 지향하며, 자동화의 이점을 얻을 수 있게 해준다.
- CASE 도구는 요구 분석, 설계 과정을 지원하는 상위 CASE 도구와 구현, 테스트 과정을 지원하는 하위 CASE 도구로 구분할 수 있다.
- CASE의 주요 기능 : 소프트웨어 생명 주기 전 단계의 연결, 다양한 소프트웨어 개발 모형 지원, 그래픽 지원, 모델들의 모순 검사 및 오류검증, 자료흐름도 작성 등
- CASE의 원천 기술 : 구조적 기법, 프로토타이핑, 자동 프로그래밍, 정보 저장소, 분산처리

등급 B

5. 하나의 사물의 변화가 다른 사물에도 영향을 미치는 관계로, 일반적으로 한 클래스가 다른 클래스를 오퍼레이션의 매개변수로 사용하는 경우에 나타나는 관계는?

① Generalization   ② Association
③ Dependency   ④ Realization

> **전문가의 조언**
> 문제에서 설명하는 관계는 의존(Dependency) 관계입니다.

병행학습
- Generalization(일반화) : 하나의 사물이 다른 사물에 비해 더 일반적인지 구체적인지를 표현하는 관계
- Association(연관) : 2개 이상의 사물이 서로 관련되어 있음을 표현하는 관계
- Realization(실체화) : 사물이 할 수 있거나 해야 하는 기능(오퍼레이션, 인터페이스)으로 서로를 그룹화 할 수 있는 관계를 표현함

등급 A

6. UML 다이어그램 중 동적 다이어그램이 아닌 것은?

① 유스케이스 다이어그램
② 순차 다이어그램
③ 컴포넌트 다이어그램
④ 상태 다이어그램

> **전문가의 조언**
> 컴포넌트 다이어그램은 정적 다이어그램에 해당합니다.

병행학습 UML 다이어그램의 종류

구조적(Structural) 다이어그램 = 정적 다이어그램
- 클래스 다이어그램(Class Diagram) : 클래스와 클래스가 가지는 속성, 클래스 사이의 관계를 표현
- 객체 다이어그램(Object Diagram) : 클래스에 속한 사물(객체)들, 즉 인스턴스(Instance)를 특정 시점의 객체와 객체 사이의 관계로 표현
- 컴포넌트 다이어그램(Component Diagram) : 실제 구현 모듈인 컴포넌트 간의 관계나 컴포넌트 간의 인터페이스를 표현
- 배치 다이어그램(Deployment Diagram) : 결과물, 프로세스, 컴포넌트 등 물리적 요소들의 위치를 표현
- 복합체 구조 다이어그램(Composite Structure Diagram) : 클래스나 컴포넌트가 복합 구조를 갖는 경우 그 내부 구조를 표현
- 패키지 다이어그램(Package Diagram) : 유스케이스나 클래스 등의 모델 요소들을 그룹화한 패키지들의 관계를 표현

행위(Behavioral) 다이어그램 = 동적 다이어그램
- 유스케이스 다이어그램(Use Case Diagram) : 사용자의 요구를 분석하는 것으로 기능 모델링 작업에 사용함
- 순차 다이어그램(Sequence Diagram) : 상호 작용하는 시스템이나 객체들이 주고받는 메시지를 표현
- 커뮤니케이션 다이어그램(Communication Diagram) : 순차 다이어그램과 같이 동작에 참여하는 객체들이 주고받는 메시지를 표현하는데, 메시지뿐만 아니라 객체들 간의 연관까지 표현
- 상태 다이어그램(State Diagram) : 하나의 객체가 자신이 속한 클래스의 상태 변화 혹은 다른 객체와의 상호 작용에 따라 상태가 어떻게 변화하는지를 표현
- 활동 다이어그램(Activity Diagram) : 시스템이 어떤 기능을 수행하는지 객체의 처리 로직이나 조건에 따른 처리의 흐름을 순서에 따라 표현

정답 4.③ 5.③ 6.③

등급 B

7. 유스케이스 사용 시 특별한 조건이 만족할 경우에만 수행하는 유스케이스를 무엇이라고 하는가?
① 포함
② 확장
③ 예외
④ 연결

전문가의 조언
유스케이스 사용 시 특별한 조건이 만족할 경우에만 수행하는 유스케이스를 확장이라고 합니다.

병행학습 확장(Extend) 관계
- 유스케이스가 특정 조건에 부합되어 유스케이스의 기능이 확장될 때 원래의 유스케이스와 확장된 유스케이스와의 관계를 확장 관계라고 한다.
- 확장될 유스케이스에서 원래의 유스케이스 쪽으로 점선 화살표를 연결한 후 화살표 위에 《extends》라고 표기한다.

등급 C

8. 모바일 기기에서 사용하는 모바일 제스처(Mobile Gesture)에 속하지 않는 것은 무엇인가?
① Press
② Drag
③ Flow
④ Flick

전문가의 조언
- Flow는 모바일 제스처에 속하지 않습니다.
- 모바일 기기에서 사용하는 행동, 즉 제스처(Gesture)에는 Tap, Double Tap, Drag, Pan, Press, Flick, Pinch 등이 있습니다.

병행학습 주요 모바일 제스처(Mobile Gesture)
- Tap(누르기) : 화면을 가볍게 한 번 터치하는 동작
- Double Tap(두 번 누르기) : 화면을 빠르게 두 번 터치하는 동작
- Drag(누른 채 움직임) : 화면의 특정 위치에 손가락을 댄 상태로 정해진 방향으로 움직인 후 손가락을 떼는 동작
- Pan(누른 채 계속 움직임) : 화면에 손가락을 댄 후 손가락을 떼지 않고 계속 움직이는 동작으로, 움직이는 방향이나 시간에 제한이 없으며, 손가락을 뗄 때까지의 동작을 패닝(Panning)이라고 함
- Press(오래 누르기) : 화면의 특정 위치를 손가락으로 꾹 누르는 동작
- Flick(빠르게 스크롤) : 화면에 손가락을 터치함과 동시에 수평 또는 수직으로 빠르게 드래그하는 동작
- Pinch(두 손가락으로 넓히기/좁히기) : 두 손가락으로 화면을 터치한 후 두 손가락을 서로 다른 방향으로 움직이는 동작

등급 D

9. 유스케이스에 대한 설명으로 옳지 않은 것은?
① 사용자 측면에서의 요구사항으로, 사용자가 원하는 목표를 달성하기 위해 수행할 내용을 기술한다.
② 사용자의 요구사항을 빠르게 파악함으로써 프로젝트의 초기에 시스템의 기능적인 요구를 결정하고 그 결과를 문서화할 수 있다.
③ 페이지의 개략적인 레이아웃이나 UI 구성 요소 등 뼈대를 설계하는 단계이다.
④ 자연어로 작성된 사용자의 요구사항을 구조적으로 표현한 것으로, 일반적으로 다이어그램 형식으로 묘사된다.

전문가의 조언
③번은 와이어프레임(Wireframe)의 개념입니다.

병행학습 유스케이스(Use Case)
- 사용자 측면에서의 요구사항으로, 사용자가 원하는 목표를 달성하기 위해 수행할 내용을 기술한다.
- 사용자의 요구사항을 빠르게 파악함으로써 프로젝트의 초기에 시스템의 기능적인 요구를 결정하고 그 결과를 문서화할 수 있다.
- 유스케이스는 자연어로 작성된 사용자의 요구사항을 구조적으로 표현한 것으로, 일반적으로 다이어그램 형식으로 묘사된다.
- 유스케이스 다이어그램이 완성되면, 각각의 유스케이스에 대해 유스케이스 명세서를 작성한다.

등급 C

10. 아키텍처 설계 과정이 올바른 순서로 나열된 것은?

㉮ 설계 목표 설정
㉯ 시스템 타입 결정
㉰ 스타일 적용 및 커스터마이즈
㉱ 서브시스템의 기능, 인터페이스 동작 작성
㉲ 아키텍처 설계 검토

① ㉮ → ㉯ → ㉰ → ㉱ → ㉲
② ㉲ → ㉮ → ㉯ → ㉰ → ㉱
③ ㉮ → ㉰ → ㉯ → ㉱ → ㉲
④ ㉮ → ㉯ → ㉰ → ㉲ → ㉱

전문가의 조언
아키텍처 설계 과정이 올바른 순서로 나열된 것은 ①번입니다.

11. 분산 시스템을 위한 마스터-슬레이브(Master-Slave) 아키텍처에 대한 설명으로 틀린 것은?

① 일반적으로 실시간 시스템에서 사용된다.
② 마스터 프로세스는 일반적으로 연산, 통신, 조정을 책임진다.
③ 슬레이브 프로세스는 데이터 수집 기능을 수행할 수 없다.
④ 마스터 프로세스는 슬레이브 프로세스들을 제어할 수 있다.

전문가의 조언
슬레이브 프로세스에서는 마스터 프로세스에서 수행하는 연산, 통신, 제어 등의 기능을 제외하고는 별도로 제한되는 기능은 없습니다.

병행학습 주요 아키텍처 패턴(Patterns)의 종류
- 레이어 패턴(Layers pattern) : 시스템을 계층(Layer)으로 구분하여 구성하는 고전적인 방법 중의 하나로 각각의 서브시스템들이 계층 구조를 이루며, 하위 계층은 상위 계층에 대한 서비스 제공자가 되고, 상위 계층은 하위 계층의 클라이언트가 됨
- 클라이언트-서버 패턴 : 하나의 서버 컴포넌트와 다수의 클라이언트 컴포넌트로 구성되는 패턴으로, 클라이언트가 서버에 요청하고 응답을 받아 사용자에게 제공하는 방식
- 파이프-필터 패턴 : 데이터 스트림 절차의 각 단계를 필터(Filter) 컴포넌트로 캡슐화하여 파이프(Pipe)를 통해 데이터를 전송하는 패턴
- 모델-뷰-컨트롤러 패턴 : 서브시스템을 모델(Model), 뷰(View), 컨트롤러(Controller)의 세 부분으로 구조화하는 패턴

12. 객체지향 소프트웨어 공학에서 하나 이상의 유사한 객체들을 묶어서 하나의 공통된 특성을 표현한 것은?

① 트랜잭션   ② 클래스
③ 시퀀스   ④ 서브루틴

전문가의 조언
하나 이상의 유사한 객체들을 묶어서 하나의 공통된 특성을 표현한 것을 클래스(Class)라고 합니다.

병행학습
- 트랜잭션(Transaction) : 데이터베이스의 상태를 변환시키는 하나의 논리적 기능을 수행하기 위한 작업의 단위
- 순차(Sequence) : 특정 시간동안 수행되는 사건이나 행동 등의 순서
- 서브 루틴(Subroutine) : 메인 루틴에 의해 필요할 때 마다 호출되는 루틴

13. 데이터와 데이터를 처리하는 함수를 하나로 묶는 것을 의미하는 객체지향 용어는 무엇인가?

① Operation   ② Class
③ Inheritance   ④ Encapsulation

전문가의 조언
데이터와 데이터를 처리하는 함수를 하나로 묶는 것을 Encapsulation(캡슐화)이라고 합니다.

병행학습
- Operation : 클래스가 수행할 수 있는 동작으로, 함수(메소드, Method)라고도 함
- Class : 공통된 속성과 연산(행위)을 갖는 객체의 집합으로, 객체의 일반적인 타입(Type)을 의미함
- Inheritance : 이미 정의된 상위 클래스(부모 클래스)의 모든 속성과 연산을 하위 클래스(자식 클래스)가 물려받는 것

14. 다음 내용이 설명하는 객체지향 설계 원칙은?

- 클라이언트는 자신이 사용하지 않는 메소드와 의존관계를 맺으면 안 된다.
- 클라이언트가 사용하지 않는 인터페이스 때문에 영향을 받아서는 안 된다.

① 인터페이스 분리 원칙
② 단일 책임 원칙
③ 개방 폐쇄의 원칙
④ 리스코프 교체의 원칙

전문가의 조언
문제의 지문에 제시된 내용은 인터페이스 분리 원칙에 대한 설명입니다.

병행학습
- 단일 책임 원칙 : 객체는 단 하나의 책임만 가져야 한다는 원칙
- 개방-폐쇄 원칙 : 기존의 코드를 변경하지 않고 기능을 추가할 수 있도록 설계해야 한다는 원칙
- 리스코프 교체(치환)의 원칙 : 자식 클래스는 최소한 자신의 부모 클래스에서 가능한 행위는 수행할 수 있어야 한다는 설계 원칙

등급 A

15. 한 모듈 내의 각 구성 요소들이 공통의 목적을 달성하기 위하여 서로 얼마나 관련이 있는지의 기능적 연관의 정도를 나타내는 것은?
① Cohesion
② Coupling
③ Structure
④ Unity

전문가의 조언
응집도(Cohesion)는 명령어나 호출문 등 모듈의 내부 요소들의 서로 관련되어 있는 정도, 즉 모듈이 독립적인 기능으로 정의되어 있는 정도를 의미합니다.

병행학습 응집도(Cohesion)
- 정보 은닉 개념을 확장한 것으로, 명령어나 호출문 등 모듈의 내부 요소들의 서로 관련되어 있는 정도, 즉 모듈이 독립적인 기능으로 정의되어 있는 정도를 의미한다.
- 다양한 기준으로 모듈을 구성할 수 있으나 응집도가 강할수록 품질이 높고, 약할수록 품질이 낮다.
- 응집도의 종류(강함에서 약함순)
  - 기능적 응집도(Functional Cohesion) : 모듈 내부의 모든 기능 요소들이 단일 문제와 연관되어 수행될 경우의 응집도
  - 순차적 응집도(Sequential Cohesion) : 모듈 내 하나의 활동으로부터 나온 출력 데이터를 그 다음 활동의 입력 데이터로 사용할 경우의 응집도
  - 교환(통신)적 응집도(Communication Cohesion) : 동일한 입력과 출력을 사용하여 서로 다른 기능을 수행하는 구성 요소들이 모였을 경우의 응집도
  - 절차적 응집도(Procedural Cohesion) : 모듈이 다수의 관련 기능을 가질 때 모듈 안의 구성 요소들이 그 기능을 순차적으로 수행할 경우의 응집도
  - 시간적 응집도(Temporal Cohesion) : 특정 시간에 처리되는 몇 개의 기능을 모아 하나의 모듈로 작성할 경우의 응집도
  - 논리적 응집도(Logical Cohesion) : 유사한 성격을 갖거나 특정 형태로 분류되는 처리 요소들로 하나의 모듈이 형성되는 경우의 응집도
  - 우연적 응집도(Coincidental Cohesion) : 모듈 내부의 각 구성 요소들이 서로 관련 없는 요소로만 구성된 경우의 응집도

등급 A

16. GoF(Gangs of Four) 디자인 패턴 분류에 해당하지 않는 것은?
① 생성 패턴
② 객체 패턴
③ 행위 패턴
④ 구조 패턴

전문가의 조언
GoF의 디자인 패턴은 생성 패턴, 구조 패턴, 행위 패턴으로 분류됩니다.

등급 B

17. 디자인 패턴 중 Singleton에 대한 설명으로 옳은 것은?
① 하나의 객체를 생성하면 생성된 객체를 어디서든 참조할 수 있지만, 여러 프로세스가 동시에 참조할 수는 없는 패턴이다.
② 원본 객체를 복제하는 방법으로 객체를 생성하는 패턴이다.
③ 여러 객체를 가진 복합 객체와 단일 객체를 구분 없이 다루고자 할 때 사용하는 패턴이다.
④ 수많은 객체들 간의 복잡한 상호작용을 캡슐화하여 객체로 정의하는 패턴이다.

전문가의 조언
- Singleton 패턴에 대한 설명으로 옳은 것은 ①번입니다.
- ②번은 프로토타입, ③번은 컴포지트(Composite), ④번은 중재자(Mediator) 패턴에 대한 설명입니다.

등급 B

18. 디자인 패턴 중 알고리즘은 상위 클래스에서 정의하고 나머지는 하위 클래스에서 구체화하는 패턴은 무엇인가?
① 옵서버
② 템플릿 메소드
③ 상태
④ 컴포지트

전문가의 조언
알고리즘은 상위 클래스에서 정의하고 나머지는 하위 클래스에서 구체화하는 패턴은 템플릿 메소드(Template Method)입니다.

병행학습
- 옵서버(Observer) : 한 객체의 상태가 변화하면 객체에 상속되어 있는 다른 객체들에게 변화된 상태를 전달하는 패턴
- 상태(State) : 객체의 상태에 따라 동일한 동작을 다르게 처리해야 할 때 사용하는 패턴
- 컴포지트(Composite) : 여러 객체를 가진 복합 객체와 단일 객체를 구분 없이 다루고자 할 때 사용하는 패턴

등급 B

19. 트랜잭션이 올바르게 처리되고 있는지 데이터를 감시하고 제어하는 미들웨어는?

① RPC ② ORB
③ TP monitor ④ HUB

전문가의 조언
트랜잭션이 올바르게 처리되고 있는지 데이터를 감시하고 제어하는 미들웨어는 TP-Monitor(Transaction Processing Monitor)입니다.

병행학습
- RPC(Remote Procedure Call) : 응용 프로그램의 프로시저를 사용하여 원격 프로시저를 마치 로컬 프로시저처럼 호출하는 방식의 미들웨어
- ORB(Object Request Broker) : 객체 지향 미들웨어로 코바(CORBA) 표준 스펙을 구현한 미들웨어

등급 C

20. 정보공학 방법론에서 데이터베이스 설계의 표현으로 사용하는 모델링 언어는?

① Package Diagram
② State Transition Diagram
③ Deployment Diagram
④ Entity-Relationship Diagram

전문가의 조언
- 정보공학 방법론에서는 업무 영역 분석과 업무 시스템 설계 과정에서 데이터베이스 설계를 위한 데이터 모델링으로 Entity-Relationship Diagram(개체 관계도)를 사용합니다.
- ①, ②, ③번은 객체지향 개발 방법론에서 사용하는 모델링 언어입니다.

2 과목 소프트웨어 개발

등급 D

21. 소프트웨어 프로젝트 관리에 대한 설명으로 가장 옳은 것은?

① 개발에 따른 산출물 관리
② 소요인력은 최대화하되 정책 결정은 신속하게 처리
③ 주어진 기간은 연장하되 최소의 비용으로 시스템을 개발
④ 주어진 기간 내에 최소의 비용으로 사용자를 만족시키는 시스템을 개발

전문가의 조언
프로젝트 관리(Project Management)는 주어진 기간 내에 최소의 비용으로 사용자를 만족시키는 시스템을 개발하기 위한 전반적인 활동입니다.

병행학습 프로젝트 관리(Project Management)
주어진 기간 내에 최소의 비용으로 사용자를 만족시키는 시스템을 개발하기 위한 전반적인 활동이다.

관리 유형	주요 내용
일정 관리	작업 순서, 작업 기간 산정, 일정 개발, 일정 통제
비용 관리	비용 산정, 비용 예산 편성, 비용 통제
인력 관리	프로젝트 팀 편성, 자원 산정, 프로젝트 조직 정의, 프로젝트 팀 개발, 자원 통제, 프로젝트 팀 관리
위험 관리	위험 식별, 위험 평가, 위험 대처, 위험 통제
품질 관리	품질 계획, 품질 보증 수행, 품질 통제 수행

등급 B

22. 개발한 소프트웨어가 사용자의 요구사항을 충족하는지에 중점을 두고 테스트하는 방법은?

① 단위 테스트 ② 인수 테스트
③ 시스템 테스트 ④ 통합 테스트

전문가의 조언
개발한 소프트웨어가 사용자의 요구사항을 충족하는지에 중점을 두고 테스트하는 방법을 인수 테스트(Acceptance Test)라고 합니다.

병행학습

- 단위 테스트(Unit Test) : 코딩 직후 소프트웨어 설계의 최소 단위인 모듈이나 컴포넌트에 초점을 맞춰 하는 테스트
- 시스템 테스트(System Test) : 개발된 소프트웨어가 해당 컴퓨터 시스템에서 완벽하게 수행되는가를 점검하는 테스트
- 통합 테스트(Integration Test) : 단위 테스트가 완료된 모듈들을 결합하여 하나의 시스템으로 완성시키는 과정에서의 테스트

등급 C

23. 코드 인스펙션과 관련한 설명으로 틀린 것은?
① 프로그램을 수행시켜보는 것 대신에 읽어보고 눈으로 확인하는 방법으로 볼 수 있다.
② 코드 품질 향상 기법 중 하나이다.
③ 동적 테스트 시에만 활용하는 기법이다.
④ 결함과 함께 코딩 표준 준수 여부, 효율성 등의 다른 품질 이슈를 검사하기도 한다.

전문가의 조언
코드 인스펙션은 정적 테스트 시에만 활용하는 기법입니다.

등급 B

24. 다음 트리에 대한 중위 순회 운행 결과는?

① A B D C E F
② A B C D E F
③ D B E C F A
④ D B A E C F

전문가의 조언
먼저 서브트리를 하나의 노드로 생각할 수 있도록 서브트리 단위로 묶습니다.

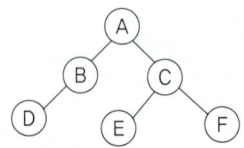

❶ 중위 순회(Inorder)는 Left → Root → Right 이므로 1A2가 됩니다.
❷ 1은 DB이므로 DBA2가 됩니다.
❸ 2는 ECF이므로 DBAECF가 됩니다.

등급 A

25. 소프트웨어 개발에서 모듈(Module)이 되기 위한 주요 특징에 해당하지 않는 것은?
① 다른 것들과 구별될 수 있는 독립적인 기능을 가진 단위(Unit)이다.
② 독립적인 컴파일이 가능하다.
③ 유일한 이름을 가져야 한다.
④ 다른 모듈에서의 접근이 불가능해야 한다.

전문가의 조언
각 모듈들은 상호작용을 통해 더 큰 시스템을 구성해야 하므로 모듈은 상호 접근이 가능해야 합니다.

병행학습 모듈(Module)의 개요

- 모듈은 모듈화를 통해 분리된 시스템의 각 기능들로, 서브루틴, 서브시스템, 소프트웨어 내의 프로그램, 작업 단위 등과 같은 의미로 사용된다.
- 모듈은 단독으로 컴파일이 가능하며, 재사용 할 수 있다.
- 모듈의 기능적 독립성은 소프트웨어를 구성하는 각 모듈의 기능이 서로 독립됨을 의미하는 것으로, 모듈이 하나의 기능만을 수행하고 다른 모듈과의 과도한 상호작용을 배제함으로써 이루어진다.
- 독립성이 높은 모듈일수록 모듈을 수정하더라도 다른 모듈들에게는 거의 영향을 미치지 않으며, 오류가 발생해도 쉽게 발견하고 해결할 수 있다.
- 모듈의 독립성은 결합도(Coupling)와 응집도(Cohesion)에 의해 측정되며, 독립성을 높이려면 모듈의 결합도는 약하게, 응집도는 강하게, 모듈의 크기는 작게 만들어야 한다.

등급 D

26. 해시 함수가 서로 다른 키에 대해 같은 주소값을 반환해서 충돌이 발생하면 각 데이터를 해당 주소에 있는 링크드 리스트(Linked List)에 삽입하여 문제를 해결하는 기법은?
① Chaining
② Rehashing
③ Open Addressing
④ Linear Probing

전문가의 조언
문제에 제시된 내용은 체이닝(Chaining)에 대한 설명입니다.

병행학습 Collision(충돌 현상) 해결 방법

- 체이닝(Chaining) : Collision이 발생하면 버킷에 할당된 연결 리스트(Linked List)에 데이터를 저장하는 방법
- 개방 주소법(Open Addressing) : Collision이 발생하면 순차적으로 그 다음 빈 버킷을 찾아 데이터를 저장하는 방법
- 재해싱(Rehashing) : Collision이 발생하면 새로운 해싱 함수로 새로운 홈 주소를 구하는 방법

27. 통합 개발 환경(IDE)에 대한 설명으로 옳지 않은 것은?

① 프로그램 개발과 관련된 모든 작업을 하나의 프로그램에서 처리할 수 있도록 제공하는 소프트웨어적인 개발 환경을 말한다.
② 통합 개발 환경 도구의 기능에는 코딩, 컴파일, 디버깅 등이 있다.
③ C, JAVA 등의 다양한 프로그래밍 언어로 프로그램을 작성하는 기능을 지원한다.
④ Python과 같은 인터프리터 언어로 프로그램을 작성하는 기능은 지원하지 않는다.

전문가의 조언
통합 개발 환경(IDE)은 Python과 같은 인터프리터 언어로 프로그램을 작성하는 기능도 지원합니다.

병행학습

통합 개발 환경(IDE; Integrated Development Environment)
- 코딩, 디버그, 컴파일, 배포 등 프로그램 개발과 관련된 모든 작업을 하나의 프로그램에서 처리할 수 있도록 제공하는 소프트웨어적인 개발 환경을 말한다.
- 기존 소프트웨어 개발에서는 편집기(Editor), 컴파일러(Compiler), 디버거(Debugger) 등의 다양한 툴을 별도로 사용했으나 현재는 하나의 인터페이스로 통합하여 제공한다.
- 통합 개발 환경 도구는 통합 개발 환경을 제공하는 소프트웨어를 의미한다.

통합 개발 환경 도구의 기능
- 코딩(Coding) : C, JAVA 등의 프로그래밍 언어로 프로그램을 작성하는 기능
- 컴파일(Compile) : 개발자가 작성한 고급 언어로 된 프로그램을 컴퓨터가 이해할 수 있는 목적 프로그램으로 번역하여 컴퓨터에서 실행 가능한 형태로 변환하는 기능
- 디버깅(Debugging) : 소프트웨어나 하드웨어의 오류나 잘못된 동작, 즉 버그(Bug)를 찾아 수정하는 기능
- 배포(Deployment) : 소프트웨어를 사용자에게 전달하는 기능

28. 디지털 콘텐츠와 디바이스의 사용을 제한하기 위해 하드웨어 제조업자, 저작권자, 출판업자 등이 사용할 수 있는 접근 제어 기술을 의미하는 것은?

① DRM   ② DLP
③ DOI   ④ PKI

전문가의 조언
문제에서 설명하는 접근 제어 기술은 DRM(Digital Right Management, 디지털 저작권 관리)입니다.

병행학습
- DLP(Data Leakage/Loss Prevention, 데이터 유출 방지) : 내부 정보의 외부 유출을 방지하는 보안 솔루션
- DOI(Digital Object Identifier, 디지털 콘텐츠 식별자) : 인터넷에 유통되는 모든 디지털 콘텐츠에 부여되는 고유 식별자
- PKI(Public Key Infrastructure, 공개키 기반 구조) : 공개키 암호 시스템을 안전하게 사용하고 관리하기 위한 정보 보호 표준 방식

29. 소프트웨어 설치 매뉴얼에 기본적으로 포함되어야 할 사항이 아닌 것은?

① 소프트웨어 개요
② 소프트웨어 설치 관련 파일
③ 소프트웨어 개발 비용
④ 소프트웨어 설치 및 삭제

전문가의 조언
소프트웨어 설치 매뉴얼의 기본적인 포함 사항에는 소프트웨어 개요, 설치 관련 파일, 설치 아이콘, 프로그램 삭제, 관련 추가 정보 등이 있습니다.

병행학습 소프트웨어 설치 매뉴얼의 기본 사항

소프트웨어 개요	• 소프트웨어의 주요 기능 및 UI 설명 • UI 및 화면 상의 버튼, 프레임 등을 그림으로 설명
설치 관련 파일	• 소프트웨어 설치에 필요한 파일 설명 • exe, ini, log 등의 파일 설명
설치 아이콘(Installation)	설치 아이콘 설명
프로그램 삭제	설치된 소프트웨어의 삭제 방법 설명
관련 추가 정보	• 소프트웨어 이외의 관련 설치 프로그램 정보 • 소프트웨어 제작사 등의 추가 정보 기술

30. 개발 환경 구성을 위한 빌드(Build) 도구에 해당하지 않는 것은?

① Ant   ② Kerberos
③ Maven   ④ Gradle

전문가의 조언
- 빌드 자동화 도구에는 Ant, Make, Maven, Gradle, Jenkins 등이 있습니다.
- Kerberos는 네트워크 인증 프로토콜의 하나입니다.

병행학습 빌드 자동화 도구의 개념
- 빌드란 소스 코드 파일들을 컴파일한 후 여러 개의 모듈을 묶어 실행 파일로 만드는 과정이며, 이러한 빌드를 포함하여 테스트 및 배포를 자동화하는 도구를 빌드 자동화 도구라고 한다.
- 애자일 환경에서는 하나의 작업이 마무리될 때마다 모듈 단위로 나눠서 개발된 코드들이 지속적으로 통합되는데, 이러한 지속적인 통합(Continuous Integration) 개발 환경에서 빌드 자동화 도구는 유용하게 활용된다.
- 빌드 자동화 도구에는 Ant, Make, Maven, Gradle, Jenkins 등이 있으며, 이 중 Jenkins와 Gradle이 가장 대표적이다.

등급 A

31. 명세 기반 테스트 중 프로그램의 입력 조건에 중점을 두고, 어느 하나의 입력 조건에 대하여 타당한 값과 그렇지 못한 값을 설정하여 해당 입력 자료에 맞는 결과가 출력되는지 확인하는 테스트 기법은?

① Cause-Effect Graphing Testing
② Equivalence Partitioning Testing
③ Boundary Value Analysis
④ Comparison Testing

전문가의 조언
문제에 제시된 내용은 동치 분할 검사(Equivalence Partitioning Testing)에 대한 설명입니다.

병행학습
- 원인-효과 그래프 검사(Cause-Effect Graphing Testing) : 입력 데이터 간의 관계와 출력에 영향을 미치는 상황을 체계적으로 분석한 다음 효용성이 높은 테스트 케이스를 선정하여 검사하는 기법
- 경계값 분석(Boundary Value Analysis) : 입력 자료에만 치중한 동치 분할 기법을 보완하기 위한 기법으로, 입력 조건의 중간값보다 경계값에서 오류가 발생될 확률이 높다는 점을 이용하여 입력 조건의 경계값을 테스트 케이스로 선정하여 검사함
- 비교 검사(Comparison Testing) : 여러 버전의 프로그램에 동일한 테스트 자료를 제공하여 동일한 결과가 출력되는지 테스트하는 기법

등급 D

32. 내·외부 모듈 간 인터페이스 데이터 표준을 확인하는데 사용되는 정보로만 짝지어진 것은?

① 인터페이스 목록, 인터페이스 명세
② 인터페이스 명세, 데이터 인터페이스
③ 인터페이스 기능, 인터페이스 목록
④ 인터페이스 기능, 데이터 인터페이스

전문가의 조언
인터페이스 데이터 표준은 '인터페이스 기능'과 '데이터 인터페이스'를 통해 확인할 수 있습니다.

등급 B

33. 소프트웨어나 하드웨어의 오류나 잘못된 동작 등을 찾아 수정하는 기능은?

① Coding
② Compile
③ Debugging
④ Deployment

전문가의 조언
소프트웨어나 하드웨어의 오류나 잘못된 동작 등을 찾아 수정하는 기능은 디버깅(Debugging)입니다.

병행학습
- 코딩(Coding) : C, JAVA 등의 프로그래밍 언어로 프로그램을 작성하는 기능
- 컴파일(Compile) : 개발자가 작성한 고급 언어로 된 프로그램을 컴퓨터가 이해할 수 있는 목적 프로그램으로 번역하여 컴퓨터에서 실행 가능한 형태로 변환하는 기능
- 배포(Deployment) : 소프트웨어를 사용자에게 전달하는 기능

등급 C

34. 다음 설명에 해당하는 정렬(Sort)은?

- 레코드의 많은 자료 이동을 없애고 하나의 파일을 부분적으로 나누어 가면서 정렬하는 방법이다.
- 분할(Divide)과 정복(Conquer)을 통해 자료를 정렬한다.
- 피봇(pivot)을 사용하며, 최악의 경우 n(n-1)/2회의 비교를 수행해야 한다.

① 힙 정렬
② 퀵 정렬
③ 선택 정렬
④ 버블 정렬

전문가의 조언
문제의 지문에서 설명하는 정렬은 퀵 정렬(Quick Sort)입니다.

정렬(Sort)
- **삽입 정렬(Insertion Sort)** : 가장 간단한 정렬 방식으로 이미 순서화된 파일에 새로운 하나의 레코드를 순서에 맞게 삽입시켜 정렬함
- **쉘 정렬(Shell Sort)** : 삽입 정렬을 확장한 개념으로 입력 파일을 어떤 매개변수(h)의 값으로 서브파일을 구성하고, 각 서브파일을 삽입 정렬 방식으로 순서 배열하는 과정을 반복하는 정렬 방식
- **선택 정렬(Selection Sort)** : n개의 레코드 중에서 최소값을 찾아 첫 번째 레코드 위치에 놓고, 나머지 (n−1)개 중에서 다시 최소값을 찾아 두 번째 레코드 위치에 놓는 방식을 반복하여 정렬하는 방식
- **버블 정렬(Bubble Sort)** : 주어진 파일에서 인접한 두 개의 레코드 키 값을 비교하여 그 크기에 따라 레코드 위치를 서로 교환하는 정렬 방식
- **퀵 정렬(Quick Sort)** : 레코드의 많은 자료 이동을 없애고 하나의 파일을 부분적으로 나누어 가면서 정렬하는 방법으로 키를 기준으로 작은 값은 왼쪽, 큰 값은 오른쪽 서브파일로 분해시키는 방식으로 정렬
- **힙 정렬(Heap Sort)** : 완전이진 트리(Complete Binary Tree)를 이용한 정렬 방식
- **2-Way 합병 정렬(Merge Sort)** : 이미 정렬되어 있는 두 개의 파일을 한 개의 파일로 합병하는 정렬 방식
- **기수 정렬(Radix Sort, Bucket Sort)** : Queue를 이용하여 자릿수(Digit)별로 정렬하는 방식으로, 레코드의 키 값을 분석하여 같은 수 또는 같은 문자끼리 그 순서에 맞는 버킷에 분배하였다가 버킷의 순서대로 레코드를 꺼내어 정렬함

자료 구성 단위

비트(Bit)	• 자료(정보) 표현의 최소 단위 • 두 가지 상태(0과 1)를 표시하는 2진수 1자리임
니블(Nibble)	• 4개의 비트(Bit)가 모여 1개의 니블(Nibble)을 구성함 • 16진수 1자리를 표현하기에 적합함
바이트(Byte)	• 문자를 표현하는 최소 단위 • 8개의 비트(Bit)가 모여 1바이트(Byte)를 구성함
워드(Word)	CPU가 한 번에 처리할 수 있는 명령 단위
필드(Field)	• 파일 구성의 최소 단위 • 의미 있는 정보를 표현하는 최소 단위
레코드(Record)	하나 이상의 관련된 필드가 모여서 구성됨
블록(Block)	하나 이상의 논리 레코드가 모여서 구성됨
파일(File)	프로그램 구성의 기본 단위로, 여러 레코드가 모여서 구성됨
데이터베이스(Database)	여러 개의 관련된 파일(File)의 집합

등급 A

35. 자료 구성 단위에 대한 설명으로 옳지 않은 것은?
① 비트(Bit)는 0 또는 1을 표시하는 2진수 한 자리이다.
② 니블(Nibble)은 네 개의 바이트가 모여 한 개의 니블을 구성한다.
③ 워드(Word)는 CPU가 처리할 수 있는 명령 단위이다.
④ 바이트(Byte)는 8개의 비트가 모여 1바이트를 구성한다.

전문가의 조언
니블(Nibble)은 4개의 비트(Bit)가 모여 1개의 니블을 구성합니다.

 등급 C

36. 이진 트리의 레코드 R = (88, 74, 63, 55, 37, 25, 33, 19, 26, 14, 9)에 대하여 힙(Heap) 정렬을 만들 때, 37의 왼쪽과 오른쪽의 자노드(Child Node)의 값은?
① 55, 25 ② 63, 33
③ 33, 19 ④ 14, 9

전문가의 조언
힙 정렬은 자료를 완전이진 트리(Complete Binary Tree)로 구성해 보면 간단하게 알 수 있습니다.

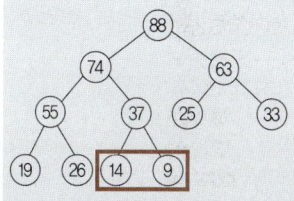

37. 위험 관리의 일반적인 절차로 적합한 것은? 등급 D

① 위험 식별 → 위험 분석 및 평가 → 위험 관리 계획 → 위험 감시 및 조치
② 위험 분석 및 평가 → 위험 식별 → 위험 관리 계획 → 위험 감시 및 조치
③ 위험 관리 계획 → 위험 감시 및 조치 → 위험 식별 → 위험 분석 및 평가
④ 위험 감시 및 조치 → 위험 식별 → 위험 분석 및 평가 → 위험 관리 계획

전문가의 조언
위험 관리의 일반적인 절차는 어떠한 위험이 있는지 먼저 식별하고, 그 위험을 분석한 후 이 위험을 어떻게 관리할 것인지 계획한 다음 위험에 대해 감시하고 조치를 취해야 합니다.

38. 다음 중 소프트웨어를 재사용함으로써 얻는 이점이 아닌 것은? 등급 A

① 개발시간과 비용을 단축시킨다.
② 소프트웨어 개발의 생산성을 높인다.
③ 프로젝트 실패의 위험을 줄여 준다.
④ 새로운 개발 방법론의 도입이 쉽다.

전문가의 조언
소프트웨어 재사용은 이미 개발된 인정받은 소프트웨어의 전체 혹은 일부분을 다른 소프트웨어 개발이나 유지에 사용하는 것으로 소프트웨어를 재사용함으로써 새로운 개발 방법론을 도입하기는 어렵습니다.

병행학습 소프트웨어 재사용(Software Reuse)
- 이미 개발되어 인정받은 소프트웨어의 전체 혹은 일부분을 다른 소프트웨어 개발이나 유지에 사용하는 것이다.
- 소프트웨어 개발의 품질과 생산성을 높이기 위한 방법으로, 기존에 개발된 소프트웨어와 경험, 지식 등을 새로운 소프트웨어에 적용한다.
- 재사용의 이점
  - 개발 시간과 비용을 단축시킨다.
  - 소프트웨어 품질을 향상시킨다.
  - 소프트웨어 개발의 생산성을 향상시킨다.
  - 프로젝트 실패의 위험을 감소시킨다.
  - 시스템 구축 방법에 대한 지식을 공유하게 된다.
  - 시스템 명세, 설계, 코드 등 문서를 공유하게 된다.

39. 웹과 컴퓨터 프로그램에서 용량이 적은 데이터를 교환하기 위해 데이터 객체를 속성·값의 쌍 형태로 표현하는 형식으로, 자바 스크립트(JavaScript)를 토대로 개발되어진 형식은? 등급 B

① Python
② XML
③ JSON
④ WEB SEVER

전문가의 조언
문제에 제시된 내용은 JSON(JavaScript Object Notation)에 대한 설명입니다.

병행학습
- 파이썬(Python) : 객체지향 기능을 지원하는 대화형 인터프리터 언어로, 플랫폼에 독립적이고 문법이 간단하여 배우기 쉬움
- XML(eXtensible Markup Language) : 특수한 목적을 갖는 마크업 언어를 만드는 데 사용되는 다목적 마크업 언어
- 웹 서버(Web Server) : 클라이언트로부터 직접 요청을 받아 처리하는 서버로, 저용량의 정적 파일들을 제공함

40. 다음 중 단위 테스트를 통해 발견할 수 있는 오류가 아닌 것은? 등급 B

① 알고리즘 오류에 따른 원치 않는 결과
② 탈출구가 없는 반복문의 사용
③ 모듈 간의 비정상적 상호 작용으로 인한 원치 않는 결과
④ 틀린 계산 수식에 의한 잘못된 결과

전문가의 조언
단위 테스트는 모듈이나 컴포넌트 단위로 기능을 확인하는 테스트로, 모듈 간의 비정상적 상호 작용 오류 검사를 위해서는 통합 테스트를 수행해야 합니다.

병행학습 단위 테스트(Unit Test)
- 코딩 직후 소프트웨어 설계의 최소 단위인 모듈이나 컴포넌트에 초점을 맞춰 테스트하는 것이다.
- 단위 테스트에서는 인터페이스, 외부적 I/O, 자료 구조, 독립적 기초 경로, 오류 처리 경로, 경계 조건 등을 검사한다.
- 단위 테스트는 사용자의 요구사항을 기반으로 한 기능성 테스트를 최우선으로 수행한다.
- 단위 테스트는 구조 기반 테스트와 명세 기반 테스트로 나뉘지만 주로 구조 기반 테스트를 시행한다.
  - 구조 기반 테스트 : 프로그램 내부 구조 및 복잡도를 검증하는 화이트박스(White Box) 테스트 시행
  - 명세 기반 테스트 : 목적 및 실행 코드 기반의 블랙박스(Black Box) 테스트 시행

- 단위 테스트로 발견 가능한 오류
  - 알고리즘 오류에 따른 원치 않는 결과
  - 탈출구가 없는 반복문의 사용
  - 틀린 계산 수식에 의한 잘못된 결과

3과목 데이터베이스 구축

등급 A

41. 트랜잭션의 특성을 모두 나열한 것은?

㉠ Atomicity ㉡ Durability
㉢ Transparency ㉣ Portability
㉤ Consistency ㉥ Isolation

① ㉠, ㉡
② ㉠, ㉡, ㉥
③ ㉠, ㉢, ㉤
④ ㉠, ㉡, ㉤, ㉥

전문가의 조언
트랜잭션의 특성에는 Atomicity(원자성), Durability(영속성), Consistency(일관성), Isolation(독립성)이 있습니다.

병행학습 트랜잭션의 특성

- **Atomicity(원자성)**
  - 트랜잭션의 연산은 데이터베이스에 모두 반영되도록 완료(Commit)되든지 아니면 전혀 반영되지 않도록 복구(Rollback)되어야 한다.
  - 트랜잭션 내의 모든 명령은 반드시 완벽히 수행되어야 하며, 모두가 완벽히 수행되지 않고 어느 하나라도 오류가 발생하면 트랜잭션 전부가 취소되어야 한다.
- **Consistency(일관성)**
  - 트랜잭션이 그 실행을 성공적으로 완료하면 언제나 일관성 있는 데이터베이스 상태로 변환한다.
  - 시스템이 가지고 있는 고정 요소는 트랜잭션 수행 전과 트랜잭션 수행 완료 후의 상태가 같아야 한다.
- **Isolation(독립성, 격리성, 순차성)**
  - 둘 이상의 트랜잭션이 동시에 병행 실행되는 경우 어느 하나의 트랜잭션 실행 중에 다른 트랜잭션의 연산이 끼어들 수 없다.
  - 수행중인 트랜잭션은 완전히 완료될 때까지 다른 트랜잭션에서 수행 결과를 참조할 수 없다.
- **Durability(영속성, 지속성)** : 성공적으로 완료된 트랜잭션의 결과는 시스템이 고장 나더라도 영구적으로 반영되어야 함

등급 A

42. 학적 테이블에서 전화번호가 Null 값이 아닌 학생명을 모두 검색할 때, SQL 구문으로 옳은 것은?

① SELECT 학생명 FROM 학적 WHERE 전화번호 DON'T NULL;
② SELECT 학생명 FROM 학적 WHERE 전화번호 != NOT NULL;
③ SELECT 학생명 FROM 학적 WHERE 전화번호 IS NOT NULL;
④ SELECT 학생명 FROM 학적 WHERE 전화번호 IS NULL;

전문가의 조언
SQL 문장은 절별로 분리하여 이해하면 쉽습니다.

❶ SELECT 학생명
❷ FROM 학적
❸ WHERE 전화번호 IS NOT NULL;

❶ '학생명'을 표시한다.
❷ 〈학적〉 테이블을 대상으로 검색한다.
❸ '전화번호'가 NULL이 아닌 튜플만을 대상으로 한다.
※ NULL 값을 질의할 때는 IS NULL, NULL 값이 아닐 경우는 IS NOT NULL을 사용합니다.

병행학습 SELECT문의 일반 형식

```
SELECT Predicate [테이블명.]속성명1, [테이블명.]속성명2,…
FROM 테이블명1, 테이블명2,…
[WHERE 조건]
[GROUP BY 속성명1, 속성명2,…]
[HAVING 조건]
[ORDER BY 속성명 [ASC | DESC]];
```

- **SELECT절**
  - Predicate : 불러올 튜플 수를 제한할 명령어
    ▶ DISTINCT : 중복된 튜플이 있으면 그 중 첫 번째 한 개만 검색
  - 속성명 : 검색하여 불러올 속성(열) 또는 속성을 이용한 수식
- **FROM절** : 질의에 의해 검색될 데이터들을 포함하는 테이블명
- **WHERE절** : 검색할 조건
- **GROUP BY절** : 특정 속성을 기준으로 그룹화하여 검색할 때 그룹화 할 속성
- **HAVING절** : 그룹에 대한 조건
- **ORDER BY절**
  - 특정 속성을 기준으로 정렬하여 검색할 때 사용
  - 속성명 : 정렬의 기준이 되는 속성명
  - [ASC | DESC] : 정렬 방식(ASC는 오름차순, DESC 또는 생략하면 내림차순)

정답 41.④ 42.③

등급 B

43. 외래키에 대한 설명으로 옳지 않은 것은?

① 외래키로 지정되면 참조 릴레이션의 기본키에 없는 값은 입력할 수 없다.
② 다른 릴레이션의 기본키를 참조하는 속성 또는 속성들의 집합을 의미한다.
③ 참조되는 릴레이션의 기본키와 대응되어 릴레이션 간에 참조 관계를 표현하는데 중요한 도구이다.
④ 외래키는 유일성은 만족시키지만, 최소성은 만족시키지 못하므로 Null 값을 가질 수 없다.

전문가의 조언
④번은 슈퍼키(Super Key)에 대한 설명입니다.

병행학습 키(Key)의 개념 및 종류
- 데이터베이스에서 조건에 만족하는 튜플을 찾거나 순서대로 정렬할 때 기준이 되는 속성이다.
- 슈퍼키(Super Key) : 한 릴레이션 내에 있는 속성들의 집합으로 구성된 키로, 릴레이션을 구성하는 모든 튜플에 대해 유일성(Unique)은 만족하지만, 최소성(Minimality)은 만족하지 못함
- 후보키(Candidate Key) : 릴레이션을 구성하는 속성들 중에서 튜플을 유일하게 식별하기 위해 사용되는 속성들의 부분집합으로, 유일성과 최소성을 모두 만족함
- 기본키(Primary Key) : 후보키 중에서 특별히 선정된 키로 중복된 값과 NULL 값을 가질 수 없음
- 대체키(Alternate Key) : 후보키 중에서 선정된 기본키를 제외한 나머지 후보키를 의미함
- 외래키(Foreign Key) : 다른 릴레이션의 기본키를 참조하는 속성 또는 속성들의 집합을 의미하며, 릴레이션 간의 관계를 표현할 때 사용함

등급 A

44. 다음 SQL 문장이 뜻하는 것은 무엇인가?

```
INSERT INTO 컴퓨터과테이블(학번, 이름, 학년)
SELECT 학번, 이름, 학년
FROM 학생테이블
WHERE 학과='컴퓨터'
```

① 학생테이블에서 학과가 컴퓨터인 사람의 학번, 이름, 학년을 검색하라.
② 학생테이블에 학과가 검퓨터인 사람의 학번, 이름, 학년을 삽입하라.
③ 학생테이블에서 학과가 컴퓨터인 사람의 학번, 이름, 학년을 검색하여 컴퓨터과테이블에 삽입하라.
④ 컴퓨터과테이블에서 학과가 컴퓨터인 사람의 학번, 이름, 학년을 검색하여 학생테이블에 삽입하라.

전문가의 조언
SQL 문장은 절별로 분리하여 이해하면 쉽습니다.

❶ INSERT INTO 컴퓨터과테이블(학번, 이름, 학년)
❷ SELECT 학번, 이름, 학년
❸ FROM 학생테이블
❹ WHERE 학과='컴퓨터'

❶ 〈컴퓨터과테이블〉의 '학번', '이름', '학년' 속성에 삽입하라.
❷ '학번', '이름', '학년' 속성을 검색하라.
❸ 〈학생테이블〉을 대상으로 검색하라.
❹ '학과' 속성의 값이 "컴퓨터"인 튜플만을 대상으로 하라.

등급 A

45. 다음 중 기본 테이블에 있는 튜플들 중에서 특정 튜플의 내용을 변경할 때 사용하는 명령문은?

① INSERT   ② DELETE
③ UPDATE   ④ DROP

전문가의 조언
특정 튜플의 내용을 변경할 때 사용하는 명령문은 UPDATE문입니다.

병행학습
- INSERT : 테이블에 새로운 튜플을 삽입함
- DELETE : 테이블에서 조건에 맞는 튜플을 삭제함
- DROP : SCHEMA, DOMAIN, TABLE, VIEW, INDEX를 삭제함

46. 다음 표와 같은 판매실적 테이블에서 서울지역에 한하여 판매액 내림차순으로 지점명과 판매액을 출력하고자 한다. 가장 적절한 SQL 구문은?

[테이블명 : 판매실적]

도시	지점명	판매액
서울	강남 지점	330
서울	강북 지점	168
광주	광주 지점	197
서울	강서 지점	158
서울	강동 지점	197
대전	대전 지점	165

① SELECT 지점명, 판매액 FROM 판매실적
　WHERE 도시= "서울"
　ORDER BY 판매액 DESC;
② SELECT 지점명, 판매액 FROM 판매실적
　ORDER BY 판매액 DESC;
③ SELECT 지점명, 판매액 FROM 판매실적
　WHERE 도시= "서울" ASC;
④ SELECT * FROM 판매실적
　WHEN 도시= "서울"
　ORDER BY 판매액 DESC;

전문가의 조언
- '지점명'과 '판매액'을 출력하므로 SELECT 지점명, 판매액입니다.
- 〈판매실적〉 테이블을 대상으로 하므로 FROM 판매실적입니다.
- "서울" 지역에 한하므로 WHERE 도시='서울'입니다.
- '판매액'을 기준으로 내림차순으로 출력하므로 ORDER BY 판매액 DESC입니다.

47. 트랜잭션을 수행하는 도중 장애로 인해 손상된 데이터베이스를 손상되기 이전의 정상적인 상태로 복구시키는 작업은?
① Recovery　② Restart
③ Commit　④ Abort

전문가의 조언
손상된 데이터베이스를 손상되기 이전의 정상적인 상태로 복구시키는 작업을 회복(Recovery)이라고 합니다.

48. 다음 조건을 모두 만족하는 정규형은?

- 테이블 R에 속한 모든 도메인이 원자값만으로 구성되어 있다.
- 테이블 R에서 키가 아닌 모든 필드가 키에 대해 함수적으로 종속되며, 키의 부분집합이 결정자가 되는 부분 종속이 존재하지 않는다.
- 테이블 R에 존재하는 모든 함수적 종속에서 결정자가 후보키이다.

① BCNF　② 제1정규형
③ 제2정규형　④ 제3정규형

전문가의 조언
테이블 R에서 존재하는 모든 함수적 종속에서 결정자가 후보키(Candidate Key)인 정규형은 BCNF입니다.

병행학습 정규화 과정
- 1NF(제1정규형) : 릴레이션에 속한 모든 도메인(Domain)이 원자값(Atomic Value)만으로 되어 있는 정규형, 즉 릴레이션의 모든 속성 값이 원자 값으로만 되어 있는 정규형
- 2NF(제2정규형) : 릴레이션 R이 1NF이고, 기본키가 아닌 모든 속성이 기본키에 대하여 완전 함수적 종속을 만족하는 정규형
- 3NF(제3정규형) : 릴레이션 R이 2NF이고, 기본키가 아닌 모든 속성이 기본키에 대해 이행적 종속을 만족하지 않는 정규형
- BCNF(Boyce-Codd 정규형) : 릴레이션 R에서 결정자가 모두 후보키(Candidate Key)인 정규형
- 4NF(제4정규형) : 릴레이션 R에 다치 종속 A→→B가 성립하는 경우 R의 모든 속성이 A에 함수적 종속 관계를 만족하는 정규형
- 5NF(제5정규형, PJ/NF) : 릴레이션 R의 모든 조인 종속이 R의 후보키를 통해서만 성립되는 정규형

등급 A

49. 관계 데이터베이스의 정규화에 대한 설명으로 옳지 않은 것은?

① 정규화를 거치지 않으면 여러 가지 상이한 종류의 정보를 하나의 릴레이션으로 표현하여 그 릴레이션을 조작할 때 이상(Anomaly) 현상이 발생할 수 있다.
② 하나의 종속성이 하나의 릴레이션에 표현될 수 있도록 릴레이션을 합병(Combination)하는 과정이다.
③ 이상(Anomaly) 현상은 데이터들 간에 존재하는 함수 종속이 하나의 원인이 될 수 있다.
④ 정규화가 잘못되면 데이터의 불필요한 중복이 야기되어 릴레이션을 조작할 때 문제가 발생할 수 있다.

전문가의 조언
정규화는 하나의 종속성이 하나의 릴레이션에 표현될 수 있도록 분해해가는 과정이라 할 수 있습니다.

병행학습 정규화(Normalization)의 개념 및 목적
- 정규화란 함수적 종속성 등의 종속성 이론을 이용하여 잘못 설계된 관계형 스키마를 더 작은 속성의 세트로 쪼개어 바람직한 스키마로 만들어 가는 과정이다.
- 데이터 구조의 안정성 및 무결성을 유지한다.
- 어떠한 릴레이션이라도 데이터베이스 내에서 표현 가능하게 만든다.
- 효과적인 검색 알고리즘을 생성할 수 있다.
- 데이터 중복을 배제하여 이상(Anomaly)의 발생 방지 및 자료 저장 공간의 최소화가 가능하다.
- 데이터 삽입 시 릴레이션을 재구성할 필요성을 줄인다.
- 데이터 모형의 단순화가 가능하다.
- 속성의 배열 상태 검증이 가능하다.
- 개체와 속성의 누락 여부 확인이 가능하다.
- 자료 검색과 추출의 효율성을 추구한다.

등급 C

50. 분산 데이터베이스의 투명성(Transparency)에 해당 하지 않는 것은?
① Location Transparency
② Replication Transparency
③ Failure Transparency
④ Media Access Transparency

전문가의 조언
분산 데이터베이스의 투명성에는 위치 투명성(Location Transparency), 중복 투명성(Replication Transparency), 병행 투명성(Concurrency Transparency), 장애 투명성(Failure Transparency)이 있습니다.

병행학습 분산 데이터베이스(Distributed Database)
- 논리적으로는 같은 시스템에 속하지만 물리적으로는 컴퓨터 네트워크를 통해 분산되어 있는 데이터베이스이다.
- 분산 데이터베이스의 목표

위치 투명성 (Location Transparency)	접근하려는 데이터베이스의 실제 위치를 알 필요 없이 단지 데이터베이스의 논리적인 명칭만으로 접근할 수 있음
중복 투명성 (Replication Transparency)	동일한 데이터가 여러 곳에 중복되어 있더라도 사용자는 마치 하나의 데이터만 존재하는 것처럼 사용할 수 있고, 시스템은 자동으로 여러 데이터에 대한 작업을 수행함
병행 투명성 (Concurrency Transparency)	분산 데이터베이스와 관련된 다수의 트랜잭션들이 동시에 실행되더라도 그 트랜잭션들의 수행 결과는 서로 영향을 받지 않음
장애 투명성 (Failure Transparency)	트랜잭션, DBMS, 네트워크, 컴퓨터 장애에도 불구하고 트랜잭션은 정확하게 수행됨

- 분산 데이터베이스의 구성 요소

분산 처리기	자체적으로 처리 능력을 가지며, 지리적으로 분산되어 있는 컴퓨터 시스템을 말함
분산 데이터베이스	지리적으로 분산되어 있는 데이터베이스로서 해당 지역의 특성에 맞게 데이터베이스가 구성됨
통신 네트워크	분산 처리기들을 통신망으로 연결하여 논리적으로 하나의 시스템처럼 작동할 수 있도록 하는 통신 네트워크를 말함

- 분산 데이터베이스의 장·단점

장점	• 지역 자치성이 높음 • 자료의 공유성이 향상됨 • 분산 제어가 가능함 • 시스템 성능이 향상됨 • 중앙 컴퓨터의 장애가 전체 시스템에 영향을 끼치지 않음 • 효용성과 융통성이 높음 • 신뢰성 및 가용성이 높음 • 점진적 시스템 용량 확장이 용이함
단점	• DBMS가 수행할 기능이 복잡함 • 데이터베이스 설계가 어려움 • 소프트웨어 개발 비용이 증가함 • 처리 비용이 증가함 • 잠재적 오류가 증가함

정답 49.② 50.④

등급 B

51. 스토리지(Storage)의 종류 중 DAS(Direct Attached Storage)에 대한 설명으로 옳지 않은 것은?

① 서버와 저장장치를 전용 케이블로 직접 연결하는 방식이다.
② 저장 데이터가 적고 공유가 필요 없는 환경에 적합하다.
③ 네트워크를 통해 파일에 직접 접근할 수 있다.
④ 초기 구축 비용 및 유지보수 비용이 저렴하다.

전문가의 조언
- ③번은 NAS(Network Attached Storage)에 대한 설명입니다.
- DAS는 서버에 연결된 저장장치이므로 서버를 통하지 않고 파일에 직접 접근할 수 없습니다.

병행학습 DAS(Direct Attached Storage)
- 서버와 저장장치를 전용 케이블로 직접 연결하는 방식으로, 일반 가정에서 컴퓨터에 외장하드를 연결하는 것이 여기에 해당된다.
- 서버에서 저장장치를 관리한다.
- 저장장치를 직접 연결하므로 속도가 빠르고 설치 및 운영이 쉽다.
- 초기 구축 비용 및 유지보수 비용이 저렴하다.
- 직접 연결 방식이므로 다른 서버에서 접근할 수 없고 파일을 공유할 수 없다.
- 확장성 및 유연성이 상대적으로 떨어진다.
- 저장 데이터가 적고 공유가 필요 없는 환경에 적합하다.

〈학과〉 테이블

학번	학과
1001	데이터베이스
1002	AI응용
1003	AI분석
1004	전기과

① 데이터베이스 ② AI응용
③ AI분석 ④ 전기과

전문가의 조언
문제의 질의문은 하위 질의가 있는 질의문입니다. 먼저 WHERE 조건에 지정된 하위 질의의 SELECT문을 검색합니다. 그리고 검색 결과를 본 질의의 조건에 있는 '학번' 속성과 비교합니다.

❷ Select 학과 From 학과 Where 학번 In
❶ (Select 학번 From 학생 Where 이름 = "김수철");

❶ 〈학생〉 테이블에서 '이름' 속성의 값이 "김수철"과 같은 튜플의 '학번' 속성의 값을 검색합니다. 결과는 1004입니다.
❷ 〈학과〉 테이블에서 '학번' 속성의 값이 ❶의 결과인 1004와 같은 튜플의 '학과' 속성의 값을 검색합니다. 결과는 "전기과"입니다.

등급 A

52. 다음 SQL문의 실행 결과는?

Select 학과 From 학과 Where 학번 In
　(Select 학번 From 학생 Where 이름 = "김수철");

〈학생〉 테이블

이름	성별	학번
이미래	여자	1001
박인수	남자	1002
정경미	여자	1003
김수철	남자	1004

등급 C

53. 정보 보안을 위한 접근통제 정책 종류에 해당하지 않는 것은?

① 정책적 접근통제(PAC)
② 임의 접근통제(DAC)
③ 강제 접근통제(MAC)
④ 역할기반 접근통제(RBAC)

전문가의 조언
접근통제 정책의 종류에는 임의 접근통제(DAC), 강제 접근통제(MAC), 역할기반 접근통제(RBAC)가 있습니다.

병행학습 접근통제
- 데이터가 저장된 객체와 이를 사용하려는 주체 사이의 정보 흐름을 제한하는 것이다.
- 접근통제는 데이터에 대해 다음과 같은 통제를 함으로써 자원의 불법적인 접근 및 파괴를 예방한다.
- 접근통제의 3요소 : 접근통제 정책, 접근통제 메커니즘, 접근통제 보안모델

정답 51.③ 52.④ 53.①

- 접근통제 기술
  - 임의 접근통제(DAC; Discretionary Access Control) : 데이터에 접근하는 사용자의 신원에 따라 접근 권한을 부여하는 방식
  - 강제 접근통제(MAC; Mandatory Access Control) : 주체와 객체의 등급을 비교하여 접근 권한을 부여하는 방식
  - 역할기반 접근통제(RBAC; Role Based Access Control) : 사용자의 역할에 따라 접근 권한을 부여하는 방식

- 병행제어의 목적
  - 데이터베이스의 공유를 최대화한다.
  - 시스템의 활용도를 최대화한다.
  - 데이터베이스의 일관성을 유지한다.
  - 사용자에 대한 응답 시간을 최소화한다.

등급 C

56. 관계 대수에서 사용하는 일반 집합 연산자 중에서 결과로 산출되는 카디널리티가 두 릴레이션 중 카디널리티가 작은 릴레이션의 카디널리티보다 크지 않은 연산자는 무엇인가?
① 합집합 ② 교집합
③ 차집합 ④ 교차곱

전문가의 조언
문제에 제시된 내용은 교집합(INTERSECTION)에 대한 설명입니다.

병행학습
- 합집합(UNION)
  - 두 릴레이션에 존재하는 튜플의 합집합을 구하되, 결과로 생성된 릴레이션에서 중복되는 튜플은 제거되는 연산이다.
  - 합집합의 카디널리티는 두 릴레이션 카디널리티의 합보다 크지 않다.
- 차집합(DIFFERENCE)
  - 두 릴레이션에 존재하는 튜플의 차집합을 구하는 연산이다.
  - 차집합의 카디널리티는 릴레이션 R의 카디널리티 보다 크지 않다.
- 교차곱(CARTESIAN PRODUCT)
  - 두 릴레이션에 있는 튜플들의 순서쌍을 구하는 연산이다.
  - 교차곱의 디그리는 두 릴레이션의 디그리를 더한 것과 같고, 카디널리티는 두 릴레이션의 카디널리티를 곱한 것과 같다.

등급 B

54. 다음 두 릴레이션에서 외래키로 사용된 것은? (단, 밑줄 친 속성은 기본키이다.)

과목(<u>과목번호</u>, 과목명)
수강(<u>수강번호</u>, 학번, 과목번호, 학기)

① 수강번호 ② 과목번호
③ 학번   ④ 과목명

전문가의 조언
두 릴레이션에 공통으로 존재하는 속성명은 '과목번호'입니다. 〈과목〉 릴레이션의 '과목번호'는 기본키 속성으로 동일한 속성값이 존재할 수 없고, 〈수강〉 릴레이션의 '과목번호'는 일반 속성으로 여러 속성값이 존재할 수 있으므로 〈수강〉 릴레이션의 '과목번호' 속성이 〈과목〉 릴레이션의 기본키 속성인 '과목번호'를 참조하는 외래키가 됩니다.

등급 C

55. 데이터베이스에서 병행제어의 목적으로 틀린 것은?
① 시스템 활용도 최대화
② 사용자에 대한 응답시간 최소화
③ 데이터베이스 공유 최소화
④ 데이터베이스 일관성 유지

전문가의 조언
병행제어의 목적 중 하나는 데이터베이스 공유 최대화입니다.

병행학습 병행제어(Concurrency Control)
- 다중 프로그램의 이점을 활용하여 동시에 여러 개의 트랜잭션을 병행수행할 때, 동시에 실행되는 트랜잭션들이 데이터베이스의 일관성을 파괴하지 않도록 트랜잭션 간의 상호 작용을 제어하는 것이다.

등급 D

57. 관계형 데이터베이스의 제약 조건 중 개체 무결성과 참조 무결성을 설명하는 아래의 표에 들어갈 내용으로 적합하지 않은 것은?

구분	제약 조건	
	개체 무결성	참조 무결성
제약 대상	①	②
키	③	④

① 테이블   ② 속성, 튜플
③ 기본키   ④ 외래키

> **전문가의 조언**
> 개체 무결성은 기본키인 속성의 값을 제약하고, 참조 무결성은 외래키인 속성의 값을 제약하므로, ①, ②번 모두 속성 또는 속성, 튜플이 들어가야 합니다.

병행학습

- 개체 무결성(Entity Integrity, 실체 무결성) : 기본 테이블의 기본키를 구성하는 어떤 속성도 Null 값이나 중복값을 가질 수 없다는 규정
- 참조 무결성(Referential Integrity) : 외래키 값은 Null이거나 참조 릴레이션의 기본키 값과 동일해야 한다. 즉 릴레이션은 참조할 수 없는 외래키 값을 가질 수 없다는 규정

등급 C

58. 집합 A와 B에 대해 개체 집합 A의 각 원소는 개체 집합 B의 원소 여러 개와 대응하고 있지만, 개체 집합 B의 각 원소는 개체 집합 A의 원소 한 개와 대응하는 관계의 종류는 무엇인가?

① 일 대 일
② 일 대 다
③ 다 대 다
④ 다 대 일

> **전문가의 조언**
> 문제의 지문은 일 대 다(1:n) 관계에 대한 설명입니다.

병행학습

- 일 대 일(1:1) : 개체 집합 A의 각 원소가 개체 집합 B의 원소 한 개와 대응하는 관계
- 다 대 다(N:M) : 개체 집합 A의 각 원소는 개체 집합 B의 원소 여러 개와 대응하고, 개체 집합 B의 각 원소도 개체 집합 A의 원소 여러 개와 대응하는 관계

등급 C

59. CREATE TABLE 명령을 이용해 테이블을 정의할 때 참조 테이블의 튜플이 삭제되더라도 기본 테이블의 튜플은 삭제되지 않도록 지정하는 옵션으로 옳은 것은?

① ON DELETE CASCASE
② ON DELETE SET NULL
③ ON DELETE NO ACTION
④ ON DELETE SET DEFAULT

> **전문가의 조언**
> 참조 테이블의 튜플이 삭제되더라도 기본 테이블의 튜플은 삭제되지 않도록 지정하는 옵션은 NO ACTION입니다.

병행학습

- CASCADE : 참조 테이블의 튜플이 삭제되면 기본 테이블의 관련 튜플도 모두 삭제되고, 속성이 변경되면 관련 튜플의 속성 값도 모두 변경됨
- SET NULL : 참조 테이블에 변화가 있으면 기본 테이블의 관련 튜플의 속성 값을 NULL로 변경함
- SET DEFAULT : 참조 테이블에 변화가 있으면 기본 테이블의 관련 튜플의 속성 값을 기본값으로 변경함

등급 C

60. 집합 연산자에 대한 설명으로 틀린 것은?

① UNION은 두 릴레이션의 교차곱을 수행하기 때문에 두 릴레이션의 공통 튜플 수와 관계가 없다.
② UNION ALL은 중복된 행을 포함하여 두 SELECT문의 조회 결과를 모두 출력한다.
③ 두 SELECT문의 조회 결과 중 공통된 행만 출력하는 집합 연산자는 INTERSECT이다.
④ EXCEPT는 두 릴레이션의 차집합 연산을 수행하기 때문에 첫 번째 릴레이션의 튜플보다 많은 수의 튜플이 출력될 수 없다.

> **전문가의 조언**
> UNION은 두 릴레이션의 합집합을 수행하며, 두 릴레이션의 공통 튜플, 즉 중복되는 튜플은 한 번만 출력합니다.

병행학습 집합 연산자의 종류(통합 질의의 종류)

집합 연산자	설명	집합 종류
UNION	• 두 SELECT문의 조회 결과를 통합하여 모두 출력함 • 중복된 행은 한 번만 출력함	합집합
UNION ALL	• 두 SELECT문의 조회 결과를 통합하여 모두 출력함 • 중복된 행도 그대로 출력함	합집합
INTERSECT	두 SELECT문의 조회 결과 중 공통된 행만 출력함	교집합
EXCEPT	첫 번째 SELECT문의 조회 결과에서 두 번째 SELECT문의 조회 결과를 제외한 행을 출력함	차집합

4과목 프로그래밍 언어 활용

등급 B

61. C언어의 자료형 중 논리형에 해당하는 것은?
① short ② int
③ char   ④ bool

전문가의 조언
C언어의 논리 자료형은 bool입니다.

병행학습 C/JAVA의 기본 자료형

• C 언어

문자	char
정수	short, int, long, long long
실수	float, double, long double

• JAVA

문자	char
정수	byte, short, int, long
실수	float double
논리	boolean

등급 A

62. OSI 7계층 모델에서 전송에 필요한 장치 간의 실제 접속과 절단 등 기계적, 전기적, 기능적, 절차적 특성을 정의한 계층은?
① 물리 계층   ② 데이터 링크 계층
③ 네트워크 계층   ④ 전송 계층

전문가의 조언
전송에 필요한 장치 간의 실제 접속이나 절단과 같은 물리적인 특성을 정의한 계층은 물리 계층입니다.

병행학습 OSI(Open System Interconnection) 참조 모델

• 다른 시스템 간의 원활한 통신을 위해 ISO(국제표준화기구)에서 제안한 통신 규약(Protocol)이다.
• OSI 7계층 : 하위 계층(물리 계층 → 데이터 링크 계층 → 네트워크 계층), 상위 계층(전송 계층 → 세션 계층 → 표현 계층 → 응용 계층)
• **물리 계층**(Physical Layer) : 전송에 필요한 두 장치 간의 실제 접속과 절단 등 기계적, 전기적, 기능적, 절차적 특성에 대한 규칙을 정의함
• **데이터 링크 계층**(Data Link Layer)
  − 두 개의 인접한 개방 시스템들 간에 신뢰성 있고 효율적인 정보 전송을 할 수 있도록 한다.
  − 흐름 제어, 프레임 동기화, 오류 제어, 순서 제어 기능을 한다.
• **네트워크 계층**(Network Layer, 망 계층)
  − 개방 시스템들 간의 네트워크 연결을 관리하는 기능과 데이터의 교환 및 중계 기능을 한다.
  − 경로 설정(Routing), 트래픽 제어, 패킷 정보 전송을 수행한다.
• **전송 계층**(Transport Layer)
  − 종단 시스템(End-to-End) 간의 전송 연결 설정, 데이터 전송, 연결 해제 기능을 한다.
  − 주소 설정, 다중화(데이터의 분할과 재조립), 오류 제어, 흐름 제어를 수행한다.

등급 B

63. C언어에서 현재 수행중인 반복문을 빠져나갈 때 사용하는 명령문은?
① continue   ② escape
③ break   ④ exit

전문가의 조언
C언어나 JAVA에서 현재 반복문을 빠져나갈 때 사용하는 명령문은 break입니다.

등급 C

64. IPv4와 IPv6 간의 주소 전환에 사용되는 기술이 아닌 것은?
① 듀얼 스택   ② 터널링
③ 헤더 변환   ④ 라우팅

전문가의 조언
• 라우팅은 IPv4/IPv6 전환 기술이 아닙니다.
• IPv4/IPv6 전환 기술에는 듀얼 스택(Dual Stack), 터널링(Tunneling), 헤더 변환(Header Translation)이 있습니다.

병행학습 IPv4를 IPv6로 전환하는 전략
- 듀얼 스택(Dual Stack) : 호스트에서 IPv4와 IPv6을 모두 처리할 수 있도록 두 개의 스택을 구성하는 것
- 터널링(Tunneling) : IPv6 망에서 인접한 IPv4 망을 거쳐 다른 IPv6 망으로 통신할 때 IPv4 망에 터널을 만들어 IPv6 패킷이 통과할 수 있도록 하는 것
- IPv4/IPv6 변환 : 헤더 변환, 전송 계층 릴레이 방식, 응용 계층 게이트웨이 방식

등급 A

65. HRN 방식으로 스케줄링 할 경우, 입력된 작업이 다음과 같을 때 처리되는 작업 순서로 옳은 것은?

작업	대기 시간	서비스(실행)시간
A	5	20
B	40	20
C	15	45
D	20	2

① A → B → C → D ② A → C → B → D
③ D → B → C → A ④ D → A → B → C

전문가의 조언
HRN 기법의 우선순위 공식은 '(대기 시간 + 서비스 시간) / (서비스 시간)'이며, 계산된 숫자가 클수록 우선순위가 높습니다.
- A 작업 : (5 + 20) / 20 = 1.25
- B 작업 : (40 + 20) / 20 = 3
- C 작업 : (15 + 45) / 45 = 1.33
- D 작업 : (20 + 2) / 2 = 11

등급 A

66. UNIX에서 새로운 프로세스를 생성하는 명령어는?
① ls ② cat
③ fork ④ chmod

전문가의 조언
UNIX에서 새로운 프로세스를 생성하는 명령어는 fork입니다.

병행학습 UNIX/LINUX 기본 명령어

cat	파일 내용을 화면에 표시함
chdir	현재 사용할 디렉터리의 위치를 변경함
chmod	파일의 보호 모드를 설정하여 파일의 사용 허가를 지정함
chown	소유자를 변경함
cp	파일을 복사함
exec	새로운 프로세스를 수행함
find	파일을 찾음
fork	새로운 프로세스를 생성함(하위 프로세스 호출, 프로세스 복제 명령)
fsck	파일 시스템을 검사하고 보수함
getpid	자신의 프로세스 아이디를 얻음
getppid	부모 프로세스 아이디를 얻음
ls	현재 디렉터리 내의 파일 목록을 확인함
mount/unmount	파일 시스템을 마운팅함/마운팅 해제함
rm	파일을 삭제함
wait	fork 후 exec에 의해 실행되는 프로세스의 상위 프로세스가 하위 프로세스 종료 등의 event를 기다림
uname	시스템의 이름과 버전, 네트워크 호스트명 등의 시스템 정보를 표시함

등급 B

67. 파이썬의 변수 작성 규칙 설명으로 옳지 않은 것은?
① 첫 자리에 숫자를 사용할 수 없다.
② 영문 대문자/소문자, 숫자, 밑줄(_)의 사용이 가능하다.
③ 변수 이름의 중간에 공백을 사용할 수 있다.
④ 이미 사용되고 있는 예약어는 사용할 수 없다.

전문가의 조언
변수 이름의 중간에 공백을 사용할 수 없습니다.

병행학습 변수명 작성 규칙
- 영문자, 숫자, _(under bar)를 사용할 수 있다.
- 첫 글자는 영문자나 _(under bar)로 시작해야 하며, 숫자는 올 수 없다.
- 글자 수에 제한이 없다.
- 공백이나 *, +, -, / 등의 특수문자를 사용할 수 없다.
- 대 · 소문자를 구분한다.
- 예약어를 변수명으로 사용할 수 없다.
- 변수 선언 시 문장 끝에 반드시 세미콜론(;)을 붙여야 한다.

정답 65.③ 66.③ 67.③

68. 다음 중 변수(Variable)에 대한 설명으로 옳지 않은 것은?

① 데이터를 저장할 수 있는 이름이 부여된 기억 장소를 의미한다.
② 변수는 값을 초기화하지 않으면 쓰레기 값(Garbage Value)을 갖게 된다.
③ 변수의 선언 위치에 따라 전역 변수와 지역 변수로 나눌 수 있다.
④ main( ) 함수에서는 다른 함수에서 선언한 변수에도 접근할 수 있다.

전문가의 조언
main( ) 함수는 프로그램이 처음 시작하는 위치일 뿐 일반 함수와 같은 취급을 받기 때문에, 다른 함수에서 선언한 지역 변수에 직접 접근하는 것은 불가능합니다.

69. 다음은 n각형을 화면에 그리는 프로그램을 Python으로 구현한 것이다. 괄호(㉠~㉢)에 들어갈 알맞은 코드는?

```
import turtle
( ㉠ ) shape(distance, n):
    t = turtle.Turtle( )
    for i in range(n):
        t.( ㉡ )
        t.( ㉢ )
shape(100, 5)
```

① def, forward(distance), left(360//n)
② def, forward(distance), left(360///n)
③ class, forward(distance), left(360//n)
④ class, forward(distance), left(360///n)

전문가의 조언
괄호에 알맞은 코드는 ①번입니다. 사용된 코드의 의미는 다음과 같습니다.

```
import turtle           그림을 그리는데 사용되는 외부 패키지 turtle을 호출한다.
❷ def shape(distance, n):
❸    t = turtle.Turtle( )
❹    for i in range(n):
❺        t.forward(distance)
❻        t.left(360//n)
❶ shape(100, 5)
```

shape( ) 메소드를 정의하는 부분의 다음 줄인 7번째 줄부터 실행한다.
❶ 100과 5를 인수로 shape( ) 메소드를 호출한다.
❷ shape( ) 메소드의 시작점이다. ❶번에서 전달받은 100과 5를 distance와 n이 받는다.
❸ turtle 패키지의 Turtle 객체 t를 선언한다.
❹ 반복 변수 i가 1씩 증가하면서 n보다 작은 동안 ❺, ❻번을 반복 수행한다.
❺ distance의 값 100만큼 선을 긋는다.
  • Turtle.forward(n) : n만큼 앞으로 선을 긋는다.
❻ 다음에 그려질 선을 왼쪽으로 360을 n으로 나눈 값만큼 회전시킨다.
  • Turtle.left(n) : 왼쪽으로 n° 회전시킨다.
  • 360//n : 360을 n으로 나누되 정수만 취하고 소수점 이하는 버린다.

결과

70. 다음 C언어 프로그램이 실행되었을 때, 실행 결과는?

```c
#include <stdio.h>
struct st {
    int a;
    int c[10];
};
int main(int argc, char* argv[ ]) {
    int i = 0;
    struct st ob1;
    struct st ob2;
    ob1.a = 0;
    ob2.a = 0;
    for (i = 0; i < 10; i++) {
        ob1.c[i] = i;
        ob2.c[i] = ob1.c[i] + i;
    }
    for (i = 0; i < 10; i = i + 2) {
        ob1.a = ob1.a + ob1.c[i];
        ob2.a = ob2.a + ob2.c[i];
    }
    printf("%d", ob1.a + ob2.a);
    return 0;
}
```

① 30   ② 60
③ 80   ④ 120

전문가의 조언

코드의 실행 결과는 **60**입니다.
사용된 코드의 의미는 다음과 같습니다.

```
#include <stdio.h>
struct st {              구조체 st를 정의한다.
    int a;               정수형 변수 a를 선언한다.
    int c[10];           10개의 요소를 갖는 정수형 배열 c를 선언한다.
};
int main(int argc, char* argv[ ]) {
❶   int i = 0;
❷   struct st ob1;
❸   struct st ob2;
❹   ob1.a = 0;
❺   ob2.a = 0;
❻   for (i = 0; i < 10; i++) {
❼       ob1.c[i] = i;
❽       ob2.c[i] = ob1.c[i] + i;
    }
❾   for (i = 0; i < 10; i = i + 2) {
❿       ob1.a = ob1.a + ob1.c[i];
⓫       ob2.a = ob2.a + ob2.c[i];
    }
⓬   printf("%d", ob1.a + ob2.a);
⓭   return 0;
}
```

❶ 정수형 변수 i를 선언하고 0으로 초기화한다.
❷ 구조체 st의 변수 ob1을 선언한다.

ob1		
	int a	int c[10]
	ob1.a	ob1.c[0] ~ ob1.c[9]

❸ 구조체 st의 변수 ob2를 선언한다.

ob2		
	int a	int c[10]
	ob2.a	ob2.c[0] ~ ob2.c[9]

❹ ob1.a에 0을 저장한다.
❺ ob2.a에 0을 저장한다.
❻ 반복 변수 i가 0부터 1씩 증가하면서 10보다 작은 동안 ❼, ❽번을 반복 수행한다.
❼ ob1.c[i]에 i의 값을 저장한다.
❽ ob2.c[i]에 ob1.c[i]와 i를 합한 값을 저장한다.

반복문 실행에 따른 변수들의 변화는 다음과 같다.

i	ob1		ob2	
	a	c[i]	a	c[i]
0	0	0	0	0
1		1		2
2		2		4
3		3		6
4		4		8
5		5		10
6		6		12
7		7		14
8		8		16
9		9		18
10				

❾ 반복 변수 i가 0부터 2씩 증가하면서 10보다 작은 동안 ❿, ⓫번을 반복 수행한다.
❿ ob1.a에 ob1.c[i]의 값을 누적시킨다.
⓫ ob2.a에 ob2.c[i]의 값을 누적시킨다.

반복문 실행에 따른 변수들의 변화는 다음과 같다.

i	ob1		ob2	
	a	c[i]	a	c[i]
0	0	0	0	0
2	2	2	4	4
4	6	4	12	8
6	12	6	24	12
8	20	8	40	16
10				

⓬ ob1.a와 ob2.a의 값을 합하여 정수로 출력한다.

결과 **60**

⓭ main( ) 함수에서의 'return 0'은 프로그램의 종료를 의미한다.

 등급 A

71. 다음 JAVA 프로그램이 실행되었을 때, 실행 결과는?

```java
public class Test {
    public static void main(String[ ] args) {
        int a[ ] = { -1, 1, 2 };
        int b = 1, c = 2;
        int r = func(func(b, c), 3, func(a));
        System.out.print(r);
    }
    static int func(int x, int y) {
        return x + y;
    }
    static int func(int x, int y, int z) {
        return x - y - z;
    }
    static int func(int x[ ]) {
        int s = 0;
        for (int i = 0; i < x.length; i++)
            s = s + x[i];
        return s;
    }
}
```

① 3 　　　　　　② 8
③ -2 　　　　　　④ -8

정답 71.③

전문가의 조언

코드의 실행 결과는 -2입니다.
사용된 코드의 의미는 다음과 같습니다.

```java
public class Test {
    public static void main(String[ ] args) {
❶      int a[ ] = { -1, 1, 2 };
❷      int b = 1, c = 2;
❺      int r = func(func(b, c), 3, func(a));
                    ───┬───      ───┬──
                       ❸           ❻
                  ─────────┬─────────
                           ⓬
⓰      System.out.print(r);
    }
❹  static int func(int x, int y) {
❺      return x + y;
    }
⓭  static int func(int x, int y, int z) {
⓮      return x - y - z;
    }
❼  static int func(int x[ ]) {
❽      int s = 0;
❾      for (int i = 0; i < x.length; i++)
❿          s = s + x[i];
⓫      return s;
    }
}
```

모든 Java 프로그램은 반드시 main( ) 메소드에서 시작한다.
❶ 3개의 요소를 갖는 정수형 배열 a를 선언하고 초기화한다.

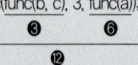

❷ 정수형 변수 b, c를 선언하고, 각각 1과 2로 초기화한다.
❸ b와 c의 값, 1과 2를 인수로 func( ) 메소드를 호출한다. 정수 2개를 인수로 받으므로 ❹번으로 이동한다.
 ※ 코드의 func( ) 메소드들은 이름은 같지만 '인수를 받는 자료형과 개수가 다르므로 서로 다른 메소드이다. 즉 func(int x, int y), func(int x, int y, int z), func(int x[ ]) 는 다른 메소드라는 것이다. 이렇게 이름은 같지만 인수를 받는 자료형과 개수를 달리하여 여러 기능을 정의하는 것을 오버로딩(Overloading)이라고 한다.
❹ 정수를 반환하는 func( ) 메소드의 시작점이다. ❸번에서 전달받은 1과 2를 x와 y가 받는다.
❺ x와 y를 더한 값 3을 함수를 호출했던 ❸번으로 반환한다.
❻ 배열 a의 시작 주소를 인수로 func( ) 메소드를 호출한다. 정수형 배열을 인수로 받으므로 ❼번으로 이동한다.
❼ 정수를 반환하는 func( ) 메소드의 시작점이다. ❻번에서 전달받은 배열의 시작 주소를 배열 x가 받는다.

	[0]	[1]	[2]
x	-1	1	2

❽ 정수형 변수 s를 선언하고 0으로 초기화한다.

❾ 반복 변수 i가 0부터 1씩 증가하면서 배열 x의 길이인 3보다 작은 동안 ❿번을 반복 수행한다.
 • length : 배열 요소의 개수가 저장되어 있는 속성이다. 배열 x는 3개의 요소를 가지므로 x.length는 3을 가지고 있다.
❿ s에 x[i]의 값을 누적시킨다.
반복문 실행에 따른 변수들의 변화는 다음과 같다.

i	x[i]	s
0	-1	0
1	1	-1
2	2	0
3		2

⓫ s의 값 2를 함수를 호출했던 ❻번으로 반환한다.
⓬ ❸번에서 반환받은 값 3, 3, ⓫번에서 반환받은 값 2를 인수로 func( ) 메소드를 호출한다. 정수 3개를 인수로 받으므로 ⓭번으로 이동한다.
⓭ 정수를 반환하는 func( ) 메소드의 시작점이다. ⓬번에서 전달받은 3, 3, 2를 각각 x, y, z가 받는다.
⓮ -2(3-3-2)를 함수를 호출했던 ⓯번으로 반환한다.
⓯ 정수형 변수 r을 선언하고 ⓮번에서 반환받은 값 -2로 초기화한다.
⓰ r의 값 -2를 출력한다.

결과	-2

72. 다음 Python 프로그램이 실행되었을 때, 실행 결과는?

```
a = 100
list_data = ['a','b','c']
dict_data = {'a':90, 'b':95}
print(list_data[0])
print(dict_data['a'])
```

①   ②   ③   ④

전문가의 조언

코드의 실행 결과로 옳은 것은 ①번입니다.
사용된 코드의 의미는 다음과 같습니다.

```
❶ a = 100
❷ list_data = ['a','b','c']
❸ dict_data = {'a':90, 'b':95}
❹ print(list_data[0])
❺ print(dict_data['a'])
```

❶ a에 100을 저장한다.
❷ 3개의 요소를 갖는 리스트 list_data를 선언하고 초기화한다.

	[0]	[1]	[2]
list_data	'a'	'b'	'c'

❸ 2개의 요소를 갖는 딕셔너리 dict_data를 선언하고 초기화한다.

	['a']	['b']
dict_data	90	95

❹ list_data[0]의 값 a를 출력한 후 커서를 다음 줄의 처음으로 옮긴다.

결과 a

❺ dict_data['a']의 값 90을 출력하고 커서를 다음 줄의 처음으로 옮긴다.

결과
a
90

등급 A

73. 다음 C언어 프로그램에서 밑줄 친 부분과 동일한 의미를 가지는 것은 어떤 것인가?

```
#include <stdio.h>
main( ) {
    int a, b;
    for (a = 0; a < 2; a++)
        for (b = 0; b < 2; b++)
            printf("%d", !a && !b);
}
```

① !a || !b   ② !(a || b)
③ a && b   ④ a || b

전문가의 조언
- !a && !b는 불 대수로 변환하면 ā · b̄가 됩니다. ā · b̄는 드모르강 정리에 의해 $\overline{a+b}$이므로, 이것을 다시 조건식으로 변환하면 !(a || b)가 됩니다.
- 드모르강 법칙
  − $\overline{A+B} = \overline{A} \cdot \overline{B}$
  − $\overline{A \cdot B} = \overline{A} + \overline{B}$
- 불 대수와 드모르강 정리를 모르더라도 다음과 같이 a와 b에 들어갈 수 있는 값들을 대입하여 같은 결과를 내는 조건식을 찾을 수 있습니다.
- !(a || b)

a	b	a || b	!(a || b)
0	0	0	1
0	1	1	0
1	0	1	0
1	1	1	0

등급 B

74. 192.168.1.0/24 네트워크를 FLSM 방식을 이용하여 3개의 Subnet으로 나누고 IP Subnet-zero를 적용했다. 이 때 Subnetting된 네트워크 중 2번째 네트워크의 브로드캐스트 주소는 무엇인가?

① 192.168.1.64   ② 192.168.1.127
③ 192.168.1.128   ④ 192.168.1.191

전문가의 조언
- 192.168.1.0/24 네트워크의 서브넷 마스크는 1의 개수가 24개, 즉 11111111 11111111 11111111 00000000 → 255.255.255.0인 C 클래스에 속하는 네트워크입니다. 이 네트워크를 3개의 Subnet으로 나눠야 하는데, Subnet을 나눌 때는 서브넷 마스크가 0인 부분, 즉 마지막 8비트를 이용해 구분할 수 있습니다. 또한 Subnet으로 나눌 때 "3개의 Subnet으로 나눈다"는 것처럼 네트워크가 기준일 때는 왼쪽을 기준으로 나눌 네트워크 수에 필요한 비트를 할당하고 나머지 비트로 호스트를 구성하면 됩니다. 3개의 Subnet으로 구성하라 했으니 8비트 중 3을 표현하는데 필요한 $2(2^2 = 4)$비트를 제외하고 나머지 6비트를 호스트로 구성하면 됩니다.

네트워크ID			호스트ID				
0	0	0	0	0	0	0	0

- 호스트ID가 6Bit로 설정되었고, 문제에서 FLSM 방식을 이용한다고 했으므로 4개의 네트워크에 고정된 크기인 64개($2^6 = 64$)씩 할당하면 다음과 같습니다.

네트워크	호스트 수	IP 주소 범위
1	64	192.168.1.0 ~ 63
2	64	192.168.1.64 ~ 127
3	64	192.168.1.128 ~ 191
미사용	64	192.168.1.192 ~ 255

- 네트워크별로 첫 번째 주소는 네트워크 주소이고, 마지막 주소는 브로드캐스트 주소입니다. 3개의 Subnet으로 나누어진 위의 네트워크에서 두 번째 네트워크의 브로드캐스트 주소는 **192.168.1.127**입니다.
- ※ ip subnet-zero를 적용했다는 것은 Subnet 부분이 모두 0인 192.168.1.0은 사용하지 않았는데, IP 주소가 부족해지면서 Subnet 부분이 모두 0인 주소도 IP 주소로 사용할 수 있도록 한다는 의미입니다.

등급 C

75. C Class에 속하는 IP address는?

① 200.168.30.1   ② 10.3.2.1 4
③ 225.2.4.1   ④ 172.16.98.3

전문가의 조언
C Class에 속하는 IP address의 범위는 192.0.0.0 ~ 223.255.255.255까지입니다.

병행학습 IP 주소(Internet Protocol Address)
- 인터넷에 연결된 모든 컴퓨터 자원을 구분하기 위한 고유한 주소이다.
- 숫자로 8비트씩 4부분, 총 32비트로 구성되어 있다.
- IP 주소는 네트워크 부분의 길이에 따라 다음과 같이 A 클래스에서 E 클래스까지 총 5단계로 구성되어 있다.
  - A Class : 국가나 대형 통신망에 사용(0~127로 시작)
  - B Class : 중대형 통신망에 사용(128~191로 시작)
  - C Class : 소규모 통신망에 사용(192~223으로 시작)
  - D Class : 멀티캐스트용으로 사용(224~239로 시작)
  - E Class : 실험적 주소이며 공용되지 않음

- 대기(Wait), 블록(Block) : 프로세스에 입·출력 처리가 필요하면 현재 실행 중인 프로세스가 중단되고, 입·출력 처리가 완료될 때까지 대기하고 있는 상태
- 종료(Terminated, Exit) : 프로세스의 실행이 끝나고 프로세스 할당이 해제된 상태

프로세스 상태 전이 관련 용어
- Dispatch : 준비 상태에서 대기하고 있는 프로세스 중 하나가 프로세서를 할당받아 실행 상태로 전이되는 과정
- Wake Up : 입·출력 작업이 완료되어 프로세스가 대기 상태에서 준비 상태로 전이 되는 과정
- Spooling : 입·출력장치의 공유 및 상대적으로 느린 입·출력장치의 처리 속도를 보완하고 다중 프로그래밍 시스템의 성능을 향상시키기 위해 입·출력할 데이터를 직접 입·출력장치에 보내지 않고 나중에 한꺼번에 입·출력하기 위해 디스크에 저장하는 과정

등급 C

76. 다음 C언어 프로그램에서 밑줄 친 부분의 의미를 올바르게 설명한 것은?

$$r = \underline{r \ll n};$$

① $r * 2^n$을 의미한다.
② $r + 2^n$을 의미한다.
③ r의 최댓값을 의미한다.
④ r의 최솟값을 의미한다.

전문가의 조언
n비트 왼쪽으로 이동시키면 기본값에 2^n을 곱한 것과 같고, 오른쪽으로 이동시키면 기본값을 2^n으로 나눈 것과 같습니다. 그러므로 지문에서 밑줄 친 부분을 간단히 식으로 표현하면 $r * 2^n$이 됩니다.

등급 B

78. 다음 중 C언어에서 입·출력 함수를 사용하기 위해 헤더 파일을 호출하는 코드로 올바른 것은?

① #include 〈stdio.h〉
② #import 〈stdio.h〉
③ #include 〈io.h〉
④ #import 〈io.h〉

전문가의 조언
C언어에서 헤더 파일을 호출할 때 사용하는 예약어는 **#include**이고, 입·출력에 사용되는 기능을 제공하는 헤더 파일은 **stdio.h**입니다.

등급 C

77. 프로세스 상태의 종류가 아닌 것은?
① Ready   ② Running
③ Request   ④ Exit

전문가의 조언
Request는 프로세스 상태의 종류가 아닙니다.

병행학습 프로세스 상태
프로세스 상태 전이
- 제출(Submit) : 작업을 처리하기 위해 사용자가 작업을 시스템에 제출한 상태
- 접수(Hold) : 제출된 작업이 스풀 공간인 디스크의 할당 위치에 저장된 상태
- 준비(Ready) : 프로세스가 프로세서를 할당받기 위해 기다리고 있는 상태
- 실행(Run) : 준비상태 큐에 있는 프로세스가 프로세서를 할당받아 실행되는 상태

등급 C

79. 다음은 JAVA의 implement 패키지에서 execution 패키지의 Sample 클래스를 호출하는 코드를 구현한 것이다. 괄호(㉠~㉡)에 들어갈 알맞은 코드는?

```
( ㉠ ) implement;

( ㉡ ) execution.Smaple;

public class Test {
    public static void main(String[ ] args) {
        ⋮
```

① package, import   ② import, packge
③ include, insert   ④ import, insert

전문가의 조언
- JAVA 코드의 상단에는 자신이 속한 패키지를 알리는 패키지명을 package [패키지명] 형식으로 입력합니다.
- 외부 라이브러리를 호출할 때는 import를 사용하며, 선언된 패키지 안에 있는 클래스의 메소드를 사용할 때는 클래스와 메소드를 마침표(.)로 구분하여 'import execution.Sample;'과 같이 사용합니다.

등급 B

80. 시간 구역성(Tempral Locality)과 거리가 먼 것은?
① 스택
② 순환문
③ 부프로그램
④ 배열 순회

전문가의 조언
배열 순회는 시간 구역성이 아니라 공간 구역성에 해당됩니다.

병행학습 시간 구역성(Temporal Locality)
- 시간 구역성은 프로세스가 실행되면서 하나의 페이지를 일정 시간 동안 집중적으로 액세스하는 현상이다.
- 한 번 참조한 페이지는 가까운 시간 내에 계속 참조할 가능성이 높음을 의미한다.
- 시간 구역성이 이루어지는 기억 장소 : Loop(반복, 순환), 스택(Stack), 부 프로그램(Sub Routine), Counting(1씩 증감), 집계(Totaling)에 사용되는 변수(기억장소)

5과목 정보시스템 구축 관리

등급 B

81. 소프트웨어 생명주기 모형에서 프로토타입 모형의 장점이 아닌 것은?
① 단기간 제작 목적으로 인하여 비효율적인 언어나 알고리즘을 사용할 수 있다.
② 개발 과정에서 사용자의 요구를 충분히 반영한다.
③ 최종 결과물이 만들어지기 전에 의뢰자가 최종결과물의 일부 혹은 모형을 볼 수 있다.
④ 의뢰자나 개발자 모두에게 공통의 참조 모델을 제공한다.

전문가의 조언
①번은 프로토타입 모형의 단점입니다.

병행학습 프로토타입 모형(Prototype Model, 원형 모형)
- 사용자의 요구사항을 정확히 파악하기 위해 실제 개발될 소프트웨어에 대한 견본(시제)품(Prototype)을 만들어 최종 결과물을 예측하는 모형이다.
- 시제품은 의뢰자나 개발자 모두에게 공통의 참조 모델이 된다.
- 시스템의 일부 혹은 시스템의 모형을 만드는 과정으로서 요구된 소프트웨어를 구현하는데, 이는 추후 구현 단계에서 사용될 골격 코드가 된다.
- 새로운 요구사항이 도출될 때마다 이를 반영한 프로토타입을 새롭게 만들면서 소프트웨어를 구현한다.
- 단기간 제작을 목적으로 하다 보니 비효율적인 언어나 알고리즘이 사용될 수 있다.

등급 A

82. 소프트웨어 생명주기 모델 중 나선형 모델(Spiral Model)과 관련한 설명으로 틀린 것은?
① 소프트웨어 개발 프로세스를 위험 관리(Risk Management) 측면에서 본 모델이다.
② 각 단계를 확실히 매듭짓고 그 결과를 철저하게 검토하여 승인 과정을 거친 후에 다음 단계를 진행하는 개발 방법론이다.
③ 시스템을 여러 부분으로 나누어 여러 번의 개발 주기를 거치면서 시스템이 완성된다.
④ 요구사항이나 아키텍처를 이해하기 어렵다거나 중심이 되는 기술에 문제가 있는 경우 적합한 모델이다.

전문가의 조언
②번은 폭포수 모형에 대한 설명입니다.

병행학습 나선형 모형(Spiral Model, 점진적 모형)
- 보헴(Boehm)이 제안한 것으로, 폭포수 모형과 프로토타입 모형의 장점에 위험 분석 기능을 추가한 모형이다.
- 나선을 따라 돌듯이 여러 번의 소프트웨어 개발 과정을 거쳐 점진적으로 완벽한 최종 소프트웨어를 개발하는 것으로, 점진적 모형이라고도 한다.
- 소프트웨어를 개발하면서 발생할 수 있는 위험을 관리하고 최소화하는 것을 목적으로 한다.
- 점진적으로 개발 과정이 반복되므로 누락되거나 추가된 요구사항을 첨가할 수 있고, 정밀하며, 유지보수 과정이 필요 없다.
- 수행 과정(반복) : 계획 수립 → 위험 분석 → 개발 및 검증 → 고객 평가

정답 80.④ 81.① 82.②

등급 B

83. TCP/IP 기반 네트워크에서 동작하는 발행-구독 기반의 메시징 프로토콜로 최근 IoT 환경에서 자주 사용되고 있는 프로토콜은?

① MLFQ ② MQTT
③ Zigbee ④ MTSP

전문가의 조언
문제에 제시된 내용은 MQTT(Message Queuing Telemetry Transport)에 대한 설명입니다.

병행학습
- MLFQ(Multi Level Feedback Queue, 다단계 피드백 큐) : 특정 그룹의 준비상태 큐에 들어간 프로세스가 다른 준비상태 큐로 이동할 수 없는 다단계 큐 기법을 준비상태 큐 사이를 이동할 수 있도록 개선한 기법
- 지그비(Zigbee) : 저전력, 저비용, 저속도와 2.4GHz를 기반으로 하는 홈 자동화 및 데이터 전송을 위한 무선 네트워크로, 전력 소모를 최소화하였음

등급 C

85. 클라우드 기반 HSM(Cloud-based Hardware Security Module)에 대한 설명으로 틀린 것은?

① 클라우드(데이터센터) 기반 암호화 키 생성, 처리, 저장 등을 하는 보안 기기이다.
② 국내에서는 공인인증제의 폐지와 전자서명법 개정을 추진하면서 클라우드 HSM 용어가 자주 등장하였다.
③ 클라우드에 인증서를 저장하므로 기존 HSM 기기나 휴대폰에 인증서를 저장해 다닐 필요가 없다.
④ 하드웨어가 아닌 소프트웨어적으로만 구현되기 때문에 소프트웨어식 암호 기술에 내재된 보안 취약점을 해결할 수 없다는 것이 주요 단점이다.

전문가의 조언
클라우드 기반 HSM은 암호화 키 생성이 하드웨어적으로 구현되므로 소프트웨어적으로 구현된 암호 기술이 가지는 보안 취약점을 무시할 수 있습니다.

등급 A

84. COCOMO model 중 기관 내부에서 개발된 중소 규모의 소프트웨어로, 일괄 자료 처리나 과학기술 계산용, 비즈니스 자료 처리용으로 5만 라인 이하의 소프트웨어를 개발하는 유형은?

① embeded ② organic
③ semi-detached ④ semi-embeded

전문가의 조언
문제에서 설명하는 COCOMO 모델의 소프트웨어 개발 유형은 조직형(Organic Mode)입니다.

병행학습
- 반분리형(Semi-Detached Mode) : 조직형과 내장형의 중간형으로, 트랜잭션 처리 시스템이나 운영체제, 데이터베이스 관리 시스템 등의 30만(300KDSI) 라인 이하의 소프트웨어를 개발하는 유형이며, 컴파일러, 인터프리터와 같은 유틸리티 개발에 적합함
- 내장형(Embedded Mode) : 최대형 규모의 트랜잭션 처리 시스템이나 운영체제 등의 30만(300KDSI) 라인 이상의 소프트웨어를 개발하는 유형으로, 신호기 제어 시스템, 미사일 유도 시스템, 실시간 처리 시스템 등의 시스템 프로그램 개발에 적합함

등급 B

86. 다음에서 설명하는 IT 기술은?

오픈소스 기반의 사물인터넷(IoT) 플랫폼으로, 서로 다른 운영체제(OS)나 하드웨어를 사용하는 기기들이 표준화된 플랫폼을 이용함으로써 서로 통신 및 제어가 가능하게 된다.

① 올조인(AllJoyn) ② 와이선(Wi-SUN)
③ NFC ④ 메시 네트워크

전문가의 조언
지문에 제시된 내용은 올조인(AllJoyn)에 대한 설명입니다.

병행학습
- 와이선(Wi-SUN) : 스마트 그리드와 같은 장거리 무선 통신을 필요로 하는 사물인터넷(IoT) 서비스를 위한 저전력 장거리(LPWA; Low-Power Wide Area) 통신 기술임
- NFC(Near Field Communication) : 고주파(HF)를 이용한 근거리 무선 통신 기술로, 아주 가까운 거리에서 양방향 통신을 지원하는 RFID 기술의 일종임
- 메시 네트워크(Mesh Network) : 차세대 이동통신, 홈네트워킹, 공공 안전 등 특수 목적을 위한 네트워크임

등급 B

87. 다음 내용이 설명하고 있는 LAN의 매체 접근 제어 방식은?

- 버스 또는 트리 토폴로지에서 가장 많이 사용된다.
- 전송하고자 하는 스테이션이 전송 매체의 상태를 감지하다가 유휴(idle) 상태인 경우 데이터를 전송하고, 전송이 끝난 후에도 계속 매체의 상태를 감지하여 다른 스테이션과의 충돌 발생 여부를 감시한다.

① CSMA/CD ② Token bus
③ Token ring ④ Slotted ring

전문가의 조언
지문에 제시된 내용은 CSMA/CD에 대한 설명입니다.

병행학습
- Token Bus : 버스형(Bus) LAN에서 사용하는 방식으로, 토큰이 논리적으로 형성된 링(Ring)을 따라 각 노드들을 차례로 옮겨 다니는 방식
- Token Ring : 링형(Ring) LAN에서 사용하는 방식으로, 물리적으로 연결된 링(Ring)을 따라 순환하는 토큰(Token)을 이용하여 송신 권리를 제어하는 방식

등급 B

88. 다음에서 설명하는 정보 보안 관련 용어는?

Windows 7부터 지원되기 시작한 Windows 전용의 볼륨 암호화 기능으로, TPM(Trusted Platform Module)과 AES-128 알고리즘을 사용한다.

① BitLocker ② Blockchain
③ DLT ④ BaaS

전문가의 조언
문제의 지문에 제시된 내용은 BitLocker의 특징입니다.

병행학습
- Blockchain : P2P 네트워크를 이용하여 온라인 금융 거래 정보를 온라인 네트워크 참여자(Peer)의 디지털 장비에 분산 저장하는 기술
- DLT(Distributed Ledger Technology) : 중앙 관리자나 중앙 데이터 저장소가 존재하지 않고 P2P 망내의 참여자들에게 모든 거래 목록이 분산 저장되어 거래가 발생할 때마다 지속적으로 갱신되는 디지털 원장임
- BaaS(Blockchain as a Service) : 블록체인(Blockchain) 앱의 개발 환경을 클라우드 기반으로 제공하는 서비스임

등급 C

89. 어떤 외부 컴퓨터가 접속되면 접속 인가 여부를 점검해서 인가된 경우에는 접속이 허용되고, 그 반대의 경우에는 거부할 수 있는 접근제어 유틸리티는?

① tcp wrapper ② trace checker
③ token finder ④ change detector

전문가의 조언
외부 컴퓨터의 접속 여부를 제어할 수 있는 접근제어 유틸리티는 TCP Wrapper입니다.

병행학습 TCP Wrapper
- 외부 컴퓨터의 접속 인가 여부를 점검하여 접속을 허용 및 거부하는 보안용 도구이다.
- 네트워크에 접속하면 로그인한 다른 컴퓨터 사용자의 ID 및 로그를 조회하여 악용이 가능한 데, 이것을 방지하기 위한 방화벽 역할을 수행한다.

등급 B

90. Hadoop내의 Map-reduce의 특징으로 올바르지 않은 것은?

① Google에 의해 고안된 기술로써 대표적인 대용량 데이터 처리를 위한 병렬 처리 기법을 제공한다.
② 대용량 데이터를 분산 처리하기 위한 목적으로 개발된 프로그래밍 모델이다.
③ 임의의 순서로 정렬된 데이터를 분산 처리하고 이를 다시 합치는 과정을 거친다.
④ 대용량 데이터를 전송할 때 스쿱(Sqoop)이라는 도구를 이용한다.

전문가의 조언
④번은 하둡(Hadoop)의 특징입니다.

등급 A

91. 정보 보안의 3대 요소에 해당하지 않는 것은?

① 사용성 ② 기밀성
③ 가용성 ④ 무결성

전문가의 조언
정보 보안의 3대 요소는 기밀성, 무결성, 가용성입니다.

정답 87.① 88.① 89.① 90.④ 91.①

보안 요소

- 소프트웨어 개발에 있어 충족시켜야할 요소 및 요건을 의미한다.
- 보안 3대 요소에는 기밀성(Confidentiality), 무결성(Integrity), 가용성(Availability)이 있으며, 그 외에도 인증(Authentication), 부인 방지(NonRepudiation) 등이 있다.
- 기밀성(Confidentiality) : 시스템 내의 정보와 자원은 인가된 사용자에게만 접근이 허용됨
- 무결성(Integrity) : 시스템 내의 정보는 오직 인가된 사용자만 수정할 수 있음
- 가용성(Availability) : 인가받은 사용자는 언제라도 사용할 수 있음
- 인증(Authentication) : 시스템 내의 정보와 자원을 사용하려는 사용자가 합법적인 사용자인지를 확인하는 모든 행위
- 부인 방지(NonRepudiation) : 데이터를 송·수신한 자가 송·수신 사실을 부인할 수 없도록 송·수신 증거를 제공함

등급 A

92. 다음에서 설명하는 암호화는?

- 암호화/복호화 속도가 빠르다.
- 알고리즘이 단순하다.
- 암호화키와 복호화키가 동일하다.
- 사용자의 증가에 따라 관리해야 할 키의 수가 상대적으로 많아진다.

① 단방향 암호화 기법 ② 비대칭 암호화 기법
③ 대칭 암호화 기법   ④ 해시 암호화 기법

전문가의 조언
암호화키와 복호화키가 동일한 것은 대칭 암호화 기법이라고 하고 암호화키와 복호화키가 다른 것을 비대칭 암호화 기법이라고 합니다.

등급 A

93. 다음에서 설명하는 암호화 알고리즘은?

- 2004년 국가정보원과 산학연협회가 개발한 블록 암호화 알고리즘이다.
- 블록 크기는 128비트이며, 키 길이에 따라 128, 192, 256으로 분류됩니다.

① DES   ② AES
③ ARIA ④ RSA

전문가의 조언
문제의 지문에서 설명한 암호화 알고리즘은 ARIA입니다.

- DES(Data Encryption Standard) : 1975년 미국 NBS에서 발표한 개인키 암호화 알고리즘으로, 블록 크기는 64비트이며, 키 길이는 56비트임
- AES(Advanced Encryption Standard) : 2001년 미국 표준 기술 연구소(NIST)에서 발표한 개인키 암호화 알고리즘으로, 블록 크기는 128비트이며, 키 길이에 따라 128, 192, 256으로 분류됨
- RSA(Rivest Shamir Adleman) : 1978년 MIT의 라이베스트(Rivest), 샤미르(Shamir), 애들먼(Adelman)에 의해 제안된 공개키 암호화 알고리즘으로, 큰 숫자를 소인수분해 하기 어렵다는 것에 기반하여 만들어졌음

등급 A

94. DoS의 공격 유형이 아닌 것은?

① Ping of Death   ② Land
③ e-Discovery   ④ tiny-fragment

전문가의 조언
- e-Discovery는 DoS의 공격 유형이 아닙니다.
- e-Discovery는 전자적 증거개시절차 제도를 의미합니다. 정식 재판이 진행되기 전 소송 당사자 간에 사건과 관련한 자료를 공개하는 것을 증거개시절차(Discovery) 제도라고 하는데, 공개 자료에 이메일, 모바일 문자 메시지, 컴퓨터 저장 기록 등과 같은 전자정보를 포함하면서 e-Discovery(전자적 증거개시절차) 제도가 도입되었습니다.

등급 B

95. IP 또는 ICMP의 특성을 악용하여 특정 사이트에 집중적으로 데이터를 보내 네트워크 또는 시스템의 상태를 불능으로 만드는 공격 방법은?

① TearDrop   ② Smishing
③ Qshing   ④ Smurfing

전문가의 조언
문제에서 설명하는 공격 방법은 스머핑(Smurfing)입니다.

- 티어드롭(TearDrop) : 데이터의 송·수신 과정에서 패킷의 크기가 커 여러 개로 분할되어 전송될 때 분할 순서를 알 수 있도록 Fragment Offset 값을 함께 전송하는데, 티어드롭은 이 Offset 값을 변경시켜 수신 측에서 패킷을 재조립할 때 오류로 인한 과부하를 발생시킴으로써 시스템이 다운되도록 공격함
- 스미싱(Smishing) : 문자 메시지(SMS)를 이용해 사용자의 개인 신용 정보를 빼내는 수법으로, 현재 각종 행사 안내, 경품 안내 등의 문자 메시지에 링크를 걸어 안드로이드 앱 설치 파일인 apk 파일을 설치하도록 유도하여 사용자 정보를 빼가는 수법으로 발전하고 있음
- 큐싱(Qshing) : QR코드를 통해 악성 앱의 다운로드를 유도하거나 악성 프로그램을 설치하도록 하는 금융사기 기법의 하나로, QR코드와 개인정보 및 금융정보를 낚는다(Fishing)는 의미의 합성 신조어임

등급 A

96. 합법적으로 소유하고 있던 사용자의 도메인을 탈취하거나 DNS 이름을 속여 사용자들이 진짜 사이트로 오인하도록 유도하여 개인 정보를 훔치는 공격 기법은?

① Ransomware ② Pharming
③ Phishing ④ XSS

전문가의 조언
문제에 제시된 내용은 Pharming의 개념입니다.

병행학습
- 랜섬웨어(Ransomware) : 인터넷 사용자의 컴퓨터에 잠입해 내부 문서나 파일 등을 암호화해 사용자가 열지 못하게 하는 프로그램으로, 암호 해독용 프로그램의 전달을 조건으로 사용자에게 돈을 요구하기도 함
- 피싱(Phishing) : 낚시라는 뜻의 은어로, 허위 웹 사이트를 내세워 사용자의 개인 신용 정보를 빼내는 수법을 의미함
- 크로스사이트 스크립팅(XSS) : 웹페이지에 악의적인 스크립트를 삽입하여 방문자들의 정보를 탈취하거나, 비정상적인 기능 수행을 유발하는 보안 약점

등급 C

97. 인증(Authentication)과 인가(Authorization)에 대한 설명으로 옳지 않은 것은?

① 인증은 자신의 신원(Identity)을 시스템에 증명하는 과정이다.
② 인가는 어떤 동작을 수행할 수 있는지 검증하는 것이다.
③ 인증은 클라이언트로부터 요청된 정보에 대한 사용 권한을 부여하는 것이다.
④ 인가는 어떤 자원에 접근할 수 있는지 검증하는 것이다.

전문가의 조언
③번은 인가(Authorization)에 대한 설명입니다.

등급 C

98. 물리적 위협으로 인한 문제에 해당하지 않는 것은?

① 화재, 홍수 등 천재지변으로 인한 위협
② 하드웨어 파손, 고장으로 인한 장애
③ 방화, 테러로 인한 하드웨어와 기록장치를 물리적으로 파괴하는 행위
④ 방화벽 설정의 잘못된 조작으로 인한 네트워크, 서버 보안 위협

전문가의 조언
방화벽 설정의 잘못된 조작으로 인한 네트워크, 서버 보안 위협은 기술적 위협으로 인한 문제에 해당합니다.

병행학습 관리적, 물리적, 기술적 보안 개념의 수립
- 관리적 보안 : 정보보호 정책, 정보보호 조직, 정보자산 분류, 정보보호 교육 및 훈련, 인적 보안, 업무 연속성 관리 등의 정의
- 물리적 보안 : 건물 및 사무실 출입 통제 지침, 전산실 관리 지침, 정보 시스템 보호 설치 및 관리 지침, 재해 복구 센터 운영 등의 정의
- 기술적 보안 : 사용자 인증, 접근 제어, PC, 서버, 네트워크, 응용 프로그램, 데이터(DB) 등의 보안 지침 정의

등급 C

99. 다음에 제시된 프로토콜과 포트의 연결이 잘못된 것은?

① UTP 53 포트 - SNMP
② TCP 23 포트 - Telnet
③ UDP 69 포트 - TFTP
④ UTP 111 포트 - RFC

전문가의 조언
UTP 53번 포트는 DNS에서 사용하는 포트입니다.

등급 D

100. 브리지와 구내 정보 통신망(LAN)으로 구성된 통신망에서 루프(폐회로)를 형성하지 않으면서 연결을 설정하는 알고리즘은?

① Spanning Tree Algorithm
② Diffie-Hellman Algorithm
③ Hash Algorithm
④ Digital Signature Algorithm

전문가의 조언
루프(폐회로)를 형성하지 않으면서 연결을 설정하는 알고리즘은 STA(Spanning Tree Algorithm)입니다.

병행학습
- Diffie-Hellman Algorithm : 이산대수의 복잡성을 활용하여 두 사용자가 사전에 어떠한 비밀 교환 없이도 비밀 키 교환을 가능하게 하는 알고리즘
- Hash Algorithm : 임의의 길이의 입력 데이터나 메시지를 고정된 길이의 값이나 키로 변환하는 알고리즘
- DSA(Digital Signature Algorithm) : 미국 표준 기술 연구소(NIST)에서 표준안으로 개발한 공개 키 기반의 알고리즘으로, 디지털 서명 기술을 제공하기 위해 이산대수의 복잡성을 활용하였음

정답 96.② 97.③ 98.④ 99.① 100.①

EXAMINATION 09회 2023년 2월 기출문제

1과목 소프트웨어 설계

등급 B

1. 프로토타이핑 모형(Prototyping Model)에 대한 설명으로 옳지 않은 것은?

① 최종 결과물이 만들어지기 전에 의뢰자가 최종 결과물의 일부 또는 모형을 볼 수 있다.
② 프로토타이핑을 수행하는 과정에서 새로운 요구사항의 반영은 불가능하다.
③ 프로토타입은 발주자나 개발자 모두에게 공동의 참조 모델을 제공한다.
④ 프로토타입은 구현 단계의 구현 골격이 될 수 있다.

전문가의 조언
프로토타이핑 모형은 새로운 요구사항이 발생할 때마다 이를 반영한 프로토타입을 새롭게 만들면서 소프트웨어를 구현하는 방법으로, 새로운 요구사항의 반영이 가능합니다.

병행학습 프로토타입 모형(Prototype Model, 원형 모형)
- 사용자의 요구사항을 정확히 파악하기 위해 실제 개발될 소프트웨어에 대한 견본(시제)품(Prototype)을 만들어 최종 결과물을 예측하는 모형이다.
- 시제품은 의뢰자나 개발자 모두에게 공동의 참조 모델이 된다.
- 시스템의 일부 혹은 시스템의 모형을 만드는 과정으로서 요구된 소프트웨어를 구현하는데, 이는 추후 구현 단계에서 사용될 골격 코드가 된다.
- 새로운 요구사항이 도출될 때마다 이를 반영한 프로토타입을 새롭게 만들면서 소프트웨어를 구현한다.
- 단기간 제작을 목적으로 하다 보니 비효율적인 언어나 알고리즘이 사용될 수 있다.

등급 C

2. 다음 중 스크럼에 대한 설명으로 잘못된 것은?

① 스크럼은 제품 책임자(Product Owner), 스크럼 마스터(Scrum Master), 개발팀(Development Team)으로 구성된다.
② 스프린트 회고를 통해 개선할 점은 없는지 등을 확인하고 기록한다.
③ 스프린트는 실제 개발 작업을 진행하는 과정으로 보통 1~4주 정도의 기간 내에서 진행한다.
④ 스프린트 이벤트에는 스프린트 계획 회의, 월별 스크럼 회의, 스프린트 회고, 스프린트 검토 회의가 있다.

전문가의 조언
스프린트의 진행 상황을 점검하기 위한 스크럼 회의는 월 단위가 아니라 매일 진행하는데, 이를 일일 스크럼 회의(Daily Scrum Meeting)라고 합니다.

병행학습 스프린트(Sprint)
- 실제 개발 작업을 진행하는 과정으로, 보통 2~4주 정도의 기간 내에서 진행한다.
- 스프린트 백로그에 작성된 태스크를 대상으로 속도를 추정한 후 개발 담당자에게 할당한다.
- 태스크를 할당할 때는 개발자가 원하는 태스크를 직접 선별하여 담당할 수 있도록 하는 것이 좋다.
- 개발 담당자에게 할당된 태스크는 보통 할 일(To Do), 진행 중(In Progress), 완료(Done)의 상태를 갖는다.

등급 C

3. 다음 중 비기능 요구사항에 대한 설명으로 옳은 것은?

① 은행의 조회, 입금, 출금, 이체 등이 어떻게 수행되는지 여부는 비기능 요구사항에 해당한다.
② 처리 속도 및 시간, 처리량 등의 성능에 대한 요구사항은 비기능 요구사항에 해당하지 않는다.
③ 보안 및 접근 통제를 위한 요구사항은 비기능 요구사항에 해당하지 않는다.
④ "차량 대여 시스템에서 제공하는 모든 화면은 3초 안에 사용자에게 보여야 한다"는 것은 비기능 요구사항에 해당한다.

전문가의 조언
- ①번은 시스템이 수행해야 하는 기능에 대한 것으로 기능 요구사항입니다.
- ②, ④번은 성능에 관한 비기능 요구사항입니다.
- ③번은 보안에 관한 비기능 요구사항입니다.

정답 1.② 2.④ 3.④

등급 B

4. 자료 흐름도(DFD)를 작성하는데 지침이 될 수 없는 항목은?

① 자료 흐름은 처리(Process)를 거쳐 변환될 때마다 새로운 이름을 부여한다.
② 어떤 처리(Process)가 출력 자료를 산출하기 위해서는 반드시 입력 자료가 발생해야 한다.
③ 자료 저장소에 입력 화살표가 있으면 반드시 출력 화살표도 표시되어야 한다.
④ 상위 단계의 처리(Process)와 하위 자료 흐름도의 자료 흐름은 서로 일치되어야 한다.

전문가의 조언
자료 저장소의 입력 화살표는 데이터의 입력 및 수정을 의미하는 것으로, 입력 화살표가 있다고 하여 반드시 출력 화살표가 있어야 하는 것은 아닙니다.

자료 흐름도의 구성 요소

프로세스 (Process)	• 자료를 변환시키는 시스템의 한 부분(처리 과정)을 나타내며 처리, 기능, 변환, 버블이라고도 함 • 원이나 둥근 사각형으로 표시하고 그 안에 프로세스 이름을 기입함
자료 흐름 (Data Flow)	• 자료의 이동(흐름)이나 연관관계를 나타냄 • 화살표 위에 자료의 이름을 기입함
자료 저장소 (Data Store)	• 시스템에서의 자료 저장소(파일, 데이터베이스)를 나타냄 • 도형(평행선) 안에 자료 저장소 이름을 기입함
단말 (Terminator)	• 시스템과 교신하는 외부 개체로, 입력 데이터가 만들어지고 출력 데이터를 받음(정보의 생산자와 소비자) • 도형(사각형) 안에 이름을 기입함

등급 C

5. UML의 구성 요소 중 사물(Things)의 종류가 아닌 것은?

① Annotation Things
② Internet of Things
③ Behavioral Things
④ Structural Things

전문가의 조언
Internet of Things(사물 인터넷)은 사물의 종류가 아니라 정보 통신 기술을 기반으로 실세계와 가상 세계의 다양한 사물들을 인터넷으로 서로 연결하여 진보된 서비스를 제공하기 위한 서비스 기반 기술입니다.

사물(Things)

• 모델을 구성하는 가장 중요한 기본 요소로, 다이어그램 안에서 관계가 형성될 수 있는 대상들을 말한다.
• 구조 사물(Structural Things)
  – 시스템의 개념적, 물리적 요소를 표현한다.
  – 종류 : 클래스(Class), 유스케이스(Use Case), 컴포넌트(Component), 노드(Node) 등
• 행동 사물(Behavioral Things)
  – 시간과 공간에 따른 요소들의 행위를 표현한다.
  – 종류 : 상호작용(Interaction), 상태 머신(State Machine) 등
• 그룹 사물(Grouping Things)
  – 요소들을 그룹으로 묶어서 표현한다.
  – 종류 : 패키지(Package)
• 주해 사물(Annotation Things)
  – 부가적인 설명이나 제약조건 등을 표현한다.
  – 종류 : 노트(Note)

등급 A

6. 다음 중 활동 다이어그램에 대한 설명으로 옳은 것은?

① 클래스와 클래스가 가지는 속성, 클래스 사이의 관계를 표현한 다이어그램이다.
② 상호 작용하는 시스템이나 객체들이 주고받는 메시지를 표현하는 다이어그램이다.
③ 하나의 객체가 자신이 속한 클래스의 상태 변화 혹은 다른 객체와의 상호 작용에 따라 상태가 어떻게 변하는지를 표현하는 다이어그램이다.
④ 오퍼레이션이나 처리 과정이 수행되는 동안 일어나는 일들을 단계적으로 표현한 다이어그램이다.

전문가의 조언
• 활동 다이어그램에 대한 설명으로 옳은 것은 ④번입니다.
• ①번은 클래스 다이어그램, ②번은 순차(Sequence) 다이어그램, ③번은 상태(State) 다이어그램에 대한 설명입니다.

정답 4.③ 5.② 6.④

등급 A

7. UML 다이어그램이 아닌 것은?
① 액티비티 다이어그램(Activity Diagram)
② 절차 다이어그램(Procedural Diagram)
③ 클래스 다이어그램(Class Diagram)
④ 시퀀스 다이어그램(Sequence Diagram)

전문가의 조언
절차 다이어그램은 UML 다이어그램에 속하지 않습니다.

병행학습 UML 다이어그램의 종류
구조적(Structural) 다이어그램 = 정적 다이어그램
- 클래스 다이어그램(Class Diagram) : 클래스와 클래스가 가지는 속성, 클래스 사이의 관계를 표현
- 객체 다이어그램(Object Diagram) : 클래스에 속한 사물(객체)들, 즉 인스턴스(Instance)를 특정 시점의 객체와 객체 사이의 관계로 표현
- 컴포넌트 다이어그램(Component Diagram) : 실제 구현 모듈인 컴포넌트 간의 관계나 컴포넌트 간의 인터페이스를 표현
- 배치 다이어그램(Deployment Diagram) : 결과물, 프로세스, 컴포넌트 등 물리적 요소들의 위치를 표현
- 복합체 구조 다이어그램(Composite Structure Diagram) : 클래스나 컴포넌트가 복합 구조를 갖는 경우 그 내부 구조를 표현
- 패키지 다이어그램(Package Diagram) : 유스케이스나 클래스 등의 모델 요소들을 그룹화한 패키지들의 관계를 표현

행위(Behavioral) 다이어그램 = 동적 다이어그램
- 유스케이스 다이어그램(Use Case Diagram) : 사용자의 요구를 분석하는 것으로 기능 모델링 작업에 사용함
- 순차 다이어그램(Sequence Diagram) : 상호 작용하는 시스템이나 객체들이 주고 받는 메시지를 표현
- 커뮤니케이션 다이어그램(Communication Diagram) : 순차 다이어그램과 같이 동작에 참여하는 객체들이 주고받는 메시지를 표현하는데, 메시지뿐만 아니라 객체들 간의 연관까지 표현
- 상태 다이어그램(State Diagram) : 하나의 객체가 자신이 속한 클래스의 상태 변화 혹은 다른 객체와의 상호 작용에 따라 상태가 어떻게 변화하는지를 표현
- 활동 다이어그램(Activity Diagram) : 시스템이 어떤 기능을 수행하는지 객체의 처리 로직이나 조건에 따른 처리의 흐름을 순서에 따라 표현

등급 B

8. 순차 다이어그램(Sequence Diagram)과 관련한 설명으로 틀린 것은?
① 주로 정적인 측면에서 모델링을 설계하기 위해 사용한다.
② 시간의 흐름에 따라 객체들이 주고 받는 메시지의 전달 과정을 강조한다.
③ 수직 방향이 시간의 흐름을 나타낸다.
④ 구성 요소에는 회귀 메시지, 제어 블록 등이 있다.

전문가의 조언
순차 다이어그램은 주로 동적인 측면에서 모델링을 설계하기 위해 사용합니다.

병행학습 순차(Sequence) 다이어그램
- 순차 다이어그램은 시스템이나 객체들이 메시지를 주고받으며 시간의 흐름에 따라 상호 작용하는 과정을 액터, 객체, 메시지 등의 요소를 사용하여 그림으로 표현한 것이다.
- 순차 다이어그램은 시스템이나 객체들의 상호 작용 과정에서 주고받는 메시지를 표현한다.
- 순차 다이어그램을 통해 각 동작에 참여하는 시스템이나 객체들의 수행 기간을 확인할 수 있다.
- 순차 다이어그램은 클래스 내부에 있는 객체들을 기본 단위로 하여 그들의 상호 작용을 표현한다.
- 순차 다이어그램은 주로 기능 모델링에서 작성한 유스케이스 명세서를 하나의 표현 범위로 하지만, 하나의 클래스에 포함된 오퍼레이션을 하나의 범위로 표현하기도 한다.

등급 B

9. 다음 내용이 설명하는 UI 설계 도구는?

- 디자인, 사용 방법 설명, 평가 등을 위해 실제 화면과 유사하게 만든 정적인 형태의 모형
- 시각적으로만 구성 요소를 배치하는 것으로 일반적으로 실제로 구현되지는 않음

① 스토리보드(Storyboard)
② 목업(Mockup)
③ 프로토타입(Prototype)
④ 유스케이스(Usecase)

전문가의 조언
문제의 지문에 제시된 내용은 목업(Mockup)의 특징입니다.

병행학습
- 스토리보드 : 와이어프레임에 콘텐츠에 대한 설명, 페이지 간 이동 흐름 등을 추가한 문서
- 프로토타입 : 와이어프레임이나 스토리보드 등에 인터랙션을 적용함으로써 실제 구현된 것처럼 테스트가 가능한 동적인 형태의 모형
- 유스케이스 : 사용자 측면에서의 요구사항

---

10. 다음 (   ) 안에 들어갈 내용으로 옳은 것은?

> 컴포넌트 설계 시 "(   )에 의한 설계"를 따를 경우, 해당 명세에서는
> (1) 컴포넌트의 오퍼레이션 사용 전에 참이 되어야 할 선행조건
> (2) 사용 후 만족되어야 할 결과조건
> (3) 오퍼레이션이 실행되는 동안 항상 만족되어야 할 불변조건 등이 포함되어야 한다.

① 협약(Contract)   ② 프로토콜(Protocol)
③ 패턴(Pattern)   ④ 관계(Relation)

전문가의 조언
문제의 지문은 협약에 의한 설계(Design by Contract)에 대한 설명입니다.

---

11. 소프트웨어 아키텍처 모델 중 MVC(Model-View-Controller)와 관련한 설명으로 틀린 것은?

① MVC 모델은 사용자 인터페이스를 담당하는 계층의 응집도를 높일 수 있고, 여러 개의 다른 UI를 만들어 그 사이에 결합도를 낮출 수 있다.
② 모델(Model)은 뷰(View)와 제어(Controller) 사이에서 전달자 역할을 하며, 뷰마다 모델 서브시스템이 각각 하나씩 연결된다.
③ 뷰(View)는 모델(Model)에 있는 데이터를 사용자 인터페이스에 보이는 역할을 담당한다.
④ 제어(Controller)는 모델(Model)에 명령을 보냄으로써 모델의 상태를 변경할 수 있다.

전문가의 조언
모델(Model)은 서브시스템의 핵심 기능과 데이터를 보관하는 역할을 합니다.

병행학습 모델-뷰-컨트롤러 패턴(Model-View-Controller Pattern)
- 모델-뷰-컨트롤러 패턴은 서브시스템을 3개의 부분으로 구조화하는 패턴이며, 각 부분의 역할은 다음과 같다.
  - 모델(Model) : 서브시스템의 핵심 기능과 데이터를 보관함
  - 뷰(View) : 사용자에게 정보를 표시함
  - 컨트롤러(Controller) : 사용자로부터 받은 입력을 처리하며, 처리 결과에 따라 모델의 상태를 갱신함
- 모델-뷰-컨트롤러 패턴의 각 부분은 별도의 컴포넌트로 분리되어 있으므로 서로 영향을 받지 않고 개발 작업을 수행할 수 있다.
- 모델-뷰-컨트롤러 패턴에서는 여러 개의 뷰를 만들 수 있으므로 한 개의 모델에 대해 여러 개의 뷰를 필요로 하는 대화형 애플리케이션에 적합하다.

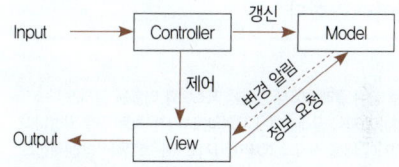

---

12. 객체에게 어떤 행위를 하도록 지시하는 명령은?

① Class   ② Instance
③ Object   ④ Message

전문가의 조언
객체에게 어떤 행위를 하도록 지시하는 명령은 Message(메시지)입니다.

병행학습
- Class(클래스) : 공통된 속성과 연산(행위)을 갖는 객체의 집합으로, 객체의 일반적인 타입(Type)
- Instance(인스턴스) : 클래스에 속한 각각의 객체
- Object(객체) : 데이터와 데이터를 처리하는 함수를 묶어 놓은(캡슐화한) 하나의 소프트웨어 모듈

등급 A

13. 다음 중 객체지향 소프트웨어의 특성에 대한 설명으로 틀린 것은?

① 메소드를 오버라이딩으로 처리하는 것과 관련된 특성은 추상화이다.
② 데이터와 데이터를 처리하는 함수를 하나로 묶는 것을 캡슐화라고 한다.
③ 이미 정의된 상위 클래스의 모든 속성과 연산을 하위 클래스가 물려받는 것을 상속이라고 한다.
④ 한 모듈 내부에 포함된 절차와 자료들의 정보가 감추어져 다른 모듈이 접근하거나 변경하지 못하도록 하는 기법을 정보은닉이라고 한다.

전문가의 조언
- 메소드 오버라이딩이란 상위 클래스에서 정의한 메소드와 이름은 같지만 메소드 안의 실행 코드를 달리하여 자식 클래스에서 재정의해서 사용하는 것을 말합니다. 이와 같이 하나의 메시지에 대해 각각의 객체가 가지고 있는 고유한 방법(특성)으로 응답할 수 있는 능력을 다형성(Polymorphism)이라고 합니다.
- 추상화는 불필요한 부분을 생략하고 객체의 속성 중 가장 중요한 것에만 중점을 두어 개략화하는 것으로, 이와 관련된 객체지향 소프트웨어의 요소는 클래스입니다.

등급 A

14. 다음 중 객체지향 설계 원칙에 속하지 않는 것은?

① 개방-폐쇄 원칙(OCP; Open-Closed Principle)
② 의존 역전 원칙(DIP; Dependency Inversion Principle)
③ 인터페이스 통합 원칙(IIP; Interface Integration Principle)
④ 단일 책임 원칙(SRP; Single Responsibility Principle)

전문가의 조언
객체지향 설계 원칙 중 하나는 인터페이스 통합 원칙이 아니라 인터페이스 분리 원칙입니다.

병행학습 객체지향 설계 원칙
- 시스템 변경이나 확장에 유연한 시스템을 설계하기 위해 지켜야 할 다섯 가지 원칙으로, 다섯 가지 원칙의 앞 글자를 따 SOLID 원칙이라고도 불린다.
- 단일 책임 원칙(SRP; Single Responsibility Principle)
  - 객체는 단 하나의 책임만 가져야 한다는 원칙이다.
  - 응집도는 높고, 결합도는 낮게 설계하는 것을 의미한다.

- 개방-폐쇄 원칙(OCP; Open-Closed Principle)
  - 기존의 코드를 변경하지 않고 기능을 추가할 수 있도록 설계해야 한다는 원칙이다.
  - 공통 인터페이스를 하나의 인터페이스로 묶어 캡슐화하는 방법이 대표적이다.
- 리스코프 치환 원칙(LSP; Liskov Substitution Principle)
  - 자식 클래스는 최소한 자신의 부모 클래스에서 가능한 행위는 수행할 수 있어야 한다는 설계 원칙이다.
  - 자식 클래스는 부모 클래스의 책임을 무시하거나 재정의하지 않고 확장만 수행하도록 해야한다.
- 인터페이스 분리 원칙(ISP; Interface Segregation Principle)
  - 자신이 사용하지 않는 인터페이스와 의존 관계를 맺거나 영향을 받지 않아야 한다는 원칙이다.
  - 단일 책임 원칙이 객체가 갖는 하나의 책임이라면, 인터페이스 분리 원칙은 인터페이스가 갖는 하나의 책임이다.
- 의존 역전 원칙(DIP; Dependency Inversion Principle)
  - 각 객체들 간의 의존 관계가 성립될 때, 추상성이 낮은 클래스보다 추상성이 높은 클래스와 의존 관계를 맺어야 한다는 원칙이다.
  - 일반적으로 인터페이스를 활용하면 이 원칙은 준수된다.

등급 A

15. 결합도(Coupling) 단계를 약한 순서에서 강한 순서로 가장 옳게 표시한 것은?

① Stamp → Data → Control → Common → Content
② Control → Data → Stamp → Common → Content
③ Content → Stamp → Control → Common → Data
④ Data → Stamp → Control → Common → Content

전문가의 조언
결합도 단계를 약한 순서에서 강한 순서로 가장 옳게 나열한 것은 ④번입니다.

병행학습 결합도(Coupling)
- 결합도는 모듈 간에 상호 의존하는 정도 또는 두 모듈 사이의 연관 관계를 의미한다.
- 다양한 결합으로 모듈을 구성할 수 있으나 결합도가 약할수록 품질이 높고, 강할수록 품질이 낮다.
- 결합도가 강하면 시스템 구현 및 유지보수 작업이 어렵다.
- 결합도의 종류
  - 자료 결합도(Data Coupling) : 모듈 간의 인터페이스가 자료 요소로만 구성될 때의 결합도
  - 스탬프(검인) 결합도(Stamp Coupling) : 모듈 간의 인터페이스로 배열이나 레코드 등의 자료 구조가 전달될 때의 결합도
  - 제어 결합도(Control Coupling) : 어떤 모듈이 다른 모듈 내부의 논리적인 흐름을 제어하기 위해 제어 신호를 이용하여 통신하거나 제어 요소(Function Code, Switch, Tag, Flag)를 전달하는 결합도

- 외부 결합도(External Coupling) : 어떤 모듈에서 외부로 선언한 데이터(변수)를 다른 모듈에서 참조할 때의 결합도
- 공통(공유) 결합도(Common Coupling) : 공유되는 공통 데이터 영역을 여러 모듈이 사용할 때의 결합도
- 내용 결합도(Content Coupling) : 한 모듈이 다른 모듈의 내부 기능 및 그 내부 자료를 직접 참조하거나 수정할 때의 결합도

등급 C

16. 코드화 대상 항목의 중량, 면적, 용량 등의 물리적 수치를 이용하여 만든 코드는?

① 순차 코드
② 10진 코드
③ 표의 숫자 코드
④ 블록 코드

전문가의 조언
코드화 대상 항목의 중량, 면적, 용량 등의 물리적 수치를 이용하여 만든 코드는 표의 숫자 코드입니다.

병행학습
- 순차 코드(Sequence Code) : 자료의 발생순서, 크기순서 등 일정 기준에 따라서 최초의 자료부터 차례로 일련번호를 부여하는 방법
- 10진 코드(Decimal Code) : 코드화 대상 항목을 0~9까지 10진 분할하고, 다시 그 각각에 대하여 10진 분할하는 방법을 필요한 만큼 반복하는 방법
- 블록 코드(Block Code) : 코드화 대상 항목 중에서 공통성이 있는 것끼리 블록으로 구분하고, 각 블록 내에서 일련번호를 부여하는 방법

등급 A

17. GoF(Gangs of Four) 디자인 패턴의 구조 패턴에 속하지 않는 것은?

① Composite
② Observer
③ Adapter
④ Decorator

전문가의 조언
옵서버(Observer)는 행위 패턴입니다.

병행학습 디자인 패턴의 종류
- 생성 패턴(Creational Pattern) : 추상 팩토리(Abstract Factory), 빌더(Builder), 팩토리 메소드(Factory Method), 프로토타입(Prototype), 싱글톤(Singleton)
- 구조 패턴(Structural Pattern) : 어댑터(Adapter), 브리지(Bridge), 컴포지트(Composite), 데코레이터(Decorator), 퍼싸드(Facade), 플라이웨이트(Flyweight), 프록시(Proxy)
- 행위 패턴(Behavioral Pattern) : 커맨드(Command), 책임 연쇄(Chain of Responsibility), 인터프리터(Interpreter), 반복자(Iterator), 중재자(Mediator), 메멘토(Memento), 옵서버(Observer), 상태(State), 전략(Strategy), 템플릿 메소드(Template Method), 방문자(Visitor)

등급 A

18. GoF(Gangs of Four) 디자인 패턴에 대한 설명으로 틀린 것은?

① Factory Method Pattern은 상위클래스에서 객체를 생성하는 인터페이스를 정의하고, 하위클래스에서 인스턴스를 생성하도록 하는 방식이다.
② Prototype Pattern은 Prototype을 먼저 생성하고 인스턴스를 복제하여 사용하는 구조이다.
③ Bridge Pattern은 기존에 구현되어 있는 클래스에 기능 발생 시 기존 클래스를 재사용할 수 있도록 중간에서 맞춰주는 역할을 한다.
④ Mediator Pattern은 객체간의 통제와 지시의 역할을 하는 중재자를 두어 객체지향의 목표를 달성하게 해준다.

전문가의 조언
- 브리지 패턴(Bridge Pattern)은 구현부에서 추상층을 분리하여, 서로가 독립적으로 확장할 수 있도록 구성한 패턴입니다.
- 기존의 클래스를 이용하고 싶을 때 중간에서 맞춰주는 역할을 수행하는 패턴은 어댑터(Adapter) 패턴입니다.

등급 B

19. 미들웨어에 대한 설명으로 틀린 것은?

① WAS : 웹 콘텐츠를 처리하기 위한 미들웨어
② ORB : 객체 지향 미들웨어로 코바 표준 스펙을 구현한 미들웨어
③ MOM : 온라인 트랜잭션 업무에서 트랜잭션을 처리 및 감시하는 미들웨어
④ DB : 데이터베이스와 데이터베이스 관리 시스템을 연결하기 위한 미들웨어

전문가의 조언
- MOM(메시지 지향 미들웨어)은 메시지 기반의 비동기형 메시지를 전달하는 방식의 미들웨어입니다.
- ③번은 TP-Monitor(트랜잭션 처리 모니터)에 대한 설명입니다.

정답 16.③ 17.② 18.③ 19.③

등급 A

20. 소프트웨어 설계 시 구축된 플랫폼의 성능 특성 분석에 사용되는 측정 항목이 아닌 것은?

① 응답시간(Response Time)
② 서버 튜닝(Server Tuning)
③ 가용성(Availability)
④ 사용률(Utilization)

전문가의 조언
서버 튜닝은 서버의 성능 개선을 의미하는 것으로, 성능 특성 분석에 사용되는 측정 항목이 될 수 없습니다.

병행학습
- 응답시간(Response Time) : 요청을 전달한 시간부터 응답이 도착할 때까지 걸린 시간
- 가용성(Availability) : 시스템을 사용할 필요가 있을 때 즉시 사용 가능한 정도
- 사용률(Utilization) : 의뢰한 작업을 처리하는 동안의 CPU 사용량, 메모리 사용량, 네트워크 사용량 등 자원 사용률

2과목 소프트웨어 개발

등급 A

21. 디지털 저작권 관리(DRM)의 기술 요소가 아닌 것은?

① 크랙 방지 기술   ② 정책 관리 기술
③ 암호화 기술   ④ 방화벽 기술

전문가의 조언
디지털 저작권 관리(DRM)의 기술 요소에는 암호화, 키 관리, 암호화 파일 생성, 식별 기술, 저작권 표현, 정책 관리, 크랙 방지, 인증 등이 있습니다.

병행학습 디지털 저작권 관리(DRM)의 기술 요소
- 암호화(Encryption) : 콘텐츠 및 라이선스를 암호화하고 전자 서명을 할 수 있는 기술
- 키 관리(Key Management) : 콘텐츠를 암호화한 키에 대한 저장 및 분배 기술
- 암호화 파일 생성(Packager) : 콘텐츠를 암호화된 콘텐츠로 생성하기 위한 기술
- 식별 기술(Identification) : 콘텐츠에 대한 식별 체계 표현 기술
- 저작권 표현(Right Expression) : 라이선스의 내용 표현 기술
- 정책 관리(Policy Management) : 라이선스 발급 및 사용에 대한 정책 표현 및 관리 기술
- 크랙 방지(Tamper Resistance) : 크랙에 의한 콘텐츠 사용 방지 기술
- 인증(Authentication) : 라이선스 발급 및 사용의 기준이 되는 사용자 인증 기술

등급 C

22. EAI(Enterprise Application Integration)의 구축 유형으로 옳지 않은 것은?

① Tree   ② Hub & Spoke
③ Message Bus   ④ Point-to-Point

전문가의 조언
EAI의 구축 유형에는 Point-to-Point, Hub & Spoke, Message Bus(ESB), Hybrid가 있습니다.

병행학습 EAI의 구축 유형
- Point-to-Point : 가장 기본적인 애플리케이션 통합 방식으로, 애플리케이션을 1:1로 연결하며 변경 및 재사용이 어려움
- Hub & Spoke : 단일 접점인 허브 시스템을 통해 데이터를 전송하는 중앙 집중형 방식으로, 확장 및 유지 보수가 용이하지만 허브 장애 발생 시 시스템 전체에 영향을 미침
- Message Bus(ESB 방식) : 애플리케이션 사이에 미들웨어를 두어 처리하는 방식으로, 확장성이 뛰어나며 대용량 처리가 가능함
- Hybrid : Hub & Spoke와 Message Bus의 혼합 방식으로, 그룹 내에서는 Hub & Spoke 방식을, 그룹 간에는 Message Bus 방식을 사용함

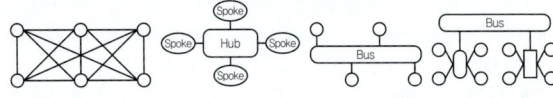

Point-to-Point   Hub & Spoke   Message Bus   Hybrid

등급 A

23. 화이트박스 테스트와 관련한 설명으로 틀린 것은?

① 화이트박스 테스트의 이해를 위해 논리 흐름도(Logic-Flow Diagram)를 이용할 수 있다.
② 테스트 데이터를 이용해 실제 프로그램을 실행함으로써 오류를 찾는 동적 테스트(Dynamic Test)에 해당한다.
③ 프로그램의 구조를 고려하지 않기 때문에 테스트 케이스는 프로그램 또는 모듈의 요구나 명세를 기초로 결정한다.
④ 테스트 데이터를 선택하기 위하여 검증 기준(Test Coverage)을 정한다.

전문가의 조언
- 화이트박스 테스트는 프로그램의 제어 구조에 따라 선택, 반복 등의 분기점 부분들을 수행함으로써 논리적 경로를 제어합니다.
- ③번은 블랙박스 테스트에 대한 설명입니다.

정답 20.② 21.④ 22.① 23.③

병행학습 화이트박스 테스트(White Box Test)

화이트박스 테스트의 특징

- 모듈의 원시 코드를 오픈시킨 상태에서 원시 코드의 논리적인 모든 경로를 테스트하여 테스트 케이스를 설계하는 방법이다.
- 화이트박스 테스트는 설계된 절차에 초점을 둔 구조적 테스트로 프로시저 설계의 제어 구조를 사용하여 테스트 케이스를 설계하며, 테스트 과정의 초기에 적용된다.
- 모듈 안의 작동을 직접 관찰한다.
- 원시 코드의 모든 문장을 한 번 이상 실행함으로써 수행된다.
- 프로그램의 제어 구조에 따라 선택, 반복 등의 분기점 부분들을 수행함으로써 논리적 경로를 제어한다.

화이트박스 테스트의 종류

- 기초 경로 검사(Base Path Testing) : 테스트 케이스 설계자가 절차적 설계의 논리적 복잡성을 측정할 수 있게 해주는 테스트 기법
- 제어 구조 검사(Control Structure Testing)
  - 조건 검사(Condition Testing) : 프로그램 모듈 내에 있는 논리적 조건을 테스트하는 테스트 케이스 설계 기법
  - 루프 검사(Loop Testing) : 프로그램의 반복(Loop) 구조에 초점을 맞춰 실시하는 테스트 케이스 설계 기법
  - 데이터 흐름 검사(Data Flow Testing) : 프로그램에서 변수의 정의와 변수 사용의 위치에 초점을 맞춰 실시하는 테스트 케이스 설계 기법

등급 C

24. 분할 정복(Divide and Conquer)에 기반한 알고리즘으로 피봇(pivot)을 사용하며 최악의 경우 회의 비교를 수행해야 하는 정렬(Sort)은?

① Selection Sort ② Bubble Sort
③ Insertion Sort ④ Quick Sort

전문가의 조언
분할 정복(Divide and Conquer)에 기반한 알고리즘으로 피봇(pivot)을 사용하는 정렬은 퀵 정렬(Quick Sort)입니다.

병행학습 퀵 정렬(Quick Sort)

- 레코드의 많은 자료 이동을 없애고 하나의 파일을 부분적으로 나누어 가면서 정렬하는 방법으로 키를 기준으로 작은 값은 왼쪽에, 큰 값은 오른쪽 서브파일로 분해시키는 방식으로 정렬한다.
- 위치에 관계없이 임의의 키를 분할 원소로 사용할 수 있다.
- 정렬 방식 중에서 가장 빠른 방식이다.
- 프로그램에서 되부름을 이용하기 때문에 스택(Stack)이 필요하다.

- 분할(Divide)과 정복(Conquer)을 통해 자료를 정렬한다.
  - 분할(Divide) : 기준값인 피봇(Pivot)을 중심으로 정렬할 자료들을 2개의 부분집합으로 나눔
  - 정복(Conquer) : 부분집합의 원소들 중 피봇(Pivot)보다 작은 원소들은 왼쪽, 피봇(Pivot)보다 큰 원소들은 오른쪽 부분집합으로 정렬함
  - 부분집합의 크기가 더 이상 나누어질 수 없을 때까지 분할과 정복을 반복 수행한다.
- 평균 수행 시간 복잡도는 O(nlog₂n)이고, 최악의 수행 시간 복잡도는 O(n²)이다.

등급 C

25. 소프트웨어 품질 관련 국제 표준인 ISO/IEC 25000에 관한 설명으로 옳지 않은 것은?

① 소프트웨어 품질 평가를 위한 소프트웨어 품질평가 통합 모델 표준이다.
② System and Software Quality Requirements and Evaluation으로 줄여서 SQuaRE라고도 한다.
③ ISO/IEC 2501n에서는 소프트웨어의 내부 측정, 외부 측정, 사용 품질 측정, 품질 측정 요소 등을 다룬다.
④ 기존 소프트웨어 품질 평가 모델과 소프트웨어 평가 절차 모델인 ISO/IEC 9126과 ISO/IEC 14598을 통합하였다.

전문가의 조언
- ISO/IEC 2501n에서는 소프트웨어의 내부 및 외부 품질과 사용 품질에 대한 모델 등 품질 모델 부분을 다룹니다.
- 소프트웨어의 내부 측정, 외부 측정, 사용 품질 측정, 품질 측정 요소 등 품질 측정 부분을 다루는 것은 ISO/IEC 2502n입니다.

등급 D

26. 프로젝트에 내재된 위험 요소를 인식하고 그 영향을 분석하여 이를 관리하는 활동으로서, 프로젝트를 성공시키기 위하여 위험 요소를 사전에 예측, 대비하는 모든 기술과 활동을 포함하는 것은?

① Critical Path Method
② Risk Analysis
③ Work Breakdown Structure
④ Waterfall Model

정답 24.④ 25.③ 26.②

전문가의 조언
문제의 내용은 위험 관리(Risk Analysis)에 대한 설명입니다.

병행학습 위험 관리(Risk Analysis)
- 프로젝트 추진 과정에서 예상되는 각종 돌발 상황(위험)을 미리 예상하고 이에 대한 적절한 대책을 수립하는 일련의 활동을 의미한다.
- 위험은 불확실성과 손실을 내재하고 있는데, 위험 관리는 이러한 위험의 불확실성을 감소시키고 손실에 대비하는 작업이다.
- 위험을 식별한 후 발생 확률을 산정하고, 그 영향을 추산하여 해당 위험에 대비하는 비상 계획을 마련한다.
- 위험 관리의 절차는 위험 식별, 위험 분석 및 평가, 위험 관리 계획, 위험 감시 및 조치 순이다.

등급 C

27. 테스트 케이스 자동 생성 도구를 이용하여 테스트 데이터를 찾아내는 방법이 아닌 것은?
① 스터브(Stub)와 드라이버(Driver)
② 입력 도메인 분석
③ 랜덤(Random) 테스트
④ 자료 흐름도

전문가의 조언
테스트 케이스 생성 도구를 이용하여 테스트 데이터를 찾아내는 방법에는 '자료 흐름도, 기능 테스트, 랜덤 테스트, 입력 도메인 분석'이 있습니다.

병행학습 테스트 케이스 생성 도구(Test Case Generation Tools)
- 자료 흐름도 : 자료 원시 프로그램을 입력받아 파싱한 후 자료 흐름도를 작성함
- 기능 테스트 : 주어진 기능을 구동시키는 모든 가능한 상태를 파악하여 이에 대한 입력을 작성함
- 입력 도메인 분석 : 원시 코드의 내부를 참조하지 않고, 입력 변수의 도메인을 분석하여 테스트 데이터를 작성함
- 랜덤 테스트 : 입력 값을 무작위로 추출하여 테스트함

등급 A

28. 블랙박스 테스트를 이용하여 발견할 수 있는 오류가 아닌 것은?
① 비정상적인 자료를 입력해도 오류 처리를 수행하지 않는 경우
② 정상적인 자료를 입력해도 요구된 기능이 제대로 수행되지 않는 경우
③ 반복 조건을 만족하는데도 루프 내의 문장이 수행되지 않는 경우
④ 경계값을 입력할 경우 요구된 출력 결과가 나오지 않는 경우

전문가의 조언
화이트박스 테스트를 통해서만 루프 내 문장의 수행 여부를 확인할 수 있습니다.

병행학습
블랙박스 테스트(Black Box Test)
- 소프트웨어가 수행할 특정 기능을 알기 위해서 각 기능이 완전히 작동되는 것을 입증하는 테스트로, 기능 테스트라고도 한다.
- 프로그램의 구조를 고려하지 않기 때문에 테스트 케이스는 프로그램 또는 모듈의 요구나 명세를 기초로 결정한다.
- 소프트웨어 인터페이스에서 실시되는 테스트이다.
- 부정확하거나 누락된 기능, 인터페이스 오류, 자료 구조나 외부 데이터베이스 접근에 따른 오류, 행위나 성능 오류, 초기화와 종료 오류 등을 발견하기 위해 사용되며, 테스트 과정의 후반부에 적용된다.
- 종류 : 동치 분할 검사, 경계값 분석, 원인-효과 그래프 검사, 오류 예측 검사, 비교 검사 등

화이트박스 테스트(White Box Test)
- 모듈의 원시 코드를 오픈시킨 상태에서 원시 코드의 논리적인 모든 경로를 테스트하여 테스트 케이스를 설계하는 방법이다.
- 설계된 절차에 초점을 둔 구조적 테스트로 프로시저 설계의 제어 구조를 사용하여 테스트 케이스를 설계하며, 테스트 과정의 초기에 적용된다.
- 모듈 안의 작동을 직접 관찰한다.
- 원시 코드(모듈)의 모든 문장을 한 번 이상 실행함으로써 수행된다.
- 프로그램의 제어 구조에 따라 선택, 반복 등의 분기점 부분들을 수행함으로써 논리적 경로를 제어한다.
- 종류 : 기초 경로 검사, 제어 구조 검사(조건 검사, 루프 검사, 데이터 흐름 검사) 등

등급 C

29. 버전 관리 항목 중 저장소에 새로운 버전의 파일로 갱신하는 것을 의미하는 용어는?
① 형상 감사(Configuration Audit)
② 롤백(Rollback)
③ 단위 테스트(Unit Test)
④ 체크인(Check-In)

전문가의 조언
체크아웃 한 파일의 수정을 완료한 후 저장소(Repository)의 파일을 새로운 버전으로 갱신하는 것을 의미하는 용어는 체크인(Check-In)입니다.

병행학습 소프트웨어의 버전 등록 관련 주요 용어

- 저장소(Repository) : 최신 버전의 파일들과 변경 내역에 대한 정보들이 저장되어 있는 곳
- 가져오기(Import) : 버전 관리가 되고 있지 않은 아무것도 없는 저장소(Repository)에 처음으로 파일을 복사함
- 체크아웃(Check-Out) : 저장소(Repository)에서 소스 파일과 함께 버전 관리를 위한 파일들을 받아옴
- 체크인(Check-In) : 체크아웃 한 파일의 수정을 완료한 후 저장소(Repository)의 파일을 새로운 버전으로 갱신함
- 커밋(Commit) : 체크인을 수행할 때 이전에 갱신된 내용이 있는 경우에는 충돌(Conflict)을 알리고 diff 도구를 이용해 수정한 후 갱신을 완료함
- 동기화(Update) : 저장소에 있는 최신 버전으로 자신의 작업 공간을 동기화함

등급 B

30. 다음 트리의 차수(Degree)와 단말 노드(Terminal Node)의 수는?

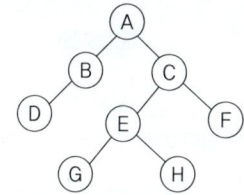

① 차수 : 4, 단말 노드 : 4
② 차수 : 2, 단말 노드 : 4
③ 차수 : 4, 단말 노드 : 8
④ 차수 : 2, 단말 노드 : 8

전문가의 조언
- 트리의 차수(Degree)는 가장 차수가 많은 노드의 차수이고, 단말 노드(Terminal Node)는 자식이 하나도 없는 노드입니다.
- A, C, E의 차수 2가 차수 중 가장 높으므로 트리의 차수는 2가 되고, 자식이 하나도 없는 노드는 D, G, H, F로 총 4개가 됩니다.

등급 C

31. 다음 중 인터페이스 구현 검증 도구에 대한 설명으로 옳지 않은 것은?

① STAF : Ruby를 사용하는 애플리케이션 테스트 프레임워크이다.
② xUnit : NUnit, JUnit 등 다양한 언어를 지원하는 단위 테스트 프레임워크이다.

③ FitNesse : 웹 기반 테스트케이스 설계, 실행, 결과 확인 등을 지원하는 테스트 프레임워크이다.
④ NTAF : Naver의 테스트 자동화 프레임워크로, FitNesse와 STAF을 통합하였다.

전문가의 조언
- STAF는 서비스 호출 및 컴포넌트 재사용 등 다양한 환경을 지원하는 테스트 프레임워크입니다.
- ①번은 watir에 대한 설명입니다.

병행학습 인터페이스 구현 검증 도구

- xUnit : Java(Junit), C++(Cppunit), .Net(Nunit), Http(HttpUnit) 등 다양한 언어를 지원하는 단위 테스트 프레임워크
- STAF : 서비스 호출 및 컴포넌트 재사용 등 다양한 환경을 지원하는 테스트 프레임워크
- FitNesse : 웹 기반 테스트케이스 설계, 실행, 결과 확인 등을 지원하는 테스트 프레임워크
- NTAF : FitNesse의 장점인 협업 기능과 STAF의 장점인 재사용 및 확장성을 통합한 NHN(Naver)의 테스트 자동화 프레임워크
- Selenium : 다양한 브라우저 및 개발 언어를 지원하는 웹 애플리케이션 테스트 프레임워크
- watir : Ruby를 사용하는 애플리케이션 테스트 프레임워크

등급 B

32. 테스트 결과가 올바른지 판단하기 위해 사용되는 것은?
① 테스트 오라클   ② 테스트 시나리오
③ 테스트 케이스   ④ 테스트 데이터

전문가의 조언
테스트 결과가 올바른지 판단하기 위해 사전에 정의된 참 값을 대입하여 비교하는 기법 및 활동을 테스트 오라클(Test Oracle)이라고 합니다.

병행학습
- 테스트 시나리오(Test Scenario) : 테스트 케이스를 적용하는 순서에 따라 여러 개의 테스트 케이스들을 묶은 집합으로, 테스트 케이스들을 적용하는 구체적인 절차를 명세한 문서
- 테스트 케이스(Test Case) : 구현된 소프트웨어가 사용자의 요구사항을 정확하게 준수했는지를 확인하기 위해 설계된 입력 값, 실행 조건, 기대 결과 등으로 구성된 테스트 항목에 대한 명세서
- 테스트 데이터(Test Data) : 시스템의 기능이나 적합성 등을 테스트하기 위해 만든 데이터 집합으로, 소프트웨어의 기능을 차례대로 테스트할 수 있도록 만든 데이터

33. 양방향에서 입·출력이 가능한 선형 자료 구조로 2개의 포인터를 이용하여 리스트의 양쪽 끝 모두에서 삽입·삭제가 가능한 것은?

① Stack ② Queue
③ Deque ④ Tree

전문가의 조언
리스트의 양쪽 끝에서 삽입과 삭제가 모두 가능한 자료 구조는 데크(Deque)입니다.

병행학습
- 스택(Stack) : 리스트의 한쪽 끝으로만 자료의 삽입, 삭제 작업이 이루어지는 자료 구조
- 큐(Queue) : 리스트의 한쪽에서는 삽입 작업이 이루어지고 다른 한쪽에서는 삭제 작업이 이루어지도록 구성한 자료 구조
- 트리(Tree) : 정점(Node, 노드)과 선분(Branch, 가지)을 이용하여 사이클을 이루지 않도록 구성한 그래프(Graph)의 특수한 형태

34. 정점이 5개인 방향 그래프가 가질 수 있는 최대 간선 수는? (단, 자기 간선과 중복 간선은 배제한다.)

① 7개 ② 10개
③ 20개 ④ 27개

전문가의 조언
n개의 정점으로 구성된 방향 그래프에서 최대 간선 수는 n(n-1)이므로, 5(5-1) = 20개입니다.

35. DBMS의 필수 기능 중 모든 응용 프로그램들이 요구하는 데이터 구조를 지원하기 위해 데이터베이스에 저장될 데이터 타입과 구조에 대한 정의, 이용 방식, 제약 조건 등을 명시하는 기능은?

① 정의 기능 ② 조작 기능
③ 제어 기능 ④ 절차 기능

전문가의 조언
문제의 내용에 해당하는 DBMS 필수 기능은 정의 기능입니다.

병행학습 DBMS의 필수 기능
- 정의(Definition) 기능 : 모든 응용 프로그램들이 요구하는 데이터 구조를 지원하기 위해 데이터베이스에 저장될 데이터의 형(Type)과 구조에 대한 정의, 이용 방식, 제약 조건 등을 명시하는 기능
- 조작(Manipulation) 기능 : 데이터 검색, 갱신, 삽입, 삭제 등을 체계적으로 처리하기 위해 사용자와 데이터베이스 사이의 인터페이스 수단을 제공하는 기능
- 제어(Control) 기능
  - 데이터베이스를 접근하는 갱신, 삽입, 삭제 작업이 정확하게 수행되어 데이터의 무결성이 유지되도록 제어해야 한다.
  - 정당한 사용자가 허가된 데이터만 접근할 수 있도록 보안(Security)을 유지하고 권한(Authority)을 검사할 수 있어야 한다.
  - 여러 사용자가 데이터베이스를 동시에 접근하여 데이터를 처리할 때 처리 결과가 항상 정확성을 유지하도록 병행 제어(Concurrency Control)를 할 수 있어야 한다.

36. 순서가 A, B, C, D로 정해진 입력 자료를 스택에 입력한 후 출력한 결과로 불가능한 것은?

① D, C, B, A ② B, C, D, A
③ C, B, A, D ④ D, B, C, A

전문가의 조언
- 이 문제는 문제의 자료가 각 보기의 순서대로 출력되는지 스택을 이용해 직접 입·출력을 수행해 보면 됩니다.
- PUSH는 스택에 자료를 입력하는 명령이고, POP은 스택에서 자료를 출력하는 명령입니다.
- 먼저 ①번을 살펴보도록 하겠습니다.

PUSH A → PUSH B → PUSH C → PUSH D → POP D → POP C → POP B → POP A
결과: D, DC, DCB, DCBA

- ④번은 D를 출력한 후 B를 출력해야 하는데, C를 출력하지 않고는 B를 출력할 수 없으므로 불가능합니다.

PUSH A → PUSH B → PUSH C → PUSH D → POP D → POP B(불가능)

37. 버블 정렬을 이용한 오름차순 정렬시 다음 자료에 대한 1회전 후의 결과는?

9, 6, 7, 3, 5

① 6, 3, 5, 7, 9
② 6, 7, 3, 5, 9
③ 3, 5, 6, 7, 9
④ 6, 9, 7, 3, 5

전문가의 조언
버블 정렬은 주어진 파일에서 인접한 두 개의 레코드 키 값을 비교하여 그 크기에 따라 레코드 위치를 서로 교환하는 정렬 방식으로 다음과 같은 과정으로 진행됩니다.

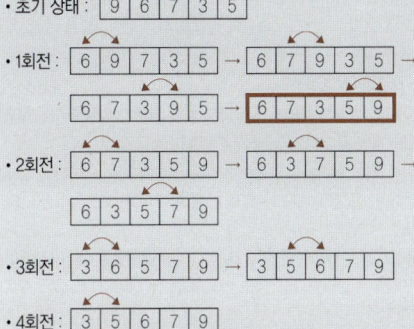

38. 소프트웨어 패키징에 대한 설명으로 틀린 것은?

① 패키징은 개발자 중심으로 진행한다.
② 신규 및 변경 개발소스를 식별하고, 이를 모듈화하여 상용제품으로 패키징한다.
③ 고객의 편의성을 위해 매뉴얼 및 버전관리를 지속적으로 한다.
④ 범용 환경에서 사용이 가능하도록 일반적인 배포 형태로 패키징이 진행된다.

전문가의 조언
소프트웨어 패키징은 개발자가 아니라 사용자를 중심으로 진행합니다.

소프트웨어 패키징
- 모듈별로 생성한 실행 파일들을 묶어 배포용 설치 파일을 만드는 것을 말한다.
- 개발자가 아니라 사용자를 중심으로 진행한다.
- 소스 코드는 향후 관리를 고려하여 모듈화하여 패키징한다.
- 사용자가 소프트웨어를 사용하게 될 환경을 이해하여, 다양한 환경에서 소프트웨어를 손쉽게 사용할 수 있도록 일반적인 배포 형태로 패키징한다.

39. 스택(Stack)에 대한 옳은 내용으로만 나열된 것은?

㉠ FIFO 방식으로 처리된다.
㉡ 순서 리스트의 뒤(Rear)에서 노드가 삽입되며, 앞(Front)에서 노드가 제거된다.
㉢ 선형 리스트의 양쪽 끝에서 삽입과 삭제가 모두 가능한 자료 구조이다.
㉣ 인터럽트 처리, 서브루틴 호출 작업 등에 응용된다.

① ㉠, ㉡
② ㉡, ㉢
③ ㉣
④ ㉠, ㉡, ㉢, ㉣

전문가의 조언
스택(Stack)의 내용으로 옳은 것은 ㉣입니다.
㉠ 스택은 후입선출(LIFO; Last In First Out) 방식으로 자료를 처리합니다.
㉡ 큐(Queue)에 대한 설명입니다.
㉢ 데크(Deque)에 대한 설명입니다.

스택(Stack)
- 리스트의 한쪽 끝으로만 자료의 삽입, 삭제 작업이 이루어지는 자료 구조이다.
- 스택은 가장 나중에 삽입된 자료가 가장 먼저 삭제되는 후입선출(LIFO; Last In First Out) 방식으로 자료를 처리한다.
- 스택의 모든 기억 공간이 꽉 채워져 있는 상태에서 데이터가 삽입되면 오버플로(Overflow)가 발생하며, 더 이상 삭제할 데이터가 없는 상태에서 데이터를 삭제하면 언더플로(Underflow)가 발생한다.
- 스택의 응용 분야
  - 함수 호출의 순서 제어
  - 인터럽트의 처리
  - 수식 계산 및 수식 표기법
  - 컴파일러를 이용한 언어 번역
  - 부 프로그램 호출 시 복귀주소 저장
  - 서브루틴 호출 및 복귀 주소 저장

정답 37.② 38.① 39.③

등급 C

40. 제어흐름 그래프가 다음과 같을 때 McCabe의 cyclomatic 수는 얼마인가?

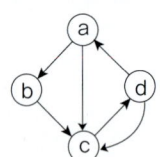

① 3
② 4
③ 5
④ 6

전문가의 조언
제어 흐름도에서 순환복잡도(cyclomatic)는 다음과 같이 2가지 방법으로 계산할 수 있습니다.
[방법 1] 영역 수 계산
내부 영역 3(❶, ❷, ❸) + 외부 영역 1(❹) = 4

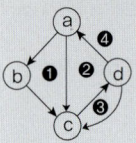

[방법 2] V(G) = E − N + 2(E는 화살표 수, N은 노드 수)
V(G) = 6 − 4 + 2 = 4

3과목 데이터베이스 구축

등급 B

41. CREATE TABLE문에 포함되지 않는 기능은?
① 속성 타입 변경
② 속성의 NOT NULL 여부 지정
③ 기본키를 구성하는 속성 지정
④ CHECK 제약조건의 정의

전문가의 조언
• CREATE TABLE문에서는 속성 타입을 변경할 수 없습니다.
• 테이블의 속성 타입 변경은 ALTER TABLE로 수행합니다.

병행학습 CREATE TABLE
• CREATE TABLE은 테이블을 정의하는 명령문이다.
• 표기 형식

```
CREATE TABLE 테이블명
(속성명 데이터_타입 [DEFAULT 기본값] [NOT NULL], …
[, PRIMARY KEY(기본키_속성명, …)]
[, UNIQUE(대체키_속성명, …)]
[, FOREIGN KEY(외래키_속성명, …)]
[REFERENCES 참조테이블(기본키_속성명, …)]
[ON DELETE 옵션]
[ON UPDATE 옵션]
[, CONSTRAINT 제약조건명] [CHECK (조건식)]);
```

• 기본 테이블에 포함될 모든 속성에 대하여 속성명과 그 속성의 데이터 타입, 기본값, NOT NULL 여부를 지정한다.
• PRIMARY KEY : 기본키로 사용할 속성 또는 속성의 집합을 지정함
• UNIQUE : 대체키로 사용할 속성 또는 속성의 집합을 지정하는 것으로 UNIQUE로 지정한 속성은 중복된 값을 가질 수 없음
• FOREIGN KEY ~ REFERENCES ~
  − 참조할 다른 테이블과 그 테이블을 참조할 때 사용할 외래키 속성을 지정한다.
  − 외래키가 지정되면 참조 무결성의 CASCADE 법칙이 적용된다.
  − ON DELETE 옵션 : 참조 테이블의 튜플이 삭제되었을 때 기본 테이블에 취해야 할 사항을 지정하며, 옵션에는 NO ACTION, CASCADE, SET NULL, SET DEFAULT가 있음
  − ON UPDATE 옵션 : 참조 테이블의 참조 속성 값이 변경되었을 때 기본 테이블에 취해야 할 사항을 지정하며, 옵션에는 NO ACTION, CASCADE, SET NULL, SET DEFAULT가 있음
• CONSTRAINT : 제약 조건의 이름을 지정함. 이름을 지정할 필요가 없으면 CHECK 절만 사용하여 속성 값에 대한 제약 조건을 명시함
• CHECK : 속성 값에 대한 제약 조건을 정의함

등급 B

42. 테이블 두 개를 조인하여 뷰 V_1을 정의하고, V_1을 이용하여 뷰 V_2를 정의하였다. 다음 명령 수행 후 결과로 옳은 것은?

```
DROP VIEW V_1 CASCADE;
```

① V_1만 삭제된다.
② V_2만 삭제된다.
③ V_1과 V_2 모두 삭제된다.
④ V_1과 V_2 모두 삭제되지 않는다.

전문가의 조언
CASCADE는 삭제할 요소를 참조하는 다른 모든 개체를 함께 삭제하므로 V_1을 삭제하면 V_2도 함께 삭제됩니다.

병행학습 DROP 옵션
- CASCADE : 제거할 요소를 참조하는 다른 모든 개체를 함께 제거함. 즉 주 테이블의 데이터 제거 시 각 외래키와 관계를 맺고 있는 모든 데이터를 제거하는 참조 무결성 제약 조건을 설정하기 위해 사용됨
- RESTRICTED : 다른 개체가 제거할 요소를 참조중일 때는 제거를 취소함

등급 C

43. 관계해석에서 '모든 것에 대하여'의 의미를 나타내는 논리 기호는?

① ∃　　　　　② ∈
③ ∀　　　　　④ ⊂

전문가의 조언
관계해석에서 '모든 것에 대하여(For All)'의 의미를 나타내는 연산자는 '∀'입니다.
- ∃ : 하나라도 일치하는 튜플이 있음(There Exists)

병행학습 관계해석 관련 기호

기호	구성요소	설명
∨	OR 연산	두 식을 '또는'이라는 관계로 연결
∧	AND 연산	두 식을 '그리고'라는 관계로 연결
¬	NOT 연산	식에 대한 부정
∀	전칭 정량자	가능한 모든 튜플에 대하여(For All)
∃	존재 정량자	하나라도 일치하는 튜플이 있음(There Exists)

등급 A

44. 다음 SQL문의 실행 결과로 생성되는 튜플 수는?

```
SELECT 급여 FROM 사원;
```

〈사원〉 테이블

사원ID	사원명	급여	부서ID
101	박철수	30000	1
102	한나라	35000	2
103	김갑동	40000	3
104	이구수	35000	2
105	최초록	40000	3

① 1　　　　② 3
③ 4　　　　④ 5

전문가의 조언
- SELECT 급여 : '급여' 필드를 표시합니다.
- FROM 사원 : 〈사원〉 테이블의 자료를 검색합니다.
- ∴ WHERE문이 없으므로 〈사원〉 테이블에서 '급여' 필드의 전체 레코드를 검색합니다.

〈실행 결과〉

급여
30000
35000
40000
35000
40000

병행학습 SELECT문의 일반 형식

```
SELECT Predicate [테이블명.]속성명1, [테이블명.]속성명2,…
FROM 테이블명1, 테이블명2,…
[WHERE 조건]
[GROUP BY 속성명1, 속성명2,…]
[HAVING 조건]
[ORDER BY 속성명 [ASC | DESC]];
```

- SELECT절
  - Predicate : 불러올 튜플 수를 제한할 명령어
    ▶ DISTINCT : 중복된 튜플이 있으면 그 중 첫 번째 한 개만 검색
  - 속성명 : 검색하여 불러올 속성(열) 또는 속성을 이용한 수식
- FROM절 : 질의에 의해 검색될 데이터들을 포함하는 테이블명
- WHERE절 : 검색할 조건
- GROUP BY절 : 특정 속성을 기준으로 그룹화하여 검색할 때 그룹화 할 속성

- HAVING절 : 그룹에 대한 조건
- ORDER BY절
  - 특정 속성을 기준으로 정렬하여 검색할 때 사용
  - 속성명 : 정렬의 기준이 되는 속성명
  - [ASC | DESC] : 정렬 방식(ASC는 오름차순, DESC 또는 생략하면 내림차순)

등급 C

45. 다음 중 Hash 파티셔닝에 대한 설명으로 옳은 것을 모두 고른 것은?

㉠ 지정한 열의 값을 기준으로 범위를 지정하여 분할
㉡ 데이터를 고르게 분산할 때 유용
㉢ 데이터가 고른 컬럼에 효과적
㉣ 해시 함수를 이용하여 데이터 분할

① ㉠, ㉡, ㉢, ㉣
② ㉠, ㉡, ㉢
③ ㉠, ㉣
④ ㉡, ㉢, ㉣

전문가의 조언
- 문제의 지문에서 해시 분할(Hash Partitioning)에 대한 설명으로 옳은 것은 ㉡, ㉢, ㉣입니다.
- ㉠은 범위 분할(Range Partitioning)에 대한 설명입니다.

병행학습 파티션의 종류
- 범위 분할(Range Partitioning)
  - 지정한 열 값의 기준으로 범위를 지정하여 분할한다.
  - 예) 일별, 월별, 분기별 등
- 해시 분할(Hash Partitioning)
  - 해시 함수를 적용한 결과 값에 따라 데이터를 분할한다.
  - 특정 파티션에 데이터가 집중되는 범위 분할의 단점을 보완한 것으로, 데이터를 고르게 분산할 때 유용하다.
  - 특정 데이터가 어디에 있는지 판단할 수 없다.
  - 고객번호, 주민번호 등과 같이 데이터가 고른 컬럼에 효과적이다.
- 조합 분할(Composite Partitioning)
  - 범위 분할로 분할한 다음 해시 함수를 적용하여 다시 분할하는 방식이다.
  - 범위 분할한 파티션이 너무 커서 관리가 어려울 때 유용하다.
- 목록 분할(List Partitioning)
  - 지정한 열 값에 대한 목록을 만들어 이를 기준으로 분할한다.
  - 예) '국가'라는 열에 '한국', '미국', '일본'이 있는 경우 '미국'을 제외할 목적으로 '아시아'라는 목록을 만들어 분할한다.
- 라운드 로빈 분할(Round Robin Partitioning)
  - 레코드를 균일하게 분배하는 방식이다.
  - 각 레코드가 순차적으로 분배되며, 기본키가 필요없다.

등급 D

46. 다음 설명에 부합하는 용어로 옳은 것은?

장비 고장 등의 비상사태에도 데이터가 보존되도록 복사하는 작업

① 복원   ② 백업
③ 복구   ④ 정규화

전문가의 조언
비상사태에도 데이터가 보존되도록 복사하여 사본을 만들어 두는 작업을 백업(Backup)이라고 합니다.

등급 B

47. 데이터베이스에서 개념적 설계 단계에 대한 설명으로 틀린 것은?
① 산출물로 E-R Diagram을 만들 수 있다.
② DBMS에 독립적인 개념 스키마를 설계한다.
③ 트랜잭션 인터페이스를 설계 및 작성한다.
④ 논리적 설계 단계의 앞 단계에서 수행된다.

전문가의 조언
트랜잭션의 인터페이스 설계는 논리적 설계 단계에서 수행하는 작업입니다.

병행학습
개념적 설계(정보 모델링, 개념화)
- 정보의 구조를 얻기 위하여 현실 세계의 무한성과 계속성을 이해하고, 다른 사람과 통신하기 위하여 현실 세계에 대한 인식을 추상적 개념으로 표현하는 과정이다.
- 개념적 설계 단계에서는 개념 스키마 모델링과 트랜잭션 모델링을 병행 수행한다.
- 개념적 설계 단계에서는 요구 분석 단계에서 나온 결과인 요구 조건 명세를 DBMS에 독립적인 E-R 다이어그램으로 작성한다.
- DBMS에 독립적인 개념 스키마를 설계한다.

논리적 설계(데이터 모델링)
- 현실 세계에서 발생하는 자료를 컴퓨터가 이해하고 처리할 수 있는 물리적 저장 장치에 저장할 수 있도록 변환하기 위해 특정 DBMS가 지원하는 논리적 자료 구조로 변환시키는 과정이다.
- 개념 세계의 데이터를 필드로 기술된 데이터 타입과 이 데이터 타입들 간의 관계로 표현되는 논리적 구조의 데이터로 모델화한다.
- 개념적 설계가 개념 스키마를 설계하는 단계라면 논리적 설계에서는 개념 스키마를 평가 및 정제하고 DBMS에 따라 서로 다른 논리적 스키마를 설계하는 단계이다.
- 트랜잭션의 인터페이스를 설계한다.
- 관계형 데이터베이스라면 테이블을 설계하는 단계이다.

물리적 설계 (데이터 구조화)

- 논리적 설계 단계에서 논리적 구조로 표현된 데이터를 디스크 등의 물리적 저장 장치에 저장할 수 있는 물리적 구조의 데이터로 변환하는 과정이다.
- 물리적 설계 단계에서는 다양한 데이터베이스 응용에 대해 처리 성능을 얻기 위해 데이터베이스 파일의 저장 구조 및 액세스 경로를 결정한다.
- 저장 레코드의 양식, 순서, 접근 경로, 조회가 집중되는 레코드와 같은 정보를 사용하여 데이터가 컴퓨터에 저장되는 방법을 묘사한다.
- 물리적 설계 시 고려할 사항 : 트랜잭션 처리량, 응답 시간, 디스크 용량, 저장 공간의 효율화 등

등급 B

48. 테이블 R과 S에 대한 다음의 SQL문이 실행되었을 때, 실행 결과로 옳은 것은?

R			S	
A	B		A	B
1	A		1	A
3	B		2	A

```
SELECT A FROM R
UNION ALL
SELECT A FROM S;
```

① 1

② 3
　2

③ 1
　3

④ 1
　3
　1
　2

전문가의 조언
- SQL문의 실행 결과로 옳은 것은 ④번입니다.
- 문제에 제시된 질의문은 집합 연산자 UNION ALL을 이용한 통합 질의로, 여러 테이블의 필드 값을 통합하여 표시하되 중복된 레코드도 그대로 표시합니다.

병행학습 집합 연산자의 종류(통합 질의의 종류)

집합 연산자	설명	집합 종류
UNION	• 두 SELECT문의 조회 결과를 통합하여 모두 출력함 • 중복된 행은 한 번만 출력함	합집합
UNION ALL	• 두 SELECT문의 조회 결과를 통합하여 모두 출력함 • 중복된 행도 그대로 출력함	합집합
INTERSECT	두 SELECT문의 조회 결과 중 공통된 행만 출력함	교집합
EXCEPT	첫 번째 SELECT문의 조회 결과에서 두 번째 SELECT문의 조회 결과를 제외한 행을 출력함	차집합

등급 A

49. 제3정규형(3NF)에서 BCNF(Boyce-Codd Normal Form)가 되기 위한 조건은?

① 결정자가 후보키가 아닌 함수 종속 제거
② 이행적 함수 종속 제거
③ 부분적 함수 종속 제거
④ 원자값이 아닌 도메인 분해

전문가의 조언
- '도부이걸조'에서 '걸'에 해당합니다.
- 3정규형(3NF)이 BCNF(Boyce-Codd Normal Form)가 되기 위해서는 결정자이면서 후보키가 아닌 것을 모두 제거해야 합니다.

병행학습 정규화 과정

비정규 릴레이션
↓ 도메인이 원자값
1NF
↓ 부분적 함수 종속 제거
2NF
↓ 이행적 함수 종속 제거
3NF
↓ 결정자이면서 후보키가 아닌 것 제거
BCNF
↓ 다치 종속 제거
4NF
↓ 조인 종속성 이용
5NF

정규화 단계 암기 요령
두부를 좋아하는 정규화가 두부가게에 가서 가게에 있는 두부를 다 달라고 말하니 주인이 깜짝 놀라며 말했다.

두부이걸다줘? ≒ 도부이걸다조

도메인이 원자값
부분적 함수 종속 제거
이행적 함수 종속 제거
걸정자이면서 후보키가 아닌 것 제거
다치 종속 제거
조인 종속성 이용

등급 B

50. 관계 데이터 모델의 무결성 제약 중 기본키 값의 속성 값이 널(Null) 값이 아닌 원자 값을 갖는 성질은?

① 개체 무결성　② 참조 무결성
③ 도메인 무결성　④ 튜플의 유일성

전문가의 조언
관계 데이터 모델의 무결성 제약 중 기본키 값의 속성 값이 널(Null) 값이 아닌 원자 값을 갖는 성질을 개체 무결성이라고 합니다.

병행학습 무결성의 종류

- 개체 무결성(Entity Integrity, 실체 무결성) : 기본 테이블의 기본키를 구성하는 어떤 속성도 Null 값이나 중복값을 가질 수 없다는 규정
- 도메인 무결성(Domain Integrity, 영역 무결성) : 주어진 속성 값이 정의된 도메인에 속한 값이어야 한다는 규정
- 참조 무결성(Referential Integrity) : 외래키 값은 Null이거나 참조 릴레이션의 기본키 값과 동일해야 하고, 릴레이션은 참조할 수 없는 외래키 값을 가질 수 없다는 규정
- 사용자 정의 무결성(User-Defined Integrity) : 속성 값들이 사용자가 정의한 제약 조건에 만족해야 한다는 규정

전문가의 조언
원자성(Atomicity)은 트랜잭션의 연산이 데이터베이스에 모두 반영되든지 아니면 전혀 반영되지 않아야 한다는 성질을 의미합니다. 즉 트랜잭션의 연산은 일부만 반영되어서는 안됩니다.

병행학습 트랜잭션의 특성
- Atomicity(원자성)
  - 트랜잭션의 연산은 데이터베이스에 모두 반영되도록 완료(Commit)되든지 아니면 전혀 반영되지 않도록 복구(Rollback)되어야 한다.
  - 트랜잭션 내의 모든 명령은 반드시 완벽히 수행되어야 하며, 모두가 완벽히 수행되지 않고 어느 하나라도 오류가 발생하면 트랜잭션 전부가 취소되어야 한다.
- Consistency(일관성)
  - 트랜잭션이 그 실행을 성공적으로 완료하면 언제나 일관성 있는 데이터베이스 상태로 변환한다.
  - 시스템이 가지고 있는 고정 요소는 트랜잭션 수행 전과 트랜잭션 수행 완료 후의 상태가 같아야 한다.
- Isolation(독립성, 격리성, 순차성)
  - 둘 이상의 트랜잭션이 동시에 병행 실행되는 경우 어느 하나의 트랜잭션 실행 중에 다른 트랜잭션의 연산이 끼어들 수 없다.
  - 수행중인 트랜잭션은 완전히 완료될 때까지 다른 트랜잭션에서 수행 결과를 참조할 수 없다.
- Durability(영속성, 지속성) : 성공적으로 완료된 트랜잭션의 결과는 시스템이 고장나더라도 영구적으로 반영되어야 함

등급 B

51. 병행제어의 로킹(Locking) 단위에 대한 설명으로 옳지 않은 것은?

① 데이터베이스, 파일, 레코드 등은 로킹 단위가 될 수 있다.
② 로킹 단위가 작아지면 로킹 오버헤드가 증가한다.
③ 한꺼번에 로킹할 수 있는 단위를 로킹 단위라고 한다.
④ 로킹 단위가 작아지면 병행성 수준이 낮아진다.

전문가의 조언
로킹 단위가 작아지면 병행성 수준이 높아지고, 데이터베이스 공유도가 증가합니다.

병행학습 로킹 단위(Locking Granularity)
- 병행제어에서 한꺼번에 로킹할 수 있는 객체의 크기를 의미한다.
- 데이터베이스, 파일, 레코드, 필드 등은 로킹 단위가 될 수 있다.
- 로킹 단위가 크면 로크 수가 작아 관리하기 쉽지만 병행성 수준이 낮아지고 데이터베이스 공유도가 저하된다.
- 로킹 단위가 작으면 로크 수가 많아 관리하기 복잡해 오버헤드가 증가하지만 병행성 수준이 높아지고, 데이터베이스 공유도가 증가한다.

등급 A

52. 트랜잭션의 정의 및 특징이 아닌 것은?

① 한꺼번에 수행되어야 할 일련의 데이터베이스 연산 집합
② 사용자의 시스템에 대한 서비스 요구 시 시스템의 상태 변환 과정의 작업 단위
③ 병행 제어 및 회복 작업의 논리적 작업 단위
④ 트랜잭션의 연산이 데이터베이스에 모두 반영되지 않고 일부만 반영시키는 원자성의 성질

등급 B

53. 테이블의 기본키(Primary Key)로 지정된 속성에 관한 설명으로 가장 거리가 먼 것은?

① NOT NULL로 널 값을 가지지 않는다.
② 릴레이션에서 튜플을 구별할 수 있다.
③ 외래키로 참조될 수 있다.
④ 검색할 때 반드시 필요하다.

전문가의 조언
기본키가 지정되어 있지 않아도 검색할 수 있습니다.

54. DELETE 명령에 대한 설명으로 틀린 것은? 등급 A

① 테이블의 행을 삭제할 때 사용한다.
② WHERE 조건절이 없는 DELETE 명령을 수행하면 DROP TABLE 명령을 수행했을 때와 동일한 효과를 얻을 수 있다.
③ SQL을 사용 용도에 따라 분류할 경우 DML에 해당한다.
④ 기본 사용 형식은 "DELETE FROM 테이블 [WHERE 조건];" 이다.

전문가의 조언
- DROP은 테이블을 삭제하고, DELETE는 레코드를 삭제하는 명령문입니다.
- DELETE에 WHERE 조건절을 생략하면 테이블은 남아있고 테이블 안에 있는 모든 레코드가 삭제됩니다.

병행학습 삭제문(DELETE FROM~)
- 삭제문은 기본 테이블에 있는 튜플들 중에서 특정 튜플(행)을 삭제할 때 사용한다.
- 일반 형식

```
DELETE
FROM 테이블명
[WHERE 조건];
```

- 모든 레코드를 삭제할 때는 WHERE절을 생략한다.
- 모든 레코드를 삭제하더라도 테이블 구조는 남아 있기 때문에 디스크에서 테이블을 완전히 제거하는 DROP과는 다르다.

55. 관계 대수식을 SQL 질의로 옳게 표현한 것은? 등급 A

$$\pi_{이름}(\sigma_{학과='교육'}(학생))$$

① SELECT 학생 FROM 이름 WHERE 학과 = '교육';
② SELECT 이름 FROM 학생 WHERE 학과 = '교육';
③ SELECT 교육 FROM 학과 WHERE 이름 = '학생';
④ SELECT 학과 FROM 학생 WHERE 이름 = '교육';

전문가의 조언
- π 이름 : '이름' 필드를 표시합니다.
- σ 학과 = '교육' : '학과'가 "교육"인 자료만을 대상으로 합니다.
- (학생) : 〈학생〉 테이블의 자료를 검색합니다.
∴ 교육과 학생의 '이름'을 검색합니다.

56. 정규화의 목적으로 옳지 않은 것은? 등급 A

① 어떠한 릴레이션이라도 데이터베이스 내에서 표현 가능하게 만든다.
② 데이터 삽입시 릴레이션을 재구성할 필요성을 줄인다.
③ 중복을 배제하여 삽입, 삭제, 갱신 이상의 발생을 야기한다.
④ 효과적인 검색 알고리즘을 생성할 수 있다.

전문가의 조언
정규화의 목적 중 하나는 중복을 배제하여 삽입, 삭제, 갱신 이상의 발생을 야기하는 것이 아니라 방지하는 것입니다.

병행학습 정규화(Normalization)의 개념 및 목적
- 정규화란 함수적 종속성 등의 종속성 이론을 이용하여 잘못 설계된 관계형 스키마를 더 작은 속성의 세트로 쪼개어 바람직한 스키마로 만들어 가는 과정이다.
- 데이터 구조의 안정성 및 무결성을 유지한다.
- 어떠한 릴레이션이라도 데이터베이스 내에서 표현 가능하게 만든다.
- 효과적인 검색 알고리즘을 생성할 수 있다.
- 데이터 중복을 배제하여 이상(Anomaly)의 발생 방지 및 자료 저장 공간의 최소화가 가능하다.
- 데이터 삽입 시 릴레이션을 재구성할 필요성을 줄인다.
- 데이터 모형의 단순화가 가능하다.
- 속성의 배열 상태 검증이 가능하다.
- 개체와 속성의 누락 여부 확인이 가능하다.
- 자료 검색과 추출의 효율성을 추구한다.

57. 다음 관계형 데이터 모델에 대한 설명으로 옳은 것은? 등급 B

고객ID	고객이름	거주도시
S1	홍길동	서울
S2	이정재	인천
S3	신보라	인천
S4	김흥국	서울
S5	도요새	용인

① Relation 3개, Attribute 3개, Tuple 5개
② Relation 3개, Attribute 5개, Tuple 3개
③ Relation 1개, Attribute 5개, Tuple 3개
④ Relation 1개, Attribute 3개, Tuple 5개

전문가의 조언
Relation은 테이블, Attribute는 테이블의 열, Tuple은 테이블의 행을 의미하므로, 문제에 제시된 표는 한 개의 릴레이션(Relation), 3개의 속성(Attribute), 5개의 튜플(Tuple)을 표현하고 있습니다.

병행학습
- **릴레이션(Relation)** : 데이터들을 표(Table)의 형태로 표현한 것으로 구조를 나타내는 릴레이션 스키마와 실제 값들인 릴레이션 인스턴스로 구성됨
- **튜플(Tuple)**
  - 릴레이션을 구성하는 각각의 행을 말한다.
  - 튜플은 속성의 모임으로 구성된다.
  - 파일 구조에서 레코드와 같은 의미이다.
  - 튜플의 수를 카디널리티(Cardinality) 또는 기수, 대응수라고 한다.
- **속성(Attribute)**
  - 데이터베이스를 구성하는 가장 작은 논리적 단위이다.
  - 파일 구조상의 데이터 항목 또는 데이터 필드에 해당된다.
  - 속성은 개체의 특성을 기술한다.
  - 속성의 수를 디그리(Degree) 또는 차수라고 한다.

등급 C

59. 다음 중 데이터 모델에 표시해야 할 요소가 아닌 것은?

① Structure ② Operation
③ Constraint ④ Entity

전문가의 조언
데이터 모델에 표시해야 할 요소에는 구조(Structure), 연산(Operation), 제약 조건(Constraint)이 있습니다.

병행학습 데이터 모델에 표시해야 할 요소
- **구조(Structure)** : 논리적으로 표현된 개체 타입들 간의 관계로서 데이터 구조 및 정적 성질을 표현함
- **연산(Operation)** : 데이터베이스에 저장된 실제 데이터를 처리하는 작업에 대한 명세로서 데이터베이스를 조작하는 기본 도구
- **제약 조건(Constraint)** : 데이터베이스에 저장될 수 있는 실제 데이터의 논리적인 제약 조건

등급 A

58. 다음 중 DDL의 명령어로만 묶은 것은?

```
㉠ CREATE    ㉡ SELECT    ㉢ UPDATE
㉣ ALTER     ㉤ INSERT    ㉥ DROP
㉦ DELETE    ㉧ COMMIT
```

① ㉠, ㉣, ㉥
② ㉠, ㉢, ㉧
③ ㉡, ㉢, ㉤, ㉧
④ ㉡, ㉢, ㉥, ㉦

전문가의 조언
DDL(데이터 정의어)의 3가지 명령어는 CREATE, ALTER, DROP입니다.

병행학습
- **DML(데이터 조작어)** : SELECT, UPDATE, INSERT, DELETE
- **DCL(데이터 제어어)** : COMMIT, ROLLBACK, GRANT, REVOKE

---

60. 데이터의 중복으로 인하여 관계 연산을 처리할 때 예기치 못한 곤란한 현상이 발생하는 것을 무엇이라 하는가?

① 이상(Anomaly)
② 제한(Restriction)
③ 종속성(Dependency)
④ 변환(Translation)

전문가의 조언
데이터의 중복으로 인하여 곤란한 현상이 발생하는 것을 이상(Anomaly)이라고 합니다.

병행학습 이상(Anomaly)의 종류
- **삽입 이상(Insertion Anomaly)** : 릴레이션에 데이터를 삽입할 때 의도와는 상관없이 원하지 않은 값들도 함께 삽입되는 현상
- **삭제 이상(Deletion Anomaly)** : 릴레이션에서 한 튜플을 삭제할 때 의도와는 상관없는 값들도 함께 삭제되는 연쇄가 일어나는 현상
- **갱신 이상(Update Anomaly)** : 릴레이션에서 튜플에 있는 속성값을 갱신할 때 일부 튜플의 정보만 갱신되어 정보에 모순이 생기는 현상

정답 58.① 59.④ 60.①

4 과목 프로그래밍 언어 활용

등급 C

61. 한 개의 통신 회선에 여러 대의 단말장치가 연결되어 있는 형태를 가진 네트워크 토폴로지는 어떤 형인가?

① 그물형 ② 십자형
③ 버스형 ④ 링형

전문가의 조언
한 개의 통신 회선에 여러 대의 단말장치가 연결되어 있는 형태는 버스형입니다.

병행학습 통신망의 구성 형태
- 성형(Star, 중앙 집중형) : 중앙에 중앙 컴퓨터가 있고, 이를 중심으로 단말장치들이 연결되는 중앙 집중식의 네트워크 구성 형태
- 링형(Ring, 루프형) : 컴퓨터와 단말장치들을 서로 이웃하는 것끼리 포인트 투 포인트(Point-to-Point) 방식으로 연결시킨 형태
- 버스형(Bus) : 한 개의 통신 회선에 여러 대의 단말장치가 연결되어 있는 형태
- 계층형(Tree, 분산형) : 중앙 컴퓨터와 일정 지역의 단말장치까지는 하나의 통신 회선으로 연결시키고, 이웃하는 단말장치는 일정 지역 내에 설치된 중간 단말장치로부터 다시 연결시키는 형태
- 망형(Mesh) : 모든 지점의 컴퓨터와 단말장치를 서로 연결한 형태로, 노드의 연결성이 높음

등급 B

62. C언어에서 산술 연산자가 아닌 것은?
① %   ② *
③ <<   ④ /

전문가의 조언
《는 비트 연산자입니다.
- C언어의 산술 연산자에는 +, -, *, /, %가 있습니다.

병행학습 연산자의 종류
- 단항 연산자 : !(논리 not), ~(비트 not), ++(증가), --(감소), sizeof(기타)
- 이항 연산자
  - 산술 연산자 : *, /, %(나머지), +, -
  - 시프트 연산자 : <<, >>
  - 관계 연산자 : <, <=, >=, >, ==(같다), !=(같지 않다)
  - 비트 연산자 : &(비트 and), ^(비트 xor), |(비트 or)
  - 논리 연산자 : &&(논리 and), ||(논리 or)
- 삼항(조건) 연산자 : (조건식) ? (참) : (거짓)
- 대입 연산자 : =, +=, -=, *=, /=, %=, <<=, >>= 등
- 순서 연산자 : ,

등급 A

63. IPv6에 대한 설명으로 틀린 것은?
① 128비트의 주소 공간을 제공한다.
② 인증 및 보안 기능을 포함하고 있다.
③ 패킷 크기가 64Kbyte로 고정되어 있다.
④ IPv6 확장 헤더를 통해 네트워크 기능 확장이 용이하다.

전문가의 조언
- 패킷 크기가 64Kbyte로 고정되어 있는 것은 IPv4입니다.
- IPv6의 패킷 크기는 제한이 없습니다.

병행학습 IPv6(Internet Protocol version 6)
- 현재 사용하고 있는 IP 주소 체계인 IPv4의 주소 부족 문제를 해결하기 위해 개발되었다.
- 16비트씩 8부분, 총 128비트로 구성되어 있다.
- 각 부분을 16진수로 표현하고, 콜론(:)으로 구분한다.
- 패킷 헤더는 40옥텟(octet)의 고정된 길이를 갖는다.
- IPv4에 비해 자료 전송 속도가 빠르고, IPv4와 호환성이 뛰어나다.
- 인증성, 기밀성, 데이터 무결성의 지원으로 보안 문제를 해결할 수 있다.
- IPv6의 주소 체계

유니캐스트 (Unicast)	• 단일 송신자와 단일 수신자 간의 통신 • 1:1 통신에 사용
멀티캐스트 (Multicast)	• 단일 송신자와 다중 수신자 간의 통신 • 1:N 통신에 사용
애니캐스트 (Anycast)	• 단일 송신자와 가장 가까이 있는 단일 수신자 간의 통신 • 1:1 통신에 사용

64. 다음 설명의 ③과 ⓒ에 들어갈 내용으로 옳은 것은?

가상기억장치의 일반적인 구현 방법에는 프로그램을 고정된 크기의 일정한 블록으로 나누는 (③) 기법과 가변적인 크기의 블록으로 나누는 (ⓒ) 기법이 있다.

① ③ : Paging, ⓒ : Segmentation
② ③ : Segmentation, ⓒ : Allocatin
③ ③ : Segmentation, ⓒ : Compaction
④ ③ : Paging, ⓒ : Linking

전문가의 조언
동일한 크기로 나누는 가상기억장치 구현 기법을 페이징(Paging) 기법, 다양한 크기의 논리적인 단위로 나누는 기법을 세그먼테이션(Segmentation) 기법이라고 합니다.

65. JAVA에서 변수와 자료형에 대한 설명으로 틀린 것은?

① 변수는 어떤 값을 주기억장치에 기억하기 위해서 사용하는 공간이다.
② char 자료형은 한 개의 문자를 저장하고자 할 때 사용한다.
③ 실수형 자료형에는 float, short, byte가 있다.
④ boolean 자료형은 조건이 참인지 거짓인지 판단하고자 할 때 사용한다.

전문가의 조언
short, byte 자료형은 정수를 저장할 때 사용하는 자료형입니다.

66. 프로세스 적재 정책과 관련한 설명으로 틀린 것은?

① 반복, 스택, 부프로그램은 시간 지역성(Temporal Locality)과 관련이 있다.
② 공간 지역성(Spatial Locality)은 프로세스가 어떤 페이지를 참조했다면 이후 가상주소 공간상 그 페이지와 인접한 페이지들을 참조할 가능성이 높음을 의미한다.

③ 일반적으로 페이지 교환에 보내는 시간보다 프로세스 수행에 보내는 시간이 더 크면 스래싱(Thrashing)이 발생한다.
④ 스래싱(Thrashing) 현상을 방지하기 위해서는 각 프로세스가 필요로 하는 프레임을 제공할 수 있어야 한다.

전문가의 조언
스래싱(Thrashing)은 프로세스의 처리 시간보다 페이지 교체에 소요되는 시간이 더 많아지는 현상입니다.

67. 다음 C언어 프로그램이 실행되었을 때의 결과는?

```
#include <stdio.h>
main( ) {
    int sum = 0;
    for (int i = 0; i <= 10; i++) {
        if (i % 2 == 0)
            continue;
        sum = sum + i;
    }
    printf("%d", sum);
}
```

① 20   ② 25   ③ 30   ④ 55

전문가의 조언
코드의 실행 결과는 25입니다.
사용된 코드의 의미는 다음과 같습니다.

```
#include <stdio.h>
main( ) {
❶  int sum = 0;
❷  for (int i = 0; i <= 10; i++) {
❸      if (i % 2 == 0)
❹          continue;
❺      sum = sum + i;
    }
❻  printf("%d", sum);
}
```

❶ 정수형 변수 sum을 선언하고 0으로 초기화한다.
❷ 반복 변수 i가 1씩 증가하면서 10보다 작거나 같은 동안 ❸~❺번을 반복 수행한다.
❸ i를 2로 나눈 나머지가 0이면 ❹번으로 이동하고, 아니면 ❺번으로 이동한다.
❹ 반복문의 처음인 ❷번으로 이동한다.

❺ sum에 i의 값을 누적시킨다.
반복문 실행에 따른 변수들의 변화는 다음과 같다.

i	i%2	sum
		0
0	0	
1	1	1
2	0	
3	1	4
4	0	
5	1	9
6	0	
7	1	16
8	0	
9	1	25
10	0	
11		

❻ sum의 값을 출력한다.
결과 25

❶ 정수형 변수 n을 선언하고 4로 초기화한다.
❷ 정수형 포인터 변수 pt에 Null 값을 저장한다.
❸ pt에 n의 주소를 저장한다.
❹ printf("%d", &n + *pt − *&pt + n);
            ⓐ   ⓑ   ⓒ   ⓓ
- ❸번을 수행했으므로 n의 주소 ⓐ와 pt에 저장된 주소를 가리키는 ⓒ는 같은 주소를 가지므로 ⓐ−ⓒ = 0이다.
- ⓑ에서 *pt는 n의 값 4를 의미하고, ⓓ도 n의 값 40이므로 ⓑ+ⓓ = 80이다.
- ⓐ+ⓑ−ⓒ+ⓓ의 결과 8을 정수로 출력한다.
결과 8

❺ 프로그램을 종료한다.
※ ⓐ와 ⓒ의 주소값은 16진 정수의 임의값을 갖지만, ⓐ−ⓒ의 연산결과로 0이 되므로 값을 알 필요는 없습니다.

68. 다음 C언어 프로그램이 실행되었을 때의 결과는?

```
#include <stdio.h>
int main(void) {
    int n = 4;
    int *pt = NULL;
    pt = &n;
    printf("%d", &n + *pt − *&pt + n);
    return 0;
}
```

① 0   ② 4   ③ 8   ④ 12

전문가의 조언
코드의 실행 결과는 8입니다.
사용된 코드의 의미는 다음과 같습니다.

```
#include <stdio.h>
int main(void) {
❶   int n = 4;
❷   int *pt = NULL;
❸   pt = &n;
❹   printf("%d", &n + *pt − *&pt + n);
❺   return 0;
}
```

69. 다음은 DivideByZero에 대한 예외처리 구문을 JAVA 프로그램으로 구현한 것이다. 프로그램이 실행되었을 때의 결과는?

```
public class Test {
    static void div(int a, int b) {
        try {
            System.out.print(a / b + " ");
        } catch(ArithmeticException e1) {
            System.out.print("DivideByZero ");
        } finally {
            System.out.print("Done");
        }
    }
    public static void main(String[ ] args) {
        div(5,5);
    }
}
```

① 1   ② 1 DivideByZero
③ DivideByZero Done   ④ 1 Done

전문가의 조언
코드의 실행 결과는 **1 Done**입니다.
사용된 코드의 의미는 다음과 같습니다.

```java
public class Test {
❷  static void div(int a, int b) {
❸    try {
❹      System.out.print(a / b + " ");
     } catch(ArithmeticException e1) {
       System.out.print("DivideByZero ");
❺    } finally {
❻      System.out.print("Done");
     }
   }
   public static void main(String[ ] args) {
❶    div(5,5);
   } ❼
}
```

모든 Java 프로그램은 반드시 main( ) 메소드에서 시작한다.
❶ 두 개의 5를 인수로 div( ) 메소드를 호출한다.
❷ 값을 반환하지 않는 div( ) 메소드의 시작점이다. ❶번에서 전달받은 두 개의 5는 각각 a와 b가 받는다.
❸ 예외 구문의 시작이다.
❹ a를 b로 나눈 값 1(5/5)과 공백 한 칸을 출력한다.

결과 `1 `

try문이 종료되었으므로 ❺번으로 이동한다.
❺ try문이 모두 종료되면 실행되는 finally문의 시작이다.
❻ Done를 출력한다.

결과 `1 Done`

div( ) 메소드가 종료되었으므로 메소드를 호출했던 ❶번의 다음 줄인 ❼번으로 이동하여 프로그램을 종료한다.

전문가의 조언
문제에서 정수를 입력받는다고 하였고, 코드에 선언된 변수 중 값이 저장되지 않은 변수는 n이므로, scanf를 이용하여 코드를 작성하면 **scanf("%d", &n);**이 됩니다.

등급 C

71. 다음 중 출력문이 무한히 반복되는 코드를 올바르게 구현한 것은?

① do { printf("무한반복"); } while (0);
② while(0) printf("무한반복");
③ for(;;) printf("무한반복");
④ for(1;1) printf("무한반복");

전문가의 조언
① while(0);의 0은 거짓을 의미합니다. do~while문은 내부 코드를 1회 수행한 후 조건을 비교하므로, 화면에 "무한반복"을 1회 출력하고 코드가 종료됩니다.
② while문의 조건이 0이므로 화면에 아무것도 출력하지 않고 코드가 종료됩니다.
③ for문은 초기값, 최종값, 증가값을 모두 생략하면, 내부 코드를 무한히 반복하여 실행합니다. 화면에 "무한반복"이 끊임없이 출력됩니다.
④ for문의 형식은 for(식1; 식2; 식3)입니다. 세미콜론이 1개만 있으므로 잘못된 문법으로 인해 코드가 실행되지 않습니다.

 등급 A

70. 정수를 입력받아 처리하는 다음 C언어 프로그램에서 괄호에 들어갈 알맞은 코드는?

```c
#include <stdio.h>
int main(void) {
    int n, sum = 3;
    (           )
    sum = sum + n;
    printf("%d", sum);
}
```

① scanf("%d", n);
② scanf("%d", &n);
③ scanf("%f", n);
④ scanf("%f", &n);

 등급 A

72. 다음 Python 프로그램이 실행되었을 때의 결과는?

```python
def func(n):
    sum = 0
    for i in range(n+1):
        sum = sum + i
    return sum
r = func(11)
print(r)
```

① 45
② 55
③ 66
④ 78

전문가의 조언

코드의 실행 결과는 66입니다.
사용된 코드의 의미는 다음과 같습니다.

```
❷  def func(n):
❸      sum = 0
❹      for i in range(n+1):
❺          sum = sum + i
❻      return sum
❶❼ r = func(11)
❽  print(r)
```

func( ) 메소드를 정의하는 부분의 다음 줄부터 시작한다.
❶ 11을 인수로 func( ) 메소드를 호출한 후 돌려받은 값을 r에 저장한다.
❷ func( ) 메소드의 시작점이다. ❶번에서 전달받은 11을 n이 받는다.
❸ sum을 선언하고 0으로 초기화한다.
❹ 반복 변수 i가 0부터 1씩 증가하면서 n+1보다 작은 동안 ❺번을 반복 수행한다.
❺ sum에 i의 값을 누적시킨다.

반복문 실행에 따른 변수들의 변화는 다음과 같다.

i	sum
	0
0	0
1	1
2	3
3	6
4	10
5	15
6	21
7	28
8	36
9	45
10	55
11	66

❻ sum의 값 66을 메소드를 호출했던 ❼번으로 반환한다.
❼ r에 ❻번에서 돌려받은 66을 저장한다.
❽ r의 값 66을 출력한다.

결과 66

C/JAVA의 기본 자료형

• C 언어

문자	char
정수	short, int, long, long long
실수	float, double, long double

• JAVA

문자	char
정수	byte, short, int, long
실수	float double
논리	boolean

등급 B

73. C언어의 자료형이 아닌 것은?
① int
② float
③ char
④ temp

전문가의 조언
• C언어에 temp라는 자료형은 없습니다.
• C언어의 기본 자료형에는 char, short, int, long, float, double 등이 있습니다.

등급 A

74. 다음 JAVA 프로그램이 실행되었을 때의 결과는?

```java
public class Test {
    static int[ ] arri( ) {
        int arr[ ] = new int[4];
        for(int i = 0; i < arr.length; i++)
            arr[i] = i;
        return arr;
    }
    public static void main(String[ ] args) {
        int a[ ];
        a = arri( );
        for(int i = 0; i < a.length; i++)
            System.out.print(a[i]);
    }
}
```

① 0123
② 1234
③ 012
④ 123

정답 73.④ 74.①

전문가의 조언

코드의 실행 결과는 **0123**입니다.
사용된 코드의 의미는 다음과 같습니다.

```
public class Test {
❸  static int[ ] arr( ) {
❹      int arr[ ] = new int[4];
❺      for(int i = 0; i < arr.length; i++)
❻          arr[i] = i;
❼      return arr;
   }
   public static void main(String[ ] args) {
❶      int a[ ];
❷❽      a = arr( );
❾      for(int i = 0; i < a.length; i++)
❿          System.out.print(a[i]);
   }
}
```

모든 Java 프로그램은 반드시 main( ) 메소드에서 시작한다.
❶ 정수형 배열 a를 선언한다.
❷ arr( ) 메소드를 호출한 후 돌려받은 값을 a에 저장한다.
❸ 정수형 배열을 반환하는 arr( ) 메소드의 시작점이다.
❹ 4개의 요소를 갖는 정수형 배열 arr를 선언한다.
❺ 반복 변수 i가 0부터 1씩 증가하면서 arr 배열 요소의 개수인 4보다 작은 동안 ❻번을 반복 수행한다.
　• length : length는 배열 클래스의 속성으로 배열 요소의 개수가 저장되어 있다.
❻ arr[i]에 i의 값을 저장한다.
반복문 실행에 따른 결과는 다음과 같다.

	[0]	[1]	[2]	[3]
arr 배열	0	1	2	3

❼ arr 배열의 시작 주소를 메소드를 호출했던 ❷번으로 반환한다.
❽ ❼번에서 반환받은 주소를 a에 저장한다.

	[0]	[1]	[2]	[3]
a 배열	0	1	2	3

❾ 반복 변수 i가 0부터 1씩 증가하면서 a 배열 요소의 개수인 4보다 작은 동안 ❿번을 반복 수행한다.
❿ a[i]의 값을 출력한다.
반복문 실행에 따른 결과는 다음과 같다.

i	a[i]	출력
0	0	0
1	1	01
2	2	012
3	3	0123

등급 A

75. 다음 C언어 프로그램이 실행되었을 때의 결과는?

```
main( ) {
    int a = 4527;
    int r = 0;
    while (a != 0) {
        r = r + (a % 10);
        a = a / 10;
    }
    printf("%d", r);
}
```

① 18　　　　　　　② 17
③ 4527　　　　　　④ 7254

전문가의 조언

코드의 실행 결과는 **18**입니다.
사용된 코드의 의미는 다음과 같습니다.

```
main( ) {
❶  int a = 4527;
❷  int r = 0;
❸  while (a != 0) {
❹      r = r + (a % 10);
❺      a = a / 10;
   }
❻  printf("%d", r);
}
```

❶ 정수형 변수 a를 선언하고 4527로 초기화한다.
❷ 정수형 변수 r을 선언하고 0으로 초기화한다.
❸ a가 0이 아닌 동안 ❹, ❺번을 반복 수행한다.
❹ a를 10으로 나눈 나머지를 r에 누적시킨다.
❺ a를 10으로 나눈다.

a	a%10	r
4527		0
452	7	7
45	2	9
4	5	14
0	4	18

❻ r의 값을 출력한다.
결과 : 18

등급 B

76. 은행가 알고리즘(Banker's Algorithm)은 교착상태의 해결 방법 중 어떤 기법에 해당하는가?

 Avoidance   ② Detection
③ Prevention   ④ Recovery

전문가의 조언
은행가 알고리즘은 교착상태의 해결 방법 중 회피 기법(Avoidance)에 해당합니다.

병행학습 교착상태 해결 방법
- 예방 기법(Prevention)
  - 교착상태가 발생하지 않도록 사전에 시스템을 제어하는 방법으로, 교착상태 발생의 네 가지 조건 중에서 어느 하나를 제거(부정)함으로써 수행된다.
  - 상호 배제(Mutual Exclusion) 부정 : 한 번에 여러 개의 프로세스가 공유 자원을 사용할 수 있도록 함
  - 점유 및 대기(Hold and Wait) 부정 : 프로세스가 실행되기 전 필요한 모든 자원을 할당하여 프로세스 대기를 없애거나 자원이 점유되지 않은 상태에서만 자원을 요구하도록 함
  - 비선점(Non-preemption) 부정 : 자원을 점유하고 있는 프로세스가 다른 자원을 요구할 때 점유하고 있는 자원을 반납하고, 요구한 자원을 사용하기 위해 기다리게 함
  - 환형 대기(Circular Wait) 부정 : 자원을 선형 순서로 분류하여 고유 번호를 할당하고, 각 프로세스는 현재 점유한 자원의 고유 번호보다 앞이나 뒤 어느 한쪽 방향으로만 자원을 요구하도록 하는 것
- 회피 기법(Avoidance) : 교착상태가 발생할 가능성을 배제하지 않고 교착상태가 발생하면 적절히 피해나가는 방법으로, 주로 은행원 알고리즘(Banker's Algorithm)이 사용됨
- 발견(Detection) 기법 : 시스템에 교착 상태가 발생했는지 점검하여 교착 상태에 있는 프로세스와 자원을 발견하는 것으로, 자원 할당 그래프 등을 사용함
- 회복(Recovery) 기법 : 교착 상태를 일으킨 프로세스를 종료하거나 교착 상태의 프로세스에 할당된 자원을 선점하여 프로세스나 자원을 회복하는 것

등급 C

77. C언어의 헤더 파일에 대한 설명으로 틀린 것은?

① stdio.h : 입·출력에 대한 기능들을 제공한다.
② math.h : 여러 수학 함수들을 제공한다.
③ string.h : 자료형 변환, 메모리 할당에 대한 기능들을 제공한다.
④ time.h : 시간 처리에 관한 기능들을 제공한다.

전문가의 조언
- 자료형 변환, 메모리 할당에 대한 기능들을 제공하는 헤더 파일은 stdlib.h입니다.
- string.h는 문자열 처리에 사용되는 기능들을 제공합니다.

등급 C

78. 사내망에서 192.168.1.69/26 주소를 사용하고 있는 PC의 subnet의 시작 IP address는?

① 192.168.9.64   ② 192.168.1.64
③ 192.168.1.65   ④ 192.168.1.66

전문가의 조언
- 192.168.1.69/26 네트워크의 서브넷 마스크는 1의 개수가 26개, 즉 11111111 11111111 11111111 11000000 → 255.255.255.192인 C 클래스에 속하는 네트워크입니다. 이 네트워크를 Subnet으로 나눠야 하는데, Subnet을 나눌 때는 서브넷 마스크를 이용합니다. 서브넷 마스크 중에서 0인 부분, 즉 마지막 6비트를 이용해 구분할 수 있습니다.

네트워크ID		호스트ID					
1	1	0	0	0	0	0	0

- 네트워크ID를 이용해 네트워크의 개수를, 호스트ID를 이용해 네트워크의 크기를 구할 수 있습니다. 네트워크ID가 2Bit, 호스트ID가 6Bit로 설정되었으므로 4개($2^2 = 4$)의 네트워크에 고정된 크기인 64개($2^6 = 64$)씩 할당하면 다음과 같습니다.

네트워크	호스트 수	IP 주소 범위
1	64	192.168.1.0 ~ 63
2	64	192.168.1.64 ~ 127
3	64	192.168.1.128 ~ 191
4	64	192.168.1.192 ~ 255

- 192.168.1.69가 속하는 네트워크는 2번째 네트워크이고, 해당 네트워크의 시작 주소는 192.168.1.64입니다.

등급 A

79. 3개의 페이지 프레임을 갖는 시스템에서 페이지 참조 순서가 1, 2, 1, 0, 4, 1, 3 일 경우 FIFO 알고리즘에 의한 페이지 교체의 경우 프레임의 최종 상태는?

① 1, 2, 0   ② 2, 4, 3
③ 1, 4, 2   4, 1, 3

전문가의 조언
3개의 페이지를 수용할 수 있는 주기억장치이므로 아래 그림과 같이 3개의 페이지 프레임으로 표현할 수 있습니다.

참조 페이지	1	2	1	0	4	1	3
페이지 프레임	1	1	1	1	4	4	4
		2	2	2	2	1	1
				0	0	0	3
부재 발생	●	●		●	●	●	●

※ ● : 페이지 부재 발생

참조 페이지가 페이지 테이블에 없을 경우 페이지 결함(부재)이 발생됩니다. 초기에는 모든 페이지가 비어 있으므로 처음 1, 2, 0 페이지 적재 시 페이지 결함이 발생됩니다. FIFO(선입선출) 기법은 가장 먼저 들어와 있었던 페이지를 교체하는 기법이므로 참조 페이지 4를 참조할 때에는 1을 제거한 후 4를 가져오게 됩니다. 이러한 과정으로 모든 페이지에 대한 요구를 처리하고 나면 총 페이지 결함 발생 횟수는 6회이고 마지막 프레임의 최종 상태는 4, 1, 3입니다.

등급 B

80. TCP/IP 프로토콜에서 TCP가 해당하는 계층은?
① 데이터 링크 계층
② 네트워크 계층
③ 트랜스포트 계층
④ 세션 계층

전문가의 조언
TCP의 'T'는 Transport(전송)의 약어입니다. TCP는 전송 계층에 속한 프로토콜입니다.

병행학습 OSI(Open System Interconnection) 참조 모델
- 다른 시스템 간의 원활한 통신을 위해 ISO(국제표준화기구)에서 제안한 통신 규약(Protocol)이다.
- OSI 7계층 : 하위 계층(물리 계층 → 데이터 링크 계층 → 네트워크 계층), 상위 계층(전송 계층 → 세션 계층 → 표현 계층 → 응용 계층)
- **물리 계층(Physical Layer)** : 전송에 필요한 두 장치 간의 실제 접속과 절단 등 기계적, 전기적, 기능적, 절차적 특성에 대한 규칙을 정의함
- **데이터 링크 계층(Data Link Layer)**
  - 두 개의 인접한 개방 시스템들 간에 신뢰성 있고 효율적인 정보 전송을 할 수 있도록 한다.
  - 흐름 제어, 프레임 동기화, 오류 제어, 순서 제어 기능을 한다.
- **네트워크 계층(Network Layer, 망 계층)**
  - 개방 시스템들 간의 네트워크 연결을 관리하는 기능과 데이터의 교환 및 중계 기능을 한다.
  - 경로 설정(Routing), 트래픽 제어, 패킷 정보 전송을 수행한다.
- **전송 계층(Transport Layer)**
  - 종단 시스템(End-to-End) 간의 전송 연결 설정, 데이터 전송, 연결 해제 기능을 한다.
  - 주소 설정, 다중화(데이터의 분할과 재조립), 오류 제어, 흐름 제어를 수행한다.
- **세션 계층(Session Layer)**
  - 송·수신 측 간의 관련성을 유지하고 대화 제어를 담당한다.
  - 대화(회화) 구성 및 동기 제어, 데이터 교환 관리 기능을 한다.
- **표현 계층(Presentation Layer)**
  - 응용 계층으로부터 받은 데이터를 세션 계층에 맞게, 세션 계층에서 받은 데이터는 응용 계층에 맞게 변환하는 기능을 한다.
  - 코드 변환, 데이터 암호화, 데이터 압축, 구문 검색, 정보 형식(포맷) 변환, 문맥 관리 기능을 한다.
- **응용 계층(Application Layer)** : 사용자(응용 프로그램)가 OSI 환경에 접근할 수 있도록 응용 프로세스 간의 정보 교환, 전자 사서함, 파일 전송, 가상 터미널 등의 서비스를 제공함

5과목 정보시스템 구축 관리

등급 B

81. 다음 중 프로토타입 모형을 선택하는 것이 가장 적합한 경우는?
① 구축하고자 하는 시스템의 요구사항이 불분명할 때
② 고객이 완성된 제품만을 보기 원할 때
③ 고객이 개발 과정에 참여하지 않을 때
④ 소프트웨어 개발 과정에서 발생할 수 있는 위험을 최소화하고자 할 때

전문가의 조언
프로토타입 모형은 구축하고자 하는 시스템의 요구사항이 불분명할 때 요구사항을 정확히 파악하기 위해 실제 개발될 소프트웨어에 대한 견본(Prototype)을 만들어 최종 결과물을 예측하는 개발 모형입니다.

병행학습 프로토타입 모형(Prototype Model, 원형 모형)
- 사용자의 요구사항을 정확히 파악하기 위해 실제 개발될 소프트웨어에 대한 견본(시제)품(Prototype)을 만들어 최종 결과물을 예측하는 모형이다.
- 시제품은 의뢰자나 개발자 모두에게 공동의 참조 모델이 된다.
- 시스템의 일부 혹은 시스템의 모형을 만드는 과정으로서 요구된 소프트웨어를 구현하는데, 이는 추후 구현 단계에서 사용될 골격 코드가 된다.
- 새로운 요구사항이 도출될 때마다 이를 반영한 프로토타입을 새롭게 만들면서 소프트웨어를 구현한다.
- 단기간 제작을 목적으로 하다 보니 비효율적인 언어나 알고리즘이 사용될 수 있다.

등급 B

82. 다음 중 DAS(Direct Attached Storage)에 대한 설명으로 틀린 것은?
① 저장장치를 공유함으로써 여러 개의 저장장치나 백업 장비를 단일화시킬 수 있다.
② 서버에서 저장장치를 관리한다.
③ 초기 구축 비용 및 유지보수 비용이 저렴하다.
④ 확장성 및 유연성이 상대적으로 떨어진다.

전문가의 조언
①번은 SAN(Storage Area Network)에 대한 설명입니다.

83. 네트워크 장비에 대한 설명으로 옳지 않은 것은?

① 브라우터는 전송되는 신호가 전송 선로의 특성 및 외부 충격 등의 요인으로 인해 원래의 형태와 다르게 왜곡되거나 약해질 경우 원래의 신호 형태로 재생하여 다시 전송하는 역할을 수행한다.
② 브리지는 LAN과 LAN을 연결하거나 LAN 안에서의 컴퓨터 그룹을 연결하는 기능을 수행하며, 데이터 링크 계층 중 MAC 계층에서 사용된다.
③ 스위치는 LAN과 LAN을 연결하여 훨씬 더 큰 LAN을 만드는 장치로, OSI 7계층의 2계층에서 사용된다.
④ 라우터는 LAN과 LAN의 연결 기능에 데이터 전송의 최적 경로를 선택할 수 있는 기능이 추가된 것으로, 서로 다른 LAN이나 LAN과 WAN의 연결도 수행하고, OSI 7계층의 네트워크 계층에서 동작한다.

전문가의 조언
- 브라우터(Brouter)는 브리지와 라우터의 기능을 모두 갖추고 있는 네트워크 장비입니다.
- ①번은 리피터(Repeater)에 대한 설명입니다.

84. S/W 각 기능의 원시 코드 라인수의 비관치, 낙관치, 기대치를 측정하여 예측치를 구하고 이를 이용하여 비용을 산정하는 기법은?

① Effort Per Task 기법
② 전문가 감정 기법
③ 델파이 기법
④ LOC 기법

전문가의 조언
문제에 제시된 내용은 LOC 기법에 대한 설명입니다.

병행학습
- 개발 단계별 인월수(Effort Per Task) 기법 : LOC 기법을 보완하기 위한 기법으로, 각 기능을 구현시키는 데 필요한 노력을 생명 주기의 각 단계별로 산정함
- 전문가 감정 기법 : 조직 내에 있는 경험이 많은 두 명 이상의 전문가에게 비용 산정을 의뢰하는 기법으로, 가장 편리하고 신속하게 비용을 산정할 수 있음
- 델파이 기법 : 델파이 기법은 전문가 감정 기법의 주관적인 편견을 보완하기 위해 많은 전문가의 의견을 종합하여 산정하는 기법

85. CMMI의 단계가 아닌 것은?

① 초기　　② 관리
③ 정의　　④ 반복

전문가의 조언
CMMI는 초기, 관리, 정의, 정량적 관리, 최적화의 5단계로 구분합니다.

병행학습 CMMI(Capability Maturity Model Integration)
- 소프트웨어 개발 조직의 업무 능력 및 조직의 성숙도를 평가하는 모델로, 미국 카네기멜론 대학교의 소프트웨어 공학연구소(SEI)에서 개발하였다.
- CMMI의 소프트웨어 프로세스 성숙도는 초기, 관리, 정의, 정량적 관리, 최적화의 5단계로 구분한다.

단계	프로세스	특징
초기(Initial)	정의된 프로세스 없음	작업자 능력에 따라 성공 여부 결정
관리(Managed)	규칙화된 프로세스	특정한 프로젝트 내의 프로세스 정의 및 수행
정의(Defined)	표준화된 프로세스	조직의 표준 프로세스를 활용하여 업무 수행
정량적 관리(Quantitatively Managed)	예측 가능한 프로세스	프로젝트를 정량적으로 관리 및 통제
최적화(Optimizing)	지속적 개선 프로세스	프로세스 역량 향상을 위해 지속적인 프로세스 개선

86. 다음에서 설명하는 IT 기술은?

- 네트워크를 제어부, 데이터 전달부로 분리하여 네트워크 관리자가 보다 효율적으로 네트워크를 제어, 관리할 수 있는 기술
- 기존의 라우터, 스위치 등과 같이 하드웨어에 의존하는 네트워크 체계에서 안정성, 속도, 보안 등을 소프트웨어로 제어, 관리하기 위해 개발됨
- 네트워크 장비의 펌웨어 업그레이드를 통해 사용자의 직접적인 데이터 전송 경로 관리가 가능하고, 기존 네트워크에는 영향을 주지 않으면서 특정 서비스의 전송 경로 수정을 통하여 인터넷상에서 발생하는 문제를 처리할 수 있음

① SDN(Software Defined Networking)
② NFS(Network File System)
③ Network Mapper
④ AOE Network

정답 83.① 84.④ 85.④ 86.①

전문가의 조언
문제의 지문에 제시된 내용은 소프트웨어 정의 네트워킹(SDN; Software Defined Networking)에 대한 설명입니다.

병행학습 소프트웨어 정의 기술(SDE; SDx; Software-Defined Everything)
- 네트워크, 데이터 센터 등에서 소유한 자원을 가상화하여 개별 사용자에게 제공하고, 중앙에서는 통합적으로 제어가 가능한 기술이다.
- 소프트웨어 정의 네트워킹(SDN; Software Defined Networking)
  - 네트워크를 컴퓨터처럼 모델링하여 여러 사용자가 각각의 소프트웨어들로 네트워킹을 가상화하여 제어하고 관리하는 네트워크이다.
  - 하드웨어에 의존하는 네트워크 체계에 비해 보다 효율적으로 네트워크를 제어, 관리할 수 있다.
  - 기존 네트워크에는 영향을 주지 않으면서 특정 서비스의 전송 경로 수정을 통하여 인터넷상에서 발생하는 문제를 처리할 수 있다.
- 소프트웨어 정의 데이터센터(SDDC; Software Defined Data Center) : 데이터 센터의 모든 자원을 가상화하여 인력의 개입없이 소프트웨어 조작만으로 관리 및 제어되는 데이터 센터
- 소프트웨어 정의 스토리지(SDS; Software-Defined Storage) : 물리적인 데이터 스토리지(Data Storage)를 가상화하여 여러 스토리지를 하나처럼 관리하거나, 하나의 스토리지를 여러 스토리지로 나눠 사용할 수 있는 기술

등급 **A**

87. 다음 중 1992년 미국 SF 작가 닐 스티븐슨의 소설 '스노 크래시'에 처음 등장한 개념으로, 현실 세계와 같은 사회·경제·문화 활동이 이뤄지는 3차원 가상 세계를 가리키는 용어는?

① IoT(Internet of Things)
② 메타버스
③ 피코넷
④ 클라우드 컴퓨팅

전문가의 조언
문제에 제시된 내용은 메타버스에 대한 설명입니다.

병행학습
- IoT(Internet of Things) : 정보 통신 기술을 기반으로 실세계(Physical World)와 가상 세계(Virtual World)의 다양한 사물들을 인터넷으로 서로 연결하여 진보된 서비스를 제공하기 위한 서비스 기반 기술
- 피코넷(PICONET) : 여러 개의 독립된 통신장치가 블루투스 기술이나 UWB 통신 기술을 사용하여 통신망을 형성하는 무선 네트워크 기술
- 클라우드 컴퓨팅(Cloud Computing) : 각종 컴퓨팅 자원을 중앙 컴퓨터에 두고 인터넷 기능을 갖는 단말기로 언제 어디서나 인터넷을 통해 컴퓨터 작업을 수행할 수 있는 환경

등급 **B**

88. Python 기반의 웹 크롤링(Web Crawling) 프레임워크로 옳은 것은?

① Li-fi
② Scrapy
③ CrawlCat
④ SBAS

전문가의 조언
웹 크롤링을 지원하는 가장 대표적인 프레임워크는 파이썬(Python)의 스크래피(Scrapy)입니다.

등급 **A**

89. 다음 설명에 해당하는 시스템은?

- 1990년대 David Clock이 처음 제안하였다.
- 비정상적인 접근의 탐지를 위해 의도적으로 설치해 둔 시스템이다.
- 침입자를 속여 실제 공격당하는 것처럼 보여줌으로써 크래커를 추적 및 공격기법의 정보를 수집하는 역할을 한다.
- 쉽게 공격자에게 노출되어야 하며 쉽게 공격이 가능한 것처럼 취약해 보여야 한다.

① Apache
② Hadoop
③ Honeypot
④ MapReduce

전문가의 조언
문제의 지문에 제시된 내용은 허니팟(Honeypot)의 특징입니다.

병행학습
- 아파치(Apache) : 월드 와이드 웹 컨소시엄(W3C)에서 사용하고 아파치 소프트웨어 재단에서 관리 및 운영하는 서버용 오픈소스 소프트웨어
- 하둡(Hadoop) : 오픈 소스를 기반으로 한 분산 컴퓨팅 플랫폼으로, 관계형 데이터베이스(RDB) 간 대용량 데이터를 전송할 때 스쿱(Sqoop)이라는 도구를 이용함
- 맵리듀스(MapReduce) : 대용량 데이터를 분산 처리하기 위한 목적으로 Google에 의해 고안된 프로그래밍 모델로, 대용량 데이터 처리를 위한 대표적인 병렬 처리 기법으로 많이 소개됨

90. 다음이 설명하는 용어로 옳은 것은?

- 오픈 소스를 기반으로 한 분산 컴퓨팅 플랫폼이다.
- 일반 PC급 컴퓨터들로 가상화된 대형 스토리지를 형성한다.
- 다양한 소스를 통해 생성된 빅데이터를 효율적으로 저장하고 처리한다.

① 하둡(Hadoop)
② 비컨(Beacon)
③ 포스퀘어(Foursquare)
④ 맴리스터(Memristor)

전문가의 조언
문제의 지문에 제시된 내용은 하둡(Hadoop)에 대한 설명입니다.

병행학습
- **비컨(Beacon)** : 전파를 이용하는 무선 통신 기술에서 주기적으로 프레임 신호 동기를 맞추고, 송·수신 관련 시스템 정보를 전송하며, 수신 데이터 정보를 전달하는 신호 기술
- **포스퀘어(Foursquare)** : 특정 지역이나 장소를 방문할 때 자신의 위치를 지도에 표시하고, 방문한 곳의 정보를 남길 수 있는 기능을 제공하는 위치 기반 소셜 네트워크 서비스(SNS)
- **멤리스터(Memristor)** : 메모리(Memory)와 레지스터(Resister)의 합성어로, 전류의 방향과 양 등 기존의 경험을 모두 기억하는 특별한 소자이며, 전원 공급이 끊어졌을 때도 직전에 통과한 전류의 방향과 양을 기억하기 때문에 다시 전원이 공급되면 기존의 상태가 그대로 복원됨

91. 시스템 내의 정보는 오직 인가된 사용자만 수정할 수 있는 보안 요소는?

① 기밀성
② 부인방지
③ 가용성
④ 무결성

전문가의 조언
시스템 내의 정보는 오직 인가된 사용자만 수정할 수 있는 보안 요소는 무결성(Integrity)입니다.

병행학습
- **기밀성** : 시스템 내의 정보와 자원은 인가된 사용자에게만 접근이 허용됨
- **부인 방지** : 데이터를 송·수신한 자가 송·수신 사실을 부인할 수 없도록 송·수신 증거를 제공함
- **가용성** : 인가받은 사용자는 언제라도 사용할 수 있음

92. 오류들을 세분화하여 처리하지 않고 광범위하게 묶어 한 번에 처리하거나, 누락된 예외가 존재할 때 발생하는 보안 약점은?

① 오류 메시지를 통한 정보 노출
② 부적절한 예외처리
③ 부적절한 인가
④ 오류 상황 대응 부재

전문가의 조언
문제에 제시된 내용과 관련된 보안 약점은 부적절한 예외처리입니다.

병행학습
- **오류 메시지를 통한 정보 노출** : 오류 발생으로 실행 환경, 사용자 정보, 디버깅 정보 등의 중요 정보를 소프트웨어가 메시지로 외부에 노출하는 보안 약점
- **부적절한 인가** : 접근제어 기능이 없는 실행경로를 통해 정보 또는 권한이 탈취될 수 있는 보안 약점
- **오류 상황·대응 부재** : 소프트웨어 개발 중 예외처리를 하지 않았거나 미비로 인해 발생하는 보안 약점

93. 공개키 암호화 방식에 대한 설명으로 옳지 않은 것은?

① 대표적으로 RSA 기법이 있다.
② 키의 분배가 용이하다.
③ 사용자가 증가할수록 관리해야 할 키의 수가 많아진다.
④ 알고리즘이 복잡하고 암호화와 복호화 속도가 느리다.

전문가의 조언
공개키 암호화 방식은 관리해야 할 키의 개수가 적습니다.

병행학습 공개키 암호화(Public Key Encryption) 기법
- 공개키 암호화 기법은 데이터를 암호화할 때 사용하는 공개키(Public Key)는 데이터베이스 사용자에게 공개하고, 복호화할 때의 비밀키(Secret Key)는 관리자가 비밀리에 관리한다.
- 공개키 암호화 기법은 비대칭 암호 기법이라고도 하며, 대표적으로는 RSA(Rivest Shamir Adleman) 기법이 있다.
- 장점 : 키의 분배가 용이하고, 관리해야 할 키의 개수가 적음
- 단점 : 암호화/복호화 속도가 느리며, 알고리즘이 복잡하고, 개인키 암호화 기법보다 파일의 크기가 큼

등급 A

94. 다음 암호 알고리즘 중 성격이 다른 하나는?

① MD4　　② MD5
③ SHA-1　　④ AES

전문가의 조언
AES는 개인키 암호화 알고리즘이고, MD4, MD5, SHA-1은 해시 알고리즘입니다.

병행학습 해시(Hash)
- 임의의 길이의 입력 데이터나 메시지를 고정된 길이의 값이나 키로 변환하는 것을 의미한다.
- 해시 알고리즘을 해시 함수라고 부르며, 해시 함수로 변환된 값이나 키를 해시값 또는 해시키라고 부른다.
- 데이터의 암호화, 무결성 검증을 위해 사용될 뿐만 아니라 정보보호의 다양한 분야에서 활용된다.
- 종류 : SHA 시리즈, MD4, MD5, N-NASH, SNEFRU 등

등급 B

95. 다음 설명에 해당하는 공격 기법은?

시스템 공격 기법 중 하나로, 허용 범위 이상의 ICMP 패킷을 전송하여 대상 시스템의 네트워크를 마비시킨다.

① Ping of Death　　② Session Hijacking
③ Piggyback Attack　　④ XSS

전문가의 조언
허용 범위 이상의 ICMP 패킷을 전송하여 대상 시스템의 네트워크를 마비시키는 공격 기법은 죽음의 핑(Ping of Death)입니다.

병행학습 해시(Hash)
- 세션 하이재킹(Session Hijacking) : 서버에 접속하고 있는 클라이언트들의 세션 정보를 가로채는 공격 기법으로, 세션 가로채기라고도 함
- 피기백 공격(Piggyback Attack) : 시스템의 올바른 인증 절차나 보안 프로그램에 편승하는 공격 방법으로, 권한 있는 사람이 열고 지나간 문틈을 파고들어 가는 것에 빗 댐
- 크로스사이트 스크립팅(XSS; Cross Site Scripting) : 웹페이지에 악의적인 스크립트를 삽입하여 방문자들의 정보를 탈취하거나, 비정상적인 기능 수행을 유발하는 보안 약점

등급 B

96. 공격자가 패킷의 출발지 주소를 변경하여 출발지와 목적지 주소(또는 포트)를 동일하게 하는 공격 유형은?

① SYN Flooding
② Land
③ TearDrop
④ Key Logger Attack

전문가의 조언
문제에서 설명하는 공격 유형은 Land입니다.

병행학습
- SYN Flooding : 공격자가 가상의 클라이언트로 위장하여 3-way-handshake 과정을 의도적으로 중단시킴으로써 공격 대상지인 서버가 대기 상태에 놓여 정상적인 서비스를 수행하지 못하게 하는 공격 방법
- TearDrop : Fragment Offset 값을 변경시켜 수신 측에서 패킷을 재조립할 때 오류로 인한 과부하를 발생시킴으로써 시스템이 다운되도록 하는 공격 방법
- Key Logger Attack : 컴퓨터 사용자의 키보드 움직임을 탐지해 ID, 패스워드, 계좌번호, 카드번호 등과 같은 개인의 중요한 정보를 몰래 빼가는 해킹 공격

등급 B

97. 악성코드의 유형 중 다른 컴퓨터의 취약점을 이용하여 스스로 전파하거나 메일로 전파되며 스스로를 증식하는 것은?

① Worm
② Rogue Ware
③ Adware
④ Reflection Attack

전문가의 조언
네트워크를 통해 연속적으로 자신을 복제하는 악성코드는 웜(Worm)입니다.

병행학습
- 로그웨어(Rogue Ware) : 사용자를 속여 악성코드를 설치하도록 유도하는 소프트웨어로, 주로 바이러스에 감염되었다며 백신 소프트웨어처럼 보이는 악성코드를 설치하도록 유도함
- 애드웨어(Adware) : 소프트웨어 자체에 광고를 포함하여 이를 보는 대가로 무료로 사용하는 소프트웨어
- 반사 공격(Reflection Attack) : 송신자가 생성한 메시지를 가로채 접근 권한을 얻는 형태의 공격 기법

98. 인증의 유형 중 '지식'과 관계가 깊은 것은?

① Something You Know
② Something You Have
③ Something You Are
④ Somewhere You Are

전문가의 조언
사용자가 기억하고 있는 정보(지식)를 기반으로 인증을 수행하는 것은 Something You Know(지식 기반 인증)입니다.

병행학습
- Something You Have : 신분증, 메모리 카드, OTP 등 사용자가 소유하고 있는 것을 기반으로 인증을 수행하는 것
- Something You Are : 지문, 홍채, 얼굴 등 사용자의 고유한 생체 정보를 기반으로 인증을 수행하는 것
- Somewhere You Are : 콜백, GPS, IP 주소 등 인증을 시도하는 위치의 적절성을 확인하는 것

99. 다음 중 스크랩 프로그램이 아닌 것은?

① Scribe
② Flume
③ Scratch
④ Chukwa

전문가의 조언
Scratch는 교육용 프로그래밍 언어입니다.

병행학습 스크랩 프로그램의 종류
- 정형 데이터 : ETL, FTP, API, DBtoDB, Sqoop
- 비정형 데이터 : 크롤링, RSS, Open API, Chukwa, Kafka
- 반정형 데이터 : Flume, Scribe, 스트리밍

100. 프로젝트에 내재된 위험 요소를 인식하고 그 영향을 분석하여 이를 관리하는 활동으로서, 프로젝트를 성공시키기 위하여 위험 요소를 사전에 예측, 대비하는 모든 기술과 활동을 포함하는 것은?

① Critical Path Method
② Risk Analysis
③ Work Breakdown Structure
④ Waterfall Model

전문가의 조언
문제에 제시된 내용은 Risk Analysis(위험 관리)의 개념입니다.

병행학습 위험 관리(Risk Analysis)
- 프로젝트 추진 과정에서 예상되는 각종 돌발 상황(위험)을 미리 예상하고 이에 대한 적절한 대책을 수립하는 일련의 활동을 의미한다.
- 위험은 불확실성과 손실을 내재하고 있는데, 위험 관리는 이러한 위험의 불확실성을 감소시키고 손실에 대비하는 작업이다.
- 위험을 식별한 후 발생 확률을 산정하고, 그 영향을 추산하여 해당 위험에 대비하는 비상 계획을 마련한다.
- 위험 관리의 절차는 위험 식별, 위험 분석 및 평가, 위험 관리 계획, 위험 감시 및 조치 순이다.

정답 98.① 99.③ 100.②

EXAMINATION 10회 — 2022년 7월 기출문제

1과목 소프트웨어 설계

1. 소프트웨어 공학에서 워크스루(Walkthrough)에 대한 설명으로 틀린 것은?
① 사용사례를 확장하여 명세하거나 설계 다이어그램, 원시 코드, 테스트 케이스 등에 적용할 수 있다.
② 복잡한 알고리즘 또는 반복, 실시간 동작, 병행 처리와 같은 기능이나 동작을 이해하려고 할 때 유용하다.
③ 인스펙션(Inspection)과 동일한 의미를 가진다.
④ 단순한 테스트 케이스를 이용하여 프로덕트를 수작업으로 수행해 보는 것이다.

전문가의 조언
인스펙션(Inspection)은 워크스루를 발전시킨 형태로, 소프트웨어 개발 단계에서 산출된 결과물의 품질을 평가하고 이를 개선하기 위한 방법 등을 제시합니다.

2. 다음 결합도의 종류에 대한 설명 중 틀린 것은?
① 자료 결합도 : 모듈 간의 인터페이스가 자료 요소로만 구성될 때의 결합도
② 내용 결합도 : 한 모듈이 다른 모듈과 제어 신호를 이용하여 통신하고, 공유되는 공통 데이터 영역을 사용할 때의 결합도
③ 스탬프 결합도 : 모듈 간의 인터페이스로, 배열의 자료 구조가 전달될 때의 결합도
④ 외부 결합도 : 어떤 모듈에서 선언한 데이터를 다른 모듈에서 참조할 때의 결합도

전문가의 조언
②번은 제어 결합도(Control Coupling)에 대한 설명입니다. 내용 결합도(Content Coupling)는 한 모듈이 다른 모듈의 내부 기능 및 그 내부 자료를 직접 참조하거나 수정할 때의 결합도를 의미합니다.

병행학습 결합도(Coupling)
- 결합도는 모듈 간에 상호 의존하는 정도 또는 두 모듈 사이의 연관 관계를 의미한다.
- 다양한 결합으로 모듈을 구성할 수 있으나 결합도가 약할수록 품질이 높고, 강할수록 품질이 낮다.
- 결합도가 강하면 시스템 구현 및 유지보수 작업이 어렵다.
- 결합도의 종류
  - 자료 결합도(Data Coupling) : 모듈 간의 인터페이스가 자료 요소로만 구성될 때의 결합도
  - 스탬프(검인) 결합도(Stamp Coupling) : 모듈 간의 인터페이스로 배열이나 레코드 등의 자료 구조가 전달될 때의 결합도
  - 제어 결합도(Control Coupling) : 어떤 모듈이 다른 모듈 내부의 논리적인 흐름을 제어하기 위해 제어 신호를 이용하여 통신하거나 제어 요소(Function Code, Switch, Tag, Flag)를 전달하는 결합도
  - 외부 결합도(External Coupling) : 어떤 모듈에서 외부로 선언한 데이터(변수)를 다른 모듈에서 참조할 때의 결합도
  - 공통(공유) 결합도(Common Coupling) : 공유되는 공통 데이터 영역을 여러 모듈이 사용할 때의 결합도
  - 내용 결합도(Content Coupling) : 한 모듈이 다른 모듈의 내부 기능 및 그 내부 자료를 직접 참조하거나 수정할 때의 결합도

3. 익스트림 프로그래밍(eXtreme Programming)의 5가지 가치에 속하지 않는 것은?
① 의사소통 ② 단순성
③ 피드백   ④ 고객 배제

전문가의 조언
XP(eXtreme Programming)의 5가지 핵심 가치에는 의사소통(Communication), 단순성(Simplicity), 용기(Courage), 존중(Respect), 피드백(Feedback)이 있습니다.

병행학습 XP(eXtreme Programming)
- XP는 수시로 발생하는 고객의 요구사항에 유연하게 대응하기 위해 고객의 참여와 개발 과정의 반복을 극대화하여 개발 생산성을 향상시키는 방법이다.
- XP는 짧고 반복적인 개발 주기, 단순한 설계, 고객의 적극적인 참여를 통해 소프트웨어를 빠르게 개발하는 것을 목적으로 한다.
- 릴리즈의 기간을 짧게 반복하면서 고객의 요구사항 반영에 대한 가시성을 높인다.
- 릴리즈 테스트마다 고객을 직접 참여시킴으로써 요구한 기능이 제대로 작동하는지 고객이 직접 확인할 수 있다.
- 비교적 소규모 인원의 개발 프로젝트에 효과적이다.
- XP의 5가지 핵심 가치 : 의사소통(Communication), 단순성(Simplicity), 용기(Courage), 존중(Respect), 피드백(Feedback)

정답 1.③ 2.② 3.④

등급 C

4. HIPO(Hierarchy Input Process Output)에 대한 설명으로 거리가 먼 것은?

① 상향식 소프트웨어 개발을 위한 문서화 도구이다.
② HIPO 차트 종류에는 가시적 도표, 총체적 도표, 세부적 도표가 있다.
③ 기능과 자료의 의존 관계를 동시에 표현할 수 있다.
④ 보기 쉽고 이해하기 쉽다.

전문가의 조언
HIPO는 시스템의 분석 및 설계나 문서화할 때 사용되는 기법으로, 하향식 소프트웨어 개발을 위한 문서화 도구입니다.

병행합습 HIPO(Hierarchy Input Process Output)
- 시스템의 분석 및 설계나 문서화할 때 사용되는 기법으로, 시스템 실행 과정인 입력, 처리, 출력의 기능을 나타낸다.
- 기본 시스템 모델은 입력, 처리, 출력으로 구성되며, 하향식 소프트웨어 개발을 위한 문서화 도구이다.
- 체계적인 문서 관리가 가능하다.
- 기호, 도표 등을 사용하므로 보기 쉽고 이해하기도 쉽다.
- 기능과 자료의 의존 관계를 동시에 표현할 수 있다.
- 변경, 유지보수가 용이하다.
- 시스템의 기능을 여러 개의 고유 모듈들로 분할하여 이들 간의 인터페이스를 계층 구조로 표현한 것을 HIPO Chart라고 한다.
- HIPO Chart의 종류
  - 가시적 도표(도식 목차) : 시스템의 전체적인 기능과 흐름을 보여주는 계층(Tree) 구조도
  - 총체적 도표(총괄도표, 개요 도표) : 프로그램을 구성하는 기능을 기술한 것으로 입력, 처리, 출력에 대한 전반적인 정보를 제공하는 도표
  - 세부적 도표(상세 도표) : 총체적 도표에 표시된 기능을 구성하는 기본 요소들을 상세히 기술하는 도표

등급 D

5. 모바일 기기에서 사용하는 NUI 인터페이스에 속하지 않는 것은 무엇인가?

① Pinch   ② Press
③ Flow   ④ Flick

전문가의 조언
Flow는 NUI 인터페이스가 아닙니다. NUI(Natural User Interface)는 사용자의 말이나 행동으로 기기를 조작하는 인터페이스입니다. 모바일 기기에서 사용하는 행동, 즉 제스처(Gesture)에는 Tap, Double Tap, Drag, Pan, Press, Flick, Pinch 등이 있습니다.

병행합습 주요 모바일 제스처(Mobile Gesture)
- Tap(누르기) : 화면을 가볍게 한 번 터치하는 동작
- Double Tap(두 번 누르기) : 화면을 빠르게 두 번 터치하는 동작
- Drag(누른 채 움직임) : 화면의 특정 위치에 손가락을 댄 상태로 정해진 방향으로 움직인 후 손가락을 떼는 동작
- Pan(누른 채 계속 움직임) : 화면에 손가락을 댄 후 손가락을 떼지 않고 계속 움직이는 동작으로, 움직이는 방향이나 시간에 제한이 없으며, 손가락을 뗄 때까지의 동작을 패닝(Panning)이라고 함
- Press(오래 누르기) : 화면의 특정 위치를 손가락으로 꾹 누르는 동작
- Flick(빠르게 스크롤) : 화면에 손가락을 터치함과 동시에 수평 또는 수직으로 빠르게 드래그하는 동작
- Pinch(두 손가락으로 넓히기/좁히기) : 두 손가락으로 화면을 터치한 후 두 손가락을 서로 다른 방향으로 움직이는 동작

등급 C

6. UML 확장 모델에서 스테레오 타입 객체를 표현할 때 사용하는 기호로 맞는 것은?

① 《 》   ② (( ))
③ {{ }}   ④ [[ ]]

전문가의 조언
UML에서 표현하는 기본 기능 외에 추가적인 기능을 표현하는 스테레오 타입은 길러멧(Guillemet, 《 》)이라고 부르는 겹화살괄호 사이에 기능을 기술합니다.

등급 A

7. 보헴이 제안한 것으로, 위험 분석 기능이 있으며, 여러 번의 개발 과정을 거쳐 점진적으로 개발하는 모형은?

① 나선형 모형   ② 애자일 모형
③ 프로토타입 모형   ④ 폭포수 모형

전문가의 조언
나선형 모델은 계획 수립, 위험 분석, 개발 및 검증, 고객 평가 과정을 반복하며 수행하는 개발방법론입니다.

병행학습 나선형 모형(Spiral Model, 점진적 모형)
- 보헴(Boehm)이 제안한 것으로, 폭포수 모형과 프로토타입 모형의 장점에 위험 분석 기능을 추가한 모형이다.
- 나선을 따라 돌듯이 여러 번의 소프트웨어 개발 과정을 거쳐 점진적으로 완벽한 최종 소프트웨어를 개발하는 것으로, 점진적 모형이라고도 한다.
- 소프트웨어를 개발하면서 발생할 수 있는 위험을 관리하고 최소화하는 것을 목적으로 한다.
- 점진적으로 개발 과정이 반복되므로 누락되거나 추가된 요구사항을 첨가할 수 있고, 정밀하며, 유지보수 과정이 필요 없다.
- 수행 과정(반복) : 계획 수립 → 위험 분석 → 개발 및 검증 → 고객 평가

병행학습 자료 흐름도의 구성 요소

프로세스 (Process)	• 자료를 변환시키는 시스템의 한 부분(처리 과정)을 나타내며 처리, 기능, 변환, 버블이라고도 함 • 원이나 둥근 사각형으로 표시하고 그 안에 프로세스 이름을 기입함
자료 흐름 (Data Flow)	• 자료의 이동(흐름)이나 연관관계를 나타냄 • 화살표 위에 자료의 이름을 기입함
자료 저장소 (Data Store)	• 시스템에서의 자료 저장소(파일, 데이터베이스)를 나타냄 • 도형(평행선) 안에 자료 저장소 이름을 기입함
단말 (Terminator)	• 시스템과 교신하는 외부 개체로, 입력 데이터가 만들어지고 출력 데이터를 받음(정보의 생산자와 소비자) • 도형(사각형) 안에 이름을 기입함

등급 C

8. UI 설계 원칙 중 누구나 쉽게 이해하고 사용할 수 있어야 한다는 원칙은?
① 희소성
② 유연성
③ 직관성
④ 멀티운용성

전문가의 조언
누구나 쉽게 이해하고 사용할 수 있어야 한다는 사용자 인터페이스(UI)의 설계 원칙은 직관성입니다.

병행학습 사용자 인터페이스(UI)의 기본 원칙
- 직관성 : 누구나 쉽게 이해하고 사용할 수 있어야 함
- 유효성 : 사용자의 목적을 정확하고 완벽하게 달성해야 함
- 학습성 : 누구나 쉽게 배우고 익힐 수 있어야 함
- 유연성 : 사용자의 요구사항을 최대한 수용하고 실수를 최소화해야 함

등급 B

9. 자료 흐름도(Data Flow Diagram)의 구성 요소로 옳은 것은?
① process, data flow, data store, comment
② process, data flow, data store, terminator
③ data flow, data store, terminator, data dictionary
④ process, data store, terminator, mini-spec

전문가의 조언
자료 흐름도(DFD)의 구성 요소에는 프로세스(Process), 자료 흐름(Data Flow), 자료 저장소(Data Store), 단말(Terminator)이 있습니다.

등급 B

10. 다음 중 SOLID 원칙이라고 불리는 객체지향 설계 원칙에 속하지 않는 것은?
① ISP(Interface Segregation Principle)
② DIP(Dependency Inversion Principle)
③ LSP(Liskov Substitution Principle)
④ SSO(Single Sign On)

전문가의 조언
SOLID 원칙의 'S'에 해당하는 것은 SRP(Single Responsibility Principle)입니다.

병행학습 객체지향 설계 원칙
- 시스템 변경이나 확장에 유연한 시스템을 설계하기 위해 지켜야 할 다섯 가지 원칙으로, 다섯 가지 원칙의 앞 글자를 따 SOLID 원칙이라고도 불린다.
- 단일 책임 원칙(SRP; Single Responsibility Principle)
  - 객체는 단 하나의 책임만 가져야 한다는 원칙이다.
  - 응집도는 높고, 결합도는 낮게 설계하는 것을 의미한다.
- 개방-폐쇄 원칙(OCP; Open-Closed Principle)
  - 기존의 코드를 변경하지 않고 기능을 추가할 수 있도록 설계해야 한다는 원칙이다.
  - 공통 인터페이스를 하나의 인터페이스로 묶어 캡슐화하는 방법이 대표적이다.
- 리스코프 치환 원칙(LSP; Liskov Substitution Principle)
  - 자식 클래스는 최소한 자신의 부모 클래스에서 가능한 행위는 수행할 수 있어야 한다는 설계 원칙이다.
  - 자식 클래스는 부모 클래스의 책임을 무시하거나 재정의하지 않고 확장만 수행하도록 해야한다.

- 인터페이스 분리 원칙(ISP; Interface Segregation Principle)
  - 자신이 사용하지 않는 인터페이스와 의존 관계를 맺거나 영향을 받지 않아야 한다는 원칙이다.
  - 단일 책임 원칙이 객체가 갖는 하나의 책임이라면, 인터페이스 분리 원칙은 인터페이스가 갖는 하나의 책임이다.
- 의존 역전 원칙(DIP; Dependency Inversion Principle)
  - 각 객체들 간의 의존 관계가 성립될 때, 추상성이 낮은 클래스보다 추상성이 높은 클래스와 의존 관계를 맺어야 한다는 원칙이다.
  - 일반적으로 인터페이스를 활용하면 이 원칙은 준수된다.

등급 B

11. UML 모델에서 한 사물의 명세가 바뀌면 다른 사물에 영향을 주며, 일반적으로 한 클래스가 다른 클래스를 오퍼레이션의 매개 변수로 사용하는 경우에 나타나는 관계는?

① Association   ② Dependency
③ Realization   ④ Generalization

전문가의 조언
일반적으로 한 클래스가 다른 클래스를 오퍼레이션의 매개 변수로 사용하는 경우를 나타내는 관계를 의존(Dependency) 관계라고 합니다.

병행학습 UML의 관계(Relationships)
- 연관(Association) 관계 : 2개 이상의 사물이 서로 관련되어 있음
- 집합(Aggregation) 관계 : 하나의 사물이 다른 사물에 포함되어 있는 관계
- 포함(Composition) 관계 : 집합 관계의 특수한 형태로, 포함되는 사물의 변화가 포함하는 사물에게 영향을 미치는 관계
- 일반화(Generalization) 관계 : 하나의 사물이 다른 사물에 비해 더 일반적인지 구체적인지를 표현하는 관계
- 의존(Dependency) 관계 : 연관 관계와 같이 사물 사이에 서로 연관은 있으나 필요에 의해 서로에게 영향을 주는 짧은 시간 동안만 연관을 유지하는 관계
- 실체화(Realization) 관계 : 사물이 할 수 있거나 해야 하는 기능(행위, 인터페이스)으로 서로를 그룹화 할 수 있는 관계

등급 C

12. 객체에게 어떤 행위를 하도록 지시하는 명령은?

① Class   ② Package
③ Object   ④ Message

전문가의 조언
객체(Object)의 행위를 요구하기 위해서는 메시지(Message)를 보내야 합니다.

병행학습 객체지향 프로그래밍 언어의 구성 요소
- 객체(Object)
  - 데이터(속성)와 이를 처리하기 위한 연산(메소드)을 결합시킨 실체이다.
  - 데이터 구조와 그 위에서 수행되는 연산들을 가지고 있는 소프트웨어 모듈이다.
  - 속성(Attribute) : 한 클래스 내에 속한 객체들이 가지고 있는 데이터 값들을 단위별로 정의하는 것으로서 성질, 분류, 식별, 수량 또는 현재 상태 등을 표현함
  - 메소드(Method) : 객체가 메시지를 받아 실행해야 할 때 구체적인 연산을 정의하는 것으로, 객체의 상태를 참조하거나 변경하는 수단이 됨
- 클래스(Class)
  - 두 개 이상의 유사한 객체들을 묶어서 하나의 공통된 특성을 표현하는 요소이다. 즉 공통된 특성과 행위를 갖는 객체의 집합이라고 할 수 있다.
  - 객체의 유형 또는 타입(Object Type)을 의미한다.
- 메시지(Message)
  - 객체들 간에 상호작용을 하는데 사용되는 수단으로 객체의 메소드(동작, 연산)를 일으키는 외부의 요구사항이다.
  - 메시지를 받은 객체는 대응하는 연산을 수행하여 예상된 결과를 반환하게 된다.

등급 A

13. 다음 내용이 설명하는 디자인 패턴은?

- 하나의 객체를 생성하면 생성된 객체를 어디서든 참조할 수 있지만, 여러 프로세스가 동시에 참조할 수는 없다.
- 클래스 내에서 인스턴스가 하나뿐임을 보장하며, 불필요한 메모리 낭비를 최소화 할 수 있다.

① Singleton   ② Adapter
③ Prototype   ④ Decorator

전문가의 조언
문제의 지문에 제시된 내용은 싱글톤(Singleton) 패턴의 특징입니다.

병행학습
- 어댑터(Adapter) : 호환성이 없는 클래스들의 인터페이스를 다른 클래스가 이용할 수 있도록 변환해주는 패턴
- 프로토타입(Prototype) : 원본 객체를 복제하는 방법으로 객체를 생성하는 패턴
- 데코레이터(Decorator) : 객체 간의 결합을 통해 능동적으로 기능들을 확장할 수 있는 패턴

14. 파이프 필터 형태의 소프트웨어 아키텍처에 대한 설명으로 옳은 것은?
① 노드와 간선으로 구성된다.
② 서브시스템이 입력 데이터를 받아 처리하고 결과를 다음 서브시스템으로 넘겨주는 과정을 반복한다.
③ 계층 모델이라고도 한다.
④ 3개의 서브시스템(모델, 뷰, 제어)으로 구성되어 있다.

전문가의 조언
파이프-필터 패턴에 대한 설명으로 옳은 것은 ②번입니다.

주요 아키텍처 패턴(Patterns)의 종류
- 레이어 패턴(Layers pattern) : 시스템을 계층(Layer)으로 구분하여 구성하는 고전적인 방법 중의 하나로 각각의 서브시스템들이 계층 구조를 이루며, 하위 계층은 상위 계층에 대한 서비스 제공자가 되고, 상위 계층은 하위 계층의 클라이언트가 됨
- 클라이언트-서버 패턴(Clinent-Server Pattern) : 하나의 서버 컴포넌트와 다수의 클라이언트 컴포넌트로 구성되는 패턴으로, 클라이언트가 서버에 요청하고 응답을 받아 사용자에게 제공하는 방식
- 파이프-필터 패턴(Pipe-Filter Pattern) : 데이터 스트림 절차의 각 단계를 필터(Filter) 컴포넌트로 캡슐화하여 파이프(Pipe)를 통해 데이터를 전송하는 패턴
- 모델-뷰-컨트롤러 패턴(Model-View-Controller Pattern) : 서브시스템을 모델(Model), 뷰(View), 컨트롤러(Controller)의 세 부분으로 구조화하는 패턴

15. 대표적으로 DOS 및 UNIX 등의 운영체제에서 조작을 위해 사용하던 것으로, 정해진 명령 문자열을 입력하여 시스템을 조작하는 사용자 인터페이스(User Interface)는?
① GUI(Graphical User Interface)
② CLI(Command Line Interface)
③ CUI(Cell User Interface)
④ MUI(Mobile User Interface)

전문가의 조언
정해진 명령 문자열을 입력하여 시스템을 조작하는 사용자 인터페이스를 CLI(Command Line Interface)라고 합니다.

사용자 인터페이스의 종류
- CLI(Command Line Interface) : 명령과 출력이 텍스트 형태로 이뤄지는 인터페이스
- GUI(Graphical User Interface) : 아이콘이나 메뉴를 마우스로 선택하여 작업을 수행하는 그래픽 환경의 인터페이스
- NUI(Natural User Interface) : 사용자의 말이나 행동으로 기기를 조작하는 인터페이스
- VUI(Voice User Interface) : 사람의 음성으로 기기를 조작하는 인터페이스
- OUI(Organic User Interface) : 모든 사물과 사용자 간의 상호작용을 위한 인터페이스

16. UML에서 시퀀스 다이어그램의 구성 항목에 해당하지 않는 것은?
① 생명선
② 실행
③ 확장
④ 메시지

전문가의 조언
확장(Extends)은 관계의 한 형태로, 순차 다이어그램의 구성 요소가 아닙니다.

순차 다이어그램의 구성 요소
- 액터(Actor) : 시스템으로부터 서비스를 요청하는 외부 요소로, 사람이나 외부 시스템을 의미함
- 객체(Object) : 메시지를 주고받는 주체
- 라이프라인(Lifeline) : 객체가 메모리에 존재하는 기간
- 활성(실행) 상자(Activation Box) : 객체가 메시지를 주고받으며 구동(실행)되고 있음을 표현
- 메시지(Message) : 객체가 상호 작용을 위해 주고받는 메시지

17. 다음은 어떤 프로그램 구조를 나타낸다. 모듈 F에서의 fan-in과 fan-out의 수는 얼마인가?

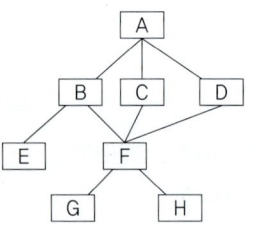

① fan-in : 2, fan-out : 3
② fan-in : 3, fan-out : 2
③ fan-in : 1, fan-out : 2
④ fan-in : 2, fan-out : 1

전문가의 조언
모듈에 들어오면(in) 팬인(fan-in), 모듈에서 나가면(out) 팬아웃(fan-out)입니다. F에 들어오는 선은 3개, 나가는 선은 2개이므로, 팬인과 팬아웃은 각각 3과 2입니다.

전문가의 조언
럼바우 분석 기법의 활동에는 객체 모델링, 동적 모델링, 기능 모델링이 있습니다.

병행학습 럼바우(Rumbaugh)의 분석 기법
- 모든 소프트웨어 구성 요소를 그래픽 표기법을 이용하여 모델링하는 기법으로, 객체 모델링 기법(OMT; Object-Modeling Technique)이라고도 한다.
- 분석 활동은 '객체 모델링 → 동적 모델링 → 기능 모델링' 순으로 이루어진다.
- 객체 모델링(Object Modeling)
  - 정보 모델링이라고도 하며, 시스템에서 요구되는 객체를 찾아내어 속성과 연산 식별 및 객체들 간의 관계를 규정하여 객체 다이어그램으로 표시하는 것이다.
  - 분석 활동의 세 가지 모델 중 가장 중요하며 선행되어야 할 모델링이다.
- 동적 모델링(Dynamic Modeling) : 상태 다이어그램(상태도)을 이용하여 시간의 흐름에 따른 객체들 간의 제어 흐름, 상호 작용, 동작 순서 등의 동적인 행위를 표현하는 모델링임
- 기능 모델링(Functional Modeling) : 자료 흐름도(DFD)를 이용하여 다수의 프로세스들 간의 자료 흐름을 중심으로 처리 과정을 표현한 모델링임

등급 A

18. 객체지향 개념에서 연관된 데이터와 함수를 함께 묶어 외부와 경계를 만들고 필요한 인터페이스만을 밖으로 드러내는 과정은?
① 메시지(Message)
② 캡슐화(Encapsulation)
③ 다형성(Polymorphism)
④ 상속(Inheritance)

전문가의 조언
문제에 제시된 내용은 캡슐화(Encapsulation)에 대한 설명입니다.

병행학습 객체지향의 주요 개념
- 캡슐화(Encapsulation) : 데이터(속성)와 데이터를 처리하는 함수를 하나로 묶어 인터페이스를 제외한 세부 내용을 은폐(정보 은닉)함으로써 외부에서의 접근을 제한함
- 상속(Inheritance) : 이미 정의된 상위 클래스(부모 클래스)의 모든 속성과 연산을 하위 클래스(자식 클래스)가 물려받는 것
- 다형성(Polymorphism) : 메시지에 의해 객체(클래스)가 연산을 수행하게 될 때 하나의 메시지에 대해 각각의 객체(클래스)가 가지고 있는 고유한 방법(특성)으로 응답할 수 있는 능력

등급 A

19. 그래픽 표기법을 이용하여 소프트웨어 구성 요소를 모델링하는 럼바우 분석 기법에 포함되지 않는 것은?
① 객체 모델링
② 기능 모델링
③ 동적 모델링
④ 블랙박스 분석 모델링

등급 A

20. 분산 컴퓨팅 환경에서 서로 다른 기종 간의 하드웨어나 프로토콜, 통신환경 등을 연결하여 응용 프로그램과 운영환경 간에 원만한 통신이 이루어질 수 있게 서비스를 제공하는 소프트웨어는?
① 미들웨어
② 하드웨어
③ 오픈허브웨어
④ 그레이웨어

전문가의 조언
미들웨어(Middleware)는 미들(Middle)과 소프트웨어(Software)의 합성어로, 서로 다른 기종 간의 하드웨어나 프로토콜, 통신환경 등을 연결하여 응용 프로그램과 운영 환경 간에 원만한 통신이 이루어질 수 있게 서비스를 제공하는 소프트웨어입니다.

정답 17.② 18.② 19.④ 20.①

병행학습 미들웨어(Middleware)의 종류

- **DB(DataBase)** : 데이터베이스 벤더(Vendor)에서 제공하는 클라이언트에서 원격의 데이터베이스와 연결하기 위한 미들웨어
- **RPC(Remote Procedure Call)** : 응용 프로그램의 프로시저를 사용하여 원격 프로시저를 마치 로컬 프로시저처럼 호출하는 방식의 미들웨어
- **MOM(Message Oriented Middleware)** : 메시지 기반의 비동기형 메시지를 전달하는 방식의 미들웨어
- **TP-Monitor(Transaction Processing Monitor)** : 항공기나 철도 예약 업무 등과 같은 온라인 트랜잭션 업무에서 트랜잭션을 처리 및 감시하는 미들웨어
- **ORB(Object Request Broker)** : 객체지향 미들웨어로 코바(CORBA) 표준 스펙을 구현한 미들웨어
- **WAS(Web Application Server)** : 사용자의 요구에 따라 변하는 동적인 콘텐츠를 처리하기 위해 사용되는 미들웨어

- 부정확하거나 누락된 기능, 인터페이스 오류, 자료 구조나 외부 데이터베이스 접근에 따른 오류, 행위나 성능 오류, 초기화와 종료 오류 등을 발견하기 위해 사용되며, 테스트 과정의 후반부에 적용된다.
- **종류** : 동치 분할 검사, 경계값 분석, 원인-효과 그래프 검사, 오류 예측 검사, 비교 검사 등

화이트박스 테스트(White Box Test)
- 모듈의 원시 코드를 오픈시킨 상태에서 원시 코드의 논리적인 모든 경로를 테스트하여 테스트 케이스를 설계하는 방법이다.
- 설계된 절차에 초점을 둔 구조적 테스트로 프로시저 설계의 제어 구조를 사용하여 테스트 케이스를 설계하며, 테스트 과정의 초기에 적용된다.
- 모듈 안의 작동을 직접 관찰한다.
- 원시 코드(모듈)의 모든 문장을 한 번 이상 실행함으로써 수행된다.
- 프로그램의 제어 구조에 따라 선택, 반복 등의 분기점 부분들을 수행함으로써 논리적 경로를 제어한다.
- **종류** : 기초 경로 검사, 제어 구조 검사(조건 검사, 루프 검사, 데이터 흐름 검사) 등

2과목 소프트웨어 개발

21. 소프트웨어 테스트와 관련한 설명으로 틀린 것은? [등급 A]
① 화이트박스 테스트는 모듈의 논리적인 구조를 체계적으로 점검할 수 있다.
② 블랙박스 테스트는 프로그램의 구조를 고려하지 않는다.
③ 테스트 케이스에는 일반적으로 시험 조건, 테스트 데이터, 예상 결과가 포함되어야 한다.
④ 화이트박스 테스트에서 기본 경로(Basis Path)란 흐름 그래프의 시작 노드에서 종료 노드까지의 서로 독립된 경로로 싸이클을 허용하지 않는 경로를 말한다.

전문가의 조언
기초 경로(Base Path = Basis Path)는 수행 가능한 모든 경로를 의미합니다.

병행학습 블랙박스 테스트(Black Box Test)
- 소프트웨어가 수행할 특정 기능을 알기 위해서 각 기능이 완전히 작동되는 것을 입증하는 테스트로, 기능 테스트라고도 한다.
- 프로그램의 구조를 고려하지 않기 때문에 테스트 케이스는 프로그램 또는 모듈의 요구나 명세를 기초로 결정한다.
- 소프트웨어 인터페이스에서 실시되는 테스트이다.

22. 디지털 저작권 관리(DRM)의 기술 요소가 아닌 것은? [등급 B]
① 크랙 방지 기술
② 정책 관리 기술
③ 암호화 기술
④ 방화벽 기술

전문가의 조언
방화벽 기술은 디지털 저작권 관리 기술이 아닌 기업이나 조직 내부의 네트워크와 인터넷 간에 전송되는 정보를 선별하여 수용·거부·수정하는 기능을 가진 침입 차단 시스템입니다.

병행학습 디지털 저작권 관리(DRM)의 기술 요소
- **암호화(Encryption)** : 콘텐츠 및 라이선스를 암호화하고 전자 서명을 할 수 있는 기술
- **키 관리(Key Management)** : 콘텐츠를 암호화한 키에 대한 저장 및 분배 기술
- **암호화 파일 생성(Packager)** : 콘텐츠를 암호화된 콘텐츠로 생성하기 위한 기술
- **식별 기술(Identification)** : 콘텐츠에 대한 식별 체계 표현 기술
- **저작권 표현(Right Expression)** : 라이선스의 내용 표현 기술
- **정책 관리(Policy Management)** : 라이선스 발급 및 사용에 대한 정책 표현 및 관리 기술
- **크랙 방지(Tamper Resistance)** : 크랙에 의한 콘텐츠 사용 방지 기술
- **인증(Authentication)** : 라이선스 발급 및 사용의 기준이 되는 사용자 인증 기술

23. 소프트웨어 형상 관리(Configuration management)에 관한 설명으로 틀린 것은?

① 소프트웨어에서 일어나는 수정이나 변경을 알아내고 제어하는 것을 의미한다.
② 소프트웨어 개발의 전체 비용을 줄이고, 개발 과정의 여러 방해 요인이 최소화되도록 보증하는 것을 목적으로 한다.
③ 형상 관리를 위하여 구성된 팀을 "chief programmer team"이라고 한다.
④ 형상 관리의 기능 중 하나는 버전 제어 기술이다.

전문가의 조언
Chief Programmer Team은 개발 팀의 구성 방식 중 하나로 형상 관리와는 관계가 없습니다.

형상 관리(SCM; Software Configuration Management)
- 소프트웨어의 개발 과정에서 소프트웨어의 변경 사항을 관리하기 위해 개발된 일련의 활동이다.
- 소프트웨어 변경의 원인을 알아내고 제어하며, 적절히 변경되고 있는지 확인하여 해당 담당자에게 통보한다.
- 형상 관리는 소프트웨어 개발의 전 단계에 적용되는 활동이며, 유지보수 단계에서도 수행된다.
- 형상 관리는 소프트웨어 개발의 전체 비용을 줄이고, 개발 과정의 여러 방해 요인이 최소화되도록 보증하는 것을 목적으로 한다.
- 관리 항목에는 소스 코드뿐만 아니라 프로젝트 계획, 분석서, 설계서, 프로그램, 테스트 케이스 등이 포함된다.
- 형상 관리를 통해 가시성과 추적성을 보장함으로써 소프트웨어의 생산성과 품질을 높일 수 있다.
- 대표적인 형상 관리 도구에는 Git, CVS, Subversion 등이 있다.

- 형상 관리 기능
  - 형상 식별 : 형상 관리 대상에 이름과 관리 번호를 부여하고, 계층(Tree) 구조로 구분하여 수정 및 추적이 용이하도록 하는 작업
  - 버전 제어 : 소프트웨어 업그레이드나 유지 보수 과정에서 생성된 다른 버전의 형상 항목을 관리하고, 이를 위해 특정 절차와 도구(Tool)를 결합시키는 작업
  - 형상 통제(변경 관리) : 식별된 형상 항목에 대한 변경 요구를 검토하여 현재의 기준선(Base Line)이 잘 반영될 수 있도록 조정하는 작업
  - 형상 감사 : 기준선의 무결성을 평가하기 위해 확인, 검증, 검열 과정을 통해 공식적으로 승인하는 작업
  - 형상 기록(상태 보고) : 형상의 식별, 통제, 감사 작업의 결과를 기록·관리하고 보고서를 작성하는 작업

24. 다음 트리를 후위 순회(Post Traversal)한 결과는?

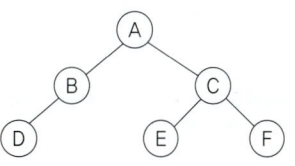

① A B D C E F
② D B A E C F
③ A B C D E F
④ D B E F C A

전문가의 조언
먼저 서브 트리를 하나의 노드로 생각할 수 있도록 서브 트리 단위로 묶습니다.

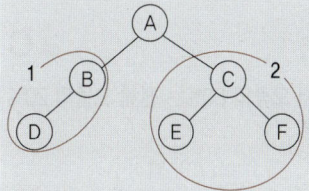

❶ Postorder는 Left → Right → Root이므로 12A가 됩니다.
❷ 1은 DB이므로 DB2A가 됩니다.
❸ 2는 EFC이므로 DBEFCA가 됩니다.

25. EAI(Enterprise Application Integration)의 구축 유형으로 옳지 않은 것은?

① Tree
② Hub & Spoke
③ Message Bus
④ Point-to-Point

전문가의 조언
EAI는 기업 내 각종 애플리케이션 및 플랫폼 간의 정보 전달, 연계, 통합 등 상호 연동이 가능하게 해주는 솔루션으로, 구축 유형에는 Point-to-Point, Hub & Spoke, Message Bus(ESB), Hybrid가 있습니다.

병행학습 EAI의 구축 유형

- **Point-to-Point** : 가장 기본적인 애플리케이션 통합 방식으로, 애플리케이션을 1:1로 연결하며 변경 및 재사용이 어려움
- **Hub & Spoke** : 단일 접점인 허브 시스템을 통해 데이터를 전송하는 중앙 집중형 방식으로, 확장 및 유지 보수가 용이하지만 허브 장애 발생 시 시스템 전체에 영향을 미침
- **Message Bus(ESB 방식)** : 애플리케이션 사이에 미들웨어를 두어 처리하는 방식으로, 확장성이 뛰어나며 대용량 처리가 가능함
- **Hybrid** : Hub & Spoke와 Message Bus의 혼합 방식으로, 그룹 내에서는 Hub & Spoke 방식을, 그룹 간에는 Message Bus 방식을 사용

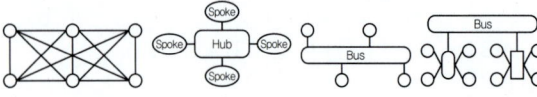

전문가의 조언
모든 테스트 케이스의 입력 값에 대해 기대하는 결과를 제공하는 오라클은 참 오라클입니다.

병행학습 테스트 오라클의 종류

- **참(True) 오라클** : 모든 테스트 케이스의 입력 값에 대해 기대하는 결과를 제공하는 오라클로, 발생된 모든 오류를 검출할 수 있음
- **샘플링(Sampling) 오라클** : 특정한 몇몇 테스트 케이스의 입력 값들에 대해서만 기대하는 결과를 제공하는 오라클
- **추정(Heuristic) 오라클** : 샘플링 오라클을 개선한 오라클로, 특정 테스트 케이스의 입력 값에 대해 기대하는 결과를 제공하고, 나머지 입력 값들에 대해서는 추정으로 처리하는 오라클
- **일관성 검사(Consistent) 오라클** : 애플리케이션의 변경이 있을 때, 테스트 케이스의 수행 전과 후의 결과 값이 동일한지를 확인하는 오라클

등급 **C**

26. 소프트웨어 테스트에서 오류의 80%는 전체 모듈의 20% 내에서 발견된다는 법칙은?
① Brooks의 법칙   ② Boehm의 법칙
③ Pareto의 법칙   ④ Jackson의 법칙

전문가의 조언
소프트웨어 테스트에서 오류의 80%는 전체 모듈의 20% 내에서 발견된다는 법칙은 파레토 법칙(Pareto Principle)입니다.

등급 **C**

27. 다음 중 테스트 오라클에 대한 설명으로 옳지 않은 것은?
① 샘플링 오라클 : 특정한 몇몇 테스트 케이스의 입력 값들에 대해서만 기대하는 결과를 제공하는 오라클이다.
② 토탈 오라클 : 모든 테스트 케이스의 입력 값에 대해 기대하는 결과를 제공하는 오라클이다.
③ 휴리스틱 오라클 : 특정 테스트 케이스의 입력 값에 대해 기대하는 결과를 제공하고, 나머지 입력 값들에 대해서는 추정으로 처리하는 오라클이다.
④ 일관성 검사 오라클 : 애플리케이션의 변경이 있을 경우 테스트 케이스의 수행 전과 후의 결과 값이 동일한지를 확인하는 오라클이다.

등급 **C**

28. IPSec(IP Security)에 대한 설명으로 틀린 것은?
① 암호화 수행시 일방향 암호화만 지원한다.
② ESP는 발신지 인증, 데이터 무결성, 기밀성 모두를 보장한다.
③ 운영 모드는 Tunnel 모드와 Transport 모드로 분류된다.
④ AH는 발신지 호스트를 인증하고, IP 패킷의 무결성을 보장한다.

전문가의 조언
IPSec는 암호화와 복호화가 모두 가능한 양방향 암호 방식입니다.

등급 **A**

29. 스택(STACK)의 응용 분야로 거리가 먼 것은?
① 인터럽트의 처리
② 수식의 계산
③ 서브루틴의 복귀 번지 저장
④ 운영체제의 작업 스케줄링

전문가의 조언
운영체제의 작업 스케줄링에 사용되는 것은 큐(Queue)입니다.

병행학습 Stack의 응용 분야
- 함수 호출의 순서 제어
- 인터럽트의 처리
- 수식 계산 및 수식 표기법
- 컴파일러를 이용한 언어 번역
- 부 프로그램 호출 시 복귀주소 저장
- 서브루틴 호출 및 복귀 주소 저장

등급 A

30. 다음 자료에 대하여 선택(Selection) 정렬을 이용하여 오름차순으로 정렬하고자 한다. 1회전 수행 결과는?

8, 3, 4, 9, 7

① 3, 4, 7, 8, 9 ② 3, 4, 7, 9, 8
③ 3, 4, 8, 9, 7 ④ 3, 8, 4, 9, 7

전문가의 조언
선택 정렬은 n개의 레코드 중에서 최소값을 찾아 첫 번째 레코드 위치에 놓고, 나머지 n-1개 중에서 다시 최소값을 찾아 두 번째 레코드 위치에 놓는 방식을 반복하여 정렬하는 방식입니다.

- 원본: 8 3 4 9 7
- 1회전: 8 3 4 9 7 → 3 8 4 9 7
  첫 번째부터 마지막 값 중 최소값 3을 찾아 첫 번째 값 8과 위치를 교환합니다.
- 2회전: 3 8 4 9 7 → 3 4 8 9 7
  두 번째부터 마지막 값 중 최소값 4를 찾아 두 번째 값 8과 위치를 교환합니다.
- 3회전: 3 4 8 9 7 → 3 4 7 9 8
  세 번째부터 마지막 값 중 최소값 7을 찾아 세 번째 값 8과 위치를 교환합니다.
- 4회전: 3 4 7 9 8 → 3 4 7 8 9
  네 번째부터 마지막 값 중 최소값 8을 찾아 네 번째 값 9와 위치를 교환합니다.

등급 C

31. 해싱 함수(Hashing Function)의 종류가 아닌 것은?
① 제곱법(Mid-Square)
② 숫자 분석법(Digit Analysis)
③ 개방 주소법(Open Addressing)
④ 제산법(Division)

전문가의 조언
해싱 함수의 종류에는 제산법, 제곱법, 폴딩법, 기수 변환법, 대수적 코딩법, 계수 분석법(숫자 분석법), 무작위법이 있습니다.

병행학습 해싱 함수(Hashing Function)
- 제산법(Division) : 레코드 키(K)를 해시표(Hash Table)의 크기보다 큰 수 중에서 가장 작은 소수(Prime, Q)로 나눈 나머지를 홈 주소로 삼는 방식, 즉 h(K) = K mod Q임
- 제곱법(Mid-Square) : 레코드 키 값(K)을 제곱한 후 그 중간 부분의 값을 홈 주소로 삼는 방식
- 폴딩법(Folding) : 레코드 키 값(K)을 여러 부분으로 나눈 후 각 부분의 값을 더하거나 XOR(배타적 논리합)한 값을 홈 주소로 삼는 방식
- 기수 변환법(Radix) : 키 숫자의 진수를 다른 진수로 변환시켜 주소 크기를 초과한 높은 자릿수는 절단하고, 이를 다시 주소 범위에 맞게 조정하는 방법
- 대수적 코딩법(Algebraic Coding) : 키 값을 이루고 있는 각 자리의 비트 수를 한 다항식의 계수로 간주하고, 이 다항식을 해시표의 크기에 의해 정의된 다항식으로 나누어 얻은 나머지 다항식의 계수를 홈 주소로 삼는 방식
- 계수 분석법(Digit Analysis, 숫자 분석법) : 키 값을 이루는 숫자의 분포를 분석하여 비교적 고른 자리를 필요한 만큼 택해서 홈 주소로 삼는 방식
- 무작위법(Random) : 난수(Random Number)를 발생시켜 나온 값을 홈 주소로 삼는 방식

등급 A

32. 인터페이스 구현 검증 도구가 아닌 것은?
① ESB ② xUnit
③ STAF ④ NTAF

전문가의 조언
ESB는 애플리케이션 간 연계, 데이터 변환, 웹 서비스 지원 등 표준 기반의 인터페이스를 제공하는 솔루션입니다.

병행학습 인터페이스 구현 검증 도구

- **xUnit** : Java(Junit), C++(Cppunit), .Net(Nunit), Http(HttpUnit) 등 다양한 언어를 지원하는 단위 테스트 프레임워크
- **STAF** : 서비스 호출 및 컴포넌트 재사용 등 다양한 환경을 지원하는 테스트 프레임워크
- **FitNesse** : 웹 기반 테스트케이스 설계, 실행, 결과 확인 등을 지원하는 테스트 프레임워크
- **NTAF** : FitNesse의 장점인 협업 기능과 STAF의 장점인 재사용 및 확장성을 통합한 NHN(Naver)의 테스트 자동화 프레임워크
- **Selenium** : 다양한 브라우저 및 개발 언어를 지원하는 웹 애플리케이션 테스트 프레임워크
- **watir** : Ruby를 사용하는 애플리케이션 테스트 프레임워크

등급 A

33. 순서가 A, B, C, D로 정해진 입력 자료를 스택에 입력하였다가 출력할 때, 가능한 출력 순서의 결과가 아닌 것은?

① A, B, C, D ② D, A, B, C
③ A, B, D, C ④ B, C, D, A

전문가의 조언
이 문제는 A, B, C, D를 각 보기의 순서대로 출력되는지 스택을 이용해 직접 입·출력을 수행해 보면 됩니다. PUSH는 스택에 자료를 입력하는 명령이고, POP은 스택에서 자료를 출력하는 명령입니다. 먼저 ①번은 다음과 같은 순서로 작업하면 모두 출력할 수 있습니다.

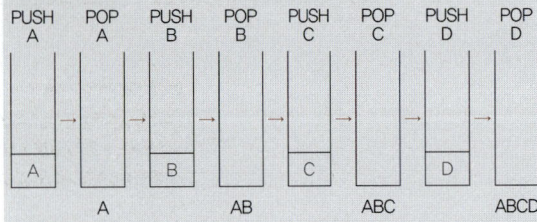

②번은 D를 출력한 후 A를 출력해야 하는데, C와 B를 출력하지 않고는 A를 출력할 수 없으므로 불가능합니다.

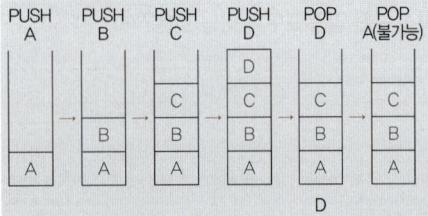

등급 B

34. 다음 중 클린 코드 작성 원칙으로 거리가 먼 것은?
① 누구든지 쉽게 이해하는 코드 작성
② 중복이 최대화된 코드 작성
③ 다른 모듈에 미치는 영향 최소화
④ 단순, 명료한 코드 작성

전문가의 조언
클린 코드는 누구나 쉽게 이해하고 수정 및 추가할 수 있는 단순, 명료한 코드, 즉 잘 작성된 코드를 의미하는 것으로, 코드의 중복을 최소화해야 합니다.

병행학습 클린 코드 작성 원칙

가독성	• 누구든지 코드를 쉽게 읽을 수 있도록 작성함 • 코드 작성 시 이해하기 쉬운 용어를 사용하거나 들여쓰기 기능 등을 사용함
단순성	• 코드를 간단하게 작성함 • 한 번에 한 가지를 처리하도록 코드를 작성하고 클래스/메소드/함수 등을 최소 단위로 분리함
의존성 배제	• 코드가 다른 모듈에 미치는 영향을 최소화함 • 코드 변경 시 다른 부분에 영향이 없도록 작성함
중복성 최소화	• 코드의 중복을 최소화함 • 중복된 코드는 삭제하고 공통된 코드를 사용함
추상화	상위 클래스/메소드/함수에서는 간략하게 애플리케이션의 특성을 나타내고, 상세 내용은 하위 클래스/메소드/함수에서 구현함

등급 B

35. 소스 코드 품질 분석 도구 중 정적 분석 도구가 아닌 것은?
① pmd ② checkstyle
③ valance ④ cppcheck

전문가의 조언
정적 분석 도구에는 pmd, cppcheck, SonarQube, checkstyle, ccm, cobertura 등이 있습니다.

등급 B

36. 알파, 베타 테스트와 가장 밀접한 연관이 있는 테스트 단계는?
① 단위 테스트
② 인수 테스트
③ 통합 테스트
④ 시스템 테스트

전문가의 조언
알파 테스트와 베타 테스트는 인수 테스트의 한 종류입니다.

병행학습
• 알파 테스트 : 개발자의 장소에서 사용자가 개발자 앞에서 행하는 테스트 기법
• 베타 테스트 : 선정된 최종 사용자가 여러 명의 사용자 앞에서 행하는 테스트 기법

등급 B

37. 테스트 드라이버(Test Driver)에 대한 설명으로 틀린 것은?
① 시험 대상 모듈을 호출하는 간이 소프트웨어이다.
② 필요에 따라 매개 변수를 전달하고 모듈을 수행한 후의 결과를 보여줄 수 있다.
③ 상향식 통합 테스트에서 사용된다.
④ 테스트 대상 모듈이 호출하는 하위 모듈의 역할을 한다.

전문가의 조언
테스트 대상 모듈이 호출하는 하위 모듈의 역할을 수행하는 것은 스텁(Stub)입니다.

병행학습 테스트 드라이버와 테스트 스텁

구분	드라이버(Driver)	스텁(Stub)
개념	테스트 대상의 하위 모듈을 호출하는 도구로, 매개 변수(Parameter)를 전달하고, 모듈 테스트 수행 후의 결과를 도출함	제어 모듈이 호출하는 타 모듈의 기능을 단순히 수행하는 도구로, 일시적으로 필요한 조건만을 가지고 있는 시험용 모듈
필요 시기	상위 모듈 없이 하위 모듈이 있는 경우 하위 모듈 구동	상위 모듈은 있지만 하위 모듈이 없는 경우 하위 모듈 대체
테스트 방식	상향식(Bottom Up) 테스트	하향식(Top-Down)테스트
공통점	소프트웨어 개발과 테스트를 병행할 경우 이용	

차이점	• 이미 존재하는 하위 모듈과 존재하지 않는 상위 모듈 간의 인터페이스 역할을 함 • 소프트웨어 개발이 완료되면 드라이버는 본래의 모듈로 교체됨	• 일시적으로 필요한 조건만을 가지고 임시로 제공되는 가짜 모듈의 역할을 함 • 시험용 모듈이기 때문에 일반적으로 드라이버보다 작성하기 쉬움

등급 C

38. 소프트웨어 패키징에 대한 설명으로 틀린 것은?
① 패키징은 개발자 중심으로 진행한다.
② 신규 및 변경 개발소스를 식별하고, 이를 모듈화하여 상용제품으로 패키징한다.
③ 고객의 편의성을 위해 매뉴얼 및 버전관리를 지속적으로 한다.
④ 범용 환경에서 사용이 가능하도록 일반적인 배포 형태로 패키징이 진행된다.

전문가의 조언
소프트웨어 패키징은 개발자가 아니라 사용자를 중심으로 진행합니다.

병행학습 소프트웨어 패키징
• 모듈별로 생성한 실행 파일들을 묶어 배포용 설치 파일을 만드는 것을 말한다.
• 개발자가 아니라 사용자를 중심으로 진행한다.
• 소스 코드는 향후 관리를 고려하여 모듈화하여 패키징한다.
• 사용자가 소프트웨어를 사용하게 될 환경을 이해하여, 다양한 환경에서 소프트웨어를 손쉽게 사용할 수 있도록 일반적인 배포 형태로 패키징한다.

등급 D

39. 연결 리스트(Linked List)에 대한 설명으로 거리가 먼 것은?
① 노드의 삽입이나 삭제가 쉽다.
② 노드들이 포인터로 연결되어 검색이 빠르다.
③ 연결을 해주는 포인터(Pointer)를 위한 추가 공간이 필요하다.
④ 연결 리스트 중에서 중간 노드 연결이 끊어지면 그 다음 노드를 찾기 힘들다.

전문가의 조언
연결 리스트(Linked List)는 노드들이 포인터로 연결되어 포인터를 찾아가는 시간이 필요하므로 선형 리스트에 비해 검색 속도가 느립니다.

병행학습 연결 리스트(Linked List)
- 자료들을 반드시 연속적으로 배열시키지는 않고 임의의 기억공간에 기억시키되, 자료 항목의 순서에 따라 노드(Node)의 포인터 부분을 이용하여 서로 연결시킨 자료 구조이다.
- 연결 리스트는 노드의 삽입 · 삭제 작업이 용이하다.
- 기억 공간이 연속적으로 놓여 있지 않아도 저장할 수 있다.
- 연결 리스트는 연결을 위한 링크(포인터) 부분이 필요하기 때문에 순차 리스트에 비해 기억 공간의 이용 효율이 좋지 않다.
- 연결 리스트는 연결을 위한 포인터를 찾는 시간이 필요하기 때문에 접근 속도가 느리다.
- 연결 리스트는 중간 노드 연결이 끊어지면 그 다음 노드를 찾기 힘들다.

등급 B

40. 알고리즘 시간 복잡도 O(1)이 의미하는 것은?
① 컴퓨터 처리가 불가
② 알고리즘 입력 데이터 수가 한 개
③ 알고리즘 수행시간이 입력 데이터 수와 관계 없이 일정
④ 알고리즘 길이가 입력 데이터보다 작음

전문가의 조언
O(1)은 빅오 표기법의 시간 복잡도를 표기하는 방법의 하나로, 입력 데이터 수에 관계없이 문제 해결에 하나의 단계만을 거친다는 것을 의미합니다.

병행학습 빅오 표기법(Big-O Notation)
알고리즘의 실행시간이 최악일 때를 표기하는 방법으로, 신뢰성이 떨어지는 오메가 표기법이나 평가하기 까다로운 세타 표기법에 비해 성능을 예측하기 용이하여 주로 사용되는 표기법이다.

O(1)	입력값(n)에 관계 없이 일정하게 문제 해결에 하나의 단계만을 거침 예 스택의 삽입(Push), 삭제(Pop)
O(log₂n)	문제 해결에 필요한 단계가 입력값(n) 또는 조건에 의해 감소함 예 이진 트리(Binary Tree), 이진 검색(Binary Search)
O(n)	문제 해결에 필요한 단계가 입력값(n)과 1:1의 관계를 가짐 예 for문
O(nlog₂n)	문제 해결에 필요한 단계가 n(log₂n)번만큼 수행됨 예 힙 정렬(Heap Sort), 2-Way 합병 정렬(Merge Sort)
O(n²)	문제 해결에 필요한 단계가 입력값(n)의 제곱만큼 수행됨 예 삽입 정렬(Insertion Sort), 쉘 정렬(Shell Sort), 선택 정렬(Selection Sort), 버블 정렬(Bubble Sort), 퀵 정렬(Quick Sort)
O(2ⁿ)	문제 해결에 필요한 단계가 2의 입력값(n) 제곱만큼 수행됨 예 피보나치 수열(Fibonacci Sequence)

3과목 데이터베이스 구축

등급 A

41. 데이터베이스 무결성에 관한 설명으로 옳은 것은?
① 개체 무결성 규정은 한 릴레이션의 기본키를 구성하는 어떠한 속성값도 널(NULL) 값이나 중복값을 가질 수 없음을 규정하는 것이다.
② 참조 무결성 규정은 속성 값들이 사용자가 정의한 제약 조건에 만족해야 한다는 규정이다.
③ 도메인 무결성 규정은 외래키 값은 Null이거나 참조 릴레이션의 기본키 값과 동일해야 한다는 규정이다.
④ 사용자 정의 무결성 규정은 주어진 튜플의 값이 그 튜플이 정의된 도메인에 속한 값이어야 한다는 것을 규정하는 것이다.

전문가의 조언
데이터베이스 무결성에 관한 설명으로 옳은 것은 ①번입니다.
② 참조 무결성 규정은 외래키 값은 Null이거나 참조 릴레이션의 기본키 값과 동일해야 하고, 릴레이션은 참조할 수 없는 외래키 값을 가질 수 없다는 규정입니다.
③ 도메인 무결성 규정은 주어진 속성 값이 정의된 도메인에 속한 값이어야 한다는 규정입니다.
④ 사용자 정의 무결성 규정은 속성 값들이 사용자가 정의한 제약조건에 만족해야 한다는 규정입니다.

등급 B

42. 트랜잭션의 상태를 보여주는 다음 그림을 보고 각 상태에 대한 설명으로 옳지 않은 것은?

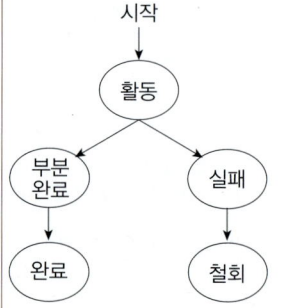

① 활동 상태는 트랜잭션이 수행되기 시작하여 현재 실행 중인 상태를 의미한다.
② 완료는 트랜잭션이 성공적으로 종료되어 Commit 연산까지 수행한 상태를 의미한다.
③ 부분 완료는 트랜잭션의 일부 연산만이 완료되어 Commit된 상태를 의미한다.
④ 철회는 트랜잭션이 수행하는 데 실패하여 Rollback 연산까지 수행한 상태를 의미한다.

전문가의 조언
부분 완료는 모든 트랜잭션을 실행했지만 Commit 연산이 되기 전 상태입니다.

병행학습 트랜잭션의 상태

상태	설명
활동(Active)	트랜잭션이 실행 중인 상태
실패(Failed)	트랜잭션 실행에 오류가 발생하여 중단된 상태
철회(Aborted)	트랜잭션이 비정상적으로 종료되어 Rollback 연산을 수행한 상태
부분 완료(Partially Committed)	트랜잭션을 모두 성공적으로 실행한 후 Commit 연산이 실행되기 직전인 상태
완료(Committed)	트랜잭션을 모두 성공적으로 실행한 후 Commit 연산을 실행한 후의 상태

등급 A

43. 무결성을 보장하기 위해 트랜잭션이 가져야 할 특성에 대한 설명으로 옳지 않은 것은?

① 트랜잭션 내의 모든 명령은 반드시 완벽히 수행되어야 하며, 모두가 완벽히 수행되지 않고 어느 하나라도 오류가 발생하면 트랜잭션 전부가 취소되어야 한다.
② 트랜잭션의 수행과 관계 없이 데이터베이스가 가지고 있는 고정 요소는 일관되어야 한다.
③ 둘 이상의 트랜잭션이 동시에 병행 실행되는 경우 어느 하나의 트랜잭션 실행 중에 다른 트랜잭션의 연산이 끼어들 수 없다.
④ Commit과 Rollback 명령어에 의해 보장받는 트랜잭션의 특성은 일관성이다.

전문가의 조언
• Commit과 Rollback 명령어에 의해 보장받는 트랜잭션의 특성은 일관성이 아니라 원자성입니다.
• 트랜잭션의 특징 중 ①번은 원자성, ②번은 일관성, ③번은 독립성에 대한 설명입니다.

병행학습 트랜잭션의 특성
• Atomicity(원자성)
 – 트랜잭션의 연산은 데이터베이스에 모두 반영되도록 완료(Commit)되든지 아니면 전혀 반영되지 않도록 복구(Rollback)되어야 한다.
 – 트랜잭션 내의 모든 명령은 반드시 완벽히 수행되어야 하며, 모두가 완벽히 수행되지 않고 어느 하나라도 오류가 발생하면 트랜잭션 전부가 취소되어야 한다.
• Consistency(일관성)
 – 트랜잭션이 그 실행을 성공적으로 완료하면 언제나 일관성 있는 데이터베이스 상태로 변환한다.
 – 시스템이 가지고 있는 고정 요소는 트랜잭션 수행 전과 트랜잭션 수행 완료 후의 상태가 같아야 한다.
• Isolation(독립성, 격리성, 순차성)
 – 둘 이상의 트랜잭션이 동시에 병행 실행되는 경우 어느 하나의 트랜잭션 실행 중에 다른 트랜잭션의 연산이 끼어들 수 없다.
 – 수행중인 트랜잭션은 완전히 완료될 때까지 다른 트랜잭션에서 수행 결과를 참조할 수 없다.
• Durability(영속성, 지속성) : 성공적으로 완료된 트랜잭션의 결과는 시스템이 고장나더라도 영구적으로 반영되어야 함

등급 A

44. 분산 데이터베이스의 특징에 대한 설명으로 틀린 것은?

① 지역 서버의 고유 데이터에 대한 작업은 중앙 서버의 통제 없이 자유롭게 수행할 수 있다.
② 새로운 지역 서버를 추가하거나 장비를 추가하는 등의 작업이 용이하다.
③ 위치 투명성, 중복 투명성, 병행 투명성, 장애 투명성을 목표로 한다.
④ 데이터베이스 설계 및 소프트웨어 개발이 쉽고, 전반적인 시스템의 성능이 향상된다.

전문가의 조언
분산 데이터베이스는 데이터베이스 설계 및 소프트웨어 개발이 어렵습니다.

병행학습 분산 데이터베이스(Distributed Database)

- 논리적으로는 같은 시스템에 속하지만 물리적으로는 컴퓨터 네트워크를 통해 분산되어 있는 데이터베이스이다.
- 분산 데이터베이스의 목표

위치 투명성 (Location Transparency)	접근하려는 데이터베이스의 실제 위치를 알 필요 없이 단지 데이터베이스의 논리적인 명칭만으로 접근할 수 있음
중복 투명성 (Replication Transparency)	동일한 데이터가 여러 곳에 중복되어 있더라도 사용자는 마치 하나의 데이터만 존재하는 것처럼 사용할 수 있고, 시스템은 자동으로 여러 데이터에 대한 작업을 수행함
병행 투명성 (Concurrency Transparency)	분산 데이터베이스와 관련된 다수의 트랜잭션들이 동시에 실행되더라도 그 트랜잭션들의 수행 결과는 서로 영향을 받지 않음
장애 투명성 (Failure Transparency)	트랜잭션, DBMS, 네트워크, 컴퓨터 장애에도 불구하고 트랜잭션은 정확하게 수행됨

- 분산 데이터베이스의 구성 요소

분산 처리기	자체적으로 처리 능력을 가지며, 지리적으로 분산되어 있는 컴퓨터 시스템을 말함
분산 데이터베이스	지리적으로 분산되어 있는 데이터베이스로서 해당 지역의 특성에 맞게 데이터베이스가 구성됨
통신 네트워크	분산 처리기들을 통신망으로 연결하여 논리적으로 하나의 시스템처럼 작동할 수 있도록 하는 통신 네트워크를 말함

- 분산 데이터베이스의 장·단점

장점	• 지역 자치성이 높음 • 자료의 공유성이 향상됨 • 분산 제어가 가능함 • 시스템 성능이 향상됨 • 중앙 컴퓨터의 장애가 전체 시스템에 영향을 끼치지 않음 • 효용성과 융통성이 높음 • 신뢰성 및 가용성이 높음 • 점진적 시스템 용량 확장이 용이함
단점	• DBMS가 수행할 기능이 복잡함 • 데이터베이스 설계가 어려움 • 소프트웨어 개발 비용이 증가함 • 처리 비용이 증가함 • 잠재적 오류가 증가함

등급 **C**

45. 파티셔닝 방식 중 '월별, 분기별'과 같이 지정한 열의 값을 기준으로 범위를 지정하여 분할하는 방식은?

① Range Partitioning
② Hash Partitioning
③ Composite Partitioning
④ List Partitioning

전문가의 조언
지정한 열의 값을 기준으로 범위를 지정하여 분할하는 방식은 범위 분할(Range Partitioning)입니다.

병행학습 파티션의 종류

- 범위 분할(Range Partitioning)
  – 지정한 열의 값을 기준으로 범위를 지정하여 분할한다.
  예 일별, 월별, 분기별 등
- 해시 분할(Hash Partitioning)
  – 해시 함수를 적용한 결과 값에 따라 데이터를 분할한다.
  – 특정 파티션에 데이터가 집중되는 범위 분할의 단점을 보완한 것으로, 데이터를 고르게 분산할 때 유용하다.
  – 특정 데이터가 어디에 있는지 판단할 수 없다.
  – 고객번호, 주민번호 등과 같이 데이터가 고른 컬럼에 효과적이다.
- 조합 분할(Composite Partitioning)
  – 범위 분할로 분할한 다음 해시 함수를 적용하여 다시 분할하는 방식이다.
  – 범위 분할한 파티션이 너무 커서 관리가 어려울 때 유용하다.
- 목록 분할(List Partitioning)
  – 지정한 열 값에 대한 목록을 만들어 이를 기준으로 분할한다.
  예 '국가'라는 열에 '한국', '미국', '일본'이 있는 경우 '미국'을 제외할 목적으로 '아시아'라는 목록을 만들어 분할함
- 라운드 로빈 분할(Round Robin Partitioning)
  – 레코드를 균일하게 분배하는 방식이다.
  – 각 레코드가 순차적으로 분배되며, 기본키가 필요없다.

등급 D

46. 데이터베이스에는 관계형, 계층형, 네트워크형 등 다양한 종류가 있는데 이들을 구분하는 기준은?

① 개체(Object)
② 관계(Relationship)
③ 속성(Attribute)
④ 제약 조건(Constraint)

전문가의 조언
관계형, 계층형, 네트워크형 데이터베이스를 구분하는 기준은 관계(Relationship)입니다.

등급 A

48. 물리적 데이터베이스를 설계하는 전 단계로서, 데이터 모델링이라 불리는 데이터베이스 설계 단계는?

① 개념적 데이터베이스 설계
② 논리적 데이터베이스 설계
③ 정보 모델링
④ 데이터베이스 구현

전문가의 조언
데이터 모델링이라 불리는 데이터베이스 설계 단계는 논리적 데이터베이스 설계입니다.

병행학습

논리적 설계(데이터 모델링)
- 현실 세계에서 발생하는 자료를 컴퓨터가 이해하고 처리할 수 있는 물리적 저장장치에 저장할 수 있도록 변환하기 위해 특정 DBMS가 지원하는 논리적 자료 구조로 변환시키는 과정이다.
- 개념 세계의 데이터를 필드로 기술된 데이터 타입과 이 데이터 타입들 간의 관계로 표현되는 논리적 구조의 데이터로 모델화한다.
- 개념적 설계가 개념 스키마를 설계하는 단계라면 논리적 설계에서는 개념 스키마를 평가 및 정제하고 DBMS에 따라 서로 다른 논리적 스키마를 설계하는 단계이다.
- 트랜잭션의 인터페이스를 설계한다.
- 관계형 데이터베이스라면 테이블을 설계하는 단계이다.

물리적 설계(데이터 구조화)
- 논리적 설계 단계에서 논리적 구조로 표현된 데이터를 디스크 등의 물리적 저장장치에 저장할 수 있는 물리적 구조의 데이터로 변환하는 과정이다.
- 물리적 설계 단계에서는 다양한 데이터베이스 응용에 대해 처리 성능을 얻기 위해 데이터베이스 파일의 저장 구조 및 액세스 경로를 결정한다.
- 저장 레코드의 양식, 순서, 접근 경로, 조회가 집중되는 레코드와 같은 정보를 사용하여 데이터가 컴퓨터에 저장되는 방법을 묘사한다.
- 물리적 설계 시 고려할 사항 : 트랜잭션 처리량, 응답 시간, 디스크 용량, 저장 공간의 효율화 등

등급 B

47. 사용자 X1에게 department 테이블에 대한 검색 연산을 회수하는 명령은?

① delete select on department to X1;
② remove select on department from X1;
③ revoke select on department from X1;
④ grant select on department from X1;

전문가의 조언
사용자로부터 권한을 취소(회수)하는 명령어는 revoke입니다.
- revoke select : 검색(select) 권한을 취소하라.
- on department : 〈department〉 테이블에 대한 권한을 취소하라.
- from X1; : 사용자 'X1'에 대한 권한을 취소하라.

병행학습 GRANT / REVOKE
- 데이터베이스 관리자가 데이터베이스 사용자에게 권한을 부여하거나 취소하기 위한 명령어이다.
- GRANT : 권한 부여를 위한 명령어
- REVOKE : 권한 취소를 위한 명령어
- 사용자등급 지정 및 해제

  - GRANT 사용자등급 TO 사용자_ID_리스트 [IDENTIFIED BY 암호];
  - REVOKE 사용자등급 FROM 사용자_ID_리스트;

- 테이블 및 속성에 대한 권한 부여 및 취소

  - GRANT 권한_리스트 ON 개체 TO 사용자 [WITH GRANT OPTION];
  - REVOKE [GRANT OPTION FOR] 권한_리스트 ON 개체 FROM 사용자 [CASCADE];

등급 A

49. 정규화에 대한 설명으로 옳지 않은 것은?

① 정규형에는 제1정규형, 제2정규형, 제3정규형, BCNF형, 제4정규형 등이 있다.
② 릴레이션에 속한 모든 도메인이 원자값만으로 되어 있는 정규형은 제1정규형이다.
③ 제1정규형이 제2정규형이 되기 위해서는 기본키가 아닌 모든 속성이 기본키에 대하여 완전 함수적 종속을 만족해야 한다.
④ 결정자가 모두 후보키인 정규형은 제3정규형이다.

전문가의 조언
• 결정자가 모두 후보키인 정규형은 BCNF입니다.
• 제3정규형에서 결정자가 후보키가 아닌 것을 제거하면 BCNF가 됩니다.

병행학습 정규화 과정

비정규 릴레이션
↓ 도메인이 원자값
1NF
↓ 부분적 함수 종속 제거
2NF
↓ 이행적 함수 종속 제거
3NF
↓ 결정자이면서 후보키가 아닌 것 제거
BCNF
↓ 다치 종속 제거
4NF
↓ 조인 종속성 이용
5NF

정규화 단계 암기 요령
두부를 좋아하는 정규화가 두부가게에 가서 가게에 있는 두부를 다 달라고 말하니 주인이 깜짝 놀라며 말했다.

두부이걸다줘? ≒ 도부이걸다조

도메인이 원자값
부분적 함수 종속 제거
이행적 함수 종속 제거
결정자이면서 후보키가 아닌 것 제거
다치 종속 제거
조인 종속성 이용

등급 B

50. 개체-관계(E-R) 모델에 대한 설명으로 잘못된 것은?

① 특정 DBMS를 고려하여 제작하지 않는다.
② 개체는 마름모, 속성은 사각형을 이용하여 표현한다.
③ 개념적 데이터베이스 단계에서 제작된다.
④ E-R 모델의 기본적인 아이디어를 시각적으로 가장 잘 나타낸 것이 E-R 다이어그램이다.

전문가의 조언
E-R 다이어그램에서 개체 타입은 사각형, 관계 타입은 마름모, 속성은 타원으로 표현합니다.

병행학습 E-R 다이어그램

기호	기호 이름	의미
□	사각형	개체(Entity) 타입
◇	마름모	관계(Relationship) 타입
○	타원	속성(Attribute)
◎	이중 타원	다중값 속성(복합 속성)
⊙	밑줄 타원	기본키 속성
⚭	복수 타원	복합 속성
—	선, 링크	개체 타입과 속성을 연결

등급 B

51. 관계형 데이터베이스의 구성 요소에 대한 설명으로 틀린 것은?

① 속성을 구성하는 값에는 동일한 값이 있을 수 있다.
② 한 릴레이션에 포함된 튜플은 모두 상이하다.
③ 한 릴레이션에는 동일한 이름의 속성이 있을 수 있다.
④ 한 릴레이션을 구성하는 속성 사이에는 순서가 없다.

전문가의 조언
한 릴레이션에는 동일한 이름의 속성이 있을 수 없습니다.

병행학습 | 릴레이션의 특징

〈학생〉

학번	이름	학년	신장	학과
89001	홍길동	2	170	CD
89002	이순신	1	169	CD
87012	임꺽정	2	180	ID
86032	장보고	4	174	ED

- 한 릴레이션에 포함된 튜플들은 모두 상이하다.
  - 예 〈학생〉 릴레이션을 구성하는 홍길동 레코드는 홍길동에 대한 학적사항을 나타내는 것으로 〈학생〉 릴레이션 내에서는 유일하다.
- 한 릴레이션에 포함된 튜플 사이에는 순서가 없다.
  - 예 〈학생〉 릴레이션에서 홍길동 레코드와 임꺽정 레코드의 위치가 바뀌어도 상관없다.
- 튜플들의 삽입, 삭제 등의 작업으로 인해 릴레이션은 시간에 따라 변한다.
  - 예 〈학생〉 릴레이션에 새로운 학생의 레코드를 삽입하거나, 기존 학생에 대한 레코드를 삭제함으로써 테이블은 내용 면에서나 크기 면에서 변하게 된다.
- 릴레이션 스키마를 구성하는 속성들 간의 순서는 중요하지 않다.
  - 예 학번, 이름 등의 속성을 나열하는 순서가 이름, 학번 순으로 바뀌어도 데이터 처리에는 전혀 문제가 되지 않는다.
- 속성의 유일한 식별을 위해 속성의 명칭은 유일해야 하지만, 속성을 구성하는 값은 동일한 값이 있을 수 있다.
  - 예 각 학생의 학년을 기술하는 속성인 '학년'은 다른 속성명들과 구분되어 유일해야 하지만 '학년' 속성에는 2, 1, 2, 4 등이 입력된 것처럼 동일한 값이 있을 수 있다.
- 릴레이션을 구성하는 튜플을 유일하게 식별하기 위해 속성들의 부분집합을 키(Key)로 설정한다.
  - 예 〈학생〉 릴레이션에서는 '학번'이나 '성명'이 튜플들을 구분하는 유일한 값인 키가 될 수 있다.
- 속성은 더 이상 쪼갤 수 없는 원자값만을 저장한다.
  - 예 '학년'에 저장된 1, 2, 4 등은 더 이상 세분화할 수 없다.

등급 A

52. SQL의 명령어를 DCL, DML, DDL로 구분할 경우, 다음 중 성격이 다른 하나는?

① CREATE
② SELECT
③ ALTER
④ DROP

전문가의 조언
CREATE, ALTER, DROP은 DDL, SELECT는 DML에 속하는 명령어입니다.

병행학습

- DDL(데이터 정의어) : CREATE, ALTER, DROP
- DML(데이터 조작어) : SELECT, UPDATE, INSERT, DELETE
- DCL(데이터 제어어) : COMMIT, ROLLBACK, GRANT, REVOKE

등급 B

53. 키는 개체 집합에서 고유하게 개체를 식별할 수 있는 속성이다. 데이터베이스에서 사용되는 키의 종류에 대한 설명으로 옳지 않은 것은?

① 후보키는 개체들을 고유하게 식별할 수 있는 속성이다.
② 슈퍼키는 한 개 이상의 속성들의 집합으로 구성된 키이다.
③ 외래키는 다른 테이블의 기본키로 사용되는 속성이다.
④ 대체키는 슈퍼키 중에서 기본키를 제외한 나머지 키를 의미한다.

전문가의 조언
대체키는 후보키 중에서 기본키를 제외한 나머지 후보키를 의미합니다.

병행학습 | 키(Key)

- 데이터베이스에서 조건에 만족하는 튜플을 찾거나 순서대로 정렬할 때 기준이 되는 속성이다.
- 슈퍼키(Super Key) : 한 릴레이션 내에 있는 속성들의 집합으로 구성된 키로, 릴레이션을 구성하는 모든 튜플에 대해 유일성(Unique)은 만족하지만, 최소성(Minimality)은 만족하지 못함
- 후보키(Candidate Key) : 릴레이션을 구성하는 속성들 중에서 튜플을 유일하게 식별하기 위해 사용되는 속성들의 부분집합으로, 유일성과 최소성을 모두 만족함
- 기본키(Primary Key) : 후보키 중에서 특별히 선정된 키로 중복된 값과 NULL 값을 가질 수 없음
- 대체키(Alternate Key) : 후보키 중에서 선정된 기본키를 제외한 나머지 후보키를 의미함
- 외래키(Foreign Key) : 다른 릴레이션의 기본키를 참조하는 속성 또는 속성들의 집합을 의미하며, 릴레이션 간의 관계를 표현할 때 사용함

등급 C

54. SQL의 TRUNCATE 명령어에 대한 설명으로 옳지 않은 것은?

① DELETE와 같이 테이블의 모든 데이터를 삭제한다.
② DROP과 달리 테이블 스키마는 제거되지 않고 유지된다.
③ DELETE에 비해 빠르게 데이터를 제거하는 것이 가능하다.
④ DELETE와 동일하게 ROLLBACK 명령어로 삭제된 데이터를 되살릴 수 있다.

전문가의 조언
DELETE 명령어로 삭제한 데이터는 ROLLBACK 명령어로 되살릴 수 있지만 TRUNCATE 명령어로 삭제된 데이터는 되살릴 수 없습니다.

등급 C

55. 데이터베이스의 병행 제어(Concurrency Control)에 대한 설명으로 옳지 않은 것은?

① 여러 사용자가 데이터베이스를 동시에 접근하여 데이터를 처리하기 위함이다.
② 처리 결과의 정확성 유지를 위해 데이터를 잠그거나 여는 등의 제어가 필요하다.
③ 로킹 단위가 크면 병행 제어 기법이 복잡해진다.
④ 로킹 단위가 크면 병행성 수준이 낮아진다.

전문가의 조언
로킹 단위가 크면 병행 제어 기법이 단순해집니다.

병행학습
병행제어(Concurrency Control)
• 다중 프로그램의 이점을 활용하여 동시에 여러 개의 트랜잭션을 병행수행 할 때, 동시에 실행되는 트랜잭션들이 데이터베이스의 일관성을 파괴하지 않도록 트랜잭션 간의 상호 작용을 제어하는 것이다.
• 병행제어의 목적
 – 데이터베이스의 공유를 최대화한다.
 – 시스템의 활용도를 최대화한다.
 – 데이터베이스의 일관성을 유지한다.
 – 사용자에 대한 응답 시간을 최소화한다.

로킹 단위
• 병행제어에서 한꺼번에 로킹할 수 있는 객체의 크기를 의미한다.
• 데이터베이스, 파일, 레코드, 필드 등은 로킹 단위가 될 수 있다.
• 로킹 단위가 크면 로크 수가 적어(오버헤드 감소) 관리하기 쉽지만 병행성 수준이 낮아지고, 로킹 단위가 작으면 로크 수가 많아(오버헤드 증가) 관리하기는 복잡해지지만 병행성 수준이 높아진다.

등급 B

56. 시스템 카탈로그에 대한 설명으로 옳지 않은 것은?

① 시스템 자체에 관련 있는 다양한 객체에 관한 정보를 포함하는 시스템 데이터베이스이다.
② 데이터 사전이라고도 한다.
③ 기본 테이블, 뷰, 인덱스, 패키지, 접근 권한 등의 정보를 저장한다.
④ 시스템을 위한 정보를 포함하는 시스템 데이터베이스이므로 일반 사용자는 SQL을 이용하여 내용을 검색해 볼 수 없다.

전문가의 조언
카탈로그 자체도 시스템 테이블로 구성되어 있어 일반 이용자도 SQL을 이용하여 내용을 검색해 볼 수 있습니다.

병행학습 시스템 카탈로그(System Catalog)
• 시스템 그 자체에 관련이 있는 다양한 객체에 관한 정보를 포함하는 시스템 데이터베이스이다.
• 시스템 카탈로그 내의 각 테이블은 사용자를 포함하여 DBMS에서 지원하는 모든 데이터 객체에 대한 정의나 명세에 관한 정보를 유지 관리하는 시스템 테이블이다.
• 카탈로그들이 생성되면 데이터 사전(Data Dictionary)에 저장되기 때문에 좁은 의미로는 카탈로그를 데이터 사전이라고도 한다.
• 시스템 카탈로그에 저장된 정보를 메타 데이터(Meta-Data)라고 한다.
• 카탈로그 자체도 시스템 테이블로 구성되어 있어 일반 이용자도 SQL을 이용하여 내용을 검색해 볼 수 있다.
• INSERT, DELETE, UPDATE문으로 카탈로그를 갱신하는 것은 허용되지 않는다.
• 데이터베이스 시스템에 따라 상이한 구조를 갖는다.
• 카탈로그는 DBMS가 스스로 생성하고 유지한다.

등급 C

57. 트리거(Trigger)에 대한 설명으로 옳은 것은?

① 시스템에 어떤 일이 발생한 것을 말한다.
② 이벤트가 발생할 때마다 관련 작업이 자동으로 수행되는 절차형 SQL이다.
③ 특정 기능을 수행하는 일종의 트랜잭션 언어로, 호출을 통해 실행되어 미리 저장해 놓은 SQL 작업을 수행한다.
④ DBMS에 내장되어 작성된 SQL이 효율적으로 수행되도록 최적의 경로를 찾아 주는 모듈이다.

전문가의 조언
트리거(Trigger)는 이벤트가 발생할 때마다 관련 작업이 자동으로 수행되는 절차형 SQL을 의미합니다.
• ①번은 이벤트(Event), ③번은 프로시저(Procedure), ④번은 옵티마이저(Optimizer)에 대한 설명입니다.

정답 55.③ 56.④ 57.②

58. 관계대수와 관계해석에 대한 설명으로 옳지 않은 것은?

① 관계대수는 원래 수학의 프레디킷 해석에 기반을 두고 있다.
② 관계대수로 표현한 식은 관계해석으로 표현할 수 있다.
③ 관계해석은 관계 데이터의 연산을 표현하는 방법이다.
④ 관계해석은 원하는 정보가 무엇이라는 것만 정의하는 비절차적인 특징을 가지고 있다.

전문가의 조언
수학의 프레디킷 해석에 기반을 두고 있는 것은 관계해석입니다.

병행학습

관계대수(Relational Algebra)
- 관계형 데이터베이스에서 원하는 정보와 그 정보를 검색하기 위해서 어떻게 유도하는가를 기술하는 절차적인 언어이다.
- 릴레이션을 처리하기 위해 연산자와 연산규칙을 제공하는 언어로 피연산자가 릴레이션이고, 결과도 릴레이션이다.
- 질의에 대한 해를 구하기 위해 수행해야 할 연산의 순서를 명시한다.
- 관계대수에는 관계 데이터베이스에 적용하기 위해 특별히 개발한 순수 관계 연산자와 수학적 집합 이론에서 사용하는 일반 집합 연산자가 있다.
- 순수 관계 연산자 : SELECT, PROJECT, JOIN, DIVISION
- 일반 집합 연산자 : UNION(합집합), INTERSECTION(교집합), DIFFERENCE(차집합), CARTESIAN PRODUCT(교차곱)

관계해석(Relational Calculus)
- 관계 데이터 모델의 제안자인 코드(E. F. Codd)가 수학의 Predicate Calculus(술어 해석)에 기반을 두고 관계 데이터베이스를 위해 제안했다.
- 관계 데이터의 연산을 표현하는 방법으로, 원하는 정보를 정의할 때는 계산 수식을 사용한다.
- 원하는 정보가 무엇이라는 것만 정의하는 비절차적 특성을 지닌다.
- 튜플 관계해석과 도메인 관계해석이 있다.
- 기본적으로 관계해석과 관계대수는 관계 데이터베이스를 처리하는 기능과 능력 면에서 동등하며, 관계대수로 표현한 식은 관계해석으로 표현할 수 있다.
- 질의어로 표현한다.

59. 정보시스템과 관련한 다음 설명에 해당하는 것은?

- 각 시스템 간에 공유 디스크를 중심으로 클러스터링으로 엮어 다수의 시스템을 동시에 연결할 수 있다.
- 조직, 기업의 기간 업무 서버 안정성을 높이기 위해 사용될 수 있다.
- 여러 가지 방식으로 구현되며 2개의 서버를 연결하는 것으로 2개의 시스템이 각각 업무를 수행하도록 구현하는 방식이 널리 사용된다.

① 고가용성 솔루션(HACMP)
② 점대점 연결 방식(Point-to-Point Mode)
③ 스턱스넷(Stuxnet)
④ 루팅(Rooting)

전문가의 조언
문제의 지문은 고가용성 솔루션(HACMP)에 대한 설명입니다.

병행학습

- 점대점 연결 방식(Point-to-Point Mode) : 연결된 두 단말이 동등하게 연결되어 각 단말이 클라이언트가 될 수도, 서버가 될 수도 있는 방식
- 스턱스넷(Stuxnet) : 독일의 산업시설을 감시하고 파괴하기 위해 만들어진 악성 소프트웨어
- 루팅(Rooting) : 스마트폰의 보안기능을 해제하여 허용되지 않은 기능을 사용하거나 불법 앱을 사용할 수 있도록 변경하는 행위

60. 데이터베이스에 영향을 주는 생성, 읽기, 갱신, 삭제 연산으로 프로세스와 테이블 간에 매트릭스를 만들어서 트랜잭션을 분석하는 것은?

① CASE 분석
② 일치 분석
③ CRUD 분석
④ 연관성 분석

전문가의 조언
데이터베이스 테이블에 변화를 주는 트랜잭션의 CRUD 연산에 대해 CRUD 매트릭스를 작성하여 분석하는 것을 CRUD 분석이라고 합니다.

병행학습 CRUD 분석

- CRUD는 '생성(Create), 읽기(Read), 갱신(Update), 삭제(Delete)'의 앞 글자만 모아서 만든 용어이며, CRUD 분석은 데이터베이스 테이블에 변화를 주는 트랜잭션의 CRUD 연산에 대해 CRUD 매트릭스를 작성하여 분석하는 것이다.
- CRUD 분석으로 테이블에 발생되는 트랜잭션의 주기별 발생 횟수를 파악하고 연관된 테이블들을 분석하면 테이블에 저장되는 데이터의 양을 유추할 수 있다.
- CRUD 분석을 통해 많은 트랜잭션이 몰리는 테이블을 파악할 수 있으므로 디스크 구성 시 유용한 자료로 활용할 수 있다.
- CRUD 분석을 통해 외부 프로세스 트랜잭션의 부하가 집중되는 데이터베이스 채널을 파악하고 분산시킴으로써 연결 지연이나 타임아웃 오류를 방지할 수 있다.

4과목 프로그래밍 언어 활용

등급 A

61. OSI 7계층 중 다음 설명에 해당하는 계층은?

- 두 응용 프로세스 간의 통신에 대한 제어 구조를 제공한다.
- 연결의 생성, 관리, 종료를 위해 토큰을 사용한다.

① 데이터링크 계층 ② 네트워크 계층
③ 세션 계층   ④ 표현 계층

전문가의 조언
지문에 제시된 내용은 세션 계층에 대한 설명입니다.

병행학습 OSI 7계층

물리 계층(Physical Layer)
- 전송에 필요한 두 장치 간의 실제 접속과 절단 등 기계적, 전기적, 기능적, 절차적 특성에 대한 규칙을 정의한다.
- 물리적 전송 매체와 전송 신호 방식을 정의하며, RS-232C, X.21 등의 표준이 있다.

데이터 링크 계층(Data Link Layer)
- 두 개의 인접한 개방 시스템들 간에 신뢰성 있고 효율적인 정보 전송을 할 수 있도록 한다.
- 송신 측과 수신 측의 속도 차이를 해결하기 위한 흐름 제어 기능을 한다.
- 프레임의 시작과 끝을 구분하기 위한 프레임의 동기화 기능을 한다.
- 오류의 검출과 회복을 위한 오류 제어 기능을 한다.
- 프레임의 순서적 전송을 위한 순서 제어 기능을 한다.
- HDLC, LAPB, LLC, LAPD, PPP 등의 표준이 있다.

네트워크 계층(Network Layer, 망 계층)
- 개방 시스템들 간의 네트워크 연결을 관리하는 기능과 데이터의 교환 및 중계 기능을 한다.
- 네트워크 연결을 설정, 유지, 해제하는 기능을 한다.
- 경로 설정(Routing), 데이터 교환 및 중계, 트래픽 제어, 패킷 정보 전송을 수행한다.
- 관련 표준으로는 X.25, IP 등이 있다.

전송 계층(Transport Layer)
- 논리적 안정과 균일한 데이터 전송 서비스를 제공함으로써 종단 시스템(End-to-End) 간에 투명한 데이터 전송을 가능하게 한다.
- OSI 7계층 중 하위 3계층과 상위 3계층의 인터페이스(Interface)를 담당한다.
- 종단 시스템(End-to-End) 간의 전송 연결 설정, 데이터 전송, 연결 해제 기능을 한다.
- 주소 설정, 다중화, 오류 제어, 흐름 제어를 수행한다.
- TCP, UDP 등의 표준이 있다.

세션 계층(Session Layer)
- 송·수신측 간의 관련성을 유지하고 대화 제어를 담당하는 계층이다.
- 대화(회화) 구성 및 동기 제어, 데이터 교환 관리 기능을 한다.
- 연결의 생성, 관리, 종료를 위해 토큰을 사용한다.

표현 계층(Presentation Layer)
- 응용 계층으로부터 받은 데이터를 세션 계층에 보내기 전에 통신에 적당한 형태로 변환하고, 세션 계층에서 받은 데이터는 응용 계층에 맞게 변환하는 기능을 한다.
- 서로 다른 데이터 표현 형태를 갖는 시스템 간의 상호 접속을 위해 필요한 계층이다.
- 코드 변환, 데이터 암호화, 데이터 압축, 구문 검색, 정보 형식(포맷) 변환, 문맥 관리 기능을 한다.

응용 계층(Application Layer)
- 사용자(응용 프로그램)가 OSI 환경에 접근할 수 있도록 서비스를 제공한다.
- 응용 프로세스 간의 정보 교환, 전자 사서함, 파일 전송 등의 서비스를 제공한다.

62. 다음 C언어 프로그램의 결과로 옳은 것은?

등급 A

```
#include <stdio.h>
main( ) {
    int a = 3, b = 4, c = 5;
    int r1, r2, r3;
    r1 = a < 4 && b <= 4;
    r2 = a > 3 || b <= 5;
    r3 = !c;
    printf("%d", r1 - r2 + r3);
}
```

① 0   ② 1
③ 2   ④ 3

정답 61.③ 62.①

> **전문가의 조언**
> 코드의 출력 결과는 **0**입니다.
> 사용된 코드의 의미는 다음과 같습니다.
>
> ```
> #include <stdio.h>
> main( ) {
> ❶   int a = 3, b = 4, c = 5;
> ❷   int r1, r2, r3;
> ❸   r1 = a < 4 && b <= 4;
> ❹   r2 = a > 3 || b <= 5;
> ❺   r3 = !c;
> ❻   printf("%d", r1 – r2 + r3);
> }
> ```
>
> ❶ 정수형 변수 a, b, c를 선언하고, 각각 3, 4, 5로 초기화한다.
> ❷ 정수형 변수 r1, r2, r3를 선언한다.
> ❸ r1 = a < 4 && b <= 4;
>   ⓐ   ⓑ
>   ⓒ
> • ⓐ : a의 값 3은 4보다 작으므로 참(1)이다.
> • ⓑ : b의 값 4는 4와 같으므로 참(1)이다.
> • ⓒ : ⓐ&&ⓑ는 둘 모두 참이면 참이므로 참(1)이다.
> ∴ r1에는 1이 저장된다.
> ❹ r2 = a > 3 || b <= 5;
>   ⓐ   ⓑ
>   ⓒ
> • ⓐ : a의 값 3은 3보다 크지 않으므로 거짓(0)이다.
> • ⓑ : b의 값 4는 5보다 작으므로 참(1)이다.
> • ⓒ : ⓐ||ⓑ는 둘 중 하나라도 참이면 참이므로 참(1)이다.
> ∴ r2에는 1이 저장된다.
> ❺ c의 값 5는 참이므로 r3에는 0(거짓)이 저장된다.
> • !(논리 NOT) : 참(1)이면 거짓(0)을, 거짓(0)이면 참(1)을 반환하는 연산자
> • 정수로 논리값(참, 거짓)을 판별하면 0은 거짓, 00이외의 수는 참으로 결정된다.
> ❻ r1–r2+r3을 연산한 값 0(1–1+0)을 정수로 출력한다.
>
> | 결과 | 0 |

 등급 **B**

63. 다음 C언어 프로그램 실행 후, 'c'를 입력하였을 때 출력 결과는?

```
#include <stdio.h>
main( ) {
    char ch;
    scanf("%c", &ch);
    switch (ch) {
        case 'a':
            printf("one ");
        case 'b':
            printf("two ");
        case 'c':
            printf("three ");
            break;
        case 'd':
            printf("four ");
            break;
    }
}
```

① one   ② one two
③ three   ④ one two three four

> **전문가의 조언**
> 코드의 출력 결과는 **three**입니다.
> 사용된 코드의 의미는 다음과 같습니다.
>
> ```
> #include <stdio.h>
> main( ) {
> ❶   char ch;
> ❷   scanf("%c", &ch);
> ❸   switch (ch) {
>         case 'a':
>             printf("one ");
>         case 'b':
>             printf("two ");
> ❹       case 'c':
> ❺           printf("three ");
> ❻           break;
>         case 'd':
>             printf("four ");
>             break;
>     } ❼
> }
> ```
>
> ❶ 문자형 변수 ch를 선언한다.
> ❷ 문자를 입력받아 ch에 저장한다. 문제에서 'c'를 입력한다고 하였으므로 ch에는 'c'가 저장된다.
> ❸ ch의 값 'c'에 해당하는 case를 찾아간다. ❹번으로 이동한다.
> ❹ case 'c'의 시작점이다.
> ❺ 화면에 three와 공백 한 칸을 출력한다.
>
> | 결과 | three |
>
> ❻ switch문을 벗어나 ❼번으로 이동한다.
> ❼ main( ) 함수가 끝났으므로 프로그램을 종료한다.

정답 63. ③

64. 다음 C언어 프로그램에서 밑줄 친 부분과 동일한 의미를 가지는 것은 어떤것인가?

```
#include <stdio.h>
main( ) {
    int a, b;
    for (a = 0; a < 2; a++)
        for (b = 0; b < 2; b++)
            printf("%d", !a && !b);
}
```

① !a || !b
② !(a || b)
③ a && b
④ a || b

전문가의 조언
밑줄 친 부분과 동일한 의미를 가지는 것은 ②번입니다.
- !a && !b는 불 대수로 변환하면 $\overline{a} \cdot \overline{b}$가 됩니다. $\overline{a} \cdot \overline{b}$는 드모르강 정리에 의해 $\overline{a+b}$이므로, 이것을 다시 조건식으로 변환하면 !(a || b)가 됩니다.
- 드모르강 법칙
  - $\overline{A+B} = \overline{A} \cdot \overline{B}$
  - $\overline{A \cdot B} = \overline{A} + \overline{B}$
- 불 대수와 드모르강 정리를 모르더라도 다음과 같이 a와 b에 들어갈 수 있는 값들을 대입하여 같은 결과를 내는 조건식을 찾을 수 있습니다.
- !a && !b

a	b	!a	!b	!a && !b
0	0	1	1	1
0	1	1	0	0
1	0	0	1	0
1	1	0	0	0

- !(a || b)

a	b	a || b	!(a || b)
0	0	0	1
0	1	1	0
1	0	1	0
1	1	1	0

65. 다음 파이썬 코드에서 '53t44'를 입력했을 때 출력 결과는?

```
a, b = map(int, input( ).split("t"));
print(a, b)
```

① 53 t 44
② 53t44
③ 53 44
④ 53, 44

전문가의 조언
코드의 출력 결과는 53 44입니다.
사용된 코드의 의미는 다음과 같습니다.

❶ a, b = map(int, input( ).split("t"));
❷ print(a, b)

❶ input( ) 메소드로 입력받은 값을 "t"를 구분자로 하여 분리한 후 정수로 변환하여 a와 b에 저장한다. 문제에서 "53t44"를 입력하였으므로, "t"를 구분자로 53과 44가 분리된 후 정수로 변환되어 각각 a와 b에 저장된다.
- map( ) : 2개 이상의 값을 원하는 자료형으로 변환할 때 사용하는 함수
- input( ).split('분리문자')
  - 입력받은 값을 '분리문자'로 구분하여 반환한다.
  - '분리문자'를 생략하면 공백으로 값을 구분한다.

❷ a와 b를 출력한다. Python의 print( ) 메소드에서 2개 이상의 값을 출력할 때, sep 속성값을 정의하지 않으면 기본값이 공백이므로 다음과 같이 출력된다.

결과: 53 44

66. 다음 중 HRN에 대한 설명으로 옳지 않은 것은?
① 대기시간과 서비스시간을 이용하는 방법이다.
② 대기 시간이 긴 프로세스일 경우 우선순위가 높다.
③ 우선순위 계산식 값이 낮을수록 우선순위가 높다.
④ SJF 기법을 보완하기 위한 스케줄링 방법이다.

전문가의 조언
HRN 기법의 우선순위 계산식을 통해 산출된 값이 클수록 우선순위가 높습니다.

병행학습 HRN(Hightest Response-ratio Next)
- 실행 시간이 긴 프로세스에 불리한 SJF 기법을 보완하기 위한 것으로, 대기 시간과 서비스(실행) 시간을 이용하는 기법이다.
- 우선순위 계산 공식을 이용하여 서비스(실행) 시간이 짧은 프로세스나 대기 시간이 긴 프로세스에게 우선순위를 주어 CPU를 할당한다.
- 서비스 실행 시간이 짧거나 대기 시간이 긴 프로세스일 경우 우선순위가 높아진다.
- 우선순위를 계산하여 그 숫자가 가장 높은 것부터 낮은 순으로 우선순위가 부여된다.
- 우선순위 계산식 : (대기 시간+서비스 시간) / 서비스 시간

등급 D

67. C언어에서 malloc( ) 함수에 대한 설명으로 틀린 것은?
① 원하는 시점에 원하는 만큼 메모리를 동적으로 할당한다.
② 사용자가 입력한 bit만큼 메모리를 할당한다.
③ free 명령어로 할당된 메모리를 해제한다.
④ 메모리 할당이 불가능할 경우 NULL이 반환된다.

전문가의 조언
malloc( ) 함수는 입력한 Byte만큼 메모리를 할당하는 함수입니다. malloc( ) 함수의 특징을 간단히 정리해 두세요.

병행학습 malloc( ) 함수
- 형식 : 포인터 변수 = malloc(크기);
- 포인터 변수가 가리키는 메모리 위치에 지정된 크기만큼의 공간을 할당하되, 크기의 단위는 바이트(Byte)이다.
- 필요한 시점에, 필요한 만큼 메모리를 할당할 수 있으므로 동적 메모리 할당이라 불린다.
- stdlib.h 헤더 파일에 정의되어 있다.
- malloc( ) 함수가 성공적으로 수행되면 메모리 주소를 반환하고, 실패하면 NULL을 반환한다.
- 힙(heap) 영역의 메모리를 할당하기 때문에, 사용 후 반드시 free( ) 함수를 통해 메모리를 해제해야 한다.

등급 C

68. 다음 중 프로세스에 대한 설명 중 틀린 것은?
① 프로세서가 할당되는 실체로, 디스패치가 가능한 단위이다.
② 프로세스는 비동기적 행위를 일으키는 주체이다.
③ 프로세스는 스레드 내의 작업단위를 의미하며, 경량 스레드라고도 불린다.
④ PCB를 가지며 PCB에는 프로세스의 현재상태, 고유식별자를 가지고 있다.

전문가의 조언
③번은 프로세스와 스레드를 반대로 설명하고 있습니다. 스레드는 프로세스 내의 작업단위를 의미하며, 경량 프로세스라고도 불립니다.

병행학습 프로세스의 정의
- PCB를 가진 프로그램
- 실기억장치에 저장된 프로그램
- 프로세서가 할당되는 실체로서, 디스패치가 가능한 단위
- 프로시저가 활동중인 것
- 비동기적 행위를 일으키는 주체
- 지정된 결과를 얻기 위한 일련의 계통적 동작
- 목적 또는 결과에 따라 발생되는 사건들의 과정
- 운영체제가 관리하는 실행 단위

 **등급 A**

69. 3개의 보관구조를 가지는 주기억장치가 있으며, 다음의 순서로 페이지 참조가 발생할 때, FIFO 페이지 교체 알고리즘을 사용할 경우 마지막 페이지 값으로 옳은 것은?

페이지 순서 : 1, 2, 3, 2, 4, 2, 3, 1, 3

① 4, 2, 3 ② 4, 1, 3
③ 1, 2, 3 ④ 1, 4, 2

전문가의 조언
마지막 페이지 값으로 옳은 것은 ②번입니다.
3개의 페이지를 수용할 수 있는 주기억장치이므로 아래 그림과 같이 3개의 페이지 프레임으로 표현할 수 있습니다.

참조 페이지	1	2	3	2	4	2	3	1	3
페이지 프레임	1	1	1	1	4	4	4	4	4
		2	2	2	2	2	2	1	1
			3	3	3	3	3	3	3
부재 발생	●	●	●		●			●	

※ ● : 페이지 부재 발생

참조 페이지가 페이지 테이블에 없을 경우 페이지 결함(부재)이 발생됩니다. 초기에는 모든 페이지가 비어 있으므로 처음 1, 2, 3 페이지 적재 시 페이지 결함이 발생됩니다. FIFO 기법은 가장 먼저 들어와 있었던 페이지를 교체하는 기법이므로 참조 페이지 4를 참조할 때에는 1을 제거한 후 4를 가져오게 됩니다. 이러한 과정으로 모든 페이지에 대한 요구를 처리하고 나면 총 페이지 결함 발생 횟수는 5회이며, 마지막 페이지 값은 4, 1, 3이 됩니다.

• 스래싱 현상 방지 방법
 – 다중 프로그래밍의 정도를 적정 수준으로 유지한다.
 – 페이지 부재 빈도(Page Fault Frequency)를 조절하여 사용한다.
 – 워킹 셋을 유지한다.
 – 부족한 자원을 증설하고, 일부 프로세스를 중단시킨다.
 – CPU 성능에 대한 자료의 지속적 관리 및 분석으로 임계치를 예상하여 운영한다.

등급 C

70. 다음 설명에 해당하는 내용은 무엇인가?

프로세스 처리 도중, 참조할 페이지가 주기억장치에 없어 프로세스 처리 시간보다 페이지 교체에 소요되는 시간이 더 많아지는 현상

① 스레드(Thread)
② 스래싱(Thrasing)
③ 페이지부재(Page Fault)
④ 워킹셋(Working Set)

전문가의 조언
지문의 내용은 스래싱(Thrasing)에 대한 설명입니다.

병행학습 스래싱(Thrashing)
• 프로세스의 처리 시간보다 페이지 교체에 소요되는 시간이 더 많아지는 현상이다.
• 다중 프로그래밍 시스템이나 가상기억장치를 사용하는 시스템에서 하나의 프로세스 수행 과정중 자주 페이지 부재가 발생함으로써 나타나는 현상으로, 전체 시스템의 성능이 저하된다.
• 다중 프로그래밍의 정도가 높아짐에 따라 CPU의 이용률은 어느 특정 시점까지는 높아지지만, 다중 프로그래밍의 정도가 더욱 커지면 스래싱이 나타나며, CPU의 이용률이 급격히 감소하게 된다.

등급 A

71. 다음 중 IP 버전에 대한 설명 중 틀린 것은?

① IPv4는 각 부분을 옥텟으로 구성, 총 32비트로 구성된다.
② IPv6는 각 부분을 콜론으로 구분한다.
③ IPv4는 네트워크 부분의 길이에 따라 A 클래스에서 E 클래스까지 총 5단계로 구성되어 있다.
④ IPv6는 IPv4에 비해 자료 전송 속도가 느리다.

전문가의 조언
IPv6는 IPv4에 비해 자료 전송 속도가 빠릅니다.

병행학습 IPv6(Internet Protocol version 6)
• 현재 사용하고 있는 IP 주소 체계인 IPv4의 주소 부족 문제를 해결하기 위해 개발되었다.
• 128비트의 긴 주소를 사용하여 주소 부족 문제를 해결할 수 있으며, IPv4에 비해 자료 전송 속도가 빠르다.
• 인증성, 기밀성, 데이터 무결성의 지원으로 보안 문제를 해결할 수 있다.
• IPv4와 호환성이 뛰어나다.
• 주소의 확장성, 융통성, 연동성이 뛰어나며, 실시간 흐름 제어로 향상된 멀티미디어 기능을 지원한다.
• Traffic Class, Flow Label을 이용하여 등급별, 서비스별로 패킷을 구분할 수 있어 품질 보장이 용이하다.
• 패킷 크기를 확장할 수 있으므로 패킷 크기에 제한이 없다.
• 기본 헤더 뒤에 확장 헤더를 더함으로써 더욱 다양한 정보의 저장이 가능해져 네트워크 기능 확장이 용이하다.
• 미리 예약된 알고리즘을 통해 고유성이 보장된 주소를 자동으로 구성할 수 있다. 즉 자동으로 네트워크 환경 구성이 가능하다.

mount/ unmount	파일 시스템을 마운팅함/마운팅 해제함
rm	파일을 삭제함
wait	fork 후 exec에 의해 실행되는 프로세스의 상위 프로세스가 하위 프로세스 종료 등의 event를 기다림

등급 C

72. JAVA에서 힙(Heap)에 남아있으나 변수가 가지고 있던 참조값을 잃거나 변수 자체가 없어짐으로써 더 이상 사용되지 않는 객체를 제거해주는 역할을 하는 모듈은?

① Heap Collector
② Garbage Collector
③ Memory Collector
④ Variable Collector

전문가의 조언
실제로는 사용되지 않으면서 가용 공간 리스트에 반환되지 않는 메모리 공간인 가비지(Garbage, 쓰레기)를 강제로 해제하여 사용할 수 있도록 하는 메모리 관리 모듈을 가비지 콜렉터(Garbage Collector)라고 합니다.

등급 A

73. UNIX에서 새로운 프로세스를 생성하는 명령어는?

① ls
② cat
③ fork
④ chmod

전문가의 조언
UNIX에서 새로운 프로세스를 생성하는 명령어는 fork입니다.

병행학습 UNIX/LINUX 기본 명령어

cat	파일 내용을 화면에 표시함
chdir	현재 사용할 디렉터리의 위치를 변경함
chmod	파일의 보호 모드를 설정하여 파일의 사용 허가를 지정함
chown	소유자를 변경함
cp	파일을 복사함
exec	새로운 프로세스를 수행함
find	파일을 찾음
fork	새로운 프로세스를 생성함(하위 프로세스 호출, 프로세스 복제 명령)
fsck	파일 시스템을 검사하고 보수함
getpid	자신의 프로세스 아이디를 얻음
getppid	부모 프로세스 아이디를 얻음
ls	현재 디렉터리 내의 파일 목록을 확인함

등급 B

74. 교착상태가 발생할 수 있는 조건이 아닌 것은?

① Mutual exclusion
② Hold and wait
③ Non-preemption
④ Linear wait

전문가의 조언
Linear wait는 교착상태가 발생할 수 있는 조건이 아닙니다.

병행학습 교착상태 발생의 필요 충분 조건

- 상호 배제(Mutual Exclusion) : 한 번에 한 개의 프로세스만이 공유 자원을 사용할 수 있어야 함
- 점유와 대기(Hold and Wait) : 최소한 하나의 자원을 점유하고 있으면서 다른 프로세스에 할당되어 사용되고 있는 자원을 추가로 점유하기 위해 대기하는 프로세스가 있어야 함
- 비선점(Non-preemption) : 다른 프로세스에 할당된 자원은 사용이 끝날 때까지 강제로 빼앗을 수 없어야 함
- 환형 대기(Circular Wait) : 공유 자원과 공유 자원을 사용하기 위해 대기하는 프로세스들이 원형으로 구성되어 있어 자신에게 할당된 자원을 점유하면서 앞이나 뒤에 있는 프로세스의 자원을 요구해야 함

정답 72.② 73.③ 74.④

75. IEEE 802.3 LAN에서 사용되는 전송 매체 접속 제어 (MAC) 방식은?

① CSMA/CD
② Token Bus
③ Token Ring
④ Slotted Ring

> **전문가의 조언**
> IEEE 802.3의 매체 접근 제어 방식은 CSMA/CD 방식입니다.

병행학습 | IEEE 802의 주요 표준 규격

802.1	전체의 구성, OSI 참조 모델과의 관계, 통신망 관리 등에 관한 규약
802.2	논리 링크 제어(LLC) 계층에 관한 규약
802.3	CSMA/CD 방식의 매체 접근 제어 계층에 관한 규약
802.4	토큰 버스 방식의 매체 접근 제어 계층에 관한 규약
802.5	토큰 링 방식의 매체 접근 제어 계층에 관한 규약
802.6	도시형 통신망(MAN)에 관한 규약

76. 프로세스 상태의 종류가 아닌 것은?

① Ready
② Running
③ Request
④ Exit

> **전문가의 조언**
> Request는 프로세스 상태의 종류가 아닙니다.

병행학습 | 프로세스 상태

프로세스 상태 전이
- 제출(Submit) : 작업을 처리하기 위해 사용자가 작업을 시스템에 제출한 상태
- 접수(Hold) : 제출된 작업이 스풀 공간인 디스크의 할당 위치에 저장된 상태
- 준비(Ready) : 프로세스가 프로세서를 할당받기 위해 기다리고 있는 상태
- 실행(Run) : 준비상태 큐에 있는 프로세스가 프로세서를 할당받아 실행되는 상태
- 대기(Wait), 블록(Block) : 프로세스에 입·출력 처리가 필요하면 현재 실행 중인 프로세스가 중단되고, 입·출력 처리가 완료될 때까지 대기하고 있는 상태
- 종료(Terminated, Exit) : 프로세스의 실행이 끝나고 프로세스 할당이 해제된 상태

프로세스 상태 전이 관련 용어
- Dispatch : 준비 상태에서 대기하고 있는 프로세스 중 하나가 프로세서를 할당받아 실행 상태로 전이되는 과정
- Wake Up : 입·출력 작업이 완료되어 프로세스가 대기 상태에서 준비 상태로 전이 되는 과정
- Spooling : 입·출력장치의 공유 및 상대적으로 느린 입·출력장치의 처리 속도를 보완하고 다중 프로그래밍 시스템의 성능을 향상시키기 위해 입·출력할 데이터를 직접 입·출력장치에 보내지 않고 나중에 한꺼번에 입·출력하기 위해 디스크에 저장하는 과정

77. TCP/IP에서 사용되는 논리주소를 물리주소로 변환시켜 주는 프로토콜은?

① TCP
② ARP
③ FTP
④ IP

> **전문가의 조언**
> TCP/IP 네트워크에서 논리 주소를 물리 주소로 변환하는 프로토콜은 ARP(Address Resolution Protocol)입니다.

병행학습
- TCP(Transmission Control Protocol) : 신뢰성 있는 연결형 서비스를 제공하고, 패킷의 다중화, 순서 제어, 오류 제어, 흐름 제어 기능을 제공함
- FTP(File Transfer Protocol) : 컴퓨터와 컴퓨터 또는 컴퓨터와 인터넷 사이에서 파일을 주고받을 수 있도록 하는 원격 파일 전송 프로토콜
- IP(Internet Protocol) : 데이터그램을 기반으로 하는 비연결형 서비스와 패킷의 분해/조립, 주소 지정, 경로 선택 기능을 제공

78. OSI 7계층 중 네트워크 계층에 대한 설명으로 틀린 것은?

① 패킷을 발신지로부터 최종 목적지까지 전달하는 책임을 진다.
② 한 노드로부터 다른 노드로 프레임을 전송하는 책임을 진다.
③ 패킷에 발신지와 목적지의 논리 주소를 추가한다.
④ 라우터 또는 교환기는 패킷 전달을 위해 경로를 지정하거나 교환 기능을 제공한다.

> **전문가의 조언**
> 네트워크 계층의 프로토콜 데이터 단위(PDU)는 패킷(Packet)입니다.

등급 C

80. C언어 라이브러리 중 stdlib.h에 대한 설명으로 옳은 것은?

① 문자열을 수치 데이터로 바꾸는 문자 변환함수와 수치를 문자열로 바꿔주는 변환함수 등이 있다.
② 문자열 처리 함수로 strlen( )이 포함되어 있다.
③ 표준 입출력 라이브러리이다.
④ 삼각 함수, 제곱근, 지수 등 수학적인 함수를 내장하고 있다.

> **전문가의 조언**
> ②번은 string.h, ③번은 stdio.h, ④번은 math.h에 대한 설명입니다.

병행학습 C언어의 대표적인 표준 라이브러리

- stdio.h
  - 데이터의 입·출력에 사용되는 기능들을 제공한다.
  - 주요 함수 : printf, scanf, fprintf, fscanf, fclose, fopen 등
- math.h
  - 수학 함수들을 제공한다.
  - 주요 함수 : sqrt, pow, abs 등
- string.h
  - 문자열 처리에 사용되는 기능들을 제공한다.
  - 주요 함수 : strlen, strcpy, strcmp 등
- stdlib.h
  - 자료형 변환, 난수 발생, 메모리 할당에 사용되는 기능들을 제공한다.
  - 주요 함수 : atoi, atof, srand, rand, malloc, free 등
- time.h
  - 시간 처리에 사용되는 기능들을 제공한다.
  - 주요 함수 : time, clock 등

등급 B

79. 프레임워크(Framework)에 대한 설명으로 옳은 것은?

① 소프트웨어 구성에 필요한 기본 구조를 제공함으로써 재사용이 가능하게 해준다
② 소프트웨어 개발 시 구조가 잡혀 있기 때문에 확장이 불가능하다.
③ 소프트웨어 아키텍처(Architecture)와 동일한 개념이다.
④ 모듈화(Modularity)가 불가능하다.

> **전문가의 조언**
> 프레임워크는 모듈화가 잘 되어있어 자유로운 확장이 가능한 반제품 형태의 소프트웨어로, 소프트웨어 아키텍처와는 다른 개념입니다.

병행학습 소프트웨어 개발 프레임워크

- 프레임워크(Framework)는 소프트웨어 개발에 공통적으로 사용되는 구성 요소와 아키텍처를 일반화하여 손쉽게 구현할 수 있도록 여러 가지 기능들을 제공해주는 반제품 형태의 소프트웨어 시스템이다.
- 주요 기능 : 예외 처리, 트랜잭션 처리, 메모리 공유, 데이터 소스 관리, 서비스 관리, 쿼리 서비스, 로깅 서비스, 사용자 인증 서비스 등
- 스프링 프레임워크(Spring Framework) : 자바 플랫폼을 위한 오픈 소스 경량형 애플리케이션 프레임워크로, 동적인 웹 사이트의 개발을 위해 다양한 서비스를 제공함
- 전자정부 프레임워크 : 우리나라의 공공부문 정보화 사업 시 효율적인 정보 시스템의 구축을 지원하기 위해 필요한 기능 및 아키텍처를 제공하는 프레임워크로, 개발 프레임워크의 표준 정립으로 응용 소프트웨어의 표준화, 품질 및 재사용성의 향상을 목적으로 함
- 닷넷 프레임워크(.NET Framework) : Windows 프로그램의 개발 및 실행 환경을 제공하는 프레임워크로, Microsoft 사에서 통합 인터넷 전략을 위해 개발하였으며, 실행을 관리하는 CLR(Common Language Runtime, 공용 언어 런타임)이라는 이름의 가상머신 상에서 작동함

5과목 정보시스템 구축 관리

등급 A

81. 입력 데이터 검증 및 표현과 관련된 설명으로 옳지 않은 것은?

① SQL 삽입 : 웹 응용 프로그램에 SQL을 삽입하여 내부 데이터베이스(DB) 서버의 데이터를 유출 및 변조하고, 관리자 인증을 우회한다.
② 크로스사이트 스크립트 : 웹페이지에 악의적인 스크립트를 삽입하여 방문자들의 정보를 탈취한다.
③ 자원 삽입 : 악의적인 명령어가 포함된 스크립트 파일을 업로드함으로써 시스템에 손상을 준다.
④ 운영체제 명령어 삽입 : 외부 입력값을 통해 시스템 명령어의 실행을 유도함으로써 권한을 탈취하거나 시스템 장애를 유발한다.

전문가의 조언
경로 조작 및 자원 삽입은 데이터 입·출력 경로를 조작하여 서버 자원을 수정·삭제하는 보안 약점입니다. 악의적인 명령어가 포함된 스크립트 파일을 업로드하는 보안 약점은 '위험한 형식 파일 업로드'입니다.

병행학습 입력 데이터 검증 및 표현의 보안 약점
- SQL 삽입(SQL Injection) : 웹 응용 프로그램에 SQL을 삽입하여 내부 데이터베이스(DB) 서버의 데이터를 유출 및 변조하고, 관리자 인증을 우회하는 보안 약점
- 경로 조작 및 자원 삽입 : 데이터 입출력 경로를 조작하여 서버 자원을 수정·삭제할 수 있는 보안 약점
- 크로스사이트 스크립팅(XSS; Cross Site Scripting) : 웹페이지에 악의적인 스크립트를 삽입하여 방문자들의 정보를 탈취하거나, 비정상적인 기능 수행을 유발하는 보안 약점
- 운영체제 명령어 삽입 : 외부 입력값을 통해 시스템 명령어의 실행을 유도함으로써 권한을 탈취하거나 시스템 장애를 유발하는 보안 약점
- 위험한 형식 파일 업로드 : 악의적인 명령어가 포함된 스크립트 파일을 업로드함으로써 시스템에 손상을 주거나, 시스템을 제어할 수 있는 보안 약점
- 신뢰되지 않는 URL 주소로 자동접속 연결 : 입력 값으로 사이트 주소를 받는 경우 이를 조작하여 방문자를 피싱 사이트로 유도하는 보안 약점
- 메모리 버퍼 오버플로 : 연속된 메모리 공간을 사용하는 프로그램에서 할당된 메모리의 범위를 넘어선 위치에서 자료를 읽거나 쓰려고 할 때 발생하는 보안 약점

등급 B

82. 악성코드의 유형 중 다른 컴퓨터의 취약점을 이용하여 스스로 전파하거나 메일로 전파되며 스스로를 증식하는 것은?

① Worm
② Rogue Ware
③ Adware
④ Reflection Attack

전문가의 조언
네트워크를 통해 연속적으로 자신을 복제하는 악성코드는 웜(Worm)입니다.

병행학습
- 로그웨어(Rogue Ware) : 사용자를 속여 악성코드를 설치하도록 유도하는 소프트웨어로, 주로 바이러스에 감염되었다며 백신 소프트웨어처럼 보이는 악성코드를 설치하도록 유도함
- 애드웨어(Adware) : 소프트웨어 자체에 광고를 포함하여 이를 보는 대가로 무료로 사용하는 소프트웨어
- 반사 공격(Reflection Attack) : 송신자가 생성한 메시지를 가로채 접근 권한을 얻는 형태의 공격 기법

등급 A

83. 정보 보안 요소 중 무결성(Integrity)에 대한 설명으로 옳은 것은?

① 시스템 내의 정보와 자원은 인가된 사용자에게만 접근이 허용된다는 것을 의미한다.
② 시스템 내의 정보와 자원을 사용하려는 사용자가 합법적인 사용자인지를 확인하는 모든 행위를 말한다.
③ 인가받은 사용자는 언제라도 사용할 수 있다는 것을 의미한다.
④ 시스템 내의 정보는 오직 인가된 사용자만 수정할 수 있다는 것을 의미한다.

전문가의 조언
무결성에 대한 설명으로 옳은 것은 ④번입니다. ①번은 기밀성(Confidentiality), ②번은 인증(Authentication), ③번은 가용성(Availability)에 대한 설명입니다.

병행학습 보안 요소

- 소프트웨어 개발에 있어 충족시켜야할 요소 및 요건을 의미한다.
- 보안 3대 요소에는 기밀성(Confidentiality), 무결성(Integrity), 가용성(Availability)이 있으며, 그 외에도 인증(Authentication), 부인 방지(NonRepudiation) 등이 있다.
- 기밀성(Confidentiality) : 시스템 내의 정보와 자원은 인가된 사용자에게만 접근이 허용됨
- 무결성(Integrity) : 시스템 내의 정보는 오직 인가된 사용자만 수정할 수 있음
- 가용성(Availability) : 인가받은 사용자는 언제라도 사용할 수 있음
- 인증(Authentication) : 시스템 내의 정보와 자원을 사용하려는 사용자가 합법적인 사용자인지를 확인하는 모든 행위
- 부인 방지(NonRepudiation) : 데이터를 송·수신한 자가 송·수신 사실을 부인할 수 없도록 송·수신 증거를 제공함

85. 정보 보안의 3요소에 해당하지 않는 것은?
① 기밀성　　　　② 무결성
③ 가용성　　　　④ 휘발성

전문가의 조언
정보 보안의 3대 요소에는 기밀성, 무결성, 가용성이 있습니다.

84. 세션 하이재킹을 탐지하는 방법으로 거리가 먼 것은?
① FTP SYN SEGMENT 탐지
② 비동기화 상태 탐지
③ ACK STORM 탐지
④ 패킷의 유실 및 재전송 증가 탐지

전문가의 조언
FTP SYN SEGMENT 탐지는 세션 하이재킹을 탐지하는 방법이 아닙니다.

병행학습 세션 하이재킹(Session Hijacking)

- 서버에 접속하고 있는 클라이언트들의 세션 정보를 가로채는 공격 기법으로, 세션 가로채기라고도 한다.
- 정상적인 연결을 RST(Reset) 패킷을 통해 종료시킨 후 재연결 시 희생자가 아닌 공격자에게 연결하는 방식이다.
- 공격자는 서버와 상호 간의 동기화된 시퀀스 번호를 이용하여 인가되지 않은 시스템의 기능을 이용하거나 중요한 정보에 접근할 수 있게 된다.
- 탐지 방법
  - 비동기화 상태 탐지
  - ACK Storm 탐지
  - 패킷의 유실과 재전송 증가 탐지
  - 예상치 못한 접속의 리셋 탐지

86. LOC 기법에 의하여 예측된 총 라인수가 36,000라인, 개발에 참여할 프로그래머가 6명, 프로그래머들의 평균 생산성이 월간 300라인일 때 개발에 소요되는 기간은?
① 5개월　　　　② 10개월
③ 15개월　　　　④ 20개월

전문가의 조언
- 프로그래머들의 평균 생산성이 월간 300라인이라면 프로그래머 6명의 월간 생산성은 1,800입니다.
- 총 라인수가 36,000이므로 36,000 / 1,800 = 20, 즉 개발 기간은 20개월입니다.

병행학습 LOC(원시 코드 라인 수, source Line Of Code) 기법

- LOC 기법은 소프트웨어 각 기능의 원시 코드 라인 수의 비관치, 낙관치, 기대치를 측정하여 예측치를 구하고 이를 이용하여 비용을 산정하는 기법이다.
- 측정이 용이하고 이해하기 쉬워 가장 많이 사용된다.
- 예측치를 이용하여 생산성, 노력, 개발 기간 등의 비용을 산정한다.

$$\text{예측치} = \frac{a + 4m + b}{6}$$

단, a : 낙관치, b : 비관치, m : 기대치(중간치)

- 산정 공식
  - 노력(인월) = 개발 기간 × 투입 인원
  　　　　= LOC / 1인당 월평균 생산 코드 라인 수
  - 개발 비용 = 노력(인월) × 단위 비용(1인당 월평균 인건비)
  - 개발 기간 = 노력(인월) / 투입 인원
  - 생산성 = LOC / 노력(인월)

정답 84.① 85.④ 86.④

등급 A

87. COCOMO 모델에 의한 비용 산정에 대한 설명으로 옳지 않은 것은?

① 보헴이 제안한 원시 프로그램의 규모에 의한 비용예측 모형이다.
② 같은 규모의 소프트웨어라도 그 유형에 따라 비용이 다르게 산정된다.
③ 비용 산정 유형으로 Organic Mode, Embedded Mode, Semi-Detached Mode가 있다.
④ UFP(Unadjusted Function Point)를 계산한다.

전문가의 조언
UFP(Unadhusted Function Point)는 기능 점수(Function Point) 모델에서 기능 점수를 산출하는 과정 중에 계산되는 값입니다.

병행학습 COCOMO의 소프트웨어 개발 유형

- 소프트웨어 개발 유형은 소프트웨어의 복잡도 혹은 원시 프로그램의 규모에 따라 조직형, 반분리형, 내장형으로 분류할 수 있다.
- 조직형(Organic Mode)
  - 기관 내부에서 개발된 중·소 규모의 소프트웨어이다.
  - 일괄 자료 처리나 과학 기술 계산용, 비즈니스 자료 처리용으로 5만(50KDSI) 라인 이하의 소프트웨어를 개발하는 유형이다.
  - 사무 처리용, 업무용, 과학용 응용 소프트웨어 개발에 적합하다.
- 반분리형(Semi-Detached Mode)
  - 조직형과 내장형의 중간형으로, 트랜잭션 처리 시스템이나 운영체제, 데이터베이스 관리 시스템 등의 30만(300KDSI) 라인 이하의 소프트웨어를 개발하는 유형이다.
  - 컴파일러, 인터프리터와 같은 유틸리티 개발에 적합하다.
- 내장형(Embedded Mode)
  - 최대형 규모의 트랜잭션 처리 시스템이나 운영체제 등의 30만(300KDSI) 라인 이상의 소프트웨어를 개발하는 유형이다.
  - 신호기 제어 시스템, 미사일 유도 시스템, 실시간 처리 시스템 등의 시스템 프로그램 개발에 적합하다.

등급 C

88. Wi-Fi에서 제정한 무선 랜(WLAN) 인증 및 암호화 관련 표준은?

① WCDMA ② WPA
③ SSL   ④ SHA

전문가의 조언
Wi-Fi에서 제정한 무선 랜(WLAN) 인증 및 암호화 관련 표준은 WPA(Wi-Fi Protected Access)이며, IEEE 802.11i버전에서 지원합니다.

병행학습 802.11의 버전

- 802.11(초기 버전) : 2.4GHz 대역 전파와 CSMA/CA 기술을 사용해 최고 2Mbps까지의 전송 속도를 지원함
- 802.11a : 5GHz 대역의 전파를 사용하며, OFDM 기술을 사용해 최고 54Mbps까지의 전송 속도를 지원함
- 802.11b : 802.11 초기 버전의 개선안으로 등장하였으며, 초기 버전의 대역 전파와 기술을 사용해 최고 11Mbps의 전송 속도로 기존에 비해 5배 이상 빠르게 개선되었음
- 802.11e : 802.11의 부가 기능 표준으로, QoS 기능이 지원되도록 하기 위해 매체 접근 제어(MAC) 계층에 해당하는 부분을 수정하였음
- 802.11g : 2.4GHz 대역의 전파를 사용하지만 5GHz 대역의 전파를 사용하는 802.11a와 동일한 최고 54Mbps까지의 전송 속도를 지원함
- 802.11i : 802.11의 부가 기능 표준으로, 인증 방식에 WPA/WPA2를 사용함
- 802.11n : 2.4GHz 대역과 5GHz 대역을 사용하는 규격으로, 최고 600Mbps까지의 전송 속도를 지원함

등급 B

89. 다음 설명에 해당하는 암호화 알고리즘은?

- DES의 보안 문제를 해결하기 위해 개발되었다.
- NIST에서 개발한 개인키 암호화 알고리즘이다.

① ARIA   ② AES
③ DSA   ④ SEED

전문가의 조언
DES의 보안 문제 해결을 위해 NIST에서 개발한 개인키 암호화 알고리즘은 AES(Advanced Encryption Standard)입니다.

병행학습 주요 암호화 알고리즘

- SEED
  - 1999년 한국인터넷진흥원(KISA)에서 개발한 블록 암호화 알고리즘이다.
  - 블록 크기는 128비트이며, 키 길이에 따라 128, 256으로 분류한다.
- ARIA(Academy, Research Institute, Agency)
  - 2004년 국가정보원과 산학연협회가 개발한 블록 암호화 알고리즘이다.
  - 블록 크기는 128비트이며, 키 길이에 따라 128, 192, 256으로 분류한다.
- DES(Data Encryption Standard)
  - 1975년 미국 NBS에서 발표한 개인키 암호화 알고리즘
  - 블록 크기는 64비트이며, 키 길이는 56비트이다.

정답 87.④ 88.② 89.②

- AES(Advanced Encryption Standard)
  - 2001년 미국 표준 기술 연구소(NIST)에서 발표한 개인키 암호화 알고리즘이다.
  - 블록 크기는 128비트이며, 키 길이에 따라 128, 192, 256으로 분류한다.
- RSA(Rivest Shamir Adleman)
  - 1978년 MIT의 라이베스트(Rivest), 샤미르(Shamir), 애들먼(Adelman)에 의해 제안된 공개키 암호화 알고리즘이다.
  - 소인수 분해 문제를 이용한 공개키 암호화 기법에 널리 사용된다.

등급 C

90. 침입 탐지 시스템(IDS; Intrusion Detection System)과 관련한 설명으로 틀린 것은?

① 이상 탐지 기법(Anomaly Detection)은 Signature Base나 Knowledge Base라고도 불리며 이미 발견되고 정립된 공격 패턴을 입력해두었다가 탐지 및 차단한다.
② HIDS(Host-Based Intrusion Detection)는 운영체제에 설정된 사용자 계정에 따라 어떤 사용자가 어떤 접근을 시도하고 어떤 작업을 했는지에 대한 기록을 남기고 추적한다.
③ NIDS(Network-Based Intrusion Detection System)로는 대표적으로 Snort가 있다.
④ 외부 인터넷에 서비스를 제공하는 서버가 위치하는 네트워크인 DMZ(Demilitarized Zone)에는 IDS가 설치될 수 있다.

전문가의 조언
이상 탐지 기법(Anomaly Detection)은 평균적인 시스템의 상태를 기준으로 비정상적인 행위나 자원의 사용이 감지되면 이를 알려주는 시스템입니다. ①번은 오용 탐지 기법(Misuse Detection)에 대한 설명입니다.

병행학습 침입 탐지 시스템(IDS; Intrusion Detection System)
- 컴퓨터 시스템의 비정상적인 사용, 오용, 남용 등을 실시간으로 탐지하는 시스템이다.
- 방화벽과 같은 침입 차단 시스템만으로는 내부 사용자의 불법적인 행동과 외부 해킹에 100% 완벽하게 대처할 수는 없다.
- 문제가 발생한 경우 모든 내·외부 정보의 흐름을 실시간으로 차단하기 위해 해커 침입 패턴에 대한 추적과 유해 정보 감시가 필요하다.
- **오용 탐지**(Misuse Detection) : 미리 입력해 둔 공격 패턴이 감지되면 이를 알려줌
- **이상 탐지**(Anomaly Detection) : 평균적인 시스템의 상태를 기준으로 비정상적인 행위나 자원의 사용이 감지되면 이를 알려줌

- 침입 탐지 시스템의 종류
  - HIDS(Host-Based Intrusion Detection)
    ▶ 시스템의 내부를 감시하고 분석하는데 중점을 둔 침입 탐지 시스템이다.
    ▶ 내부 시스템의 변화를 실시간으로 감시하여 누가 접근해서 어떤 작업을 수행했는지 기록하고 추적한다.
    ▶ 종류 : OSSEC, md5deep, AIDE, Samhain 등
  - NIDS(Network-Based Intrusion Detection System)
    ▶ 외부로부터의 침입을 감시하고 분석하는데 중점을 둔 침입 탐지 시스템이다.
    ▶ 네트워크 트래픽을 감시하여 서비스 거부 공격, 포트 스캔 등의 악의적인 시도를 탐지한다.
    ▶ 종류 : Snort, Zeek 등
- 침입 탐지 시스템의 위치
  - 패킷이 라우터로 들어오기 전 : 네트워크에 시도되는 모든 공격을 탐지할 수 있음
  - 라우터 뒤 : 라우터에 의해 패킷 필터링을 통과한 공격을 탐지할 수 있음
  - 방화벽 뒤 : 내부에서 외부로 향하는 공격을 탐지할 수 있음
  - 내부 네트워크 : 내부에서 내부 네트워크의 해킹 공격을 탐지할 수 있음
  - DMZ : DMZ는 외부 인터넷에 서비스를 제공하는 서버가 위치하는 네트워크로, 강력한 외부 공격이나 내부 공격으로부터 중요 데이터를 보호하거나 서버의 서비스 중단을 방지할 수 있음

등급 B

91. 네트워크 장비에 대한 설명으로 옳지 않은 것은?

① 브라우터는 전송되는 신호가 전송 선로의 특성 및 외부 충격 등의 요인으로 인해 원래의 형태와 다르게 왜곡되거나 약해질 경우 원래의 신호 형태로 재생하여 다시 전송하는 역할을 수행한다.
② 브리지는 LAN과 LAN을 연결하거나 LAN 안에서의 컴퓨터 그룹을 연결하는 기능을 수행하며, 데이터 링크 계층 중 MAC 계층에서 사용된다.
③ 스위치는 LAN과 LAN을 연결하여 훨씬 더 큰 LAN을 만드는 장치로, OSI 7계층의 2계층에서 사용된다.
④ 라우터는 LAN과 LAN의 연결 기능에 데이터 전송의 최적 경로를 선택할 수 있는 기능이 추가된 것으로, 서로 다른 LAN이나 LAN과 WAN의 연결도 수행하고, OSI 7계층의 네트워크 계층에서 동작한다.

전문가의 조언
브라우터(Brouter)는 브리지와 라우터의 기능을 모두 갖추고 있는 네트워크 장비입니다. ①번은 리피터(Repeater)에 대한 설명입니다.

병행학습 | 네트워크 관련 장비

- **네트워크 인터페이스 카드(NIC; Network Interface Card)**: 컴퓨터와 컴퓨터 또는 컴퓨터와 네트워크를 연결하는 장치로, 정보 전송 시 정보가 케이블을 통해 전송될 수 있도록 정보 형태를 변경함
- **허브(Hub)**: 한 사무실이나 가까운 거리의 컴퓨터들을 연결하는 장치로, 각 회선을 통합적으로 관리하며, 신호 증폭 기능을 하는 리피터의 역할도 포함함
- **리피터(Repeater)**: 전송되는 신호가 전송 선로의 특성 및 외부 충격 등의 요인으로 인해 원래의 형태와 다르게 왜곡되거나 약해질 경우 원래의 신호 형태로 재생하여 다시 전송하는 역할을 수행함
- **브리지(Bridge)**: LAN과 LAN을 연결하거나 LAN 안에서의 컴퓨터 그룹(세그먼트)을 연결하는 기능을 수행함
- **스위치(Switch)**: 브리지와 같이 LAN과 LAN을 연결하여 훨씬 더 큰 LAN을 만드는 장치
- **라우터(Router)**: 브리지와 같이 LAN과 LAN의 연결 기능에 데이터 전송의 최적 경로를 선택할 수 있는 기능이 추가된 것으로, 서로 다른 LAN이나 LAN과 WAN의 연결도 수행함
- **게이트웨이(Gateway)**: 전 계층(1~7계층)의 프로토콜 구조가 다른 네트워크의 연결을 수행함

등급 D

93. 브리지와 구내 정보 통신망(LAN)으로 구성된 통신망에서 루프(폐회로)를 형성하지 않으면서 연결을 설정하는 알고리즘은?

① Spanning Tree Algorithm
② Diffie-Hellman Algorithm
③ Hash Algorithm
④ Digital Signature Algorithm

전문가의 조언
루프(폐회로)를 형성하지 않으면서 연결을 설정하는 알고리즘은 STA(Spanning Tree Algorithm)입니다.

병행학습

- **Diffie-Hellman Algorithm**: 이산대수의 복잡성을 활용하여 두 사용자가 사전에 어떠한 비밀 교환 없이도 비밀 키 교환을 가능하게 하는 알고리즘
- **Hash Algorithm**: 임의의 길이의 입력 데이터나 메시지를 고정된 길이의 값이나 키로 변환하는 알고리즘
- **DSA(Digital Signature Algorithm)**: 미국 표준 기술 연구소(NIST)에서 표준안으로 개발한 공개 키 기반의 알고리즘으로, 디지털 서명 기술을 제공하기 위해 이산대수의 복잡성을 활용하였음

등급 A

92. SQL Injection 공격과 관련한 설명으로 틀린 것은?

① SQL Injection은 임의로 작성한 SQL 구문을 애플리케이션에 삽입하는 공격 방식이다.
② SQL Injection 취약점이 발생하는 곳은 주로 웹 애플리케이션과 데이터베이스가 연동되는 부분이다.
③ DBMS의 종류와 관계없이 SQL Injection 공격 기법은 모두 동일하다.
④ 로그인과 같이 웹에서 사용자의 입력 값을 받아 데이터베이스 SQL문으로 데이터를 요청하는 경우 SQL Injection을 수행할 수 있다.

전문가의 조언
SQL 삽입(SQL Injection) 공격은 웹 응용 프로그램에 SQL을 삽입하여 내부 데이터베이스(DB) 서버의 데이터를 유출 및 변조하고 관리자 인증을 우회하는 기법으로, DBMS의 종류에 따라 접근하는 방법이 달라지므로 공격 기법이 모두 동일하다는 말은 잘못되었습니다.

등급 C

94. 다음 내용이 설명하는 것은?

- 블록체인(Blockchain) 개발환경을 클라우드로 서비스하는 개념
- 블록체인 네트워크에 노드의 추가 및 제거가 용이
- 블록체인의 기본 인프라를 추상화하여 블록체인 응용 프로그램을 만들 수 있는 클라우드 컴퓨팅 플랫폼

① OTT
② BaaS
③ SDDC
④ Wi-SUN

전문가의 조언
지문의 내용은 BaaS(서비스형 블록체인)에 대한 설명입니다.

병행학습

- **OTT(Over The Top service)**: TV, PC, 스마트폰 등으로 드라마, 영화 등의 미디어 콘텐츠를 제공하는 온라인 서비스
- **SDDC(Software Defined Data Center)**: 데이터 센터의 모든 자원을 가상화하여 인력의 개입 없이 소프트웨어 조작만으로 관리 및 제어되는 데이터 센터
- **Wi-SUN**: 스마트 그리드와 같은 장거리 무선 통신을 필요로 하는 사물 인터넷(IoT) 서비스를 위한 저전력 장거리(LPWA; Low-Power Wide Area) 통신 기술

정답 92.③ 93.① 94.②

95. 소프트웨어 재공학의 주요 활동 중 기존 소프트웨어를 다른 운영체제나 하드웨어 환경에서 사용할 수 있도록 변환하는 것은?

① 역공학
② 분석
③ 재구성
④ 이식

전문가의 조언
기존 소프트웨어를 다른 운영체제나 하드웨어 환경에서 사용할 수 있도록 변환하는 활동을 이식(Migration)이라고 합니다.

소프트웨어 재공학의 주요 활동
- 분석(Analysis) : 기존 소프트웨어의 명세서를 확인하여 소프트웨어의 동작을 이해하고, 재공학 대상을 선정하는 활동
- 재구성(Restructuring)
  - 상대적으로 같은 추상적 수준에서 하나의 표현을 다른 표현 형태로 바꾸는 활동
  - 기존 소프트웨어의 구조를 향상시키기 위하여 코드를 재구성하는 것으로 소프트웨어의 기능과 외적인 동작은 바뀌지 않음
- 역공학(Reverse Engineering)
  - 기존 소프트웨어를 분석하여 소프트웨어 개발 과정과 데이터 처리 과정을 설명하는 분석 및 설계 정보를 재발견하거나 다시 만들어 내는 활동
  - 정공학(일반적인 개발 단계)과는 반대 방향으로 기존 코드를 복구하는 방법임
  - 기존 소프트웨어의 구성 요소와 그 관계를 파악하여 설계도를 추출하거나, 구현과는 독립적인 추상화된 표현을 만듦
  - 코드 역공학 : 코드 → 흐름도 → 자료 구조도 → 자료 흐름도 순으로 재생성
  - 데이터 역공학 : 코드 → 자료 사전 → 개체 관계도 순으로 재생성
- 이식(Migration) : 기존 소프트웨어를 다른 운영체제나 하드웨어 환경에서 사용할 수 있도록 변환하는 활동

96. 다음 암호 알고리즘 중 성격이 다른 하나는?

① MD4
② MD5
③ SHA-1
④ AES

전문가의 조언
AES는 개인키 암호화 알고리즘이고, MD4, MD5, SHA-1은 해시 알고리즘입니다.

해시(Hash)
- 임의의 길이의 입력 데이터나 메시지를 고정된 길이의 값이나 키로 변환하는 것을 의미합니다.
- 해시 알고리즘을 해시 함수라고 부르며, 해시 함수로 변환된 값이나 키를 해시값 또는 해시키라고 부른다.
- 데이터의 암호화, 무결성 검증을 위해 사용될 뿐만 아니라 정보보호의 다양한 분야에서 활용된다.
- 종류 : SHA 시리즈, MD4, MD5, N-NASH, SNEFRU 등

97. 다음 내용이 설명하는 것은?

- 네트워크상에 광채널 스위치의 이점인 고속 전송과 장거리 연결 및 멀티 프로토콜 기능을 활용
- 각기 다른 운영체제를 가진 여러 기종들이 네트워크상에서 동일 저장장치의 데이터를 공유하게 함으로써, 여러 개의 저장장치나 백업 장비를 단일화시킨 시스템

① SAN
② MBR
③ NAC
④ NIC

전문가의 조언
문제의 지문은 SAN(Storage Area Network)에 대한 설명입니다.

스토리지(Storage)의 종류
- DAS(Direct Attached Storage) : 서버와 저장장치를 전용 케이블로 직접 연결하는 방식으로, 일반 가정에서 컴퓨터에 외장하드를 연결하는 것이 여기에 해당됨
- NAS(Network Attached Storage) : 서버와 저장장치를 네트워크를 통해 연결하는 방식
- SAN(Storage Area Network) : DAS의 빠른 처리와 NAS의 파일 공유 장점을 혼합한 방식으로, 서버와 저장 장치를 연결하는 전용 네트워크를 별도로 구성하는 방식

98. 기존 무선 랜의 한계 극복을 위해 등장하였으며, 대규모 디바이스의 네트워크 생성에 최적화되어 차세대 이동통신, 홈 네트워킹, 공공 안전 등의 특수목적에 사용되는 새로운 방식의 네트워크 기술을 의미하는 것은?

① Software Defined Perimeter
② Virtual Private Network
③ Local Area Network
④ Mesh Network

전문가의 조언
문제에 제시된 내용은 매시 네트워크(Mesh Network)에 대한 설명입니다.

병행학습
- 소프트웨어 정의 경계(SDP, Software Defined Perimeter) : 신원 기반의 접근제어 프레임워크로, 클라우드 체계에서의 보안 강화를 위해 CSA(Cloud Security Alliance)에서 개발한 보안 접근 방식
- 가상 사설 통신망(VPN, Virtual Private Network) : 인터넷 등 통신 사업자의 공중 네트워크와 암호화 기술을 이용하여 사용자가 마치 자신의 전용 회선을 사용하는 것처럼 해주는 보안 솔루션
- 근거리 통신망(LAN, Local Area Network) : 비교적 가까운 거리에 있는 컴퓨터, 프린터, 저장장치 등과 같은 자원을 연결하여 구성하는 네트워크

등급 B

99. CPM(Critical Path Method)에 대한 설명으로 옳지 않은 것은?
① 프로젝트 내에서 각 작업이 수행되는 시간과 각 작업 사이의 관계를 파악할 수 있다.
② 작업 일정을 한눈에 볼 수 있도록 해주며 막대 그래프의 형태로 표현한다.
③ 효과적인 프로젝트의 통제를 가능하게 해 준다.
④ 경영층의 과학적인 의사 결정을 지원한다.

전문가의 조언
작업 일정을 한눈에 볼 수 있도록 해주며 막대 그래프의 형태로 표현하는 것은 간트 차트(Gantt Chart)입니다.

병행학습 CPM(Critical Path Method, 임계 경로 기법)
- 프로젝트 완성에 필요한 작업을 나열하고 작업에 필요한 소요 기간을 예측하는데 사용하는 기법이다.
- 노드와 간선으로 구성된 네트워크로 노드는 작업을, 간선은 작업 사이의 전후 의존 관계를 나타낸다.
- 원형 노드는 각 작업을 의미하며 각 작업 이름과 소요 기간을 표시하고, 박스 노드는 이정표를 의미하며 박스 노드 위에는 예상 완료 시간을 표시한다.
- 간선을 나타내는 화살표의 흐름에 따라 각 작업이 진행되며, 전 작업이 완료된 후 다음 작업을 진행할 수 있다
- 각 작업의 순서와 의존 관계, 어느 작업이 동시에 수행될 수 있는지를 한눈에 볼 수 있다.
- 경영층의 과학적인 의사 결정을 지원하며, 효과적인 프로젝트의 통제를 가능하게 해 준다.
- 병행 작업이 가능하도록 계획할 수 있으며, 이를 위한 자원 할당도 가능하다.
- 임계 경로는 최장 경로를 의미한다.

등급 C

100. 클라우드 기반 HSM(Cloud-based Hardware Security Module)에 대한 설명으로 틀린 것은?
① 클라우드(데이터센터) 기반 암호화 키 생성, 처리, 저장 등을 하는 보안 기기이다.
② 국내에서는 공인인증제의 폐지와 전자서명법 개정을 추진하면서 클라우드 HSM 용어가 자주 등장하였다.
③ 클라우드에 인증서를 저장하므로 기존 HSM 기기나 휴대폰에 인증서를 저장해 다닐 필요가 없다.
④ 하드웨어가 아닌 소프트웨어적으로만 구현되기 때문에 소프트웨어식 암호 기술에 내재된 보안 취약점을 해결할 수 없다는 것이 주요 단점이다.

전문가의 조언
클라우드 기반 HSM은 암호화 키 생성이 하드웨어적으로 구현되므로 소프트웨어적으로 구현된 암호 기술이 가지는 보안 취약점을 무시할 수 있습니다.

병행학습 클라우드 기반 HSM(Cloud-based Hardware Security Module)
- 클라우드를 기반으로 암호화 키의 생성·저장·처리 등의 작업을 수행하는 보안 기기를 가리키는 용어이다.
- 클라우드에 인증서를 저장하므로 스마트폰과 같은 개별 기기에 인증서를 저장할 필요가 없다.
- 암호화 키 생성이 하드웨어적으로 구현되기 때문에 소프트웨어적으로 구현된 암호 기술이 가지는 보안 취약점을 무시할 수 있다.
- 대표적인 클라우드 HSM 서비스 제공자에는 구글이 있다.

EXAMINATION 11회 — 2022년 4월 기출문제

1과목 소프트웨어 설계

1. UML 다이어그램 중 순차 다이어그램에 대한 설명으로 틀린 것은?
① 객체 간의 동적 상호작용을 시간 개념을 중심으로 모델링 하는 것이다.
② 주로 시스템의 정적 측면을 모델링하기 위해 사용한다.
③ 일반적으로 다이어그램의 수직 방향이 시간의 흐름을 나타낸다.
④ 회귀 메시지(Self-Message), 제어블록(Statement Block) 등으로 구성된다.

전문가의 조언
순차 다이어그램(Sequence Diagram)은 시간의 흐름에 따라 상호작용하는 객체들을 표현하는 것으로 주로 시스템의 동적인 측면을 모델링하기 위해 사용합니다.

병행학습 순차(Sequence) 다이어그램
- 순차 다이어그램은 시스템이나 객체들이 메시지를 주고받으며 시간의 흐름에 따라 상호 작용하는 과정을 액터, 객체, 메시지 등의 요소를 사용하여 그림으로 표현한 것이다.
- 순차 다이어그램은 시스템이나 객체들의 상호 작용 과정에서 주고받는 메시지를 표현한다.
- 순차 다이어그램을 통해 각 동작에 참여하는 시스템이나 객체들의 수행 기간을 확인할 수 있다.
- 순차 다이어그램은 클래스 내부에 있는 객체들을 기본 단위로 하여 그들의 상호 작용을 표현한다.
- 순차 다이어그램은 주로 기능 모델링에서 작성한 유스케이스 명세서를 하나의 표현 범위로 하지만, 하나의 클래스에 포함된 오퍼레이션을 하나의 범위로 표현하기도 한다.

2. 메시지 지향 미들웨어(Message-Oriented Middleware, MOM)에 대한 설명으로 틀린 것은?
① 느리고 안정적인 응답보다는 즉각적인 응답이 필요한 온라인 업무에 적합하다.
② 독립적인 애플리케이션을 하나의 통합된 시스템으로 묶기 위한 역할을 한다.
③ 송신측과 수신측의 연결 시 메시지 큐를 활용하는 방법이 있다.
④ 상이한 애플리케이션 간 통신을 비동기 방식으로 지원한다.

전문가의 조언
MOM은 온라인 업무보다는 이기종 분산 데이터 시스템의 데이터 동기를 위해 많이 사용됩니다.

병행학습 미들웨어(Middleware)의 종류
- DB(DataBase) : 데이터베이스 벤더(Vendor)에서 제공하는 클라이언트에서 원격의 데이터베이스와 연결하기 위한 미들웨어
- RPC(Remote Procedure Call) : 응용 프로그램의 프로시저를 사용하여 원격 프로시저를 마치 로컬 프로시저처럼 호출하는 방식의 미들웨어
- MOM(Message Oriented Middleware) : 메시지 기반의 비동기형 메시지를 전달하는 방식의 미들웨어
- TP-Monitor(Transaction Processing Monitor) : 항공기나 철도 예약 업무 등과 같은 온라인 트랜잭션 업무에서 트랜잭션을 처리 및 감시하는 미들웨어
- ORB(Object Request Broker) : 객체지향 미들웨어로 코바(CORBA) 표준 스펙을 구현한 미들웨어
- WAS(Web Application Server) : 사용자의 요구에 따라 변하는 동적인 콘텐츠를 처리하기 위해 사용되는 미들웨어

등급 B

3. 익스트림 프로그래밍에 대한 설명으로 틀린 것은?

① 대표적인 구조적 방법론 중 하나이다.
② 소규모 개발 조직이 불확실하고 변경이 많은 요구를 접하였을 때 적절한 방법이다.
③ 익스트림 프로그래밍을 구동시키는 원리는 상식적인 원리와 경험을 최대한 끌어 올리는 것이다.
④ 구체적인 실천 방법을 정의하고 있으며, 개발 문서보다는 소스 코드에 중점을 둔다.

전문가의 조언
익스트림 프로그래밍(eXtreme Programming)은 애자일 개발 방법론을 기반으로 하는 소프트웨어 개발 모형입니다.

병행학습 XP(eXtreme Programming)
- XP는 수시로 발생하는 고객의 요구사항에 유연하게 대응하기 위해 고객의 참여와 개발 과정의 반복을 극대화하여 개발 생산성을 향상시키는 방법이다.
- XP는 짧고 반복적인 개발 주기, 단순한 설계, 고객의 적극적인 참여를 통해 소프트웨어를 빠르게 개발하는 것을 목적으로 한다.
- 릴리즈의 기간을 짧게 반복하면서 고객의 요구사항 반영에 대한 가시성을 높인다.
- 릴리즈 테스트마다 고객을 직접 참여시킴으로써 요구한 기능이 제대로 작동하는지 고객이 직접 확인할 수 있다.
- 비교적 소규모 인원의 개발 프로젝트에 효과적이다.
- XP의 5가지 핵심 가치 : 의사소통(Communication), 단순성(Simplicity), 용기(Courage), 존중(Respect), 피드백(Feedback)

등급 B

4. 유스케이스(Use Case)의 구성 요소 간의 관계에 포함되지 않는 것은?

① 연관
② 확장
③ 구체화
④ 일반화

전문가의 조언
구체화는 유스케이스의 구성 요소 간의 관계에 포함되지 않습니다. 유스케이스 다이어그램에서는 연관 관계, 포함 관계, 확장 관계, 일반화 관계를 표현할 수 있습니다.

병행학습 유스케이스(Use Case) 다이어그램
유스케이스 다이어그램의 개요
- 개발될 시스템과 관련된 외부 요소들, 즉 사용자와 다른 외부 시스템들이 개발될 시스템을 이용해 수행할 수 있는 기능을 사용자의 관점(View)에서 표현한 것이다.
- 외부 요소와 시스템 간의 상호 작용을 확인할 수 있다.
- 사용자의 요구사항을 분석하기 위한 도구로 사용된다.
- 시스템의 범위를 파악할 수 있다.

유스케이스 다이어그램의 구성 요소
- 시스템(System)/시스템 범위(System Scope) : 시스템 내부에서 수행되는 기능들을 외부 시스템과 구분하기 위해 시스템 내부의 유스케이스들을 사각형으로 묶어 시스템의 범위를 표현함
- 액터(Actor)
  – 시스템과 상호작용을 하는 모든 외부 요소로, 사람이나 외부 시스템을 의미한다.
  – 주액터 : 시스템을 사용함으로써 이득을 얻는 대상으로, 주로 사람이 해당함
  – 부액터 : 주액터의 목적 달성을 위해 시스템에 서비스를 제공하는 외부 시스템으로, 조직이나 기관 등이 될 수 있음
- 유스케이스(Use Case) : 사용자가 보는 관점에서 시스템이 액터에게 제공하는 서비스 또는 기능을 표현한 것
- 관계(Relationship) : 유스케이스 다이어그램에서 관계는 액터와 유스케이스, 유스케이스와 유스케이스 사이에서 나타날 수 있으며, 연관 관계, 포함 관계, 확장 관계, 일반화 관계를 표현함

등급 B

5. 요구사항 분석에서 비기능적(Nonfunctional) 요구에 대한 설명으로 옳은 것은?

① 시스템의 처리량(Throughput), 반응 시간 등의 성능 요구나 품질 요구는 비기능적 요구에 해당하지 않는다.
② '차량 대여 시스템이 제공하는 모든 화면이 3초 이내에 사용자에게 보여야 한다'는 비기능적 요구이다.
③ 시스템 구축과 관련된 안전, 보안에 대한 요구사항들은 비기능적 요구에 해당하지 않는다.
④ '금융 시스템은 조회, 인출, 입금, 송금의 기능이 있어야 한다'는 비기능적 요구이다.

전문가의 조언
비기능적 요구에 대한 설명은 ②번입니다.
① 성능 요구나 품질 요구는 비기능 요구사항에 해당합니다.
② 비기능 요구사항 중 성능 요구사항에 해당합니다.
③ 안전이나 보안에 대한 요구사항은 비기능 요구사항에 해당합니다.
④ 기능 요구사항에 해당합니다.

병행학습 기능 요구사항 / 비기능 요구사항
기능 요구사항(Functional Requirements)
- 시스템이 무엇을 하는지, 어떤 기능을 하는지에 대한 사항
- 시스템의 입력이나 출력으로 무엇이 포함되어야 하는지, 시스템이 어떤 데이터를 저장하거나 연산을 수행해야 하는지에 대한 사항
- 시스템이 반드시 수행해야 하는 기능
- 사용자가 시스템을 통해 제공받기를 원하는 기능

비기능 요구사항(Non-functional Requirements)

- **시스템 장비 구성 요구사항** : 하드웨어, 소프트웨어, 네트워크 등의 시스템 장비 구성에 대한 요구사항
- **성능 요구사항** : 처리 속도 및 시간, 처리량, 동적·정적 적용량, 가용성 등 성능에 대한 요구사항
- **인터페이스 요구사항** : 시스템 인터페이스와 사용자 인터페이스에 대한 요구사항으로 다른 소프트웨어, 하드웨어 및 통신 인터페이스, 다른 시스템과의 정보 교환에 사용되는 프로토콜과의 연계도 포함하여 기술
- **데이터 요구사항** : 초기 자료 구축 및 데이터 변환을 위한 대상, 방법, 보안이 필요한 데이터 등 데이터를 구축하기 위해 필요한 요구사항
- **테스트 요구사항** : 도입되는 장비의 성능 테스트(BMT)나 구축된 시스템이 제대로 운영되는지를 테스트하고 점검하기 위한 테스트 요구사항
- **보안 요구사항** : 시스템의 데이터 및 기능, 운영 접근을 통제하기 위한 요구사항
- **품질 요구사항** : 관리가 필요한 품질 항목, 품질 평가 대상에 대한 요구사항으로 가용성, 정합성, 상호 호환성, 대응성, 신뢰성, 사용성, 유지·관리성, 이식성, 확장성, 보안성 등으로 구분하여 기술
- **제약사항** : 시스템 설계, 구축, 운영과 관련하여 사전에 파악된 기술, 표준, 업무, 법·제도 등의 제약조건
- **프로젝트 관리 요구사항** : 프로젝트의 원활한 수행을 위한 관리 방법에 대한 요구사항
- **프로젝트 지원 요구사항** : 프로젝트의 원활한 수행을 위한 지원 사항이나 방안에 대한 요구사항

등급 A

7. 미들웨어(Middleware)에 대한 설명으로 틀린 것은?

① 여러 운영체제에서 응용 프로그램들 사이에 위치한 소프트웨어이다.
② 미들웨어의 서비스 이용을 위해 사용자가 정보 교환 방법 등의 내부 동작을 쉽게 확인할 수 있어야 한다.
③ 소프트웨어 컴포넌트를 연결하기 위한 준비된 인프라 구조를 제공한다.
④ 여러 컴포넌트를 1 대 1, 1 대 다, 다 대 다 등 여러 가지 형태로 연결이 가능하다.

> **전문가의 조언**
> 사용자가 미들웨어의 내부 동작을 확인하려면 별도의 응용 소프트웨어를 사용해야 하므로, 사용자가 미들웨어의 내부 동작을 확인하기는 쉽지 않습니다.

병행학습 미들웨어(Middleware)

- 미들웨어는 미들(Middle)과 소프트웨어(Software)의 합성어이다.
- 분산 컴퓨팅 환경에서 서로 다른 기종 간의 하드웨어나 프로토콜, 통신 환경 등을 연결하여 운영체제와 응용 프로그램, 또는 서버와 클라이언트 사이에서 원만한 통신이 이루어지도록 다양한 서비스를 제공한다.
- 표준화된 인터페이스를 제공함으로써 시스템 간의 데이터 교환에 일관성을 보장한다.
- 위치 투명성을 제공한다.
- 미들웨어의 종류 : DB, RPC, MOM, TP-Monitor, ORB, WAS 등

등급 C

6. 정보공학 방법론에서 데이터베이스 설계의 표현으로 사용하는 모델링 언어는?

① Package Diagram
② State Transition Diagram
③ Deployment Diagram
④ Entity-Relationship Diagram

> **전문가의 조언**
> - 정보공학 방법론에서는 업무 영역 분석과 업무 시스템 설계 과정에서 데이터베이스 설계를 위한 데이터 모델링으로 Entity-Relationship Diagram(개체 관계도)을 사용합니다.
> - ①, ②, ③번은 객체지향 개발 방법론에서 사용하는 모델링 언어입니다.

등급 B

8. UI의 설계 지침으로 틀린 것은?

① 이해하기 편하고 쉽게 사용할 수 있는 환경을 제공해야 한다.
② 주요 기능을 메인 화면에 노출하여 조작이 쉽도록 하여야 한다.
③ 치명적인 오류에 대한 부정적인 사항은 사용자가 인지할 수 없도록 한다.
④ 사용자의 직무, 연령, 성별 등 다양한 계층을 수용하여야 한다.

> **전문가의 조언**
> 오류가 발생하면 사용자가 쉽게 인지할 수 있도록 설계해야 합니다.

정답 6.④ 7.② 8.③

병행학습 사용자 인터페이스(UI; User Interface)의 설계 지침

- **사용자 중심** : 사용자가 쉽게 이해하고 편리하게 사용할 수 있는 환경을 제공하며, 실사용자에 대한 이해가 바탕이 되어야 함
- **사용성** : 사용자가 소프트웨어를 얼마나 빠르고 쉽게 이해할 수 있는지, 얼마나 편리하고 효율적으로 사용할 수 있는지를 말하는 것으로, 사용자 인터페이스 설계 시 가장 우선적으로 고려해야 함
- **일관성** : 버튼이나 조작 방법 등을 일관성 있게 제공하므로 사용자가 쉽게 기억하고 습득할 수 있게 설계해야 함
- **단순성** : 조작 방법을 단순화시켜 인지적 부담을 감소시켜야 함
- **결과 예측 가능** : 작동시킬 기능만 보고도 결과를 미리 예측할 수 있게 설계해야 함
- **가시성** : 메인 화면에 주요 기능을 노출시켜 최대한 조작이 쉽도록 설계해야 함
- **심미성** : 디자인적으로 완성도 높게 글꼴이나 색상을 적용하고 그래픽 요소를 배치하여 가독성을 높일 수 있도록 설계해야 함
- **표준화** : 기능 구조와 디자인을 표준화하여 한 번 학습한 이후에는 쉽게 사용할 수 있도록 설계해야 함
- **접근성** : 사용자의 연령, 성별, 인종 등 다양한 계층이 사용할 수 있도록 설계해야 함
- **명확성** : 사용자가 개념적으로 쉽게 인지할 수 있도록 설계해야 함
- **오류 발생 해결** : 오류가 발생하면 사용자가 쉽게 인지할 수 있도록 설계해야 함

등급 A

9. 객체지향 개념에서 다형성(Polymorphism)과 관련한 설명으로 틀린 것은?

① 다형성은 현재 코드를 변경하지 않고 새로운 클래스를 쉽게 추가할 수 있게 한다.
② 다형성이란 여러 가지 형태를 가지고 있다는 의미로, 여러 형태를 받아들일 수 있는 특징을 말한다.
③ 메소드 오버라이딩(Overriding)은 상위 클래스에서 정의한 일반 메소드의 구현을 하위 클래스에서 무시하고 재정의할 수 있다.
④ 메소드 오버로딩(Overloading)의 경우 매개 변수 타입은 동일하지만 메소드명을 다르게 함으로써 구현, 구분할 수 있다.

전문가의 조언
메소드 오버로딩(Overloading)은 메소드명은 같지만 매개 변수의 개수나 타입을 다르게 함으로써 구현, 구분할 수 있습니다.

병행학습 다형성(Polymorphism)

- 메시지에 의해 객체(클래스)가 연산을 수행하게 될 때 하나의 메시지에 대해 각각의 객체(클래스)가 가지고 있는 고유한 방법(특성)으로 응답할 수 있는 능력을 의미한다.
- 객체(클래스)들은 동일한 메소드명을 사용하며 같은 의미의 응답을 한다.
- 응용 프로그램 상에서 하나의 함수나 연산자가 두 개 이상의 서로 다른 클래스의 인스턴스들을 같은 클래스에 속한 인스턴스처럼 수행할 수 있도록 하는 것이다.

등급 C

10. 소프트웨어 개발 영역을 결정하는 요소 중 다음 사항과 관계있는 것은?

- 소프트웨어에 의해 간접적으로 제어되는 장치와 소프트웨어를 실행하는 하드웨어
- 기존의 소프트웨어와 새로운 소프트웨어를 연결하는 소프트웨어
- 순서적 연산에 의해 소프트웨어를 실행하는 절차

① 기능(Function)　　② 성능(Performance)
③ 제약조건(Constraint)　④ 인터페이스(Interface)

전문가의 조언
문제의 지문에서 설명하는 요소는 인터페이스(Interface)입니다.

병행학습 인터페이스에 포함되는 사항

- 소프트웨어에 의해 간접적으로 제어되는 장치와 소프트웨어를 실행하는 프로세서나 하드웨어
- 운영체제, 서브루틴 패키지와 같이 새로운 소프트웨어에 연결되어야 하는 소프트웨어
- 키보드나 기타 I/O 장치들을 통하여 소프트웨어를 사용하는 사람
- 순서적인 연산에 의해 소프트웨어를 실행하는 절차

등급 B

11. 객체에 대한 설명으로 틀린 것은?

① 객체는 상태, 동작, 고유 식별자를 가진 모든 것이라 할 수 있다.
② 객체는 공통 속성을 공유하는 클래스들의 집합이다.
③ 객체는 필요한 자료 구조와 이에 수행되는 함수들을 가진 하나의 독립된 존재이다.
④ 객체의 상태는 속성값에 의해 정의된다.

전문가의 조언
객체는 클래스의 집합이 아니라 클래스가 공통된 속성과 연산(행위)을 갖는 객체의 집합입니다.

병행학습 클래스(Class)
- 클래스는 공통된 속성과 연산(행위)을 갖는 객체의 집합으로, 객체의 일반적인 타입(Type)을 의미한다.
- 클래스는 각각의 객체들이 갖는 속성과 연산을 정의하고 있는 틀이다.
- 클래스는 객체지향 프로그램에서 데이터를 추상화하는 단위이다.
- 클래스에 속한 각각의 객체를 인스턴스(Instance)라 하며, 클래스로부터 새로운 객체를 생성하는 것을 인스턴스화(Instantiation)라고 한다.
- 동일 클래스에 속한 각각의 객체(인스턴스)들은 공통된 속성과 행위를 가지고 있으면서, 그 속성에 대한 정보가 서로 달라서 동일 기능을 하는 여러 가지 객체를 나타내게 된다.
- 최상위 클래스는 상위 클래스를 갖지 않는 클래스를 의미한다.
- 슈퍼 클래스(Super Class)는 특정 클래스의 상위(부모) 클래스이고, 서브 클래스(Sub Class)는 특정 클래스의 하위(자식) 클래스를 의미한다.

등급 A

12. 속성과 관련된 연산(Operation)을 클래스 안에 묶어서 하나로 취급하는 것을 의미하는 객체지향 개념은?
① Inheritance
② Class
③ Encapsulation
④ Association

전문가의 조언
속성과 관련된 연산(Operation)을 클래스 안에 묶어서 하나로 취급하는 것을 의미하는 객체지향 개념은 캡슐화(Encapsulation)입니다.

병행학습 캡슐화(Encapsulation)
- 데이터(속성)와 데이터를 처리하는 함수를 하나로 묶는 것을 의미한다.
- 캡슐화된 객체는 인터페이스를 제외한 세부 내용이 은폐(정보 은닉)되어 외부에서의 접근이 제한적이기 때문에 외부 모듈의 변경으로 인한 파급 효과가 적다.
- 캡슐화된 객체들은 재사용이 용이하다.
- 객체들 간의 메시지를 주고받을 때 상대 객체의 세부 내용은 알 필요가 없으므로 인터페이스가 단순해지며, 객체 간의 결합도가 낮아진다.

등급 A

13. 애자일(Agile) 프로세스 모델에 대한 설명으로 틀린 것은?
① 변화에 대한 대응보다는 자세한 계획을 중심으로 소프트웨어를 개발한다.
② 프로세스와 도구 중심이 아닌 개개인과의 상호소통을 통해 의견을 수렴한다.
③ 협상과 계약보다는 고객과의 협력을 중시한다.
④ 문서 중심이 아닌, 실행 가능한 소프트웨어를 중시한다.

전문가의 조언
애자일(Agile)은 계획을 따르기 보다는 변화에 반응하는 것에 더 가치를 둡니다. 애자일 모형의 특징과 종류를 정리하세요.

병행학습 애자일 모형(Agile Model)
- 애자일은 '민첩한', '기민한'이라는 의미로, 고객의 요구사항 변화에 유연하게 대응할 수 있도록 일정한 주기를 반복하면서 개발과정을 진행한다.
- 애자일 모형은 어느 특정 개발 방법론이 아니라 좋은 것을 빠르고 낭비 없게 만들기 위해 고객과의 소통에 초점을 맞춘 방법론을 통칭한다.
- 애자일 모형은 기업 활동 전반에 걸쳐 사용된다.
- 애자일 모형은 스프린트(Sprint) 또는 이터레이션(Iteration)이라고 불리는 짧은 개발 주기를 반복하며, 반복되는 주기마다 만들어지는 결과물에 대한 고객의 평가와 요구를 적극 수용한다.
- 각 개발주기에서는 고객이 요구사항에 우선순위를 부여하여 개발 작업을 진행한다.
- 소규모 프로젝트, 고도로 숙련된 개발자, 급변하는 요구사항에 적합하다.
- 애자일 모형을 기반으로 하는 소프트웨어 개발 모형
  - 스크럼(Scrum)
  - XP(eXtreme Programming)
  - 칸반(Kanban)
  - Lean, 크리스탈(Crystal)
  - ASD(Adaptive Software Development)
  - 기능 중심 개발(FDD; Feature Driven Development)
  - DSDM(Dynamic System Development Method)
  - DAD(Disciplined Agile Delivery)
- 애자일 개발 4가지 핵심 가치
  1. 프로세스와 도구보다는 개인과 상호작용에 더 가치를 둔다.
  2. 방대한 문서보다는 실행되는 SW에 더 가치를 둔다.
  3. 계약 협상보다는 고객과 협업에 더 가치를 둔다.
  4. 계획을 따르기 보다는 변화에 반응하는 것에 더 가치를 둔다.

등급 C

14. 명백한 역할을 가지고 독립적으로 존재할 수 있는 시스템의 부분으로 넓은 의미에서는 재사용되는 모든 단위라고 볼 수 있으며, 인터페이스를 통해서만 접근할 수 있는 것은?

① Model
② Sheet
③ Component
④ Cell

전문가의 조언
문제에 제시된 내용은 컴포넌트(Component)에 대한 설명입니다.

등급 C

16. UI와 관련된 기본 개념 중 하나로, 시스템의 상태와 사용자의 지시에 대한 효과를 보여주어 사용자가 명령에 대한 진행 상황과 표시된 내용을 해석할 수 있도록 도와주는 것은?

① Feedback
② Posture
③ Module
④ Hash

전문가의 조언
문제에 제시된 내용은 피드백(Feedback)에 대한 설명입니다.

등급 A

15. GoF(Gang of Four) 디자인 패턴을 생성, 구조, 행동 패턴의 세 그룹으로 분류할 때, 구조 패턴이 아닌 것은?

① Adapter 패턴
② Bridge 패턴
③ Builder 패턴
④ Proxy 패턴

전문가의 조언
빌더(Builder) 패턴은 생성 패턴에 속합니다.

병행학습 디자인 패턴의 종류
• 생성 패턴(Creational Pattern) : 추상 팩토리(Abstract Factory), 빌더(Builder), 팩토리 메소드(Factory Method), 프로토타입(Prototype), 싱글톤(Singleton)
• 구조 패턴(Structural Pattern) : 어댑터(Adapter), 브리지(Bridge), 컴포지트(Composite), 데코레이터(Decorator), 퍼싸드(Facade), 플라이웨이트(Flyweight), 프록시(Proxy)
• 행위 패턴(Behavioral Pattern) : 커맨드(Command), 책임 연쇄(Chain of Responsibility), 인터프리터(Interpreter), 반복자(Iterator), 중재자(Mediator), 메멘토(Memento), 옵서버(Observer), 상태(State), 전략(Strategy), 템플릿 메소드(Template Method), 방문자(Visitor)

등급 B

17. UI의 종류로 멀티 터치(Multi-touch), 동작 인식(Gesture Recognition) 등 사용자의 자연스러운 움직임을 인식하여 서로 주고받는 정보를 제공하는 사용자 인터페이스를 의미하는 것은?

① GUI(Graphical User Interface)
② OUI(Organic User Interface)
③ NUI(Natural User Interface)
④ CLI(Command Line Interface)

전문가의 조언
사용자의 자연스러운 움직임을 인식하여 서로 주고받는 정보를 제공하는 사용자 인터페이스는 NUI(Natural User Interface)입니다.

병행학습 사용자 인터페이스(UI)의 구분
• 사용자 인터페이스는 상호작용의 수단 및 방식에 따라 다음과 같이 구분된다.
• CLI(Command Line Interface) : 명령과 출력이 텍스트 형태로 이뤄지는 인터페이스
• GUI(Graphical User Interface) : 아이콘이나 메뉴를 마우스로 선택하여 작업을 수행하는 그래픽 환경의 인터페이스
• NUI(Natural User Interface) : 사용자의 말이나 행동으로 기기를 조작하는 인터페이스

등급 D

18. 소프트웨어 모델링과 관련한 설명으로 틀린 것은?
① 모델링 작업의 결과물은 다른 모델링 작업에 영향을 줄 수 없다.
② 구조적 방법론에서는 DFD(Data Flow Diagram), DD(Data Dictionary) 등을 사용하여 요구사항의 결과를 표현한다.
③ 객체지향 방법론에서는 UML 표기법을 사용한다.
④ 소프트웨어 모델을 사용할 경우 개발될 소프트웨어에 대한 이해도 및 이해 당사자 간의 의사소통 향상에 도움이 된다.

전문가의 조언
모델링 작업의 결과물은 다른 모델링 작업에 영향을 줄 수 있습니다.

등급 B

19. 유스케이스 다이어그램(Use Case Diagram)에 관련된 내용으로 틀린 것은?
① 시스템과 상호작용하는 외부 시스템은 액터로 파악해서는 안된다.
② 유스케이스는 사용자 측면에서의 요구사항으로, 사용자가 원하는 목표를 달성하기 위해 수행할 내용을 기술한다.
③ 시스템 액터는 다른 프로젝트에서 이미 개발되어 사용되고 있으며, 본 시스템과 데이터를 주고받는 등 서로 연동되는 시스템을 말한다.
④ 액터가 인식할 수 없는 시스템 내부의 기능을 하나의 유스케이스로 파악해서는 안된다.

전문가의 조언
시스템과 상호작용하는 모든 외부 요소를 액터라고 합니다.

등급 C

20. 소프트웨어 아키텍처 모델 중 MVC(Model-View-Controller)와 관련한 설명으로 틀린 것은?
① MVC 모델은 사용자 인터페이스를 담당하는 계층의 응집도를 높일 수 있고, 여러 개의 다른 UI를 만들어 그 사이에 결합도를 낮출 수 있다.
② 모델(Model)은 뷰(View)와 제어(Controller) 사이에서 전달자 역할을 하며, 뷰마다 모델 서브시스템이 각각 하나씩 연결된다.
③ 뷰(View)는 모델(Model)에 있는 데이터를 사용자 인터페이스에 보이는 역할을 담당한다.
④ 제어(Controller)는 모델(Model)에 명령을 보냄으로써 모델의 상태를 변경할 수 있다.

전문가의 조언
모델(Model)은 서브시스템의 핵심 기능과 데이터를 보관하는 역할을 합니다.

🅑🅗🅛 모델-뷰-컨트롤러 패턴(Model-View-Controller Pattern)
• 모델-뷰-컨트롤러 패턴은 서브시스템을 3개의 부분으로 구조화하는 패턴이며, 각 부분의 역할은 다음과 같다.
  – 모델(Model) : 서브시스템의 핵심 기능과 데이터를 보관함
  – 뷰(View) : 사용자에게 정보를 표시함
  – 컨트롤러(Controller) : 사용자로부터 받은 입력을 처리하며, 처리 결과에 따라 모델의 상태를 갱신함
• 모델-뷰-컨트롤러 패턴의 각 부분은 별도의 컴포넌트로 분리되어 있으므로 서로 영향을 받지 않고 개발 작업을 수행할 수 있다.
• 모델-뷰-컨트롤러 패턴에서는 여러 개의 뷰를 만들 수 있으므로 한 개의 모델에 대해 여러 개의 뷰를 필요로 하는 대화형 애플리케이션에 적합하다.

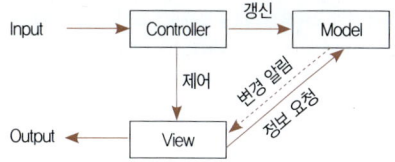

2과목 소프트웨어 개발

등급 B

21. 통합 테스트(Integration Test)와 관련한 설명으로 틀린 것은?

① 시스템을 구성하는 모듈의 인터페이스와 결합을 테스트하는 것이다.
② 하향식 통합 테스트의 경우 넓이 우선(Breadth First) 방식으로 테스트를 할 모듈을 선택할 수 있다.
③ 상향식 통합 테스트의 경우 시스템 구조도의 최상위에 있는 모듈을 먼저 구현하고 테스트한다.
④ 모듈 간의 인터페이스와 시스템의 동작이 정상적으로 잘 되고 있는지를 빨리 파악하고자 할 때 상향식 보다는 하향식 통합 테스트를 사용하는 것이 좋다.

> 전문가의 조언
> 상향식 통합 테스트는 프로그램의 하위 모듈에서 상위 모듈 방향으로 통합하면서 테스트하는 기법입니다.

병행학습

하향식 통합 테스트(Top Down Integration Test)
- 프로그램의 상위 모듈에서 하위 모듈 방향으로 통합하면서 테스트하는 기법이다.
- 주요 제어 모듈을 기준으로 하여 아래 단계로 이동하면서 통합하는데, 이때 깊이 우선 통합법이나 넓이 우선 통합법을 사용한다.
- 테스트 초기부터 사용자에게 시스템 구조를 보여줄 수 있다.
- 상위 모듈에서는 테스트 케이스를 사용하기 어렵다.

상향식 통합 테스트(Bottom Up Integration Test)
- 프로그램의 하위 모듈에서 상위 모듈 방향으로 통합하면서 테스트하는 기법이다.
- 가장 하위 단계의 모듈부터 통합 및 테스트가 수행되므로 스텁(Stub)은 필요하지 않지만, 하나의 주요 제어 모듈과 관련된 종속 모듈의 그룹인 클러스터(Cluster)가 필요하다.

등급 B

22. 다음과 같이 레코드가 구성되어 있을 때, 이진 검색 방법으로 14를 찾을 경우 비교되는 횟수는?

| 1 2 3 4 5 6 7 8 9 10 11 12 13 14 15 |

① 2   ② 3
③ 4   ④ 5

> 전문가의 조언
> 이진 검색 방법으로 14를 찾는 방법은 다음과 같습니다.
> ❶ 첫 번째 값(F)과 마지막 값(L)을 이용하여 중간 값 M을 구한 후 찾으려는 값과 비교합니다.
> M = (1+15) / 2 = 8, 8이 찾으려는 값인지 확인합니다. 8은 찾으려는 값 14보다 작으므로 찾는 값은 9~15에 있습니다. ← 1회 비교
> ❷ F = 9, L = 15, M = (9+15) / 2 = 12, 12가 찾으려는 값인지 확인합니다. 12는 찾으려는 값 14보다 작으므로 찾는 값은 13~15에 있습니다. ← 2회 비교
> ❸ F = 13, L = 15, M = (13+15) / 2 = 14, 14가 찾으려는 값인지 비교합니다. 14는 찾는 값입니다. ← 3회 비교

등급 B

23. 소프트웨어 공학에서 워크스루(Walkthrough)에 대한 설명으로 틀린 것은?

① 사용사례를 확장하여 명세하거나 설계 다이어그램, 원시 코드, 테스트 케이스 등에 적용할 수 있다.
② 복잡한 알고리즘 또는 반복, 실시간 동작, 병행 처리와 같은 기능이나 동작을 이해하려고 할 때 유용하다.
③ 인스펙션(Inspection)과 동일한 의미를 가진다.
④ 단순한 테스트 케이스를 이용하여 프로덕트를 수작업으로 수행해 보는 것이다.

> 전문가의 조언
> 인스펙션(Inspection)은 워크스루를 발전시킨 형태로, 소프트웨어 개발 단계에서 산출된 결과물의 품질을 평가하고 이를 개선하기 위한 방법 등을 제시합니다.

등급 A

24. 소프트웨어의 개발 과정에서 소프트웨어의 변경 사항을 관리하기 위해 개발된 일련의 활동을 뜻하는 것은?

① 복호화   ② 형상 관리
③ 저작권   ④ 크랙

> 전문가의 조언
> 소프트웨어의 개발 과정에서 소프트웨어의 변경 사항을 관리하기 위해 개발된 일련의 활동을 형상 관리(SCM)라고 합니다.

형상 관리(SCM; Software Configuration Management)

- 소프트웨어의 개발 과정에서 소프트웨어의 변경 사항을 관리하기 위해 개발된 일련의 활동이다.
- 소프트웨어 변경의 원인을 알아내고 제어하며, 적절히 변경되고 있는지 확인하여 해당 담당자에게 통보한다.
- 형상 관리는 소프트웨어 개발의 전 단계에 적용되는 활동이며, 유지보수 단계에서도 수행된다.
- 형상 관리는 소프트웨어 개발의 전체 비용을 줄이고, 개발 과정의 여러 방해 요인이 최소화되도록 보증하는 것을 목적으로 한다.
- 관리 항목에는 소스 코드뿐만 아니라 프로젝트 계획, 분석서, 설계서, 프로그램, 테스트 케이스 등이 포함된다.
- 형상 관리를 통해 가시성과 추적성을 보장함으로써 소프트웨어의 생산성과 품질을 높일 수 있다.
- 대표적인 형상 관리 도구에는 Git, CVS, Subversion 등이 있다.
- 형상 관리 기능
  - 형상 식별 : 형상 관리 대상에 이름과 관리 번호를 부여하고, 계층(Tree) 구조로 구분하여 수정 및 추적이 용이하도록 하는 작업
  - 버전 제어 : 소프트웨어 업그레이드나 유지 보수 과정에서 생성된 다른 버전의 형상 항목을 관리하고, 이를 위해 특정 절차와 도구(Tool)를 결합시키는 작업
  - 형상 통제(변경 관리) : 식별된 형상 항목에 대한 변경 요구를 검토하여 현재의 기준선(Base Line)이 잘 반영될 수 있도록 조정하는 작업
  - 형상 감사 : 기준선의 무결성을 평가하기 위해 확인, 검증, 검열 과정을 통해 공식적으로 승인하는 작업
  - 형상 기록(상태 보고) : 형상의 식별, 통제, 감사 작업의 결과를 기록·관리하고 보고서를 작성하는 작업

전문가의 조언
테스트 케이스는 테스트의 목표와 방법을 결정한 후 작성합니다.

테스트 케이스(Test Case)
- 구현된 소프트웨어가 사용자의 요구사항을 정확하게 준수했는지를 확인하기 위해 설계된 입력 값, 실행 조건, 기대 결과 등으로 구성된 테스트 항목에 대한 명세서로, 명세 기반 테스트의 설계 산출물에 해당된다.
- 테스트 케이스를 미리 설계하면 테스트 오류를 방지할 수 있고 테스트 수행에 필요한 인력, 시간 등의 낭비를 줄일 수 있다.
- 테스트 케이스는 테스트 목표와 방법을 설정한 후 작성한다.
- 테스트 케이스는 시스템 설계 단계에서 작성하는 것이 가장 이상적이다.

25. 테스트 케이스와 관련한 설명으로 틀린 것은?
① 테스트의 목표 및 테스트 방법을 결정하기 전에 테스트 케이스를 작성해야 한다.
② 프로그램에 결함이 있더라도 입력에 대해 정상적인 결과를 낼 수 있기 때문에 결함을 검사할 수 있는 테스트 케이스를 찾는 것이 중요하다.
③ 개발된 서비스가 정의된 요구사항을 준수하는지 확인하기 위한 입력 값과 실행 조건, 예상 결과의 집합으로 볼 수 있다.
④ 테스트 케이스 실행이 통과되었는지 실패하였는지 판단하기 위한 기준을 테스트 오라클(Test Oracle)이라고 한다.

26. 객체지향 개념을 활용한 소프트웨어 구현과 관련한 설명 중 틀린 것은?
① 객체(Object)란 필요한 자료 구조와 수행되는 함수들을 가진 하나의 독립된 존재이다.
② JAVA에서 정보은닉(Information Hiding)을 표기할 때 private의 의미는 '공개'이다.
③ 상속(Inheritance)은 개별 클래스를 상속 관계로 묶음으로써 클래스 간의 체계화된 전체 구조를 파악하기 쉽다는 장점이 있다.
④ 같은 클래스에 속하는 개개의 객체이자 하나의 클래스에서 생성된 객체를 인스턴스(Instance)라고 한다.

전문가의 조언
- JAVA에서 private는 외부로부터의 접근을 제한하는 접근 제어자로, 정보은닉(Information Hiding)을 표기할 때 private의 의미는 '은닉'입니다.
- '공개'를 의미하는 접근 제어자는 'Public'입니다.

정답 25.① 26.②

등급 B

27. DRM(Digital Rights Management)과 관련한 설명으로 틀린 것은?

① 디지털 콘텐츠와 디바이스의 사용을 제한하기 위해 하드웨어 제조업자, 저작권자, 출판업자 등이 사용할 수 있는 접근 제어 기술을 의미한다.
② 디지털 미디어의 생명 주기 동안 발생하는 사용 권한 관리, 과금, 유통 단계를 관리하는 기술로도 볼 수 있다.
③ 클리어링 하우스(Clearing House)는 사용자에게 콘텐츠 라이센스를 발급하고 권한을 부여해주는 시스템을 말한다.
④ 원본을 안전하게 유통하기 위한 전자적 보안은 고려하지 않기 때문에 불법 유통과 복제의 방지는 불가능하다.

전문가의 조언
디지털 저작권 관리(DRM)는 콘텐츠를 안전하게 유통하기 위한 전자적 보안 장치인 보안 컨테이너(Security Container)를 통해 불법 유통과 복제를 방지할 수 있습니다.

병행학습 디지털 저작권 관리(DRM; Digital Right Management)
- 저작권자가 배포한 디지털 콘텐츠가 저작권자가 의도한 용도로만 사용되도록 디지털 콘텐츠의 생성, 유통, 이용까지의 전 과정에 걸쳐 사용되는 디지털 콘텐츠 관리 및 보호 기술이다.
- 디지털 저작권 관리(DRM) 관련 용어
  - 클리어링 하우스(Clearing House) : 저작권에 대한 사용 권한, 라이선스 발급, 사용량에 따른 결제 관리 등을 수행하는 곳
  - 콘텐츠 제공자(Contents Provider) : 콘텐츠를 제공하는 저작권자
  - 패키저(Packager) : 콘텐츠를 메타 데이터와 함께 배포 가능한 형태로 묶어 암호화하는 프로그램
  - 콘텐츠 분배자(Contents Distributor) : 암호화된 콘텐츠를 유통하는 곳이나 사람
  - 콘텐츠 소비자(Customer) : 콘텐츠를 구매해서 사용하는 주체
  - DRM 컨트롤러(DRM Controller) : 배포된 콘텐츠의 이용 권한을 통제하는 프로그램
  - 보안 컨테이너(Security Container) : 콘텐츠 원본을 안전하게 유통하기 위한 전자적 보안 장치

등급 D

28. 위험 모니터링의 의미로 옳은 것은?

① 위험을 이해하는 것
② 첫 번째 조치로 위험을 피할 수 있도록 하는 것
③ 위험 발생 후 즉시 조치하는 것
④ 위험 요소 징후들에 대하여 계속적으로 인지하는 것

전문가의 조언
'Monitoring'은 '감시하는 것'을 의미하며, '감시'는 '경계하며 지켜본다'는 의미를 갖습니다. 즉 위험 감시(Risk Monitoring)는 위험 요소 징후들에 대하여 계속적으로 인지하는 것입니다.

병행학습 위험 감시 및 조치
- 위험 회피(Risk Avoidance) : 위험 관리에 대한 최상의 전략으로 위험이 발생될 것을 예상하고 회피하는 것
- 위험 감시(Risk Monitoring) : 위험 요소 징후들에 대하여 계속적으로 인지하는 것
- 위험 관리(Risk Management) 및 비상 계획(Contingency Plan) 수립 : 위험 회피 전략이 실패할 경우 위험에 대해 관리하고 대비책과 비상 계획을 세움

등급 C

29. 동시에 소스를 수정하는 것을 방지하며 다른 방향으로 진행된 개발 결과를 합치거나 변경 내용을 추적할 수 있는 소프트웨어 버전 관리 도구는?

① RCS(Revision Control System)
② RTS(Reliable Transfer Service)
③ RPC(Remote Procedure Call)
④ RVS(Relative Version System)

전문가의 조언
동시에 소스를 수정하는 것을 방지하며 다른 방향으로 진행된 개발 결과를 합치거나 변경 내용을 추적할 수 있는 소프트웨어 버전 관리 도구는 RCS(Revision Control System)입니다.

등급 A

30. 화이트박스 테스트와 관련한 설명으로 틀린 것은?

① 화이트박스 테스트의 이해를 위해 논리 흐름도(Logic-Flow Diagram)를 이용할 수 있다.
② 테스트 데이터를 이용해 실제 프로그램을 실행함으로써 오류를 찾는 동적 테스트(Dynamic Test)에 해당한다.
③ 프로그램의 구조를 고려하지 않기 때문에 테스트 케이스는 프로그램 또는 모듈의 요구나 명세를 기초로 결정한다.
④ 테스트 데이터를 선택하기 위하여 검증 기준(Test Coverage)을 정한다.

전문가의 조언
- 화이트박스 테스트는 프로그램의 제어 구조에 따라 선택, 반복 등의 분기점 부분들을 수행함으로써 논리적 경로를 제어합니다.
- ③번은 블랙박스 테스트에 대한 설명입니다.

병행학습 **화이트박스 테스트(White Box Test)**

화이트박스 테스트의 특징
- 모듈의 원시 코드를 오픈시킨 상태에서 원시 코드의 논리적인 모든 경로를 테스트하여 테스트 케이스를 설계하는 방법이다.
- 화이트박스 테스트는 설계된 절차에 초점을 둔 구조적 테스트로 프로시저 설계의 제어 구조를 사용하여 테스트 케이스를 설계하며, 테스트 과정의 초기에 적용된다.
- 모듈 안의 작동을 직접 관찰한다.
- 원시 코드의 모든 문장을 한 번 이상 실행함으로써 수행된다.
- 프로그램의 제어 구조에 따라 선택, 반복 등의 분기점 부분들을 수행함으로써 논리적 경로를 제어한다.

화이트박스 테스트의 종류
- 기초 경로 검사(Base Path Testing) : 테스트 케이스 설계자가 절차적 설계의 논리적 복잡성을 측정할 수 있게 해주는 테스트 기법
- 제어 구조 검사(Control Structure Testing)
  - 조건 검사(Condition Testing) : 프로그램 모듈 내에 있는 논리적 조건을 테스트하는 테스트 케이스 설계 기법
  - 루프 검사(Loop Testing) : 프로그램의 반복(Loop) 구조에 초점을 맞춰 실시하는 테스트 케이스 설계 기법
  - 데이터 흐름 검사(Data Flow Testing) : 프로그램에서 변수의 정의와 변수 사용의 위치에 초점을 맞춰 실시하는 테스트 케이스 설계 기법

등급 A

32. 버블 정렬을 이용하여 다음 자료를 오름차순으로 정렬할 경우 PASS 1의 결과는?

| 9, 6, 7, 3, 5 |

① 6, 9, 7, 3, 5 ② 3, 9, 6, 7, 5
③ 3, 6, 7, 9, 5 ④ 6, 7, 3, 5, 9

전문가의 조언
버블 정렬은 주어진 파일에서 인접한 두 개의 레코드 키 값을 비교하여 그 크기에 따라 레코드 위치를 서로 교환하는 정렬 방식으로 다음과 같은 과정으로 진행됩니다.
- 초기상태 : 9, 6, 7, 3, 5
- 1회전

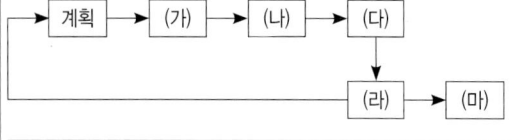

- 2회전
- 3회전
- 4회전

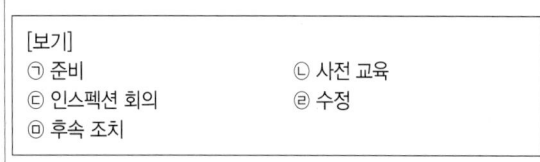

등급 C

31. 알고리즘과 관련한 설명으로 틀린 것은?
① 주어진 작업을 수행하는 컴퓨터 명령어를 순서대로 나열한 것으로 볼 수 있다.
② 검색(Searching)은 정렬이 되지 않은 데이터 혹은 정렬이 된 데이터 중에서 키값에 해당되는 데이터를 찾는 알고리즘이다.
③ 정렬(Sorting)은 흩어져 있는 데이터를 키값을 이용하여 순서대로 열거하는 알고리즘이다.
④ 선형 검색은 검색을 수행하기 전에 반드시 데이터의 집합이 정렬되어 있어야 한다.

전문가의 조언
선형 검색(Linear Search)은 정렬이 되어 있지 않은 파일에서 순차적으로 검색하는 방식으로, 찾고자 하는 키(Key) 값을 첫 번째 레코드 키 값부터 차례로 비교하여 검색하는 방식입니다.

등급 C

33. 다음은 인스펙션(Inspection) 과정을 표현한 것이다. (가)~(마)에 들어갈 말을 [보기]에서 찾아 바르게 연결한 것은?

계획 → (가) → (나) → (다) → (라) → (마)

[보기]
㉠ 준비   ㉡ 사전 교육
㉢ 인스펙션 회의   ㉣ 수정
㉤ 후속 조치

① (가) - ㉡, (나) - ㉢
② (나) - ㉠, (다) - ㉢
③ (다) - ㉢, (라) - ㉤
④ (라) - ㉣, (마) - ㉢

전문가의 조언
인스펙션의 과정을 올바로 나열하면 '계획 → 사전 교육 → 준비 → 인스펙션 회의 → 수정 → 후속 조치'입니다.

등급 C

34. 소프트웨어를 보다 쉽게 이해할 수 있고 적은 비용으로 수정할 수 있도록 겉으로 보이는 동작의 변화 없이 내부 구조를 변경하는 것은?
① Refactoring
② Architecting
③ Specification
④ Renewal

전문가의 조언
소프트웨어를 보다 쉽게 이해할 수 있고 적은 비용으로 수정할 수 있도록 겉으로 보이는 동작의 변화 없이 내부 구조를 변경하는 것을 리팩토링(Refactoring)이라고 합니다.

등급 B

35. 단위 테스트(Unit Test)와 관련한 설명으로 틀린 것은?
① 구현 단계에서 각 모듈의 개발을 완료한 후 개발자가 명세서의 내용대로 정확히 구현되었는지 테스트한다.
② 모듈 내부의 구조를 구체적으로 볼 수 있는 구조적 테스트를 주로 시행한다.
③ 필요 데이터를 인자를 통해 넘겨주고, 테스트 완료 후 그 결과값을 받는 역할을 하는 가상의 모듈을 테스트 스텁(Stub)이라고 한다.
④ 테스트할 모듈을 호출하는 모듈도 있고, 테스트할 모듈이 호출하는 모듈도 있다.

전문가의 조언
• ③번은 테스트 드라이버(Test Driver)에 대한 설명입니다.
• 테스트 스텁(Test Stub)은 제어 모듈이 호출하는 타 모듈의 기능을 단순히 수행하는 도구로, 일시적으로 필요한 조건만을 가지고 있는 시험용 모듈입니다.

등급 B

36. IDE(Integrated Development Environment) 도구의 각 기능에 대한 설명으로 틀린 것은?
① Coding - 프로그래밍 언어를 가지고 컴퓨터 프로그램을 작성할 수 있는 환경을 제공
② Compile - 저급 언어의 프로그램을 고급 언어 프로그램으로 변환하는 기능
③ Debugging - 프로그램에서 발견되는 버그를 찾아 수정할 수 있는 기능
④ Deployment - 소프트웨어를 최종 사용자에게 전달하기 위한 기능

전문가의 조언
컴파일(Compile)은 개발자가 작성한 고급 언어로 된 프로그램을 컴퓨터가 이해할 수 있는 목적 프로그램으로 번역하여 컴퓨터에서 실행 가능한 형태로 변환하는 기능입니다.

병행학습

통합 개발 환경(IDE; Integrated Development Environment)
• 코딩, 디버그, 컴파일, 배포 등 프로그램 개발과 관련된 모든 작업을 하나의 프로그램에서 처리할 수 있도록 제공하는 소프트웨어적인 개발 환경을 말한다.
• 기존 소프트웨어 개발에서는 편집기(Editor), 컴파일러(Compiler), 디버거(Debugger) 등의 다양한 툴을 별도로 사용했으나 현재는 하나의 인터페이스로 통합하여 제공한다.
• 통합 개발 환경 도구는 통합 개발 환경을 제공하는 소프트웨어를 의미한다.

통합 개발 환경 도구의 기능
• 코딩(Coding) : C, JAVA 등의 프로그래밍 언어로 프로그램을 작성하는 기능
• 컴파일(Compile) : 개발자가 작성한 고급 언어로 된 프로그램을 컴퓨터가 이해할 수 있는 목적 프로그램으로 번역하여 컴퓨터에서 실행 가능한 형태로 변환하는 기능
• 디버깅(Debugging) : 소프트웨어나 하드웨어의 오류나 잘못된 동작, 즉 버그(Bug)를 찾아 수정하는 기능
• 배포(Deployment) : 소프트웨어를 사용자에게 전달하는 기능

37. 아래 Tree 구조에 대하여 후위 순회(Postorder)한 결과는?

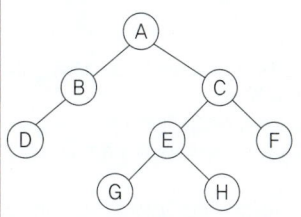

① A→B→D→C→E→G→H→F
② D→B→G→H→E→F→C→A
③ D→B→A→G→E→H→C→F
④ A→B→D→G→E→H→C→F

전문가의 조언
먼저 서브 트리를 하나의 노드로 생각할 수 있도록 서브 트리 단위로 묶습니다.

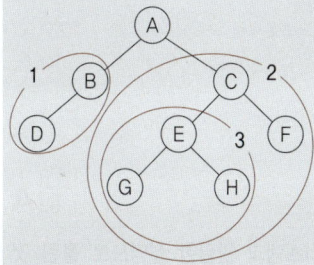

❶ Postorder는 Left → Right → Root이므로 12A가 됩니다.
❷ 1은 DB이므로 DB2A가 됩니다.
❸ 2는 3FC이므로 DB3FCA가 됩니다.
❹ 3은 GHE이므로 DBGHEFCA가 됩니다.

38. 인터페이스 구현 시 사용하는 기술로 속성-값 쌍(Attribute-Value Pairs)으로 이루어진 데이터 오브젝트를 전달하기 위해 사용하는 개방형 표준 포맷은?
① JSON ② HTML
③ AVPN ④ DOF

전문가의 조언
속성-값 쌍(Attribute-Value Pairs)으로 이루어진 데이터 오브젝트를 전달하기 위해 사용하는 개방형 표준 포맷은 JSON(JavaScript Object Notation)입니다.

39. 순서가 있는 리스트에서 데이터의 삽입(Push), 삭제(Pop)가 한 쪽 끝에서 일어나며 LIFO(Last_In-First-Out)의 특징을 가지는 자료 구조는?
① Tree ② Graph
③ Stack ④ Queue

전문가의 조언
순서가 있는 리스트에서 데이터의 삽입(Push), 삭제(Pop)가 한 쪽 끝에서 일어나는 자료 구조는 스택(Stack)입니다.

병행학습
• 트리(Tree) : 정점(Node)과 선분(Branch)을 이용하여 사이클을 이루지 않도록 구성한 그래프(Graph)의 특수한 형태
• 그래프(Graph) : 그래프 G는 정점 V(Vertex)와 간선 E(Edge)의 두 집합으로 이루어지며, 간선의 방향성 유무에 따라 방향 그래프와 무방향 그래프로 구분됨
• 큐(Queue) : 리스트의 한쪽에서는 삽입 작업이 이루어지고 다른 한쪽에서는 삭제 작업이 이루어지도록 구성한 자료 구조로, 가장 먼저 삽입된 자료가 가장 먼저 삭제되는 선입선출(FIFO: First In First Out) 방식으로 처리함

40. 다음 중 단위 테스트 도구로 사용될 수 없는 것은?
① CppUnit ② JUnit
③ HttpUnit ④ IgpUnit

전문가의 조언
단위 테스트 프레임워크인 xUnit의 종류에는 JUnit, CppUnit, NUnit, HttpUnit 등이 있습니다.

병행학습 xUnit
• 같은 테스트 코드를 여러 번 작성하지 않게 도와주며, 테스트마다 예상 결과를 기억할 필요가 없게 하는 자동화된 해법을 제공하는 단위 테스트 프레임워크이다.
• Smalltalk에 처음 적용되어 SUnit이라는 이름이었으나, Java용의 JUnit, C++용의 CppUnit, .NET용의 NUnit, Http용의 HttpUnit 등 다양한 언어에 적용되면서 xUnit으로 통칭되고 있다.

3과목 데이터베이스 구축

전문가의 조언
트랜잭션의 연산은 데이터베이스에 모두 반영되도록 완료(Commit)되든지 아니면 전혀 반영되지 않도록 복구(Rollback)되어야 한다는 특성은 원자성(Atomicity)입니다.

병행학습 트랜잭션의 특성
- Atomicity(원자성)
  - 트랜잭션의 연산은 데이터베이스에 모두 반영되도록 완료(Commit)되든지 아니면 전혀 반영되지 않도록 복구(Rollback)되어야 한다.
  - 트랜잭션 내의 모든 명령은 반드시 완벽히 수행되어야 하며, 모두가 완벽히 수행되지 않고 어느 하나라도 오류가 발생하면 트랜잭션 전부가 취소되어야 한다.
- Consistency(일관성)
  - 트랜잭션이 그 실행을 성공적으로 완료하면 언제나 일관성 있는 데이터베이스 상태로 변환한다.
  - 시스템이 가지고 있는 고정 요소는 트랜잭션 수행 전과 트랜잭션 수행 완료 후의 상태가 같아야 한다.
- Isolation(독립성, 격리성, 순차성)
  - 둘 이상의 트랜잭션이 동시에 병행 실행되는 경우 어느 하나의 트랜잭션 실행 중에 다른 트랜잭션의 연산이 끼어들 수 없다.
  - 수행중인 트랜잭션은 완전히 완료될 때까지 다른 트랜잭션에서 수행 결과를 참조할 수 없다.
- Durability(영속성, 지속성) : 성공적으로 완료된 트랜잭션의 결과는 시스템이 고장 나더라도 영구적으로 반영되어야 함

---

41. 다음 조건을 모두 만족하는 정규형은? 〔등급 A〕

- 테이블 R에 속한 모든 도메인이 원자값만으로 구성되어 있다.
- 테이블 R에서 키가 아닌 모든 필드가 키에 대해 함수적으로 종속되며, 키의 부분집합이 결정자가 되는 부분 종속이 존재하지 않는다.
- 테이블 R에 존재하는 모든 함수적 종속에서 결정자가 후보키이다.

① BCNF
② 제1정규형
③ 제2정규형
④ 제3정규형

전문가의 조언
테이블 R에서 존재하는 모든 함수적 종속에서 결정자가 후보키(Candidate Key)인 정규형은 BCNF입니다.

병행학습 정규화 과정
- 1NF(제1정규형) : 릴레이션에 속한 모든 도메인(Domain)이 원자값(Atomic Value)만으로 되어 있는 정규형. 즉 릴레이션의 모든 속성 값이 원자 값으로만 되어 있는 정규형
- 2NF(제2정규형) : 릴레이션 R이 1NF이고, 기본키가 아닌 모든 속성이 기본키에 대하여 완전 함수적 종속을 만족하는 정규형
- 3NF(제3정규형) : 릴레이션 R이 2NF이고, 기본키가 아닌 모든 속성이 기본키에 대해 이행적 종속을 만족하지 않는 정규형
- BCNF(Boyce-Codd 정규형) : 릴레이션 R에서 결정자가 모두 후보키(Candidate Key)인 정규형
- 4NF(제4정규형) : 릴레이션 R에 다치 종속 A→→B가 성립하는 경우 R의 모든 속성이 A에 함수적 종속 관계를 만족하는 정규형
- 5NF(제5정규형, PJ/NF) : 릴레이션 R의 모든 조인 종속이 R의 후보키를 통해서만 성립되는 정규형

---

42. 데이터베이스의 트랜잭션 성질들 중에서 다음 설명에 해당하는 것은? 〔등급 A〕

트랜잭션의 모든 연산들이 정상적으로 수행 완료되거나 아니면 전혀 어떠한 연산도 수행되지 않은 원래 상태가 되도록 해야 한다.

① Atomicity
② Consistency
③ Isolation
④ Durability

---

43. 분산 데이터베이스 시스템과 관련한 설명으로 틀린 것은? 〔등급 A〕

① 물리적으로 분산된 데이터베이스 시스템을 논리적으로 하나의 데이터베이스 시스템처럼 사용할 수 있도록 한 것이다.
② 물리적으로 분산되어 지역별로 필요한 데이터를 처리할 수 있는 지역 컴퓨터(Local Computer)를 분산 처리기(Distributed Processor)라고 한다.
③ 분산 데이터베이스 시스템을 위한 통신 네트워크 구조가 데이터 통신에 영향을 주므로 효율적으로 설계해야 한다.
④ 데이터베이스가 분산되어 있음을 사용자가 인식할 수 있도록 분산 투명성(Distribution Transparency)을 배제해야 한다.

전문가의 조언
사용자가 데이터베이스가 분산되어 있음을 인식할 필요가 없습니다.

정답 41.① 42.① 43.④

병행학습 분산 데이터베이스(Distributed Database)

- 논리적으로는 같은 시스템에 속하지만 물리적으로는 컴퓨터 네트워크를 통해 분산되어 있는 데이터베이스이다.
- 분산 데이터베이스의 목표

위치 투명성 (Location Transparency)	접근하려는 데이터베이스의 실제 위치를 알 필요 없이 단지 데이터베이스의 논리적인 명칭만으로 접근할 수 있음
중복 투명성 (Replication Transparency)	동일한 데이터가 여러 곳에 중복되어 있더라도 사용자는 마치 하나의 데이터만 존재하는 것처럼 사용할 수 있고, 시스템은 자동으로 여러 데이터에 대한 작업을 수행함
병행 투명성 (Concurrency Transparency)	분산 데이터베이스와 관련된 다수의 트랜잭션들이 동시에 실행되더라도 그 트랜잭션들의 수행 결과는 서로 영향을 받지 않음
장애 투명성 (Failure Transparency)	트랜잭션, DBMS, 네트워크, 컴퓨터 장애에도 불구하고 트랜잭션은 정확하게 수행됨

- 분산 데이터베이스의 구성 요소

분산 처리기	자체적으로 처리 능력을 가지며, 지리적으로 분산되어 있는 컴퓨터 시스템을 말함
분산 데이터베이스	지리적으로 분산되어 있는 데이터베이스로서 해당 지역의 특성에 맞게 데이터베이스가 구성됨
통신 네트워크	분산 처리기들을 통신망으로 연결하여 논리적으로 하나의 시스템처럼 작동할 수 있도록 하는 통신 네트워크를 말함

- 분산 데이터베이스의 장·단점

장점	• 지역 자치성이 높음 • 자료의 공유성이 향상됨 • 분산 제어가 가능함 • 시스템 성능이 향상됨 • 중앙 컴퓨터의 장애가 전체 시스템에 영향을 끼치지 않음 • 효율성과 융통성이 높음 • 신뢰성 및 가용성이 높음 • 점진적 시스템 용량 확장이 용이함
단점	• DBMS가 수행할 기능이 복잡함 • 데이터베이스 설계가 어려움 • 소프트웨어 개발 비용이 증가함 • 처리 비용이 증가함 • 잠재적 오류가 증가함

 등급 B

44. 다음 테이블을 보고 강남지점의 판매량이 많은 제품부터 출력되도록 할 때 다음 중 가장 적절한 SQL 구문은? (단, 출력은 제품명과 판매량이 출력되도록 한다.)

〈푸드〉 테이블

지점명	제품명	판매량
강남지점	비빔밥	500
강북지점	도시락	300
강남지점	도시락	200
강남지점	미역국	550
수원지점	비빔밥	600
인천지점	비빔밥	800
강남지점	잡채밥	250

① SELECT 제품명, 판매량 FROM 푸드 ORDER BY 판매량 ASC;
② SELECT 제품명, 판매량 FROM 푸드 ORDER BY 판매량 DESC;
③ SELECT 제품명, 판매량 FROM 푸드 WHERE 지점명='강남지점' ORDER BY 판매량 ASC;
④ SELECT 제품명, 판매량 FROM 푸드 WHERE 지점명='강남지점' ORDER BY 판매량 DESC;

전문가의 조언
강남지점의 판매량이 많은 제품부터 출력되도록 하는 SQL 구문은 ④번입니다.

❶ SELECT 제품명, 판매량
❷ FROM 푸드
❸ WHERE 지점명='강남지점'
❹ ORDER BY 판매량 DESC;

❶ '제품명'과 '판매량'을 표시한다.
❷ 〈푸드〉 테이블을 대상으로 검색한다.
❸ '지점명'이 "강남지점"인 튜플만을 대상으로 한다.
❹ '판매량'을 기준으로 내림차순으로 정렬한다.

정답 44.④

병행학습 SELECT문의 일반 형식

```
SELECT Predicate [테이블명.]속성명1, [테이블명.]속성명2,…
FROM 테이블명1, 테이블명2,…
[WHERE 조건]
[GROUP BY 속성명1, 속성명2,…]
[HAVING 조건]
[ORDER BY 속성명 [ASC | DESC]];
```

- SELECT절
  - Predicate : 불러올 튜플 수를 제한할 명령어
    ▶ DISTINCT : 중복된 튜플이 있으면 그 중 첫 번째 한 개만 검색
  - 속성명 : 검색하여 불러올 속성(열) 또는 속성을 이용한 수식
- FROM절 : 질의에 의해 검색될 데이터들을 포함하는 테이블명
- WHERE절 : 검색할 조건
- GROUP BY절 : 특정 속성을 기준으로 그룹화하여 검색할 때 그룹화 할 속성
- HAVING절 : 그룹에 대한 조건
- ORDER BY절
  - 특정 속성을 기준으로 정렬하여 검색할 때 사용
  - 속성명 : 정렬의 기준이 되는 속성명
  - [ASC | DESC] : 정렬 방식(ASC는 오름차순, DESC 또는 생략하면 내림차순)

등급 C

45. 데이터베이스의 인덱스와 관련한 설명으로 틀린 것은?
① 문헌의 색인, 사전과 같이 데이터를 쉽고 빠르게 찾을 수 있도록 만든 데이터 구조이다.
② 테이블에 붙여진 색인으로 데이터 검색 시 처리속도 향상에 도움이 된다.
③ 인덱스의 추가, 삭제 명령어는 각각 ADD, DELETE 이다.
④ 대부분의 데이터베이스에서 테이블을 삭제하면 인덱스도 같이 삭제된다.

전문가의 조언
인덱스를 추가하는 명령어는 CREATE, 삭제하는 명령어는 DROP입니다.

등급 A

46. 물리적 데이터베이스 구조의 기본 데이터 단위인 저장 레코드의 양식을 설계할 때 고려 사항이 아닌 것은?
① 데이터 타입
② 데이터 값의 분포
③ 트랜잭션 모델링
④ 접근 빈도

전문가의 조언
트랜잭션 모델링은 개념적 설계 단계에서 수행해야 할 작업입니다.

병행학습

개념적 설계(정보 모델링, 개념화)
- 정보의 구조를 얻기 위하여 현실 세계의 무한성과 계속성을 이해하고, 다른 사람과 통신하기 위하여 현실 세계에 대한 인식을 추상적 개념으로 표현하는 과정이다.
- 개념적 설계 단계에서는 개념 스키마 모델링과 트랜잭션 모델링을 병행 수행한다.
- 개념적 설계 단계에서는 요구 분석 단계에서 나온 결과인 요구 조건 명세를 DBMS에 독립적인 E-R 다이어그램으로 작성한다.
- DBMS에 독립적인 개념 스키마를 설계한다.

논리적 설계(데이터 모델링)
- 현실 세계에서 발생하는 자료를 컴퓨터가 이해하고 처리할 수 있는 물리적 저장 장치에 저장할 수 있도록 변환하기 위해 특정 DBMS가 지원하는 논리적 자료 구조로 변환시키는 과정이다.
- 개념 세계의 데이터를 필드로 기술된 데이터 타입과 이 데이터 타입들 간의 관계로 표현되는 논리적 구조의 데이터로 모델화한다.
- 개념적 설계가 개념 스키마를 설계하는 단계라면 논리적 설계에서는 개념 스키마를 평가 및 정제하고 DBMS에 따라 서로 다른 논리적 스키마를 설계하는 단계이다.
- 트랜잭션의 인터페이스를 설계한다.
- 관계형 데이터베이스라면 테이블을 설계하는 단계이다.

물리적 설계(데이터 구조화)
- 논리적 설계 단계에서 논리적 구조로 표현된 데이터를 디스크 등의 물리적 저장 장치에 저장할 수 있는 물리적 구조의 데이터로 변환하는 과정이다.
- 물리적 설계 단계에서는 다양한 데이터베이스 응용에 대해 처리 성능을 얻기 위해 데이터베이스 파일의 저장 구조 및 액세스 경로를 결정한다.
- 저장 레코드의 양식, 순서, 접근 경로, 조회가 집중되는 레코드와 같은 정보를 사용하여 데이터가 컴퓨터에 저장되는 방법을 묘사한다.
- 물리적 설계 시 고려할 사항 : 트랜잭션 처리량, 응답 시간, 디스크 용량, 저장 공간의 효율화 등

등급 B

47. SQL의 기능에 따른 분류 중에서 REVOKE문과 같이 데이터의 사용 권한을 관리하는데 사용하는 언어는?
① DDL(Data Definition Language)
② DML(Data Manipulation Language)
③ DCL(Data Control Language)
④ DUL(Data User Language)

전문가의 조언
DCL(Data Control Language)은 데이터 관리를 목적으로 사용하는 언어로 명령어의 종류에는 COMMIT, ROLLBACK, GRANT, REVOKE가 있습니다.

병행학습 DCL(Data Control Language, 데이터 제어어)

- 데이터의 보안, 무결성, 회복, 병행 수행 제어 등을 정의하는 데 사용되는 언어이다.
- 데이터베이스 관리자가 데이터 관리를 목적으로 사용한다.
- DCL(데이터 제어어)의 종류

COMMIT	명령에 의해 수행된 결과를 실제 물리적 디스크로 저장하고, 데이터베이스 조작 작업이 정상적으로 완료되었음을 관리자에게 알려줌
ROLLBACK	데이터베이스 조작 작업이 비정상적으로 종료되었을 때 원래의 상태로 복구함
GRANT	데이터베이스 사용자에게 사용 권한을 부여함
REVOKE	데이터베이스 사용자의 사용 권한을 취소함

등급 C

48. 데이터 사전에 대한 설명으로 틀린 것은?

① 시스템 카탈로그 또는 시스템 데이터베이스라고도 한다.
② 데이터 사전 역시 데이터베이스의 일종이므로 일반 사용자가 생성, 유지 및 수정할 수 있다.
③ 데이터베이스에 대한 데이터인 메타데이터(Metadata)를 저장하고 있다.
④ 데이터 사전에 있는 데이터에 실제로 접근하는 데 필요한 위치 정보는 데이터 디렉토리(Data Directory)라는 곳에서 관리한다.

전문가의 조언
일반 사용자가 데이터 사전에 직접 내용을 추가하거나 수정할 수 없고 내용을 검색할 수만 있습니다.

등급 B

49. 데이터베이스에서 릴레이션에 대한 설명으로 틀린 것은?

① 모든 튜플은 서로 다른 값을 가지고 있다.
② 하나의 릴레이션에서 튜플은 특정한 순서를 가진다.
③ 각 속성은 릴레이션 내에서 유일한 이름을 가진다.
④ 모든 속성 값은 원자값(Atomic Value)을 가진다.

전문가의 조언
릴레이션에 포함된 각 튜플 사이에는 순서가 없습니다.

병행학습 릴레이션의 특징

〈학생〉

학번	이름	학년	신장	학과
89001	홍길동	2	170	CD
89002	이순신	1	169	CD
87012	임꺽정	2	180	ID
86032	장보고	4	174	ED

- 한 릴레이션에 포함된 튜플들은 모두 상이하다.
  - 예 〈학생〉 릴레이션을 구성하는 홍길동 레코드는 홍길동에 대한 학적사항을 나타내는 것으로 〈학생〉 릴레이션 내에서는 유일하다.
- 한 릴레이션에 포함된 튜플 사이에는 순서가 없다.
  - 예 〈학생〉 릴레이션에서 홍길동 레코드와 임꺽정 레코드의 위치가 바뀌어도 상관없다.
- 튜플들의 삽입, 삭제 등의 작업으로 인해 릴레이션은 시간에 따라 변한다.
  - 예 〈학생〉 릴레이션에 새로운 학생의 레코드를 삽입하거나, 기존 학생에 대한 레코드를 삭제함으로써 테이블은 내용 면에서나 크기 면에서 변하게 된다.
- 릴레이션 스키마를 구성하는 속성들 간의 순서는 중요하지 않다.
  - 예 학번, 이름 등의 속성을 나열하는 순서가 이름, 학번 순으로 바뀌어도 데이터 처리에는 전혀 문제가 되지 않는다.
- 속성의 유일한 식별을 위해 속성의 명칭은 유일해야 하지만, 속성을 구성하는 값은 동일한 값이 있을 수 있다.
  - 예 각 학생의 학년을 기술하는 속성인 '학년'은 다른 속성명들과 구분되어 유일해야 하지만 '학년' 속성에는 2, 1, 2, 4 등이 입력된 것처럼 동일한 값이 있을 수 있다.
- 릴레이션을 구성하는 튜플을 유일하게 식별하기 위해 속성들의 부분집합을 키(Key)로 설정한다.
  - 예 〈학생〉 릴레이션에서는 '학번'이나 '성명'이 튜플들을 구분하는 유일한 값인 키가 될 수 있다.
- 속성은 더 이상 쪼갤 수 없는 원자값만을 저장한다.
  - 예 '학년'에 저장된 1, 2, 4 등은 더 이상 세분화할 수 없다.

등급 B

50. 데이터베이스에서의 뷰(View)에 대한 설명으로 틀린 것은?

① 뷰는 다른 뷰를 기반으로 새로운 뷰를 만들 수 있다.
② 뷰는 일종의 가상 테이블이며, update에는 제약이 따른다.
③ 뷰는 기본 테이블을 만드는 것처럼 create view를 사용하여 만들 수 있다.
④ 뷰는 논리적으로 존재하는 기본 테이블과 다르게 물리적으로만 존재하며 카탈로그에 저장된다.

전문가의 조언
뷰(View)는 저장장치 내에 물리적으로 존재하지 않는 가상 테이블입니다.

뷰(View)의 개념

- 사용자에게 접근이 허용된 자료만을 제한적으로 보여주기 위해 하나 이상의 기본 테이블로부터 유도된, 이름을 가지는 가상 테이블이다.
- 뷰는 저장장치 내에 물리적으로 존재하지 않지만, 사용자에게는 있는 것처럼 간주된다.

뷰(View)의 특징

- 뷰는 기본 테이블로부터 유도된 테이블이기 때문에 기본 테이블과 같은 형태의 구조를 사용하며, 조작도 기본 테이블과 거의 같다.
- 뷰는 가상 테이블이기 때문에 물리적으로 구현되어 있지 않다.
- 데이터의 논리적 독립성을 제공할 수 있다.
- 필요한 데이터만 뷰로 정의해서 처리할 수 있기 때문에 관리가 용이하고 명령문이 간단해진다.
- 뷰를 통해서만 데이터에 접근하게 하면 뷰에 나타나지 않는 데이터를 안전하게 보호하는 효율적인 기법으로 사용할 수 있다.
- 기본 테이블의 기본키를 포함한 속성(열) 집합으로 뷰를 구성해야만 삽입, 삭제, 갱신 연산이 가능하다.
- 일단 정의된 뷰는 다른 뷰의 정의에 기초가 될 수 있다.
- 뷰가 정의된 기본 테이블이나 뷰를 삭제하면 그 테이블이나 뷰를 기초로 정의된 다른 뷰도 자동으로 삭제된다.

---

52. SQL의 명령을 사용 용도에 따라 DDL, DML, DCL로 구분할 경우, 그 성격이 나머지 셋과 다른 것은?

① SELECT
② UPDATE
③ INSERT
④ GRANT

전문가의 조언
SELECT, UPDATE, INSERT는 DML(데이터 조작어), GRANT는 데이터 제어어(DCL)입니다.

- DDL(데이터 정의어) : CREATE, ALTER, DROP
- DML(데이터 조작어) : SELECT, UPDATE, INSERT, DELETE
- DCL(데이터 제어어) : COMMIT, ROLLBACK, GRANT, REVOKE

---

51. 트랜잭션의 상태 중 트랜잭션의 마지막 연산이 실행된 직후의 상태로, 모든 연산의 처리는 끝났지만 트랜잭션이 수행한 최종 결과를 데이터베이스에 반영하지 않은 상태는?

① Active
② Partially Committed
③ Committed
④ Aborted

전문가의 조언
트랜잭션의 마지막 연산이 실행된 직후의 상태로, 모든 연산의 처리는 끝났지만 트랜잭션이 수행한 최종 결과를 데이터베이스에 반영하지 않은 상태는 부분 완료(Partially Committed)입니다.

트랜잭션의 상태

상태	설명
활동(Active)	트랜잭션이 실행 중인 상태
실패(Failed)	트랜잭션 실행에 오류가 발생하여 중단된 상태
철회(Aborted)	트랜잭션이 비정상적으로 종료되어 Rollback 연산을 수행한 상태
부분 완료 (Partially Committed)	트랜잭션을 모두 성공적으로 실행한 후 Commit 연산이 실행되기 직전인 상태
완료(Committed)	트랜잭션을 모두 성공적으로 실행한 후 Commit 연산을 실행한 후의 상태

---

53. 키의 종류 중 유일성과 최소성을 만족하는 속성 또는 속성들의 집합은?

① Atomic Key
② Super Key
③ Candidate Key
④ Test Key

전문가의 조언
후보키(Candidate Key)는 릴레이션에 있는 모든 튜플에 대해 유일성과 최소성을 모두 만족시켜야 합니다.

키(Key)의 개념 및 종류

- 데이터베이스에서 조건에 만족하는 튜플을 찾거나 순서대로 정렬할 때 기준이 되는 속성이다.
- 슈퍼키(Super Key) : 한 릴레이션 내에 있는 속성들의 집합으로 구성된 키로, 릴레이션을 구성하는 모든 튜플에 대해 유일성(Unique)은 만족시키지만, 최소성(Minimality)은 만족하지 못함
- 후보키(Candidate Key) : 릴레이션을 구성하는 속성들 중에서 튜플을 유일하게 식별하기 위해 사용되는 속성들의 부분집합으로, 유일성과 최소성을 모두 만족함
- 기본키(Primary Key) : 후보키 중에서 특별히 선정된 키로 중복된 값과 NULL 값을 가질 수 없음
- 대체키(Alternate Key) : 후보키 중에서 선정된 기본키를 제외한 나머지 후보키를 의미함
- 외래키(Foreign Key) : 다른 릴레이션의 기본키를 참조하는 속성 또는 속성들의 집합을 의미하며, 릴레이션 간의 관계를 표현할 때 사용함

54. 데이터베이스에서 개념적 설계 단계에 대한 설명으로 틀린 것은?

① 산출물로 E-R Diagram을 만들 수 있다.
② DBMS에 독립적인 개념 스키마를 설계한다.
③ 트랜잭션 인터페이스를 설계 및 작성한다.
④ 논리적 설계 단계의 앞 단계에서 수행된다.

전문가의 조언
트랜잭션의 인터페이스 설계는 논리적 설계 단계에서 수행하는 작업입니다.

55. 테이블의 기본키(Primary Key)로 지정된 속성에 관한 설명으로 가장 거리가 먼 것은?

① NOT NULL로 널 값을 가지지 않는다.
② 릴레이션에서 튜플을 구별할 수 있다.
③ 외래키로 참조될 수 있다.
④ 검색할 때 반드시 필요하다.

전문가의 조언
기본키가 지정되어 있지 않아도 검색할 수 있습니다.

56. 데이터 모델의 구성 요소 중 데이터 구조에 따라 개념 세계나 컴퓨터 세계에서 실제로 표현된 값들을 처리하는 작업을 의미하는 것은?

① Relation
② Data Structure
③ Constraint
④ Operation

전문가의 조언
실제로 표현된 값들을 처리하는 작업은 연산(Operation)입니다.

병행학습 데이터 모델에 표시할 요소
- 구조(Structure) : 논리적으로 표현된 개체 타입들 간의 관계로서 데이터 구조 및 정적 성질 표현
- 연산(Operation) : 데이터베이스에 저장된 실제 데이터를 처리하는 작업에 대한 명세로서 데이터베이스를 조작하는 기본 도구
- 제약 조건(Constraint) : 데이터베이스에 저장될 수 있는 실제 데이터의 논리적인 제약 조건

57. 다음 [조건]에 부합하는 SQL문을 작성하고자 할 때, [SQL문]의 빈칸에 들어갈 내용으로 옳은 것은? (단, '팀코드' 및 '이름'은 속성이며, '직원'은 테이블이다.)

[조건]

이름이 '정도일'인 팀원이 소속된 팀코드를 이용하여 해당 팀에 소속된 팀원들의 이름을 출력하는 SQL문 작성

[SQL문]

SELECT 이름
FROM 직원
WHERE 팀코드=(   ) ;

① WHERE 이름='정도일'
② SELECT 팀코드 FROM 이름 WHERE 직원='정도일'
③ WHERE 직원='정도일'
④ SELECT 팀코드 FROM 직원 WHERE 이름='정도일'

전문가의 조언
SQL문의 빈칸에 들어갈 내용으로 옳은 것은 ④번입니다.
- 문제의 질의문은 하위 질의가 있는 질의문입니다.
- 먼저 WHERE 조건에 지정된 하위 질의의 SELECT문을 검색합니다. 그리고 검색 결과를 본 질의의 조건에 있는 '팀코드' 속성과 비교합니다.
❶ SELECT 팀코드 FROM 직원 WHERE 이름='정도일' : 〈직원〉 테이블에서 '이름' 속성의 값이 "정도일"과 같은 레코드의 '팀코드' 속성의 값을 검색합니다.
❷ SELECT 이름 FROM 직원 WHERE 팀코드 = ❶; : 〈직원〉 테이블에서 '팀코드' 속성의 값이 ❶의 결과와 같은 레코드의 '이름' 속성의 값을 검색합니다.

등급 A

58. 무결성 제약 조건 중 개체 무결성 제약 조건에 대한 설명으로 옳은 것은?

① 릴레이션 내의 튜플들이 각 속성의 도메인에 정해진 값만을 가져야 한다.
② 기본키는 NULL 값을 가져서는 안되며 릴레이션 내에 오직 하나의 값만 존재해야 한다.
③ 자식 릴레이션의 외래키는 부모 릴레이션의 기본키와 도메인이 동일해야 한다.
④ 자식 릴레이션의 값이 변경될 때 부모 릴레이션의 제약을 받는다.

전문가의 조언
개체 무결성 제약 조건은 기본 테이블의 기본키를 구성하는 어떤 속성도 Null 값이나 중복값을 가질 수 없다는 규정입니다.
• ①번은 도메인 무결성, ③, ④번은 참조 무결성에 대한 설명입니다.

병행학습 무결성의 종류
• 개체 무결성(Entity Integrity, 실체 무결성) : 기본 테이블의 기본키를 구성하는 어떤 속성도 Null 값이나 중복값을 가질 수 없다는 규정
• 도메인 무결성(Domain Integrity, 영역 무결성) : 주어진 속성 값이 정의된 도메인에 속한 값이어야 한다는 규정
• 참조 무결성(Referential Integrity) : 외래키 값은 Null이거나 참조 릴레이션의 기본키 값과 동일해야 하고, 릴레이션은 참조할 수 없는 외래키 값을 가질 수 없다는 규정
• 사용자 정의 무결성(User-Defined Integrity) : 속성 값들이 사용자가 정의한 제약 조건에 만족해야 한다는 규정

등급 A

59. 관계 데이터 모델에서 릴레이션(Relation)에 포함되어 있는 튜플(Tuple)의 수를 무엇이라고 하는가?

① Degree
② Cardinality
③ Attribute
④ Cartesian product

전문가의 조언
테이블에 속한 튜플의 수를 카디널리티(Cardinality), 속성의 수를 차수(Degree)라고 합니다.

병행학습 관계형 데이터베이스 관련 용어
• 튜플(Tuple)
  – 릴레이션을 구성하는 각각의 행을 말한다.
  – 튜플은 속성의 모임으로 구성된다.
  – 파일 구조에서 레코드와 같은 의미이다.
  – 튜플의 수를 카디널리티(Cardinality) 또는 기수, 대응수라고 한다.
• 속성(Attribute)
  – 데이터베이스를 구성하는 가장 작은 논리적 단위이다.
  – 파일 구조상의 데이터 항목 또는 데이터 필드에 해당된다.
  – 속성은 개체의 특성을 기술한다.
  – 속성의 수를 디그리(Degree) 또는 차수라고 한다.
• 도메인(Domain)
  – 하나의 애트리뷰트가 취할 수 있는 같은 타입의 원자(Atomic)값들의 집합이다.
  – 도메인은 실제 애트리뷰트 값이 나타날 때 그 값의 합법 여부를 시스템이 검사하는데에도 이용된다.
   성별 애트리뷰트의 도메인은 '남'과 '여'로, 그 외의 값은 입력될 수 없다.

등급 B

60. 사용자 'PARK'에게 테이블을 생성할 수 있는 권한을 부여하기 위한 SQL문의 구성으로 빈칸에 적합한 내용은?

[SQL문]

GRANT [   ] PARK;

① CREATE TABLE TO
② CREATE TO
③ CREATE FROM
④ CREATE TABLE FROM

전문가의 조언
SQL문의 구성으로 빈칸에 적합한 내용은 CREATE TABLE TO입니다.

❶ GRANT CREATE
❷ TABLE
❸ TO PARK

❶ 생성(CREATE) 권한을 부여한다.
❷ 테이블을 생성할 수 있는 권한을 부여한다.
❸ ID가 'PARK'인 사용자에게 부여한다.

4과목 프로그래밍 언어 활용

61. C언어에서 문자열 처리 함수의 서식과 그 기능의 연결로 틀린 것은?

① strlen(s) – s의 길이를 구한다.
② strcpy(s1, s2) – s2를 s1으로 복사한다.
③ strcmp(s1, s2) – s1과 s2를 연결한다.
④ strrev(s) – s를 거꾸로 변환한다.

전문가의 조언
strcmp는 s1과 s2에 저장된 문자열이 동일한지 비교하는 함수입니다. 함수명에는 함수의 용도를 의미하는 영문 약어가 포함돼 있습니다. ①번에는 길이를 의미하는 length가, ②번에는 복사를 의미하는 copy가, ③번에는 비교를 의미하는 compare가, ④번에는 반전을 의미하는 reverse가 약어로 포함되어 있습니다.

62. 다음 C언어 프로그램이 실행되었을 때, 실행 결과는?

```
#include <stdio.h>
int main(int argc, char* argv[ ]) {
    int a = 5, b = 3, c = 12;
    int t1, t2, t3;
    t1 = a && b;
    t2 = a || b;
    t3 = !c;
    printf("%d", t1 + t2 + t3);
    return 0;
}
```

① 0   ② 2   ③ 5   ④ 14

전문가의 조언
코드의 실행 결과는 2입니다.
사용된 코드의 의미는 다음과 같습니다.

```
#include <stdio.h>
int main(int argc, char* argv[ ]) {
```
❶ int a = 5, b = 3, c = 12;
❷ int t1, t2, t3;
❸ t1 = a && b;
❹ t2 = a || b;
❺ t3 = !c;
❻ printf("%d", t1 + t2 + t3);
❼ return 0;
}

❶ 정수형 변수 a, b, c를 선언하고 각각 5, 3, 12로 초기화한다.
❷ 정수형 변수 t1, t2, t3를 선언한다.
❸ a와 b가 참이면 참(1)을 t1에 저장하고, 아니면 거짓(0)을 t1에 저장한다. a와 b는 모두 참이므로 t1에는 참(1)이 저장된다.
※ 정수로 논리값(참, 거짓)을 판별하면 0은 거짓, 0이외의 수는 참으로 결정되어 저장된다.
❹ a와 b 중 하나라도 참이면 참(1)을 t2에 저장하고, 아니면 거짓(0)을 t2에 저장한다. a와 b는 모두 참이므로 t2에는 참(1)이 저장된다.
❺ c가 참이면 거짓(0)을 t3에 저장하고, 거짓이면 참(1)을 t3에 저장한다. c는 참이므로 t3에는 거짓(0)이 저장된다.
❻ t1, t2, t3을 모두 합한 값(1+1+0)을 정수로 출력한다.
결과 2
❼ main( ) 함수에서의 'return 0'은 프로그램의 종료를 의미한다.

63. 다음 C언어 프로그램이 실행되었을 때, 실행 결과는?

```
#include <stdio.h>
struct st {
    int a;
    int c[10];
};
int main(int argc, char* argv[ ]) {
    int i = 0;
    struct st ob1;
    struct st ob2;
    ob1.a = 0;
    ob2.a = 0;
    for (i = 0; i < 10; i++) {
        ob1.c[i] = i;
        ob2.c[i] = ob1.c[i] + i;
    }
    for (i = 0; i < 10; i = i + 2) {
        ob1.a = ob1.a + ob1.c[i];
        ob2.a = ob2.a + ob2.c[i];
    }
    printf("%d", ob1.a + ob2.a);
    return 0;
}
```

① 30   ② 60   ③ 80   ④ 120

전문가의 조언

코드의 실행 결과는 **60**입니다.
사용된 코드의 의미는 다음과 같습니다.

```
#include <stdio.h>
struct st {             구조체 st를 정의한다.
    int a;              정수형 변수 a를 선언한다.
    int c[10];          10개의 요소를 갖는 정수형 배열 c를 선언한다.
};
int main(int argc, char* argv[ ]) {
❶   int i = 0;
❷   struct st ob1;
❸   struct st ob2;
❹   ob1.a = 0;
❺   ob2.a = 0;
❻   for (i = 0; i < 10; i++) {
❼       ob1.c[i] = i;
❽       ob2.c[i] = ob1.c[i] + i;
    }
❾   for (i = 0; i < 10; i = i + 2) {
❿       ob1.a = ob1.a + ob1.c[i];
⓫       ob2.a = ob2.a + ob2.c[i];
    }
⓬   printf("%d", ob1.a + ob2.a);
⓭   return 0;
}
```

❶ 정수형 변수 i를 선언하고 0으로 초기화한다.
❷ 구조체 st의 변수 ob1을 선언한다.

	int a	int c[10]
ob1	ob1.a	ob1.c[0] ~ ob1.c[9]

❸ 구조체 st의 변수 ob2를 선언한다.

	int a	int c[10]
ob2	ob2.a	ob2.c[0] ~ ob2.c[9]

❹ ob1.a에 0을 저장한다.
❺ ob2.a에 0을 저장한다.
❻ 반복 변수 i가 0부터 1씩 증가하면서 10보다 작은 동안 ❼, ❽번을 반복 수행한다.
❼ ob1.c[i]에 i의 값을 저장한다.
❽ ob2.c[i]에 ob1.c[i]+i를 저장한다.

반복문 실행에 따른 변수들의 변화는 다음과 같다.

i	ob1		ob2	
	a	c[i]	a	c[i]
0	0	0	0	0
1		1		2
2		2		4
3		3		6
4		4		8
5		5		10
6		6		12
7		7		14
8		8		16
9		9		18
10				

❾ 반복 변수 i가 0부터 2씩 증가하면서 10보다 작은 동안 ❿, ⓫번을 반복 수행한다.
❿ ob1.a에 ob1.c[i]의 값을 누적시킨다.
⓫ ob2.a에 ob2.c[i]의 값을 누적시킨다.

반복문 실행에 따른 변수들의 변화는 다음과 같다.

i	ob1		ob2	
	a	c[i]	a	c[i]
0	0	0	0	0
2	2	2	4	4
4	6	4	12	8
6	12	6	24	12
8	20	8	40	16
10				

⓬ ob1.a와 ob2.a의 값을 합하여 정수로 출력한다.

결과 `60`

⓭ main( ) 함수에서의 'return 0'은 프로그램의 종료를 의미한다.

64. IP 프로토콜에서 사용하는 필드와 해당 필드에 대한 설명으로 틀린 것은?

① Header Length는 IP 프로토콜의 헤더 길이를 32비트 워드 단위로 표시한다.
② Packet Length는 IP 헤더를 제외한 패킷 전체의 길이를 나타내며 최대 크기는 $2^{32}-1$비트이다.
③ Time To Live는 송신 호스트가 패킷을 전송하기 전 네트워크에서 생존할 수 있는 시간을 지정한 것이다.
④ Version Number는 IP 프로토콜의 버전번호를 나타낸다.

전문가의 조언
Packet Length는 IP 헤더를 포함한 패킷 전체의 길이를 나타내며, 최대 크기는 $2^{16}-1$입니다.

병행학습 IP 헤더(Header)의 구성

0	7	15	23	31
Version Number	Header Length	Service Type		Packet Length
Identification			DF MF	Fragment Offset
Time to Live		Transport Protocolt	Header Checksum	
Source Address				
Destination Address				
Options				Padding

- Version Nubmer : IP 프로토콜의 버전을 번호로 표현함
- Header Length* : 헤더의 길이를 32비트 워드 단위로 표현함
- Service Type : 사용자에게 제공하는 서비스 품질에 관한 내용
- Packet Length : 헤더를 포함한 패킷의 전체 길이를 표현함
- Identification : IP 프로토콜이 분할한 패킷에 동일한 고유번호를 부여하여, 수신 호스트가 패킷을 병합할 수 있게 함
- DF : 패킷의 분할을 막는 역할을 수행함
- MF : 전송될 패킷이 더 있는지 여부를 표현함
- Fragment Offset : 분할된 패킷이 분할 전에 위치했던 주소를 저장함
- Time to Live : 네트워크에서 생존할 수 있는 시간으로, 목적지를 찾지 못하고 떠도는 패킷은 이 시간이 경과하면 자동으로 폐기됨
- Trasnport Protocol : 데이터 전송을 요구한 전송 계층의 프로토콜을 표현함
- Header Checksum : 전송 과정에서 발생할 수 있는 헤더의 오류를 검출함
- Source Address : 송신 호스트의 주소를 표현함
- Destination Address : 수신 호스트의 주소를 표현함
- Options : 네트워크 관리, 보안 등의 특수 용도로 사용됨
- Padding : 각 구성의 전체 크기가 16비트 워드의 4배수가 되도록 조정하는 역할을 수행함

65. 다음 Python 프로그램의 실행 결과가 [실행결과]와 같을 때, 빈칸에 적합한 것은?

```
x = 20
if x == 10:
    print('10')
(    ) x == 20:
    print('20')
else:
    print('other')
```

[실행결과]

```
20
```

① either ② elif
③ else if ④ else

전문가의 조언
Python에서 if문에 조건을 추가할 때 사용하는 예약어는 elif입니다.

❶ x = 20
❷ if x == 10:
❸   print('10')
❹ elif x == 20:
❺   print('20')
❻ else:
❼   print('other')

❶ 변수 x에 20을 저장한다.
❷ x가 10이면 ❸번으로 이동하고, 아니면 ❹번으로 이동한다. x의 값은 10이 아니므로 ❹번으로 이동한다.
❹ x가 20이면 ❺번으로 이동하고, 아니면 ❻번의 다음 줄인 ❼번으로 이동한다. x의 값은 20이므로 ❺번으로 이동한다.
❺ 화면에 20을 출력한다.

결과 20

등급 B

66. RIP 라우팅 프로토콜에 대한 설명으로 틀린 것은?

① 경로 선택 메트릭은 홉 카운트(hop count)이다.
② 라우팅 프로토콜을 IGP와 EGP로 분류했을 때 EGP에 해당한다.
③ 최단 경로 탐색에 Bellman-Ford 알고리즘을 사용한다.
④ 각 라우터는 이웃 라우터들로부터 수신한 정보를 이용하여 라우팅 표를 갱신한다.

전문가의 조언
RIP 라우팅 프로토콜은 IGP(내부 게이트웨이 프로토콜)에 해당합니다.

병행학습 경로 제어 프로토콜

IGP(Interior Gateway Protocol, 내부 게이트웨이 프로토콜)
- 하나의 자율 시스템(AS) 내의 라우팅에 사용되는 프로토콜이다.
- RIP(Routing Information Protocol)
  - 현재 가장 널리 사용되는 라우팅 프로토콜로 거리 벡터 라우팅 프로토콜이라고도 불린다.
  - 최단 경로 탐색에 Bellman-Ford 알고리즘을 사용한다.
  - 소규모 동종의 네트워크(자율 시스템, AS) 내에서 효율적인 방법이다.
- OSPF(Open Shortest Path First protocol)
  - RIP의 단점을 해결하여 새로운 기능을 지원하는 인터넷 프로토콜로, 대규모 네트워크에서 많이 사용된다.
  - 최단 경로 탐색에 다익스트라(Dijkstra) 알고리즘을 사용한다.

EGP(Exterior Gateway Protocol)
자율 시스템(AS) 간의 라우팅, 즉 게이트웨이 간에 사용되는 프로토콜이다.

BGP(Border Gateway Protocol)
- 자율 시스템(AS) 간의 라우팅 프로토콜로, EGP의 단점을 보완하기 위해 만들어진 프로토콜이다.
- 초기에 BGP 라우터들이 연결될 때에는 전체 경로 제어표(라우팅 테이블)를 교환하고, 이후에는 변화된 정보만을 교환한다.

등급 B

67. 다음에서 설명하는 프로세스 스케줄링은?

최소 작업 우선(SJF) 기법의 약점을 보완한 비선점 스케줄링 기법으로 다음과 같은 식을 이용해 우선순위를 판별한다.

$$우선순위 = \frac{대기한 시간 + 서비스를 받을 시간}{서비스를 받을 시간}$$

① FIFO 스케줄링 ② RR 스케줄링
③ HRN 스케줄링 ④ MQ 스케줄링

전문가의 조언
대기 시간과 서비스(실행) 시간을 이용하는 기법은 HRN 스케줄링입니다.

병행학습 HRN(Highest Response-ratio Next)
- 실행 시간이 긴 프로세스에 불리한 SJF 기법을 보완하기 위한 것으로, 대기 시간과 서비스(실행) 시간을 이용하는 기법이다.
- 우선순위 계산 공식을 이용하여 서비스(실행) 시간이 짧은 프로세스나 대기 시간이 긴 프로세스에게 우선순위를 주어 CPU를 할당한다.
- 서비스 실행 시간이 짧거나 대기 시간이 긴 프로세스일 경우 우선순위가 높아진다.
- 우선순위를 계산하여 그 숫자가 가장 높은 것부터 낮은 순으로 우선순위가 부여된다.
- 우선순위 계산식 : (대기 시간+서비스 시간) / 서비스 시간

등급 C

68. UNIX 운영체제에 관한 특징으로 틀린 것은?

① 하나 이상의 작업에 대하여 백그라운드에서 수행이 가능하다.
② Multi-User는 지원하지만 Multi-Tasking은 지원하지 않는다.
③ 트리 구조의 파일 시스템을 갖는다.
④ 이식성이 높으며 장치 간의 호환성이 높다.

전문가의 조언
UNIX는 다중 사용자(Multi-User), 다중 작업(Multi-Tasking)을 지원하는 운영체제입니다.

병행학습 UNIX
- 1960년대 AT&T 벨(Bell) 연구소, MIT, General Electric이 공동 개발한 운영체제이다.
- 시분할 시스템(Time Sharing System)을 위해 설계된 대화식 운영체제로, 소스가 공개된 개방형 시스템(Open System)이다.
- 대부분 C 언어로 작성되어 있어 이식성이 높으며 장치, 프로세스 간의 호환성이 높다.
- 크기가 작고 이해하기가 쉽다.
- 다중 사용자(Multi-User), 다중 작업(Multi-Tasking)을 지원한다.
- 많은 네트워킹 기능을 제공하므로 통신망(Network) 관리용 운영체제로 적합하다.
- 트리 구조의 파일 시스템을 갖는다.
- 전문적인 프로그램 개발에 용이하다.
- 다양한 유틸리티 프로그램들이 존재한다.

69. UDP 프로토콜의 특징이 아닌 것은? 등급 A

① 비연결형 서비스를 제공한다.
② 단순한 헤더 구조로 오버헤드가 적다.
③ 주로 주소를 지정하고, 경로를 설정하는 기능을 한다.
④ TCP와 같이 트랜스포트 계층에 존재한다.

전문가의 조언
③번은 IP(Internet Protocol)에 대한 설명입니다.

병행학습 UDP(User Datagram Protocol)
- 데이터 전송 전에 연결을 설정하지 않는 비연결형 서비스를 제공한다.
- TCP에 비해 상대적으로 단순한 헤더 구조를 가지므로, 오버헤드가 적고, 흐름 제어나 순서 제어가 없어 전송 속도가 빠르다.
- 고속의 안정성 있는 전송 매체를 사용하여 빠른 속도를 필요로 하는 경우, 동시에 여러 사용자에게 데이터를 전달할 경우, 정기적으로 반복해서 전송할 경우에 사용한다.
- 실시간 전송에 유리하며, 신뢰성보다는 속도가 중요시되는 네트워크에서 사용된다.
- UDP 헤더에는 Source Port Number, Destination Port Number, Length, Checksum 등이 포함된다.

70. Python 데이터 타입 중 시퀀스(Sequence) 데이터 타입에 해당하며 다양한 데이터 타입들을 주어진 순서에 따라 저장할 수 있으나 저장된 내용을 변경할 수 없는 것은? 등급 B

① 복소수(complex) 타입
② 리스트(list) 타입
③ 사전(dict) 타입
④ 튜플(tuple) 타입

전문가의 조언
저장된 내용을 변경할 수 없는 순차형 데이터 타입은 튜플(Tuple)입니다.

병행학습
- 복소수(complex) 타입 : 복소수 형태의 값을 저장하기 위한 자료형
- 리스트(list) 타입 : 여러 요소를 저장하는 자료형으로, 대괄호[ ]를 이용하여 각 요소에 접근함
- 사전(dict) 타입 : 키(Key)와 값(Value)의 쌍으로 연결된 요소들로 이루어진 자료형

71. 다음 JAVA 프로그램이 실행되었을 때, 실행결과는? 등급 A

```
public class Rarr {
    static int[ ] marr( ) {
        int temp[ ] = new int[4];
        for (int i = 0; i < temp.length; i++)
            temp[i] = i;
        return temp;
    }
    public static void main(String[ ] args) {
        int iarr[ ];
        iarr = marr( );
        for (int i = 0; i < iarr.length; i++)
            System.out.print(iarr[i] + " ");
    }
}
```

① 1 2 3 4
② 0 1 2 3
③ 1 2 3
④ 0 1 2

전문가의 조언
코드의 실행 결과는 **0 1 2 3**입니다.
사용된 코드의 의미는 다음과 같습니다.

```
public class Rarr {
❸   static int[ ] marr( ) {
❹       int temp[ ] = new int[4];
❺       for (int i = 0; i < temp.length; i++)
❻           temp[i] = i;
❼       return temp;
    }
    public static void main(String[ ] args) {
❶       int iarr[ ];
❷❽      iarr = marr( );
❾       for (int i = 0; i < iarr.length; i++)
❿           System.out.print(iarr[i] + " ");
    }
}
```

모든 Java 프로그램은 반드시 main( ) 메소드에서 시작한다.
❶ 정수형 배열 iarr을 선언한다.
❷ marr( ) 메소드를 호출한 후 그 결과를 iarr에 저장한다.
❸ 정수형 배열을 반환하는 marr( ) 메소드의 시작점이다.
❹ 4개의 요소를 갖는 정수형 배열 temp를 선언한다.

정답 69.③ 70.④ 71.②

❺ 반복 변수 i가 0부터 1씩 증가하면서 temp의 길이인 4보다 작은 동안 ❻번을 반복 수행한다.
  • length : 배열 요소의 개수가 저장되어 있는 속성이다. temp 배열은 4개의 요소를 가지므로 temp.length는 4를 가지고 있다.
❻ temp[i]에 i의 값을 저장한다.
반복문 실행에 따른 변수들의 변화는 다음과 같다.

i	temp[ ]			
	[0]	[1]	[2]	[3]
0	0			
1		1		
2			2	
3				3
4				

❼ temp를 반환한다. 인수나 반환값으로 배열의 이름을 지정하면 배열의 시작 주소가 전달된다. 즉 temp 배열의 시작주소가 반환된다.
❽ ❼번에서 전달받은 정수형 배열 temp의 시작 주소를 iarr이 받는다.

iarr	[0]	[1]	[2]	[3]
	0	1	2	3

❾ 반복 변수 i가 0부터 1씩 증가하면서 iarr의 길이인 4보다 작은 동안 ❿번을 반복 수행한다.
❿ iarr[i]의 값을 출력한 후 공백 한 칸을 띄운다.
반복문 실행에 따른 출력 결과는 다음과 같다.

i	결과
0	0
1	0 1
2	0 1 2
3	0 1 2 3
4	

결과 `0 1 2 3`

등급 A

72. 다음 JAVA 프로그램이 실행되었을 때의 결과는?

```
public class ovr {
    public static void main(String[ ] args) {
        int a = 1, b = 2, c = 3, d = 4;
        int mx, mn;
        mx = a < b ? b : a;
        if (mx == 1) {
            mn = a > mx ? b : a;
        }
        else {
            mn = b < mx ? d : c;
        }
        System.out.println(mn);
    }
}
```

① 1 ② 2 ③ 3 ④ 4

전문가의 조언
코드의 실행 결과는 3입니다.
사용된 코드의 의미는 다음과 같습니다.

```
public class ovr {
    public static void main(String[ ] args) {
❶      int a = 1, b = 2, c = 3, d = 4;
❷      int mx, mn;
❸      mx = a < b ? b : a;
❹      if (mx == 1) {
❺          mn = a > mx ? b : a;
        }
        else {
❻          mn = b < mx ? d : c;
        }
❼      System.out.println(mn);
    }
}
```

❶ 정수형 변수 a, b, c, d를 선언하고, 각각 1, 2, 3, 4로 초기화한다.
❷ 정수형 변수 mx, mn을 선언한다.
❸ a가 b보다 작으면 mx에 b의 값을 저장하고, 아니면 a의 값을 저장한다. a의 값 1은 b의 값 2보다 작으므로 mx에는 b의 값 2가 저장된다. (mx = 2)
❹ mx가 1이면 ❺번으로 이동하고, 아니면 ❻번으로 이동한다. mx의 값은 2이므로 ❻번으로 이동한다.

❻ b가 mx보다 작으면 mn에 d의 값을 저장하고, 아니면 c의 값을 저장한다. b의 값 2는 mx의 값 2보다 작지 않으므로 mn에는 c의 값 30이 저장된다. (mn = 3)
❼ mn의 값 3을 출력하고 커서를 다음 줄의 처음으로 옮긴다.

결과 3

등급 A

74. 다음 C언어 프로그램이 실행되었을 때, 실행 결과는?

```
#include <stdio.h>
int main(int arge, char* argv[ ]) {
    int n1 = 1, n2 = 2, n3 = 3;
    int r1, r2, r3;
    r1 = (n2 <= 2) || (n3 > 3);
    r2 = !n3;
    r3 = (n1 > 1) && (n2 < 3);
    printf("%d", r3 - r2 + r1);
    return 0;
}
```

① 0   ② 1
③ 2   ④ 3

등급 B

73. 다음 중 Myers가 구분한 응집도(Cohesion)의 정도에서 가장 낮은 응집도를 갖는 단계는?

① 순차적 응집도(Sequential Cohesion)
② 기능적 응집도(Functional Cohesion)
③ 시간적 응집도(Temporal Cohesion)
④ 우연적 응집도(Coincidental Cohesion)

전문가의 조언
응집도를 강한 것에서 약한 것 순으로 나열하면 '기능적 응집도 → 순차적 응집도 → 교환(통신)적 응집도 → 절차적 응집도 → 시간적 응집도 → 논리적 응집도 → 우연적 응집도'입니다.

병행학습 응집도(Cohesion)
- 정보 은닉 개념을 확장한 것으로, 명령어나 호출문 등 모듈의 내부 요소들의 서로 관련되어 있는 정도, 즉 모듈이 독립적인 기능으로 정의되어 있는 정도를 의미한다.
- 다양한 기준으로 모듈을 구성할 수 있으나 응집도가 강할수록 품질이 높고, 약할수록 품질이 낮다.
- 응집도의 종류(강함에서 약함순)
  – 기능적 응집도(Functional Cohesion) : 모듈 내부의 모든 기능 요소들이 단일 문제와 연관되어 수행될 경우의 응집도
  – 순차적 응집도(Sequential Cohesion) : 모듈 내 하나의 활동으로부터 나온 출력 데이터를 그 다음 활동의 입력 데이터로 사용할 경우의 응집도
  – 교환(통신)적 응집도(Communication Cohesion) : 동일한 입력과 출력을 사용하여 서로 다른 기능을 수행하는 구성 요소들이 모였을 경우의 응집도
  – 절차적 응집도(Procedural Cohesion) : 모듈이 다수의 관련 기능을 가질 때 모듈 안의 구성 요소들이 그 기능을 순차적으로 수행할 경우의 응집도
  – 시간적 응집도(Temporal Cohesion) : 특정 시간에 처리되는 몇 개의 기능을 모아 하나의 모듈로 작성할 경우의 응집도
  – 논리적 응집도(Logical Cohesion) : 유사한 성격을 갖거나 특정 형태로 분류되는 처리 요소들로 하나의 모듈이 형성되는 경우의 응집도
  – 우연적 응집도(Coincidental Cohesion) : 모듈 내부의 각 구성 요소들이 서로 관련 없는 요소로만 구성된 경우의 응집도

전문가의 조언
코드의 실행 결과는 1입니다.
사용된 코드의 의미는 다음과 같습니다.

```
#include <stdio.h>
int main(int arge, char* argv[ ]) {
❶  int n1 = 1, n2 = 2, n3 = 3;
❷  int r1, r2, r3;
❸  r1 = (n2 <= 2) || (n3 > 3);
❹  r2 = !n3;
❺  r3 = (n1 > 1) && (n2 < 3);
❻  printf("%d", r3 - r2 + r1);
❼  return 0;
}
```

❶ 정수형 변수 n1, n2, n3를 선언하고, 각각 1, 2, 3으로 초기화한다.
❷ 정수형 변수 r1, r2, r3를 선언한다.
❸ r1 = n2 <= 2 || (n3 > 3);
         ⓐ   ⓑ

            ⓒ
- ⓐ : n2의 값 2는 2보다 작거나 같으므로 참(1)이다.
- ⓑ : n3의 값 3은 3보다 크지 않으므로 거짓(0)이다.
- ⓒ : ⓐ||ⓑ는 둘 중 하나라도 참이면 참이므로 참(1)이다.
- r1에는 참(1)이 저장된다.

❹ n3의 값 3은 참이므로, r2에는 참의 부정인 거짓(0)이 저장된다.
  ※ 정수로 논리값(참, 거짓)을 판별하면 0은 거짓, 0 이외의 수는 참으로 결정되어 저장된다.

❺ r3 = (n1 > 1) && (n2 < 3);
          ⓐ   ⓑ
              ⓒ

- ⓐ: n1의 값 1은 1보다 크지 않으므로 거짓(0)이다.
- ⓑ: n2의 값 2는 3보다 작으므로 참(1)이다.
- ⓒ: ⓐ&&ⓑ는 모두 참일 때만 참이므로 거짓(0)이다.
- r3에는 거짓(0)이 저장된다.

❻ r3−r2+r1의 결과(0−0+1) 1을 정수로 출력한다.
   결과   1

❼ main( ) 함수에서의 'return 0'은 프로그램의 종료를 의미한다.

등급 C

75. IP 프로토콜의 주요 특징에 해당하지 않는 것은?
① 체크섬(Checksum) 기능으로 데이터 체크섬(Data Checksum)만 제공한다.
② 패킷을 분할, 병합하는 기능을 수행하기도 한다.
③ 비연결형 서비스를 제공한다.
④ Best Effort 원칙에 따른 전송 기능을 제공한다.

전문가의 조언
IP(Internet Protocol)는 헤더 체크섬(Header Checksum)만 제공합니다.

병행학습 IP(Internet Protocol)
- OSI 7계층의 네트워크 계층에 해당한다.
- 데이터그램을 기반으로 하는 비연결형 서비스를 제공한다.
- 패킷의 분해/조립, 주소 지정, 경로 선택 기능을 제공한다.
- 헤더의 길이는 최소 20Byte에서 최대 60Byte이다.
- IP 헤더에는 Version, Header Length, Total Packet Length, Header Checksum, Source IP Address, Destination IP Address 등이 포함된다.
- 에러 검사나 수신 확인 등을 수행하지 않아 신뢰성을 보장하지는 못하지만 전송에는 최선을 다하는 Best Effort 원칙을 따른다.

등급 B

76. 4개의 페이지를 수용할 수 있는 주기억장치가 있으며, 초기에는 모두 비어 있다고 가정한다. 다음의 순서로 페이지 참조가 발생할 때, LRU 페이지 교체 알고리즘을 사용할 경우 몇 번의 페이지 결함이 발생하는가?

| 페이지 참조 순서 1, 2, 3, 1, 2, 4, 1, 2, 5 |

① 5회   ② 6회
③ 7회   ④ 8회

전문가의 조언
페이지 결함 발생 횟수는 5회입니다.
4개의 페이지를 수용할 수 있는 주기억장치이므로 아래 그림과 같이 4개의 페이지 프레임으로 표현할 수 있습니다.

참조 페이지	1	2	3	1	2	4	1	2	5
페이지 프레임	1	1	1	1	1	1	1	1	1
		2	2	2	2	2	2	2	2
			3	3	3	3	3	3	5
						4	4	4	4
부재 발생	●	●	●			●			●

※ ● : 페이지 부재 발생

참조 페이지가 페이지 테이블에 없을 경우 페이지 결함(부재)이 발생된다. 초기에는 모든 페이지가 비어 있으므로 처음 1, 2, 3 페이지 적재 시 페이지 결함이 발생된다. 다음 참조 페이지 1, 2는 이미 적재되어 있으므로 그냥 참조하고, 참조 페이지 4를 적재할 때 페이지 결함이 발생된다. 다음 참조 페이지 1, 2 역시 이미 적재되어 있으므로 그냥 참조한다. LRU 기법은 최근에 가장 오랫동안 사용되지 않은 페이지를 교체하는 기법이므로, 마지막 페이지 5를 참조할 때는 3을 제거한 후 5를 적재한다. 그러므로 총 페이지 결함 발생 횟수는 5회이다.

등급 C

77. 사용자 수준에서 지원되는 스레드(thread)가 커널에서 지원되는 스레드에 비해 가지는 장점으로 옳은 것은?
① 한 프로세스가 운영체제를 호출할 때 전체 프로세스가 대기할 필요가 없으므로 시스템 성능을 높일 수 있다.
② 동시에 여러 스레드가 커널에 접근할 수 있으므로 여러 스레드가 시스템 호출을 동시에 사용할 수 있다.
③ 각 스레드를 개별적으로 관리할 수 있으므로 스레드의 독립적인 스케줄링이 가능하다.
④ 커널 모드로의 전환 없이 스레드 교환이 가능하므로 오버헤드가 줄어든다.

전문가의 조언
①, ②, ③번은 커널 수준 스레드에 대한 설명입니다.

병행학습 사용자 수준의 스레드와 커널 수준의 스레드
사용자 수준 스레드
- 사용자 수준의 라이브러리를 통해 구현된 스레드이다.
- 다수의 사용자 수준 스레드가 커널 수준 스레드 한 개에 다대일(n:1)의 형태로 매핑된다.
- 독립적인 스케줄링이 가능하여 모든 운영체제에 적용할 수 있다.
- 스케줄링이나 동기화를 위해 커널을 호출하지 않으므로 오버헤드가 감소한다.
- 라이브러리를 통해 스케줄링을 제어할 수 있어 유연한 스케줄링이 가능하다.
- 스레드가 아닌 프로세스 단위로 CPU가 할당되어 스레드 단위의 다중 처리가 불가능하고, 하나의 스레드만 대기 상태가 되어도 프로세스 전체가 중단된다.

- 스레드 간 보호에 커널의 보호 방법을 사용할 수 없고, 라이브러리에서 제공하는 보호 방법만 사용할 수 있다.

커널 수준 스레드
- 커널이 생성 및 관리하는 스레드이다.
- 커널이 각 스레드를 개별적으로 관리하므로 프로세스 내 스레드들의 독립적인 스케줄링 및 병행 수행이 가능하다.
- 한 프로세스가 운영체제를 호출할 때 전체 프로세스가 대기할 필요가 없으므로 시스템 성능을 높일 수 있다.
- 동시에 여러 스레드가 커널에 접근할 수 있으므로 여러 스레드가 시스템 호출을 동시에 사용할 수 있다.
- 전체 프로세스와 스레드 정보를 유지하여 오버헤드가 커진다.

등급 A

78. 한 모듈이 다른 모듈의 내부 기능 및 그 내부 자료를 참조하는 경우의 결합도는?

① 내용 결합도(Content Coupling)
② 제어 결합도(Control Coupling)
③ 공통 결합도(Common Coupling)
④ 스탬프 결합도(Stamp Coupling)

전문가의 조언
한 모듈이 다른 모듈의 내부 기능 및 그 내부 자료를 참조하는 경우의 결합도는 내용 결합도(Content Coupling)입니다.

병행학습 결합도(Coupling)
- 결합도는 모듈 간에 상호 의존하는 정도 또는 두 모듈 사이의 연관 관계를 의미한다.
- 다양한 결합으로 모듈을 구성할 수 있으나 결합도가 약할수록 품질이 높고, 강할수록 품질이 낮다.
- 결합도가 강하면 시스템 구현 및 유지보수 작업이 어렵다.
- 결합도의 종류(약함에서 강함순)
  - 자료 결합도(Data Coupling) : 모듈 간의 인터페이스가 자료 요소로만 구성될 때의 결합도
  - 스탬프(검인) 결합도(Stamp Coupling) : 모듈 간의 인터페이스로 배열이나 레코드 등의 자료 구조가 전달될 때의 결합도
  - 제어 결합도(Control Coupling) : 한 모듈에서 다른 모듈로 논리적인 흐름을 제어하는 데 사용하는 제어 요소(Function code, Switch, Tag, Flag)가 전달될 때의 결합도
  - 외부 결합도(External Coupling) : 어떤 모듈에서 외부로 선언된 데이터(변수)를 다른 모듈에서 참조할 때의 결합도
  - 공통(공유) 결합도(Common Coupling) : 공유되는 공통 데이터 영역을 여러 모듈이 사용할 때의 결합도
  - 내용 결합도(Content Coupling) : 한 모듈이 다른 모듈의 내부 기능 및 그 내부 자료를 직접 참조하거나 수정할 때의 결합도

등급 B

79. a[0]의 주소값이 10일 경우 다음 C언어 프로그램이 실행되었을 때의 결과는? (단, int 형의 크기는 4Byte로 가정한다.)

```
#include <stdio.h>
int main(int argc, char* argv[ ]) {
    int a[ ] = { 14,22,30,38 };
    printf("%u, ", &a[2]);
    printf("%u", a);
    return 0;
}
```

① 14, 10
② 14, M
③ 18, 10
④ 18, M

전문가의 조언
코드의 실행 결과는 18, 10입니다.
사용된 코드의 의미는 다음과 같습니다.

```
#include <stdio.h>
int main(int argc, char* argv[ ]) {
❶  int a[ ] = { 14,22,30,38 };
❷  printf("%u, ", &a[2]);
❸  printf("%u", a);
❹  return 0;
}
```

❶ 4개의 요소를 갖는 정수형 배열 a를 선언하고 초기화한다.
❷ a[2]가 가리키는 주소를 부호없는 정수형으로 출력하고, 이어서 쉼표(,)와 공백한 칸을 출력한다. a[0]의 주소가 10이고, 정수형(int)의 크기가 4Byte이므로 a[2]의 주소 18, 이 출력된다.

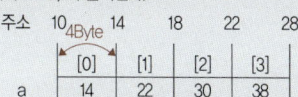

결과 **18,**

❸ a를 부호없는 정수형으로 출력한다. 배열의 이름은 배열의 시작 주소를 가리키므로 10이 출력된다.

결과 **18, 10**

❹ main( ) 함수에서의 'return 0'은 프로그램의 종료를 의미한다.

등급 B

80. 모듈화(Modularity)와 관련한 설명으로 틀린 것은?
① 시스템을 모듈로 분할하면 각각의 모듈을 별개로 만들고 수정할 수 있기 때문에 좋은 구조가 된다.
② 응집도는 모듈과 모듈 사이의 상호의존 또는 연관 정도를 의미한다.
③ 모듈 간의 결합도가 약해야 독립적인 모듈이 될 수 있다.
④ 모듈 내 구성 요소들 간의 응집도가 강해야 좋은 모듈 설계이다.

전문가의 조언
모듈과 모듈 사이의 상호 의존하는 정도 또는 두 모듈 사이의 연관 관계를 결합도(Coupling)라고 합니다. 응집도는 명령어나 호출문 등 모듈의 내부 요소들의 서로 관련되어 있는 정도를 의미합니다.

병행학습 효과적인 모듈 설계 방안
- 결합도는 줄이고 응집도는 높여서 모듈의 독립성과 재사용성을 높인다.
- 모듈의 제어 영역 안에서 그 모듈의 영향 영역을 유지시킨다.
- 복잡도와 중복성을 줄이고 일관성을 유지시킨다.
- 모듈의 기능은 예측이 가능해야 하며 지나치게 제한적이어서는 안 된다.
- 유지보수가 용이해야 한다.
- 모듈 크기는 시스템의 전반적인 기능과 구조를 이해하기 쉬운 크기로 분해한다.
- 하나의 입구와 하나의 출구를 갖도록 해야 한다.
- 인덱스 번호나 기능 코드들이 전반적인 처리 논리 구조에 예기치 못한 영향을 끼치지 않도록 모듈 인터페이스를 설계해야 한다.
- 효과적인 제어를 위해 모듈 간의 계층적 관계를 정의하는 자료가 제시되어야 한다.

5 과목 정보시스템 구축 관리

등급 A

81. 소프트웨어 개발에서 정보 보안 3요소에 해당하지 않는 설명은?
① 기밀성 : 인가된 사용자에 대해서만 자원 접근이 가능하다.
② 무결성 : 인가된 사용자에 대해서만 자원 수정이 가능하며 전송 중인 정보는 수정되지 않는다.
③ 가용성 : 인가된 사용자는 가지고 있는 권한 범위 내에서 언제든 자원 접근이 가능하다.
④ 휘발성 : 인가된 사용자가 수행한 데이터는 처리 완료 즉시 폐기 되어야 한다.

전문가의 조언
정보 보안의 3대 요소에는 기밀성, 무결성, 가용성이 있습니다.

병행학습 보안 요소
- 소프트웨어 개발에 있어 충족시켜야할 요소 및 요건을 의미한다.
- 주요 3대 보안 요소에는 기밀성, 무결성, 가용성이 있으며, 그 외에도 인증, 부인 방지 등이 있다.
- 기밀성(Confidentiality) : 시스템 내의 정보와 자원은 인가된 사용자에게만 접근이 허용되며, 정보가 전송 중에 노출되더라도 데이터를 읽을 수 없음
- 무결성(Integrity) : 시스템 내의 정보는 오직 인가된 사용자만 수정할 수 있음
- 가용성(Availability) : 인가받은 사용자는 언제라도 사용할 수 있음
- 인증(Authentication) : 시스템 내의 정보와 자원을 사용하려는 사용자가 합법적인 사용자인지를 확인하는 모든 행위
- 부인 방지(NonRepudiation) : 데이터를 송·수신한 자가 송·수신 사실을 부인할 수 없도록 송·수신 증거를 제공함

등급 D

82. 어떤 외부 컴퓨터가 접속되면 접속 인가 여부를 점검해서 인가된 경우에는 접속이 허용되고, 그 반대의 경우에는 거부할 수 있는 접근제어 유틸리티는?

① tcp wrapper
② trace checker
③ token finder
④ change detector

전문가의 조언
외부 컴퓨터의 접속 여부를 제어할 수 있는 접근제어 유틸리티는 TCP Wrapper입니다.

 TCP Wrapper
- 외부 컴퓨터의 접속 인가 여부를 점검하여 접속을 허용 및 거부하는 보안용 도구이다.
- 네트워크에 접속하면 로그인한 다른 컴퓨터 사용자의 ID 및 로그를 조회하여 악용이 가능한 데, 이것을 방지하기 위한 방화벽 역할을 수행한다.

등급 C

83. 기기를 키오스크에 갖다 대면 원하는 데이터를 바로 가져올 수 있는 기술로 10㎝ 이내 근접 거리에서 기가급 속도로 데이터 전송이 가능한 초고속 근접무선통신(NFC; Near Field Communication) 기술은?

① BcN(Broadband Convergence Network)
② Zing
③ Marine Navi
④ C-V2X(Cellular Vehicle To Everything)

전문가의 조언
10cm 이내 거리에서 3.5Gbps 속도의 데이터 전송이 가능한 초고속 근접무선통신(NFC)을 징(Zing)이라고 합니다.

병행학습
- **광대역 통합망(BcN; Broadband Convergence Network)** : 개별적인 망들이 갖고 있는 한계점을 극복하여 음성, 데이터, 유선, 무선, 통신, 방송 등의 다양한 멀티미디어 서비스를 장소와 시간에 관계없이 일정한 품질로 안전하게 이용할 수 있는 차세대 네트워크
- **마린내비(Marine Navi)** : 소형 선박의 충돌사고 예방을 위해 KT에서 만든 선박 안전 솔루션으로, GPS 기반 선박 자동식별 장치(AIS)를 통해 선박의 속도와 위치를 파악하고, 주변 선박과의 거리, 충돌 가능성 등을 인공지능(AI)을 통해 분석하여 전자해도(ENC)로 제공함
- **셀룰러-차량·사물통신(C-V2X; Cellular Vehicle To Everything)** : 이동통신망을 이용하여 차량 대 차량, 차량 대 보행자, 차량 대 인프라 간에 정보를 공유하는 기술로, 3GPP에서 제정한 기술 표준 중 하나임

등급 B

84. 취약점 관리를 위한 응용 프로그램의 보안 설정과 가장 거리가 먼 것은?

① 서버 관리실 출입 통제
② 실행 프로세스 권한 설정
③ 운영체제의 접근 제한
④ 운영체제의 정보 수집 제한

전문가의 조언
서버 관리실 출입 통제는 물리적 보안에 포함되는 보안 조치입니다.

 관리적, 물리적, 기술적 보안 개념의 수립
- **관리적 보안** : 정보보호 정책, 정보보호 조직, 정보자산 분류, 정보보호 교육 및 훈련, 인적 보안, 업무 연속성 관리 등의 정의
- **물리적 보안** : 건물 및 사무실 출입 통제 지침, 전산실 관리 지침, 정보 시스템 보호 설치 및 관리 지침, 재해 복구 센터 운영 등의 정의
- **기술적 보안** : 사용자 인증, 접근 제어, PC, 서버, 네트워크, 응용 프로그램, 데이터(DB) 등의 보안 지침 정의

등급 A

85. 소프트웨어 개발 프레임워크와 관련한 설명으로 가장 적절하지 않은 것은?

① 반제품 상태의 제품을 토대로 도메인별로 필요한 서비스 컴포넌트를 사용하여 재사용성 확대와 성능을 보장 받을 수 있게 하는 개발 소프트웨어이다.
② 라이브러리와는 달리 사용자 코드에서 프레임워크를 호출해서 사용하고, 그에 대한 제어도 사용자 코드가 가지는 방식이다.
③ 설계 관점에 개발 방식을 패턴화시키기 위한 노력의 결과물인 소프트웨어 디자인 패턴을 반제품 소프트웨어 상태로 집적화시킨 것으로 볼 수 있다.
④ 프레임워크의 동작 원리를 그 제어 흐름의 일반적인 프로그램 흐름과 반대로 동작한다고 해서 IoC(Inversion of Control)이라고 설명하기도 한다.

전문가의 조언
사용자 코드가 제어를 갖고 직접 호출해서 사용하는 것은 라이브러리(Library)입니다.

정답 82.① 83.② 84.① 85.②

병행학습 **프레임워크의 특성**
- 모듈화(Modularity) : 캡슐화를 통해 모듈화를 강화하고 설계 및 구현의 변경에 따른 영향을 최소화함으로서 소프트웨어의 품질을 향상시킴
- 재사용성(Reusability) : 재사용 가능한 모듈들을 제공함으로써 개발자의 생산성을 향상시킴
- 확장성(Extensibility) : 다형성(Polymorphism)을 통한 인터페이스 확장이 가능하여 다양한 형태와 기능을 가진 애플리케이션 개발이 가능함
- 제어의 역흐름(Inversion of Control) : 개발자가 관리하고 통제해야 하는 객체들의 제어를 프레임워크에 넘김으로써 생산성을 향상시킴

등급 C

86. 클라우드 기반 HSM(Cloud-based Hardware Security Module)에 대한 설명으로 틀린 것은?

① 클라우드(데이터센터) 기반 암호화 키 생성, 처리, 저장 등을 하는 보안 기기이다.
② 국내에서는 공인인증제의 폐지와 전자서명법 개정을 추진하면서 클라우드 HSM 용어가 자주 등장하였다.
③ 클라우드에 인증서를 저장하므로 기존 HSM 기기나 휴대폰에 인증서를 저장해 다닐 필요가 없다.
④ 하드웨어가 아닌 소프트웨어적으로만 구현되기 때문에 소프트웨어식 암호 기술에 내재된 보안 취약점을 해결할 수 없다는 것이 주요 단점이다.

전문가의 조언
클라우드 기반 HSM은 암호화 키 생성이 하드웨어적으로 구현되므로 소프트웨어적으로 구현된 암호 기술이 가지는 보안 취약점을 무시할 수 있습니다.

병행학습 **클라우드 기반 HSM(Cloud-based Hardware Security Module)**
- 클라우드를 기반으로 암호화 키의 생성·저장·처리 등의 작업을 수행하는 보안 기기를 가리키는 용어이다.
- 클라우드에 인증서를 저장하므로 스마트폰과 같은 개별 기기에 인증서를 저장할 필요가 없다.
- 암호화 키 생성이 하드웨어적으로 구현되기 때문에 소프트웨어적으로 구현된 암호 기술이 가지는 보안 취약점을 무시할 수 있다.
- 대표적인 클라우드 HSM 서비스 제공자에는 구글이 있다.

등급 B

87. 다음 내용이 설명하는 기술로 가장 적절한 것은?

- 다른 국을 향하는 호출이 중계에 의하지 않고 직접 접속되는 그물 모양의 네트워크이다.
- 통신량이 많은 비교적 소수의 국 사이에 구성될 경우 경제적이며 간편하지만, 다수의 국 사이에는 회선이 세분화 되어 비경제적일 수도 있다.
- 해당 형태의 무선 네트워크의 경우 대용량을 빠르고 안전하게 전달할 수 있어 행사장이나 군 등에서 많이 활용된다.

① Virtual Local Area Network
② Simple Station Network
③ Mesh Network
④ Modem Network

전문가의 조언
문제의 지문은 매시 네트워크(Mesh Network)에 대한 설명입니다.

병행학습 **VLAN(Virtual Local Area Network)**
LAN의 물리적인 배치와 상관없이 논리적으로 분리하는 기술로, 접속된 장비들의 성능 및 보안성을 향상시킬 수 있다.

등급 B

88. 물리적 위협으로 인한 문제에 해당하지 않는 것은?

① 화재, 홍수 등 천재지변으로 인한 위협
② 하드웨어 파손, 고장으로 인한 장애
③ 방화, 테러로 인한 하드웨어와 기록장치를 물리적으로 파괴하는 행위
④ 방화벽 설정의 잘못된 조작으로 인한 네트워크, 서버 보안 위협

전문가의 조언
방화벽 설정의 잘못된 조작으로 인한 네트워크, 서버 보안 위협은 기술적 위협으로 인한 문제에 해당합니다.

등급 B

89. 악성코드의 유형 중 다른 컴퓨터의 취약점을 이용하여 스스로 전파하거나 메일로 전파되며 스스로를 증식하는 것은?

① Worm
② Rogue Ware
③ Adware
④ Reflection Attack

전문가의 조언
네트워크를 통해 연속적으로 자신을 복제하는 악성코드는 웜(Worm)입니다.

병행학습
- 로그웨어(Rogue Ware) : 사용자를 속여 악성코드를 설치하도록 유도하는 소프트웨어로, 주로 바이러스에 감염되었다며 백신 소프트웨어처럼 보이는 악성코드를 설치하도록 유도함
- 애드웨어(Adware) : 소프트웨어 자체에 광고를 포함하여 이를 보는 대가로 무료로 사용하는 소프트웨어
- 반사 공격(Reflection Attack) : 송신자가 생성한 메시지를 가로채 접근 권한을 얻는 형태의 공격 기법

등급 C

90. 다음 설명에 해당하는 공격 기법은?

시스템 공격 기법 중 하나로 허용 범위 이상의 ICMP 패킷을 전송하여 대상 시스템의 네트워크를 마비시킨다.

① Ping of Death
② Session Hijacking
③ Piggyback Attack
④ XSS

전문가의 조언
허용 범위 이상의 ICMP 패킷을 전송하여 대상 시스템의 네트워크를 마비시키는 공격 기법은 죽음의 핑(Ping of Death)입니다.

병행학습
- 세션 하이재킹(Session Hijacking) : 서버에 접속하고 있는 클라이언트들의 세션 정보를 가로채는 공격 기법으로, 세션 가로채기라고도 함
- 피기백 공격(Piggyback Attack) : 시스템의 올바른 인증 절차나 보안 프로그램에 편승하는 공격 방법으로, 권한 있는 사람이 열고 지나간 문틈을 파고들어 가는 것에 빗댐
- 크로스사이트 스크립팅(XSS; Cross Site Scripting) : 웹페이지에 악의적인 스크립트를 삽입하여 방문자들의 정보를 탈취하거나, 비정상적인 기능 수행을 유발하는 보안 약점

등급 B

91. 다음 설명에 해당하는 소프트웨어는?

- 개발해야 할 애플리케이션의 일부분이 이미 내장된 클래스 라이브러리로 구현이 되어 있다.
- 따라서, 그 기반이 되는 이미 존재하는 부분을 확장 및 이용하는 것으로 볼 수 있다.
- JAVA 기반의 대표적인 소프트웨어로는 스프링(Spring)이 있다.

① 전역 함수 라이브러리
② 소프트웨어 개발 프레임워크
③ 컨테이너 아키텍처
④ 어휘 분석기

전문가의 조언
문제의 지문은 소프트웨어 개발 프레임워크에 대한 설명입니다.

병행학습 소프트웨어 개발 프레임워크
- 프레임워크(Framework)는 소프트웨어 개발에 공통적으로 사용되는 구성 요소와 아키텍처를 일반화하여 손쉽게 구현할 수 있도록 여러 가지 기능들을 제공해주는 반제품 형태의 소프트웨어 시스템이다.
- 주요 기능 : 예외 처리, 트랜잭션 처리, 메모리 공유, 데이터 소스 관리, 서비스 관리, 쿼리 서비스, 로깅 서비스, 사용자 인증 서비스 등
- 스프링 프레임워크(Spring Framework) : 자바 플랫폼을 위한 오픈 소스 경량형 애플리케이션 프레임워크로, 동적인 웹 사이트의 개발을 위해 다양한 서비스를 제공함
- 전자정부 프레임워크 : 우리나라의 공공부문 정보화 사업 시 효율적인 정보 시스템의 구축을 지원하기 위해 필요한 기능 및 아키텍처를 제공하는 프레임워크로, 개발 프레임워크의 표준 정립으로 응용 소프트웨어의 표준화, 품질 및 재사용성의 향상을 목적으로 함
- 닷넷 프레임워크(.NET Framework) : Windows 프로그램의 개발 및 실행 환경을 제공하는 프레임워크로, Microsoft 사에서 통합 인터넷 전략을 위해 개발하였으며, 실행을 관리하는 CLR(Common Language Runtime, 공용 언어 런타임)이라는 이름의 가상머신 상에서 작동함

등급 A

92. 소프트웨어 개발 방법론 중 애자일(Agile) 방법론의 특징과 가장 거리가 먼 것은?

① 각 단계의 결과가 완전히 확인된 후 다음 단계 진행
② 소프트웨어 개발에 참여하는 구성원들 간의 의사소통 중시
③ 환경 변화에 대한 즉시 대응
④ 프로젝트 상황에 따른 주기적 조정

전문가의 조언
각 단계의 결과가 완전히 확인된 후 다음 단계를 진행하는 것은 폭포수 모형(Waterfall Model)의 특징입니다.

등급 A

93. 대칭 암호 알고리즘과 비대칭 암호 알고리즘에 대한 설명으로 틀린 것은?

① 대칭 암호 알고리즘은 비교적 실행 속도가 빠르기 때문에 다양한 암호의 핵심 함수로 사용될 수 있다.
② 대칭 암호 알고리즘은 비밀키 전달을 위한 키 교환이 필요하지 않아 암호화 및 복호화의 속도가 빠르다.
③ 비대칭 암호 알고리즘은 자신만이 보관하는 비밀키를 이용하여 인증, 전자서명 등에 적용이 가능하다.
④ 대표적인 대칭키 암호 알고리즘으로는 AES, IDEA 등이 있다.

전문가의 조언
대칭 암호 알고리즘은 비밀키(Private Key)를 공유해야 하기 때문에 키 교환이 필요합니다.

병행학습 개인키 암호화(Private Key Encryption) 기법
- 동일한 키로 데이터를 암호화하고 복호화한다.
- 데이터베이스 사용자는 평문의 정보 M을 암호화 알고리즘 E와 개인키(Private Key) K를 이용하여 암호문 C로 바꾸어 저장시켜 놓으면 사용자는 그 데이터베이스에 접근하기 위해 복호화 알고리즘 D와 개인키 K를 이용하여 다시 평문의 정보 M으로 바꾸어 이용하는 방법이다.
- 개인키 암호화 기법은 대칭 암호 기법 또는 단일키 암호화 기법이라고도 한다.
- 개인키 암호화 기법은 한 번에 하나의 데이터 블록을 암호화 하는 블록 암호화 방식과, 평문과 동일한 길이의 스트림을 생성하여 비트 단위로 암호화 하는 스트림 암호화 방식으로 분류된다.
- 종류
  - 블록 암호화 방식 : DES, SEED, AES, ARIA
  - 스트림 암호화 방식 : LFSR, RC4
- 장점 : 암호화/복호화 속도가 빠르며, 알고리즘이 단순하고, 공개키 암호 기법보다 파일의 크기가 작음
- 단점 : 사용자의 증가에 따라 관리해야 할 키의 수가 상대적으로 많아짐

등급 A

94. 두 명의 개발자가 5개월에 걸쳐 10000 라인의 코드를 개발하였을 때, 월별(man-month) 생산성 측정을 위한 계산 방식으로 가장 적합한 것은?

① 10000/2
② 10000/(5×2)
③ 10000/5
④ (2×10000)/5

전문가의 조언
생산성을 구하는 공식은 '원시 코드 라인 수/노력'이고, 노력은 '개발 기간×투입 인원'이므로 계산식은 '10000 / (5×2)'입니다.

병행학습 LOC(원시 코드 라인 수, source Line Of Code) 기법
- LOC 기법은 소프트웨어 각 기능의 원시 코드 라인 수의 비관치, 낙관치, 기대치를 측정하여 예측치를 구하고 이를 이용하여 비용을 산정하는 기법이다.
- 측정이 용이하고 이해하기 쉬워 가장 많이 사용된다.
- 예측치를 이용하여 생산성, 노력, 개발 기간 등의 비용을 산정한다.

$$예측치 = \frac{a + 4m + b}{6}$$

단, a : 낙관치, b : 비관치, m : 기대치(중간치)

- 산정 공식
  - 노력(인월) = 개발 기간 × 투입 인원
          = LOC / 1인당 월평균 생산 코드 라인 수
  - 개발 비용 = 노력(인월) × 단위 비용(1인당 월평균 인건비)
  - 개발 기간 = 노력(인월) / 투입 인원
  - 생산성 = LOC / 노력(인월)

등급 C

95. 접근 통제 방법 중 조직 내에서 직무, 직책 등 개인의 역할에 따라 결정하여 부여하는 접근 정책은?

① RBAC
② DAC
③ MAC
④ QAC

전문가의 조언
직무나 직책과 같이 개인의 역할에 따라 접근 권한을 부여하는 접근 정책은 역할 기반 접근통제(RBAC; Role Based Access Control)입니다.

정답 93.② 94.② 95.①

병행학습 접근통제

- 데이터가 저장된 객체와 이를 사용하려는 주체 사이의 정보 흐름을 제한하는 것이다.
- 접근통제는 데이터에 대해 다음과 같은 통제를 함으로써 자원의 불법적인 접근 및 파괴를 예방한다.
- 접근통제의 3요소 : 접근통제 정책, 접근통제 메커니즘, 접근통제 보안모델
- 접근통제 기술
  - 임의 접근통제(DAC, Discretionary Access Control) : 데이터에 접근하는 사용자의 신원에 따라 접근 권한을 부여하는 방식
  - 강제 접근통제(MAC, Mandatory Access Control) : 주체와 객체의 등급을 비교하여 접근 권한을 부여하는 방식
  - 역할기반 접근통제(RBAC, Role Based Access Control) : 사용자의 역할에 따라 접근 권한을 부여하는 방식

- 반분리형(Semi-Detached Mode)
  - 조직형과 내장형의 중간형으로, 트랜잭션 처리 시스템이나 운영체제, 데이터베이스 관리 시스템 등의 30만(300KDSI) 라인 이하의 소프트웨어를 개발하는 유형이다.
  - 컴파일러, 인터프리터와 같은 유틸리티 개발에 적합하다.
- 내장형(Embedded Mode)
  - 최대형 규모의 트랜잭션 처리 시스템이나 운영체제 등의 30만(300KDSI) 라인 이상의 소프트웨어를 개발하는 유형이다.
  - 신호기 제어 시스템, 미사일 유도 시스템, 실시간 처리 시스템 등의 시스템 프로그램 개발에 적합하다.

등급 B

97. 각 사용자 인증의 유형에 대한 설명으로 가장 적절하지 않은 것은?

① 지식 : 주체는 '그가 알고 있는 것'을 보여주며 예시로는 패스워드, PIN 등이 있다.
② 소유 : 주체는 '그가 가지고 있는 것'을 보여주며 예시로는 토큰, 스마트카드 등이 있다.
③ 존재 : 주체는 '그를 대체하는 것'을 보여주며 예시로는 패턴, QR 등이 있다.
④ 행위 : 주체는 '그가 하는 것'을 보여주며 예시로는 서명, 움직임, 음성 등이 있다.

전문가의 조언
'존재'라는 사용자 인증 유형은 없습니다. 사용자 인증의 유형에는 지식, 소유, 생체, 행위, 위치 등이 있으며, 패턴은 지식 기반 인증에, QR은 소유 기반 인증에 속합니다.

병행학습 인증의 주요 유형

- 지식 기반 인증(Something You Know)
  - 사용자가 기억하고 있는 정보를 기반으로 인증을 수행하는 것이다.
  - 예시 : 고정된 패스워드(Password), 패스 프레이즈(Passphrase), 아이핀(i-PIN)
- 소유 기반 인증(Something You Have)
  - 사용자가 소유하고 있는 것을 기반으로 인증을 수행하는 것이다.
  - 예시 : 신분증, 메모리 카드(토큰), 스마트 카드, OTP(One Time Password)
- 생체 기반 인증(Something You Are)
  - 사용자의 고유한 생체 정보를 기반으로 인증을 수행하는 것이다.
  - 예시 : 지문, 홍채/망막, 얼굴, 음성, 정맥 등
- 행위 기반 인증(Something You Do)
  - 사용자의 행동 정보를 이용해 인증을 수행한다.
  - 예시 : 서명, 동작, 음성 등
- 위치 기반 인증(Somewhere You Are)
  - 인증을 시도하는 위치의 적절성을 확인한다.
  - 예시 : 콜백, GPS나 IP 주소를 이용한 위치 기반 인증

등급 A

96. COCOMO(Constructive Cost Model) 모형의 특징이 아닌 것은?

① 프로젝트를 완성하는데 필요한 man-month로 산정 결과를 나타낼 수 있다.
② 보헴(Boehm)이 제안한 것으로 원시코드 라인 수에 의한 비용 산정 기법이다.
③ 비교적 작은 규모의 프로젝트 기록을 통계 분석하여 얻은 결과를 반영한 모델이며 중소 규모 소프트웨어 프로젝트 비용 추정에 적합하다.
④ 프로젝트 개발 유형에 따라 object, dynamic, function의 3가지 모드로 구분한다.

전문가의 조언
COCOMO 모형은 개발 유형에 따라 조직형(Organic Mode), 반분리형(Semi-Detached Mode), 내장형(Embedded Mode)이 있습니다.

병행학습 COCOMO의 소프트웨어 개발 유형

- 소프트웨어 개발 유형은 소프트웨어의 복잡도 혹은 원시 프로그램의 규모에 따라 조직형, 반분리형, 내장형으로 분류할 수 있다.
- 조직형(Organic Mode)
  - 기관 내부에서 개발된 중·소 규모의 소프트웨어이다.
  - 일괄 자료 처리나 과학 기술 계산용, 비즈니스 자료 처리용으로 5만(50KDSI) 라인 이하의 소프트웨어를 개발하는 유형이다.
  - 사무 처리용, 업무용, 과학용 응용 소프트웨어 개발에 적합하다.

정답 96.④ 97.③

98. 시스템의 사용자가 로그인하여 명령을 내리는 과정에 대한 시스템의 동작 중 다음 설명에 해당하는 것은?

- 자신의 신원(Identity)을 시스템에 증명하는 과정이다.
- 아이디와 패스워드를 입력하는 과정이 가장 일반적인 예시라고 볼 수 있다.

① Aging
② Accounting
③ Authorization
④ Authentication

전문가의 조언
문제의 지문은 인증(Authentication)에 대한 설명입니다.

병행학습 AAA(=3A)
- 다음 3가지 기능을 기반으로 사용자의 컴퓨터 자원 접근에 대한 처리와 서비스를 제공하는 기반 구조(Infrastructure) 또는 규격을 의미한다.
- 인증(Authentication) : 접근하는 사용자의 신원을 검증하는 기능
- 인가(Authorization) : 신원이 검증된 사용자에게 특정된 권한과 서비스를 허용하는 기능
- 과금(Accounting) : 사용자가 어떤 종류의 서비스를 이용했고, 얼마만큼의 자원을 사용했는지 기록 및 보관하는 기능

99. 다음에서 설명하는 IT 기술은?

- 네트워크를 제어부, 데이터 전달부로 분리하여 네트워크 관리자가 보다 효율적으로 네트워크를 제어, 관리할 수 있는 기술
- 기존의 라우터, 스위치 등과 같이 하드웨어에 의존하는 네트워크 체계에서 안정성, 속도, 보안 등을 소프트웨어로 제어, 관리하기 위해 개발됨
- 네트워크 장비의 펌웨어 업그레이드를 통해 사용자의 직접적인 데이터 전송 경로 관리가 가능하고, 기존 네트워크에는 영향을 주지 않으면서 특정 서비스의 전송 경로 수정을 통하여 인터넷상에서 발생하는 문제를 처리할 수 있음

① SDN(Software Defined Networking)
② NFS(Network File System)
③ Network Mapper
④ AOE Network

전문가의 조언
문제의 지문은 소프트웨어 정의 네트워킹(SDN; Software Defined Networking)에 대한 설명입니다.

병행학습 소프트웨어 정의 기술(SDE; SDx; Software-Defined Everything)
- 네트워크, 데이터 센터 등에서 소유한 자원을 가상화하여 개별 사용자에게 제공하고, 중앙에서는 통합적으로 제어가 가능한 기술이다.
- 소프트웨어 정의 네트워킹(SDN; Software Defined Networking)
  - 네트워크를 컴퓨터처럼 모델링하여 여러 사용자가 각각의 소프트웨어들로 네트워킹을 가상화하여 제어하고 관리하는 네트워크이다.
  - 하드웨어에 의존하는 네트워크 체계에 비해 보다 효율적으로 네트워크를 제어, 관리할 수 있다.
  - 기존 네트워크에는 영향을 주지 않으면서 특정 서비스의 전송 경로 수정을 통하여 인터넷상에서 발생하는 문제를 처리할 수 있다.
- 소프트웨어 정의 데이터센터(SDDC; Software Defined Data Center) : 데이터 센터의 모든 자원을 가상화하여 인력의 개입없이 소프트웨어 조작만으로 관리 및 제어되는 데이터 센터
- 소프트웨어 정의 스토리지(SDS; Software-Defined Storage) : 물리적인 데이터 스토리지(Data Storage)를 가상화하여 여러 스토리지를 하나처럼 관리하거나, 하나의 스토리지를 여러 스토리지로 나눠 사용할 수 있는 기술

100. 프로젝트 일정 관리 시 사용하는 PERT 차트에 대한 설명에 해당하는 것은?

① 각 작업들이 언제 시작하고 언제 종료되는지에 대한 일정을 막대 도표를 이용하여 표시한다.
② 시간선(Time-Line) 차트라고도 한다.
③ 수평 막대의 길이는 각 작업의 기간을 나타낸다.
④ 작업들 간의 상호 관련성, 결정경로, 경계시간, 자원할당 등을 제시한다.

전문가의 조언
①, ②, ③번은 간트 차트에 대한 설명입니다.

병행학습 PERT(Program Evaluation and Review Technique, 프로그램 평가 및 검토 기술)
- 프로젝트에 필요한 전체 작업의 상호 관계를 표시하는 네트워크로, 각 작업별로 낙관적인 경우, 가능성이 있는 경우, 비관적인 경우로 나누어 각 단계별 종료 시기를 결정하는 방법이다.
- 과거에 경험이 없어서 소요 기간 예측이 어려운 소프트웨어에서 사용한다.
- 노드와 간선으로 구성되며 원 노드에는 작업을, 간선(화살표)에는 낙관치, 기대치, 비관치를 표시한다.
- 결정 경로, 작업에 대한 경계 시간, 작업 간의 상호 관련성 등을 알 수 있다.
- 다음과 같은 PERT 공식을 이용하여 작업 예측치를 계산한다.

  - 작업 예측치 $= \dfrac{\text{비관치} + 4 \times \text{기대치} + \text{낙관치}}{6}$

  - 평방 편차 $= \left[\dfrac{(\text{비관치} - \text{낙관치})}{6} \right]^2$

EXAMINATION 12회 2022년 3월 기출문제

1과목 소프트웨어 설계

등급 B

1. User Interface 설계 시 오류 메시지나 경고에 관한 지침으로 가장 거리가 먼 것은?
① 메시지는 이해하기 쉬워야 한다.
② 오류로부터 회복을 위한 구체적인 설명이 제공되어야 한다.
③ 오류로 인해 발생될 수 있는 부정적인 내용을 적극적으로 사용자들에게 알려야 한다.
④ 소리나 색의 사용을 줄이고 텍스트로만 전달하도록 한다.

전문가의 조언
오류 메시지나 경고는 소리나 색 등을 이용하여 듣거나 보기 쉽게 의미를 전달해야 합니다.

병행학습 사용자 인터페이스(UI; User Interface)의 설계 지침
- **사용자 중심** : 사용자가 쉽게 이해하고 편리하게 사용할 수 있는 환경을 제공하며, 실사용자에 대한 이해가 바탕이 되어야 함
- **사용성** : 사용자가 소프트웨어를 얼마나 빠르고 쉽게 이해할 수 있는지, 얼마나 편리하고 효율적으로 사용할 수 있는지를 말하는 것으로, 사용자 인터페이스 설계 시 가장 우선적으로 고려해야 함.
- **일관성** : 버튼이나 조작 방법 등을 일관성 있게 제공하므로 사용자가 쉽게 기억하고 습득할 수 있게 설계해야 함
- **단순성** : 조작 방법을 단순화시켜 인지적 부담을 감소시켜야 함
- **결과 예측 가능** : 작동시킬 기능만 보고도 결과를 미리 예측할 수 있게 설계해야 함
- **가시성** : 메인 화면에 주요 기능을 노출시켜 최대한 조작이 쉽도록 설계해야 함
- **심미성** : 디자인적으로 완성도 높게 글꼴이나 색상을 적용하고 그래픽 요소를 배치하여 가독성을 높일 수 있도록 설계해야 함.
- **표준화** : 기능 구조와 디자인을 표준화하여 한 번 학습한 이후에는 쉽게 사용할 수 있도록 설계해야 함
- **접근성** : 사용자의 연령, 성별, 인종 등 다양한 계층이 사용할 수 있도록 설계해야 함
- **명확성** : 사용자가 개념적으로 쉽게 인지할 수 있도록 설계해야 함
- **오류 발생 해결** : 오류가 발생하면 사용자가 쉽게 인지할 수 있도록 설계해야 함

등급 A

2. 다음 중 애자일(Agile) 소프트웨어 개발에 대한 설명으로 틀린 것은?
① 공정과 도구보다 개인과의 상호작용을 더 가치 있게 여긴다.
② 동작하는 소프트웨어보다는 포괄적인 문서를 가치 있게 여긴다.
③ 계약 협상보다는 고객과의 협력을 가치 있게 여긴다.
④ 계획을 따르기보다 변화에 대응하기를 가치 있게 여긴다.

전문가의 조언
애자일은 문서보다는 실행되는 SW(소프트웨어)에 더 가치를 둡니다.

병행학습 애자일 개발 4가지 핵심 가치
- 프로세스와 도구보다는 개인과 상호작용에 더 가치를 둔다.
- 방대한 문서보다는 실행되는 SW에 더 가치를 둔다.
- 계약 협상보다는 고객과 협업에 더 가치를 둔다.
- 계획을 따르기 보다는 변화에 반응하는 것에 더 가치를 둔다.

등급 C

3. 소프트웨어 설계에서 요구사항 분석에 대한 설명으로 틀린 것은?
① 소프트웨어가 무엇을 해야 하는가를 추적하여 요구사항 명세를 작성하는 작업이다.
② 사용자의 요구를 추출하여 목표를 정하고 어떤 방식으로 해결할 것인지 결정하는 단계이다.
③ 소프트웨어 시스템이 사용되는 동안 발견되는 오류를 정리하는 단계이다.
④ 소프트웨어 개발의 출발점이면서 실질적인 첫 번째 단계이다.

전문가의 조언
소프트웨어 시스템이 사용되는 동안 발견되는 오류를 정리하는 과정은 형상 관리입니다.

정답 1.④ 2.② 3.③

병행학습 요구사항 분석

- 소프트웨어 개발의 실제적인 첫 단계로 개발 대상에 대한 사용자의 요구사항을 이해하고 문서화(명세화)하는 활동을 의미한다.
- 사용자 요구의 타당성을 조사하고 비용과 일정에 대한 제약을 설정한다.
- 사용자의 요구를 정확하게 추출하여 목표를 정하고, 어떤 방식으로 해결할 것인지를 결정한다.
- 요구사항 분석을 통한 결과는 소프트웨어 설계 단계에서 필요한 기본적인 자료가 되므로 사용자의 요구사항을 정확하고 일관성 있게 분석하여 문서화해야 한다.
- 소프트웨어 분석가에 의해 요구사항 분석이 수행되며, 이 작업 단계를 요구사항 분석 단계라고 한다.
- 요구사항 분석을 위해 UML(Unified Modeling Language), 자료 흐름도(DFD), 자료 사전(DD), 소단위 명세서(Mini-Spec.), 개체 관계도(ERD), 상태 전이도(STD), 제어 명세서 등의 도구를 이용한다.

등급 D

5. 설계 기법 중 하향식 설계 방법과 상향식 설계 방법에 대한 비교 설명으로 가장 옳지 않은 것은?

① 하향식 설계에서는 통합 검사 시 인터페이스가 이미 정의되어 있어 통합이 간단하다.
② 하향식 설계에서 레벨이 낮은 데이터 구조의 세부 사항은 설계 초기 단계에서 필요하다.
③ 상향식 설계는 최하위 수준에서 각각의 모듈들을 설계하고 이러한 모듈이 완성되면 이들을 결합하여 검사한다.
④ 상향식 설계에서는 인터페이스가 이미 성립되어 있지 않더라도 기능 추가가 쉽다.

전문가의 조언
상향식 설계는 하위 모듈에서 상위 모듈 방향으로 설계하는 것으로 인터페이스가 이미 성립되어 있어야만 기능 추가가 가능합니다.

등급 A

4. 객체지향 기법에서 상위 클래스의 메소드와 속성을 하위 클래스가 물려받는 것을 의미하는 것은?

① Abstraction
② Polymorphism
③ Encapsulation
④ Inheritance

전문가의 조언
상위 클래스의 메소드와 속성을 하위 클래스가 물려받는 것을 상속(Inheritance)이라고 합니다.

병행학습
- 추상화(Abstraction) : 문제의 전체적이고 포괄적인 개념을 설계한 후 차례로 세분화하여 구체화시켜 나가는 것
- 캡슐화(Encapsulation) : 데이터(속성)와 데이터를 처리하는 함수를 하나로 묶어 인터페이스를 제외한 세부 내용을 은폐(정보 은닉)함으로써 외부에서의 접근을 제한함
- 다형성(Polymorphism) : 메시지에 의해 객체(클래스)가 연산을 수행하게 될 때 하나의 메시지에 대해 각각의 객체(클래스)가 가지고 있는 고유한 방법(특성)으로 응답할 수 있는 능력

등급 A

6. 자료 흐름도(DFD)의 각 요소별 표기 형태의 연결이 옳지 않은 것은?

① Process : 원
② Data Flow : 화살표
③ Data Store : 삼각형
④ Terminator : 사각형

전문가의 조언
자료 저장소(Data Store)는 평행선(=) 안에 자료 저장소 이름을 기입합니다.

병행학습 자료 흐름도의 구성 표기법

프로세스 (Process)	• 자료를 변환시키는 시스템의 한 부분(처리 과정)을 나타내며 처리, 기능, 변환, 버블이라고도 함 • 원이나 둥근 사각형으로 표시하고 그 안에 프로세스 이름을 기입함
자료 흐름 (Data Flow)	• 자료의 이동(흐름)이나 연관관계를 나타냄 • 화살표 위에 자료의 이름을 기입함
자료 저장소 (Data Store)	• 시스템에서의 자료 저장소(파일, 데이터베이스)를 나타냄 • 도형(평행선) 안에 자료 저장소 이름을 기입함
단말 (Terminator)	• 시스템과 교신하는 외부 개체로, 입력 데이터가 만들어지고 출력 데이터를 받음(정보의 생산자와 소비자) • 도형(사각형) 안에 이름을 기입함

7. 소프트웨어 개발에 이용되는 모델(Model)에 대한 설명 중 거리가 먼 것은?

① 모델은 개발 대상을 추상화하고 기호나 그림 등으로 시각적으로 표현한다.
② 모델을 통해 소프트웨어에 대한 이해도를 향상시킬 수 있다.
③ 모델을 통해 이해 당사자 간의 의사소통이 향상된다.
④ 모델을 통해 향후 개발될 시스템의 유추는 불가능하다.

전문가의 조언
소프트웨어 개발에 이용되는 모델(Model)은 사용자의 요구사항을 정확히 파악하기 위해 실제 개발될 소프트웨어에 대한 견본 형태로 만든 것이므로 최종 결과물에 대한 예측이 가능합니다.

8. 다음의 설명에 해당하는 언어는?

객체 지향 시스템을 개발할 때 산출물을 명세화, 시각화, 문서화하는데 사용된다. 즉, 개발하는 시스템을 이해하기 쉬운 형태로 표현하여 분석가, 의뢰인, 설계자가 효율적인 의사소통을 할 수 있게 해준다. 따라서, 개발 방법론이나 개발 프로세스가 아니라 표준화된 모델링 언어이다.

① JAVA
② C
③ UML
④ Python

전문가의 조언
문제의 설명은 UML에 대한 설명입니다.

병행학습 UML(Unified Modeling Language)
- UML은 시스템 분석, 설계, 구현 등 시스템 개발 과정에서 시스템 개발자와 고객 또는 개발자 상호간의 의사소통이 원활하게 이루어지도록 표준화한 대표적인 객체지향 모델링 언어이다.
- UML은 Rumbaugh(OMT), Booch, Jacobson 등의 객체지향 방법론의 장점을 통합하였으며, 객체 기술에 관한 국제표준화기구인 OMG(Object Management Group)에서 표준으로 지정되었다.
- UML을 이용하여 시스템의 구조를 표현하는 6개의 구조 다이어그램과 시스템의 동작을 표현하는 7개의 행위 다이어그램을 작성할 수 있다.
- 각각의 다이어그램은 사물과 사물 간의 관계를 용도에 맞게 표현한다.
- UML의 구성 요소에는 사물, 관계, 다이어그램 등이 있다.

9. 다음 내용이 설명하는 UI 설계 도구는?

- 디자인, 사용 방법 설명, 평가 등을 위해 실제 화면과 유사하게 만든 정적인 형태의 모형
- 시각적으로만 구성 요소를 배치하는 것으로 일반적으로 실제로 구현되지는 않음

① 스토리보드(Storyboard) ② 목업(Mockup)
③ 프로토타입(Prototype) ④ 유스케이스(Usecase)

전문가의 조언
문제의 지문은 UI 설계 도구 중 목업(Mockup)에 대한 설명입니다.

병행학습 UI 설계 도구
- 와이어프레임(Wireframe) : 페이지에 대한 개략적인 레이아웃이나 UI 요소 등에 대한 뼈대를 설계하는 단계
- 목업(Mockup) : 디자인, 사용 방법 설명, 평가 등을 위해 와이어프레임보다 좀 더 실제 화면과 유사하게 만든 정적인 형태의 모형으로, 시각적으로만 구성 요소를 배치하는 것으로 실제로 구현되지는 않음
- 스토리보드(Story Board) : 와이어프레임에 콘텐츠에 대한 설명, 페이지 간 이동 흐름 등을 추가한 문서
- 프로토타입(Prototype) : 와이어프레임이나 스토리보드 등에 인터랙션을 적용함으로써 실제 구현된 것처럼 테스트가 가능한 동적인 형태의 모형
- 유스케이스(Use Case) : 사용자가 원하는 목표를 달성하기 위해 수행할 내용을 기술한 것

10. 애자일(Agile) 기법 중 스크럼(Scrum)과 관련된 용어에 대한 설명이 틀린 것은?

① 스크럼 마스터(Scrum Master)는 스크럼 프로세스를 따르고, 팀이 스크럼을 효과적으로 활용할 수 있도록 보장하는 역할 등을 맡는다.
② 제품 백로그(Product Backlog)는 스크럼 팀이 해결해야 하는 목록으로 소프트웨어 요구사항, 아키텍처 정의 등이 포함될 수 있다.
③ 스프린트(Sprint)는 하나의 완성된 최종 결과물을 만들기 위한 주기로 3달 이상의 장기간으로 결정된다.
④ 속도(Velocity)는 한 번의 스프린트에서 한 팀이 어느 정도의 제품 백로그를 감당할 수 있는지에 대한 추정치로 볼 수 있다.

정답 7.④ 8.③ 9.② 10.③

전문가의 조언
스프린트는 실제 개발 작업을 진행하는 과정으로, 보통 2~4주 정도의 기간 내에서 진행합니다.

병행학습 스프린트(Sprint)
- 실제 개발 작업을 진행하는 과정으로, 보통 2~4주 정도의 기간 내에서 진행한다.
- 스프린트 백로그에 작성된 태스크를 대상으로 속도를 추정한 후 개발 담당자에게 할당한다.
- 태스크를 할당할 때는 개발자가 원하는 태스크를 직접 선별하여 담당할 수 있도록 하는 것이 좋다.
- 개발 담당자에게 할당된 태스크는 보통 할 일(To Do), 진행 중(In Progress), 완료(Done)의 상태를 갖는다.

행위(Behavioral) 다이어그램 = 동적 다이어그램
- 유스케이스 다이어그램(Use Case Diagram) : 사용자의 요구를 분석하는 것으로 기능 모델링 작업에 사용함
- 순차 다이어그램(Sequence Diagram) : 상호 작용하는 시스템이나 객체들이 주고받는 메시지를 표현
- 커뮤니케이션 다이어그램(Communication Diagram) : 순차 다이어그램과 같이 동작에 참여하는 객체들이 주고받는 메시지를 표현하는데, 메시지뿐만 아니라 객체들 간의 연관까지 표현
- 상태 다이어그램(State Diagram) : 하나의 객체가 자신이 속한 클래스의 상태 변화 혹은 다른 객체와의 상호 작용에 따라 상태가 어떻게 변화하는지를 표현
- 활동 다이어그램(Activity Diagram) : 시스템이 어떤 기능을 수행하는지 객체의 처리 로직이나 조건에 따른 처리의 흐름을 순서에 따라 표현

등급 A

11. UML 다이어그램 중 정적 다이어그램이 아닌 것은?

① 컴포넌트 다이어그램
② 배치 다이어그램
③ 순차 다이어그램
④ 패키지 다이어그램

전문가의 조언
순차 다이어그램(Sequence Diagram)은 시간의 흐름에 따라 상호 작용하는 객체들을 표현하는 동적 다이어그램입니다.

병행학습 UML 다이어그램의 종류
구조적(Structural) 다이어그램 = 정적 다이어그램
- 클래스 다이어그램(Class Diagram) : 클래스와 클래스가 가지는 속성, 클래스 사이의 관계를 표현
- 객체 다이어그램(Object Diagram) : 클래스에 속한 사물(객체)들, 즉 인스턴스(Instance)를 특정 시점의 객체와 객체 사이의 관계로 표현
- 컴포넌트 다이어그램(Component Diagram) : 실제 구현 모듈인 컴포넌트 간의 관계나 컴포넌트 간의 인터페이스를 표현
- 배치 다이어그램(Deployment Diagram) : 결과물, 프로세스, 컴포넌트 등 물리적 요소들의 위치를 표현
- 복합체 구조 다이어그램(Composite Structure Diagram) : 클래스나 컴포넌트가 복합 구조를 갖는 경우 그 내부 구조를 표현
- 패키지 다이어그램(Package Diagram) : 유스케이스나 클래스 등의 모델 요소들을 그룹화한 패키지들의 관계를 표현

등급 B

12. LOC 기법에 의하여 예측된 총 라인수가 36000라인, 개발에 참여할 프로그래머가 6명, 프로그래머들의 평균 생산성이 월간 300라인일 때 개발에 소요되는 기간을 계산한 결과로 가장 옳은 것은?

① 5개월
② 10개월
③ 15개월
④ 20개월

전문가의 조언
- 프로그래머들의 평균 생산성이 월간 300라인이라면 프로그래머 6명의 월간 생산성은 1,800입니다.
- 총 라인수가 36,000이므로 36,000 / 1,800 = 20, 즉 개발 기간은 20개월입니다.

병행학습 LOC(원시 코드 라인 수, source Line Of Code) 기법
- LOC 기법은 소프트웨어 각 기능의 원시 코드 라인 수의 비관치, 낙관치, 기대치를 측정하여 예측치를 구하고 이를 이용하여 비용을 산정하는 기법이다.
- 측정이 용이하고 이해하기 쉬워 가장 많이 사용된다.
- 예측치를 이용하여 생산성, 노력, 개발 기간 등의 비용을 산정한다.

$$\text{예측치} = \frac{a + 4m + b}{6}$$

단, a : 낙관치, b : 비관치, m : 기대치(중간치)

- 산정 공식
  - 노력(인월) = 개발 기간 × 투입 인원
    = LOC / 1인당 월평균 생산 코드 라인 수
  - 개발 비용 = 노력(인월) × 단위 비용(1인당 월평균 인건비)
  - 개발 기간 = 노력(인월) / 투입 인원
  - 생산성 = LOC / 노력(인월)

13. 클래스 설계 원칙에 대한 바른 설명은?

① 단일 책임 원칙 : 하나의 클래스만 변경 가능해야 한다.
② 개방-폐쇄의 원칙 : 클래스는 확장에 대해 열려 있어야 하며 변경에 대해 닫혀 있어야 한다.
③ 리스코프 교체의 원칙 : 여러 개의 책임을 가진 클래스는 하나의 책임을 가진 클래스로 대체되어야 한다.
④ 의존관계 역전의 원칙 : 클라이언트는 자신이 사용하는 메소드와 의존관계를 갖지 않도록 해야 한다.

전문가의 조언
클래스 설계 원칙에 대한 바른 설명은 ②번입니다.
① 단일 책임 원칙은 객체는 단 하나의 책임만 가져야 한다는 원칙입니다.
③ 리스코프 교체의 원칙은 자식 클래스는 최소한 자신의 부모 클래스에서 가능한 행위는 수행할 수 있어야 한다는 설계 원칙입니다.
④ 의존관계 역전의 원칙은 각 객체들이 의존 관계가 성립될 때, 추상성이 낮은 클래스보다 추상성이 높은 클래스와 의존 관계를 맺어야 한다는 원칙입니다.

병행학습 객체지향 설계 원칙
- 시스템 변경이나 확장에 유연한 시스템을 설계하기 위해 지켜야 할 다섯 가지 원칙으로, 다섯 가지 원칙의 앞 글자를 따 SOLID 원칙이라고도 불린다.
- 단일 책임 원칙(SRP; Single Responsibility Principle)
  - 객체는 단 하나의 책임만 가져야 한다는 원칙이다.
  - 응집도는 높고, 결합도는 낮게 설계하는 것을 의미한다.
- 개방-폐쇄 원칙(OCP; Open-Closed Principle)
  - 기존의 코드를 변경하지 않고 기능을 추가할 수 있도록 설계해야 한다는 원칙이다.
  - 공통 인터페이스를 하나의 인터페이스로 묶어 캡슐화하는 방법이 대표적이다.
- 리스코프 치환 원칙(LSP; Liskov Substitution Principle)
  - 자식 클래스는 최소한 자신의 부모 클래스에서 가능한 행위는 수행할 수 있어야 한다는 설계 원칙이다.
  - 자식 클래스는 부모 클래스의 책임을 무시하거나 재정의하지 않고 확장만 수행하도록 해야한다.
- 인터페이스 분리 원칙(ISP; Interface Segregation Principle)
  - 자신이 사용하지 않는 인터페이스와 의존 관계를 맺거나 영향을 받지 않아야 한다는 원칙이다.
  - 단일 책임 원칙이 객체가 갖는 하나의 책임이라면, 인터페이스 분리 원칙은 인터페이스가 갖는 하나의 책임이다.
- 의존 역전 원칙(DIP; Dependency Inversion Principle)
  - 각 객체들 간의 의존 관계가 성립될 때, 추상성이 낮은 클래스보다 추상성이 높은 클래스와 의존 관계를 맺어야 한다는 원칙이다.
  - 일반적으로 인터페이스를 활용하면 이 원칙은 준수된다.

14. GoF(Gangs of Four) 디자인 패턴에서 생성(Creational) 패턴에 해당하는 것은?

① 컴포지트(Composite)
② 어댑터(Adapter)
③ 추상 팩토리(Abstract Factory)
④ 옵서버(Observer)

전문가의 조언
추상 팩토리(Abstract Factory)는 생성 패턴, 컴포지트(Composite)와 어댑터(Adapter)는 구조 패턴, 옵서버(Observer)는 행위 패턴에 해당합니다.

병행학습 디자인 패턴의 종류
- 생성 패턴(Creational Pattern) : 추상 팩토리(Abstract Factory), 빌더(Builder), 팩토리 메소드(Factory Method), 프로토타입(Prototype), 싱글톤(Singleton)
- 구조 패턴(Structural Pattern) : 어댑터(Adapter), 브리지(Bridge), 컴포지트(Composite), 데코레이터(Decorator), 퍼싸드(Facade), 플라이웨이트(Flyweight), 프록시(Proxy)
- 행위 패턴(Behavioral Pattern) : 커맨드(Command), 책임 연쇄(Chain of Responsibility), 인터프리터(Interpreter), 반복자(Iterator), 중재자(Mediator), 메멘토(Memento), 옵서버(Observer), 상태(State), 전략(Strategy), 템플릿 메소드(Template Method), 방문자(Visitor)

15. 아키텍처 설계 과정이 올바른 순서로 나열된 것은?

㉮ 설계 목표 설정
㉯ 시스템 타입 결정
㉰ 스타일 적용 및 커스터마이즈
㉱ 서브시스템의 기능, 인터페이스 동작 작성
㉲ 아키텍처 설계 검토

① ㉮ → ㉯ → ㉰ → ㉱ → ㉲
② ㉲ → ㉮ → ㉯ → ㉱ → ㉰
③ ㉮ → ㉲ → ㉯ → ㉰ → ㉱
④ ㉮ → ㉯ → ㉱ → ㉰ → ㉲

전문가의 조언
소프트웨어 아키텍처의 설계 과정은 '설계 목표 설정, 시스템 타입 결정, 아키텍처 패턴(스타일) 적용, 서브시스템 구체화, 설계 검토' 순입니다.

등급 B

16. 사용자 인터페이스를 설계할 경우 고려해야 할 가이드라인과 가장 거리가 먼 것은?

① 심미성을 사용성보다 우선하여 설계해야 한다.
② 효율성을 높이게 설계해야 한다.
③ 발생하는 오류를 쉽게 수정할 수 있어야 한다.
④ 사용자에게 피드백을 제공해야 한다.

> **전문가의 조언**
> 사용자 인터페이스(UI)를 설계할 경우 심미성보다는 사용성을 우선하여 설계해야 합니다.

등급 C

17. 소프트웨어 설계에서 자주 발생하는 문제에 대한 일반적이고 반복적인 해결 방법을 무엇이라고 하는가?

① 모듈 분해 ② 디자인 패턴
③ 연관 관계 ④ 클래스 도출

> **전문가의 조언**
> 소프트웨어 설계에서 자주 발생하는 문제에 대한 일반적이고 반복적인 해결 방법을 디자인 패턴이라고 합니다.

병행학습 디자인 패턴(Design Pattern)
- 각 모듈의 세분화된 역할이나 모듈들 간의 인터페이스와 같은 코드를 작성하는 수준의 세부적인 구현 방안을 설계할 때 참조할 수 있는 전형적인 해결 방식 또는 예제를 의미한다.
- 디자인 패턴은 문제 및 배경, 실제 적용된 사례, 재사용이 가능한 샘플 코드 등으로 구성되어 있다.
- '바퀴를 다시 발명하지 마라(Don't reinvent the wheel)'라는 말과 같이, 개발 과정 중에 문제가 발생하면 새로 해결책을 구상하는 것보다 문제에 해당하는 디자인 패턴을 참고하여 적용하는 것이 더 효율적이다.
- 한 패턴에 변형을 가하거나 특정 요구사항을 반영하면 유사한 형태의 다른 패턴으로 변화되는 특징이 있다.
- 1995년 GoF(Gang of Four)라고 불리는 에릭 감마(ErichGamma), 리차드 헬름(Richard Helm), 랄프 존슨(RalphJohnson), 존 블리시디스(John Vlissides)가 처음으로 구체화 및 체계화하였다.
- GoF의 디자인 패턴은 수많은 디자인 패턴 중 가장 일반적인 사례에 적용될 수 있는 패턴들을 분류하여 정리함으로써, 지금까지도 소프트웨어 공학이나 현업에서 가장 많이 사용되는 디자인 패턴이다.
- GoF의 디자인 패턴은 유형에 따라 생성 패턴 5개, 구조 패턴 7개, 행위 패턴 11개 총 23개의 패턴으로 구성된다.

등급 A

18. 객체지향 분석 기법의 하나로 객체 모형, 동적 모형, 기능 모형의 3개 모형을 생성하는 방법은?

① Wirfs-Block Method
② Rumbaugh Method
③ Booch Method
④ Jacobson Method

> **전문가의 조언**
> 객체 모형, 동적 모형, 기능 모형의 3개 모형을 생성하는 방법은 럼바우(Rumbaugh) 방법입니다.

병행학습 객체지향 분석의 방법론
- **Rumbaugh(럼바우) 방법**: 가장 일반적으로 사용되는 방법으로, 분석 활동을 객체 모델, 동적 모델, 기능 모델로 나누어 수행하는 방법
- **Booch(부치) 방법**: 미시적(Micro) 개발 프로세스와 거시적(Macro) 개발 프로세스를 모두 사용하는 분석 방법으로, 클래스와 객체들을 분석 및 식별하고 클래스의 속성과 연산을 정의함
- **Jacobson 방법**: Use Case를 강조하여 사용하는 분석 방법
- **Coad와 Yourdon 방법**: E-R 다이어그램을 사용하여 객체의 행위를 모델링하며, 객체 식별, 구조 식별, 주제 정의, 속성과 인스턴스 연결 정의, 연산과 메시지 연결 정의 등의 과정으로 구성하는 기법
- **Wirfs-Brock 방법**: 분석과 설계 간의 구분이 없고, 고객 명세서를 평가해서 설계 작업까지 연속적으로 수행하는 기법

등급 C

19. 입력되는 데이터를 컴퓨터의 프로세서가 처리하기 전에 미리 처리하여 프로세서가 처리하는 시간을 줄여주는 프로그램이나 하드웨어를 말하는 것은?

① EAI ② FEP
③ GPL ④ Duplexing

> **전문가의 조언**
> 입력되는 데이터를 컴퓨터의 프로세서가 처리하기 전에 미리 처리하여 프로세서가 처리하는 시간을 줄여주는 프로그램이나 하드웨어를 전처리기(FEP; Front End Processor)라고 합니다.

병행학습

- EAI(Enterprise Application Integration) : 기업 내 각종 애플리케이션 및 플랫폼 간의 정보 전달, 연계, 통합 등 상호 연동이 가능하게 해주는 솔루션
- GPL(General Public License) : 자유 소프트웨어 재단에서 만든 자유 소프트웨어 라이선스
- Duplexing : 서비스 중단에 대비하여 동일한 기능을 수행하는 예비 시스템을 동시에 운용하는 것

등급 A

20. 객체지향 개념 중 하나 이상의 유사한 객체들을 묶어 공통된 특성을 표현한 데이터 추상화를 의미하는 것은?

① Method ② Class
③ Field   ④ Message

전문가의 조언
하나 이상의 유사한 객체들을 묶어 공통된 특성을 표현한 데이터 추상화를 클래스(Class)라고 합니다.

병행학습 클래스(Class)

- 클래스는 공통된 속성과 연산(행위)을 갖는 객체의 집합으로, 객체의 일반적인 타입(Type)을 의미한다.
- 클래스는 각각의 객체들이 갖는 속성과 연산을 정의하고 있는 틀이다.
- 클래스는 객체지향 프로그램에서 데이터를 추상화하는 단위이다.
- 클래스에 속한 각각의 객체를 인스턴스(Instance)라 하며, 클래스로부터 새로운 객체를 생성하는 것을 인스턴스화(Instantiation)라고 한다.
- 동일 클래스에 속한 각각의 객체(인스턴스)들은 공통된 속성과 행위를 가지고 있으면서, 그 속성에 대한 정보가 서로 달라서 동일 기능을 하는 여러 가지 객체를 나타내게 된다.
- 최상위 클래스는 상위 클래스를 갖지 않는 클래스를 의미한다.
- 슈퍼 클래스(Super Class)는 특정 클래스의 상위(부모) 클래스이고, 서브 클래스(Sub Class)는 특정 클래스의 하위(자식) 클래스를 의미한다.

2과목 소프트웨어 개발

등급 B

21. 클린 코드(Clean Code)를 작성하기 위한 원칙으로 틀린 것은?

① 추상화 : 하위 클래스/메소드/함수를 통해 애플리케이션의 특성을 간략하게 나타내고, 상세 내용은 상위 클래스/메소드/함수에서 구현한다.
② 의존성 : 다른 모듈에 미치는 영향을 최소화하도록 작성한다.
③ 가독성 : 누구든지 읽기 쉽게 코드를 작성한다.
④ 중복성 : 중복을 최소화 할 수 있는 코드를 작성한다.

전문가의 조언
추상화는 상위 클래스/메소드/함수를 통해 애플리케이션의 특성을 간략하게 나타내고, 상세 내용은 하위 클래스/메소드/함수에서 구현합니다.

병행학습 클린 코드 작성 원칙

가독성	• 누구든지 코드를 쉽게 읽을 수 있도록 작성함 • 코드 작성 시 이해하기 쉬운 용어를 사용하거나 들여쓰기 기능 등을 사용함
단순성	• 코드를 간단하게 작성함 • 한 번에 한 가지를 처리하도록 코드를 작성하고 클래스/메소드/함수 등을 최소 단위로 분리함
의존성 배제	• 코드가 다른 모듈에 미치는 영향을 최소화함 • 코드 변경 시 다른 부분에 영향이 없도록 작성함
중복성 최소화	• 코드의 중복을 최소화함 • 중복된 코드는 삭제하고 공통된 코드를 사용함
추상화	상위 클래스/메소드/함수에서는 간략하게 애플리케이션의 특성을 나타내고, 상세 내용은 하위 클래스/메소드/함수에서 구현함

등급 B

22. 단위 테스트에서 테스트의 대상이 되는 하위 모듈을 호출하고, 파라미터를 전달하는 가상의 모듈로 상향식 테스트에 필요한 것은?

① 테스트 스텁(Test Stub)
② 테스트 드라이버(Test Driver)
③ 테스트 슈트(Test Suites)
④ 테스트 케이스(Test Case)

전문가의 조언
단위 테스트에서 테스트의 대상이 되는 하위 모듈을 호출하고, 파라미터를 전달하는 가상의 모듈로 상향식 테스트에 필요한 것은 테스트 드라이버(Test Driver)입니다.

병행학습 테스트 하네스(Test Harness)의 구성 요소

- **테스트 드라이버(Test Driver)** : 테스트 대상의 하위 모듈을 호출하고, 매개 변수(Parameter)를 전달하고, 모듈 테스트 수행 후의 결과를 도출하는 도구
- **테스트 스텁(Test Stub)** : 제어 모듈이 호출하는 타 모듈의 기능을 단순히 수행하는 도구로, 일시적으로 필요한 조건만을 가지고 있는 테스트용 모듈
- **테스트 슈트(Test Suites)** : 테스트 대상 컴포넌트나 모듈, 시스템에 사용되는 테스트 케이스의 집합
- **테스트 케이스(Test Case)** : 사용자의 요구사항을 정확하게 준수했는지 확인하기 위한 입력 값, 실행 조건, 기대 결과 등으로 만들어진 테스트 항목의 명세서
- **테스트 스크립트(Test Script)** : 자동화된 테스트 실행 절차에 대한 명세서
- **목 오브젝트(Mock Object)** : 사전에 사용자의 행위를 조건부로 입력해 두면, 그 상황에 맞는 예정된 행위를 수행하는 객체

등급 A

23. 스택(Stack)에 대한 옳은 내용으로만 나열된 것은?

㉠ FIFO 방식으로 처리된다.
㉡ 순서 리스트의 뒤(Rear)에서 노드가 삽입되며, 앞(Front)에서 노드가 제거된다.
㉢ 선형 리스트의 양쪽 끝에서 삽입과 삭제가 모두 가능한 자료 구조이다.
㉣ 인터럽트 처리, 서브루틴 호출 작업 등에 응용된다.

① ㉠, ㉡
② ㉡, ㉢
③ ㉣
④ ㉠, ㉡, ㉢, ㉣

전문가의 조언
스택(Stack)에 대한 옳은 내용은 ㉣입니다.
㉠ 스택은 후입선출(LIFO; Last In First Out) 방식으로 자료를 처리합니다.
㉡ 큐(Queue)에 대한 설명입니다.
㉢ 데크(Deque)에 대한 설명입니다.

병행학습 스택(Stack)

- 리스트의 한쪽 끝으로만 자료의 삽입, 삭제 작업이 이루어지는 자료 구조이다.
- 스택은 가장 나중에 삽입된 자료가 가장 먼저 삭제되는 후입선출(LIFO; Last In First Out) 방식으로 자료를 처리한다.
- 스택의 모든 기억 공간이 꽉 채워져 있는 상태에서 데이터가 삽입되면 오버플로(Overflow)가 발생하며, 더 이상 삭제할 데이터가 없는 상태에서 데이터를 삭제하면 언더플로(Underflow)가 발생한다.
- 스택의 응용 분야
  - 함수 호출의 순서 제어
  - 인터럽트의 처리
  - 수식 계산 및 수식 표기법
  - 컴파일러를 이용한 언어 번역
  - 부 프로그램 호출 시 복귀주소 저장
  - 서브루틴 호출 및 복귀 주소 저장

등급 C

24. 소프트웨어 모듈화의 장점이 아닌 것은?

① 오류의 파급 효과를 최소화한다.
② 기능의 분리가 가능하여 인터페이스가 복잡하다.
③ 모듈의 재사용 가능으로 개발과 유지보수가 용이하다.
④ 프로그램의 효율적인 관리가 가능하다.

전문가의 조언
모듈화의 장점은 기능의 분리가 가능하여 인터페이스가 단순해지는 것입니다.

병행학습 모듈화(Modularity)

- 소프트웨어의 성능을 향상시키거나 시스템의 수정 및 재사용, 유지 관리 등이 용이하도록 시스템의 기능들을 모듈 단위로 나누는 것을 의미한다.
- 자주 사용되는 계산식이나 사용자 인증과 같은 기능들을 공통 모듈로 구성하여 프로젝트의 재사용성을 향상시킬 수 있다.
- 모듈의 크기를 너무 작게 나누면 개수가 많아져 모듈 간의 통합 비용이 많이 들고, 너무 크게 나누면 개수가 적어 통합 비용은 적게 들지만 모듈 하나의 개발 비용이 많이 든다.
- 모듈화를 통해 기능의 분리가 가능하여 인터페이스가 단순해진다.
- 모듈화를 통해 프로그램의 효율적인 관리가 가능하고 오류의 파급 효과를 최소화할 수 있다.

등급 B

25. 소프트웨어 프로젝트 관리에 대한 설명으로 가장 옳은 것은?
① 개발에 따른 산출물 관리
② 소요인력은 최대화하되 정책 결정은 신속하게 처리
③ 주어진 기간은 연장하되 최소의 비용으로 시스템을 개발
④ 주어진 기간 내에 최소의 비용으로 사용자를 만족시키는 시스템을 개발

전문가의 조언
프로젝트 관리(Project Management)는 주어진 기간 내에 최소의 비용으로 사용자를 만족시키는 시스템을 개발하기 위한 전반적인 활동입니다.

병행학습 프로젝트 관리(Project Management)
주어진 기간 내에 최소의 비용으로 사용자를 만족시키는 시스템을 개발하기 위한 전반적인 활동이다.

관리 유형	주요 내용
일정 관리	작업 순서, 작업 기간 산정, 일정 개발, 일정 통제
비용 관리	비용 산정, 비용 예산 편성, 비용 통제
인력 관리	프로젝트 팀 편성, 자원 산정, 프로젝트 조직 정의, 프로젝트 팀 개발, 자원 통제, 프로젝트 팀 관리
위험 관리	위험 식별, 위험 평가, 위험 대처, 위험 통제
품질 관리	품질 계획, 품질 보증 수행, 품질 통제 수행

등급 D

26. 정형 기술 검토(FTR)의 지침으로 틀린 것은?
① 의제를 제한한다.
② 논쟁과 반박을 제한한다.
③ 문제 영역을 명확히 표현한다.
④ 참가자의 수를 제한하지 않는다.

전문가의 조언
정형 기술 검토는 의제와 참가자의 수를 제한합니다.

병행학습 정형 기술 검토(FTR; Formal Technical Review)
• 가장 일반적인 검토 방법으로 소프트웨어 기술자들에 의해 수행되는 소프트웨어 품질 보증 활동이다.
• 정형 기술 검토 유형에는 검토 회의(Walkthrough), 검열(Inspections) 등이 있으며 이는 모두 회의 형태로 수행된다.

• 정형 기술 검토의 지침 사항
 – 제품의 검토에만 집중하라.
 – 의제를 제한하여 진행하라.
 – 논쟁과 반박을 제한하라.
 – 문제 영역을 명확히 표현하라.
 – 해결책이나 개선책에 대해서는 논하지 말아라.
 – 참가자의 수를 제한하고 사전 준비를 강요하라.
 – 검토될 확률이 있는 각 제품에 대한 체크 리스트를 개발하라.

등급 B

27. 소프트웨어 재공학의 주요 활동 중 기존 소프트웨어 시스템을 새로운 기술 또는 하드웨어 환경에서 사용할 수 있도록 변환하는 작업을 의미하는 것은?
① Analysis
② Migration
③ Restructuring
④ Reverse Engineering

전문가의 조언
기존 소프트웨어 시스템을 새로운 기술 또는 하드웨어 환경에서 사용할 수 있도록 변환하는 작업을 이식(Migration)이라고 합니다.

병행학습 소프트웨어 재공학(Software Reengineering)
• 새로운 요구에 맞도록 기존 시스템을 이용하여 보다 나은 시스템을 구축하고, 새로운 기능을 추가하여 소프트웨어 성능을 향상시키는 것이다.
• 소프트웨어의 수명이 연장되고, 소프트웨어 기술이 향상될 뿐만 아니라 소프트웨어의 개발 기간도 단축된다.
• 소프트웨어에서 발생할 수 있는 오류가 줄어들고, 비용이 절감된다.
• 주요 활동

분석 (Analysis)	기존 소프트웨어의 명세서를 확인하여 소프트웨어의 동작을 이해하고, 재공학할 대상을 선정하는 활동
재구성 (Restructuring)	• 기존 소프트웨어의 구조를 향상시키기 위하여 코드를 재구성하는 활동 • 소프트웨어의 기능과 외적인 동작은 바뀌지 않음
역공학 (Reverse Engineering)	• 기존 소프트웨어를 분석하여 소프트웨어 개발 과정과 데이터 처리 과정을 설명하는 분석 및 설계 정보를 재발견하거나 다시 만들어 내는 활동 • 일반적인 개발 단계와는 반대 방향으로 기존 코드를 복구하거나, 기존 소프트웨어의 구성 요소와 그 관계를 파악하여 설계도를 추출함
이식 (Migration)	기존 소프트웨어를 다른 운영체제나 하드웨어 환경에서 사용할 수 있도록 변환하는 활동

등급 D

28. 정보 시스템 개발 단계에서 프로그래밍 언어 선택 시 고려할 사항으로 가장 거리가 먼 것은?
① 개발 정보 시스템의 특성
② 사용자의 요구사항
③ 컴파일러의 가용성
④ 컴파일러의 독창성

전문가의 조언
컴파일러의 독창성은 프로그래밍 언어 선택과 관계가 없습니다.

병행학습 프로그래밍 언어의 선정 기준
- 친밀감
- 언어의 능력
- 처리의 효율성
- 프로그램 구조
- 프로그램의 길이
- 이식성
- 과거의 개발 실적
- 알고리즘과 계산상의 난이도
- 자료 구조의 난이도
- 성능 고려 사항들
- 대상 업무의 성격
- 소프트웨어의 수행 환경
- 개발 담당자의 경험과 지식
- 사용자의 요구사항
- 컴파일러의 이용 가능성

등급 C

29. 소프트웨어 패키징에 대한 설명으로 틀린 것은?
① 패키징은 개발자 중심으로 진행한다.
② 신규 및 변경 개발소스를 식별하고, 이를 모듈화하여 상용제품으로 패키징한다.
③ 고객의 편의성을 위해 매뉴얼 및 버전관리를 지속적으로 한다.
④ 범용 환경에서 사용이 가능하도록 일반적인 배포 형태로 패키징이 진행된다.

전문가의 조언
소프트웨어 패키징은 개발자가 아니라 사용자를 중심으로 진행합니다.

병행학습 소프트웨어 패키징
- 모듈별로 생성한 실행 파일들을 묶어 배포용 설치 파일을 만드는 것을 말한다.
- 개발자가 아니라 사용자를 중심으로 진행한다.
- 소스 코드는 향후 관리를 고려하여 모듈화하여 패키징한다.
- 사용자가 소프트웨어를 사용하게 될 환경을 이해하여, 다양한 환경에서 소프트웨어를 손쉽게 사용할 수 있도록 일반적인 배포 형태로 패키징한다.

등급 A

30. 자료 구조의 분류 중 선형 구조가 아닌 것은?
① 트리　　　　　② 리스트
③ 스택　　　　　④ 데크

전문가의 조언
트리는 비선형 구조입니다.

병행학습 자료 구조의 분류
- 선형 구조(Linear Structure) : 배열(Array), 선형 리스트(Linear List), 스택(Stack), 큐(Queue), 데크(Deque)
- 비선형 구조(Non-Linear Structure) : 트리(Tree), 그래프(Graph)

등급 B

31. 아주 오래되거나 참고문서 또는 개발자가 없어 유지보수 작업이 아주 어려운 프로그램을 의미하는 것은?
① Title Code　　　② Source Code
③ Object Code　　④ Alien Code

전문가의 조언
아주 오래되거나 참고문서 또는 개발자가 없어 유지보수 작업이 어려운 프로그램을 외계인 코드(Alien Code)라고 합니다.

병행학습 소스 코드 최적화
- 나쁜 코드(Bad Code)를 배제하고, 클린 코드(Clean Code)로 작성하는 것이다.
- 나쁜 코드로 작성된 애플리케이션의 코드를 클린 코드로 수정하면 애플리케이션의 성능이 개선된다.
- 클린 코드(Clean Code) : 누구나 쉽게 이해하고 수정 및 추가할 수 있는 단순, 명료한 코드, 즉 잘 작성된 코드를 의미함
- 나쁜 코드(Bad Code)
  – 프로그램의 로직(Logic)이 복잡하고 이해하기 어려운 코드로, 스파게티 코드와 외계인 코드가 여기에 해당한다.
  – 스파게티 코드 : 코드의 로직이 서로 복잡하게 얽혀 있는 코드
  – 외계인 코드 : 아주 오래되거나 참고문서 또는 개발자가 없어 유지보수 작업이 어려운 코드

32. 소프트웨어를 재사용함으로써 얻을 수 있는 이점으로 가장 거리가 먼 것은?

① 생산성 증가
② 프로젝트 문서 공유
③ 소프트웨어 품질 향상
④ 새로운 개발 방법론 도입 용이

전문가의 조언
소프트웨어 재사용은 이미 개발된 인정받은 소프트웨어의 전체 혹은 일부분을 다른 소프트웨어 개발이나 유지에 사용하는 것으로 소프트웨어를 재사용함으로써 새로운 개발 방법론을 도입하기는 어렵습니다.

소프트웨어 재사용(Software Reuse)
- 이미 개발되어 인정받은 소프트웨어의 전체 혹은 일부분을 다른 소프트웨어 개발이나 유지에 사용하는 것이다.
- 소프트웨어 개발의 품질과 생산성을 높이기 위한 방법으로, 기존에 개발된 소프트웨어와 경험, 지식 등을 새로운 소프트웨어에 적용한다.
- 재사용의 이점
  - 개발 시간과 비용을 단축시킨다.
  - 소프트웨어 품질을 향상시킨다.
  - 소프트웨어 개발의 생산성을 향상시킨다.
  - 프로젝트 실패의 위험을 감소시킨다.
  - 시스템 구축 방법에 대한 지식을 공유하게 된다.
  - 시스템 명세, 설계, 코드 등 문서를 공유하게 된다.

33. 인터페이스 간의 통신을 위해 이용되는 데이터 포맷이 아닌 것은?

① AJTML
② JSON
③ XML
④ YAML

전문가의 조언
인터페이스 간의 통신을 위해 이용되는 데이터 포맷에는 JSON, XML, YAML 등이 있습니다.

JSON(JavaScript Object Notation)
- 속성-값 쌍(Attribute-Value Pairs)으로 이루어진 데이터 객체를 전달하기 위해 사람이 읽을 수 있는 텍스트를 사용하는 개방형 표준 포맷이다.
- 비동기 처리에 사용되는 AJAX에서 XML을 대체하여 사용되고 있다.

XML(eXtensible Markup Language)
- 특수한 목적을 갖는 마크업 언어를 만드는 데 사용되는 다목적 마크업 언어이다.
- 웹 페이지의 기본 형식인 HTML의 문법이 각 웹 브라우저에서 상호 호환적이지 못하다는 문제와 SGML의 복잡함을 해결하기 위하여 개발되었다.

YAML(YAML Ain't Markup Language)
- XML, C, Python 등에서 정의된 이메일 양식에서 개념을 얻어 만들어진, 사람이 쉽게 읽을 수 있는 데이터 포맷이다.
- XML과 문법적으로 유사하지만, 태그를 사용하지 않고 공백 위주로 데이터를 구분한다.
- 이해하기 쉽고 가독성이 좋아 설정 파일을 작성할 때 주로 사용된다.

34. 프로그램 설계도의 하나인 NS Chart에 대한 설명으로 가장 거리가 먼 것은?

① 논리의 기술에 중점을 두고 도형을 이용한 표현 방법이다.
② 이해하기 쉽고 코드 변환이 용이하다.
③ 화살표나 GOTO를 사용하여 이해하기 쉽다.
④ 연속, 선택, 반복 등의 제어 논리 구조를 표현한다.

전문가의 조언
N-S 차트는 GOTO나 화살표를 사용하지 않습니다.

N-S 차트(Nassi-Schneiderman Chart)
- 논리의 기술에 중점을 둔 도형을 이용한 표현 방법으로 박스 다이어그램, Chapin Chart라고도 한다.
- 연속, 선택 및 다중 선택, 반복 등의 제어 논리 구조를 표현한다.
- GOTO나 화살표를 사용하지 않는다.
- 조건이 복합되어 있는 곳의 처리를 시각적으로 명확히 식별하는 데 적합하다.
- 선택과 반복 구조를 시각적으로 표현한다.
- 이해하기 쉽고, 코드 변환이 용이하다.
- 읽기는 쉽지만 작성하기가 어려우며, 임의로 제어를 전이하는 것이 불가능하다.
- 총체적인 구조 표현과 인터페이스를 나타내기가 어렵다.
- 단일 입구와 단일 출구로 표현된다.

35. 순서가 A, B, C, D로 정해진 입력 자료를 push, push, pop, push, push, pop, pop, pop 순서로 스택 연산을 수행하는 경우 출력 결과는?

① B D C A
② A B C D
③ B A C D
④ A B D C

전문가의 조언
PUSH는 스택에 자료를 입력하는 명령이고, POP는 스택에서 자료를 출력하는 명령입니다. 문제에 제시된 대로 PUSH와 POP을 수행하면 다음과 같이 입출력이 발생합니다.

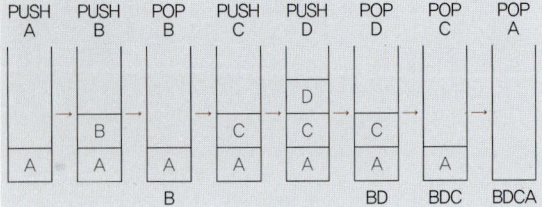

36. 분할 정복(Divide and Conquer)에 기반한 알고리즘으로 피봇(pivot)을 사용하며 최악의 경우 $\frac{n(n-1)}{2}$ 회의 비교를 수행해야 하는 정렬(Sort)은?

① Selection Sort
② Bubble Sort
③ Insert Sort
④ Quick Sort

전문가의 조언
분할 정복(Divide and Conquer)에 기반한 알고리즘으로 피봇(pivot)을 사용하는 정렬은 퀵 정렬(Quick Sort)입니다.

병행학습 퀵 정렬(Quick Sort)
• 레코드의 많은 자료 이동을 없애고 하나의 파일을 부분적으로 나누어 가면서 정렬하는 방법으로 키를 기준으로 작은 값은 왼쪽에, 큰 값은 오른쪽 서브파일로 분해시키는 방식으로 정렬한다.
• 위치에 관계없이 임의의 키를 분할 원소로 사용할 수 있다.
• 정렬 방식 중에서 가장 빠른 방식이다.
• 프로그램에서 되부름을 이용하기 때문에 스택(Stack)이 필요하다.

• 분할(Divide)과 정복(Conquer)을 통해 자료를 정렬한다.
 – 분할(Divide) : 기준값인 피봇(Pivot)을 중심으로 정렬할 자료들을 2개의 부분집합으로 나눔
 – 정복(Conquer) : 부분집합의 원소들 중 피봇(Pivot)보다 작은 원소들은 왼쪽, 피봇(Pivot)보다 큰 원소들은 오른쪽 부분집합으로 정렬함
 – 부분집합의 크기가 더 이상 나누어질 수 없을 때까지 분할과 정복을 반복 수행한다.
• 평균 수행 시간 복잡도는 $O(n\log_2 n)$이고, 최악의 수행 시간 복잡도는 $O(n^2)$이다.

37. 화이트박스 검사 기법에 해당하는 것으로만 짝지어진 것은?

㉠ 데이터 흐름 검사
㉡ 루프 검사
㉢ 동등 분할 검사
㉣ 경계값 분석
㉤ 원인 결과 그래프 기법
㉥ 오류예측 기법

① ㉠, ㉡
② ㉠, ㉣
③ ㉡, ㉤
④ ㉢, ㉥

전문가의 조언
㉠ 데이터 흐름 검사와 ㉡ 루프 검사는 화이트박스 테스트이고, 나머지는 블랙박스 테스트입니다.

병행학습
화이트박스 테스트의 종류
• 기초 경로 검사
 – 대표적인 화이트박스 테스트 기법이다.
 – 테스트 케이스 설계자가 절차적 설계의 논리적 복잡성을 측정할 수 있게 해주는 테스트 기법으로, 테스트 측정 결과는 실행 경로의 기초를 정의하는 데 지침으로 사용된다.
• 제어 구조 검사
 – 조건 검사(Condition Testing) : 프로그램 모듈 내에 있는 논리적 조건을 테스트하는 테스트 케이스 설계 기법
 – 루프 검사(Loop Testing) : 프로그램의 반복(Loop) 구조에 초점을 맞춰 실시하는 테스트 케이스 설계 기법
 – 데이터 흐름 검사(Data Flow Testing) : 프로그램에서 변수의 정의와 변수 사용의 위치에 초점을 맞춰 실시하는 테스트 케이스 설계 기법

블랙박스 테스트의 종류
• 동치 분할 검사(Equivalence Partitioning Testing) : 입력 자료에 초점을 맞춰 테스트 케이스를 만들고 검사하는 방법으로 동등 분할 기법이라고도 함
• 경계값 분석(Boundary Value Analysis) : 입력 자료에만 치중한 동치 분할 기법을 보완하기 위한 기법

- 원인-효과 그래프 검사(Cause-Effect Graphing Testing) : 입력 데이터 간의 관계와 출력에 영향을 미치는 상황을 체계적으로 분석한 다음 효용성이 높은 테스트 케이스를 선정하여 검사하는 기법
- 오류 예측 검사(Error Guessing) : 과거의 경험이나 확인자의 감각으로 테스트하는 기법
- 비교 검사(Comparison Testing) : 여러 버전의 프로그램에 동일한 테스트 자료를 제공하여 동일한 결과가 출력되는지 테스트하는 기법

등급 C

38. 소프트웨어 품질 관련 국제 표준인 ISO/IEC 25000에 관한 설명으로 옳지 않은 것은?

① 소프트웨어 품질 평가를 위한 소프트웨어 품질평가 통합 모델 표준이다.
② System and Software Quality Requirements and Evaluation으로 줄여서 SQuaRE라고도 한다.
③ ISO/IEC 2501n에서는 소프트웨어의 내부 측정, 외부 측정, 사용 품질 측정, 품질 측정 요소 등을 다룬다.
④ 기존 소프트웨어 품질 평가 모델과 소프트웨어 평가 절차 모델인 ISO/IEC 9126과 ISO/IEC 14598을 통합하였다.

전문가의 조언
- ISO/IEC 2501n에서는 소프트웨어의 내부 및 외부 품질과 사용 품질에 대한 모델 등 품질 모델 부분을 다룹니다.
- 소프트웨어의 내부 측정, 외부 측정, 사용 품질 측정, 품질 측정 요소 등 품질 측정 부분을 다루는 것은 ISO/IEC 2502n입니다.

등급 C

39. 코드 인스펙션과 관련한 설명으로 틀린 것은?

① 프로그램을 수행시켜보는 것 대신에 읽어보고 눈으로 확인하는 방법으로 볼 수 있다.
② 코드 품질 향상 기법 중 하나이다.
③ 동적 테스트 시에만 활용하는 기법이다.
④ 결함과 함께 코딩 표준 준수 여부, 효율성 등의 다른 품질 이슈를 검사하기도 한다.

전문가의 조언
코드 인스펙션은 정적 테스트 시에만 활용하는 기법입니다.

등급 B

40. 프로젝트에 내재된 위험 요소를 인식하고 그 영향을 분석하여 이를 관리하는 활동으로서, 프로젝트를 성공시키기 위하여 위험 요소를 사전에 예측, 대비하는 모든 기술과 활동을 포함하는 것은?

① Critical Path Method
② Risk Analysis
③ Work Breakdown Structure
④ Waterfall Model

전문가의 조언
문제의 내용은 위험 관리(Risk Analysis)에 대한 설명입니다.

 위험 관리(Risk Analysis)
- 프로젝트 추진 과정에서 예상되는 각종 돌발 상황(위험)을 미리 예상하고 이에 대한 적절한 대책을 수립하는 일련의 활동을 의미한다.
- 위험은 불확실성과 손실을 내재하고 있는데, 위험 관리는 이러한 위험의 불확실성을 감소시키고 손실에 대비하는 작업이다.
- 위험을 식별한 후 발생 확률을 산정하고, 그 영향을 추산하여 해당 위험에 대비하는 비상 계획을 마련한다.
- 위험 관리의 절차는 위험 식별, 위험 분석 및 평가, 위험 관리 계획, 위험 감시 및 조치 순이다.

3 과목   데이터베이스 구축

등급 A

41. 데이터베이스 설계 단계 중 물리적 설계 시 고려 사항으로 적절하지 않은 것은?

① 스키마의 평가 및 정제
② 응답 시간
③ 저장 공간의 효율화
④ 트랜잭션 처리량

전문가의 조언
스키마의 평가 및 정제는 논리적 설계 단계에서 수행하는 작업입니다.

정답 38.③ 39.③ 40.② 41.①

병행학습 물리적 설계
- 논리적 설계 단계에서 논리적 구조로 표현된 데이터를 디스크 등의 물리적 저장장치에 저장할 수 있는 물리적 구조의 데이터로 변환하는 과정이다.
- 물리적 설계 단계에서는 다양한 데이터베이스 응용에 대해 처리 성능을 얻기 위해 데이터베이스 파일의 저장 구조 및 액세스 경로를 결정한다.
- 저장 레코드의 양식, 순서, 접근 경로, 조회가 집중되는 레코드와 같은 정보를 사용하여 데이터가 컴퓨터에 저장되는 방법을 묘사한다.
- 물리적 설계 시 고려할 사항 : 트랜잭션 처리량, 응답 시간, 디스크 용량, 저장 공간의 효율화 등

등급 B

42. DELETE 명령에 대한 설명으로 틀린 것은?
① 테이블의 행을 삭제할 때 사용한다.
② WHERE 조건절이 없는 DELETE 명령을 수행하면 DROP TABLE 명령을 수행했을 때와 동일한 효과를 얻을 수 있다.
③ SQL을 사용 용도에 따라 분류할 경우 DML에 해당한다.
④ 기본 사용 형식은 "DELETE FROM 테이블 [WHERE 조건];" 이다.

전문가의 조언
- DROP은 테이블을 삭제하고, DELETE는 레코드를 삭제하는 명령문입니다.
- DELETE에 WHERE 조건절을 생략하면 테이블은 남아있고 테이블 안에 있는 모든 레코드가 삭제됩니다.

병행학습 삭제문(DELETE FROM~)
- 삭제문은 기본 테이블에 있는 튜플들 중에서 특정 튜플(행)을 삭제할 때 사용한다.
- 일반 형식

```
DELETE
FROM 테이블명
[WHERE 조건];
```

- 모든 레코드를 삭제할 때는 WHERE절을 생략한다.
- 모든 레코드를 삭제하더라도 테이블 구조는 남아 있기 때문에 디스크에서 테이블을 완전히 제거하는 DROP과는 다르다.

등급 A

43. 어떤 릴레이션 R의 모든 조인 종속성의 만족이 R의 후보키를 통해서만 만족될 때, 이 릴레이션 R이 해당하는 정규형은?
① 제5정규형
② 제4정규형
③ 제3정규형
④ 제1정규형

전문가의 조언
릴레이션 R의 모든 조인 종속이 R의 후보키를 통해서만 성립되는 정규형은 제5정규형입니다.

병행학습 정규화 과정

비정규 릴레이션
↓ 도메인이 원자값
1NF
↓ 부분적 함수 종속 제거
2NF
↓ 이행적 함수 종속 제거
3NF
↓ 결정자이면서 후보키가 아닌 것 제거
BCNF
↓ 다치 종속 제거
4NF
↓ 조인 종속성 이용
5NF

정규화 단계 암기 요령
두부를 좋아하는 정규화가 두부가게에 가서 가게에 있는 두부를 다 달라고 말하니 주인이 깜짝 놀라며 말했다.

두부이걸다줘? ≒ 도부이걸다조

도메인이 원자값
부분적 함수 종속 제거
이행적 함수 종속 제거
결정자이면서 후보키가 아닌 것 제거
다치 종속 제거
조인 종속성 이용

등급 B

44. E-R 모델에서 다중값 속성의 표기법은?
① ◇
② ▭
③ ◯
④ —

전문가의 조언
다중값 속성은 이중 타원으로 표기합니다.

병행학습 E-R 다이어그램

기호	기호 이름	의미
사각형		개체(Entity) 타입
마름모		관계(Relationship) 타입
타원		속성(Attribute)
이중 타원		다중값 속성(복합 속성)
밑줄 타원		기본키 속성
복수 타원		복합 속성
선, 링크		개체 타입과 속성을 연결

등급 B

45. 다른 릴레이션의 기본키를 참조하는 키를 의미하는 것은?
① 필드키　　　② 슈퍼키
③ 외래키　　　④ 후보키

전문가의 조언
외래키는 다른 릴레이션의 기본키를 참조하는 속성 또는 속성들의 집합을 의미합니다.

병행학습 키(Key)
- 데이터베이스에서 조건에 만족하는 튜플을 찾거나 순서대로 정렬할 때 기준이 되는 속성이다.
- 슈퍼키(Super Key) : 한 릴레이션 내에 있는 속성들의 집합으로 구성된 키로, 릴레이션을 구성하는 모든 튜플에 대해 유일성(Unique)은 만족하지만, 최소성(Minimality)은 만족하지 못함
- 후보키(Candidate Key) : 릴레이션을 구성하는 속성들 중에서 튜플을 유일하게 식별하기 위해 사용되는 속성들의 부분집합으로, 유일성과 최소성을 모두 만족함
- 기본키(Primary Key) : 후보키 중에서 특별히 선정된 키로 중복된 값과 NULL 값을 가질 수 없음
- 대체키(Alternate Key) : 후보키 중에서 선정된 기본키를 제외한 나머지 후보키를 의미함
- 외래키(Foreign Key) : 다른 릴레이션의 기본키를 참조하는 속성 또는 속성들의 집합을 의미하며, 릴레이션 간의 관계를 표현할 때 사용함

등급 C

46. 관계해석에서 '모든 것에 대하여'의 의미를 나타내는 논리 기호는?
① ∃　　　　　② ∈
③ ∀　　　　　④ ⊂

전문가의 조언
관계해석에서 '모든 것에 대하여(For All)'의 의미를 나타내는 연산자는 '∀'입니다.

병행학습 관계해석 관련 기호

기호	구성요소	설명
∨	OR 연산	두 식을 '또는'이라는 관계로 연결
∧	AND 연산	두 식을 '그리고'라는 관계로 연결
ㄱ	NOT 연산	식에 대한 부정
∀	전칭 정량자	가능한 모든 튜플에 대하여(For All)
∃	존재 정량자	하나라도 일치하는 튜플이 있음(There Exists)

등급 A

47. 다음 릴레이션의 Degree와 Cardinality는?

학번	이름	학년	학과
13001	홍길동	3학년	전기
13002	이순신	4학년	기계
13003	강감찬	2학년	컴퓨터

① Degree : 4, Cardinality : 3
② Degree : 3, Cardinality : 4
③ Degree : 3, Cardinality : 12
④ Degree : 12, Cardinality : 3

전문가의 조언
차수(Degree)는 속성(열)의 수, 카디널리티(Cardinality)는 튜플(행)의 수를 의미하므로 차수는 6, 카디널리티는 3입니다.

병행학습 관계형 데이터베이스 관련 용어

- **튜플(Tupel)**
  - 릴레이션을 구성하는 각각의 행을 말한다.
  - 튜플은 속성의 모임으로 구성된다.
  - 파일 구조에서 레코드와 같은 의미이다.
  - 튜플의 수를 카디널리티(Cardinality) 또는 기수, 대응수라고 한다.

- **속성(Attribute)**
  - 데이터베이스를 구성하는 가장 작은 논리적 단위이다.
  - 파일 구조상의 데이터 항목 또는 데이터 필드에 해당된다.
  - 속성은 개체의 특성을 기술한다.
  - 속성의 수를 디그리(Degree) 또는 차수라고 한다.

- **도메인(Domain)**
  - 하나의 애트리뷰트가 취할 수 있는 같은 타입의 원자(Atomic)값들의 집합이다.
  - 도메인은 실제 애트리뷰트 값이 나타날 때 그 값의 합법 여부를 시스템이 검사하는데에도 이용된다.
    - 예 성별 애트리뷰트의 도메인은 '남'과 '여'로, 그 외의 값은 입력될 수 없다.

등급 B

48. 뷰(View)에 대한 설명으로 틀린 것은?

① 뷰 위에 또 다른 뷰를 정의할 수 있다.
② DBA는 보안성 측면에서 뷰를 활용할 수 있다.
③ 사용자가 필요한 정보를 요구에 맞게 가공하여 뷰로 만들 수 있다.
④ SQL을 사용하면 뷰에 대한 삽입, 갱신, 삭제 연산 시 제약 사항이 없다.

전문가의 조언
뷰는 기본 테이블이나 또 다른 뷰를 이용해서 만든 가상 테이블로서, SQL을 사용하더라도 기본 테이블과 비교할 때 삽입, 삭제, 갱신 연산에 제약이 있습니다.

병행학습 뷰(View)의 개념

- 사용자에게 접근이 허용된 자료만을 제한적으로 보여주기 위해 하나 이상의 기본 테이블로부터 유도된, 이름을 가지는 가상 테이블이다.
- 뷰는 저장장치 내에 물리적으로 존재하지 않지만, 사용자에게는 있는 것처럼 간주된다.

뷰(View)의 특징

- 뷰는 기본 테이블로부터 유도된 테이블이기 때문에 기본 테이블과 같은 형태의 구조를 사용하며, 조작도 기본 테이블과 거의 같다.
- 뷰는 가상 테이블이기 때문에 물리적으로 구현되어 있지 않다.
- 데이터의 논리적 독립성을 제공할 수 있다.
- 필요한 데이터만 뷰로 정의해서 처리할 수 있기 때문에 관리가 용이하고 명령문이 간단해진다.

- 뷰를 통해서만 데이터에 접근하게 하면 뷰에 나타나지 않는 데이터를 안전하게 보호하는 효율적인 기법으로 사용할 수 있다.
- 기본 테이블의 기본키를 포함한 속성(열) 집합으로 뷰를 구성해야만 삽입, 삭제, 갱신 연산이 가능하다.
- 일단 정의된 뷰는 다른 뷰의 정의에 기초가 될 수 있다.
- 뷰가 정의된 기본 테이블이나 뷰를 삭제하면 그 테이블이나 뷰를 기초로 정의된 다른 뷰도 자동으로 삭제된다.

등급 C

49. 관계 대수식을 SQL 질의로 옳게 표현한 것은?

$$\pi_{\text{이름}}(\sigma_{\text{학과}='교육'}(\text{학생}))$$

① SELECT 학생 FROM 이름 WHERE 학과 = '교육';
② SELECT 이름 FROM 학생 WHERE 학과 = '교육';
③ SELECT 교육 FROM 학과 WHERE 이름 = '학생';
④ SELECT 학과 FROM 학생 WHERE 이름 = '교육';

전문가의 조언
지문에 제시된 관계 대수식을 SQL 질의로 옳게 표현한 것은 ②번입니다.
- $\pi_{\text{이름}}$: '이름' 필드를 표시합니다.
- $\sigma_{\text{학과}='교육'}$: '학과'가 "교육"인 자료만을 대상으로 합니다.
- (학생) : 〈학생〉 테이블의 자료를 검색합니다.
∴ 교육과 학생의 '이름'을 검색합니다.

등급 A

50. 정규화 과정에서 함수 종속이 A → B이고 B → C일 때 A → C인 관계를 제거하는 단계는?

① 1NF → 2NF
② 2NF → 3NF
③ 3NF → BCNF
④ BCNF → 4NF

전문가의 조언
A → B이고 B → C일 때 A → C를 만족하는 관계를 이행적 종속(Transitive Dependency)이라고 하고, 이행적 종속은 2NF → 3NF 단계에서 제거됩니다.

정답 48.④ 49.② 50.②

등급 C

51. CREATE TABLE문에 포함되지 않는 기능은?
① 속성 타입 변경
② 속성의 NOT NULL 여부 지정
③ 기본키를 구성하는 속성 지정
④ CHECK 제약조건의 정의

전문가의 조언
CREATE TABLE문에서는 속성 타입을 변경할 수 없습니다.

병행학습 CREATE TABLE
• CREATE TABLE은 테이블을 정의하는 명령문이다.
• 표기 형식

```
CREATE TABLE 테이블명
(속성명 데이터_타입 [DEFAULT 기본값] [NOT NULL], …
[, PRIMARY KEY(기본키_속성명, …)]
[, UNIQUE(대체키_속성명, …)]
[, FOREIGN KEY(외래키_속성명, …)]
[REFERENCES 참조테이블(기본키_속성명, …)]
[ON DELETE 옵션]
[ON UPDATE 옵션]
[, CONSTRAINT 제약조건명] [CHECK (조건식)]);
```

• 기본 테이블에 포함될 모든 속성에 대하여 속성명과 그 속성의 데이터 타입, 기본값, NOT NULL 여부를 지정한다.
• PRIMARY KEY : 기본키로 사용할 속성 또는 속성의 집합을 지정함
• UNIQUE : 대체키로 사용할 속성 또는 속성의 집합을 지정하는 것으로 UNIQUE로 지정한 속성은 중복된 값을 가질 수 없음
• FOREIGN KEY ~ REFERENCES ~
  – 참조할 다른 테이블과 그 테이블을 참조할 때 사용할 외래키 속성을 지정한다.
  – 외래키가 지정되면 참조 무결성의 CASCADE 법칙이 적용된다.
  – ON DELETE 옵션 : 참조 테이블의 튜플이 삭제되었을 때 기본 테이블에 취해야 할 사항을 지정하며, 옵션에는 NO ACTION, CASCADE, SET NULL, SET DEFAULT가 있음
  – ON UPDATE 옵션 : 참조 테이블의 참조 속성 값이 변경되었을 때 기본 테이블에 취해야 할 사항을 지정하며, 옵션에는 NO ACTION, CASCADE, SET NULL, SET DEFAULT가 있음
• CONSTRAINT : 제약 조건의 이름을 지정함. 이름을 지정할 필요가 없으면 CHECK 절만 사용하여 속성 값에 대한 제약 조건을 명시함
• CHECK : 속성 값에 대한 제약 조건을 정의함

등급 B

52. SQL과 관련한 설명으로 틀린 것은?
① REVOKE 키워드를 사용하여 열 이름을 다시 부여할 수 있다.
② 데이터 정의어는 기본 테이블, 뷰 테이블, 또는 인덱스 등을 생성, 변경, 제거하는데 사용되는 명령어이다.
③ DISTINCT를 활용하여 중복 값을 제거할 수 있다.
④ JOIN을 통해 여러 테이블의 레코드를 조합하여 표현할 수 있다.

전문가의 조언
REVOKE는 데이터베이스 사용자의 사용 권한을 취소하는 기능입니다.

등급 A

53. 다음 SQL문의 실행 결과로 생성되는 튜플 수는?

| SELECT 급여 FROM 사원; |

〈사원〉 테이블

사원ID	사원명	급여	부서ID
101	박철수	30000	1
102	한나라	35000	2
103	김갑동	40000	3
104	이구수	35000	2
105	최초록	40000	3

① 1   ② 3
③ 4   ④ 5

전문가의 조언
SQL문의 실행 결과로 생성되는 튜플 수는 5개입니다.
• SELECT 급여 : '급여' 필드를 표시합니다.
• FROM 사원 : 〈사원〉 테이블의 자료를 검색합니다.
∴ WHERE문이 없으므로 〈사원〉 테이블에서 '급여' 필드의 전체 레코드를 검색합니다.

정답 51.① 52.① 53.④

〈실행결과〉

급여
30000
35000
40000
35000
40000

 SELECT문의 일반 형식

```
SELECT Predicate [테이블명.]속성명1, [테이블명.]속성명2,…
FROM 테이블명1, 테이블명2,…
[WHERE 조건]
[GROUP BY 속성명1, 속성명2,…]
[HAVING 조건]
[ORDER BY 속성명 [ASC | DESC]];
```

• SELECT절
  - Predicate : 불러올 튜플 수를 제한할 명령어
    ▶ DISTINCT : 중복된 튜플이 있으면 그 중 첫 번째 한 개만 검색
  - 속성명 : 검색하여 불러올 속성(열) 또는 속성을 이용한 수식
• FROM절 : 질의에 의해 검색될 데이터들을 포함하는 테이블명
• WHERE절 : 검색할 조건
• GROUP BY절 : 특정 속성을 기준으로 그룹화하여 검색할 때 그룹화 할 속성
• HAVING절 : 그룹에 대한 조건
• ORDER BY절
  - 특정 속성을 기준으로 정렬하여 검색할 때 사용
  - 속성명 : 정렬의 기준이 되는 속성명
  - [ASC | DESC] : 정렬 방식(ASC는 오름차순, DESC 또는 생략하면 내림차순)

54. 다음 SQL문에서 사용된 BETWEEN 연산의 의미와 동일한 것은?

```
SELECT *
FROM 성적
WHERE (점수 BETWEEN 90 AND 95)
      AND 학과 = '컴퓨터공학과';
```

① 점수 >= 90 AND 점수 <= 95
② 점수 > 90 AND 점수 < 95
③ 점수 > 90 AND 점수 <= 95
④ 점수 >= 90 AND 점수 < 95

전문가의 조언
SQL문에서 사용된 BETWEEN 연산의 의미와 동일한 것은 ①번입니다.
• SELECT * : 모든 필드를 표시합니다.
• FROM 성적 : 〈성적〉 테이블의 자료를 검색합니다.
• WHERE (점수 BETWEEN 90 AND 95) : 점수가 90~95 사이이고
• AND 학과 = '컴퓨터공학과'; : '학과'가 "컴퓨터공학과"인 자료만을 대상으로 합니다.
∴ 〈성적〉 테이블에서 점수가 90~95 사이이고 '학과'가 '컴퓨터공학과'인 모든 필드를 검색합니다.

55. 트랜잭션의 상태 중 트랜잭션의 수행이 실패하여 Rollback 연산을 실행한 상태는?

① 철회(Aborted)
② 부분 완료(Partially Committed)
③ 완료(Commit)
④ 실패(Fail)

전문가의 조언
트랜잭션의 수행이 실패하여 Rollback 연산을 실행한 상태를 철회(Aborted)라고 합니다.

트랜잭션의 상태

활동(Active)	트랜잭션이 실행 중인 상태
실패(Failed)	트랜잭션 실행에 오류가 발생하여 중단된 상태
철회(Aborted)	트랜잭션이 비정상적으로 종료되어 Rollback 연산을 수행한 상태
부분 완료 (Partially Committed)	트랜잭션을 모두 성공적으로 실행한 후 Commit 연산이 실행되기 직전인 상태
완료(Committed)	트랜잭션을 모두 성공적으로 실행한 후 Commit 연산을 실행한 후의 상태

56. 데이터 제어어(DCL)에 대한 설명으로 옳은 것은?

① ROLLBACK : 데이터의 보안과 무결성을 정의한다.
② COMMIT : 데이터베이스 사용자의 사용 권한을 취소한다.
③ GRANT : 데이터베이스 사용자의 사용 권한을 부여한다.
④ REVOKE : 데이터베이스 조작 작업이 비정상적으로 종료되었을 때 원래 상태로 복구한다.

전문가의 조언
GRANT는 데이터베이스 사용자의 사용 권한을 부여하는 명령어입니다.
① ROLLBACK은 아직 COMMIT 되지 않은 변경된 모든 내용들을 취소하고 데이터베이스를 이전 상태로 되돌리는 명령어입니다.
② COMMIT은 트랜잭션이 성공적으로 끝나면 데이터베이스가 새로운 일관성(Consistency) 상태를 가지기 위해 변경된 모든 내용을 데이터베이스에 반영할 때 사용하는 명령어입니다.
④ REVOKE는 데이터베이스 사용자의 사용 권한을 취소하는 명령어입니다.

등급 C

57. 테이블 R과 S에 대한 SQL문이 실행되었을 때, 실행 결과로 옳은 것은?

R
A	B
1	A
3	B

S
A	B
1	A
2	B

```
SELECT A FROM R
UNION ALL
SELECT A FROM S;
```

①
1

②
| 3 |
| 2 |

③
| 1 |
| 3 |

④
| 1 |
| 3 |
| 1 |
| 2 |

전문가의 조언
- SQL문의 실행 결과로 옳은 것은 ④번입니다.
- 문제에 제시된 질의문은 집합 연산자 UNION ALL을 이용한 통합 질의로, 여러 테이블의 필드 값을 통합하여 표시하되 중복된 레코드도 그대로 표시합니다.

병행학습 집합 연산자의 종류(통합 질의의 종류)

집합 연산자	설명	집합 종류
UNION	• 두 SELECT문의 조회 결과를 통합하여 모두 출력함 • 중복된 행은 한 번만 출력함	합집합
UNION ALL	• 두 SELECT문의 조회 결과를 통합하여 모두 출력함 • 중복된 행도 그대로 출력함	합집합
INTERSECT	두 SELECT문의 조회 결과 중 공통된 행만 출력함	교집합
EXCEPT	첫 번째 SELECT문의 조회 결과에서 두 번째 SELECT문의 조회 결과를 제외한 행을 출력함	차집합

등급 A

58. 분산 데이터베이스 시스템(Distributed Database System)에 대한 설명으로 틀린 것은?

① 분산 데이터베이스는 논리적으로는 하나의 시스템에 속하지만 물리적으로는 여러 개의 컴퓨터 사이트에 분산되어 있다.
② 위치 투명성, 중복 투명성, 병행 투명성, 장애 투명성을 목표로 한다.
③ 데이터베이스의 설계가 비교적 어렵고, 개발 비용과 처리 비용이 증가한다는 단점이 있다.
④ 분산 데이터베이스 시스템의 주요 구성 요소는 분산 처리기, P2P 시스템, 단일 데이터베이스 등이 있다.

전문가의 조언
분산 데이터베이스 시스템의 주요 구성 요소는 분산 처리기, 분산 데이터베이스, 통신 네트워크가 있습니다.

병행학습 분산 데이터베이스(Distributed Database)
- 논리적으로는 같은 시스템에 속하지만 물리적으로는 컴퓨터 네트워크를 통해 분산되어 있는 데이터베이스이다.
- 분산 데이터베이스의 목표

위치 투명성 (Location Transparency)	접근하려는 데이터베이스의 실제 위치를 알 필요 없이 단지 데이터베이스의 논리적인 명칭만으로 접근할 수 있음
중복 투명성 (Replication Transparency)	동일한 데이터가 여러 곳에 중복되어 있더라도 사용자는 마치 하나의 데이터만 존재하는 것처럼 사용할 수 있고, 시스템은 자동으로 여러 데이터에 대한 작업을 수행함
병행 투명성 (Concurrency Transparency)	분산 데이터베이스와 관련된 다수의 트랜잭션들이 동시에 실행되더라도 그 트랜잭션들의 수행 결과는 서로 영향을 받지 않음
장애 투명성 (Failure Transparency)	트랜잭션, DBMS, 네트워크, 컴퓨터 장애에도 불구하고 트랜잭션은 정확하게 수행됨

- 분산 데이터베이스의 구성 요소

분산 처리기	자체적으로 처리 능력을 가지며, 지리적으로 분산되어 있는 컴퓨터 시스템을 말함
분산 데이터베이스	지리적으로 분산되어 있는 데이터베이스로서 해당 지역의 특성에 맞게 데이터베이스가 구성됨
통신 네트워크	분산 처리기들을 통신망으로 연결하여 논리적으로 하나의 시스템처럼 작동할 수 있도록 하는 통신 네트워크를 말함

정답 57.④ 58.④

- 분산 데이터베이스의 장·단점

장점	• 지역 자치성이 높음 • 자료의 공유성이 향상됨 • 분산 제어가 가능함 • 시스템 성능이 향상됨 • 중앙 컴퓨터의 장애가 전체 시스템에 영향을 끼치지 않음 • 효용성과 융통성이 높음 • 신뢰성 및 가용성이 높음 • 점진적 시스템 용량 확장이 용이함
단점	• DBMS가 수행할 기능이 복잡함 • 데이터베이스 설계가 어려움 • 소프트웨어 개발 비용이 증가함 • 처리 비용이 증가함 • 잠재적 오류가 증가함

등급 C

59. 테이블 두 개를 조인하여 뷰 V_1을 정의하고, V_1을 이용하여 뷰 V_2를 정의하였다. 다음 명령 수행 후 결과로 옳은 것은?

DROP VIEW V_1 CASCADE;

① V_1만 삭제된다.
② V_2만 삭제된다.
③ V_1과 V_2 모두 삭제된다.
④ V_1과 V_2 모두 삭제되지 않는다.

전문가의 조언
CASCADE는 제거할 요소를 참조하는 다른 모든 개체를 함께 제거하므로 V_1을 제거하면 V_2도 함께 삭제됩니다.

 DROP 옵션
• CASCADE : 제거할 요소를 참조하는 다른 모든 개체를 함께 제거함. 즉 주 테이블의 데이터 제거 시 각 외래키와 관계를 맺고 있는 모든 데이터를 제거하는 참조 무결성 제약 조건을 설정하기 위해 사용됨
• RESTRICTED : 다른 개체가 제거할 요소를 참조중일 때는 제거를 취소함

등급 C

60. 데이터베이스에서 병행제어의 목적으로 틀린 것은?
① 시스템 활용도 최대화
② 사용자에 대한 응답시간 최소화
③ 데이터베이스 공유 최소화
④ 데이터베이스 일관성 유지

전문가의 조언
병행제어의 목적 중 하나는 데이터베이스 공유 최대화입니다.

 병행제어(Concurrency Control)
• 다중 프로그램의 이점을 활용하여 동시에 여러 개의 트랜잭션을 병행수행할 때, 동시에 실행되는 트랜잭션들이 데이터베이스의 일관성을 파괴하지 않도록 트랜잭션 간의 상호 작용을 제어하는 것이다.
• 병행제어의 목적
  – 데이터베이스의 공유를 최대화한다.
  – 시스템의 활용도를 최대화한다.
  – 데이터베이스의 일관성을 유지한다.
  – 사용자에 대한 응답 시간을 최소화한다.

4과목   프로그래밍 언어 활용

등급 A

61. IP 주소 체계와 관련한 설명으로 틀린 것은?
① IPv6의 패킷 헤더는 32 octet의 고정된 길이를 가진다.
② IPv6는 주소 자동설정(Auto Configuration) 기능을 통해 손쉽게 이용자의 단말을 네트워크에 접속시킬 수 있다.
③ IPv4는 호스트 주소를 자동으로 설정하며 유니캐스트(Unicast)를 지원한다.
④ IPv4는 클래스별로 네트워크와 호스트 주소의 길이가 다르다.

전문가의 조언
IPv6의 패킷 헤더는 40옥텟(octet)의 고정된 길이를 갖습니다.

 IPv6(Internet Protocol version 6)
• 현재 사용하고 있는 IP 주소 체계인 IPv4의 주소 부족 문제를 해결하기 위해 개발되었다.
• 16비트씩 8부분, 총 128비트로 구성되어 있다.
• 각 부분을 16진수로 표현하고, 콜론(:)으로 구분한다.
• 패킷 헤더는 40옥텟(octet)의 고정된 길이를 갖는다.
• IPv4에 비해 자료 전송 속도가 빠르고, IPv4와 호환성이 뛰어나다.
• 인증성, 기밀성, 데이터 무결성의 지원으로 보안 문제를 해결할 수 있다.

• IPv6의 주소 체계

유니캐스트 (Unicast)	• 단일 송신자와 단일 수신자 간의 통신 • 1:1 통신에 사용
멀티캐스트 (Multicast)	• 단일 송신자와 다중 수신자 간의 통신 • 1:N 통신에 사용
애니캐스트 (Anycast)	• 단일 송신자와 가장 가까이 있는 단일 수신자 간의 통신 • 1:1 통신에 사용

등급 A

62. 다음 C언어 프로그램이 실행되었을 때, 실행 결과는?

```
#include <stdio.h>
#include <stdlib.h>
int main(int argc, char* argv[ ]) {
    int arr[2][3] = { 1,2,3,4,5,6 };
    int (*p)[3] = NULL;
    p = arr;
    printf("%d, ", *(p[0] + 1) + *(p[1] + 2));
    printf("%d", *(*(p + 1) + 0) + *(*(p + 1) + 1));
    return 0;
}
```

① 7, 5   ② 8, 5
③ 8, 9   ④ 7, 9

전문가의 조언

코드의 실행 결과는 **8, 9**입니다.
사용된 코드의 의미는 다음과 같습니다.

```
#include <stdio.h>
#include <stdlib.h>
int main(int argc, char* argv[ ]) {
❶   int arr[2][3] = { 1,2,3,4,5,6 };
❷   int (*p)[3] = NULL;
❸   p = arr;
❹   printf("%d, ", *(p[0] + 1) + *(p[1] + 2));
❺   printf("%d", *(*(p + 1) + 0) + *(*(p + 1) + 1));
❻   return 0;
}
```

❶ 2행 3열의 요소를 갖는 정수형 2차원 배열 arr를 선언하고 초기화한다.

	[0][0]	[0][1]	[0][2]
arr	1	2	3
	4	5	6
	[1][0]	[1][1]	[1][2]

❷ 3개의 요소를 갖는 정수형 포인터 배열 p를 선언하고 NULL로 초기화한다.
❸ p에 arr의 주소를 저장한다.

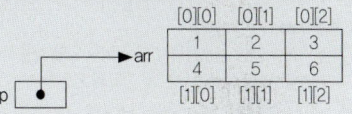

❹ printf("%d, ", *(p[0] + 1) + *(p[1] + 2));
                    ㉠   ㉡

- ㉠ : p[0]은 arr 배열의 첫 번째 행의 시작 주소를 가리키므로 여기에 1을 더한다는 것은 1행의 두 번째 열의 값 2를 가리키는 것이다.
- ㉡ : p[1]은 arr 배열의 두 번째 행의 시작 주소를 가리키므로 여기에 2를 더한다는 것은 2행의 세 번째 열의 값 6을 가리키는 것이다.
- ㉠의 값 2와 ㉡의 값 6을 더한 값 8을 정수로 출력한 후 이어서 쉼표(,)와 공백 한 칸을 출력한다.

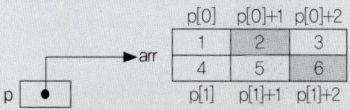

결과 8,

❺ printf("%d", *(*(p + 1) + 0) + *(*(p + 1) + 1));
                    ㉠   ㉡

- 2차원 배열에서 배열명은 실제 값에 해당하는 요소가 아닌 첫 번째 행의 주소를 가리킨다. 즉, p 또는 arr는 배열의 첫 번째 요소인 1을 가리키는 것이 아닌 첫 번째 행 전체를 가리키므로 만약 두 번째 행을 1차원 배열의 포인터처럼 사용하려면 ❹번에서와 같이 p[1]을 사용하거나 *(p+1)을 사용해야 한다.

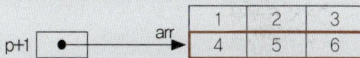

- ㉠ : *(p+1)은 arr 배열의 두 번째 행의 시작 주소를 가리키므로 여기에 0을 더한다는 것은 2행의 첫 번째 열의 값 4를 가리키는 것이다.
- ㉡ : *(p+1)은 arr 배열의 두 번째 행의 시작 주소를 가리키므로 여기에 1을 더한다는 것은 2행의 두 번째 열의 값 5를 가리키는 것이다.
- ㉠의 값 4와 ㉡의 값 5를 더한 값 9를 정수로 출력한다.

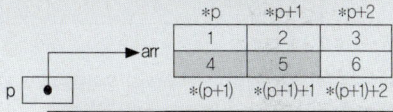

결과 8, 9

❻ main( ) 함수에서의 'return 0'은 프로그램의 종료를 의미한다.

등급 B

63. OSI 7계층 중 데이터링크 계층에 해당되는 프로토콜이 아닌 것은?

① HTTP   ② HDLC
③ PPP   ④ LLC

정답 62.③ 63.①

> **전문가의 조언**
> HTTP(HyperText Transfer Protocol)는 응용 계층의 프로토콜입니다.

병행학습 데이터 링크 계층(Data Link Layer)
- 데이터 링크 계층은 두 개의 인접한 개방 시스템들 간에 신뢰성 있고 효율적인 정보 전송을 할 수 있도록 시스템 간 연결 설정과 유지 및 종료를 담당한다.
- 송신 측과 수신 측의 속도 차이를 해결하기 위한 흐름 제어 기능을 한다.
- 프레임의 시작과 끝을 구분하기 위한 프레임의 동기화 기능을 한다.
- 오류의 검출과 회복을 위한 오류 제어 기능을 한다.
- 프레임의 순서적 전송을 위한 순서 제어 기능을 한다.
- 관련 표준 : HDLC, LAPB, LLC, MAC, LAPD, PPP 등
- 관련 장비 : 랜카드, 브리지, 스위치

등급 **A**

65. IPv6에 대한 특성으로 틀린 것은?
① 표시방법은 8비트씩 4부분의 10진수로 표시한다.
② 2^{128}개의 주소를 표현할 수 있다.
③ 등급별, 서비스별로 패킷을 구분할 수 있어 품질보장이 용이하다.
④ 확장기능을 통해 보안기능을 제공한다.

> **전문가의 조언**
> IPv6는 16비트씩 8부분, 총 128비트로 구성되어 있으며 각 부분을 16진수로 표현합니다.

등급 **C**

64. C언어에서 두 개의 논리 값 중 하나라도 참이면 1을, 모두 거짓이면 0을 반환하는 연산자는?
① || ② &&
③ **   ④ !=

> **전문가의 조언**
> ||(논리 or)는 하나라도 참이면 참을 반환하는 연산자입니다. 영어로는 'or'을 의미합니다.

병행학습 연산자의 종류
- 단항 연산자 : !(논리 not), ~(비트 not), ++(증가), --(감소), sizeof(기타)
- 이항 연산자
  - 산술 연산자 : *, /, %(나머지), +, -
  - 시프트 연산자 : 〈〈, 〉〉
  - 관계 연산자 : 〈, 〈=, 〉=, 〉, ==(같다), !=(같지 않다)
  - 비트 연산자 : &(비트 and), ^(비트 xor), |(비트 or)
  - 논리 연산자 : &&(논리 and), ||(논리 or)
- 삼항(조건) 연산자 : (조건식) ? (참) : (거짓)
- 대입 연산자 : =, +=, -=, *=, /=, %=, 〈〈=, 〉〉= 등
- 순서 연산자 : ,

등급 **C**

66. JAVA의 예외(exception)와 관련한 설명으로 틀린 것은?
① 문법 오류로 인해 발생한 것
② 오동작이나 결과에 악영향을 미칠 수 있는 실행 시간 동안에 발생한 오류
③ 배열의 인덱스가 그 범위를 넘어서는 경우 발생하는 오류
④ 존재하지 않는 파일을 읽으려고 하는 경우에 발생하는 오류

> **전문가의 조언**
> 예외(Exception)는 실행 중에 발생할 수 있는 여러 상황들을 대비한 것입니다. 문법 오류의 경우 코드가 실행조차 되지 않으므로 예외로 처리할 수 없습니다.

병행학습 JAVA의 주요 예외 객체
- ClassNotFoundException : 클래스를 찾지 못한 경우
- NoSuchMethodException : 메소드를 찾지 못한 경우
- FileNotFoundException : 파일을 찾지 못한 경우
- InterruptedIOException : 입·출력 처리가 중단된 경우
- ArithmeticException : 0으로 나누는 등의 산술 연산에 대한 예외가 발생한 경우
- IllegalArgumentException : 잘못된 인자를 전달한 경우
- NumberFormatException : 숫자 형식으로 변환할 수 없는 문자열을 숫자 형식으로 변환한 경우
- ArrayIndexOutOfBoundsException : 배열의 범위를 벗어난 접근을 시도한 경우
- NegativeArraySizeException : 0보다 작은 값으로 배열의 크기를 지정한 경우
- NullPointerException : 존재하지 않는 객체를 참조한 경우

등급 C

67. TCP/IP 계층 구조에서 IP의 동작 과정에서의 전송 오류가 발생하는 경우에 대비해 오류 정보를 전송하는 목적으로 사용하는 프로토콜은?

① ECP(Error Checking Protocol)
② ARP(Address Resolution Protocol)
③ ICMP(Internet Control Message Protocol)
④ PPP(Point-to-Point Protocol)

전문가의 조언
ICMP는 인터넷 제어 메시지 프로토콜로 IP와 조합하여 통신중에 발생하는 오류의 처리와 전송 경로 변경 등을 위한 제어 메시지를 관리하는 역할을 합니다.

병행학습
- ARP(Address Resolution Protocol) : 호스트의 IP 주소를 호스트와 연결된 네트워크 접속 장치의 물리적 주소(MAC Address)로 바꾸는 프로토콜
- PPP(Point-to-Point Protocol) : 두 점 간을 접속하여 데이터 통신을 할 때 이용하는 프로토콜

등급 D

69. 다음과 같은 형태로 임계 구역의 접근을 제어하는 상호 배제 기법은?

P(S) : while S <= 0 do skip;
S := S - 1;
V(S) : S := S + 1;

① Dekker Algorithm   ② Lamport Algorithm
③ Peterson Algorithm   ④ Semaphore

전문가의 조언
문제의 지문에 제시된 코드 형태로 임계 구역의 접근을 제어하는 상호배제 기법은 세마포어(Semaphore)입니다.

병행학습 세마포어(Semaphore)
- 세마포어는 '신호기', '깃발'을 뜻하며, 각 프로세스에 제어 신호를 전달하여 순서대로 작업을 수행하도록 하는 기법이다.
- 세마포어는 다익스트라(E. J. Dijkstra)가 제안하였으며, P와 V라는 두 개의 연산에 의해서 동기화를 유지시키고 상호 배제의 원리를 보장한다.
- S는 P와 V 연산으로만 접근 가능한 세마포어 변수로, 공유 자원의 개수를 나타내며 0과 1 혹은 0과 양의 값을 가질 수 있다.

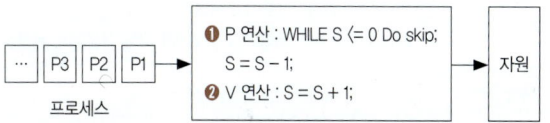

❶ 프로세스가 자원을 사용하려고 할 경우 먼저 세마포어 변수(S)를 통해 다른 프로세스가 자원을 점유하고 있는지 조사한다. 자원을 사용할 수 있으면 해당 자원을 점유한 후 자원이 점유되었다는 것을 알리고, 다른 프로세스가 이미 자원을 점유한 상태라면 자원을 사용할 수 있을 때까지 기다린다.

- P 연산 : 자원을 사용하려는 프로세스들의 진입 여부를 자원의 개수(S)를 통해 결정하는 것으로, Wait 동작이라 한다.
- S = S - 1 : 자원 점유를 알리는 것으로, 자원의 개수를 감소시킨다.

❷ 프로세스가 자원 사용을 마치면 자원을 반납하므로 자원의 사용을 위해 기다리는 프로세스에게 이 사실을 알린다.

- V 연산 : 대기중인 프로세스를 깨우는 신호(Wake Up)로서, Signal 동작이라 한다.
- S = S + 1 : 자원을 반납하였으므로 자원의 개수를 증가시킨다.

- 하나의 프로세스가 S값을 변경하면 동시에 다른 프로세스가 S값을 변경할 수 없다.
- 세마포어에 대한 연산은 처리중에 인터럽트되어서는 안 된다.

등급 B

68. 좋은 소프트웨어 설계를 위한 소프트웨어의 모듈간의 결합도(Coupling)와 모듈 내 요소 간 응집도(Cohesion)에 대한 설명으로 옳은 것은?

① 응집도는 낮게 결합도는 높게 설계한다.
② 응집도는 높게 결합도는 낮게 설계한다.
③ 양쪽 모두 낮게 설계한다.
④ 양쪽 모두 높게 설계한다.

전문가의 조언
좋은 소프트웨어 설계를 위해서는 결합도는 줄이고 응집도는 높여서 모듈의 독립성과 재사용성을 높여야 합니다.

병행학습 효과적인 모듈 설계 방안
- 결합도는 줄이고 응집도는 높여서 모듈의 독립성과 재사용성을 높인다.
- 모듈의 제어 영역 안에서 그 모듈의 영향 영역을 유지시킨다.
- 복잡도와 중복성을 줄이고 일관성을 유지시킨다.
- 모듈의 기능은 예측이 가능해야 하며 지나치게 제한적이어서는 안 된다.
- 유지보수가 용이해야 한다.
- 모듈 크기는 시스템의 전반적인 기능과 구조를 이해하기 쉬운 크기로 분해한다.
- 하나의 입구와 하나의 출구를 갖도록 해야 한다.
- 인덱스 번호나 기능 코드들이 전반적인 처리 논리 구조에 예기치 못한 영향을 끼치지 않도록 모듈 인터페이스를 설계해야 한다.

70. 소프트웨어 개발에서 모듈(Module)이 되기 위한 주요 특징에 해당하지 않는 것은?

① 다른 것들과 구별될 수 있는 독립적인 기능을 가진 단위(Unit)이다.
② 독립적인 컴파일이 가능하다.
③ 유일한 이름을 가져야 한다.
④ 다른 모듈에서의 접근이 불가능해야 한다.

전문가의 조언
각 모듈들은 상호작용을 통해 더 큰 시스템을 구성해야 하므로 모듈은 상호 접근이 가능해야 합니다.

모듈(Module)의 개요
- 모듈은 모듈화를 통해 분리된 시스템의 각 기능들로, 서브루틴, 서브시스템, 소프트웨어 내의 프로그램, 작업 단위 등과 같은 의미로 사용된다.
- 모듈은 단독으로 컴파일이 가능하며, 재사용 할 수 있다.
- 모듈의 기능적 독립성은 소프트웨어를 구성하는 각 모듈의 기능이 서로 독립됨을 의미하는 것으로, 모듈이 하나의 기능만을 수행하고 다른 모듈과의 과도한 상호작용을 배제함으로써 이루어진다.
- 독립성이 높은 모듈일수록 모듈을 수정하더라도 다른 모듈들에게는 거의 영향을 미치지 않으며, 오류가 발생해도 쉽게 발견하고 해결할 수 있다.
- 모듈의 독립성은 결합도(Coupling)와 응집도(Cohesion)에 의해 측정되며, 독립성을 높이려면 모듈의 결합도는 약하게, 응집도는 강하게, 모듈의 크기는 작게 만들어야 한다.

71. 빈 기억공간의 크기가 20KB, 16KB, 8KB, 40KB 일 때 기억장치 배치 전략으로 "Best Fit"을 사용하여 17KB의 프로그램을 적재할 경우 내부 단편화의 크기는 얼마인가?

① 3KB
② 23KB
③ 64KB
④ 67KB

전문가의 조언
최적 적합(Best-Fit)은 데이터가 들어갈 수 있는 크기의 빈 영역 중 단편화를 가장 적게 남기는 분할 영역에 배치시키는 방법으로, 17KB보다 큰 기억공간 중 가장 작은 기억공간인 20KB에 배치됩니다. 이 때 발생하는 내부 단편화는 3KB(20KB-17KB)입니다.

배치(Placement) 전략

최초 적합 (First-Fit)	프로그램이나 데이터가 들어갈 수 있는 크기의 빈 영역 중에서 첫 번째 분할 영역에 배치시키는 방법
최적 적합 (Best-Fit)	프로그램이나 데이터가 들어갈 수 있는 크기의 빈 영역 중에서 단편화를 가장 작게 남기는 분할 영역에 배치시키는 방법
최악 적합 (Worst-Fit)	프로그램이나 데이터가 들어갈 수 있는 크기의 빈 영역 중에서 단편화를 가장 많이 남기는 분할 영역에 배치시키는 방법

72. 다음 C언어 프로그램이 실행되었을 때, 실행 결과는?

```c
#include <stdio.h>
#include <stdlib.h>
int main(int argc, char* argv[ ]) {
    int i = 0;
    while (1) {
        if (i == 4) {
            break;
        }
        ++i;
    }
    printf("i = %d", i);
    return 0;
}
```

① i = 0
② i = 1
③ i = 3
④ i = 4

전문가의 조언
코드의 실행 결과는 i = 4입니다.
사용된 코드의 의미는 다음과 같습니다.

```c
#include <stdio.h>
#include <stdlib.h>
int main(int argc, char* argv[ ]) {
❶  int i = 0;
❷  while (1) {
❸      if (i == 4) {
❹          break;
        }
❺      ++i;
    }
❻  printf("i = %d", i);
❼  return 0;
}
```

❶ 정수형 변수 i를 선언하고 0으로 초기화한다.
❷ 조건이 참(1)이므로 ❸~❺번을 무한 반복한다.
❸ i의 값이 4이면 ❹번으로 이동하고, 아니면 ❺번으로 이동한다.
❹ 반복문을 탈출하여 ❻번으로 이동한다.
❺ 'i = i + 1;'과 동일하다. i의 값을 1 증가시킨다.
※ 반복문 실행에 따른 변수의 변화는 다음과 같다.

반복 횟수	i
	0
1	1
2	2
3	3
4	4
5	

❻ i = 을 출력한 후 이어서 i의 값을 정수로 출력한다.
결과 i = 4
❼ main( ) 함수에서의 'return 0'은 프로그램의 종료를 의미한다.

73. 다음 JAVA 프로그램이 실행되었을 때, 실행 결과는?

```
public class Ape {
    static void rs(char a[ ]) {
        for(int i = 0; i < a.length; i++)
            if(a[i] == 'B')
                a[i] = 'C';
            else if(i == a.length - 1)
                a[i] = a[i-1];
            else a[i] = a[i+1];
    }
    static void pca(char a[ ]) {
        for(int i = 0; i < a.length; i++)
            System.out.print(a[i]);
        System.out.println( );
    }
    public static void main(String[ ] args) {
        char c[ ] = {'A','B','D','D','A','B','C'};
        rs(c);
        pca(c);
    }
}
```

① BCDABCA ② BCDABCC
③ CDDACCC ④ CDDACCA

전문가의 조언
코드의 실행 결과는 **BCDABCC**입니다.
사용된 코드의 의미는 다음과 같습니다.

```
public class Ape {
❸  static void rs(char a[ ]) {
❹      for(int i = 0; i < a.length; i++)
❺          if(a[i] == 'B')
❻              a[i] = 'C';
❼          else if(i == a.length - 1)
❽              a[i] = a[i-1];
❾          else a[i] = a[i+1];
    }
⓫  static void pca(char a[ ]) {
⓬      for(int i = 0; i < a.length; i++)
⓭          System.out.print(a[i]);
⓮      System.out.println( );
    }
    public static void main(String[ ] args) {
❶      char c[ ] = {'A','B','D','D','A','B','C'};
❷      rs(c);
❿      pca(c);
    } ⓯
}
```

모든 Java 프로그램의 실행은 반드시 main( ) 메소드에서 시작한다.
❶ 7개의 요소를 갖는 문자형 배열 c를 선언하고 초기화한다.

	[0]	[1]	[2]	[3]	[4]	[5]	[6]
c	'A'	'B'	'D'	'D'	'A'	'B'	'C'

❷ 배열 c의 시작 위치를 인수로 rs( ) 메소드를 호출한다.
❸ 메소드 rs( )의 시작점이다. ❷번에서 전달받은 배열 c의 시작 위치를 배열 a가 받는다.

	[0]	[1]	[2]	[3]	[4]	[5]	[6]
c	'A'	'B'	'D'	'D'	'A'	'B'	'C'

❹ 반복 변수 i가 0에서 시작하여 1씩 증가하면서 배열 a의 길이인 7보다 작은 동안 ❺~❾번을 반복 수행한다.
• length : 배열 요소의 개수를 저장하고 있는 속성
❺ a[i]가 'B'이면 ❻번으로 이동하고, 아니면 ❼번으로 이동한다.
❻ a[i]에 'C'를 저장한다.
❼ i의 값이 6(7−1)이면 ❽번으로 이동하고, 아니면 ❾번으로 이동한다.
❽ a[i]에 a[i-1]의 값을 저장한다.
❾ a[i]에 a[i+1]의 값을 저장한다.

※ 반복문 실행에 따른 변수의 변화는 다음과 같다.

i	a [0] [1] [2] [3] [4] [5] [6]
0	'A' 'B' 'D' 'D' 'A' 'B' 'C' → 'B'
1	'B' 'B' 'D' 'D' 'A' 'B' 'C' → 'C'
2	'B' 'C' 'D' 'D' 'A' 'B' 'C' → 'D'
3	'B' 'C' 'D' 'D' 'A' 'B' 'C' → 'A'
4	'B' 'C' 'D' 'A' 'A' 'B' 'C' → 'B'
5	'B' 'C' 'D' 'A' 'B' 'B' 'C' → 'C'
6	'B' 'C' 'D' 'A' 'B' 'C' 'C' → 'C'
7	

- 메소드가 종료되면 rs( ) 메소드를 호출했던 ❷번의 다음 줄인 ❿번으로 이동한다.
❿ 배열 c의 시작 위치를 인수로 pca( ) 메소드를 호출한다.
⓫ 메소드 pca( )의 시작점이다. ❿번에서 전달받은 배열 c의 시작 위치를 새로운 배열 a가 받는다.

```
         [0] [1] [2] [3] [4] [5] [6]
a  ●─→ c 'B' 'C' 'D' 'A' 'B' 'C' 'C'
```

⓬ 반복 변수 i가 0에서 시작하여 배열 a의 길이인 7보다 작은 동안 ⓭번을 반복 수행한다.
⓭ a[i]의 값을 출력한다.
결과 BCDABCC
⓮ 커서를 다음 줄의 처음으로 옮긴다. 메소드가 종료되었으므로 pca( ) 메소드를 호출했던 ❿번의 다음 줄인 ⓯번으로 이동한다.
⓯ 프로그램을 종료한다.

등급 C

74. 개발 환경 구성을 위한 빌드(Build) 도구에 해당하지 않는 것은?
① Ant
② Kerberos
③ Maven
④ Gradle

전문가의 조언
Kerberos는 네트워크 인증 프로토콜의 하나입니다. 빌드 자동화 도구에는 Ant, Make, Maven, Gradle, Jenkins 등이 있습니다.

병행학습 빌드 자동화 도구의 개념
- 빌드란 소스 코드 파일들을 컴파일한 후 여러 개의 모듈을 묶어 실행 파일로 만드는 과정이며, 이러한 빌드를 포함하여 테스트 및 배포를 자동화하는 도구를 빌드 자동화 도구라고 한다.
- 애자일 환경에서는 하나의 작업이 마무리될 때마다 모듈 단위로 나눠서 개발된 코드들이 지속적으로 통합되는데, 이러한 지속적인 통합(Continuous Integration) 개발 환경에서 빌드 자동화 도구는 유용하게 활용된다.
- 빌드 자동화 도구에는 Ant, Make, Maven, Gradle, Jenkins 등이 있으며, 이 중 Jenkins와 Gradle이 가장 대표적이다.

등급 A

75. 3개의 페이지 프레임을 갖는 시스템에서 페이지 참조 순서가 1, 2, 1, 0, 4, 1, 3 일 경우 FIFO 알고리즘에 의한 페이지 교체의 경우 프레임의 최종 상태는?
① 1, 2, 0
② 2, 4, 3
③ 1, 4, 2
④ 4, 1, 3

전문가의 조언
3개의 페이지를 수용할 수 있는 주기억장치이므로 아래 그림과 같이 3개의 페이지 프레임으로 표현할 수 있습니다.

참조 페이지	1	2	1	0	4	1	3
페이지 프레임	1	1	1	1	4	4	4
		2	2	2	2	1	1
				0	0	0	3
부재 발생	●	●		●	●		●

※ ● : 페이지 부재 발생

참조 페이지가 페이지 테이블에 없을 경우 페이지 결함(부재)이 발생됩니다. 초기에는 모든 페이지가 비어 있으므로 처음 1, 2, 0 페이지 적재 시 페이지 결함이 발생됩니다. FIFO(선입선출) 기법은 가장 먼저 들어와 있었던 페이지를 교체하는 기법이므로 참조 페이지 4를 참조할 때에는 1을 제거한 후 4를 적재하게 됩니다. 이러한 과정으로 모든 페이지에 대한 요구를 처리하고 나면 총 페이지 결함 발생 횟수는 6회이고 마지막 프레임의 최종 상태는 4, 1, 3입니다.

76. 다음 C언어 프로그램이 실행되었을 때, 실행 결과는?

```
#include <stdio.h>
#include <stdlib.h>
int main(int argc, char* argv[ ]) {
    char str1[20] = "KOREA";
    char str2[20] = "LOVE";
    char* p1 = NULL;
    char* p2 = NULL;
    p1 = str1;
    p2 = str2;
    str1[1] = p2[2];
    str2[3] = p1[4];
    strcat(str1, str2);
    printf("%c", *(p1 + 2));
    return 0;
}
```

① E ② V
③ R ④ O

전문가의 조언

코드의 실행 결과는 **R**입니다.
사용된 코드의 의미는 다음과 같습니다.

```
#include <stdio.h>
#include <stdlib.h>
int main(int argc, char* argv[ ]) {
❶   char str1[20] = "KOREA";
❷   char str2[20] = "LOVE";
❸   char* p1 = NULL;
❹   char* p2 = NULL;
❺   p1 = str1;
❻   p2 = str2;
❼   str1[1] = p2[2];
❽   str2[3] = p1[4];
❾   strcat(str1, str2);
❿   printf("%c", *(p1 + 2));
⓫   return 0;
}
```

❶ 20개의 요소를 갖는 문자형 배열 str1을 선언하고 "KOREA"로 초기화한다.

	[0]	[1]	[2]	[3]	[4]	…	[19]
str1	'K'	'O'	'R'	'E'	'A'	\0	…

❷ 20개의 요소를 갖는 문자형 배열 str2를 선언하고 "LOVE"로 초기화한다.

	[0]	[1]	[2]	[3]	[4]	…	[19]
str2	'L'	'O'	'V'	'E'	\0		

❸ 문자형 포인터 변수 p1을 선언하고 NULL로 초기화한다.
❹ 문자형 포인터 변수 p2를 선언하고 NULL로 초기화한다.
❺ p1에 str1 배열의 시작 주소를 저장한다.

			[0]	[1]	[2]	[3]	[4]	[5]	…	[19]
p1	●	→	str1	'K'	'O'	'R'	'E'	'A'	\0	

❻ p2에 str2 배열의 시작 주소를 저장한다.

			[0]	[1]	[2]	[3]	[4]	…	[19]
p2	●	→	str2	'L'	'O'	'V'	'E'	\0	

❼ p2는 str2를 가리키므로 str2[2]의 값인 'V'를 str1[1]에 저장한다.

	[0]	[1]	[2]	[3]	[4]	[5]	…	[19]
str1	'K'	'V'	'R'	'E'	'A'	\0		

❽ p1은 str1을 가리키므로 str1[4]의 값인 'A'를 str2[3]에 저장한다.

	[0]	[1]	[2]	[3]	[4]	…	[19]
str2	'L'	'O'	'V'	'A'	\0		

❾ str1의 문자열 뒤에 str2의 문자열을 이어붙인다.
- strcat(문자배열A, 문자배열B): A 배열에 저장된 문자열의 마지막에 이어서 B 배열에 저장된 문자열을 이어붙인다.

	[0]	[1]	[2]	[3]	[4]	[5]	[6]	[7]	[8]	[9]	…	[19]
str1	'K'	'V'	'R'	'E'	'A'	'L'	'O'	'V'	'A'	\0	…	

❿ p1+2가 가리키는 곳의 값을 문자로 출력한다. p1은 str1 배열의 시작주소, 즉 str1[0]의 위치를 가리키므로, p1+2는 str1[0]의 다음 두 번째 요소인 'R'을 가리킨다.

결과   R

⓫ main( ) 함수에서의 'return 0'은 프로그램의 종료를 의미한다.

77. 다음 Python 프로그램이 실행되었을 때, 실행 결과는?

```
a = 100
list_data = ['a','b','c']
dict_data = {'a':90, 'b':95}
print(list_data[0])
print(dict_data['a'])
```

① a / 90   ② 100 / 90   ③ 100 / 100   ④ a / a

전문가의 조언
코드의 실행 결과로 옳은 것은 ①번입니다.
사용된 코드의 의미는 다음과 같습니다.

❶ a = 100
❷ list_data = ['a','b','c']
❸ dict_data = {'a':90, 'b':95}
❹ print(list_data[0])
❺ print(dict_data['a'])

❶ a에 100을 저장한다.
❷ 3개의 요소를 갖는 리스트 list_data를 선언하고 초기화한다.

	[0]	[1]	[2]
list_data	'a'	'b'	'c'

❸ 2개의 요소를 갖는 딕셔너리 dict_data를 선언하고 초기화한다.

	['a']	['b']
dict_data	90	95

※ 딕셔너리(Dictionary) 자료형
• 배열이나 리스트가 저장된 자료에 접근하기 위한 키로 위치값인 0, 1, 2 등의 숫자를 사용했다면 딕셔너리에서는 사용자가 원하는 키를 직접 지정한 후 사용한다.
• 예를 들어 다음과 같이 리스트 a가 초기화되어 있다면 사용자는 '홍길동'이라는 이름에 접근하기 위해 a[1]과 같이 입력해야 할 것이다.

	[0]	[1]	[2]
a	25	'홍길동'	'서울'

• 하지만 디셔너리 자료형은 접근하기 위한 키를 다음과 같이 사용자가 임의로 지정하여 '홍길동'에 접근할 때 a['이름']와 같이 입력하도록 한다.

	['번호']	['이름']	['지역']
a	25	'홍길동'	'서울'

❹ list_data[0]의 값 a를 출력한 후 커서를 다음 줄의 처음으로 옮긴다.
결과 a

❺ dict_data['a']의 값 90을 출력하고 커서를 다음 줄의 처음으로 옮긴다.
결과
a
90

전문가의 조언
• 연산자의 우선순위는 높은 것부터 차례대로 단항, 산술, 시프트, 관계, 비트, 논리, 조건, 대입, 순서 연산자 순이며, 관계 연산자 중에서 <, <=, >, >=는 ==, !=보다 우선순위가 높습니다.
• 우선순위에 따라 문제의 식을 풀면 다음과 같습니다.

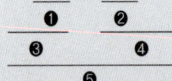

❶ b+2 : b의 값은 2이므로 결과는 4이다.
❷ a<<1 : 왼쪽 시프트(<<)는 왼쪽으로 1비트 시프트 할 때마다 2배씩 증가하므로, a의 값 1을 왼쪽으로 1비트 시프트한 결과는 2이다.
❸ a<❶ → a<4 : a의 값 1은 4보다 작으므로 결과는 1(참)이다.
❹ ❷<=b → 2<=b : b의 값 2는 2와 같으므로 결과는 1(참)이다.
❺ ❸&&❹ → 1&&1 : &&은 모두 참일 때만 참이므로 결과는 1(참)이다.

등급 B

79. 다음 Python 프로그램이 실행되었을 때, 실행 결과는?

```
a = ["대", "한", "민", "국"]
for i in a:
    print(i)
```

① 대한민국
② 대
  한
  민
  국
③ 대
④ 대대대대

등급 B

78. C언어에서 정수 변수 a, b에 각각 1, 2가 저장되어 있을 때 다음 식의 연산 결과로 옳은 것은?

a < b + 2 && a << 1 <= b

① 0   ② 1
③ 3   ④ 5

> **전문가의 조언**
> 코드의 실행 결과로 옳은 것은 ②번입니다.
> 사용된 코드의 의미는 다음과 같습니다.
>
> ❶ a = ["대", "한", "민", "국"]
> ❷ for i in a:
> ❸   print(i)
>
> ❶ 4개의 요소를 갖는 리스트 a를 선언하고 초기화한다.
>
> | | [0] | [1] | [2] | [3] |
> |---|---|---|---|---|
> | a | "대" | "한" | "민" | "국" |
>
> ❷ 반복 변수 i에 a의 각 요소들을 순서대로 저장하며 ❸번 문장을 반복 수행한다.
> ❸ i의 값을 출력하고 커서를 다음 줄의 처음으로 옮긴다.
> ※ 반복문 실행에 따른 변수의 변화는 다음과 같다.
>
> | 반복 횟수 | i | 출력 |
> |---|---|---|
> | 1 | "대" | 대 |
> | 2 | "한" | 대
한 |
> | 3 | "민" | 대
한
민 |
> | 4 | "국" | 대
한
민
국 |

등급 B

80. UNIX 시스템의 쉘(shell)의 주요 기능에 대한 설명이 아닌 것은?

① 사용자 명령을 해석하고 커널로 전달하는 기능을 제공한다.
② 반복적인 명령 프로그램을 만드는 프로그래밍 기능을 제공한다.
③ 쉘 프로그램 실행을 위해 프로세스와 메모리를 관리한다.
④ 초기화 파일을 이용해 사용자 환경을 설정하는 기능을 제공한다.

> **전문가의 조언**
> 프로세스와 메모리를 관리하는 것은 커널(Kernel)의 기능입니다.

병행학습 UNIX 시스템의 구성

커널(Kernel)
- UNIX의 가장 핵심적인 부분이다.
- 컴퓨터가 부팅될 때 주기억장치에 적재된 후 상주하면서 실행된다.
- 하드웨어를 보호하고, 프로그램과 하드웨어 간의 인터페이스 역할을 담당한다.
- 프로세스(CPU 스케줄링) 관리, 기억장치 관리, 파일 관리, 입·출력 관리, 프로세스 간 통신, 데이터 전송 및 변환 등 여러 가지 기능을 수행한다.

쉘(Shell)
- 사용자의 명령어를 인식하여 프로그램을 호출하고 명령을 수행하는 명령어 해석기이다.
- 시스템과 사용자 간의 인터페이스를 담당한다.
- DOS의 COMMAND.COM과 같은 기능을 수행한다.
- 주기억장치에 상주하지 않고, 명령어가 포함된 파일 형태로 존재하며 보조 기억장치에서 교체 처리가 가능하다.
- 파이프라인 기능을 지원하고 입·출력 재지정을 통해 출력과 입력의 방향을 변경할 수 있다.
- 공용 Shell(Bourne Shell, C Shell, Korn Shell)이나 사용자 자신이 만든 Shell을 사용할 수 있다.

유틸리티(Utility Program)
- 일반 사용자가 작성한 응용 프로그램을 처리하는 데 사용한다.
- DOS에서의 외부 명령어에 해당된다.
- 유틸리티 프로그램에는 에디터, 컴파일러, 인터프리터, 디버거 등이 있다.

5과목 정보시스템 구축 관리

등급 B

81. 소프트웨어 생명주기 모델 중 나선형 모델(Spiral Model)과 관련한 설명으로 틀린 것은?

① 소프트웨어 개발 프로세스를 위험 관리(Risk Management) 측면에서 본 모델이다.
② 위험 분석(Risk Analysis)은 반복적인 개발 진행 후 주기의 마지막 단계에서 최종적으로 한 번 수행해야 한다.
③ 시스템을 여러 부분으로 나누어 여러 번의 개발 주기를 거치면서 시스템이 완성된다.
④ 요구사항이나 아키텍처를 이해하기 어렵다거나 중심이 되는 기술에 문제가 있는 경우 적합한 모델이다.

> **전문가의 조언**
> 나선형 모형의 개발 과정 중 위험 분석(Risk Analysis)은 매 주기마다 반복해서 수행되어야 합니다.

병행학습 **나선형 모형(Spiral Model, 점진적 모형)**
- 보헴(Boehm)이 제안한 것으로, 폭포수 모형과 프로토타입 모형의 장점에 위험 분석 기능을 추가한 모형이다.
- 나선을 따라 돌듯이 여러 번의 소프트웨어 개발 과정을 거쳐 점진적으로 완벽한 최종 소프트웨어를 개발하는 것으로, 점진적 모형이라고도 한다.
- 소프트웨어를 개발하면서 발생할 수 있는 위험을 관리하고 최소화하는 것을 목적으로 한다.
- 점진적으로 개발 과정이 반복되므로 누락되거나 추가된 요구사항을 첨가할 수 있고, 정밀하며, 유지보수 과정이 필요 없다.
- 수행 과정(반복) : 계획 수립 → 위험 분석 → 개발 및 검증 → 고객 평가

등급 D

83. 위조된 매체 접근 제어(MAC) 주소를 지속적으로 네트워크로 흘려보내, 스위치 MAC 주소 테이블의 저장 기능을 혼란시켜 더미 허브(Dummy Hub)처럼 작동하게 하는 공격은?

① Parsing
② LAN Tapping
③ Switch Jamming
④ FTP Flooding

전문가의 조언
문제의 설명에 해당하는 공격은 스위치 재밍(Switch Jamming)입니다.

병행학습
- 파싱(Parsing) : 주어진 문장이 정의된 문법 구조에 따라 완전한 문장으로 사용될 수 있는가를 확인하는 작업
- LAN Tapping : LAN 회선 중간에서 전기 신호를 도청하는 행위

등급 C

82. 정보시스템과 관련한 다음 설명에 해당하는 것은?

- 각 시스템 간에 공유 디스크를 중심으로 클러스터링으로 엮어 다수의 시스템을 동시에 연결할 수 있다.
- 조직, 기업의 기간 업무 서버 안정성을 높이기 위해 사용될 수 있다.
- 여러 가지 방식으로 구현되며 2개의 서버를 연결하는 것으로 2개의 시스템이 각각 업무를 수행하도록 구현하는 방식이 널리 사용된다.

① 고가용성 솔루션(HACMP)
② 점대점 연결 방식(Point-to-Point Mode)
③ 스턱스넷(Stuxnet)
④ 루팅(Rooting)

전문가의 조언
지문의 설명에 해당하는 것은 고가용성 솔루션(HACMP)입니다.

병행학습
- 점대점 연결 방식(Point-to-Point Mode) : 연결된 두 단말이 동등하게 연결되어 각 단말이 클라이언트가 될 수도, 서버가 될 수도 있는 방식
- 스턱스넷(Stuxnet) : 독일의 산업시설을 감시하고 파괴하기 위해 만들어진 악성 소프트웨어
- 루팅(Rooting) : 스마트폰의 보안기능을 해제하여 허용되지 않은 기능을 사용하거나 불법 앱을 사용할 수 있도록 변경하는 행위

등급 B

84. 다음 내용이 설명하는 스토리지 시스템은?

- 하드디스크와 같은 데이터 저장장치를 호스트버스 어댑터에 직접 연결하는 방식
- 저장장치와 호스트 기기 사이에 네트워크 디바이스 없이 직접 연결하는 방식으로 구성

① DAS
② NAS
③ BSA
④ NFC

전문가의 조언
지문의 설명에 해당하는 스토리지 시스템은 DAS(Direct Attached Stroage)입니다.

병행학습 **스토리지(Storage)의 종류**
- DAS(Direct Attached Storage) : 서버와 저장장치를 전용 케이블로 직접 연결하는 방식
- NAS(Network Attached Storage) : 서버와 저장장치를 네트워크를 통해 연결하는 방식
- SAN(Storage Area Network) : DAS의 빠른 처리와 NAS의 파일 공유 장점을 혼합한 방식으로, 서버와 저장 장치를 연결하는 전용 네트워크를 별도로 구성하는 방식

85. 취약점 관리를 위해 일반적으로 수행하는 작업이 아닌 것은?

① 무결성 검사
② 응용 프로그램의 보안 설정 및 패치(Patch) 적용
③ 중단 프로세스 및 닫힌 포트 위주로 확인
④ 불필요한 서비스 및 악성 프로그램의 확인과 제거

전문가의 조언
취약점 관리를 위해서는 실행중인 프로세스 및 열린 포트 위주로 확인해야 합니다.

86. 소프트웨어 생명 주기 모델 중 V 모델과 관련한 설명으로 틀린 것은?

① 요구 분석 및 설계 단계를 거치지 않으며 항상 통합 테스트를 중심으로 V 형태를 이룬다.
② Perry에 의해 제안되었으며 세부적인 테스트 과정으로 구성되어 신뢰도 높은 시스템을 개발하는데 효과적이다.
③ 개발 작업과 검증 작업 사이의 관계를 명확히 들어내 놓은 폭포수 모델의 변형이라고 볼 수 있다.
④ 폭포수 모델이 산출물 중심이라면 V 모델은 작업과 결과의 검증에 초점을 둔다.

전문가의 조언
소프트웨어 생명 주기의 V-모델은 '요구사항-분석-설계-구현' 단계로 수행되며 각 단계를 테스트와 연결하여 표현합니다.

병행학습 소프트웨어 생명 주기의 V-모델

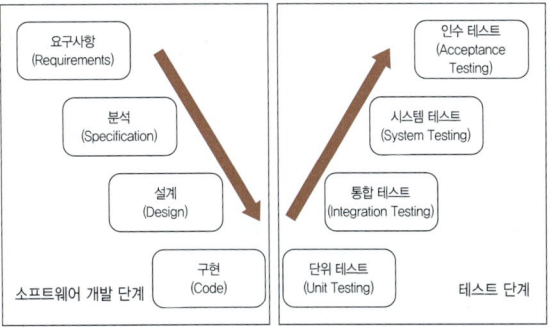

87. 블루투스(Bluetooth) 공격과 해당 공격에 대한 설명이 올바르게 연결된 것은?

① 블루버그(BlueBug) – 블루투스의 취약점을 활용하여 장비의 파일에 접근하는 공격으로 OPP를 사용하여 정보를 열람
② 블루스나프(BlueSnarf) – 블루투스를 이용해 스팸처럼 명함을 익명으로 퍼뜨리는 것
③ 블루프린팅(BluePrinting) – 블루투스 공격 장치의 검색 활동을 의미
④ 블루재킹(BlueJacking) – 블루투스 장비 사이의 취약한 연결 관리를 악용한 공격

전문가의 조언
① 블루버그(BlueBug)는 블루투스 장비 사이의 취약한 연결 관리를 악용한 공격으로, 휴대폰을 원격 조정하거나 통화를 감청할 수 있습니다.
② 블루스나프(BlueSnarf)는 블루투스의 취약점을 활용하여 장비의 파일에 접근하는 공격으로, 인증없이 간편하게 정보를 교환할 수 있는 OPP(Object Push Profile)를 사용하여 정보를 열람합니다.
④ 블루재킹(BlueJacking)은 블루투스를 이용해 스팸처럼 명함을 익명으로 퍼뜨리는 공격입니다.

88. DoS(Denial of Service) 공격과 관련한 내용으로 틀린 것은?

① Ping of Death 공격은 정상 크기보다 큰 ICMP 패킷을 작은 조각(Fragment)으로 쪼개어 공격 대상이 조각화된 패킷을 처리하게 만드는 공격 방법이다.
② Smurf 공격은 멀티캐스트(Multicast)를 활용하여 공격 대상이 네트워크의 임의의 시스템에 패킷을 보내게 만드는 공격이다.
③ SYN Flooding은 존재하지 않는 클라이언트가 서버별로 한정된 접속 가능 공간에 접속한 것처럼 속여 다른 사용자가 서비스를 이용하지 못하게 하는 것이다.
④ Land 공격은 패킷 전송 시 출발지 IP 주소와 목적지 IP 주소 값을 똑같이 만들어서 공격 대상에게 보내는 공격 방법이다.

전문가의 조언
Smurf 공격은 네트워크 라우터의 브로드캐스트(Broadcast) 주소를 활용한 DoS 공격입니다.

병행학습 SMURFING(스머핑)
- IP나 ICMP의 특성을 악용하여 엄청난 양의 데이터를 한 사이트에 집중적으로 보냄으로써 네트워크를 불능 상태로 만드는 공격 방법이다.
- 공격자는 송신 주소를 공격 대상지의 IP 주소로 위장하고 해당 네트워크 라우터의 브로드캐스트 주소를 수신지로 하여 패킷을 전송하면, 라우터의 브로드캐스트 주소로 수신된 패킷은 해당 네트워크 내의 모든 컴퓨터로 전송된다.
- 해당 네트워크 내의 모든 컴퓨터는 수신된 패킷에 대한 응답 메시지를 송신 주소인 공격 대상지로 집중적으로 전송하게 되는데, 이로 인해 공격 대상지는 네트워크 과부하로 인해 정상적인 서비스를 수행할 수 없게 된다.
- SMURFING 공격을 무력화하는 방법 중 하나는 각 네트워크 라우터에서 브로드캐스트 주소를 사용할 수 없게 미리 설정해 놓는 것이다.

등급 D

90. 다음이 설명하는 IT 기술은?

- 컨테이너 응용 프로그램의 배포를 자동화하는 오픈소스 엔진이다.
- 소프트웨어 컨테이너 안에 응용 프로그램들을 배치시키는 일을 자동화해 주는 오픈 소스 프로젝트이자 소프트웨어로 볼 수 있다.

① Stack Guard   ② Docker
③ Cipher Container   ④ Scytale

전문가의 조언
지문의 설명에 해당하는 IT 기술은 도커(Docker)입니다.

병행학습
- 스택 가드(Stack Guard) : 주소가 저장되는 스택에서 발생하는 보안 약점을 막는 기술 중 하나로, 잘못된 복귀 주소의 호출을 막음
- 스키테일(Scytale) : 원통형 막대기를 사용하는 고대 그리스의 암호화 기법

등급 C

89. 다음 설명에 해당하는 시스템은?

- 1990년대 David Clock이 처음 제안하였다.
- 비정상적인 접근의 탐지를 위해 의도적으로 설치해 둔 시스템이다.
- 침입자를 속여 실제 공격당하는 것처럼 보여줌으로써 크래커를 추적 및 공격기법의 정보를 수집하는 역할을 한다.
- 쉽게 공격자에게 노출되어야 하며 쉽게 공격이 가능한 것처럼 취약해 보여야 한다.

① Apache   ② Hadoop
③ Honeypot   ④ MapReduce

전문가의 조언
지문의 설명에 해당하는 시스템은 허니팟(Honeypot)입니다.

병행학습
- 아파치(Apache) : 월드 와이드 웹 컨소시엄(W3C)에서 사용하고 아파치 소프트웨어 재단에서 관리 및 운영하는 서버용 오픈소스 소프트웨어
- 하둡(Hadoop) : 오픈 소스를 기반으로 한 분산 컴퓨팅 플랫폼으로, 관계형 데이터베이스(RDB) 간 대용량 데이터를 전송할 때 스쿱(Sqoop)이라는 도구를 이용함
- 맵리듀스(MapReduce) : 대용량 데이터를 분산 처리하기 위한 목적으로 Google에 의해 고안된 프로그래밍 모델로, 대용량 데이터 처리를 위한 대표적인 병렬 처리 기법으로 많이 소개됨

등급 B

91. 간트 차트(Gantt Chart)에 대한 설명으로 틀린 것은?

① 프로젝트를 이루는 소작업 별로 언제 시작되고 언제 끝나야 하는지를 한 눈에 볼 수 있도록 도와준다.
② 자원 배치 계획에 유용하게 사용된다.
③ CPM 네트워크로부터 만드는 것이 가능하다.
④ 수평 막대의 길이는 각 작업(Task)에 필요한 인원수를 나타낸다.

전문가의 조언
간트 차트(Gantt Chart)에서 수평 막대의 길이는 각 작업(Task)의 기간을 나타냅니다.

병행학습 간트 차트(Gantt Chart)
- 프로젝트의 각 작업들이 언제 시작하고 언제 종료되는지에 대한 작업 일정을 막대 도표를 이용하여 표시하는 프로젝트 일정표로, 시간선(Time-Line) 차트라고도 한다.
- 중간 목표 미달성 시 그 이유와 기간을 예측할 수 있게 한다.
- 사용자와의 문제점이나 예산의 초과 지출 등도 관리할 수 있게 한다.
- 자원 배치와 인원 계획에 유용하게 사용된다.
- 다양한 형태로 변경하여 사용할 수 있다.
- 작업 경로는 표시할 수 없으며, 계획의 변화에 대한 적응성이 약하다.
- 계획 수립 또는 수정 때 주관적 수치에 기울어지기 쉽다.
- 간트 차트는 이정표, 작업 일정, 작업 기간, 산출물로 구성되어 있다.
- 수평 막대의 길이는 각 작업(Task)의 기간을 나타낸다.

정답 89.③ 90.② 91.④

등급 D

92. Python 기반의 웹 크롤링(Web Crawling) 프레임워크로 옳은 것은?

① Li-fi
② Scrapy
③ CrawlCat
④ SBAS

전문가의 조언
웹 크롤링(Web Crawling)은 웹 상에서 URL, Link, 데이터 등의 다양한 정보 자원을 수집하여 분류 및 저장하는 것을 의미하며, 웹 크롤링을 지원하는 가장 대표적인 프레임워크는 파이썬(Python)의 스크래피(Scrapy)입니다.

등급 B

93. Secure 코딩에서 입력 데이터의 보안 약점과 관련한 설명으로 틀린 것은?

① SQL 삽입 : 사용자의 입력 값 등 외부 입력 값이 SQL 쿼리에 삽입되어 공격
② 크로스사이트 스크립트 : 검증되지 않은 외부 입력 값에 의해 브라우저에서 악의적인 코드가 실행
③ 운영체제 명령어 삽입 : 운영체제 명령어 파라미터 입력값이 적절한 사전검증을 거치지 않고 사용되어 공격자가 운영체제 명령어를 조작
④ 자원 삽입 : 사용자가 내부 입력 값을 통해 시스템 내에 사용이 불가능한 자원을 지속적으로 입력함으로써 시스템에 과부하 발생

전문가의 조언
경로 조작 및 자원 삽입은 데이터 입·출력 경로를 조작하여 서버 자원을 수정 및 삭제할 수 있는 보안 약점입니다.

병행학습 입력 데이터 검증 및 표현의 보안 약점
- SQL 삽입(SQL Injection) : 웹 응용 프로그램에 SQL을 삽입하여 내부 데이터베이스(DB) 서버의 데이터를 유출 및 변조하고, 관리자 인증을 우회하는 보안 약점
- 경로 조작 및 자원 삽입 : 데이터 입출력 경로를 조작하여 서버 자원을 수정·삭제할 수 있는 보안 약점
- 크로스사이트 스크립팅(XSS; Cross Site Scripting) : 웹페이지에 악의적인 스크립트를 삽입하여 방문자들의 정보를 탈취하거나, 비정상적인 기능 수행을 유발하는 보안 약점
- 운영체제 명령어 삽입 : 외부 입력값을 통해 시스템 명령어의 실행을 유도함으로써 권한을 탈취하거나 시스템 장애를 유발하는 보안 약점
- 위험한 형식 파일 업로드 : 악의적인 명령어가 포함된 스크립트 파일을 업로드함으로써 시스템에 손상을 주거나, 시스템을 제어할 수 있는 보안 약점

- 신뢰되지 않는 URL 주소로 자동접속 연결 : 입력 값으로 사이트 주소를 받는 경우 이를 조작하여 방문자를 피싱 사이트로 유도하는 보안 약점
- 메모리 버퍼 오버플로 : 연속된 메모리 공간을 사용하는 프로그램에서 할당된 메모리의 범위를 넘어선 위치에서 자료를 읽거나 쓰려고 할 때 발생하는 보안 약점

등급 C

94. Windows 파일 시스템인 FAT와 비교했을 때의 NTFS의 특징이 아닌 것은?

① 보안에 취약
② 대용량 볼륨에 효율적
③ 자동 압축 및 안정성
④ 저용량 볼륨에서의 속도 저하

전문가의 조언
NTFS는 FAT 또는 FAT32에 비해 성능, 보안, 안정성 면에서 뛰어납니다.

병행학습 NTFS 파일 시스템
- NTFS는 Windows 전용 파일 시스템으로, 다른 운영체제에서는 사용할 수 없다.
- FAT, FAT32에 비해 성능, 보안, 안정성 면에서 뛰어난 고급 기능을 제공하며, 시스템 리소스를 최소화 할 수 있다.
- 대용량 볼륨에 효율적이다.
- 파일 및 폴더에 대한 액세스 제어를 유지하고 '표준 사용자' 계정을 지원한다.
- 자동 압축 기능을 제공하여 저용량의 볼륨도 효율적으로 사용할 수 있다.
- 클러스터의 크기로 인해 저용량 볼륨에서는 FAT 또는 FAT32에 비해 비교적 속도가 느리다.

등급 A

95. DES는 몇 비트의 암호화 알고리즘인가?

① 8
② 24
③ 64
④ 132

전문가의 조언
암호화 알고리즘이 몇 비트냐고 묻는 것은 한 번에 암호화하는 블록의 크기를 묻는 것입니다. DES(Data Encryption Standard)의 블록 크기는 64비트입니다.

정답 92.② 93.④ 94.① 95.③

병행학습 주요 암호화 알고리즘

- **SEED**
  - 1999년 한국인터넷진흥원(KISA)에서 개발한 블록 암호화 알고리즘이다.
  - 블록 크기는 128비트이며, 키 길이에 따라 128, 256으로 분류한다.
- **ARIA(Academy, Research Institute, Agency)**
  - 2004년 국가정보원과 산학연협회가 개발한 블록 암호화 알고리즘이다.
  - 블록 크기는 128비트이며, 키 길이에 따라 128, 192, 256으로 분류한다.
- **DES(Data Encryption Standard)**
  - 1975년 미국 NBS에서 발표한 개인키 암호화 알고리즘이다.
  - 블록 크기는 64비트이며, 키 길이는 56비트이다.
- **AES(Advanced Encryption Standard)**
  - 2001년 미국 표준 기술 연구소(NIST)에서 발표한 개인키 암호화 알고리즘이다.
  - 블록 크기는 128비트이며, 키 길이에 따라 128, 192, 256으로 분류한다.
- **RSA(Rivest Shamir Adleman)**
  - 1978년 MIT의 라이베스트(Rivest), 샤미르(Shamir), 애들먼(Adelman)에 의해 제안된 공개키 암호화 알고리즘이다.
  - 소인수 분해 문제를 이용한 공개키 암호화 기법에 널리 사용된다.

전문가의 조언
문제의 지문에서 설명하는 로그 파일은 wtmp입니다.

병행학습 리눅스의 주요 로그 파일
- **console** : 커널에 관련된 내용을 지정된 장치에 표시
- **boot** : 부팅 시 나타나는 메시지들을 기록
- **cron** : 작업 스케줄러인 crond의 작업 내역을 기록
- **messages** : 커널(kernel)에서 실시간으로 보내오는 메시지들을 기록
- **secure** : 시스템의 접속에 대한 로그를 기록
- **xferlog** : FTP로 접속하는 사용자에 대한 로그를 기록
- **maillog** : 송수신 메일에 대한 로그를 기록
- **wtmp** : 성공한 로그인/로그아웃에 대한 로그를 기록
- **utmp** : 현재 로그인한 사용자의 상태에 대한 로그를 기록
- **lastlog** : 마지막으로 성공한 로그인에 대한 로그를 기록

등급 B

96. 리눅스에서 생성된 파일 권한이 644일 경우 umask 값은?
① 022 ② 666
③ 777 ④ 755

전문가의 조언
- umask는 UNIX에서 파일이나 디렉터리의 초기 권한을 설정할 때 사용하는 값으로, 파일의 경우 666에서 umask를 뺀 값, 디렉터리의 경우 777에서 umask를 뺀 값을 초기 접근 권한으로 갖습니다.
- 문제에서 파일 권한이 644라고 하였으므로, 다음과 같은 공식으로 umask의 값을 구할 수 있습니다.
  666 - umask = 644
  umask = 666 - 644
  ∴ umask = 022

등급 A

98. 상향식 비용 산정 기법 중 LOC(원시 코드 라인 수) 기법에서 예측치를 구하기 위해 사용하는 항목이 아닌 것은?
① 낙관치 ② 기대치
③ 비관치 ④ 모형치

전문가의 조언
LOC 기법은 소프트웨어 각 기능의 원시 코드 라인 수의 비관치, 낙관치, 기대치를 측정하여 예측치를 구하고 이를 이용하여 비용을 산정하는 기법이다.

병행학습 LOC(원시 코드 라인 수, source Line Of Code) 기법
- LOC 기법은 소프트웨어 각 기능의 원시 코드 라인 수의 비관치, 낙관치, 기대치를 측정하여 예측치를 구하고 이를 이용하여 비용을 산정하는 기법이다.
- 측정이 용이하고 이해하기 쉬워 가장 많이 사용된다.
- 예측치를 이용하여 생산성, 노력, 개발 기간 등의 비용을 산정한다.

$$예측치 = \frac{a + 4m + b}{6}$$

단, a : 낙관치, b : 비관치, m : 기대치(중간치)

- 산정 공식
  - 노력(인월) = 개발 기간 × 투입 인원
    = LOC / 1인당 월평균 생산 코드 라인 수
  - 개발 비용 = 노력(인월) × 단위 비용(1인당 월평균 인건비)
  - 개발 기간 = 노력(인월) / 투입 인원
  - 생산성 = LOC / 노력(인월)

등급 C

97. 다음 내용이 설명하는 로그 파일은?

- 리눅스 시스템에서 사용자의 성공한 로그인/로그아웃 정보기록
- 시스템의 종료/시작 시간 기록

① tapping ② xtslog
③ linuxer ④ wtmp

등급 C

99. OSI 7 Layer 전 계층의 프로토콜과 패킷 내부의 콘텐츠를 파악하여 침입 시도, 해킹 등을 탐지하고 트래픽을 조정하기 위한 패킷 분석 기술은?

① PLCP(Packet Level Control Processor)
② Traffic Distributor
③ Packet Tree
④ DPI(Deep Packet Inspection)

전문가의 조언
문제에서 설명하는 분석 기술은 DPI(Deep Packet Inspection)입니다.

 PLCP(Packet Level Control Processor)
패킷 교환 서브시스템에서 패킷 레벨 제어 및 경로 정보 처리 기능과 가입자 링크, 과금, 통계 자료 수집 등을 담당한다.

 소프트웨어 개발 방법론 테일러링
• 프로젝트 상황 및 특성에 맞도록 정의된 소프트웨어 개발 방법론의 절차, 사용기법 등을 수정 및 보완하는 작업이다.
• 고려해야 할 내부적 요건
  – 목표 환경 : 시스템의 개발 환경과 유형이 서로 다른 경우
  – 요구사항 : 프로젝트의 생명 주기 활동에서 개발, 운영, 유지보수 등 프로젝트에서 우선적으로 고려할 요구사항이 서로 다른 경우
  – 프로젝트 규모 : 비용, 인력, 기간 등 프로젝트의 규모가 서로 다른 경우
  – 보유 기술 : 프로세스, 개발 방법론, 산출물 등이 서로 다른 경우
• 고려해야 할 외부적 요건
  – 법적 제약사항 : 프로젝트별로 적용될 IT Compliance가 서로 다른 경우
  – 표준 품질 기준 : 금융, 제도 등 분야별 표준 품질 기준이 서로 다른 경우
• 테일러링 기법의 종류
  – 프로젝트 규모와 복잡도에 따른 테일러링 기법
  – 프로젝트 구성원에 따른 테일러링 기법
  – 팀내 방법론 지원에 따른 테일러링 기법
  – 자동화에 따른 테일러링 기법

등급 B

100. 소프트웨어 개발 방법론의 테일러링(Tailoring)과 관련한 설명으로 틀린 것은?

① 프로젝트 수행 시 예상되는 변화를 배제하고 신속히 진행하여야 한다.
② 프로젝트에 최적화된 개발 방법론을 적용하기 위해 절차, 산출물 등을 적절히 변경하는 활동이다.
③ 관리 측면에서의 목적 중 하나는 최단기간에 안정적인 프로젝트 진행을 위한 사전 위험을 식별하고 제거하는 것이다.
④ 기술적 측면에서의 목적 중 하나는 프로젝트에 최적화된 기술 요소를 도입하여 프로젝트 특성에 맞는 최적의 기법과 도구를 사용하는 것이다.

전문가의 조언
테일러링은 프로젝트 상황 및 특성에 맞추어 기존의 방법론, 프로세스 등을 수정하는 것이니만큼, 예상되는 변화를 충분히 고려해야 합니다.

2021년 8월 기출문제

1과목 소프트웨어 설계

등급 C

1. 요구사항 검증(Requirements Validation)과 관련한 설명으로 틀린 것은?

① 요구사항이 고객이 정말 원하는 시스템을 제대로 정의하고 있는지 점검하는 과정이다.
② 개발완료 이후에 문제점이 발견될 경우 막대한 재작업 비용이 들 수 있기 때문에 요구사항 검증은 매우 중요하다.
③ 요구사항이 실제 요구를 반영하는지, 문서상의 요구사항은 서로 상충되지 않는지 등을 점검한다.
④ 요구사항 검증 과정을 통해 모든 요구사항 문제를 발견할 수 있다.

전문가의 조언
요구사항 검증 과정을 정밀하게 수행하면 대부분의 문제를 발견할 수는 있겠으나 모든 문제를 발견할 수 있다고 말하기에는 어렵습니다.

병행학습 요구사항 확인(Requirement Validation, 요구사항 검증)
- 개발 자원을 요구사항에 할당하기 전에 요구사항 명세서가 정확하고 완전하게 작성되었는지를 검토하는 활동이다.
- 분석가가 요구사항을 정확하게 이해한 후 요구사항 명세서를 작성했는지 확인(Validation)하는 것이 필요하다.
- 요구사항 명세서의 내용이 이해하기 쉬운지, 일관성이 있는지, 회사의 기준에는 맞는지, 그리고 누락된 기능은 없는지 등을 검증(Verification)하는 것이 중요하다.
- 요구사항 문서는 이해관계자들이 검토해야 한다.
- 일반적으로 요구사항 관리 도구를 이용하여 요구사항 정의 문서들에 대해 형상 관리를 수행한다.

등급 B

2. UML 모델에서 한 사물의 명세가 바뀌면 다른 사물에 영향을 주며, 일반적으로 한 클래스가 다른 클래스를 오퍼레이션의 매개 변수로 사용하는 경우에 나타나는 관계는?

① Association
② Dependency
③ Realization
④ Generalization

전문가의 조언
일반적으로 한 클래스가 다른 클래스를 오퍼레이션의 매개 변수로 사용하는 경우를 나타내는 관계를 의존(Dependency) 관계라고 합니다.

병행학습 UML의 관계(Relationships)
- 연관(Association) 관계 : 2개 이상의 사물이 서로 관련되어 있음
- 집합(Aggregation) 관계 : 하나의 사물이 다른 사물에 포함되어 있는 관계
- 포함(Composition) 관계 : 집합 관계의 특수한 형태로, 포함하는 사물의 변화가 포함되는 사물에게 영향을 미치는 관계
- 일반화(Generalization) 관계 : 하나의 사물이 다른 사물에 비해 더 일반적인지 구체적인지를 표현하는 관계
- 의존(Dependency) 관계 : 연관 관계와 같이 사물 사이에 서로 연관은 있으나 필요에 의해 서로에게 영향을 주는 짧은 시간 동안만 연관을 유지하는 관계
- 실체화(Realization) 관계 : 사물이 할 수 있거나 해야 하는 기능(행위, 인터페이스)으로 서로를 그룹화 할 수 있는 관계

등급 B

3. 익스트림 프로그래밍(XP)에 대한 설명으로 틀린 것은?

① 빠른 개발을 위해 테스트를 수행하지 않는다.
② 사용자의 요구사항은 언제든지 변할 수 있다.
③ 고객과 직접 대면하며 요구사항을 이야기하기 위해 사용자 스토리(User Story)를 활용할 수 있다.
④ 기존의 방법론에 비해 실용성(Pragmatism)을 강조한 것이라고 볼 수 있다.

전문가의 조언
XP(eXtreme Programming)는 고객의 요구 변화에 신속하게 대응하기 위해 릴리즈 기간을 가능한 짧게 반복하는데, 릴리즈 기간 동안 지속적으로 테스트가 진행될 수 있도록 자동화된 테스팅 구조를 사용합니다.

정답 1.④ 2.② 3.①

XP의 주요 실천 방법(Practice)

- Pair Programming(짝 프로그래밍) : 다른 사람과 함께 프로그래밍을 수행함으로써 개발에 대한 책임을 공동으로 나눠 갖는 환경을 조성함
- Test-Driven Development(테스트 주도 개발)
  - 개발자가 실제 코드를 작성하기 전에 테스트 케이스를 먼저 작성하므로 자신이 무엇을 해야 할지를 정확히 파악한다.
  - 테스트가 지속적으로 진행될 수 있도록 자동화된 테스팅 도구(구조, 프레임워크)를 사용한다.
- Whole Team(전체 팀) : 개발에 참여하는 모든 구성원(고객 포함)들은 각자 자신의 역할이 있고 그 역할에 대한 책임을 가져야 함
- Continuous Integration(계속적인 통합) : 모듈 단위로 나눠서 개발된 코드들은 하나의 작업이 마무리될 때마다 지속적으로 통합함
- Design Improvement(디자인 개선) 또는 Refactoring(리팩토링) : 프로그램 기능의 변경 없이, 단순화, 유연성 강화 등을 통해 시스템을 재구성함
- Small Releases(소규모 릴리즈) : 릴리즈 기간을 짧게 반복함으로써 고객의 요구 변화에 신속히 대응함

등급 C

4. 소프트웨어 설계에서 사용되는 대표적인 추상화(Abstraction) 기법이 아닌 것은?

① 자료 추상화 ② 제어 추상화
③ 과정 추상화 ④ 강도 추상화

전문가의 조언
추상화 기법에는 과정 추상화, 데이터(자료) 추상화, 제어 추상화가 있습니다.

추상화(Abstraction)

- 문제의 전체적이고 포괄적인 개념을 설계한 후 차례로 세분화하여 구체화시켜 나가는 것이다.
- 인간이 복잡한 문제를 다룰 때 가장 기본적으로 사용하는 방법으로, 완전한 시스템을 구축하기 전에 그 시스템과 유사한 모델을 만들어서 여러 가지 요인들을 테스트할 수 있다.
- 추상화는 최소의 비용으로 실제 상황에 대처할 수 있고, 시스템의 구조 및 구성을 대략적으로 파악할 수 있게 해준다.
- 추상화의 유형
  - 과정 추상화 : 자세한 수행 과정을 정의하지 않고, 전반적인 흐름만 파악할 수 있게 설계하는 방법
  - 데이터 추상화 : 데이터의 세부적인 속성이나 용도를 정의하지 않고, 데이터 구조를 대표할 수 있는 표현으로 대체하는 방법
  - 제어 추상화 : 이벤트 발생의 정확한 절차나 방법을 정의하지 않고, 대표할 수 있는 표현으로 대체하는 방법

등급 B

5. 객체지향 설계에서 정보 은닉(Information Hiding)과 관련한 설명으로 틀린 것은?

① 필요하지 않은 정보는 접근할 수 없도록 하여 한 모듈 또는 하부 시스템이 다른 모듈의 구현에 영향을 받지 않게 설계되는것을 의미한다.
② 모듈들 사이의 독립성을 유지시키는 데 도움이 된다.
③ 설계에서 은닉되어야 할 기본 정보로는 IP 주소와 같은 물리적 코드, 상세 데이터 구조 등이 있다.
④ 모듈 내부의 자료 구조와 접근 동작들에만 수정을 국한하기 때문에 요구사항 등 변화에 따른 수정이 불가능하다.

전문가의 조언
정보 은닉은 모듈이 독립성을 갖게 해주므로, 요구사항 등 변화에 따른 수정이 가능합니다.

정보 은닉(Information Hiding)

- 한 모듈 내부에 포함된 절차와 자료들의 정보가 감추어져 다른 모듈이 접근하거나 변경하지 못하도록 하는 기법이다.
- 어떤 모듈이 소프트웨어 기능을 수행하는데 반드시 필요한 기능이 있어 정보 은닉된 모듈과 커뮤니케이션할 필요가 있을 때는 필요한 정보만 인터페이스를 통해 주고 받는다.
- 정보 은닉을 통해 모듈을 독립적으로 수행할 수 있고, 하나의 모듈이 변경되더라도 다른 모듈에 영향을 주지 않으므로 수정, 시험, 유지보수가 용이하다.

등급 D

6. 소프트웨어 공학에서 모델링(Modeling)과 관련한 설명으로 틀린 것은?

① 개발팀이 응용문제를 이해하는 데 도움을 줄 수 있다.
② 유지보수 단계에서만 모델링 기법을 활용한다.
③ 개발될 시스템에 대하여 여러 분야의 엔지니어들이 공통된 개념을 공유하는 데 도움을 준다.
④ 절차적인 프로그램을 위한 자료 흐름도는 프로세스 위주의 모델링 방법이다.

전문가의 조언
모델링은 분석 및 설계 단계에서 개발하고자 하는 것을 시각적으로 표현한 것으로, 이렇게 제작된 모델은 소프트웨어 개발의 전 과정에서 지속적으로 사용됩니다.

등급 B

7. 요구 분석(Requirement Analysis)에 대한 설명으로 틀린 것은?

① 요구 분석은 소프트웨어 개발의 실제적인 첫 단계로, 사용자의 요구에 대해 이해하는 단계라 할 수 있다.
② 요구 추출(Requirement Elicitation)은 프로젝트 계획 단계에 정의한 문제의 범위 안에 있는 사용자의 요구를 찾는 단계이다.
③ 도메인 분석(Domain Analysis)은 요구에 대한 정보를 수집하고 배경을 분석하여 이를 토대로 모델링을 하게 된다.
④ 기능적(Functional) 요구에서 시스템 구축에 대한 성능, 보안, 품질, 안정 등에 대한 요구사항을 도출한다.

전문가의 조언
기능적(Functional) 요구사항은 시스템이 무엇을 하는지, 어떤 기능을 하는지 등의 기능이나 수행과 관련된 요구사항입니다. 성능, 보안, 품질, 안정 등에 대한 요구사항은 비기능적(Non-functional) 요구사항에 해당합니다.

병행학습 기능 요구사항 / 비기능 요구사항

기능 요구사항(Functional Requirements)
- 시스템이 무엇을 하는지, 어떤 기능을 하는지에 대한 사항
- 시스템의 입력이나 출력으로 무엇이 포함되어야 하는지, 시스템이 어떤 데이터를 저장하거나 연산을 수행해야 하는지에 대한 사항
- 시스템이 반드시 수행해야 하는 기능
- 사용자가 시스템을 통해 제공받기를 원하는 기능

비기능 요구사항(Non-functional Requirements)
- 시스템 장비 구성 요구사항 : 하드웨어, 소프트웨어, 네트워크 등의 시스템 장비 구성에 대한 요구사항
- 성능 요구사항 : 처리 속도 및 시간, 처리량, 동적·정적 적용량, 가용성 등 성능에 대한 요구사항
- 인터페이스 요구사항 : 시스템 인터페이스와 사용자 인터페이스에 대한 요구사항으로 다른 소프트웨어, 하드웨어 및 통신 인터페이스, 다른 시스템과의 정보 교환에 사용되는 프로토콜과의 연계도 포함하여 기술
- 데이터 요구사항 : 초기 자료 구축 및 데이터 변환을 위한 대상, 방법, 보안이 필요한 데이터 등 데이터를 구축하기 위해 필요한 요구사항
- 테스트 요구사항 : 도입되는 장비의 성능 테스트(BMT)나 구축된 시스템이 제대로 운영되는지를 테스트하고 점검하기 위한 테스트 요구사항
- 보안 요구사항 : 시스템의 데이터 및 기능, 운영 접근을 통제하기 위한 요구사항
- 품질 요구사항 : 관리가 필요한 품질 항목, 품질 평가 대상에 대한 요구사항으로 가용성, 정합성, 상호 호환성, 대응성, 신뢰성, 사용성, 유지·관리성, 이식성, 확장성, 보안성 등으로 구분하여 기술
- 제약사항 : 시스템 설계, 구축, 운영과 관련하여 사전에 파악된 기술, 표준, 업무, 법·제도 등의 제약조건

- 프로젝트 관리 요구사항 : 프로젝트의 원활한 수행을 위한 관리 방법에 대한 요구사항
- 프로젝트 지원 요구사항 : 프로젝트의 원활한 수행을 위한 지원 사항이나 방안에 대한 요구사항

등급 C

8. 클래스 다이어그램의 요소로, 다음 설명에 해당하는 용어는?

- 클래스의 동작을 의미한다.
- 클래스에 속하는 객체에 대하여 적용될 메서드를 정의한 것이다.
- UML에서는 동작에 대한 인터페이스를 지칭한다고 볼 수 있다.

① Instance ② Operation
③ Item   ④ Hiding

전문가의 조언
클래스 다이어그램의 클래스는 이름, 속성, 오퍼레이션으로 나눌 수 있는데, 이 중 클래스의 동작을 의미하는 구성 요소는 오퍼레이션(Operation)입니다.

병행학습 클래스 다이어그램(Class Diagram)의 구성 요소
- 클래스
  - 각각의 객체들이 갖는 속성과 오퍼레이션(동작)을 표현한 것이다.
  - 일반적으로 3개의 구획(Compartment)으로 나눠 클래스의 이름, 속성, 오퍼레이션을 표기한다.
  - 속성(Attribute) : 클래스의 상태나 정보를 표현함
  - 오퍼레이션(Operation) : 클래스가 수행할 수 있는 동작으로, 함수(메소드, Method)라고도 함
- 제약조건 : 속성에 입력될 값에 대한 제약조건이나 오퍼레이션 수행 전후에 지정해야 할 조건이 있다면 이를 적음
- 관계
  - 클래스와 클래스 사이의 연관성을 표현한다.
  - 클래스 다이어그램에 표현하는 관계에는 연관 관계, 집합 관계, 포함 관계, 일반화 관계, 의존 관계가 있다.

9. 분산 시스템을 위한 마스터-슬레이브(Master-Slave) 아키텍처에 대한 설명으로 틀린 것은?

① 일반적으로 실시간 시스템에서 사용된다.
② 마스터 프로세스는 일반적으로 연산, 통신, 조정을 책임진다.
③ 슬레이브 프로세스는 데이터 수집 기능을 수행할 수 없다.
④ 마스터 프로세스는 슬레이브 프로세스들을 제어할 수 있다.

전문가의 조언
슬레이브 프로세스에서는 마스터 프로세스에서 수행하는 연산, 통신, 제어 등의 기능을 제외하고는 별도로 제한되는 기능은 없습니다.

병행학습 주요 아키텍처 패턴(Patterns)의 종류
- 레이어 패턴(Layers pattern) : 시스템을 계층(Layer)으로 구분하여 구성하는 고전적인 방법 중의 하나로 각각의 서브시스템들이 계층 구조를 이루며, 하위 계층은 상위 계층에 대한 서비스 제공자가 되고, 상위 계층은 하위 계층의 클라이언트가 됨
- 클라이언트-서버 패턴 : 하나의 서버 컴포넌트와 다수의 클라이언트 컴포넌트로 구성되는 패턴으로, 클라이언트가 서버에 요청하고 응답을 받아 사용자에게 제공하는 방식
- 파이프-필터 패턴 : 데이터 스트림 절차의 각 단계를 필터(Filter) 컴포넌트로 캡슐화하여 파이프(Pipe)를 통해 데이터를 전송하는 패턴
- 모델-뷰-컨트롤러 패턴 : 서브시스템을 모델(Model), 뷰(View), 컨트롤러(Controller)의 세 부분으로 구조화하는 패턴

10. 요구사항 정의 및 분석·설계의 결과물을 표현하기 위한 모델링 과정에서 사용되는 다이어그램(Diagram)이 아닌 것은?

① Data Flow Diagram
② UML Diagram
③ E-R Diagram
④ AVL Diagram

전문가의 조언
AVL 다이어그램은 이진 탐색 트리에서 활용되는 다이어그램입니다.

병행학습
자료 흐름도(DFD; Data Flow Diagram)
- 요구사항 분석에서 자료의 흐름 및 변환 과정과 기능을 도형 중심으로 기술하는 방법으로 자료 흐름 그래프, 버블 차트라고도 한다.
- 시스템 안의 프로세스와 자료 저장소 사이에 자료의 흐름을 나타내는 그래프로 자료 흐름과 처리를 중심으로 하는 구조적 분석 기법에 이용된다.

UML(Unified Modeling Language)
- 시스템 분석, 설계, 구현 등 시스템 개발 과정에서 시스템 개발자와 고객 또는 개발자 상호간의 의사소통이 원활하게 이루어지도록 표준화한 대표적인 객체지향 모델링 언어이다.
- UML은 Rumbaugh(OMT), Booch, Jacobson 등의 객체지향 방법론의 장점을 통합하였으며, 객체 기술에 관한 국제표준화기구인 OMG(Object Management Group)에서 표준으로 지정하였다.

E-R(개체-관계) 모델
- 개념적 데이터 모델의 가장 대표적인 것으로, 1976년 피터 첸(Peter Chen)에 의해 제안된 이래 개체와 개체 간의 관계를 기본 요소로 이용하여 현실 세계의 무질서한 데이터를 개념적인 논리 데이터로 표현하기 위한 방법으로 많이 사용되고 있다.
- E-R 모델에서는 데이터를 개체(Entity), 관계(Relationship), 속성(Attribute)으로 묘사한다.

11. 객체지향의 주요 개념에 대한 설명으로 틀린 것은?

① 캡슐화는 상위 클래스에서 속성이나 연산을 전달받아 새로운 형태의 클래스로 확장하여 사용하는 것을 의미한다.
② 객체는 실세계에 존재하거나 생각할 수 있는 것을 말한다.
③ 클래스는 하나 이상의 유사한 객체들을 묶어 공통된 특성을 표현한 것이다.
④ 다형성은 상속받은 여러 개의 하위 객체들이 다른 형태의 특성을 갖는 객체로 이용될 수 있는 성질이다.

전문가의 조언
상위 클래스에서 속성이나 연산을 전달받는 개념은 상속(Inheritance)입니다. 캡슐화(Encapsulation)는 외부에서 접근을 제한하기 위해 인터페이스를 제외한 세부 내용을 은닉하는 것입니다.

등급 B

12. 사용자 인터페이스(User Interface)에 대한 설명으로 틀린 것은?

① 사용자와 시스템이 정보를 주고받는 상호작용이 잘 이루어지도록 하는 장치나 소프트웨어를 의미한다.
② 편리한 유지보수를 위해 개발자 중심으로 설계되어야 한다.
③ 배우기가 용이하고 쉽게 사용할 수 있도록 만들어져야 한다.
④ 사용자 요구사항이 UI에 반영될 수 있도록 구성해야 한다.

전문가의 조언
사용자 인터페이스(UI)는 사용자가 쉽게 이해하고 편리하게 사용할 수 있도록 사용자 중심으로 설계되어야 합니다.

 사용자 인터페이스(UI, User Interface)

- 사용자와 시스템 간의 상호작용이 원활하게 이뤄지도록 도와주는 장치나 소프트웨어를 의미한다.
- 사용자의 만족도에 가장 큰 영향을 미치는 중요한 요소로, 소프트웨어 영역 중 변경이 가장 많이 발생한다.
- 사용자의 편리성과 가독성을 높임으로써 작업 시간을 단축시키고 업무에 대한 이해도를 높여준다.
- 최소한의 노력으로 원하는 결과를 얻을 수 있게 한다.
- 수행 결과의 오류를 줄인다.
- 사용자의 막연한 작업 기능에 대해 구체적인 방법을 제시해 준다.
- 정보 제공자와 공급자 간의 매개 역할을 수행한다.
- 사용자 인터페이스를 설계하기 위해서는 소프트웨어 아키텍처를 반드시 숙지해야 한다.

등급 A

13. GoF(Gang of Four) 디자인 패턴과 관련한 설명으로 틀린 것은?

① 디자인 패턴을 목적(Purpose)으로 분류할 때 생성, 구조, 행위로 분류할 수 있다.
② Strategy 패턴은 대표적인 구조 패턴으로 인스턴스를 복제하여 사용하는 구조를 말한다.
③ 행위 패턴은 클래스나 객체들이 상호작용하는 방법과 책임을 분산하는 방법을 정의한다.
④ Singleton 패턴은 특정 클래스의 인스턴스가 오직 하나임을 보장하고, 이 인스턴스에 대한 접근 방법을 제공한다.

전문가의 조언
전략(Strategy) 패턴은 동일한 계열의 알고리즘들을 개별적으로 캡슐화하여 상호 교환할 수 있게 정의하는 행위 패턴입니다. 인스턴스를 복제하여 사용하는 패턴은 생성 패턴의 프로토타입(Prototype) 패턴입니다.

 디자인 패턴의 종류

생성 패턴(Creational Pattern)
- 추상 팩토리(Abstract Factory) : 구체적인 클래스에 의존하지 않고, 인터페이스를 통해 서로 연관·의존하는 객체들의 그룹으로 생성하여 추상적으로 표현하는 패턴
- 빌더(Builder) : 작게 분리된 인스턴스를 건축하듯이 조합하여 객체를 생성하는 패턴으로, 객체의 생성 과정과 표현 방법을 분리하고 있어, 동일한 객체 생성에서도 서로 다른 결과를 만들어 낼 수 있음
- 팩토리 메소드(Factory Method) : 객체 생성을 서브 클래스에서 처리하도록 분리하여 캡슐화한 패턴으로, 상위 클래스에서 인터페이스만 정의하고 실제 생성은 서브 클래스가 담당함
- 프로토타입(Prototype) : 원본 객체를 복제하는 방법으로 객체를 생성하는 패턴
- 싱글톤(Singleton) : 하나의 객체를 생성하면 생성된 객체를 어디서든 참조할 수 있지만, 여러 프로세스가 동시에 참조할 수는 없는 패턴

구조 패턴(Structural Pattern)
- 어댑터(Adapter) : 호환성이 없는 클래스들의 인터페이스를 다른 클래스가 이용할 수 있도록 변환해주는 패턴
- 브리지(Bridge) : 구현부에서 추상층을 분리하여, 서로가 독립적으로 확장할 수 있도록 구성한 패턴
- 컴포지트(Composite) : 여러 객체를 가진 복합 객체와 단일 객체를 구분 없이 다루고자 할 때 사용하는 패턴
- 데코레이터(Decorator) : 객체 간의 결합을 통해 능동적으로 기능들을 확장할 수 있는 패턴
- 퍼싸드(Facade) : 복잡한 서브 클래스들을 피해 더 상위에 인터페이스를 구성함으로써 서브 클래스들의 기능을 간편하게 사용할 수 있도록 하는 패턴
- 플라이웨이트(Flyweight) : 인스턴스가 필요할 때마다 매번 생성하는 것이 아니고 가능한 한 공유해서 사용함으로써 메모리를 절약하는 패턴
- 프록시(Proxy) : 접근이 어려운 객체와 여기에 연결하려는 객체 사이에서 인터페이스 역할을 수행하는 패턴

행위 패턴(Behavioral Pattern)
- 책임 연쇄(Chain of Responsibility) : 요청을 처리할 수 있는 객체가 둘 이상 존재하여 한 객체가 처리하지 못하면 다음 객체로 넘어가는 형태의 패턴
- 커맨드(Command) : 요청을 객체의 형태로 캡슐화하여 재이용하거나 취소할 수 있도록 요청에 필요한 정보를 저장하거나 로그에 남기는 패턴
- 인터프리터(Interpreter) : 언어에 문법 표현을 정의하는 패턴
- 반복자(Iterator) : 자료 구조와 같이 접근이 잦은 객체에 대해 동일한 인터페이스를 사용하도록 하는 패턴
- 중재자(Mediator) : 수많은 객체들 간의 복잡한 상호작용(Interface)을 캡슐화하여 객체로 정의하는 패턴
- 메멘토(Memento) : 특정 시점에서의 객체 내부 상태를 객체화함으로써 이후 요청에 따라 객체를 해당 시점의 상태로 돌릴 수 있는 기능을 제공하는 패턴
- 옵서버(Observer) : 한 객체의 상태가 변화하면 객체에 상속되어 있는 다른 객체들에게 변화된 상태를 전달하는 패턴

- 상태(State) : 객체의 상태에 따라 동일한 동작을 다르게 처리해야 할 때 사용하는 패턴
- 전략(Strategy) : 동일한 계열의 알고리즘들을 개별적으로 캡슐화하여 상호 교환할 수 있게 정의하는 패턴
- 템플릿 메소드(Template Method) : 상위 클래스에서 골격을 정의하고, 하위 클래스에서 세부 처리를 구체화하는 구조의 패턴
- 방문자(Visito) : 각 클래스들의 데이터 구조에서 처리 기능을 분리하여 별도의 클래스로 구성하는 패턴

등급 A

14. 애자일 개발 방법론과 관련한 설명으로 틀린 것은?

① 빠른 릴리즈를 통해 문제점을 빠르게 파악할 수 있다.
② 정확한 결과 도출을 위해 계획 수립과 문서화에 중점을 둔다.
③ 고객과의 의사소통을 중요하게 생각한다.
④ 진화하는 요구사항을 수용하는데 적합하다.

전문가의 조언
애자일(Agile)은 문서보다는 실행되는 SW에, 계획을 따르기 보다는 변화에 반응하는 것에 더 중점을 둡니다.

애자일 개발 4가지 핵심 가치
- 프로세스와 도구보다는 개인과 상호작용에 더 가치를 둔다.
- 방대한 문서보다는 실행되는 SW에 더 가치를 둔다.
- 계약 협상보다는 고객과 협업에 더 가치를 둔다.
- 계획을 따르기 보다는 변화에 반응하는 것에 더 가치를 둔다.

등급 A

15. 럼바우(Rumbaugh)의 객체지향 분석 기법 중 자료 흐름도(DFD)를 주로 이용하는 것은?

① 기능 모델링
② 동적 모델링
③ 객체 모델링
④ 정적 모델링

전문가의 조언
자료 흐름도(DFD)는 럼바우(Rumbaugh)의 객체지향 분석 기법 중 기능 모델링에서 주로 이용됩니다.

럼바우(Rumbaugh)의 분석 기법
- 모든 소프트웨어 구성 요소를 그래픽 표기법을 이용하여 모델링하는 기법으로, 객체 모델링 기법(OMT, Object-Modeling Technique)이라고도 한다.
- 분석 활동은 '객체 모델링 → 동적 모델링 → 기능 모델링' 순으로 이루어진다.
- 객체 모델링(Object Modeling)
  - 정보 모델링이라고도 하며, 시스템에서 요구되는 객체를 찾아내어 속성과 연산 식별 및 객체들 간의 관계를 규정하여 객체 다이어그램으로 표시하는 것이다.
  - 분석 활동의 세 가지 모델 중 가장 중요하며 선행되어야 할 모델링이다.
- 동적 모델링(Dynamic Modeling) : 상태 다이어그램(상태도)을 이용하여 시간의 흐름에 따른 객체들 간의 제어 흐름, 상호 작용, 동작 순서 등의 동적인 행위를 표현하는 모델링임
- 기능 모델링(Functional Modeling) : 자료 흐름도(DFD)를 이용하여 다수의 프로세스들 간의 자료 흐름을 중심으로 처리 과정을 표현한 모델링임

등급 A

16. 순차 다이어그램(Sequence Diagram)과 관련한 설명으로 틀린 것은?

① 객체들의 상호 작용을 나타내기 위해 사용한다.
② 시간의 흐름에 따라 객체들이 주고 받는 메시지의 전달 과정을 강조한다.
③ 동적 다이어그램보다는 정적 다이어그램에 가깝다.
④ 교류 다이어그램(Interaction Diagram)의 한 종류로 볼 수 있다.

전문가의 조언
순차 다이어그램(Sequence Diagram)은 시간의 흐름에 따라 상호 작용하는 개체들을 표현하는 동적 다이어그램입니다.

순차(Sequence) 다이어그램
- 순차 다이어그램은 시스템이나 객체들이 메시지를 주고받으며 시간의 흐름에 따라 상호 작용하는 과정을 액터, 객체, 메시지 등의 요소를 사용하여 그림으로 표현한 것이다.
- 순차 다이어그램은 시스템이나 객체들의 상호 작용 과정에서 주고받는 메시지를 표현한다.
- 순차 다이어그램을 통해 각 동작에 참여하는 시스템이나 객체들의 수행 기간을 확인할 수 있다.
- 순차 다이어그램은 클래스 내부에 있는 객체들을 기본 단위로 하여 그들의 상호 작용을 표현한다.
- 순차 다이어그램은 주로 기능 모델링에서 작성된 유스케이스 명세서를 하나의 표현 범위로 하지만, 하나의 클래스에 포함된 오퍼레이션을 하나의 범위로 표현하기도 한다.

등급 B

17. 객체지향 분석 기법과 관련한 설명으로 틀린 것은?

① 동적 모델링 기법이 사용될 수 있다.
② 기능 중심으로 시스템을 파악하며 순차적인 처리가 중요시되는 하향식(Top-down) 방식으로 볼 수 있다.
③ 데이터와 행위를 하나로 묶어 객체를 정의하고 추상화시키는 작업이라 할 수 있다.
④ 코드 재사용에 의한 프로그램 생산성 향상 및 요구에 따른 시스템의 쉬운 변경이 가능하다.

> **전문가의 조언**
> 객체지향 분석 기법은 순차적인 처리가 아닌 부품을 조립하듯 클래스를 조립하는 방식으로 처리하며, 하향식 및 상향식 방식 모두 사용할 수 있습니다.

병행학습 객체지향 분석(OOA; Object Oriented Analysis)
- 사용자의 요구사항을 분석하여 요구된 문제와 관련된 모든 클래스(객체), 이와 연관된 속성과 연산, 그들 간의 관계 등을 정의하여 모델링하는 작업이다.
- 소프트웨어를 개발하기 위한 비즈니스(업무)를 객체와 속성, 클래스와 멤버, 전체와 부분 등으로 나누어서 분석한다.
- 분석가에게 주요한 모델링 구성 요소인 클래스, 객체, 속성, 연산들을 표현해서 문제를 모형화할 수 있게 해준다.
- 객체는 클래스로부터 인스턴스화되고, 이 클래스를 식별하는 것이 객체지향 분석의 주요한 목적이다.

등급 B

18. 대표적으로 DOS 및 UNIX 등의 운영체제에서 조작을 위해 사용하던 것으로, 정해진 명령 문자열을 입력하여 시스템을 조작하는 사용자 인터페이스(User Interface)는?

① GUI(Graphical User Interface)
② CLI(Command Line Interface)
③ CUI(Cell User Interface)
④ MUI(Mobile User Interface)

> **전문가의 조언**
> 정해진 명령 문자열을 입력하여 시스템을 조작하는 사용자 인터페이스를 CLI(Command Line Interface)라고 합니다.

병행학습 사용자 인터페이스(UI)의 종류
- CLI(Command Line Interface) : 명령과 출력이 텍스트 형태로 이루어지는 인터페이스
- GUI(Graphical User Interface) : 아이콘이나 메뉴를 마우스로 선택하여 작업을 수행하는 그래픽 환경의 인터페이스
- NUI(Natural User Interface) : 사용자의 말이나 행동으로 기기를 조작하는 인터페이스
- VUI(Voice User Interface) : 사람의 음성으로 기기를 조작하는 인터페이스
- OUI(Organic User Interface) : 모든 사물과 사용자 간의 상호작용을 위한 인터페이스

등급 A

19. 분산 시스템에서의 미들웨어(Middleware)와 관련한 설명으로 틀린 것은?

① 분산 시스템에서 다양한 부분을 관리하고 통신하며 데이터를 교환하게 해주는 소프트웨어로 볼 수 있다.
② 위치 투명성(Location Transparency)을 제공한다.
③ 분산 시스템의 여러 컴포넌트가 요구하는 재사용 가능한 서비스의 구현을 제공한다.
④ 애플리케이션과 사용자 사이에서만 분산 서비스를 제공한다.

> **전문가의 조언**
> 애플리케이션과 사용자 사이뿐만 아니라 클라이언트와 서버, 운영체제와 응용 프로그램과 같이 두 시스템 사이에서 다양한 서비스를 제공하는 소프트웨어를 미들웨어(Middleware)라고 합니다.

병행학습 미들웨어(Middleware)의 종류
- DB(DataBase) : 데이터베이스 벤더(Vendor)에서 제공하는 클라이언트에서 원격의 데이터베이스와 연결하기 위한 미들웨어
- RPC(Remote Procedure Call) : 응용 프로그램의 프로시저를 사용하여 원격 프로시저를 마치 로컬 프로시저처럼 호출하는 방식의 미들웨어
- MOM(Message Oriented Middleware) : 메시지 기반의 비동기형 메시지를 전달하는 방식의 미들웨어
- TP-Monitor(Transaction Processing Monitor) : 항공기나 철도 예약 업무 등과 같은 온라인 트랜잭션 업무에서 트랜잭션을 처리 및 감시하는 미들웨어
- ORB(Object Request Broker) : 객체지향 미들웨어로 코바(CORBA) 표준 스펙을 구현한 미들웨어
- WAS(Web Application Server) : 사용자의 요구에 따라 변하는 동적인 콘텐츠를 처리하기 위해 사용되는 미들웨어

2021년 8월 정보처리기사 필기

등급 C

20. 소프트웨어 아키텍처와 관련한 설명으로 틀린 것은?

① 파이프 필터 아키텍처에서 데이터는 파이프를 통해 양방향으로 흐르며, 필터 이동 시 오버헤드가 발생하지 않는다.
② 외부에서 인식할 수 있는 특성이 담긴 소프트웨어의 골격이 되는 기본 구조로 볼 수 있다.
③ 데이터 중심 아키텍처는 공유 데이터 저장소를 통해 접근자 간의 통신이 이루어지므로 각 접근자의 수정과 확장이 용이하다.
④ 이해 관계자들의 품질 요구사항을 반영하여 품질 속성을 결정한다.

전문가의 조언
파이프-필터(Pipe-Filter) 패턴은 데이터 통로인 파이프(Pipe)를 이용하여 컴포넌트인 필터(Filter) 간에 데이터를 전송하는 구조로, 단방향 및 양방향 모두 구현할 수 있으며, 필터 간 이동 시 오버헤드가 발생합니다.

2 과목 소프트웨어 개발

등급 C

21. 테스트를 목적에 따라 분류했을 때, 강도(Stress) 테스트에 대한 설명으로 옳은 것은?

① 시스템에 고의로 실패를 유도하고 시스템이 정상적으로 복귀하는지 테스트한다.
② 시스템에 과다 정보량을 부과하여 과부하 시에도 시스템이 정상적으로 작동되는지를 테스트한다.
③ 사용자의 이벤트에 시스템이 응답하는 시간, 특정 시간 내에 처리하는 업무량, 사용자 요구에 시스템이 반응하는 속도 등을 테스트한다.
④ 부당하고 불법적인 침입을 시도하여 보안시스템이 불법적인 침투를 잘 막아내는지 테스트한다.

전문가의 조언
강도(Stress) 테스트에 대한 설명으로 옳은 것은 ②번입니다.
• ①번은 회복(Recovery) 테스트, ③번은 성능(Performance) 테스트, ④번은 안전(Security) 테스트에 대한 설명입니다.

병행학습 목적에 따른 애플리케이션 테스트
• 회복(Recovery) 테스트 : 시스템에 여러 가지 결함을 주어 실패하도록 한 후 올바르게 복구되는지를 확인하는 테스트
• 안전(Security) 테스트 : 시스템에 설치된 시스템 보호 도구가 불법적인 침입으로부터 시스템을 보호할 수 있는지를 확인하는 테스트
• 강도(Stress) 테스트 : 시스템에 과도한 정보량이나 빈도 등을 부과하여 과부하 시에도 소프트웨어가 정상적으로 실행되는지를 확인하는 테스트
• 성능(Performance) 테스트 : 소프트웨어의 실시간 성능이나 전체적인 효율성을 진단하는 테스트로, 소프트웨어의 응답 시간, 처리량 등을 테스트
• 구조(Structure) 테스트 : 소프트웨어 내부의 논리적인 경로, 소스 코드의 복잡도 등을 평가하는 테스트
• 회귀(Regression) 테스트 : 소프트웨어의 변경 또는 수정된 코드에 새로운 결함이 없음을 확인하는 테스트
• 병행(Parallel) 테스트 : 변경된 소프트웨어와 기존 소프트웨어에 동일한 데이터를 입력하여 결과를 비교하는 테스트

등급 A

22. 다음 자료를 버블 정렬을 이용하여 오름차순으로 정렬할 경우 PASS 3의 결과는?

9, 6, 7, 3, 5

① 6, 3, 5, 7, 9   ② 3, 5, 6, 7, 9
③ 6, 7, 3, 5, 9   ④ 3, 5, 9, 6, 7

전문가의 조언
버블 정렬은 주어진 파일에서 인접한 두 개의 레코드 키 값을 비교하여 그 크기에 따라 레코드 위치를 서로 교환하는 정렬 방식으로 다음과 같은 과정으로 진행됩니다.
• 초기상태 : 9, 6, 7, 3, 5
• 1회전
6 9 7 3 5 → 6 7 9 3 5 → 6 7 3 9 5 → 6 7 3 5 9
• 2회전
6 7 3 5 9 → 6 3 7 5 9 → 6 3 5 7 9
• 3회전
3 6 5 7 9 → 3 5 6 7 9
• 4회전
3 5 6 7 9

등급 D

23. 다음 그래프에서 정점 A를 선택하여 깊이 우선 탐색(DFS)으로 운행한 결과는?

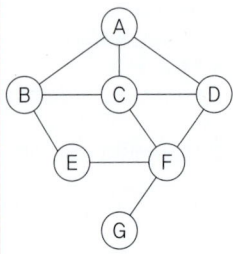

① ABECDFG
② ABECFDG
③ ABCDEFG
④ ABEFGCD

전문가의 조언
깊이 우선 탐색(DFS)은 정점에서 자식 노드 방향으로 운행하면서 형제 노드와 자식 노드가 있을 때 자식 노드를 우선 탐색하는 기법입니다. 자식 노드의 탐색이 모두 끝나면 다시 형제 노드부터 탐색을 시작하는 방식으로, 모든 노드를 한 번씩 방문합니다.

❶ A 노드에서는 B, C, D의 세 가지의 동등한 순위의 선택지가 있습니다. D로 진행해도 올바른 운행이지만 보기의 문항이 B로만 진행되고 있으므로, B로 진행합니다. → AB
❷ B 노드에서는 C, E의 선택지가 있으나 자식 노드가 우선시 되므로 E로 진행합니다. → ABE
❸ E 노드에서는 F 외에는 선택지가 없으므로 F로 진행합니다. → ABEF
❹ F 노드에서는 G 외에는 선택지가 없으므로 G로 진행합니다. → ABEFG
❺ ❷번에서 우선 순위가 밀렸던 형제 노드 C로 진행합니다. → ABEFGC
❻ C 노드에서는 D, F의 선택지가 있으나 우선해야 하는 자식 노드 F는 ❸번에서 이미 방문했으므로 형제 노드인 D로 진행합니다. → ABEFGCD
❼ 모든 노드를 한 번씩 방문했으므로 운행을 종료합니다.

등급 C

24. 다음 설명에 부합하는 용어로 옳은 것은?

- 소프트웨어 구조를 이루며, 다른 것들과 구별될 수 있는 독립적인 기능을 갖는 단위이다.
- 하나 또는 몇 개의 논리적인 기능을 수행하기 위한 명령어들의 집합이라고도 할 수 있다.
- 서로 모여 하나의 완전한 프로그램으로 만들어질 수 있다.

① 통합 프로그램   ② 저장소
③ 모듈   ④ 데이터

전문가의 조언
소프트웨어 구조를 이루며, 다른 것들과 구별될 수 있는 독립적인 기능을 갖는 단위를 모듈(Module)이라고 합니다.

등급 B

25. 테스트 드라이버(Test Driver)에 대한 설명으로 틀린 것은?

① 시험대상 모듈을 호출하는 간이 소프트웨어이다.
② 필요에 따라 매개 변수를 전달하고 모듈을 수행한 후의 결과를 보여줄 수 있다.
③ 상향식 통합 테스트에서 사용된다.
④ 테스트 대상 모듈이 호출하는 하위 모듈의 역할을 한다.

전문가의 조언
비어있는 하위 모듈을 대체하는 것은 스텁(Stub), 상위 모듈을 대체하는 것은 드라이버(Driver)입니다.

병행학습 테스트 하네스(Test Harness)의 구성 요소
- 테스트 드라이버(Test Driver) : 테스트 대상의 하위 모듈을 호출하고, 매개변수(Parameter)를 전달하고, 모듈 테스트 수행 후의 결과를 도출하는 도구
- 테스트 스텁(Test Stub) : 제어 모듈이 호출하는 타 모듈의 기능을 단순히 수행하는 도구로, 일시적으로 필요한 조건만을 가지고 있는 테스트용 모듈
- 테스트 슈트(Test Suites) : 테스트 대상 컴포넌트나 모듈, 시스템에 사용되는 테스트 케이스의 집합
- 테스트 케이스(Test Case) : 사용자의 요구사항을 정확하게 준수했는지 확인하기 위한 입력 값, 실행 조건, 기대 결과 등으로 만들어진 테스트 항목의 명세서
- 테스트 스크립트(Test Script) : 자동화된 테스트 실행 절차에 대한 명세서
- 목 오브젝트(Mock Object) : 사전에 사용자의 행위를 조건부로 입력해 두면, 그 상황에 맞는 예정된 행위를 수행하는 객체

등급 A

26. 다음 중 선형 구조로만 묶인 것은?
① 스택, 트리　　② 큐, 데크
③ 큐, 그래프　　④ 리스트, 그래프

전문가의 조언
선형 구조를 가지는 자료 구조에는 배열, 선형 리스트, 스택, 큐, 데크가 있습니다.

병행학습 자료 구조의 분류
- 선형 구조(Linear Structure) : 배열(Array), 선형 리스트(Linear List), 스택(Stack), 큐(Queue), 데크(Deque)
- 비선형 구조(Non-Linear Structure) : 트리(Tree), 그래프(Graph)

병행학습 스택(Stack)
- 리스트의 한쪽 끝으로만 자료의 삽입, 삭제 작업이 이루어지는 자료 구조이다.
- 스택은 가장 나중에 삽입된 자료가 가장 먼저 삭제되는 후입선출(LIFO; Last In First Out) 방식으로 자료를 처리한다.
- 스택의 모든 기억 공간이 꽉 채워져 있는 상태에서 데이터가 삽입되면 오버플로(Overflow)가 발생하며, 더 이상 삭제할 데이터가 없는 상태에서 데이터를 삭제하면 언더플로(Underflow)가 발생한다.
- 스택의 응용 분야
  - 함수 호출의 순서 제어
  - 인터럽트의 처리
  - 수식 계산 및 수식 표기법
  - 컴파일러를 이용한 언어 번역
  - 부 프로그램 호출 시 복귀주소 저장
  - 서브루틴 호출 및 복귀 주소 저장

등급 B

27. 다음은 스택의 자료 삭제 알고리즘이다. ⓐ에 들어갈 내용으로 옳은 것은? (단, Top : 스택포인터, S : 스택의 이름)

```
if Top = 0 Then
    (   ⓐ   )
Else {
    remove S(Top)
    Top = Top - 1
}
```

① Overflow　　② Top = Top + 1
③ Underflow　　④ Top = Top

전문가의 조언
스택에서 자료의 삭제가 발생했을 때 자료의 가장 위쪽을 가리키는 스택포인터가 0이면 자료가 없는 것이므로 언더플로(Underflow)가 발생하고, 아니면 현재 스택포인터의 위치에 있는 자료가 삭제되면서 스택포인터의 값이 1 감소합니다.

❶ if Top = 0 Then
❷ 　Underflow
　Else {
❸ 　remove S(Top)
❹ 　Top = Top - 1
}

❶ Top가 0이면 ❷번을 수행하고, 아니면 ❸, ❹번을 수행한다.
❷ Underflow가 발생한다.
❸ 스택 S에서 Top 위치에 있는 값을 제거한다.
❹ Top의 값이 1 감소시킨다.

등급 C

28. 제품 소프트웨어의 사용자 매뉴얼 작성 절차로 (가)~(다)와 [보기]의 기호를 바르게 연결한 것은?

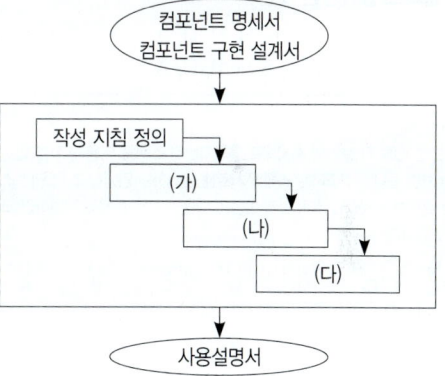

㉠ 사용 설명서 검토
㉡ 구성 요소별 내용 작성
㉢ 사용 설명서 구성 요소 정의

① (가)-㉠, (나)-㉡, (다)-㉢
② (가)-㉢, (나)-㉡, (다)-㉠
③ (가)-㉠, (나)-㉢, (다)-㉡
④ (가)-㉢, (나)-㉠, (다)-㉡

전문가의 조언
제품 소프트웨어의 사용자 매뉴얼 작성 절차는 '작성 지침 정의 → 사용 설명서 구성 요소 정의 → 구성 요소별 내용 작성 → 사용 설명서 검토' 순서로 진행됩니다.

병행학습 소프트웨어 사용자 매뉴얼

- 사용자가 소프트웨어를 사용하는 과정에서 필요한 내용을 문서로 기록한 설명서와 안내서이다.
- 사용자가 소프트웨어 사용에 필요한 절차, 환경 등의 제반 사항이 모두 포함되도록 작성한다.
- 소프트웨어 배포 후 발생될 수 있는 오류에 대한 패치나 기능에 대한 업그레이드를 위해 매뉴얼의 버전을 관리한다.
- 개별적으로 동작이 가능한 컴포넌트 단위로 매뉴얼을 작성한다.
- 사용자 매뉴얼은 컴포넌트 명세서와 컴포넌트 구현 설계서를 토대로 작성한다.
- 목차 및 개요, 서문, 기본 사항 등이 기본적으로 포함되어야 한다.

등급 A

29. 순서가 A, B, C, D로 정해진 입력 자료를 스택에 입력한 후 출력한 결과로 불가능한 것은?

① D, C, B, A
② B, C, D, A
③ C, B, A, D
④ D, B, C, A

전문가의 조언
이 문제는 A, B, C, D를 각 보기의 순서대로 출력되는지 스택을 이용해 직접 입·출력을 수행해 보면 됩니다. PUSH는 스택에 자료를 입력하는 명령이고, POP는 스택에서 자료를 출력하는 명령입니다. 먼저 ①번은 다음과 같은 순서로 작업하면 모두 출력할 수 있습니다.

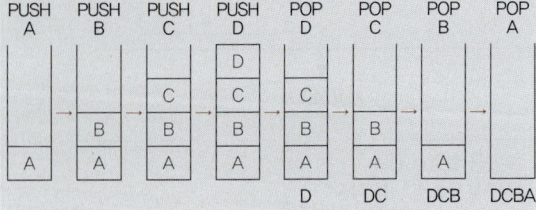

④번은 D 출력 후에 B를 출력해야 하는데, C를 출력하지 않고는 B를 출력할 수 없으므로 불가능합니다.

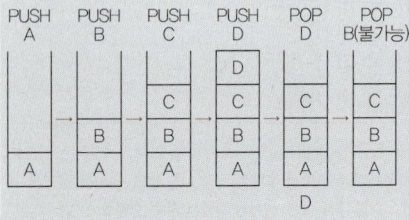

등급 B

30. 소프트웨어 테스트에서 검증(Verification)과 확인(Validation)에 대한 설명으로 틀린 것은?

① 소프트웨어 테스트에서 검증과 확인을 구별하면 찾고자 하는 결함 유형을 명확하게 하는 데 도움이 된다.
② 검증은 소프트웨어 개발 과정을 테스트하는 것이고, 확인은 소프트웨어 결과를 테스트하는 것이다.
③ 검증은 작업 제품이 요구 명세의 기능, 비기능 요구사항을 얼마나 잘 준수하는지 측정하는 작업이다.
④ 검증은 작업 제품이 사용자의 요구에 적합한지 측정하며, 확인은 작업 제품이 개발자의 기대를 충족시키는지를 측정한다.

전문가의 조언
검증(Verification)은 개발자의 입장에서 개발한 소프트웨어가 명세서에 맞게 만들어졌는지를 점검하는 것이고, 확인(Validation)은 사용자의 입장에서 개발한 소프트웨어가 고객의 요구사항에 맞게 구현되었는지를 확인하는 것입니다.

등급 B

31. 개별 모듈을 시험하는 것으로, 모듈이 정확하게 구현되었는지, 예정한 기능이 제대로 수행되는지를 점검하는 것이 주목적인 테스트는?

① 통합 테스트(Integration Test)
② 단위 테스트(Unit Test)
③ 시스템 테스트(System Test)
④ 인수 테스트(Acceptance Test)

전문가의 조언
모듈이나 컴포넌트 단위로 기능을 확인하는 테스트는 단위 테스트(Unit Test)입니다.

병행학습
- 통합 테스트(Integration Test) : 단위 테스트가 완료된 모듈들을 결합하여 하나의 시스템으로 완성시키는 과정에서의 테스트
- 시스템 테스트(System Test) : 개발된 소프트웨어가 해당 컴퓨터 시스템에서 완벽하게 수행되는가를 점검하는 테스트
- 인수 테스트(Acceptance Test) : 개발한 소프트웨어가 사용자의 요구사항을 충족하는지에 중점을 두고 테스트하는 방법

정답 29.④ 30.④ 31.②

등급 A

32. 형상 관리의 개념과 절차에 대한 설명으로 틀린 것은?
① 형상 식별은 형상 관리 계획을 근거로 형상 관리의 대상이 무엇인지 식별하는 과정이다.
② 형상 관리를 통해 가시성과 추적성을 보장함으로써 소프트웨어의 생산성과 품질을 높일 수 있다.
③ 형상 통제 과정에서는 형상 목록의 변경 요구를 즉시 수용 및 반영해야 한다.
④ 형상 감사는 형상 관리 계획대로 형상 관리가 진행되고 있는지, 형상 항목의 변경이 요구사항에 맞도록 제대로 이뤄졌는지 등을 살펴보는 활동이다.

전문가의 조언
형상 통제 과정은 식별된 형상 항목에 대한 변경 요구를 검토하여 현재의 기준선(Base Line)이 잘 반영될 수 있도록 조정하는 작업입니다.

병행학습 형상 관리(SCM; Software Configuration Management)
- 소프트웨어의 개발 과정에서 소프트웨어의 변경 사항을 관리하기 위해 개발된 일련의 활동이다.
- 소프트웨어 변경의 원인을 알아내고 제어하며, 적절히 변경되고 있는지 확인하여 해당 담당자에게 통보한다.
- 형상 관리는 소프트웨어 개발의 전 단계에 적용되는 활동이며, 유지보수 단계에서도 수행된다.
- 형상 관리는 소프트웨어 개발의 전체 비용을 줄이고, 개발 과정의 여러 방해 요인이 최소화되도록 보증하는 것을 목적으로 한다.
- 관리 항목에는 소스 코드뿐만 아니라 프로젝트 계획, 분석서, 설계서, 프로그램, 테스트 케이스 등이 포함된다.
- 형상 관리를 통해 가시성과 추적성을 보장함으로써 소프트웨어의 생산성과 품질을 높일 수 있다.
- 대표적인 형상 관리 도구에는 Git, CVS, Subversion 등이 있다.
- 형상 관리 기능
  - 형상 식별 : 형상 관리 대상에 이름과 관리 번호를 부여하고, 계층(Tree) 구조로 구분하여 수정 및 추적이 용이하도록 하는 작업
  - 버전 제어 : 소프트웨어 업그레이드나 유지 보수 과정에서 생성된 다른 버전의 형상 항목을 관리하고, 이를 위해 특정 절차와 도구(Tool)를 결합시키는 작업
  - 형상 통제(변경 관리) : 식별된 형상 항목에 대한 변경 요구를 검토하여 현재의 기준선(Base Line)이 잘 반영될 수 있도록 조정하는 작업
  - 형상 감사 : 기준선의 무결성을 평가하기 위해 확인, 검증, 검열 과정을 통해 공식적으로 승인하는 작업
  - 형상 기록(상태 보고) : 형상의 식별, 통제, 감사 작업의 결과를 기록·관리하고 보고서를 작성하는 작업

등급 B

33. 소스 코드 정적 분석(Static Analysis)에 대한 설명으로 틀린 것은?
① 소스 코드를 실행시키지 않고 분석한다.
② 코드에 있는 오류나 잠재적인 오류를 찾아내기 위한 활동이다.
③ 하드웨어적인 방법으로만 코드 분석이 가능하다.
④ 자료 흐름이나 논리 흐름을 분석하여 비정상적인 패턴을 찾을 수 있다.

전문가의 조언
소스 코드 정적 분석 도구 중 pmd, cppcheck 등은 소프트웨어적인 방법으로 코드를 분석합니다.

병행학습 소스 코드 품질 분석 도구
- 소스 코드의 코딩 스타일, 코드에 설정된 코딩 표준, 코드의 복잡도, 코드에 존재하는 메모리 누수 현상, 스레드 결함 등을 발견하기 위해 사용하는 분석 도구로, 크게 정적 분석 도구와 동적 분석 도구로 나뉜다.
- 정적 분석 도구
  - 작성한 소스 코드를 실행하지 않고 코딩 표준이나 코딩 스타일, 결함 등을 확인하는 코드 분석 도구이다.
  - 비교적 애플리케이션 개발 초기의 결함을 찾는데 사용되고, 개발 완료 시점에서는 개발된 소스 코드의 품질을 검증하는 차원에서 사용된다.
  - 동적 분석 도구로는 발견하기 어려운 결함을 찾아내고, 소스 코드에서 코딩의 복잡도, 모델 의존성, 불일치성 등을 분석할 수 있다.
  - 종류 : pmd, cppcheck, SonarQube, checkstyle, ccm, cobertura 등
- 동적 분석 도구
  - 작성한 소스 코드를 실행하여 코드에 존재하는 메모리 누수, 스레드 결함 등을 분석하는 도구이다.
  - 종류 : Avalanche, Valgrind 등

등급 C

34. 소프트웨어 개발 활동을 수행함에 있어서 시스템이 고장(Failure)을 일으키게 하며, 오류(Error)가 있는 경우 발생하는 것은?
① Fault ② Testcase
③ Mistake ④ Inspection

전문가의 조언
결함(Fault)은 오류 발생, 작동 실패 등과 같이 소프트웨어가 개발자가 설계한 것과 다르게 동작하거나 다른 결과가 발생하는 것을 의미합니다.

정답 32.③ 33.③ 34.①

등급 B

35. 코드의 간결성을 유지하기 위해 사용되는 지침으로 틀린 것은?
① 공백을 이용하여 실행문 그룹과 주석을 명확히 구분한다.
② 복잡한 논리식과 산술식은 괄호와 들여쓰기(Indentation)를 통해 명확히 표현한다.
③ 빈 줄을 사용하여 선언부와 구현부를 구별한다.
④ 한 줄에 최대한 많은 문장을 코딩한다.

전문가의 조언
소스 코드는 가독성을 위해 줄바꿈과 들여쓰기, 괄호를 적절하게 사용해야 합니다.

클린 코드 작성 원칙

가독성	• 누구든지 코드를 쉽게 읽을 수 있도록 작성함 • 코드 작성 시 이해하기 쉬운 용어를 사용하거나 들여쓰기 기능 등을 사용함
단순성	• 코드를 간단하게 작성함 • 한 번에 한 가지를 처리하도록 코드를 작성하고 클래스/메소드/함수 등을 최소 단위로 분리함
의존성 배제	• 코드가 다른 모듈에 미치는 영향을 최소화함 • 코드 변경 시 다른 부분에 영향이 없도록 작성함
중복성 최소화	• 코드의 중복을 최소화함 • 중복된 코드는 삭제하고 공통된 코드를 사용함
추상화	상위 클래스/메소드/함수에서는 간략하게 애플리케이션의 특성을 나타내고, 상세 내용은 하위 클래스/메소드/함수에서 구현함

소프트웨어 품질 특성
• 기능성(Functionality) : 소프트웨어가 사용자의 요구사항을 정확하게 만족하는 기능을 제공하는지 여부를 나타냄
• 신뢰성(Reliability) : 소프트웨어가 요구된 기능을 정확하고 일관되게 오류 없이 수행할 수 있는 정도를 나타냄
• 사용성(Usability) : 사용자와 컴퓨터 사이에 발생하는 어떠한 행위에 대하여 사용자가 정확하게 이해하고 사용하며, 향후 다시 사용하고 싶은 정도를 나타냄
• 효율성(Efficiency) : 사용자가 요구하는 기능을 할당된 시간 동안 한정된 자원으로 얼마나 빨리 처리할 수 있는지 정도를 나타냄
• 유지 보수성(Maintainability) : 환경의 변화 또는 새로운 요구사항이 발생했을 때 소프트웨어를 개선하거나 확장할 수 있는 정도를 나타냄
• 이식성(Portability) : 소프트웨어가 다른 환경에서도 얼마나 쉽게 적용할 수 있는지 정도를 나타냄

등급 C

37. 다음 중 최악의 경우 검색 효율이 가장 나쁜 트리 구조는?
① 이진 탐색 트리   ② AVL 트리
③ 2-3 트리   ④ 레드-블랙 트리

전문가의 조언
이진 탐색 트리의 평균 시간 복잡도는 O(logN)이지만, 트리의 구조가 한쪽으로 치우친 경우 성능을 보장하기 어렵습니다. 이를 보완하고자 개발된 균형 트리(Balanced Tree)가 AVL, 2-3, 레드-블랙 트리입니다. 따라서 원형에 해당하는 이진 탐색 트리의 검색 효율이 가장 좋지 않고 다음으로 AVL, 2-3, 레드-블랙 순입니다.

등급 A

36. 소프트웨어 품질 목표 중 하나 이상의 하드웨어 환경에서 운용되기 위해 쉽게 수정될 수 있는 시스템 능력을 의미하는 것은?
① Portability   ② Efficiency
③ Usability   ④ Correctness

전문가의 조언
하나 이상의 하드웨어 환경에서 운용되기 위해 쉽게 수정될 수 있는 시스템 능력을 이식성(Portability)이라고 합니다.

등급 A

38. 다음 트리에 대한 중위 순회 운행 결과는?

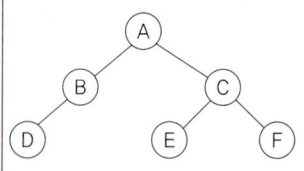

① ABDCEF   ② ABCDEF
③ DBECFA   ④ DBAECF

정답 35.④ 36.① 37.① 38.④

전문가의 조언
먼저 서브 트리를 하나의 노드로 생각할 수 있도록 서브 트리 단위로 묶습니다.
❶ 중위 순회(Inorder)는 Left → Root → Right 이므로 1A2가 됩니다.
❷ 1은 DB0이므로 DBA2가 됩니다.
❸ 2는 ECF이므로 DBAECF가 됩니다.

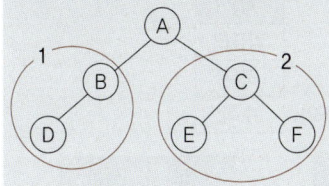

40. 저작권 관리 구성 요소 중 패키저(Packager)의 주요 역할로 옳은 것은?

① 콘텐츠를 제공하는 저작권자를 의미한다.
② 콘텐츠를 메타 데이터와 함께 배포 가능한 단위로 묶는다.
③ 라이선스를 발급하고 관리한다.
④ 배포된 콘텐츠의 이용 권한을 통제한다.

전문가의 조언
패키저(Packager)는 콘텐츠를 메타 데이터와 함께 배포 가능한 형태로 묶어 암호화하는 프로그램입니다.

병행학습 디지털 저작권 관리(DRM; Digital Right Management)
- 저작권자가 배포한 디지털 콘텐츠가 저작권자가 의도한 용도로만 사용되도록 디지털 콘텐츠의 생성, 유통, 이용까지의 전 과정에 걸쳐 사용되는 디지털 콘텐츠 관리 및 보호 기술이다.
- 디지털 저작권 관리(DRM) 관련 용어
  - 클리어링 하우스(Clearing House) : 저작권에 대한 사용 권한, 라이선스 발급, 사용량에 따른 결제 관리 등을 수행하는 곳
  - 콘텐츠 제공자(Contents Provider) : 콘텐츠를 제공하는 저작권자
  - 패키저(Packager) : 콘텐츠를 메타 데이터와 함께 배포 가능한 형태로 묶어 암호화하는 프로그램
  - 콘텐츠 분배자(Contents Distributor) : 암호화된 콘텐츠를 유통하는 곳이나 사람
  - 콘텐츠 소비자(Customer) : 콘텐츠를 구매해서 사용하는 주체
  - DRM 컨트롤러(DRM Controller) : 배포된 콘텐츠의 이용 권한을 통제하는 프로그램
  - 보안 컨테이너(Security Container) : 콘텐츠 원본을 안전하게 유통하기 위한 전자적 보안 장치

39. 테스트 케이스 자동 생성 도구를 이용하여 테스트 데이터를 찾아내는 방법이 아닌 것은?

① 스터브(Stub)와 드라이버(Driver)
② 입력 도메인 분석
③ 랜덤(Random) 테스트
④ 자료 흐름도

전문가의 조언
테스트 케이스 생성 도구를 이용하여 테스트 데이터를 찾아내는 방법에는 자료 흐름도, 기능 테스트, 랜덤 테스트, 입력 도메인 분석이 있습니다.

병행학습 테스트 케이스 생성 도구(Test Case Generation Tools)
- 자료 흐름도 : 자료 원시 프로그램을 입력받아 파싱한 후 자료 흐름도를 작성함
- 기능 테스트 : 주어진 기능을 구동시키는 모든 가능한 상태를 파악하여 이에 대한 입력을 작성함
- 입력 도메인 분석 : 원시 코드의 내부를 참조하지 않고, 입력 변수의 도메인을 분석하여 테스트 데이터를 작성함
- 랜덤 테스트 : 입력 값을 무작위로 추출하여 테스트함

3과목 데이터베이스 구축

등급 C

41. 데이터베이스의 무결성 규정(Integrity Rule)과 관련한 설명으로 틀린 것은?

① 무결성 규정에는 데이터가 만족해야 될 제약 조건, 규정을 참조할 때 사용하는 식별자 등의 요소가 포함될 수 있다.
② 무결성 규정의 대상으로는 도메인, 키, 종속성 등이 있다.
③ 정식으로 허가받은 사용자가 아닌 불법적인 사용자에 의한 갱신으로부터 데이터베이스를 보호하기 위한 규정이다.
④ 릴레이션 무결성 규정(Relation Integrity Rules)은 릴레이션을 조작하는 과정에서의 의미적 관계(Semantic Relationship)를 명세한 것이다.

전문가의 조언
허가 받은 사용자만이 갱신할 수 있다는 설명은 데이터베이스의 무결성 규정(Integrity Rule)이 아닌 소프트웨어 개발 시 충족시켜야 할 보안 요소인 무결성(Integrity)에 대한 설명입니다.

등급 B

42. 데이터베이스에서 하나의 논리적 기능을 수행하기 위한 작업의 단위 또는 한꺼번에 모두 수행되어야 할 일련의 연산들을 의미하는 것은?

① 트랜잭션　② 뷰
③ 튜플　　　④ 카디널리티

전문가의 조언
하나의 논리적 기능을 수행하기 위한 작업의 단위 또는 한꺼번에 모두 수행되어야 할 일련의 연산을 트랜잭션(Transaction)이라고 합니다.

병행학습
- 뷰(View) : 사용자에게 접근이 허용된 자료만을 제한적으로 보여주기 위해 하나 이상의 기본 테이블로부터 유도된, 이름을 가지는 가상 테이블
- 튜플(Tuple) : 릴레이션을 구성하는 각각의 행
- 카디널리티(Cardinality) : 테이블에 속한 튜플의 수

등급 C

43. 다음 두 릴레이션 R1과 R2의 카티션 프로덕트(Cartesian Product) 수행 결과는?

[R1]

학년
1
2
3

[R2]

학과
컴퓨터
국문
수학

①

학년	학과
1	컴퓨터
2	국문
3	수학

②

학년	학과
2	컴퓨터
2	국문
2	수학

③

학년	학과
3	컴퓨터
3	국문
3	수학

④

학년	학과
1	컴퓨터
1	국문
1	수학
2	컴퓨터
2	국문
2	수학
3	컴퓨터
3	국문
3	수학

전문가의 조언
카티션 프로덕트(Cartesian Product), 즉 교차곱은 두 릴레이션의 차수(Degree, 속성의 수)는 더하고, 카디널리티(튜플의 수)는 곱하면 됩니다. 즉 차수는 1+1 = 2이고, 카디널리티는 3×3 = 9이므로 튜플이 9개인 ④번이 정답입니다.

44. 물리적 데이터베이스 설계에 대한 설명으로 거리가 먼 것은?

① 물리적 설계의 목적은 효율적인 방법으로 데이터를 저장하는 것이다.
② 트랜잭션 처리량과 응답시간, 디스크 용량 등을 고려해야 한다.
③ 저장 레코드의 형식, 순서, 접근 경로와 같은 정보를 사용하여 설계한다.
④ 트랜잭션의 인터페이스를 설계하며, 데이터 타입 및 데이터 타입들 간의 관계로 표현한다.

전문가의 조언
트랜잭션의 인터페이스를 설계하고 데이터 타입 및 타입들 간의 관계 표현은 논리 데이터베이스 설계에서 수행합니다.

병행학습

논리적 설계(데이터 모델링)
- 현실 세계에서 발생하는 자료를 컴퓨터가 이해하고 처리할 수 있는 물리적 저장장치에 저장할 수 있도록 변환하기 위해 특정 DBMS가 지원하는 논리적 자료 구조로 변환시키는 과정이다.
- 개념 세계의 데이터를 필드로 기술된 데이터 타입과 이 데이터 타입들 간의 관계로 표현되는 논리적 구조의 데이터로 모델화한다.
- 개념적 설계가 개념 스키마를 설계하는 단계라면 논리적 설계에서는 개념 스키마를 평가 및 정제하고 DBMS에 따라 서로 다른 논리적 스키마를 설계하는 단계이다.
- 트랜잭션의 인터페이스를 설계한다.
- 관계형 데이터베이스라면 테이블을 설계하는 단계이다.

물리적 설계(데이터 구조화)
- 논리적 설계 단계에서 논리적 구조로 표현된 데이터를 디스크 등의 물리적 저장장치에 저장할 수 있는 물리적 구조의 데이터로 변환하는 과정이다.
- 물리적 설계 단계에서는 다양한 데이터베이스 응용에 대해 처리 성능을 얻기 위해 데이터베이스 파일의 저장 구조 및 액세스 경로를 결정한다.
- 저장 레코드의 양식, 순서, 접근 경로, 조회가 집중되는 레코드와 같은 정보를 사용하여 데이터가 컴퓨터에 저장되는 방법을 묘사한다.
- 물리적 설계 시 고려할 사항 : 트랜잭션 처리량, 응답 시간, 디스크 용량, 저장 공간의 효율화 등

45. 다음 중 기본키는 NULL 값을 가져서는 안되며, 릴레이션 내에 오직 하나의 값만 존재해야 한다는 조건을 무엇이라 하는가?

① 개체 무결성 제약 조건
② 참조 무결성 제약 조건
③ 도메인 무결성 제약 조건
④ 속성 무결성 제약 조건

전문가의 조언
기본키는 NULL값을 가져서는 안되며, 릴레이션 내에 오직 하나의 값만 존재해야 하는 조건은 개체 무결성 제약 조건입니다.

병행학습 무결성 제약 조건

- 개체 무결성(Entity Integrity, 실체 무결성) : 기본 테이블의 기본키를 구성하는 어떤 속성도 Null 값이나 중복값을 가질 수 없다는 규정
- 도메인 무결성(Domain Integrity, 영역 무결성) : 주어진 속성 값이 정의된 도메인에 속한 값이어야 한다는 규정
- 참조 무결성(Referential Integrity) : 외래키 값은 Null이거나 참조 릴레이션의 기본키 값과 동일해야 하고, 릴레이션은 참조할 수 없는 외래키 값을 가질 수 없다는 규정
- 사용자 정의 무결성(User-Defined Integrity) : 속성 값들이 사용자가 정의한 제약 조건에 만족해야 한다는 규정

46. SQL문에서 HAVING을 사용할 수 있는 절은?

① LIKE 절
② WHERE 절
③ GROUP BY 절
④ ORDER BY 절

전문가의 조언
HAVING은 GROUP BY와 함께 사용되며, 그룹에 대한 조건을 지정할 때 사용합니다.

등급 A

47. 관계 데이터베이스에 있어서 관계대수 연산이 아닌 것은?

① 디비전(Division)
② 프로젝트(Project)
③ 조인(Join)
④ 포크(Fork)

전문가의 조언
관계대수의 순수 관계 연산자에는 SELECT, PROJECT, JOIN, DIVISION이 있습니다.

병행학습 순수 관계 연산자

연산자	설명	기호
Select	릴레이션에 존재하는 튜플 중에서 선택 조건을 만족하는 튜플의 부분집합을 구하여 새로운 릴레이션을 만드는 연산	시그마 (σ)
Project	주어진 릴레이션에서 속성 리스트(Attribute List)에 제시된 속성 값만을 추출하여 새로운 릴레이션을 만드는 연산	파이 (π)
Join	공통 속성을 중심으로 두 개의 릴레이션을 하나로 합쳐서 새로운 릴레이션을 만드는 연산	⋈
Division	X⊃Y인 두 개의 릴레이션 R(X)와 S(Y)가 있을 때, R의 속성이 S의 속성 값을 모두 가진 튜플에서 S가 가진 속성을 제외한 속성만을 구하는 연산	÷

등급 A

48. 학적 테이블에서 전화번호가 Null 값이 아닌 학생명을 모두 검색할 때, SQL 구문으로 옳은 것은?

① SELECT 학생명 FROM 학적 WHERE 전화번호 DON'T NULL;
② SELECT 학생명 FROM 학적 WHERE 전화번호 != NOT NULL;
③ SELECT 학생명 FROM 학적 WHERE 전화번호 IS NOT NULL;
④ SELECT 학생명 FROM 학적 WHERE 전화번호 IS NULL;

전문가의 조언
SQL 문장은 절별로 분리하여 이해하면 쉽습니다.

❶ SELECT 학생명
❷ FROM 학적
❸ WHERE 전화번호 IS NOT NULL;

❶ '학생명'을 표시한다.
❷ 〈학적〉 테이블을 대상으로 검색한다.
❸ '전화번호'가 NULL이 아닌 튜플만을 대상으로 한다.
※ NULL 값을 질의할 때는 IS NULL, NULL 값이 아닐 경우는 IS NOT NULL을 사용합니다.

병행학습 SELECT문의 일반 형식

SELECT Predicate [테이블명.]속성명1, [테이블명.]속성명2, …
FROM 테이블명1, 테이블명2, …
[WHERE 조건]
[GROUP BY 속성명1, 속성명2, …]
[HAVING 조건]
[ORDER BY 속성명 [ASC | DESC]];

• SELECT절
 – Predicate : 불러올 튜플 수를 제한할 명령어
  ▶ DISTINCT : 중복된 튜플이 있으면 그 중 첫 번째 한 개만 검색
 – 속성명 : 검색하여 불러올 속성(열) 또는 속성을 이용한 수식
• FROM절 : 질의에 의해 검색될 데이터들을 포함하는 테이블명
• WHERE절 : 검색할 조건
• GROUP BY절 : 특정 속성을 기준으로 그룹화하여 검색할 때 그룹화 할 속성
• HAVING절 : 그룹에 대한 조건
• ORDER BY절
 – 특정 속성을 기준으로 정렬하여 검색할 때 사용
 – 속성명 : 정렬의 기준이 되는 속성명
 – [ASC | DESC] : 정렬 방식(ASC는 오름차순, DESC 또는 생략하면 내림차순)

등급 B

49. 관계형 데이터베이스에서 다음 설명에 해당하는 키(Key)는?

한 릴레이션 내의 속성들의 집합으로 구성된 키로서, 릴레이션을 구성하는 모든 튜플에 대한 유일성은 만족시키지만 최소성은 만족시키지 못한다.

① 후보키 ② 대체키
③ 슈퍼키 ④ 외래키

전문가의 조언
문제의 지문은 슈퍼키(Super Key)에 대한 설명입니다.

병행학습 키(Key)
- 데이터베이스에서 조건에 만족하는 튜플을 찾거나 순서대로 정렬할 때 기준이 되는 속성이다.
- 슈퍼키(Super Key) : 한 릴레이션 내에 있는 속성들의 집합으로 구성된 키로, 릴레이션을 구성하는 모든 튜플에 대해 유일성(Unique)은 만족하지만, 최소성(Minimality)은 만족하지 못함
- 후보키(Candidate Key) : 릴레이션을 구성하는 속성들 중에서 튜플을 유일하게 식별하기 위해 사용되는 속성들의 부분집합으로, 유일성과 최소성을 모두 만족함
- 기본키(Primary Key) : 후보키 중에서 특별히 선정된 키로 중복된 값과 NULL 값을 가질 수 없음
- 대체키(Alternate Key) : 후보키 중에서 선정된 기본키를 제외한 나머지 후보키를 의미함
- 외래키(Foreign Key) : 다른 릴레이션의 기본키를 참조하는 속성 또는 속성들의 집합을 의미하며, 릴레이션 간의 관계를 표현할 때 사용함

등급 C

50. 데이터베이스에서 인덱스(Index)와 관련한 설명으로 틀린 것은?
① 인덱스의 기본 목적은 검색 성능을 최적화하는 것으로 볼 수 있다.
② B-트리 인덱스는 분기를 목적으로 하는 Branch Block을 가지고 있다.
③ BETWEEN 등 범위(Range) 검색에 활용될 수 있다.
④ 시스템이 자동으로 생성하여 사용자가 변경할 수 없다.

전문가의 조언
인덱스는 사용자가 데이터 정의어(DDL)를 이용하여 생성, 변경, 제거할 수 있습니다.

병행학습 인덱스(Index)
- 데이터 레코드를 빠르게 접근하기 위해 〈키 값, 포인터〉 쌍으로 구성되는 데이터 구조이다.
- 인덱스는 데이터가 저장된 물리적 구조와 밀접한 관계가 있다.
- 인덱스는 레코드가 저장된 물리적 구조에 접근하는 방법을 제공한다.
- 인덱스를 통해서 파일의 레코드에 대한 액세스를 빠르게 수행할 수 있다.
- 레코드의 삽입과 삭제가 수시로 일어나는 경우에는 인덱스의 개수를 최소로 하는 것이 효율적이다.
- 인덱스가 없으면 특정한 값을 찾기 위해 모든 데이터 페이지를 확인하는 TABLE SCAN이 발생한다.
- 기본키를 위한 인덱스를 기본 인덱스라 하고, 기본 인덱스가 아닌 인덱스들을 보조 인덱스라고 한다. 대부분의 관계형 데이터베이스 관리 시스템에서는 모든 기본키에 대해서 자동적으로 기본 인덱스를 생성한다.

- 레코드의 물리적 순서가 인덱스의 엔트리 순서와 일치하게 유지되도록 구성되는 인덱스를 클러스터드(Clustered) 인덱스라고 한다.
- 인덱스는 인덱스를 구성하는 구조나 특징에 따라 트리 기반 인덱스, 비트맵 인덱스, 함수 기반 인덱스, 비트맵 조인 인덱스, 도메인 인덱스 등으로 분류된다.

등급 C

51. 로킹 단위(Locking Granularity)에 대한 설명으로 옳은 것은?
① 로킹 단위가 크면 병행성 수준이 낮아진다.
② 로킹 단위가 크면 병행 제어 기법이 복잡해진다.
③ 로킹 단위가 작으면 로크(lock)의 수가 적어진다.
④ 로킹은 파일 단위로 이루어지며, 레코드와 필드는 로킹 단위가 될 수 없다.

전문가의 조언
로킹 단위에 대한 설명으로 옳은 것은 ①번입니다.
② 로킹 단위가 크면 병행 제어 기법이 단순해지고, 로킹 단위가 작아지면 병행 제어 기법이 복잡해집니다.
③ 로킹 단위가 작으면 로크의 수가 많아지고, 로킹 단위가 크면 로크의 수가 적어집니다.
④ 파일, 레코드, 필드는 물론 데이터베이스까지 로킹 단위가 될 수 있습니다.

병행학습 로킹 단위(Locking Granularity)
- 병행제어에서 한꺼번에 로킹할 수 있는 객체의 크기를 의미한다.
- 데이터베이스, 파일, 레코드, 필드 등은 로킹 단위가 될 수 있다.
- 로킹 단위가 크면 로크 수가 작아 관리하기 쉽지만 병행성 수준이 낮아지고 데이터베이스 공유도가 저하된다.
- 로킹 단위가 작으면 로크 수가 많아 관리가 복잡해 오버헤드가 증가하지만 병행성 수준이 높아지고, 데이터베이스 공유도가 증가한다.

등급 A

52. 관계대수에 대한 설명으로 틀린 것은?
① 원하는 릴레이션을 정의하는 방법을 제공하며 비절차적 언어이다.
② 릴레이션 조작을 위한 연산의 집합으로 피연산자와 결과가 모두 릴레이션이다.
③ 일반 집합 연산과 순수 관계 연산으로 구분된다.
④ 질의에 대한 해를 구하기 위해 수행해야 할 연산의 순서를 명시한다.

전문가의 조언
원하는 릴레이션을 정의하는 방법을 제공하는 비절차적 특성을 지닌 것은 관계해석입니다.

병행학습

관계대수(Relational Algebra)
- 관계형 데이터베이스에서 원하는 정보와 그 정보를 검색하기 위해서 어떻게 유도하는가를 기술하는 절차적인 언어이다.
- 릴레이션을 처리하기 위해 연산자와 연산규칙을 제공하는 언어로 피연산자가 릴레이션이고, 결과도 릴레이션이다.
- 질의에 대한 해를 구하기 위해 수행해야 할 연산의 순서를 명시한다.
- 관계대수에는 관계 데이터베이스에 적용하기 위해 특별히 개발한 순수 관계 연산자와 수학적 집합 이론에서 사용하는 일반 집합 연산자가 있다.
- 순수 관계 연산자 : SELECT, PROJECT, JOIN, DIVISION
- 일반 집합 연산자 : UNION(합집합), INTERSECTION(교집합), DIFFERENCE(차집합), CARTESIAN PRODUCT(교차곱)

관계해석(Relational Calculus)
- 관계 데이터 모델의 제안자인 코드(E. F. Codd)가 수학의 Predicate Calculus(술어해석)에 기반을 두고 관계 데이터베이스를 위해 제안했다.
- 관계 데이터의 연산을 표현하는 방법으로, 원하는 정보를 정의할 때는 계산 수식을 사용한다.
- 원하는 정보가 무엇이라는 것만 정의하는 비절차적 특성을 지닌다.
- 튜플 관계해석과 도메인 관계해석이 있다.
- 기본적으로 관계해석과 관계대수는 관계 데이터베이스를 처리하는 기능과 능력 면에서 동등하며, 관계대수로 표현한 식은 관계해석으로 표현할 수 있다.
- 질의어로 표현한다.

등급 B

53. 데이터의 중복으로 인하여 관계 연산을 처리할 때 예기치 못한 곤란한 현상이 발생하는 것을 무엇이라 하는가?
① 이상(Anomaly)
② 제한(Restriction)
③ 종속성(Dependency)
④ 변환(Translation)

전문가의 조언
데이터의 중복으로 인하여 관계 연산을 처리할 때 예기치 못한 곤란한 현상이 발생하는 것을 이상(Anomaly)이라고 합니다.

병행학습 이상(Anomaly)의 종류
- 삽입 이상(Insertion Anomaly) : 릴레이션에 데이터를 삽입할 때 의도와는 상관없이 원하지 않은 값들도 함께 삽입되는 현상
- 삭제 이상(Deletion Anomaly) : 릴레이션에서 한 튜플을 삭제할 때 의도와는 상관없는 값들도 함께 삭제되는 연쇄가 일어나는 현상
- 갱신 이상(Update Anomaly) : 릴레이션에서 튜플에 있는 속성값을 갱신할 때 일부 튜플의 정보만 갱신되어 정보에 모순이 생기는 현상

등급 A

54. 다음 중 SQL에서의 DDL문이 아닌 것은?
① CREATE
② DELETE
③ ALTER
④ DROP

전문가의 조언
- DDL에는 CREATE, ALTER, DROP이 있습니다.
- DELETE는 DML에 속하는 명령어입니다.

병행학습
- DDL(데이터 정의어) : CREATE, ALTER, DROP
- DML(데이터 조작어) : SELECT, UPDATE, INSERT, DELETE
- DCL(데이터 제어어) : COMMIT, ROLLBACK, GRANT, REVOKE

등급 C

55. 정규화에 대한 설명으로 적절하지 않은 것은?
① 데이터베이스의 개념적 설계 단계 이전에 수행한다.
② 데이터 구조의 안정성을 최대화한다.
③ 중복을 배제하여 삽입, 삭제, 갱신 이상의 발생을 방지한다.
④ 데이터 삽입 시 릴레이션을 재구성할 필요성을 줄인다.

전문가의 조언
정규화는 개념적 설계 다음에 수행하는 논리적 설계 단계에서 수행하는 작업입니다.

병행학습 정규화(Normalization)의 개념 및 목적
- 정규화란 함수적 종속성 등의 종속성 이론을 이용하여 잘못 설계된 관계형 스키마를 더 작은 속성의 세트로 쪼개어 바람직한 스키마로 만들어 가는 과정이다.
- 데이터 구조의 안정성 및 무결성을 유지한다.
- 어떠한 릴레이션이라도 데이터베이스 내에서 표현 가능하게 만든다.
- 효과적인 검색 알고리즘을 생성할 수 있다.
- 데이터 중복을 배제하여 이상(Anomaly)의 발생 방지 및 자료 저장 공간의 최소화가 가능하다.
- 데이터 삽입 시 릴레이션을 재구성할 필요성을 줄인다.
- 데이터 모형의 단순화가 가능하다.
- 속성의 배열 상태 검증이 가능하다.
- 개체와 속성의 누락 여부 확인이 가능하다.
- 자료 검색과 추출의 효율성을 추구한다.

56. 트랜잭션의 주요 특성 중 하나로, 둘 이상의 트랜잭션이 동시에 병행 실행되는 경우 어느 하나의 트랜잭션 실행 중에 다른 트랜잭션의 연산이 끼어들 수 없음을 의미하는 것은?

① Log
② Consistency
③ Isolation
④ Durability

전문가의 조언
문제에 제시된 내용은 독립성(Isolation)에 대한 설명입니다.

병행학습 트랜잭션의 특성
- Atomicity(원자성)
  - 트랜잭션의 연산은 데이터베이스에 모두 반영되도록 완료(Commit)되든지 아니면 전혀 반영되지 않도록 복구(Rollback)되어야 한다.
  - 트랜잭션 내의 모든 명령은 반드시 완벽히 수행되어야 하며, 모두가 완벽히 수행되지 않고 어느 하나라도 오류가 발생하면 트랜잭션 전부가 취소되어야 한다.
- Consistency(일관성)
  - 트랜잭션이 그 실행을 성공적으로 완료하면 언제나 일관성 있는 데이터베이스 상태로 변환한다.
  - 시스템이 가지고 있는 고정 요소는 트랜잭션 수행 전과 트랜잭션 수행 완료 후의 상태가 같아야 한다.
- Isolation(독립성, 격리성, 순차성)
  - 둘 이상의 트랜잭션이 동시에 병행 실행되는 경우 어느 하나의 트랜잭션 실행 중에 다른 트랜잭션의 연산이 끼어들 수 없다.
  - 수행중인 트랜잭션은 완전히 완료될 때까지 다른 트랜잭션에서 수행 결과를 참조할 수 없다.
- Durability(영속성, 지속성) : 성공적으로 완료된 트랜잭션의 결과는 시스템이 고장나더라도 영구적으로 반영되어야 함

57. SQL의 논리 연산자가 아닌 것은?

① AND
② OTHER
③ OR
④ NOT

전문가의 조언
SQL의 논리 연산자에는 AND, OR, NOT이 있습니다.

58. 동시성 제어를 위한 직렬화 기법으로, 트랜잭션 간의 처리 순서를 미리 정하는 방법은?

① 로킹 기법
② 타임 스탬프 기법
③ 검증 기법
④ 배타 로크 기법

전문가의 조언
트랜잭션 간의 처리 순서를 미리 정하는 직렬화 기법은 타임 스탬프 기법입니다.

병행학습 병행제어 기법의 종류
- 로킹(Locking)
  - 주요 데이터의 액세스를 상호 배타적으로 하는 것이다.
  - 어떤 로킹 단위를 액세스하기 전에 Lock(잠금)을 요청해서 Lock이 허락되어야만 그 로킹 단위를 액세스할 수 있도록 하는 기법이다.
- 타임 스탬프 순서(Time Stamp Ordering)
  - 직렬성 순서를 결정하기 위해 트랜잭션 간의 처리 순서를 미리 선택하는 기법들 중에서 가장 보편적인 방법이다.
  - 트랜잭션과 트랜잭션이 읽거나 갱신한 데이터에 대해 트랜잭션이 실행을 시작하기 전에 시간표(Time Stamp)를 부여하여 부여된 시간에 따라 트랜잭션 작업을 수행하는 기법이다.
  - 교착상태가 발생하지 않는다.
- 최적 병행수행(검증 기법, 확인 기법, 낙관적 기법) : 병행수행하고자 하는 대부분의 트랜잭션이 판독 전용(Read Only) 트랜잭션일 경우, 트랜잭션 간의 충돌률이 매우 낮아서 병행제어 기법을 사용하지 않고 실행되어도 이 중의 많은 트랜잭션은 시스템의 상태를 일관성 있게 유지한다는 점을 이용한 기법
- 다중 버전 기법
  - 타임 스탬프의 개념을 이용하는 기법으로, 다중 버전 타임 스탬프 기법이라고도 한다.
  - 타임 스탬프 기법은 트랜잭션 및 데이터들이 이용될 때의 시간을 시간표로 관리하지만, 다중 버전 기법은 갱신될 때마다의 버전을 부여하여 관리한다.

59. 이전 단계의 정규형을 만족하면서 후보키를 통하지 않는 조인 종속(JD; Join Dependency)을 제거해야 만족하는 정규형은?

① 제3정규형
② 제4정규형
③ 제5정규형
④ 제6정규형

전문가의 조언
제5정규형은 테이블의 모든 조인 종속이 테이블의 후보키를 통해서만 성립되는 정규형으로, 제4정규형에서 조인 종속을 제거하면 제5정규형이 됩니다.

병행학습 정규화 과정

```
비정규 릴레이션
  ↓ 도메인이 원자값
1NF
  ↓ 부분적 함수 종속 제거
2NF
  ↓ 이행적 함수 종속 제거
3NF
  ↓ 결정자이면서 후보키가
    아닌 것 제거
BCNF
  ↓ 다치 종속 제거
4NF
  ↓ 조인 종속성 이용
5NF
```

정규화 단계 암기 요령

두부를 좋아하는 정규화가 두부가게에 가서 가게에 있는 두부를 다 달라고 말하니 주인이 깜짝 놀라며 말했다.

두부이걸다줘? ≒ 도부이결다조

도메인이 원자값
부분적 함수 종속 제거
이행적 함수 종속 제거
결정자이면서 후보키가 아닌 것 제거
다치 종속 제거
조인 종속성 이용

등급 B

60. 어떤 릴레이션 R에서 X와 Y를 각각 R의 애트리뷰트 집합의 부분 집합이라고 할 경우 애트리뷰트 X의 값 각각에 대해 시간에 관계없이 항상 애트리뷰트 Y의 값이 오직 하나만 연관되어 있을 때 Y는 X에 함수 종속이라고 한다. 이 함수 종속의 표기로 옳은 것은?

① Y → X ② Y ⊂ X
③ X → Y ④ X ⊂ Y

전문가의 조언
X가 Y를 함수적으로 종속할 때 X → Y로 표기합니다.

병행학습 함수적 종속(Functional Dependency)
- 함수적 종속은 데이터들이 어떤 기준값에 의해 종속되는 것을 의미한다.
- 예를 들어 〈수강〉 릴레이션이 (학번, 이름, 과목명)으로 되어 있을 때, '학번'이 결정되면 '과목명'에 상관없이 '학번'에는 항상 같은 '이름'이 대응된다. '학번'에 따라 '이름'이 결정될 때 '이름'이 '학번'에 함수 종속적이라고 하며 '학번 → 이름'과 같이 쓴다.

---

4 과목 프로그래밍 언어 활용

등급 A

61. 모듈 내 구성 요소들이 서로 다른 기능을 같은 시간대에 함께 실행하는 경우의 응집도(Cohesion)는?

① Temporal Cohesion
② Logical Cohesion
③ Coincidental Cohesion
④ Sequential Cohesion

전문가의 조언
같은 시간대에 실행되는 경우의 응집도는 Temporal Cohesion(시간적 응집도)입니다.

병행학습 응집도(Cohesion)
- 정보 은닉 개념을 확장한 것으로, 명령어나 호출문 등 모듈의 내부 요소들의 서로 관련되어 있는 정도, 즉 모듈이 독립적인 기능으로 정의되어 있는 정도를 의미한다.
- 다양한 기준으로 모듈을 구성할 수 있으나 응집도가 강할수록 품질이 높고, 약할수록 품질이 낮다.
- 응집도의 종류(강함에서 약함순)
  - 기능적 응집도(Functional Cohesion) : 모듈 내부의 모든 기능 요소들이 단일 문제와 연관되어 수행될 경우의 응집도
  - 순차적 응집도(Sequential Cohesion) : 모듈 내 하나의 활동으로부터 나온 출력 데이터를 그 다음 활동의 입력 데이터로 사용할 경우의 응집도
  - 교환(통신)적 응집도(Communication Cohesion) : 동일한 입력과 출력을 사용하여 서로 다른 기능을 수행하는 구성 요소들이 모였을 경우의 응집도
  - 절차적 응집도(Procedural Cohesion) : 모듈이 다수의 관련 기능을 가질 때 모듈 안의 구성 요소들이 그 기능을 순차적으로 수행할 경우의 응집도
  - 시간적 응집도(Temporal Cohesion) : 특정 시간에 처리되는 몇 개의 기능을 모아 하나의 모듈로 작성할 경우의 응집도
  - 논리적 응집도(Logical Cohesion) : 유사한 성격을 갖거나 특정 형태로 분류되는 처리 요소로 하나의 모듈이 형성되는 경우의 응집도
  - 우연적 응집도(Coincidental Cohesion) : 모듈 내부의 각 구성 요소들이 서로 관련 없는 요소로만 구성된 경우의 응집도

62. 오류 제어에 사용되는 자동 반복 요청 방식(ARQ)이 아닌 것은?

① Stop-and-wait ARQ
② Go-back-N ARQ
③ Selective-Repeat ARQ
④ Non-Acknowledge ARQ

전문가의 조언
자동 반복 요청 방식의 종류에는 Stop-and-Wait(정지-대기) ARQ, Go-Back-N ARQ, Selective-Repeat(선택적 재전송) ARQ, Adaptive(적응적) ARQ가 있습니다.

자동 반복 요청(ARQ; Automatic Repeat reQuest)
- 오류 발생 시 수신 측이 오류를 송신 측에 통보하고, 송신 측이 오류 발생 블록을 재전송하는 모든 절차를 의미하는 것이다.

- 정지-대기(Stop-and-Wait) ARQ
  - 수신 측의 확인 신호(ACK)를 받은 후에 다음 패킷을 전송하는 방식이다.
  - 한 번에 하나의 패킷만을 전송할 수 있다.
  - 블록을 전송할 때마다 수신 측의 응답을 기다려야 하므로 전송 효율이 떨어진다.
  - 오류가 발생한 경우 앞서 송신했던 블록만 재전송하면 되므로 구현 방법이 가장 단순하다.

- Go-Back-N ARQ
  - 여러 블록을 연속적으로 전송하고, 수신 측에서 부정 응답(NAK)을 보내오면 송신 측이 오류가 발생한 블록 이후의 모든 블록을 재전송한다.
  - 전송 오류가 발생하지 않으면 쉬지 않고 연속적으로 송신이 가능하다.
  - 오류가 발생한 부분부터 모두 재전송하므로 중복 전송의 단점이 있다.

- Selective-Repeat(선택적 재전송) ARQ
  - 여러 블록을 연속적으로 전송하고, 수신 측에서 부정 응답(NAK)을 보내오면 송신 측이 오류가 발생한 블록만 재전송한다.
  - 수신 측에서 데이터를 처리하기 전에 원래 순서대로 조립해야 하므로 더 복잡한 논리 회로와 큰 용량의 버퍼가 필요하다.

- 적응적(Adaptive) ARQ
  - 전송 효율을 최대로 하기 위해서 데이터 블록의 길이를 채널의 상태에 따라 그 때그때 동적으로 변경하는 방식이다.
  - 전송 효율이 제일 좋다.
  - 제어 회로가 매우 복잡하고 비용이 많이 소요되므로 현재는 거의 사용되지 않는다.

63. 다음 파이썬(Python) 프로그램이 실행되었을 때의 결과는?

```
def cs(n):
    s = 0
    for num in range(n+1):
        s += num
    return s
print(cs(11))
```

① 45   ② 55   ③ 66   ④ 78

전문가의 조언
코드의 실행 결과는 **66**입니다.
사용된 코드의 의미는 다음과 같습니다.

❷ def cs(n):
❸   s = 0
❹   for num in range(n+1):
❺   s += num
❻   return s
❶❼ print(cs(11))

모든 Python 프로그램은 반드시 클래스 정의부가 종료된 이후의 코드에서 시작한다.
❶ 11을 인수로 cs 메소드를 호출한 결과를 출력한다.
❷ 메소드 cs의 시작점이다. ❶번에서 전달받은 11을 n이 받는다.
❸ s에 0을 저장한다.
❹ range(n+1)은 n이 11이므로 range(12)가 되어 0에서 11까지 순서대로 num에 저장하며 ❺번을 반복 수행한다.
❺ s에 num의 값을 누적시킨다.

※ 반복문을 수행한 결과는 다음과 같습니다.

n	num	s
11	0	0
	1	1
	2	3
	3	6
	4	10
	5	15
	6	21
	7	28
	8	36
	9	45
	10	55
	11	66

❻ s의 값 66을 갖고 메소드를 호출했던 ❼번으로 이동한다.
❼ ❻번에서 반환받은 값 66을 출력한다.

결과 **66**

정답 62.④ 63.③

64. 다음 C언어 프로그램이 실행되었을 때의 결과는? 등급 A

```c
#include <stdio.h>
#include <string.h>
int main(void) {
    char str[50] = "nation";
    char *p2 = "alter";
    strcat(str, p2);
    printf("%s", str);
    return 0;
}
```

① nation
② nationalter
③ alter
④ alternation

전문가의 조언
코드의 실행 결과는 **nationalter**입니다.
사용된 코드의 의미는 다음과 같습니다.

```c
#include <stdio.h>
#include <string.h>
int main(void) {
❶    char str[50] = "nation";
❷    char *p2 = "alter";
❸    strcat(str, p2);
❹    printf("%s", str);
❺    return 0;
}
```

❶ 50개의 요소를 갖는 문자형 배열 str을 선언하고 "nation"으로 초기화한다.
❷ 문자형 포인터 변수 p2를 선언하고, "alter"가 저장된 곳의 주소로 초기화한다.
❸ str이 가리키는 문자열에 p2가 가리키는 문자열을 붙인다.
  • strcat(문자열A, 문자열B) : 문자열A의 뒤에 문자열B를 연결하여 붙이는 함수
❹ str을 문자열로 출력한다.
  결과 nationalter
❺ main( ) 함수에서의 'return 0'은 프로그램의 종료를 의미한다.

65. 등급 C

JAVA에서 힙(Heap)에 남아있으나 변수가 가지고 있던 참조값을 잃거나 변수 자체가 없어짐으로써 더 이상 사용되지 않는 객체를 제거해주는 역할을 하는 모듈은?

① Heap Collector
② Garbage Collector
③ Memory Collector
④ Variable Collector

전문가의 조언
실제로는 사용되지 않으면서 가용 공간 리스트에 반환되지 않는 메모리 공간인 가비지(Garbage, 쓰레기)를 강제로 해제하여 사용할 수 있도록 하는 메모리 관리 모듈을 가비지 콜렉터(Garbage Collector)라고 합니다.

66. 다음 C언어 프로그램이 실행되었을 때의 결과는? 등급 A

```c
#include <stdio.h>
int main(void) {
    int a = 3, b = 4, c = 2;
    int r1, r2, r3;

    r1 = b <= 4 || c == 2;
    r2 = (a > 0) && (b < 5);
    r3 = !c;

    printf("%d", r1+r2+r3);
    return 0;
}
```

① 0
② 1
③ 2
④ 3

전문가의 조언
코드의 실행 결과는 **2**입니다.
사용된 코드의 의미는 다음과 같습니다.

```c
#include <stdio.h>
int main(void) {
❶    int a = 3, b = 4, c = 2;
❷    int r1, r2, r3;

❸    r1 = b <= 4 || c == 2;
❹    r2 = (a > 0) && (b < 5);
❺    r3 = !c;

❻    printf("%d", r1+r2+r3);
❼    return 0;
}
```

❶ 정수형 변수 a, b, c를 선언하고 각각 3, 4, 2로 초기화한다.
❷ 정수형 변수 r1, r2, r3을 선언한다.

❸ r1 = b <= 4 || c == 2;
　　　ⓐ　　　ⓑ
　　　　ⓒ
- ⓐ : b의 값 4는 4보다 작거나 같으므로 참(1)이다.
- ⓑ : c의 값 2는 2와 같으므로 참(1)이다.
- ⓒ : ⓐ||ⓑ는 둘 중 하나라도 참이면 참이므로 참(1)이다.
r1에는 1이 저장된다.

❹ r2 = (a > 0) && (b < 5);
　　　　ⓐ　　　ⓑ
　　　　　ⓒ
- ⓐ : a의 값 3은 0보다 크므로 참(1)이다.
- ⓑ : b의 값 4는 5보다 작으므로 참(1)이다.
- ⓒ : ⓐ&&ⓑ는 둘 다 참이어야 참이므로 결과는 참(1)이다.
r2에는 1이 저장된다.

❺ c의 값 2는 참이므로 거짓(0)이 저장된다.
- !(논리 NOT) : 참(1)이면 거짓(0)을, 거짓(0)이면 참을 반환하는 연산자
※ 정수로 논리값(참, 거짓)을 판별하면 0은 거짓, 0이외의 수는 참으로 결정되어 저장된다.

❻ r1, r2, r3를 더한 값 2(1+1+0)를 출력한다.
결과 2

❼ 프로그램을 종료한다.

등급 B

67. 다음 중 JAVA에서 우선순위가 가장 낮은 연산자는?
① --　　　　　　② %
③ &　　　　　　　④ =

전문가의 조언
연산자의 우선순위는 높은 것부터 차례대로 단항, 산술, 시프트, 관계, 비트, 논리, 조건, 대입, 순서 연산자 순이며, 보기에서는 대입 연산자인 =의 우선순위가 가장 낮습니다.

잠깐만요 연산자 우선순위
- 다음은 우선순위가 높은 것부터 낮은 순서로 연산자를 나열한 것이며, 우선 순위가 같은 연산자가 함께 쓰인 경우 화살표에 따른 순서로 연산된다.
  예 → : 왼쪽에 있는 연산자부터 차례로 계산
  　 ← : 오른쪽에 있는 연산자부터 차례로 계산
- 단항 연산자(←) : !(논리 not), ~(비트 not), ++(증가), --(감소), sizeof(기타)
- 이항 연산자(→)
  - 산술 연산자 : *, /, %(나머지), +, -
  - 시프트 연산자 : <<, >>
  - 관계 연산자1 : <, <=, >=, >
  - 관계 연산자2 : ==(같다), !=(같지 않다)
  - 비트 연산자 : &(비트 and), ^(비트 xor), |(비트 or)
  - 논리 연산자 : &&(논리 and), ||(논리 or)

- 삼항(조건) 연산자(→) : (조건식) ? (참) : (거짓)
- 대입 연산자(←) : =, +=, -=, *=, /=, %=, <<=, >>= 등
- 순서 연산자 : ,

등급 C

68. 사용자가 요청한 디스크 입·출력 내용이 다음과 같은 순서로 큐에 들어 있을 때 SSTF 스케쥴링을 사용한 경우의 처리 순서는? (단, 현재 헤드 위치는 53이고, 제일 안쪽이 1번, 바깥쪽이 200번 트랙이다.)

큐의 내용 : 98 183 37 122 14 124 65 67

① 53-65-67-37-14-98-122-124-183
② 53-98-183-37-122-14-124-65-67
③ 53-37-14-65-67-98-122-124-183
④ 53-67-65-124-14-122-37-183-98

전문가의 조언
현재 헤드는 53트랙에 있으며, SSTF는 현재 위치에서 가장 가까운 거리에 있는 트랙의 요청을 먼저 서비스하므로 이동 순서는 '53 → 65 → 67 → 37 → 14 → 98 → 122 → 124 → 183'이고, 총 이동 거리는 '12 + 2 + 30 + 23 + 84 + 24 + 2 + 59 = 236'입니다.

등급 C

69. 192.168.1.0/24 네트워크를 FLSM 방식을 이용하여 4개의 Subnet으로 나누고 IP Subnet-zero를 적용했다. 이 때 Subnetting된 네트워크 중 4번째 네트워크의 4번째 사용 가능한 IP는 무엇인가?

① 192.168.1.192　　② 192.168.1.195
③ 192.168.1.196　　④ 192.168.1.198

전문가의 조언
4번째 네트워크의 4번째 사용 가능한 IP는 192.168.1.196입니다.
- 192.168.1.0/24 네트워크의 서브넷 마스크는 1의 개수가 24개, 즉 11111111 11111111 11111111 00000000 → 255.255.255.0인 C 클래스에 속하는 네트워크입니다. 이 네트워크를 4개의 Subnet으로 나눠야 하는데, Subnet을 나눌 때는 서브넷 마스크가 0인 부분, 즉 마지막 8비트를 이용해 구분할 수 있습니다. 또한 Subnet을 나눌 때 "4개의 네트워크로 나눈다"는 것처럼 네트워크가 기준일 때는 왼쪽을 기준으로 4개가 포함된 Bit 만큼을 네트워크로 할당하고 나머지 비트로 호스트를 구성하면 됩니다. 4개가 포함되는 비트는 2^2=4이므로 2비트를 제외한 나머지 6비트로 호스트를 구성합니다.

정답 67.④ 68.① 69.③

네트워크ID				호스트ID			
0	0	0	0	0	0	0	0

- 호스트ID가 6Bit로 설정되었고, 문제에서 FLSM 방식을 이용한다고 했으므로 4개의 네트워크에 고정된 크기인 64개(2^6=64)씩 할당하면 다음과 같습니다.

네트워크	호스트 수	IP 주소 범위
1	64	192.168.1.0 ~ 63
2	64	192.168.1.64 ~ 127
3	64	192.168.1.128 ~ 191
4	64	192.168.1.192 ~ 255

- 4번째 네트워크의 시작 주소인 192.168.1.192는 네트워크의 대표 주소로 사용되므로 사용 가능한 주소는 193부터 4번째에 해당하는 주소인 192.168.1.196입니다.
- ※ ip subnet-zero를 적용했다는 것은 Subnet 부분이 모두 0인 192.168.1.0은 사용하지 않았는데, IP 주소가 부족해지면서 Subnet 부분이 모두 0인 주소도 IP 주소로 사용할 수 있도록 한다는 의미입니다.

등급 C

70. C Class에 속하는 IP address는?

① 200.168.30.1 ② 10.3.2.14
③ 225.2.4.1   ④ 172.16.98.3

전문가의 조언
C Class에 속하는 IP address의 범위는 192.0.0.0 ~ 223.255.255.255까지입니다.

병행학습 IP 주소(Internet Protocol Address)
- 인터넷에 연결된 모든 컴퓨터 자원을 구분하기 위한 고유한 주소이다.
- 숫자로 8비트씩 4부분, 총 32비트로 구성되어 있다.
- IP 주소는 네트워크 부분의 길이에 따라 다음과 같이 A 클래스에서 E 클래스까지 총 5단계로 구성되어 있다.
  - A Class : 국가나 대형 통신망에 사용(0~127로 시작)
  - B Class : 중대형 통신망에 사용(128~191로 시작)
  - C Class : 소규모 통신망에 사용(192~223로 시작)
  - D Class : 멀티캐스트용으로 사용(224~239로 시작)
  - E Class : 실험적 주소이며 공용되지 않음

등급 A

71. 다음 C언어 프로그램이 실행되었을 때의 결과는?

```
#include <stdio.h>
int main(void) {
    int n = 4;
    int* pt = NULL;
    pt = &n;

    printf("%d", &n + *pt - *&pt + n);
    return 0;
}
```

① 0   ② 4
③ 8   ④ 12

전문가의 조언
코드의 실행 결과는 8입니다.
사용된 코드의 의미는 다음과 같습니다.

```
#include <stdio.h>
int main(void) {
❶ int n = 4;
❷ int* pt = NULL;
❸ pt = &n;
❹ printf("%d", &n + *pt - *&pt + n);
❺ return 0;
}
```

❶ 정수형 변수 n을 선언하고 4로 초기화한다.
❷ 정수형 포인터 변수 pt에 Null 값을 저장한다.
❸ pt에 n의 주소를 저장한다.
❹ printf("%d", &n + *pt - *&pt + n);
              ⓐ   ⓑ   ⓒ   ⓓ

- ❸번을 수행했으므로 n의 주소 ⓐ와 pt에 저장된 주소를 가리키는 ⓒ는 같은 주소를 가지므로 ⓐ-ⓒ = 0이다.
- ⓑ에서 *pt는 n의 값 4를 의미하고, ⓓ도 n의 값 4이므로 ⓑ+ⓓ = 8이다.
- ⓐ+ⓑ-ⓒ+ⓓ의 결과 8을 정수로 출력한다.

결과 **8**

❺ 프로그램을 종료한다.
※ ⓐ와 ⓒ의 주소값은 16진 정수의 임의값을 갖지만, ⓐ-ⓒ의 연산 결과로 0이 되므로 값을 알 필요는 없습니다.

등급 B

72. 귀도 반 로섬(Guido van Rossum)이 발표한 언어로, 인터프리터 방식이자 객체지향적이며, 배우기 쉽고 이식성이 좋은 것이 특징인 스크립트 언어는?

① C++
② JAVA
③ C#
④ Python

전문가의 조언
문제에 제시된 내용은 파이썬(Python)에 대한 설명입니다.

병행학습
- C++ : C 언어에 객체지향 개념을 적용한 언어로, 모든 문제를 객체로 모델링하여 표현함
- JAVA : 썬 마이크로시스템즈에서 개발한 객체지향 언어로, 분산 네트워크 환경에 적용이 가능하고, 멀티스레드 기능을 제공하며, 운영체제 및 하드웨어에 독립적임
- C# : .Net 프레임워크의 한 부분으로 만들어진 C언어로, C++과 Visual Basic의 편의성을 결합함

등급 A

73. 다음 JAVA 프로그램이 실행되었을 때의 결과를 쓰시오.

```
public class ovr {
    public static void main(String[ ] args) {
        int arr[ ];
        int i = 0;
        arr = new int[10];
        arr[0] = 0;
        arr[1] = 1;
        while(i < 8) {
            arr[i + 2] = arr[i + 1] + arr[i];
            i++;
        }
        System.out.println(arr[9]);
    }
}
```

① 13
② 21
③ 34
④ 55

전문가의 조언
코드의 실행 결과는 **34**입니다.
사용된 코드의 의미는 다음과 같습니다.

```
public class ovr {
    public static void main(String[ ] args) {
❶      int arr[ ];
❷      int i = 0;
❸      arr = new int[10];
❹      arr[0] = 0;
❺      arr[1] = 1;
❻      while(i < 8) {
❼          arr[i + 2] = arr[i + 1] + arr[i];
❽          i++;
        }
❾      System.out.println(arr[9]);
    }
}
```

❶ 정수형 배열 arr을 선언한다.
❷ 정수형 변수 i를 선언하고 0으로 초기화한다.
❸ arr에 10개의 요소를 할당한다.
❹ arr[0]에 0을 저장한다.
❺ arr[1]에 1을 저장한다.
❻ i가 8보다 작은 동안 ❼, ❽번을 반복 수행한다.
❼ arr[i+2]에 arr[i+1]과 arr[i]를 더한 값을 저장한다.
❽ 'i = i + 1;'과 동일하다. i에 1씩 저장시킨다.

※ 반복문을 수행한 결과는 다음과 같다.

반복 횟수	i	arr [0]	[1]	[2]	[3]	[4]	[5]	[6]	[7]	[8]	[9]
	0	0	1								
1회	1	0	1	1							
2회	2	0	1	1	2						
3회	3	0	1	1	2	3					
4회	4	0	1	1	2	3	5				
5회	5	0	1	1	2	3	5	8			
6회	6	0	1	1	2	3	5	8	13		
7회	7	0	1	1	2	3	5	8	13	21	
8회	8	0	1	1	2	3	5	8	13	21	34

❾ arr[9]의 값을 출력한다.

등급 B

74. 프로세스와 관련한 설명으로 틀린 것은?

① 프로세스가 준비 상태에서 프로세서가 배당되어 실행 상태로 변화하는 것을 디스패치(Dispatch)라고 한다.
② 프로세스 제어 블록(PCB, Process Control Block)은 프로세스 식별자, 프로세스 상태 등의 정보로 구성된다.
③ 이전 프로세스의 상태 레지스터 내용을 보관하고 다른 프로세스의 레지스터를 적재하는 과정을 문맥 교환(Context Switching)이라고 한다.
④ 프로세스는 스레드(Thread) 내에서 실행되는 흐름의 단위이며, 스레드와 달리 주소 공간에 실행 스택(Stack)이 없다.

전문가의 조언
스레드(Thread)는 프로세스 내에서의 작업 단위입니다.

병행학습 스레드(Thread)

스레드의 개요
- 프로세스 내에서의 작업 단위로서 시스템의 여러 자원을 할당받아 실행하는 프로그램의 단위이다.
- 하나의 프로세스에 하나의 스레드가 존재하는 경우에는 단일 스레드, 하나 이상의 스레드가 존재하는 경우에는 다중 스레드라고 한다.
- 프로세스의 일부 특성을 갖고 있기 때문에 경량(Light Weight) 프로세스라고도 한다.
- 스레드 기반 시스템에서 스레드는 독립적인 스케줄링의 최소 단위로서 프로세스의 역할을 담당한다.
- 동일 프로세스 환경에서 서로 독립적인 다중 수행이 가능하다.

스레드의 분류
- 사용자 수준의 스레드
  - 사용자가 만든 라이브러리를 사용하여 스레드를 운용한다.
  - 속도는 빠르지만 구현이 어렵다.
- 커널 수준의 스레드
  - 운영체제의 커널에 의해 스레드를 운용한다.
  - 구현이 쉽지만 속도가 느리다.

등급 A

75. 모듈의 독립성을 높이기 위한 결합도(Coupling)와 관련한 설명으로 틀린 것은?

① 오류가 발생했을 때 전파되어 다른 오류의 원인이 되는 파문 효과(Ripple Effect)를 최소화해야 한다.
② 인터페이스가 정확히 설정되어 있지 않을 경우 불필요한 인터페이스가 나타나 모듈 사이의 의존도는 높아지고 결합도가 증가한다.
③ 모듈들이 변수를 공유하여 사용하게 하거나 제어 정보를 교류하게 함으로써 결합도를 낮추어야 한다.
④ 다른 모듈과 데이터 교류가 필요한 경우 전역변수(Global Variable)보다는 매개변수(Parameter)를 사용하는 것이 결합도를 낮추는 데 도움이 된다.

전문가의 조언
모듈들이 변수를 공유하여 사용하게 하거나 제어 정보를 교류하게 하면 결합도가 높아집니다.

병행학습 결합도(Coupling)

- 모듈 간에 상호 의존하는 정도 또는 두 모듈 사이의 연관 관계를 의미한다.
- 다양한 결합으로 모듈을 구성할 수 있으나 결합도가 약할수록 품질이 높고, 강할수록 품질이 낮다.
- 결합도가 강하면 시스템 구현 및 유지보수 작업이 어렵다.
- **결합도의 종류(약함에서 강함순)**
  - 자료 결합도(Data Coupling) : 모듈 간의 인터페이스가 자료 요소로만 구성될 때의 결합도
  - 스탬프(검인) 결합도(Stamp Coupling) : 모듈 간의 인터페이스로 배열이나 레코드 등의 자료 구조가 전달될 때의 결합도
  - 제어 결합도(Control Coupling) : 어떤 모듈이 다른 모듈 내부의 논리적인 흐름을 제어하기 위해 제어 신호를 이용하여 통신하거나 제어 요소를 전달하는 결합도
  - 외부 결합도(External Coupling) : 어떤 모듈에서 외부로 선언한 데이터(변수)를 다른 모듈에서 참조할 때의 결합도
  - 공통(공유) 결합도(Common Coupling) : 공유되는 공통 데이터 영역을 여러 모듈이 사용할 때의 결합도
  - 내용 결합도(Content Coupling) : 한 모듈이 다른 모듈의 내부 기능 및 그 내부 자료를 직접 참조하거나 수정할 때의 결합도로 한 모듈에서 다른 모듈의 내부로 제어가 이동하는 경우에도 내용 결합도에 해당됨

정답 74.④ 75.③

76. TCP 헤더와 관련한 설명으로 틀린 것은?

① 순서 번호(Sequence Number)는 전달하는 바이트마다 번호가 부여된다.
② 수신 번호 확인(Acknowledgement Number)은 상대편 호스트에서 받으려는 바이트의 번호를 정의한다.
③ 체크섬(Checksum)은 데이터를 포함한 세그먼트의 오류를 검사한다.
④ 윈도우 크기는 송수신 측의 버퍼 크기로 최대 크기는 32767bit이다.

전문가의 조언
TCP 헤더에서 윈도우의 최대 크기는 65,535($2^{16}-1$)byte입니다.

병행학습 TCP/IP(Transmission Control Protocol/Internet Protocol)
- 인터넷에 연결된 서로 다른 기종의 컴퓨터들이 데이터를 주고받을 수 있도록 하는 표준 프로토콜이다.
- 1960년대 말 ARPA에서 개발하여 ARPANET(1972)에서 사용하기 시작했다.
- UNIX의 기본 프로토콜로 사용되었고, 현재 인터넷 범용 프로토콜로 사용된다.
- 다음과 같은 기능을 수행하는 TCP 프로토콜과 IP 프로토콜이 결합된 것을 의미한다.
- TCP(Transmission Control Protocol)
  - OSI 7계층의 전송 계층에 해당한다.
  - 신뢰성 있는 연결형 서비스를 제공한다.
  - 패킷의 다중화, 순서 제어, 오류 제어, 흐름 제어 기능을 제공한다.
  - 스트림(Stream) 전송 기능을 제공한다.
  - TCP 헤더에는 Source/Destination Port Number, Sequence Number, Acknowledgment Number, Checksum 등이 포함된다.
- IP(Internet Protocol)
  - OSI 7계층의 네트워크 계층에 해당한다.
  - 데이터그램을 기반으로 하는 비연결형 서비스를 제공한다.
  - 패킷의 분해/조립, 주소 지정, 경로 선택 기능을 제공한다.
  - 헤더의 길이는 최소 20Byte에서 최대 60Byte이다.
  - IP 헤더에는 Version, Header Length, Total Packet Length, Header Checksum, Source IP Address, Destination IP Address 등이 포함된다.

77. 모듈화(Modularity)와 관련한 설명으로 틀린 것은?

① 소프트웨어의 모듈은 프로그래밍 언어에서 Subroutine, Function 등으로 표현될 수 있다.
② 모듈의 수가 증가하면 상대적으로 각 모듈의 크기가 커지며, 모듈 사이의 상호교류가 감소하여 과부하(Overload) 현상이 나타난다.
③ 모듈화는 시스템을 지능적으로 관리할 수 있도록 해주며, 복잡도 문제를 해결하는 데 도움을 준다.
④ 모듈화는 시스템의 유지보수와 수정을 용이하게 한다.

전문가의 조언
모듈의 수가 증가하면 상대적으로 각 모듈의 크기가 감소하게 됩니다.

병행학습 효과적인 모듈 설계 방안
- 결합도는 줄이고 응집도는 높여서 모듈의 독립성과 재사용성을 높인다.
- 모듈의 제어 영역 안에서 그 모듈의 영향 영역을 유지시킨다.
- 복잡도와 중복성을 줄이고 일관성을 유지시킨다.
- 모듈의 기능은 예측이 가능해야 하며 지나치게 제한적이어서는 안 된다.
- 유지보수가 용이해야 한다.
- 모듈 크기는 시스템의 전반적인 기능과 구조를 이해하기 쉬운 크기로 분해한다.
- 하나의 입구와 하나의 출구를 갖도록 해야 한다.
- 인덱스 번호나 기능 코드들이 전반적인 처리 논리 구조에 예기치 못한 영향을 끼치지 않도록 모듈 인터페이스를 설계해야 한다.
- 효과적인 제어를 위해 모듈 간의 계층적 관계를 정의하는 자료가 제시되어야 한다.

78. 다음 중 페이지 교체(Page Replacement) 알고리즘이 아닌 것은?

① FIFO(First-In-First-Out)
② LUF(Least Used First)
③ Optimal
④ LRU(Least Recently Used)

전문가의 조언
페이지 교체 알고리즘의 종류에는 OPT(Optimal), FIFO, LRU, LFU, NUR, SCR 등이 있습니다.

병행학습 페이지 교체 알고리즘
- OPT(OPTimal replacement, 최적 교체) : 앞으로 가장 오랫동안 사용하지 않을 페이지를 교체하는 기법
- FIFO(First In First Out) : 각 페이지가 주기억장치에 적재될 때마다 그때의 시간을 기억시켜 가장 먼저 들어와서 가장 오래 있었던 페이지를 교체하는 기법
- LRU(Least Recently Used) : 최근에 가장 오랫동안 사용하지 않은 페이지를 교체하는 기법
- LFU(Least Frequently Used) : 사용 빈도가 가장 적은 페이지를 교체하는 기법
- NUR(Not Used Recently) : 최근에 사용하지 않은 페이지를 교체하는 기법으로, 참조 비트(Reference Bit)와 변형 비트(Modified Bit)가 사용됨
- SCR(Second Chance Replacement, 2차 기회 교체) : 가장 오랫동안 주기억장치에 있던 페이지 중 자주 사용되는 페이지의 교체를 방지하기 위한 것으로, FIFO 기법의 단점을 보완하는 기법

등급 B

79. C언어에서의 변수 선언으로 틀린 것은?
① int else;
② int Test2;
③ int pc;
④ int True;

전문가의 조언
else는 if문에서 사용하는 예약어로, C언어에서는 예약어를 변수의 이름으로 사용할 수 없습니다.

병행학습 C언어의 변수명 작성 규칙
- 영문자, 숫자, _(under bar)를 사용할 수 있다.
- 첫 글자는 영문자나 _(under bar)로 시작해야 하며, 숫자는 올 수 없다.
- 글자 수에 제한이 없다.
- 공백이나 *, +, -, / 등의 특수문자를 사용할 수 없다.
- 대·소문자를 구분한다.
- 예약어를 변수명으로 사용할 수 없다.
- 변수 선언 시 문장 끝에 반드시 세미콜론(;)을 붙여야 한다.

등급 C

80. 파일 디스크립터(File Descriptor)에 대한 설명으로 틀린 것은?
① 파일 관리를 위해 시스템이 필요로 하는 정보를 가지고 있다.
② 보조기억장치에 저장되어 있다가 파일이 개방(open)되면 주기억장치로 이동된다.
③ 사용자가 파일 디스크립터를 직접 참조할 수 있다.
④ 파일 제어 블록(File Control Block)이라고도 한다.

전문가의 조언
사용자가 디스크립터의 정보를 확인할 수는 있으나 직접 참조할 수는 없습니다.

병행학습 파일 디스크립터(File Descriptor)
- 리눅스 또는 유닉스에서 프로세스가 파일에 접근하는 데 사용하는 일종의 키이다.
- 파일 핸들(File Handle) 또는 파일 제어 블록(File Control Block)이라고도 불리며, 파일 관리를 위해 시스템이 필요로 하는 정보를 가지고 있다.
- 보조기억장치에 저장되어 있다가 파일이 개방(open)되면 주기억장치로 이동된다.
- 사용자는 파일 디스크립터의 정보를 확인할 수는 있으나 직접 참조하는 것은 불가능하다.

5과목 정보시스템 구축 관리

등급 B

81. 침입 탐지 시스템(IDS; Intrusion Detection System)과 관련한 설명으로 틀린 것은?
① 이상 탐지 기법(Anomaly Detection)은 Signature Base나 Knowledge Base라고도 불리며 이미 발견되고 정립된 공격 패턴을 입력해두었다가 탐지 및 차단한다.
② HIDS(Host-Based Intrusion Detection)는 운영체제에 설정된 사용자 계정에 따라 어떤 사용자가 어떤 접근을 시도하고 어떤 작업을 했는지에 대한 기록을 남기고 추적한다.
③ NIDS(Network-Based Intrusion Detection System)로는 대표적으로 Snort가 있다.
④ 외부 인터넷에 서비스를 제공하는 서버가 위치하는 네트워크인 DMZ(Demilitarized Zone)에는 IDS가 설치될 수 있다.

전문가의 조언
이상 탐지 기법(Anomaly Detection)은 평균적인 시스템의 상태를 기준으로 비정상적인 행위나 자원의 사용이 감지되면 이를 알려주는 시스템입니다. ①번은 오용 탐지 기법(Misuse Detection)에 대한 설명입니다.

병행학습 침입 탐지 시스템(IDS; Intrusion Detection System)

- 컴퓨터 시스템의 비정상적인 사용, 오용, 남용 등을 실시간으로 탐지하는 시스템이다.
- 방화벽과 같은 침입 차단 시스템만으로는 내부 사용자의 불법적인 행동과 외부 해킹에 100% 완벽하게 대처할 수는 없다.
- 문제가 발생한 경우 모든 내·외부 정보의 흐름을 실시간으로 차단하기 위해 해커 침입 패턴에 대한 추적과 유해 정보 감시가 필요하다.
- 오용 탐지(Misuse Detection) : 미리 입력해 둔 공격 패턴이 감지되면 이를 알려줌
- 이상 탐지(Anomaly Detection) : 평균적인 시스템의 상태를 기준으로 비정상적인 행위나 자원의 사용이 감지되면 이를 알려줌
- 침입 탐지 시스템의 종류
  - HIDS(Host-Based Intrusion Detection)
    ▶ 시스템의 내부를 감시하고 분석하는데 중점을 둔 침입 탐지 시스템이다.
    ▶ 내부 시스템의 변화를 실시간으로 감시하여 누가 접근해서 어떤 작업을 수행했는지 기록하고 추적한다.
    ▶ 종류 : OSSEC, md5deep, AIDE, Samhain 등
  - NIDS(Network-Based Intrusion Detection System)
    ▶ 외부로부터의 침입을 감시하고 분석하는데 중점을 둔 침입 탐지 시스템이다.
    ▶ 네트워크 트래픽을 감시하여 서비스 거부 공격, 포트 스캔 등의 악의적인 시도를 탐지한다.
    ▶ 종류 : Snort, Zeek 등
- 침입 탐지 시스템의 위치
  - 패킷이 라우터로 들어오기 전 : 네트워크에 시도되는 모든 공격을 탐지할 수 있음
  - 라우터 뒤 : 라우터에 의해 패킷 필터링을 통과한 공격을 탐지할 수 있음
  - 방화벽 뒤 : 내부에서 외부로 향하는 공격을 탐지할 수 있음
  - 내부 네트워크 : 내부에서 내부 네트워크의 해킹 공격을 탐지할 수 있음
  - DMZ : 외부 인터넷에 서비스를 제공하는 서버가 위치하는 네트워크로, 강력한 외부 공격이나 내부 공격으로부터 중요 데이터를 보호하거나 서버의 서비스 중단을 방지할 수 있음

등급 C

82. 정보 시스템 내에서 어떤 주체가 특정 개체에 접근하려 할 때 양쪽의 보안 레이블(Security Label)에 기초하여 높은 보안 수준을 요구하는 정보(객체)가 낮은 보안 수준의 주체에게 노출되지 않도록 하는 접근 제어 방법은?

① Mandatory Access Control
② User Access Control
③ Discretionary Access Control
④ Data-Label Access Control

전문가의 조언
문제에 제시된 내용은 강제 접근통제(MAC; Mandatory Access Control)에 대한 설명입니다.

병행학습 접근통제

- 데이터가 저장된 객체와 이를 사용하려는 주체 사이의 정보 흐름을 제한하는 것이다.
- 접근통제는 데이터에 대해 다음과 같은 통제를 함으로써 자원의 불법적인 접근 및 파괴를 예방한다.
- 접근통제의 3요소 : 접근통제 정책, 접근통제 메커니즘, 접근통제 보안모델
- 접근통제 기술
  - 임의 접근통제(DAC, Discretionary Access Control) : 데이터에 접근하는 사용자의 신원에 따라 접근 권한을 부여하는 방식
  - 강제 접근통제(MAC, Mandatory Access Control) : 주체와 객체의 등급을 비교하여 접근 권한을 부여하는 방식
  - 역할기반 접근통제(RBAC, Role Based Access Control) : 사용자의 역할에 따라 접근 권한을 부여하는 방식

등급 C

83. 구글의 구글 브레인 팀이 제작하여 공개한 기계 학습(Machine Learning)을 위한 오픈 소스 소프트웨어 라이브러리는?

① 타조(Tajo)
② 원 세그(One Seg)
③ 포스퀘어(Foursquare)
④ 텐서플로(TensorFlow)

전문가의 조언
구글의 구글 브레인 팀이 제작하여 공개한 기계 학습을 위한 오픈 소스 소프트웨어 라이브러리는 텐서플로(TensorFlow)입니다.

병행학습

- 타조(Tajo) : 오픈 소스 기반 분산 컴퓨팅 플랫폼인 아파치 하둡(Apache Hadoop) 기반의 분산 데이터 웨어하우스 프로젝트로, 우리나라가 주도하여 개발하고 있음
- 원 세그(One Seg) : 일본의 디지털 휴대 이동 방송 서비스로, 지상파 디지털 방송 신호는 6MHz 대역에 13개의 세그먼트로 이루어져 있고, 방송 서비스 품질에 따라 세그먼트 양을 가변적으로 사용함
- 포스퀘어(Foursquare) : 특정 지역이나 장소를 방문할 때 자신의 위치를 지도에 표시하고, 방문한 곳의 정보를 남길 수 있는 기능을 제공하는 위치 기반 소셜 네트워크 서비스(SNS)

등급 C

84. 국내 IT 서비스 경쟁력 강화를 목표로 개발되었으며 인프라 제어 및 관리 환경, 실행 환경, 개발 환경, 서비스 환경, 운영 환경으로 구성되어 있는 개방형 클라우드 컴퓨팅 플랫폼은?

① N2OS
② PaaS-TA
③ KAWS
④ Metaverse

> 전문가의 조언
> 문제에 제시된 내용은 PaaS-TA에 대한 설명입니다.

병행학습
- N2OS(Neutralized Network Operating System) : 한국전자통신연구원(ETRI)이 개발한 네트워크 운영체제로, 다양한 네트워킹 기술을 적용할 수 있는 개방형 구조의 소프트웨어 프레임워크임
- 메타버스(Metaverse) : 가상, 추상을 의미하는 'meta'와 우주, 현실세계를 의미하는 'Universe'의 합성어로 3차원 가상세계를 의미함. 기존의 가상 현실(Virtual Reality) 보다 진보된 개념으로 웹과 인터넷 등의 가상 세계가 현실 세계에 흡수된 형태임

등급 D

85. 정보 보안을 위한 접근 제어(Access Control)와 관련한 설명으로 틀린 것은?

① 적절한 권한을 가진 인가자만 특정 시스템이나 정보에 접근할 수 있도록 통제하는 것이다.
② 시스템 및 네트워크에 대한 접근 제어의 가장 기본적인 수단은 IP와 서비스 포트로 볼 수 있다.
③ DBMS에 보안 정책을 적용하는 도구인 XDMCP를 통해 데이터베이스에 대한 접근 제어를 수행할 수 있다.
④ 네트워크 장비에서 수행하는 IP에 대한 접근 제어로는 관리 인터페이스의 접근 제어와 ACL(Access Control List) 등이 있다.

> 전문가의 조언
> XDMCP(X Display Manager Control Protocol)는 GUI 환경을 구축한 UNIX나 LINUX 시스템에서 서버와 클라이언트가 GUI 환경 관리자인 XDM(X Display Manager)과 네트워크를 통해 소통하는데 사용하는 프로토콜입니다.

등급 A

86. 소프트웨어 개발 프레임워크와 관련한 설명으로 틀린 것은?

① 반제품 상태의 제품을 토대로 도메인별로 필요한 서비스 컴포넌트를 사용하여 재사용성 확대와 성능을 보장 받을 수 있게 하는 개발 소프트웨어이다.
② 개발해야 할 애플리케이션의 일부분이 이미 구현되어 있어 동일한 로직 반복을 줄일 수 있다.
③ 라이브러리와 달리 사용자 코드가 직접 호출하여 사용하기 때문에 소프트웨어 개발 프레임워크가 직접 코드의 흐름을 제어할 수 없다.
④ 생산성 향상과 유지보수성 향상 등의 장점이 있다.

> 전문가의 조언
> 프로그램 개발자 또는 프레임워크 사용자는 직접 관리하고 통제해야 할 코드의 제어 흐름을 프레임워크에 맡김으로써 생산성을 향상시킬 수 있습니다.

병행학습 프레임워크의 특성
- 모듈화(Modularity) : 캡슐화를 통해 모듈화를 강화하고 설계 및 구현의 변경에 따른 영향을 최소화함으로서 소프트웨어의 품질을 향상시킴
- 재사용성(Reusability) : 재사용 가능한 모듈들을 제공함으로써 개발자의 생산성을 향상시킴
- 확장성(Extensibility) : 다형성(Polymorphism)을 통한 인터페이스 확장이 가능하여 다양한 형태와 기능을 가진 애플리케이션 개발이 가능함
- 제어의 역흐름(Inversion of Control) : 개발자가 관리하고 통제해야 하는 객체들의 제어를 프레임워크에 넘김으로써 생산성을 향상시킴

등급 B

87. 물리적 배치와 상관없이 논리적으로 LAN을 구성하여 Broadcast Domain을 구분할 수 있게 해주는 기술로, 접속된 장비들의 성능 향상 및 보안성 증대 효과가 있는 것은?

① VLAN
② STP
③ L2AN
④ ARP

> 전문가의 조언
> 문제에 제시된 내용은 VLAN(Virtual Local Area Network)에 대한 설명입니다.

정답 84.② 85.③ 86.③ 87.①

병행학습
- STP(Spanning Tree Protocol) : 알고리즘에 기반한 OSI 2계층 프로토콜로, 브리지 랜에서 루프 발생을 방지하기 위해 사용됨
- L2AN(L2 스위치) : OSI의 2계층에 속하는 장비로, MAC 주소를 기반으로 프레임을 전송하고 동일 네트워크 간의 연결이 가능함
- ARP(Address Resolution Protocol) : 호스트의 IP 주소를 호스트와 연결된 네트워크 접속 장치의 물리적 주소(MAC Address)로 바꿈

병행학습 공개키 암호화(Public Key Encryption) 기법
- 공개키 암호화 기법은 데이터를 암호화할 때 사용하는 공개키(Public Key)는 데이터베이스 사용자에게 공개하고, 복호화할 때의 비밀키(Secret Key)는 관리자가 비밀리에 관리한다.
- 공개키 암호화 기법은 비대칭 암호 기법이라고도 하며, 대표적으로는 RSA(Rivest Shamir Adleman) 기법이 있다.
- 장점 : 키의 분배가 용이하고, 관리해야 할 키의 개수가 적음
- 단점 : 암호화/복호화 속도가 느리며, 알고리즘이 복잡하고, 개인키 암호화 기법보다 파일의 크기가 큼

등급 **B**

88. SQL Injection 공격과 관련한 설명으로 틀린 것은?
① SQL Injection은 임의로 작성한 SQL 구문을 애플리케이션에 삽입하는 공격방식이다.
② SQL Injection 취약점이 발생하는 곳은 주로 웹 애플리케이션과 데이터베이스가 연동되는 부분이다.
③ DBMS의 종류와 관계없이 SQL Injection 공격 기법은 모두 동일하다.
④ 로그인과 같이 웹에서 사용자의 입력 값을 받아 데이터베이스 SQL문으로 데이터를 요청하는 경우 SQL Injection을 수행할 수 있다.

전문가의 조언
SQL 삽입(SQL Injection) 공격은 데이터베이스의 취약점을 찾아 공격하는 기법으로 DBMS 종류에 따라 공격 기법이 다릅니다.

등급 **B**

90. 다음에서 설명하는 IT 스토리지 기술은?
- 가상화를 적용하여 필요한 공간만큼 나눠 사용할 수 있도록 하며 서버 가상화와 유사함
- 컴퓨팅 소프트웨어로 규정하는 데이터 스토리지 체계이며, 일정 조직 내 여러 스토리지를 하나처럼 관리하고 운용하는 컴퓨터 이용 환경
- 스토리지 자원을 효율적으로 나누어 쓰는 방법으로 이해할 수 있음

① Software Defined Storage
② Distribution Oriented Storage
③ Network Architected Storage
④ Systematic Network Storage

전문가의 조언
문제의 지문은 SDS(Software Defined Storage)에 대한 설명입니다.

병행학습 스토리지(Storage)
- 스토리지는 단일 디스크로 처리할 수 없는 대용량의 데이터를 저장하기 위해 서버와 저장장치를 연결하는 기술이다.
- DAS(Direct Attached Storage) : 서버와 저장장치를 전용 케이블로 직접 연결하는 방식으로, 일반 가정에서 컴퓨터에 외장하드를 연결하는 것이 여기에 해당됨
- NAS(Network Attached Storage) : 서버와 저장장치를 네트워크를 통해 연결하는 방식
- SAN(Storage Area Network) : DAS의 빠른 처리와 NAS의 파일 공유 장점을 혼합한 방식으로, 서버와 저장 장치를 연결하는 전용 네트워크를 별도로 구성하는 방식

등급 **A**

89. 비대칭 암호화 방식으로 소수를 활용한 암호화 알고리즘은?
① DES   ② AES
③ SMT   ④ RSA

전문가의 조언
비대칭 암호화 방식으로 소수를 활용한 암호화 알고리즘은 RSA(Rivest Shamir Adleman)입니다.

정답 88.③ 89.④ 90.①

등급 A

91. Cocomo Model 중 기관 내부에서 개발된 중소규모의 소프트웨어로, 일괄 자료 처리나 과학 기술 계산용, 비즈니스 자료 처리용으로 5만 라인 이하의 소프트웨어를 개발하는 유형은?

① Embeded
② Organic
③ Semi-detached
④ Semi-embeded

전문가의 조언
문제에서 설명하고 있는 소프트웨어 개발 유형은 조직형(Organic Mode)입니다.

병행학습 COCOMO의 소프트웨어 개발 유형
- 소프트웨어 개발 유형은 소프트웨어의 복잡도 혹은 원시 프로그램의 규모에 따라 조직형, 반분리형, 내장형으로 분류할 수 있다.
- 조직형(Organic Mode)
  - 기관 내부에서 개발된 중·소 규모의 소프트웨어이다.
  - 일괄 자료 처리나 과학 기술 계산용, 비즈니스 자료 처리용으로 5만(50KDSI) 라인 이하의 소프트웨어를 개발하는 유형이다.
  - 사무 처리용, 업무용, 과학용 응용 소프트웨어 개발에 적합하다.
- 반분리형(Semi-Detached Mode)
  - 조직형과 내장형의 중간형으로, 트랜잭션 처리 시스템이나 운영체제, 데이터베이스 관리 시스템 등의 30만(300KDSI) 라인 이하의 소프트웨어를 개발하는 유형이다.
  - 컴파일러, 인터프리터와 같은 유틸리티 개발에 적합하다.
- 내장형(Embedded Mode)
  - 최대형 규모의 트랜잭션 처리 시스템이나 운영체제 등의 30만(300KDSI) 라인 이상의 소프트웨어를 개발하는 유형이다.
  - 신호기 제어 시스템, 미사일 유도 시스템, 실시간 처리 시스템 등의 시스템 프로그램 개발에 적합하다.

전문가의 조언
문제의 지문은 랜섬웨어(Ransomware)에 대한 설명입니다.

병행학습 정보 보안 침해 공격 관련 용어
- 좀비(Zombie) PC : 악성코드에 감염되어 다른 프로그램이나 컴퓨터를 조종하도록 만들어진 컴퓨터로, C&C(Command & Control) 서버의 제어를 받아 주로 DDoS 공격 등에 이용됨
- C&C 서버 : 해커가 원격지에서 감염된 좀비 PC에 명령을 내리고 악성코드를 제어하기 위한 용도로 사용되는 서버를 의미함
- 봇넷(Botnet) : 악성 프로그램에 감염되어 악의적인 의도로 사용될 수 있는 다수의 컴퓨터들이 네트워크로 연결된 형태를 의미함
- 웜(Worm) : 네트워크를 통해 연속적으로 자신을 복제하여 시스템의 부하를 높임으로써 결국 시스템을 다운시키는 바이러스의 일종으로, 분산 서비스 거부 공격, 버퍼 오버플로 공격, 슬래머 등이 웜 공격의 한 형태임
- 제로 데이 공격(Zero Day Attack) : 보안 취약점이 발견되었을 때 발견된 취약점의 존재 자체가 널리 공표되기도 전에 해당 취약점을 통하여 이루어지는 보안 공격으로, 공격의 신속성을 의미함
- 키로거 공격(Key Logger Attack) : 컴퓨터 사용자의 키보드 움직임을 탐지해 ID, 패스워드, 계좌번호, 카드번호 등과 같은 개인의 중요한 정보를 몰래 빼가는 해킹 공격
- 랜섬웨어(Ransomware) : 인터넷 사용자의 컴퓨터에 잠입해 내부 문서나 파일 등을 암호화해 사용자가 열지 못하게 하는 프로그램으로, 암호 해독용 프로그램의 전달을 조건으로 사용자에게 돈을 요구하기도 함
- 백도어(Back Door, Trap Door) : 시스템 설계자가 서비스 기술자나 유지 보수 프로그램 작성자(Programmer)의 액세스 편의를 위해 시스템 보안을 제거하여 만들어놓은 비밀 통로로, 컴퓨터 범죄에 악용되기도 함

등급 B

92. 다음 내용이 설명하는 것은?

개인과 기업, 국가적으로 큰 위협이 되고 있는 주요 사이버 범죄 중 하나로, Snake, Darkside 등 시스템을 잠그거나 데이터를 암호화해 사용할 수 없도록 하고 이를 인질로 금전을 요구하는 데 사용되는 악성 프로그램

① Format String
② Ransomware
③ Buffer overflow
④ Adware

등급 B

93. 생명 주기 모형 중 가장 오래된 모형으로, 많은 적용 사례가 있지만 요구사항의 변경이 어렵고 각 단계의 결과가 확인되어야 다음 단계로 넘어갈 수 있는 선형 순차적, 고전적 생명 주기 모형이라고도 하는 것은?

① Waterfall Model
② Prototype Model
③ Cocomo Model
④ Spiral Model

전문가의 조언
문제에 제시된 내용은 폭포수 모형(Waterfall Model)에 대한 설명입니다.

정답 91.② 92.② 93.①

병행학습 소프트웨어 생명 주기(Software Life Cycle)

- 소프트웨어 개발 방법론의 바탕이 되는 것으로, 소프트웨어를 개발하기 위해 정의하고 운용, 유지보수 등의 과정을 각 단계별로 나눈 것이다.
- **폭포수 모형(Waterfall Model)** : 폭포에서 한번 떨어진 물은 거슬러 올라갈 수 없듯이 소프트웨어 개발도 이전 단계로 돌아갈 수 없다는 전제하에 각 단계를 확실히 매듭짓고 그 결과를 철저하게 검토하여 승인 과정을 거친 후에 다음 단계를 진행하는 개발 방법론
- **프로토타입 모형(Prototype Model, 원형 모형)** : 사용자의 요구사항을 정확히 파악하기 위해 실제 개발될 소프트웨어에 대한 견본품(Prototype)을 만들어 최종 결과물을 예측하는 모형
- **나선형 모형(Spiral Model, 점진적 모형)** : 폭포수 모형과 프로토타입 모형의 장점에 위험 분석 기능을 추가한 모형으로, 나선을 따라 돌듯이 여러 번의 소프트웨어 개발 과정을 거쳐 점진적으로 완벽한 최종 소프트웨어를 개발함
- **애자일 모형(Agile Model)** : 고객의 요구사항 변화에 유연하게 대응할 수 있도록 일정한 주기를 반복하면서 개발과정을 진행하는 모형으로, 어느 특정 개발 방법론이 아니라 좋은 것을 빠르고 낭비 없게 만들기 위해 고객과의 소통에 초점을 맞춘 방법론을 통칭함

등급 B

94. 소프트웨어 생명 주기 모형 중 Spiral Model에 대한 설명으로 틀린 것은?

① 비교적 대규모 시스템에 적합하다.
② 개발 순서는 계획 및 정의, 위험 분석, 공학적 개발, 고객 평가 순으로 진행된다.
③ 소프트웨어를 개발하면서 발생할 수 있는 위험을 관리하고 최소화하는 것을 목적으로 한다.
④ 계획, 설계, 개발, 평가의 개발 주기가 한 번만 수행된다.

전문가의 조언
나선형 모델(Spiral Model)은 계획 수립, 위험 분석, 개발 및 검증, 고객 평가 과정을 반복하며 수행하는 개발 방법론입니다.

병행학습 나선형 모형(Spiral Model, 점진적 모형)

- 보헴(Boehm)이 제안한 것으로, 폭포수 모형과 프로토타입 모형의 장점에 위험 분석 기능을 추가한 모형이다.
- 나선을 따라 돌듯이 여러 번의 소프트웨어 개발 과정을 거쳐 점진적으로 완벽한 최종 소프트웨어를 개발하는 것으로, 점진적 모형이라고도 한다.
- 소프트웨어를 개발하면서 발생할 수 있는 위험을 관리하고 최소화하는 것을 목적으로 한다.
- 점진적으로 개발 과정이 반복되므로 누락되거나 추가된 요구사항을 첨가할 수 있고, 정밀하며, 유지보수 과정이 필요 없다.
- 수행 과정(반복) : 계획 수립 → 위험 분석 → 개발 및 검증 → 고객 평가

등급 C

95. 특정 사이트에 매우 많은 ICMP Echo를 보내면, 이에 대한 응답(Respond)을 하기 위해 시스템 자원을 모두 사용해버려 시스템이 정상적으로 동작하지 못하도록 하는 공격방법은?

① Role-Based Access Control
② Ping Flood
③ Brute-Force
④ Trojan Horses

전문가의 조언
문제에 제시된 내용은 Ping Flood(핑 홍수)에 대한 설명입니다.

병행학습

- **역할기반 접근통제(RBAC; Role-Based Access Control)** : 사용자의 역할에 따라 접근 권한을 부여하는 방식으로, 임의 접근통제와 강제 접근통제의 단점을 보완하였으며, 다중 프로그래밍 환경에 최적화되었음
- **무작위 대입 공격(Brute Force Attack)** : 암호화된 문서의 암호키를 찾아내기 위해 적용 가능한 모든 값을 대입하여 공격하는 방식
- **트로이 목마(Trojan Horse)** : 정상적인 기능을 하는 프로그램으로 위장하여 프로그램 내에 숨어 있다가 해당 프로그램이 동작할 때 활성화되어 부작용을 일으키는 것으로, 자기 복제 능력은 없음

등급 C

96. TCP/IP 기반 네트워크에서 동작하는 발행-구독 기반의 메시징 프로토콜로 최근 IoT 환경에서 자주 사용되고 있는 프로토콜은?

① MLFQ
② MQTT
③ Zigbee
④ MTSP

전문가의 조언
문제에 제시된 내용은 MQTT(Message Queuing Telemetry Transport)에 대한 설명입니다.

병행학습

- **MLFQ(Multi Level Feedback Queue, 다단계 피드백 큐)** : 특정 그룹의 준비상태 큐에 들어간 프로세스가 다른 준비상태 큐로 이동할 수 없는 다단계 큐 기법을 준비상태 큐 사이를 이동할 수 있도록 개선한 기법
- **지그비(Zigbee)** : 저전력, 저비용, 저속도와 2.4GHz를 기반으로 하는 홈 자동화 및 데이터 전송을 위한 무선 네트워크 로, 전력 소모를 최소화하였음

정답 94.④ 95.② 96.②

97. 시스템이 몇 대가 되어도 하나의 시스템에서 인증에 성공하면 다른 시스템에 대한 접근 권한도 얻는 시스템을 의미하는 것은?

① SOS
② SBO
③ SSO
④ SOA

전문가의 조언
하나의 시스템에서 인증에 성공하면 다른 시스템에 대한 접근 권한도 얻는 시스템을 SSO(Single Sign On)라고 합니다.

98. 시스템에 저장되는 패스워드들은 Hash 또는 암호화 알고리즘의 결과 값으로 저장된다. 이때 암호 공격을 막기 위해 똑같은 패스워드들이 다른 암호 값으로 저장되도록 추가되는 값을 의미하는 것은?

① Pass flag
② Bucket
③ Opcode
④ Salt

전문가의 조언
암호 공격을 막기 위해 똑같은 패스워드들이 다른 암호 값으로 저장되도록 추가되는 값을 솔트(Salt)라고 합니다.

99. S/W 각 기능의 원시 코드 라인수의 비관치, 낙관치, 기대치를 측정하여 예측치를 구하고 이를 이용하여 비용을 산정하는 기법은?

① Effort Per Task기법
② 전문가 감정 기법
③ 델파이기법
④ LOC기법

전문가의 조언
문제에 제시된 내용은 LOC 기법에 대한 설명입니다.

병행학습
- 개발 단계별 인월수(Effort Per Task) 기법 : LOC 기법을 보완하기 위한 기법으로, 각 기능을 구현시키는 데 필요한 노력을 생명 주기의 각 단계별로 산정함
- 전문가 감정 기법 : 조직 내에 있는 경험이 많은 두 명 이상의 전문가에게 비용 산정을 의뢰하는 기법으로, 가장 편리하고 신속하게 비용을 산정할 수 있음
- 델파이 기법 : 델파이 기법은 전문가 감정 기법의 주관적인 편견을 보완하기 위해 많은 전문가의 의견을 종합하여 산정하는 기법

100. 오픈 소스 웹 애플리케이션 보안 프로젝트로서 주로 웹을 통한 정보 유출, 악성 파일 및 스크립트, 보안 취약점 등을 연구하는 곳은?

① WWW
② OWASP
③ WBSEC
④ ITU

전문가의 조언
주로 웹을 통한 정보 유출, 악성 파일 및 스크립트, 보안 취약점 등을 연구하는 오픈 소스 웹 애플리케이션 보안 프로젝트는 OWASP(The Open Web Application Security Project)입니다.

EXAMINATION 14회 2021년 5월 기출문제

1과목 소프트웨어 설계

등급 D

1. 요구사항 관리 도구의 필요성으로 틀린 것은?
① 요구사항 변경으로 인한 비용 편익 분석
② 기존 시스템과 신규 시스템의 성능 비교
③ 요구사항 변경의 추적
④ 요구사항 변경에 따른 영향 평가

전문가의 조언
요구사항 관리 도구는 사용자의 요구사항 정의 및 변경 사항 등을 관리하는 도구로, 성능 비교를 위해서는 성능 테스트 도구를 사용해야 합니다.

등급 A

2. GoF(Gangs of Four) 디자인 패턴에 대한 설명으로 틀린 것은?
① Factory Method Pattern은 상위 클래스에서 객체를 생성하는 인터페이스를 정의하고, 하위 클래스에서 인스턴스를 생성하도록 하는 방식이다.
② Prototype Pattern은 Prototype을 먼저 생성하고 인스턴스를 복제하여 사용하는 구조이다.
③ Bridge Pattern은 기존에 구현되어 있는 클래스에 기능 발생 시 기존 클래스를 재사용할 수 있도록 중간에서 맞춰주는 역할을 한다.
④ Mediator Pattern은 객체간의 통제와 지시의 역할을 하는 중재자를 두어 객체지향의 목표를 달성하게 해준다.

전문가의 조언
브리지 패턴(Bridge Pattern)은 구현부에서 추상층을 분리하여, 서로 독립적으로 확장할 수 있도록 구성한 패턴입니다. 기존의 클래스를 이용하고 싶을 때 중간에서 맞춰주는 역할을 수행하는 패턴은 어댑터(Adapter) 패턴입니다.

등급 B

3. 애자일 개발 방법론이 아닌 것은?
① 스크럼(Scrum)
② 익스트림 프로그래밍(XP, eXtreme Programming)
③ 기능 주도 개발(FDD, Feature Driven Development)
④ 하둡(Hadoop)

전문가의 조언
하둡(Hadoop)은 오픈 소스를 기반으로 한 분산 컴퓨팅 플랫폼으로, 일반 PC급 컴퓨터들로 가상화된 대형 스토리지를 형성하고 그 안에 보관된 거대한 데이터 세트를 병렬로 처리할 수 있도록 개발된 자바 소프트웨어 프레임워크입니다.

등급 B

4. 유스케이스(Usecase)에 대한 설명 중 옳은 것은?
① 유스케이스 다이어그램은 개발자의 요구를 추출하고 분석하기 위해 주로 사용한다.
② 액터는 대상 시스템과 상호작용하는 사람이나 다른 시스템에 의한 역할이다.
③ 사용자 액터는 본 시스템과 데이터를 주고받는 연동 시스템을 의미한다.
④ 연동의 개념은 일방적으로 데이터를 파일이나 정해진 형식으로 넘겨주는 것을 의미한다.

전문가의 조언
유스케이스에 대한 설명 중 옳은 것은 ②번입니다.
① 유스케이스 다이어그램은 추출된 사용자의 요구를 분석하는 데 사용합니다.
③ 사용자 액터(주액터)는 시스템을 사용함으로써 이득을 얻는 대상을 의미합니다. 본 시스템과 데이터를 주고받는 연동 시스템을 시스템 액터(부액터)라고 합니다.
④ 연동은 2개 이상의 시스템이 일방이 아닌 상호 간의 동작에 영향을 줄 수 있도록 연결망을 구성하는 것을 의미합니다.

정답 1.② 2.③ 3.④ 4.②

5. CASE(Computer-Aided Software Engineering)의 원천 기술이 아닌 것은? 등급 C

① 구조적 기법
② 프로토타이핑 기술
③ 정보 저장소 기술
④ 일괄처리 기술

전문가의 조언
CASE의 원천 기술에는 구조적 기법, 프로토타이핑 기술, 응용 프로그래밍 기술, 정보 저장소 기술, 분산처리 기술이 있습니다.

6. 럼바우(Rumbaugh)의 객체지향 분석에서 사용하는 분석 활동으로 옳은 것은? 등급 A

① 객체 모델링, 동적 모델링, 정적 모델링
② 객체 모델링, 동적 모델링, 기능 모델링
③ 동적 모델링, 기능 모델링, 정적 모델링
④ 정적 모델링, 객체 모델링, 기능 모델링

전문가의 조언
럼바우 분석 기법의 활동은 객체 모델링, 동적 모델링, 기능 모델링 순으로 이루어집니다.

7. UML 모델에서 한 객체가 다른 객체에게 오퍼레이션을 수행하도록 지정하는 의미적 관계로 옳은 것은? 등급 B

① Dependency
② Realization
③ Generalization
④ Association

전문가의 조언
한 객체가 다른 객체에게 오퍼레이션을 수행하도록 지정하는 의미적 관계를 실체화(Realization) 관계라고 합니다.

병행학습
- 연관(Association) 관계 : 2개 이상의 사물이 서로 관련되어 있음
- 일반화(Generalization) 관계 : 하나의 사물이 다른 사물에 비해 더 일반적인지 구체적인지를 표현하는 관계
- 의존(Dependency) 관계 : 연관 관계와 같이 사물 사이에 서로 연관은 있으나 필요에 의해 서로에게 영향을 주는 짧은 시간 동안만 연관을 유지하는 관계

8. 시스템의 구성 요소로 볼 수 없는 것은? 등급 C

① Process
② Feedback
③ Maintenance
④ Control

전문가의 조언
시스템의 구성 요소에는 입력, 처리, 출력, 제어, 피드백이 있습니다.

9. 사용자 인터페이스(UI)의 특징으로 틀린 것은? 등급 A

① 구현하고자 하는 결과의 오류를 최소화한다.
② 사용자의 편의성을 높임으로써 작업 시간을 증가시킨다.
③ 막연한 작업 기능에 대해 구체적인 방법을 제시하여 준다.
④ 사용자 중심의 상호 작용이 되도록 한다.

전문가의 조언
사용자 인터페이스(UI)는 사용자의 편리성과 가독성을 높임으로써 작업 시간을 단축시키고 업무에 대한 이해도를 높여줍니다.

10. 요구사항 개발 프로세스의 순서로 옳은 것은? 등급 C

㉠ 도출(Elicitation)   ㉡ 분석(Analysis)
㉢ 명세(Specification) ㉣ 확인(Validation)

① ㉠ → ㉡ → ㉢ → ㉣
② ㉠ → ㉢ → ㉡ → ㉣
③ ㉠ → ㉣ → ㉡ → ㉢
④ ㉠ → ㉡ → ㉣ → ㉢

전문가의 조언
요구사항 개발 프로세스는 '도출 → 분석 → 명세 → 확인' 순으로 수행됩니다.

11. 요구사항 분석이 어려운 이유가 아닌 것은?

① 개발자와 사용자 간의 지식이나 표현의 차이가 커서 상호 이해가 쉽지 않다.
② 사용자의 요구는 예외가 거의 없어 열거와 구조화가 어렵지 않다.
③ 사용자의 요구사항이 모호하고 불명확하다.
④ 소프트웨어 개발 과정 중에 요구사항이 계속 변할 수 있다.

전문가의 조언
요구사항(Requirement)은 예외가 많고, 모호하고 불명확하며, 중복 및 상충되는 사항들이 있을 뿐만 아니라, 개발 과정 중에도 수시로 변경될 수 있어 열거와 구조화가 어렵습니다.

12. 소프트웨어 아키텍처 설계에서 시스템 품질 속성이 아닌 것은?

① 가용성(Availability)
② 독립성(Isolation)
③ 변경 용이성(Modifiability)
④ 사용성(Usability)

전문가의 조언
소프트웨어 아키텍처 설계에서 시스템 품질 속성에는 성능, 보안, 가용성, 기능성, 사용성, 변경 용이성, 확장성 등이 있습니다.

13. 서브시스템이 입력 데이터를 받아 처리하고 결과를 다른 시스템에 보내는 작업이 반복되는 아키텍처 스타일은?

① 클라이언트 서버 구조
② 계층 구조
③ MVC 구조
④ 파이프 필터 구조

전문가의 조언
시스템이 파이프(Pipe)처럼 연결되어 있어서 앞 시스템의 처리 결과물을 파이프를 통해 전달받아 처리한 후 그 결과물을 다시 파이프를 통해 다음 시스템으로 넘겨주는 패턴을 반복하는 아키텍처 스타일은 파이프-필터입니다.

14. 객체지향 기법에서 같은 클래스에 속한 각각의 객체를 의미하는 것은?

① Instance
② Message
③ Method
④ Module

전문가의 조언
클래스에 속한 각각의 객체를 인스턴스(Instance)라 하며, 클래스로부터 새로운 객체를 생성하는 것을 인스턴스화(Instantiation)라고 합니다.

15. GoF(Gangs of Four) 디자인 패턴 중 생성 패턴으로 옳은 것은?

① Singleton Pattern
② Adapter Pattern
③ Decorator Pattern
④ State Pattern

전문가의 조언
GoF 디자인 패턴의 생성 패턴에는 추상 팩토리(Abstract Factory), 빌더(Builder), 팩토리 메소드(Factory Method), 프로토타입(Prototype), 싱글톤(Singleton)이 있습니다.

16. 다음 중 상위 CASE 도구가 지원하는 주요 기능으로 볼 수 없는 것은?

① 모델들 사이의 모순검사 기능
② 전체 소스 코드 생성 기능
③ 모델의 오류검증 기능
④ 자료 흐름도 작성 기능

전문가의 조언
소스 코드 작성을 지원하는 기능은 하위 CASE 도구이며, 하위 CASE 도구라도 전체 소스 코드를 생성하지는 못합니다.

정답 11.② 12.② 13.④ 14.① 15.① 16.②

등급 C

17. 다음 설명에 해당하는 시스템으로 옳은 것은?

> 시스템 인터페이스를 구성하는 시스템으로, 연계할 데이터를 데이터베이스와 애플리케이션으로부터 연계 테이블 또는 파일 형태로 생성하며 송신하는 시스템이다.

① 연계 서버
② 중계 서버
③ 송신 시스템
④ 수신 시스템

전문가의 조언
문제의 지문은 송신 시스템에 대한 설명입니다.

병행학습
- **수신 시스템** : 수신한 인터페이스 테이블이나 파일을 연계 프로그램에서 처리할 수 있는 형식으로 변환한 후 연계 프로그램에 반영하는 시스템
- **연계 서버** : 송·수신 시스템 사이에 위치하여 데이터의 송·수신 현황을 모니터링하는 역할을 수행함

등급 A

18. UML 다이어그램이 아닌 것은?

① 액티비티 다이어그램(Activity Diagram)
② 절차 다이어그램(Procedural Diagram)
③ 클래스 다이어그램(Class Diagram)
④ 시퀀스 다이어그램(Sequence Diagram)

전문가의 조언
절차 다이어그램은 UML 다이어그램에 속하지 않습니다.

등급 B

19. 객체에게 어떤 행위를 하도록 지시하는 명령은?

① Class
② Package
③ Object
④ Message

전문가의 조언
객체(Object)의 행위를 요구하기 위해서는 메시지(Message)를 보내야 합니다.

등급 A

20. 객체지향 설계에서 객체가 가지고 있는 속성과 오퍼레이션의 일부를 감추어서 객체의 외부에서는 접근이 불가능하게 하는 개념은?

① 조직화(Organizing)
② 캡슐화(Encapsulation)
③ 정보 은닉(Infomation Hiding)
④ 구조화(Structuralization)

전문가의 조언
문제는 정보 은닉에 대한 설명이지만 캡슐화 또한 정보 은닉을 바탕으로 외부에서의 접근을 차단하는 개념이므로 중복 정답으로 처리되었습니다.

2 과목 소프트웨어 개발

등급 B

21. 클린 코드 작성 원칙에 대한 설명으로 틀린 것은?

① 코드의 중복을 최소화 한다.
② 코드가 다른 모듈에 미치는 영향을 최대화하도록 작성한다.
③ 누구든지 코드를 쉽게 읽을 수 있도록 작성한다.
④ 간단하게 코드를 작성한다.

전문가의 조언
클린 코드(Clean Code)는 의존성 배제 원칙에 따라 코드가 다른 모듈에 미치는 영향을 최소화해야 합니다.

22. 소프트웨어 형상 관리에 대한 설명으로 거리가 먼 것은?

① 소프트웨어에 가해지는 변경을 제어하고 관리한다.
② 프로젝트 계획, 분석서, 설계서, 프로그램, 테스트 케이스 모두 관리 대상이다.
③ 대표적인 형상 관리 도구로 Ant, Maven, Gradle 등이 있다.
④ 유지 보수 단계뿐만 아니라 개발 단계에도 적용할 수 있다.

전문가의 조언
- Ant, Maven, Gradle은 빌드 자동화 도구입니다.
- 형상 관리 도구에는 Git, CVS, Subversion, Mercurial 등이 있습니다.

23. EAI(Enterprise Application Integration) 구축 유형에서 애플리케이션 사이에 미들웨어를 두어 처리하는 것은?

① Message Bus
② Point-to-point
③ Hub & Spoke
④ Hybrid

전문가의 조언
애플리케이션 사이에 미들웨어를 두어 처리하는 EAI 구축 유형은 Message Bus 방식입니다. 하지만 Hub&Spoke는 중앙 Hub가 미들웨어의 역할을 한다는 점에서, Hybrid는 Message Bus 방식을 사용할 수 있다는 점에서 ③, ④번도 함께 정답으로 처리되었습니다.

병행학습
- Point-to-Point : 가장 기본적인 애플리케이션 통합 방식으로, 애플리케이션을 1:1로 연결하며 변경 및 재사용이 어려움
- Hub & Spoke : 단일 접점인 허브 시스템을 통해 데이터를 전송하는 중앙 집중형 방식으로, 확장 및 유지 보수가 용이하지만 허브 장애 발생 시 시스템 전체에 영향을 미침
- Hybrid : Hub & Spoke와 Message Bus의 혼합 방식으로, 그룹 내에서는 Hub & Spoke 방식을, 그룹 간에는 Message Bus 방식을 사용함

24. 소프트웨어 패키징에 대한 설명으로 틀린 것은?

① 패키징은 개발자 중심으로 진행한다.
② 신규 및 변경 개발소스를 식별하고, 이를 모듈화하여 상용제품으로 패키징 한다.
③ 고객의 편의성을 위해 매뉴얼 및 버전관리를 지속적으로 한다.
④ 범용 환경에서 사용이 가능하도록 일반적인 배포 형태로 패키징이 진행된다.

전문가의 조언
소프트웨어 패키징은 개발자가 아니라 사용자를 중심으로 진행합니다.

25. 애플리케이션의 처리량, 응답 시간, 경과 시간, 자원 사용률에 대해 가상의 사용자를 생성하고 테스트를 수행함으로써 성능 목표를 달성하였는지를 확인하는 테스트 자동화 도구는?

① 명세 기반 테스트 설계 도구
② 코드 기반 테스트 설계 도구
③ 기능 테스트 수행 도구
④ 성능 테스트 도구

전문가의 조언
문제의 내용은 성능 테스트 도구에 대한 설명입니다.

26. 디지털 저작권 관리(DRM) 구성 요소가 아닌 것은?

① Dataware House
② DRM Controller
③ Packager
④ Contents Distributor

전문가의 조언
디지털 저작권 관리(DRM)의 구성 요소에는 클리어링 하우스, 콘텐츠 제공자, 패키저, 콘텐츠 분배자, 콘텐츠 소비자, DRM 컨트롤러, 보안 컨테이너가 있습니다.

27. 다음 설명의 소프트웨어 테스트의 기본 원칙은? 등급 B

- 파레토 법칙이 좌우한다.
- 애플리케이션 결함의 대부분은 소수의 특정한 모듈에 집중되어 존재한다.
- 결함은 발생한 모듈에서 계속 추가로 발생할 가능성이 높다.

① 살충제 패러독스 ② 결함 집중
③ 오류 부재의 궤변 ④ 완벽한 테스팅은 불가능

전문가의 조언
파레토 법칙과 같이 대부분의 결함이 소수의 특정 모듈에 집중해서 발생하는 현상을 결함 집중(Defect Clustering)이라고 합니다.

병행학습
- 살충제 패러독스(Pesticide Paradox) : 살충제를 지속적으로 뿌리면 벌레가 내성이 생겨서 죽지 않는 현상을 의미하는 것으로, 애플리케이션 테스트에서는 동일한 테스트를 반복하면 더 이상 결함이 발견되지 않는 현상
- 오류-부재의 궤변(Absence of Errors Fallacy) : 결함을 모두 제거해도 사용자의 요구사항을 만족시키지 못하면 해당 소프트웨어는 품질이 높다고 말할 수 없음

28. 다음 자료를 버블 정렬을 이용하여 오름차순으로 정렬할 경우 Pass 2의 결과는? 등급 A

9, 6, 7, 3, 5

① 3, 5, 6, 7, 9 ② 6, 7, 3, 5, 9
③ 3, 5, 9, 6, 7 ④ 6, 3, 5, 7, 9

전문가의 조언
버블 정렬은 주어진 파일에서 인접한 두 개의 레코드 키 값을 비교하여 그 크기에 따라 레코드 위치를 서로 교환하는 정렬 방식으로 다음과 같은 과정으로 진행됩니다.
- 초기상태 : 9, 6, 7, 3, 5
- 1회전

- 2회전
- 3회전

- 4회전

29. 다음 설명의 소프트웨어 버전 관리 도구 방식은? 등급 C

- 버전 관리 자료가 원격 저장소와 로컬 저장소에 함께 저장되어 관리된다.
- 로컬 저장소에서 버전 관리가 가능하므로 원격 저장소에 문제가 생겨도 로컬 저장소의 자료를 이용하여 작업할 수 있다.
- 대표적인 버전 관리 도구로 Git이 있다.

① 단일 저장소 방식 ② 분산 저장소 방식
③ 공유 폴더 방식   ④ 클라이언트・서버 방식

전문가의 조언
버전 관리 자료가 원격 저장소와 로컬 저장소에 함께 저장되어 관리되는 방식은 분산 저장소 방식입니다.

30. 인터페이스 구현 검증 도구가 아닌 것은? 등급 A

① Foxbase ② STAF
③ watir   ④ xUnit

전문가의 조언
인터페이스 구현 검증 도구에는 xUnit, STAF, FitNesse, NTAF, Selenium, watir 등이 있습니다.

31. 정렬된 N개의 데이터를 처리하는 데 $O(N\log_2 N)$의 시간이 소요되는 정렬 알고리즘은? 등급 B

① 합병 정렬 ② 버블 정렬
③ 선택 정렬 ④ 삽입 정렬

전문가의 조언
$O(N\log_2 N)$의 시간 복잡도를 가진 정렬 알고리즘에는 힙 정렬과 2-Way 합병 정렬이 있습니다.

등급 A

32. 블랙박스 테스트를 이용하여 발견할 수 있는 오류가 아닌 것은?

① 비정상적인 자료를 입력해도 오류 처리를 수행하지 않는 경우
② 정상적인 자료를 입력해도 요구된 기능이 제대로 수행되지 않는 경우
③ 반복 조건을 만족하는데도 루프 내의 문장이 수행되지 않는 경우
④ 경계값을 입력할 경우 요구된 출력 결과가 나오지 않는 경우

전문가의 조언
루프 내 문장의 수행 여부는 화이트박스 테스트를 통해서만 확인할 수 있습니다.

등급 A

33. 소프트웨어 테스트와 관련한 설명으로 틀린 것은?

① 화이트박스 테스트는 모듈의 논리적인 구조를 체계적으로 점검할 수 있다.
② 블랙박스 테스트는 프로그램의 구조를 고려하지 않는다.
③ 테스트 케이스에는 일반적으로 시험 조건, 테스트 데이터, 예상 결과가 포함되어야 한다.
④ 화이트박스 테스트에서 기본 경로(Basis Path)란 흐름 그래프의 시작 노드에서 종료 노드까지의 서로 독립된 경로로 싸이클을 허용하지 않는 경로를 말한다.

전문가의 조언
기초 경로(Base Path=Basis Path)는 수행 가능한 모든 경로를 의미합니다.

등급 D

34. 공학적으로 잘된 소프트웨어(Well Engineered Software)의 설명 중 틀린 것은?

① 소프트웨어는 유지보수가 용이해야 한다.
② 소프트웨어는 신뢰성이 높아야 한다.
③ 소프트웨어는 사용자 수준에 무관하게 일관된 인터페이스를 제공해야 한다.
④ 소프트웨어는 충분한 테스팅을 거쳐야 한다.

전문가의 조언
공학적으로 잘 작성된 소프트웨어는 사용자의 요구사항을 고려하여, 수준에 맞는 쉬운 인터페이스를 제공합니다.

등급 B

35. 다음 중 단위 테스트를 통해 발견할 수 있는 오류가 아닌 것은?

① 알고리즘 오류에 따른 원치 않는 결과
② 탈출구가 없는 반복문의 사용
③ 모듈 간의 비정상적 상호 작용으로 인한 원치 않는 결과
④ 틀린 계산 수식에 의한 잘못된 결과

전문가의 조언
모듈 간의 비정상적인 상호 작용으로 인한 오류 검사를 위해서는 통합 테스트를 수행해야 합니다.

등급 C

36. 힙 정렬(Heap Sort)에 대한 설명으로 틀린 것은?

① 정렬할 입력 레코드들로 힙을 구성하고 가장 큰 키 값을 갖는 루트 노드를 제거하는 과정을 반복하여 정렬하는 기법이다.
② 평균 수행 시간은 $O(n\log_2 n)$이다.
③ 완전 이진트리(Complete Binary Tree)로 입력자료의 레코드를 구성한다.
④ 최악의 수행 시간은 $O(2n^4)$이다.

전문가의 조언
힙 정렬의 평균과 최악 모두 시간 복잡도는 $O(n\log_2 n)$입니다.

정답 32.③ 33.④ 34.③ 35.③ 36.④

37. 버전 관리 항목 중 저장소에 새로운 버전의 파일로 갱신하는 것을 의미하는 용어는?

① 형상 감사(Configuration Audit)
② 롤백 (Rollback)
③ 단위 테스트(Unit Test)
④ 체크인(Check-In)

전문가의 조언
체크아웃 한 파일의 수정을 완료한 후 저장소(Repository)의 파일을 새로운 버전으로 갱신하는 것을 의미하는 용어는 체크인(Check-In)입니다.

38. 테스트와 디버그의 목적으로 옳은 것은?

① 테스트는 오류를 찾는 작업이고 디버깅은 오류를 수정하는 작업이다.
② 테스트는 오류를 수정하는 작업이고 디버깅은 오류를 찾는 작업이다.
③ 둘 다 소프트웨어의 오류를 찾는 작업으로 오류 수정은 하지 않는다.
④ 둘 다 소프트웨어 오류의 발견, 수정과 무관하다.

전문가의 조언
테스트(Test)를 통해 오류를 발견한 후 디버깅(Debugging)을 통해 오류 코드를 추적하고 수정하는 작업을 수행합니다.

39. 다음 Postfix로 표현된 연산식의 연산 결과로 옳은 것은?

3 4 * 5 6 * +

① 35 ② 42
③ 81 ④ 360

전문가의 조언
Postfix(후위 표기 방식) 연산식은 연산자가 해당 피연산자 두 개의 뒤(오른쪽)에 놓인 것을 말합니다. 그러므로 피연자 2개와 연산자를 묶은 후 연산자를 피연산자 사이에 옮겨 놓고 계산하면 됩니다.

❶ 피연산자 2개와 오른쪽으로 인접한 연산자 1개를 묶습니다.
3 4 * 5 6 * +
↓
((3 4 *) (5 6 *) +)

❷ 연산자를 피연산자 사이로 옮깁니다.
((3 4 *) (5 6 *) +)
↓
((3 * 4) + (5 * 6))

❸ 연산을 수행합니다.
((3 * 4) + (5 * 6)) = 12 + 30 = 42

40. 다음 중 스택을 이용한 연산과 거리가 먼 것은?

① 선택 정렬
② 재귀 호출
③ 후위 표현(Post-Fix Expression)의 연산
④ 깊이 우선 탐색

전문가의 조언
스택(Stack)은 재귀 호출, 후위(Postfix) 표기법, 깊이 우선 탐색과 같이 왔던 길을 되돌아가는 경우에 사용됩니다.

3 과목 　 데이터베이스 구축

41. 릴레이션 R의 차수가 4이고 카디널리티가 5이며, 릴레이션 S의 차수가 6이고 카디널리티가 7일 때, 두 개의 릴레이션을 카티션 프로덕트한 결과의 새로운 릴레이션의 차수와 카디널리티는 얼마인가?

① 24, 35 ② 24, 12
③ 10, 35 ④ 10, 12

전문가의 조언
카티션 프로덕트(Cartesian Product), 즉 교차곱은 두 릴레이션의 차수(Degree, 속성의 수)는 더하고, 카디널리티(튜플의 수)는 곱하면 됩니다. 즉 차수는 4+6 = 10이고, 카디널리티는 5×7 = 35입니다.

42. 시스템 카탈로그에 대한 설명으로 옳지 않은 것은?

① 사용자가 직접 시스템 카탈로그의 내용을 갱신하여 데이터베이스 무결성을 유지한다.
② 시스템 자신이 필요로 하는 스키마 및 여러 가지 객체에 관한 정보를 포함하고 있는 시스템 데이터베이스이다.
③ 시스템 카탈로그에 저장되는 내용을 메타 데이터라고도 한다.
④ 시스템 카탈로그는 DBMS가 스스로 생성하고 유지한다.

전문가의 조언
시스템 카탈로그는 사용자가 조회할 수는 있으나 갱신하는 것은 불가능합니다.

43. 다음 관계 대수 중 순수 관계 연산자가 아닌 것은?

① 차집합(Difference) ② 프로젝트(Project)
③ 조인(Join) ④ 디비전(Division)

전문가의 조언
차집합(Difference)은 일반 집합 연산자입니다.

44. 데이터베이스 설계 시 물리적 설계 단계에서 수행하는 사항이 아닌 것은?

① 레코드 집중의 분석 및 설계
② 접근 경로 설계
③ 저장 레코드의 양식 설계
④ 목표 DBMS에 맞는 스키마 설계

전문가의 조언
목표 DBMS에 맞는 스키마 설계는 논리적 설계 단계에서 수행합니다.

45. 다음 R1과 R2의 테이블에서 아래의 실행 결과를 얻기 위한 SQL문은?

[R1] 테이블

학번	이름	학년	학과	주소
1000	홍길동	1	컴퓨터공학	서울
2000	김철수	1	전기공학	경기
3000	강남길	2	전자공학	경기
4000	오말자	2	컴퓨터공학	경기
5000	장미화	3	전자공학	서울

[R2] 테이블

학번	과목번호	과목이름	성적	점수
1000	C100	컴퓨터구조	A	91
2000	C200	데이터베이스	A+	99
3000	C100	컴퓨터구조	B+	89
3000	C200	데이터베이스	B	85
4000	C200	데이터베이스	A	93
4000	C300	운영체제	B+	88
5000	C300	운영체제	B	82

[실행 결과]

과목번호	과목이름
C100	컴퓨터구조
C200	데이터베이스

① SELECT 과목번호, 과목이름 FROM R1, R2 WHERE R1.학번 = R2.학번 AND R1.학과 = '전자공학' AND R1.이름 = '강남길';
② SELECT 과목번호, 과목이름 FROM R1, R2 WHERE R1.학번 = R2.학번 OR R1.학과 = '전자공학' OR R1.이름 = '홍길동';
③ SELECT 과목번호, 과목이름 FROM R1, R2 WHERE R1.학번 = R2.학번 AND R1.학과 = '컴퓨터공학' AND R1.이름 = '강남길';
④ SELECT 과목번호, 과목이름 FROM R1, R2 WHERE R1.학번 = R2.학번 OR R1.학과 = '컴퓨터공학' OR R1.이름 = '홍길동';

전문가의 조언
문제에 제시된 실행 결과를 얻기 위한 SQL문은 ①번입니다.
질의문의 각 절을 분리하여 이해하세요.

❶ SELECT 과목번호, 과목이름
❷ FROM R1, R2
❸ WHERE R1.학번 = R2.학번
❹ AND R1.학과 = '전자공학'
❺ AND R1.이름 = '강남길';

❶ '과목번호'와 '과목이름'을 표시합니다.
❷ 〈R1〉, 〈R2〉 테이블을 대상으로 검색합니다.
❸ 〈R1〉 테이블의 '학번'이 〈R2〉 테이블의 '학번'과 같고,
❹ 〈R1〉 테이블의 '학과'가 "전자공학"이며,
❺ 〈R1〉 테이블의 '이름'이 "강남길"인 튜플만을 대상으로 합니다.

등급 A

48. 제3정규형(3NF)에서 BCNF(Boyce-Codd Normal Form)가 되기 위한 조건은?

① 결정자가 후보키가 아닌 함수 종속 제거
② 이행적 함수 종속 제거
③ 부분적 함수 종속 제거
④ 원자값이 아닌 도메인 분해

전문가의 조언
- '도부이결다조'에서 '결'에 해당합니다.
- 3정규형(3NF)이 BCNF(Boyce-Codd Normal Form)가 되기 위해서는 결정자이면서 후보키가 아닌 것을 모두 제거해야 합니다.

등급 B

46. 병행제어 기법의 종류가 아닌 것은?

① 로킹 기법
② 시분할 기법
③ 타임 스탬프 기법
④ 다중 버전 기법

전문가의 조언
병행제어 기법의 종류에는 로킹, 타임 스탬프 순서, 최적 병행수행, 다중 버전 기법이 있습니다.

등급 B

49. SQL에서 VIEW를 삭제할 때 사용하는 명령은?

① ERASE
② KILL
③ DROP
④ DELETE

전문가의 조언
테이블이나 뷰 등의 개체를 삭제할 때 사용하는 명령어는 DROP입니다.

등급 B

47. SQL 문에서 SELECT에 대한 설명으로 옳지 않은 것은?

① FROM 절에는 질의에 의해 검색될 데이터들을 포함하는 테이블명을 기술한다.
② 검색 결과에 중복되는 레코드들 없애기 위해서는 WHERE 절에 'DISTINCT' 키워드를 사용한다.
③ HAVING 절은 GROUP BY 절과 함께 사용되며, 그룹에 대한 조건을 지정한다.
④ ORDER BY 절은 특정 속성을 기준으로 정렬하여 검색할 때 사용한다.

전문가의 조언
DISTINCT는 SELECT절의 속성명 앞에 사용하는 예약어입니다.

등급 C

50. 트랜잭션의 실행이 실패하였음을 알리는 연산자로, 트랜잭션이 수행한 결과를 원래의 상태로 원상 복귀 시키는 연산은?

① COMMIT 연산
② BACKUP 연산
③ LOG 연산
④ ROLLBACK 연산

전문가의 조언
하나의 트랜잭션 처리가 비정상으로 종료되어 데이터베이스의 일관성이 깨졌을 때 트랜잭션이 행한 모든 변경 작업을 취소하고 이전 상태로 되돌리는 연산은 ROLLBACK 연산입니다.

등급 A

51. DDL(Data Define Language)의 명령어 중 스키마, 도메인, 인덱스 등을 정의할 때 사용하는 SQL문은?
① ALTER   ② SELECT
③ CREATE ④ INSERT

전문가의 조언
DDL(Data Define Language)의 명령어 중 스키마, 도메인, 인덱스 등을 정의할 때 사용하는 SQL문은 CREATE입니다.

등급 B

52. 데이터 속성 간의 종속성에 대한 엄밀한 고려없이 잘못 설계된 데이터베이스에서는 데이터 처리 연산 수행 시 각종 이상 현상이 발생할 수 있는데, 이러한 이상 현상이 아닌 것은?
① 검색 이상   ② 삽입 이상
③ 삭제 이상   ④ 갱신 이상

전문가의 조언
이상(Anomaly)의 종류에는 삽입 이상, 삭제 이상, 갱신 이상이 있습니다.

등급 B

53. 테이블 R1, R2에 대하여 다음 SQL문의 결과는?

(SELECT 학번 FROM R1)
INTERSECT
(SELECT 학번 FROM R2)

[R1] 테이블

학번	학점 수
20201111	15
20202222	20

[R2] 테이블

학번	과목번호
20202222	CS200
20203333	CS300

①
학번	학점 수	과목번호
20202222	20	CS200

②
학번
20202222

③
학번
20201111
20202222
20203333

④
학번	학점 수	과목번호
20201111	15	NULL
20202222	20	CS200
20203333	NULL	CS300

전문가의 조언
• INTERSECT는 두 SELECT문의 조회 결과 중 공통된 행만 출력하는 집합 연산자입니다.
• SELECT 학번 FROM R1과 SELECT 학번 FROM R2의 결과는 각각 {20201111, 20202222}와 {20202222, 20203333}이므로, 공통된 행인 {20202222}가 결과로 출력되게 됩니다.

등급 A

54. 관계 데이터베이스 모델에서 차수(Degree)의 의미는?
① 튜플의 수
② 테이블의 수
③ 데이터베이스의 수
④ 애트리뷰트의 수

전문가의 조언
속성(Attribute)의 수를 디그리(Degree) 또는 차수라고 합니다.

정답 51.③ 52.① 53.② 54.④

55. 다음 SQL 문에서 ( ) 안에 들어갈 내용으로 옳은 것은?

```
UPDATE 인사급여 (   ) 호봉 = 15
WHERE 성명 = '홍길동';
```

① SET   ② FROM
③ INTO ④ IN

전문가의 조언
갱신문의 기본 형식은 'UPDATE~ SET~ WHERE'입니다.

56. 병렬 데이터베이스 환경 중 수평 분할에서 활용되는 분할 기법이 아닌 것은?

① 라운드-로빈   ② 범위 분할
③ 예측 분할   ④ 해시 분할

전문가의 조언
- 파티셔닝(=분할) 방식에는 범위 분할, 해시 분할, 조합 분할, 목록 분할, 라운드로빈 분할이 있습니다.
- 예측 분할이라는 방식은 존재하지 않습니다.

57. 관계형 데이터 모델의 릴레이션에 대한 설명으로 틀린 것은?

① 모든 속성 값은 원자 값을 갖는다.
② 한 릴레이션에 포함된 튜플은 모두 상이하다.
③ 한 릴레이션에 포함된 튜플 사이에는 순서가 없다.
④ 한 릴레이션을 구성하는 속성 사이에는 순서가 존재한다.

전문가의 조언
릴레이션 스키마를 구성하는 속성들 간의 순서는 중요하지 않으며, 특별한 순서가 없습니다.

58. 속성(attribute)에 대한 설명으로 틀린 것은?

① 속성은 개체의 특성을 기술한다.
② 속성은 데이터베이스를 구성하는 가장 작은 논리적 단위이다.
③ 속성은 파일 구조상 데이터 항목 또는 데이터 필드에 해당된다.
④ 속성의 수를 "cardinality"라고 한다.

전문가의 조언
속성(attribute)의 수는 디그리(Degree)이고, 카디널리티(Cardinality)는 튜플(Tupel)의 수입니다.

59. 릴레이션에서 기본 키를 구성하는 속성은 널(Null) 값이나 중복 값을 가질 수 없다는 것을 의미하는 제약조건은?

① 참조 무결성   ② 보안 무결성
③ 개체 무결성   ④ 정보 무결성

전문가의 조언
기본 테이블의 기본 키를 구성하는 어떤 속성도 Null 값이나 중복값을 가질 수 없다는 제약 조건은 개체 무결성입니다.

60. 개체-관계 모델(E-R)의 그래픽 표현으로 옳지 않은 것은?

① 개체 타입 - 사각형   ② 속성 - 원형
③ 관계 타입 - 마름모   ④ 연결 - 삼각형

전문가의 조언
E-R 모델에서 연결은 선으로 표현합니다.

정답 55.① 56.③ 57.④ 58.④ 59.③ 60.④

4과목 프로그래밍 언어 활용

등급 B

61. 페이징 기법에서 페이지 크기가 작아질수록 발생하는 현상이 아닌 것은?

① 기억장소 이용 효율이 증가한다.
② 입·출력 시간이 늘어난다.
③ 내부 단편화가 감소한다.
④ 페이지 맵 테이블의 크기가 감소한다.

전문가의 조언
페이지 크기가 작아질수록 페이지의 개수가 많아져 주소를 저장하는 맵 테이블의 크기가 커지게 됩니다.

등급 A

62. 다음 C언어 프로그램이 실행되었을 때의 결과는?

```
#include <stdio.h>
int main(int argc, char *argv[ ]) {
    int a = 4;
    int b = 7;
    int c = a | b;

    printf("%d", c);
    return 0;
}
```

① 3 ② 4 ③ 7 ④ 10

전문가의 조언
코드의 실행 결과는 7입니다.
사용된 코드의 의미는 다음과 같습니다.

```
#include <stdio.h>
int main(int argc, char *argv[ ]) {
❶   int a = 4;
❷   int b = 7;
❸   int c = a | b;

❹   printf("%d", c);
❺   return 0;
}
```

❶ 정수형 변수 a를 선언하고 4로 초기화한다.
❷ 정수형 변수 b를 선언하고 7로 초기화한다.
❸ 정수형 변수 c를 선언하고 a의 값 4와 b의 값 7을 |(비트 or)연산한 값으로 초기화한다.
• |(비트 or)는 두 비트 중 한 비트라도 1이면 1이 되는 비트 연산자이다.
```
  4 = 0000  0100
  7 = 0000  0111
|   ─────────────
      0000  0111 (7)
```
• c에는 7이 저장된다.
❹ c의 값을 정수로 출력한다.
결과 7
❺ 프로그램을 종료한다.

등급 A

63. 다음 파이썬(Python) 프로그램이 실행되었을 때의 결과는?

```
class FourCal:
    def setdata(self, fir, sec):
        self.fir = fir
        self.sec = sec
    def add(self):
        result = self.fir + self.sec
        return result
a = FourCal( )
a.setdata(4, 2)
print(a.add( ))
```

① 0 ② 2 ③ 4 ④ 6

전문가의 조언
코드의 실행 결과는 6입니다.
사용된 코드의 의미는 다음과 같습니다.

```
ⓐ        class FourCal:
ⓑ❸          def setdata(self, fir, sec):
  ❹              self.fir = fir
  ❺              self.sec = sec
ⓒ❼          def add(self):
  ❽              result = self.fir + self.sec
  ❾              return result
  ❶       a = FourCal( )
  ❷       a.setdata(4, 2)
  ❻❿      print(a.add( ))
```

ⓐ 클래스 FourCal을 정의한다.
ⓑ 2개의 인수를 받는 메소드 setdata( )를 정의한다.
ⓒ 메소드 add( )를 정의한다.
※ 모든 Python 프로그램은 반드시 클래스 정의부가 종료된 이후의 코드에서 시작한다.
❶ FourCal 클래스의 객체변수 a를 선언한다.
❷ 4와 2를 인수로 a 객체의 setdata 메소드를 호출한다.
❸ setdata 메소드의 시작점이다. ❷번에서 전달받은 4와 2를 fir와 sec를 받는다.
❹ a 객체에 변수 fir를 선언하고, fir의 값 4로 초기화한다.
 • self : 클래스에 속한 메소드에 반드시 포함되어야 하는 예약어로, 메소드에서 자기 클래스에 속한 변수에 접근할 때 사용된다.
❺ a 객체에 변수 sec를 선언하고, sec의 값 2로 초기화한다. 메소드가 종료되었으므로 메소드를 호출했던 ❷번의 다음 줄 ❻번으로 이동한다.
❻ a 객체의 add 메소드를 호출하고 반환받은 값을 출력한다.
❼ add 메소드의 시작점이다.
❽ result를 선언하고, a 객체의 변수 fir와 sec를 더한 값 6(4+2)으로 초기화한다.
❾ result의 값 6을 메소드를 호출했던 곳으로 반환한다.
❿ ❾번에서 반환받은 값 6을 출력한다.

등급 D

64. CIDR(Classless Inter-Domain Routing) 표기로 203.241.132.82/27과 같이 사용되었다면, 해당 주소의 서브넷 마스크(subnet mask)는?

① 255.255.255.0
② 255.255.255.224
③ 255.255.255.240
④ 255.255.255.248

전문가의 조언
문제에 제시된 조건에 맞는 서브넷 마스크는 255.255.255.224입니다.
CIDR(Classless Inter-Domain Routing)은 클래스 없는 도메인 간 라우팅 기법으로, CIDR 기법 사용 시 서브넷 마스크는 IP 주소 뒤의 숫자를 이용해 구할 수 있습니다. 203.241.132.82/27 네트워크의 서브넷 마스크는 1의 개수가 27개, 즉 11111111 11111111 11111111 11100000 → 255.255.255.224가 됩니다.

등급 A

65. OSI 7계층 중 네트워크 계층에 대한 설명으로 틀린 것은?

① 패킷을 발신지로부터 최종 목적지까지 전달하는 책임을 진다.
② 한 노드로부터 다른 노드로 프레임을 전송하는 책임을 진다.
③ 패킷에 발신지와 목적지의 논리 주소를 추가한다.
④ 라우터 또는 교환기는 패킷 전달을 위해 경로를 지정하거나 교환 기능을 제공한다.

전문가의 조언
네트워크 계층의 프로토콜 데이터 단위(PDU)는 패킷(Packet)입니다. PDU가 프레임(Frame)인 계층은 데이터 링크 계층입니다.

등급 A

66. 다음 C언어 프로그램이 실행되었을 때의 결과는?

```
#include <stdio.h>
int main(int argc, char *argv[ ]) {
    char a;
    a = 'A' + 1;
    printf("%d", a);
    return 0;
}
```

① 1　　② 11　　③ 66　　④ 98

전문가의 조언
코드의 실행 결과는 66입니다.
사용된 코드의 의미는 다음과 같습니다.

```
#include <stdio.h>
int main(int argc, char *argv[ ]) {
❶     char a;
❷     a = 'A' + 1;
❸     printf("%d", a);
❹     return 0;
}
```

❶ 문자형 변수 a를 선언한다.
❷ a에 문자 'A'와 숫자 1을 더한 값을 저장한다.
※ 'A'라는 문자는 메모리에 저장될 때 문자로 저장되는 것이 아니라 해당 문자의 아스키 코드 값으로 저장됩니다. 즉, 'A'는 'A'에 해당하는 아스키 코드 값인 65가 저장되는 것이죠. 그러므로 a에는 'A'의 아스키 코드 값인 65에 1을 더한 값인 66이 저장됩니다.
❸ a의 값 66을 정수로 출력한다.
※ a에 저장된 66은 "%d"로 출력하면 정수 66이, "%c"로 출력하면 'A'의 다음 문자인 'B'가 출력됩니다.
❹ 프로그램을 종료한다.

67. 다음 중 가장 강한 응집도(Cohesion)는?

① Sequential Cohesion
② Procedural Cohesion
③ Logical Cohesion
④ Coincidental Cohesion

> **전문가의 조언**
> 응집도를 강한 것에서 약한 것 순으로 나열하면 '기능적 응집도 → 순차적 응집도 → 교환(통신)적 응집도 → 절차적 응집도 → 시간적 응집도 → 논리적 응집도 → 우연적 응집도'입니다.

68. 프레임워크(Framework)에 대한 설명으로 옳은 것은?

① 소프트웨어 구성에 필요한 기본 구조를 제공함으로써 재사용이 가능하게 해준다
② 소프트웨어 개발 시 구조가 잡혀 있기 때문에 확장이 불가능하다.
③ 소프트웨어 아키텍처(Architecture)와 동일한 개념이다.
④ 모듈화(Modularity)가 불가능하다.

> **전문가의 조언**
> 프레임워크는 모듈화가 잘 되어있어 자유로운 확장이 가능한 반제품 형태의 소프트웨어입니다.

69. 다음 JAVA 프로그램이 실행되었을 때의 결과는?

```
public class Operator {
    public static void main(String[ ] args) {
        int x=5, y=0, z=0;
        y = x++;
        z = --x;
        System.out.print(x + ", " + y +", " +z);
    }
}
```

① 5, 5, 5   ② 5, 6, 5
③ 6, 5, 5   ④ 5, 6, 4

> **전문가의 조언**
> 코드의 실행 결과는 **5, 5, 5**입니다.
> 사용된 코드의 의미는 다음과 같습니다.
>
> ```
> public class Operator {
>     public static void main(String[ ] args) {
> ❶       int x=5, y=0, z=0;
> ❷       y = x++;
> ❸       z = --x;
> ❹       System.out.print(x + ", " + y +", " +z);
>     }
> }
> ```
>
> ❶ 정수형 변수 x, y, z를 선언하고, 각각 5, 0, 0으로 초기화한다. (x=5, y=0, z=0)
> ❷ x는 후치 증가 연산자이므로, x의 값 5를 y에 저장한 후 x의 값을 1 증가시킨다. (x=6, y=5, z=0)
> ❸ x는 전치 감소 연산자이므로, x의 값을 1 감소시킨 후 x의 값 5를 z에 저장한다. (x=5, y=5, z=5)
> ❹ x, y, z의 값을 ", "으로 구분하여 출력한다.
> 결과 **5, 5, 5**

70. 다음 C언어 프로그램이 실행되었을 때의 결과는?

```
#include <stdio.h>
int main(int argc, char *argv[ ]) {
    int a[2][2] = {{11, 22}, {44, 55}};
    int i, sum = 0;
    int *p;
    p = a[0];
    for(i = 1; i < 4; i++)
        sum += *(p + i);
    printf("%d", sum);
    return 0;
}
```

① 55   ② 77
③ 121   ④ 132

정답 67.① 68.① 69.① 70.③

전문가의 조언
코드의 실행 결과는 121입니다.
사용된 코드의 의미는 다음과 같습니다.

```
#include <stdio.h>
int main(int argc, char *argv[ ]) {
❶   int a[2][2] = {{11, 22}, {44, 55}};
❷   int i, sum = 0;
❸   int *p;
❹   p = a[0];
❺   for(i = 1; i < 4; i++)
❻       sum += *(p + i);
❼   printf("%d", sum);
❽   return 0;
}
```

❶ 2행 2열의 요소를 갖는 정수형 2차원 배열 a를 선언하고 초기화한다.

a 배열	a[0][0]	a[0][1]
	11	22
	44	55
	a[1][0]	a[1][1]

❷ 정수형 변수 i, sum을 선언하고, sum을 0으로 초기화한다.
❸ 정수형 포인터 변수 p를 선언한다.
❹ p에 a배열의 a[0]의 주소를 저장한다.
※ a[0]은 0행의 0번째 요소(a[0][0])의 위치입니다.
❺ 반복 변수 i가 1부터 1씩 증가하면서 4보다 작은 동안 ❻번을 반복 수행한다.
❻ sum에 p+i가 가리키는 곳의 값을 더한다.
• p는 a[0][0]을 가리키므로 숫자가 더해진 만큼 다음 값을 가리키게 된다. 즉, p+1은 a[0][1], p+2는 a[1][0], p+3은 a[1][1]을 가리킨다.
※ 반복문 실행에 따른 변수의 변화는 다음과 같다.

반복횟수	i	*(p+i)	sum
			0
1	1	22	22
2	2	44	66
3	3	55	121
반복실행 안됨	4		

❼ sum의 값 121을 정수로 출력한다.
❽ 프로그램을 종료한다.

등급 C

71. C언어 라이브러리 중 stdlib.h에 대한 설명으로 옳은 것은?
① 문자열을 수치 데이터로 바꾸는 문자 변환함수와 수치를 문자열로 바꿔주는 변환함수 등이 있다.
② 문자열 처리 함수로 strlen( )이 포함되어 있다.
③ 표준 입출력 라이브러리이다.
④ 삼각 함수, 제곱근, 지수 등 수학적인 함수를 내장하고 있다.

전문가의 조언
stdlib.h에 대한 설명으로 옳은 것은 ①번입니다. ②번은 string.h, ③ stdio.h, ④번은 math.h에 대한 설명입니다.

등급 C

72. 프로세스 적재 정책과 관련한 설명으로 틀린 것은?
① 반복, 스택, 부프로그램은 시간 지역성(Temporal Locality)과 관련이 있다.
② 공간 지역성(Spatial Locality)은 프로세스가 어떤 페이지를 참조했다면 이후 가상주소 공간상 그 페이지와 인접한 페이지들을 참조할 가능성이 높음을 의미한다.
③ 일반적으로 페이지 교환에 보내는 시간보다 프로세스 수행에 보내는 시간이 더 크면 스래싱(Thrashing)이 발생한다.
④ 스래싱(Thrashing) 현상을 방지하기 위해서는 각 프로세스가 필요로 하는 프레임을 제공할 수 있어야 한다.

전문가의 조언
스래싱(Thrashing)은 프로세스의 처리 시간보다 페이지 교체에 소요되는 시간이 더 많아지는 현상입니다.

등급 B

73. 교착상태의 해결 방법 중 은행원 알고리즘(Banker's Algorithm)이 해당되는 기법은?
① Detection   ② Avoidance
③ Recovery   ④ Prevention

전문가의 조언
은행원 알고리즘은 교착상태의 해결 방법 중 회피 기법(Avoidance)에 해당합니다.

등급 A

74. 다음 중 가장 약한 결합도(Coupling)는?
① Common Coupling
② Content Coupling
③ External Coupling
④ Stamp Coupling

전문가의 조언
결합도는 가장 약한 자료 결합도부터 순차적으로 스탬프 결합도, 제어 결합도, 외부 결합도, 공통 결합도, 내용 결합도 순으로 강해집니다.

등급 C

75. 자바스크립트(JavaScript)와 관련한 설명으로 틀린 것은?
① 프로토타입(Prototype)의 개념이 존재한다.
② 클래스 기반으로 객체 상속을 지원한다.
③ Prototype Link와 Prototype Object를 활용할 수 있다.
④ 객체지향 언어이다.

전문가의 조언
자바스크립트가 ES6(ES2015) 버전부터 클래스를 지원함에 따라 정답인 ②번 선택지도 옳은 선택지가 되어 모두 정답으로 처리된 문제입니다.

등급 B

76. C언어에서 연산자 우선순위가 높은 것에서 낮은 것으로 바르게 나열된 것은?

| ㉠ ( ) | ㉡ == | ㉢ < |
| ㉣ << | ㉤ || | ㉥ / |

① ㉠, ㉥, ㉣, ㉢, ㉡, ㉤
② ㉠, ㉣, ㉥, ㉢, ㉡, ㉤
③ ㉠, ㉣, ㉥, ㉢, ㉡, ㉤
④ ㉠, ㉥, ㉣, ㉢, ㉡, ㉤

전문가의 조언
연산자 우선순위는 낮지만 먼저 계산해야 할 식은 괄호( )로 묶어줍니다. 그러므로 보기에서 가장 우선순위가 높은 것은 괄호( )입니다.
• 연산자의 우선순위는 높은 것부터 차례대로 단항, 산술, 시프트, 관계, 비트, 논리, 조건, 대입, 순서 연산자 순이며, 관계 연산자 중에서 <, <=, >, >=는 ==, !=보다 우선순위가 높습니다.

등급 B

77. 다음 JAVA 프로그램이 실행되었을 때의 결과는?

```java
public class array1 {
    public static void main(String[ ] args) {
        int cnt = 0;
        do {
            cnt++;
        } while (cnt < 0);
        if(cnt==1)
            cnt++;
        else
            cnt = cnt + 3;
        System.out.printf("%d", cnt);
    }
}
```

① 2   ② 3   ③ 4   ④ 5

전문가의 조언
코드의 실행 결과는 **2**입니다.
사용된 코드의 의미는 다음과 같습니다.

```
public class array1 {
    public static void main(String[ ] args) {
❶       int cnt = 0;
❷       do {
❸           cnt++;
❹       } while (cnt < 0);
❺       if(cnt==1)
❻           cnt++;
        else
            cnt = cnt + 3;
❼       System.out.print("%d", cnt);
    }
}
```

정답 74.④ 75.전항정답 76.① 77.①

❶ 정수형 변수 cnt를 선언하고 0으로 초기화한다. (cnt=0)
❷ do~while 반복문의 시작점이다. ❸번을 반복 수행한다.
❸ 'cnt = cnt + 1;'과 동일하다. cnt의 값을 1씩 누적시킨다. (cnt=1)
❹ cnt가 0보다 작은 동안 ❸번을 반복 수행한다.
  · do~while문은 조건이 거짓이라도 한 번은 실행하므로, cnt가 1이 된 후 do~while문을 빠져나온다.
❺ cnt가 10이면 ❻번을 수행하고, 아니면 else의 다음 문장을 수행한다. cnt가 10이므로 ❻번으로 이동한다.
❻ 'cnt = cnt + 1;'과 동일하다. cnt의 값 1에 1을 누적시킨다. (cnt=2)
❼ cnt의 값 2를 정수로 출력한다.

등급 **C**

80. 다음 설명에 해당하는 방식은?

- 무선 랜에서 데이터 전송 시, 매체가 비어있음을 확인한 뒤 충돌을 회피하기 위해 임의 시간을 기다린 후 데이터를 전송하는 방법이다.
- 네트워크에 데이터의 전송이 없는 경우라도 동시 전송에 의한 충돌에 대비하여 확인 신호를 전송한다.

① STA ② Collision Domain
③ CSMA/CA ④ CSMA/CD

전문가의 조언
문제의 지문은 CSMA/CA에 대한 설명입니다.

병행학습
- STA(Station) : 무선 통신에서 메시지를 통해 데이터 단말기를 제어할 수 있는 장치
- 충돌 도메인(Collision Domain) : 둘 이상의 장치가 하나의 네트워크 세그먼트에 동시에 통신을 시도할 때 충돌이 발생할 수 있는데, 이 때 충돌의 영향을 받게 되는 영역을 의미함
- CSMA/CD : LAN에서 하나의 통신 회선을 여러 단말장치들이 원활하게 공유할 수 있도록 해주는 통신 회선에 대한 접근 방식 중 하나로, 각 노드가 데이터 프레임을 송신하기 전에 통신 회선을 조사하여 사용중이면 대기하고, 그렇지 않으면 데이터 프레임을 송신하는 방식임

등급 **B**

78. 리눅스 Bash 쉘(Shell)에서 export와 관련한 설명으로 틀린 것은?

① 변수를 출력하고자 할 때는 export를 사용해야 한다.
② export가 매개변수 없이 쓰일 경우 현재 설정된 환경변수들이 출력된다.
③ 사용자가 생성하는 변수는 export 명령어로 표시하지 않는 한 현재 쉘에 국한된다.
④ 변수를 export 시키면 전역(Global)변수처럼 되어 끝까지 기억된다.

전문가의 조언
export는 기존 환경 변수의 값을 변경하거나, 새로운 환경 변수를 설정할 때 사용하는 명령어입니다.

5과목 정보시스템 구축 관리

등급 **C**

81. SSH(Secure Shell)에 대한 설명으로 틀린 것은?

① SSH의 기본 네트워크 포트는 220번을 사용한다.
② 전송되는 데이터는 암호화 된다.
③ 키를 통한 인증은 클라이언트의 공개키를 서버에 등록해야 한다.
④ 서로 연결되어 있는 컴퓨터 간 원격 명령 실행이나 쉘 서비스 등을 수행한다.

전문가의 조언
SSH(Secure Shell)의 기본 네트워크 포트는 22번입니다.

등급 **B**

79. TCP 프로토콜과 관련한 설명으로 틀린 것은?

① 인접한 노드 사이의 프레임 전송 및 오류를 제어한다.
② 흐름 제어(Flow Control)의 기능을 수행한다.
③ 전이중(Full Duplex) 방식의 양방향 가상회선을 제공한다.
④ 전송 데이터와 응답 데이터를 함께 전송할 수 있다.

전문가의 조언
TCP는 패킷의 전송 및 오류를 제어합니다. 프레임의 전송 및 오류 제어는 데이터 링크 계층의 프로토콜인 HDLC, LAPB, LLC, MAC 등이 수행합니다.

등급 D

82. 침입 차단 시스템(방화벽) 중 다음과 같은 형태의 구축 유형은?

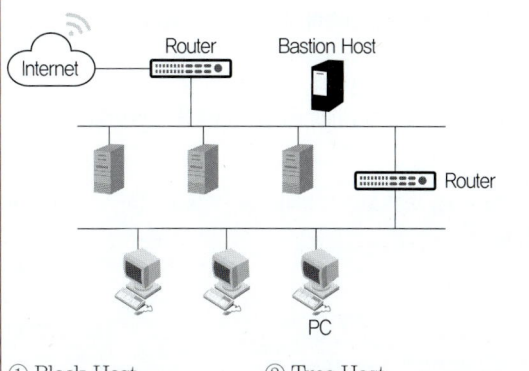

① Block Host ② Tree Host
③ Screened Subnet ④ Ring Homed

전문가의 조언
스크린 서브넷(Screened Subnet)은 스크리닝 라우터(Screening Router)가 내부 네트워크와 베스천 호스트(Bastion Host) 사이에 하나, 베스천 호스트와 인터넷 사이에 하나로, 총 2개가 놓이는 형태의 방화벽 구축 방법입니다.

등급 C

83. 코드의 기입 과정에서 원래 '12536'으로 기입되어야 하는데 '12936'으로 표기되었을 경우, 어떤 코드 오류에 해당하는가?

① Addition Error ② Omission Error
③ Sequence Error ④ Transcription Error

전문가의 조언
'12536'의 5 대신 9를 기입한 것, 즉 임의의 한 자리를 잘못 기입해서 발생한 오류이므로 필사 오류(Transcription Error)에 해당합니다.

등급 C

84. PC, TV, 휴대폰에서 원하는 콘텐츠를 끊김없이 자유롭게 이용할 수 있는 서비스는?

① Memristor ② MEMS
③ SNMP ④ N-Screen

전문가의 조언
PC, TV, 휴대폰에서 원하는 콘텐츠를 끊김없이 자유롭게 이용할 수 있는 서비스는 앤 스크린(N-Screen)입니다.

병행학습
- 멤리스터(Memristor) : 메모리(Memory)와 레지스터(Resister)의 합성어로, 전류의 방향과 양 등 기존의 경험을 모두 기억하는 특별한 소자이며, 전원 공급이 끊어졌을 때도 직전에 통과한 전류의 방향과 양을 기억하기 때문에 다시 전원이 공급되면 기존의 상태가 그대로 복원됨
- 멤스(MEMS; Micro Electro Mechanical System) : 초정밀 반도체 제조 기술을 바탕으로 센서, 액추에이터(actuator) 등 기계구조를 다양한 기술로 미세 가공하여 전기기계적 동작을 할 수 있도록 한 초미세 장치
- SNMP(Simple Network Management Protocol) : TCP/IP의 네트워크 관리 프로토콜로, 라우터나 허브 등 네트워크 기기의 네트워크 정보를 네트워크 관리 시스템에 보내는 데 사용되는 표준 통신 규약

등급 B

85. Secure OS의 보안 기능으로 거리가 먼 것은?

① 식별 및 인증 ② 임의적 접근 통제
③ 고가용성 지원 ④ 강제적 접근 통제

전문가의 조언
Secure OS의 보안 기능에는 식별 및 인증, 임의적/강제적 접근 통제, 객체 재사용 보호, 완전한 조정, 신뢰 경로, 감사 및 감사기록 축소 등이 있습니다.

등급 B

86. 메모리상에서 프로그램의 복귀 주소와 변수 사이에 특정 값을 저장해 두었다가 그 값이 변경되었을 경우 오버플로우 상태로 가정하여 프로그램 실행을 중단하는 기술은?

① Stack Guard ② Bridge
③ ASLR ④ FIN

전문가의 조언
문제의 내용은 스택 가드(Stack Guard)에 대한 설명입니다.

등급 C

87. 다음 내용이 설명하는 접근 제어 모델은?

- 군대의 보안 레벨처럼 정보의 기밀성에 따라 상하 관계가 구분된 정보를 보호하기 위해 사용한다.
- 자신의 권한보다 낮은 보안 레벨 권한을 가진 경우에는 높은 보안 레벨의 문서를 읽을 수 없고 자신의 권한보다 낮은 수준의 문서만 읽을 수 있다.
- 자신의 권한보다 높은 보안 레벨의 문서에는 쓰기가 가능하지만 보안 레벨이 낮은 문서의 쓰기 권한은 제한한다.

① Clark-Wilson Integrity Model
② PDCA Model
③ Bell-Lapadula Model
④ Chinese Wall Model

전문가의 조언
문제의 지문은 벨 라파둘라 모델(Bell-LaPadula Model)에 대한 설명입니다.

병행학습
- 클락-윌슨 무결성 모델(Clark-Wilson Integrity Model) : 무결성 중심의 상업용 모델로, 사용자가 직접 객체에 접근할 수 없고 프로그램에 의해 접근 가능한 보안 모델
- PDCA 모델(Plan Do Check Action Model) : 프로세스 및 제품의 제어 및 지속적인 개선을 위해 '계획(Plan), 행동(Do), 평가(Check), 개선(Action)'의 4단계를 반복하는 모델
- 만리장성 모델(Chinese Wall Model) : 서로 이해 충돌 관계에 있는 객체 간의 정보 접근을 통제하는 모델

등급 C

88. ISO 12207 표준의 기본 생명 주기의 주요 프로세스에 해당하지 않는 것은?

① 획득 프로세스
② 개발 프로세스
③ 성능평가 프로세스
④ 유지보수 프로세스

전문가의 조언
ISO 12207 표준의 기본 생명 주기의 주요 프로세스에는 획득 프로세스, 공급 프로세스, 개발 프로세스, 운영 프로세스, 유지보수 프로세스 등이 있습니다.

등급 A

89. 라우팅 프로토콜인 OSPF(Open Shortest Path First)에 대한 설명으로 옳지 않은 것은?

① 네트워크 변화에 신속하게 대처할 수 있다.
② 거리 벡터 라우팅 프로토콜이라고 한다.
③ 멀티캐스팅을 지원한다.
④ 최단 경로 탐색에 Dijkstra 알고리즘을 사용한다.

전문가의 조언
거리 벡터 라우팅 프로토콜이라고 불리는 것은 RIP(Routing Information Protocol)입니다.

등급 A

90. 다음 내용이 설명하는 것은?

- 네트워크상에 광채널 스위치의 이점인 고속 전송과 장거리 연결 및 멀티 프로토콜 기능을 활용
- 각기 다른 운영체제를 가진 여러 기종들이 네트워크상에서 동일 저장장치의 데이터를 공유하게 함으로써, 여러 개의 저장장치나 백업 장비를 단일화시킨 시스템

① SAN   ② MBR
③ NAC   ④ NIC

전문가의 조언
문제의 지문은 SAN(Storage Area Network)에 대한 설명입니다.

병행학습
- MBR(Memory Buffer Register, 메모리 버퍼 레지스터) : 기억장치를 출입하는 데이터가 잠시 기억되는 레지스터
- NAC(Network Access Control) : 네트워크에 접속하는 내부 PC의 MAC 주소를 IP 관리 시스템에 등록한 후 일관된 보안 관리 기능을 제공하는 보안 솔루션
- NIC(Network Interface Card, 네트워크 인터페이스 카드) : 컴퓨터와 컴퓨터 또는 컴퓨터와 네트워크를 연결하는 장치로, 정보 전송 시 정보가 케이블을 통해 전송될 수 있도록 정보 형태를 변경함

정답 87.③ 88.③ 89.② 90.①

91. CBD(Component Based Development) SW 개발 표준 산출물 중 분석 단계에 해당하는 것은?
① 클래스 설계서
② 통합시험 결과서
③ 프로그램 코드
④ 사용자 요구사항 정의서

전문가의 조언
CBD(컴포넌트 기반) SW 개발 표준 산출물 중 분석 단계에 해당하는 것은 요구사항 정의서입니다.

92. 소프트웨어 비용 산정 기법 중 개발 유형으로 Organic, Semi-Detached, Embedded로 구분되는 것은?
① PUTNAM
② COCOMO
③ FP
④ SLIM

전문가의 조언
소프트웨어 비용 산정 기법 중 개발 유형으로 Organic, Semi-Detached, Embedded로 구분되는 것은 COCOMO 모형입니다.

93. SPICE 모델의 프로세스 수행 능력 수준의 단계별 설명이 틀린 것은?
① 수준 7 - 미완성 단계
② 수준 5 - 최적화 단계
③ 수준 4 - 예측 단계
④ 수준 3 - 확립 단계

전문가의 조언
SPICE 모델의 프로세스 수행 능력 수준은 불완전(0), 수행(1), 관리(2), 확립(3), 예측(4), 최적화(5)의 6단계로 구분합니다.

94. 서로 다른 네트워크 대역에 있는 호스트들 상호간에 통신할 수 있도록 해주는 네트워크 장비는?
① L2 스위치
② HIPO
③ 라우터
④ RAD

전문가의 조언
서로 다른 네트워크 대역에 있는 호스트들 상호간에 통신할 수 있도록 해주는 네트워크 장비는 라우터(Router)입니다.

병행학습
- L2 스위치 : OSI의 2계층에 속하는 장비로, MAC 주소를 기반으로 프레임을 전송하고, 동일 네트워크 간의 연결만 가능함
- HIPO(Hierarchy Input Process Output) : 시스템의 분석 및 설계나 문서화할 때 사용되는 기법으로, 시스템 실행 과정인 입력, 처리, 출력의 기능을 나타냄
- RAD(Rapid Application Development) : 소프트웨어를 빠르게 개발하기 위해 우수한 개발 도구를 이용하고, 기존의 개발 프로세스를 통합하는 등 빠른 개발주기를 가진 점진적 소프트웨어 개발 방식

95. 암호화 키와 복호화 키가 동일한 암호화 알고리즘은?
① RSA
② AES
③ DSA
④ ECC

전문가의 조언
암호화 키와 복호화 키가 동일한 암호화 알고리즘은 개인키(대칭키) 암호화 기법으로, 대표적인 알고리즘으로는 DES, SEED, AES, ARIA, LSFSR, RC4 등이 있습니다.

96. IPSec(IP Security)에 대한 설명으로 틀린 것은?
① 암호화 수행시 일방향 암호화만 지원한다.
② ESP는 발신지 인증, 데이터 무결성, 기밀성 모두를 보장한다.
③ 운영 모드는 Tunnel 모드와 Transport 모드로 분류된다.
④ AH는 발신지 호스트를 인증하고, IP 패킷의 무결성을 보장한다.

전문가의 조언
IPSec은 암호화와 복호화가 모두 가능한 양방향 암호 방식입니다.

정답 91.④ 92.② 93.① 94.③ 95.② 96.①

97. 서버에 열린 포트 정보를 스캐닝해서 보안 취약점을 찾는데 사용하는 도구는?

① type
② mkdir
③ ftp
④ nmap

전문가의 조언
서버에 열린 포트 정보를 스캐닝해서 보안 취약점을 찾는데 사용하는 도구는 nmap입니다.

병행학습
- type : 명령어의 정보를 확인하는 옵션 또는 ftp에서 전송 모드를 설정할 때 사용하는 명령어
- mkdir : 서버에 디렉터리를 생성하는 명령어
- ftp : FTP 서버에 접속할 때 사용하는 명령어

98. 하둡(Hadoop)과 관계형 데이터베이스 간에 데이터를 전송할 수 있도록 설계된 도구는?

① Apnic
② Topology
③ Sqoop
④ SDB

전문가의 조언
하둡(Hadoop)과 관계형 데이터베이스 간에 데이터를 전송할 수 있도록 설계된 도구는 Sqoop입니다.

병행학습
- APNIC(Asia Pacific Network Information Center) : 아시아와 태평양 지역에서 인터넷 주소 자원과 정보를 관리하는 비영리 기구
- 토폴로지(Topology) : 네트워크에서 구성 요소들의 위치나 연결 구조
- SDB(SparkleDB Database File) : 응용 프로그램과의 호환을 위해 윈도우 레지스트리 정보를 포함한 데이터베이스 파일

99. 해쉬(Hash) 기법에 대한 설명으로 틀린 것은?

① 임의의 길이의 입력 데이터를 받아 고정된 길이의 해쉬값으로 변환한다.
② 주로 공개키 암호화 방식에서 키 생성을 위해 사용한다.
③ 대표적인 해쉬 알고리즘으로 HAVAL, SHA-1 등이 있다.
④ 해쉬 함수는 일방향 함수(One-way function)이다.

전문가의 조언
공개키 암호화 알고리즘은 해시 기법이 아닌 소인수 분해나 이산대수 등 고유의 방법으로 키를 생성합니다.

100. 소프트웨어 비용 추정 모형(Estimation Models)이 아닌 것은?

① COCOMO
② Putnam
③ Function-Point
④ PERT

전문가의 조언
PERT는 프로젝트 일정 계획 및 관리에 사용되는 방법론입니다.

병행학습
- COCOMO 모형 : 원시 프로그램의 규모인 LOC(원시 코드 라인 수)에 의한 비용 산정 기법으로, 보헴(Boehm)이 제안하였으며, 개발할 소프트웨어의 규모(LOC)를 예측한 후 이를 소프트웨어 종류에 따라 다르게 책정되는 비용 산정 방정식에 대입하여 비용을 산정함
- Putnam 모형 : 소프트웨어 생명 주기의 전 과정 동안에 사용될 노력의 분포를 가정해 주는 모형으로, 푸트남(Putnam)이 제안한 것으로 생명 주기 예측 모형이라고도 함
- 기능점수(Function-Point) 모형 : 알브레히트(Albrecht)가 제안한 것으로, 소프트웨어의 기능을 증대시키는 요인별로 가중치를 부여하고, 요인별 가중치를 합산하여 총 기능 점수를 산출하며 총 기능 점수와 영향도를 이용하여 기능 점수(FP)를 구한 후 이를 이용해서 비용을 산정하는 기법

EXAMINATION 15

2021년 3월 기출문제

1과목 소프트웨어 설계

등급 B

1. 분산 컴퓨팅 환경에서 서로 다른 기종 간의 하드웨어나 프로토콜, 통신환경 등을 연결하여 응용 프로그램과 운영환경 간에 원만한 통신이 이루어질 수 있게 서비스를 제공하는 소프트웨어는?

① 미들웨어   ② 하드웨어
③ 오픈허브웨어   ④ 그레이웨어

전문가의 조언
미들웨어(Middleware)는 미들(Middle)과 소프트웨어(Software)의 합성어로, 서로 다른 기종 간의 하드웨어나 프로토콜, 통신환경 등을 연결하여 응용 프로그램과 운영환경 간에 원만한 통신이 이루어질 수 있게 서비스를 제공하는 소프트웨어입니다.

등급 B

2. 기본 유스케이스 수행 시 특별한 조건을 만족할 때 수행하는 유스케이스는?

① 연관   ② 확장
③ 선택   ④ 특화

전문가의 조언
특별한 조건을 만족할 때 수행할 유스케이스는 《extends》로 연결하여 표현하는데, 이와 같이 연결되는 관계를 확장 관계라고 합니다.

등급 A

3. UML(Unified Modeling Language)에 대한 설명 중 틀린 것은?

① 기능적 모델은 사용자 측면에서 본 시스템 기능이며, UML에서는 Use case Diagram을 사용한다.
② 정적 모델은 객체, 속성, 연관 관계, 오퍼레이션의 시스템의 구조를 나타내며, UML에서는 Class Diagram을 사용한다.
③ 동적 모델은 시스템의 내부 동작을 말하며, UML에서는 Sequence Diagram, State Diagram, Activity Diagram을 사용한다.
④ State Diagram은 객체들 사이의 메시지 교환을 나타내며, Sequence Diagram은 하나의 객체가 가진 상태와 그 상태의 변화에 의한 동작순서를 나타낸다.

전문가의 조언
상태 다이어그램(State Diagram)은 하나의 객체가 가진 상태와 그 상태의 변화에 의한 동작순서를 나타내며, 순차 다이어그램(Sequence Diagram)은 객체들 사이의 메시지 교환을 나타냅니다.

등급 B

4. 운영체제 분석을 위해 리눅스에서 버전을 확인하고자 할 때 사용되는 명령어는?

① ls   ② cat
③ pwd   ④ uname

전문가의 조언
리눅스의 버전은 cat 명령어를 통해 etc 디렉터리의 release로 끝나는 파일을 읽거나, 시스템 정보를 확인하는 uname 명령어로 확인할 수 있습니다.

정답 1.① 2.② 3.④ 4.②,④

등급 A

5. 럼바우(Rumbaugh) 분석 기법에서 정보 모델링이라고도 하며, 시스템에서 요구되는 객체를 찾아내어 속성과 연산 식별 및 객체들 간의 관계를 규정하여 다이어그램을 표시하는 모델링은?

① Object
② Dynamic
③ Function
④ Static

전문가의 조언
정보 모델링이라고 불리는 럼바우 분석 기법의 모델링은 객체 모델링(Object Modeling)입니다.

등급 A

6. GoF(Gangs of Four) 디자인 패턴의 생성 패턴에 속하지 않는 것은?

① 추상 팩토리(Abstract Factory)
② 빌더(Builder)
③ 어댑터(Adapter)
④ 싱글턴(Singleton)

전문가의 조언
어댑터(Adpater) 패턴은 구조 패턴에 속합니다.

등급 D

7. 현행 시스템 분석에서 고려하지 않아도 되는 항목은?

① DBMS 분석
② 네트워크 분석
③ 운영체제 분석
④ 인적 자원 분석

전문가의 조언
현행 시스템에서 파악 및 분석의 대상에는 시스템의 구성, 기능, 인터페이스와 아키텍처의 구성, 소프트웨어, 하드웨어, 네트워크가 있습니다.

등급 C

8. UML 다이어그램 중 시스템 내 클래스의 정적 구조를 표현하고 클래스와 클래스, 클래스의 속성 사이의 관계를 나타내는 것은?

① Activity Diagram
② Model Diagram
③ State Diagram
④ Class Diagram

전문가의 조언
클래스와 클래스, 클래스의 속성 사이의 관계를 나타내는 정적 다이어그램은 클래스 다이어그램(Class Diagram)입니다.

등급 B

9. 객체지향 분석 방법론 중 Coad-Yourdon 방법에 해당하는 것은?

① E-R 다이어그램을 사용하여 객체의 행위를 데이터 모델링하는데 초점을 둔 방법이다.
② 객체, 동적, 기능 모델로 나누어 수행하는 방법이다.
③ 미시적 개발 프로세스와 거시적 개발 프로세스를 모두 사용하는 방법이다.
④ Use-Case를 강조하여 사용하는 방법이다.

전문가의 조언
Coad-Yourdon 방법에 해당하는 것은 ①번입니다. ②번은 럼바우 방법, ③번은 부치 방법, ④번은 Jacobson 방법입니다. 객체지향 분석 방법론들의 개념을 정리해 두세요.

등급 A

10. 객체지향 개념에서 연관된 데이터와 함수를 함께 묶어 외부와 경계를 만들고 필요한 인터페이스만을 밖으로 드러내는 과정은?

① 메시지(Message)
② 캡슐화(Encapsulation)
③ 다형성(Polymorphism)
④ 상속(Inheritance)

전문가의 조언
문제에 제시된 내용은 캡슐화(Encapsulation)에 대한 설명입니다.

병행학습
- 상속(Inheritance) : 이미 정의된 상위 클래스(부모 클래스)의 모든 속성과 연산을 하위 클래스(자식 클래스)가 물려받는 것
- 다형성(Polymorphism) : 메시지에 의해 객체(클래스)가 연산을 수행하게 될 때 하나의 메시지에 대해 각각의 객체(클래스)가 가지고 있는 고유한 방법(특성)으로 응답할 수 있는 능력

등급 C

11. 디자인 패턴을 이용한 소프트웨어 재사용으로 얻어지는 장점이 아닌 것은?
① 소프트웨어 코드의 품질을 향상시킬 수 있다.
② 개발 프로세스를 무시할 수 있다.
③ 개발자들 사이의 의사소통을 원활하게 할 수 있다.
④ 소프트웨어의 품질과 생산성을 향상시킬 수 있다.

전문가의 조언
디자인 패턴을 이용한다고 하더라도 기존의 개발 프로세스를 무시할 수는 없습니다.

등급 B

12. 다음은 어떤 프로그램 구조를 나타낸다. 모듈 F에서의 fan-in과 fan-out의 수는 얼마인가?

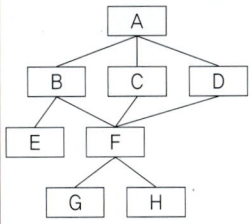

① fan-in : 2, fan-out : 3
② fan-in : 3, fan-out : 2
③ fan-in : 1, fan-out : 2
④ fan-in : 2, fan-out : 1

전문가의 조언
모듈에 들어오면(in) 팬인(fan-in), 모듈에서 나가면(out) 팬아웃(fan-out)입니다. F에 들어오는 선은 3개, 나가는 선은 2개이므로, 팬인과 팬아웃은 각각 3과 2입니다.

등급 C

13. 소프트웨어를 개발하기 위한 비즈니스(업무)를 객체와 속성, 클래스와 멤버, 전체와 부분 등으로 나누어서 분석해 내는 기법은?
① 객체지향 분석
② 구조적 분석
③ 기능적 분석
④ 실시간 분석

전문가의 조언
객체지향 분석(OOA; Object Oriented Analysis)은 사용자의 요구사항을 분석하여 요구된 문제와 관련된 모든 클래스(객체), 이와 연관된 속성과 연산, 그들 간의 관계 등을 정의하여 모델링하는 작업입니다.

등급 C

14. 다음 중 요구사항 모델링에 활용되지 않는 것은?
① 애자일(Agile) 방법
② 유스케이스 다이어그램(Use Case Diagram)
③ 시퀀스 다이어그램(Sequence Diagram)
④ 단계 다이어그램(Phase Diagram)

전문가의 조언
단계 다이어그램은 물리 화학 등에서 사용되는 다이어그램으로, 요구사항 모델링과는 관계가 없습니다.

등급 A

15. 애자일 소프트웨어 개발 기법의 가치가 아닌 것은?
① 프로세스의 도구보다는 개인과 상호작용에 더 가치를 둔다.
② 계약 협상보다는 고객과의 협업에 더 가치를 둔다.
③ 실제 작동하는 소프트웨어보다는 이해하기 좋은 문서에 더 가치를 둔다.
④ 계획을 따르기보다는 변화에 대응하는 것에 더 가치를 둔다.

전문가의 조언
애자일(Agile)은 방대한 문서보다는 실행되는 SW에 더 가치를 둡니다.

정답 11.② 12.② 13.① 14.④ 15.③

등급 B

16. 응용 프로그램의 프로시저를 사용하여 원격 프로시저를 로컬 프로시저처럼 호출하는 방식의 미들웨어는?

① WAS(Web Application Server)
② MOM(Message Oriented Middleware)
③ RPC(Remote Procedure Call)
④ ORB(Object Request Broker)

전문가의 조언
응용 프로그램의 프로시저를 사용하여 원격 프로시저를 마치 로컬 프로시저처럼 호출하는 방식의 미들웨어는 RPC입니다.

병행학습
- MOM(Message Oriented Middleware) : 메시지 기반의 비동기형 메시지를 전달하는 방식의 미들웨어
- ORB(Object Request Broker) : 객체지향 미들웨어로 코바(CORBA) 표준 스펙을 구현한 미들웨어
- WAS(Web Application Server) : 사용자의 요구에 따라 변하는 동적인 콘텐츠를 처리하기 위해 사용되는 미들웨어

등급 A

17. 바람직한 소프트웨어 설계 지침이 아닌 것은?

① 모듈의 기능을 예측할 수 있도록 정의한다.
② 이식성을 고려한다.
③ 적당한 모듈의 크기를 유지한다.
④ 가능한 모듈을 독립적으로 생성하고 결합도를 최대화한다.

전문가의 조언
바람직한 소프트웨어를 설계하기 위해서는 모듈의 결합도는 줄이고 응집도는 높여야 합니다.

등급 C

18. 통신을 위한 프로그램을 생성하여 포트를 할당하고, 클라이언트의 통신 요청 시 클라이언트와 연결하는 내·외부 송·수신 연계기술은?

① DB링크 기술
② 소켓 기술
③ 스크럼 기술
④ 프로토타입 기술

전문가의 조언
통신을 위한 프로그램을 생성하여 포트를 할당하고, 클라이언트의 통신 요청 시 클라이언트와 연결하는 내·외부 송·수신 연계기술은 소켓 기술입니다.

등급 C

19. 소프트웨어 설계 시 제일 상위에 있는 main user function에서 시작하여 기능을 하위 기능들로 분할해 가면서 설계하는 방식은?

① 객체 지향 설계
② 데이터 흐름 설계
③ 상향식 설계
④ 하향식 설계

전문가의 조언
프로그램의 상위 모듈에서 하위 모듈 방향으로 설계하는 기법을 하향식 설계라고 하며 대표적인 하향식 설계 전략으로 단계적 분해(Stepwise Refinement)가 있습니다.

등급 B

20. CASE(Computer Aided Software Engineering)에 대한 설명으로 틀린 것은?

① 소프트웨어 모듈의 재사용성이 향상된다.
② 자동화된 기법을 통해 소프트웨어 품질이 향상된다.
③ 소프트웨어 사용자들에게 사용 방법을 신속히 숙지시키기 위해 사용된다.
④ 소프트웨어 유지보수를 간편하게 수행할 수 있다.

전문가의 조언
CASE는 소프트웨어 개발 과정에서 사용되는 요구 분석, 설계, 구현, 검사 및 디버깅 과정 전체 또는 일부를 컴퓨터와 전용 소프트웨어 도구를 사용하여 자동화하는 도구로, 사용 방법의 신속한 숙지와는 무관합니다.

2과목 소프트웨어 개발

등급 D

21. 구현 단계에서의 작업 절차를 순서에 맞게 나열한 것은?

㉠ 코딩한다.
㉡ 코딩작업을 계획한다.
㉢ 코드를 테스트한다.
㉣ 컴파일한다.

① ㉠-㉡-㉢-㉣
② ㉡-㉠-㉣-㉢
③ ㉢-㉠-㉡-㉣
④ ㉣-㉡-㉠-㉢

전문가의 조언
소프트웨어의 구현 단계는 '작업 계획 → 코딩 → 컴파일 → 테스트순'으로 수행됩니다.

등급 C

22. 소프트웨어 설치 매뉴얼에 포함될 항목이 아닌 것은?

① 제품 소프트웨어 개요
② 설치 관련 파일
③ 프로그램 삭제
④ 소프트웨어 개발 기간

전문가의 조언
소프트웨어 설치 매뉴얼에는 설치에 관련된 내용들만 수록되며, 개발에 대한 사항들은 포함되지 않습니다.

등급 A

23. 다음 전위식(prefix)을 후위식(postfix)으로 옳게 표현한 것은?

$$-/*A+BCDE$$

① A B C + D / * E -
② A B * C D / + E -
③ A B * C + D / E -
④ A B C + * D / E -

등급 A

24. 소프트웨어 품질 목표 중 쉽게 배우고 사용할 수 있는 정도를 나타내는 것은?

① Correctness
② Reliability
③ Usability
④ Integrity

전문가의 조언
쉽게 배우고 사용할 수 있는 정도를 나타내는 품질 특성은 사용성(Usability)입니다.

전문가의 조언
전위식(Prefix)은 연산자를 해당 피연산자 두 개의 앞(왼쪽)으로 이동시킨 것입니다. 그러므로 연산자와 피연자 두 개를 묶은 후 연산자를 피연산자 두 개의 뒤(오른쪽)로 옮겨 놓으면 후위식(Postfix)이 됩니다.

❶ 인접한 피연산자 두 개와 왼쪽의 연산자를 괄호로 묶는다.
 (- (/ (* A (+ B C)) D) E)
❷ 연산자를 피연산자의 뒤로 옮긴다.
 (- (/ (* A (+ B C)) D) E)
❸ 필요없는 괄호를 제거한다.
 A B C + * D / E -

등급 C

25. 여러 개의 선택 항목 중 하나의 선택만 가능한 경우 사용하는 사용자 인터페이스(UI) 요소는?

① 토글 버튼
② 텍스트 박스
③ 라디오 버튼
④ 체크 박스

전문가의 조언
여러 항목 중 하나만 선택할 수 있는 UI 요소는 라디오 버튼입니다.

병행학습
- 체크 박스(Check Box) : 여러 개의 선택 상황에서 1개 이상의 값을 선택할 수 있는 버튼임
- 텍스트 박스(Text Box) : 사용자가 데이터를 입력하고 수정할 수 있는 상자임

정답 21.② 22.④ 23.④ 24.③ 25.③

26. 퀵 정렬에 관한 설명으로 옳은 것은?

① 레코드의 키 값을 분석하여 같은 값끼리 그 순서에 맞는 버킷에 분배하였다가 버킷의 순서대로 레코드를 꺼내어 정렬한다.
② 주어진 파일에서 인접한 두 개의 레코드 키 값을 비교하여 그 크기에 따라 레코드 위치를 서로 교환한다.
③ 레코드의 많은 자료 이동을 없애고 하나의 파일을 부분적으로 나누어 가면서 정렬한다.
④ 임의의 레코드 키와 매개변수(h)값만큼 떨어진 곳의 레코드 키를 비교하여 서로 교환해 가면서 정렬한다.

전문가의 조언
퀵 정렬에 관한 설명으로 옳은 것은 ③번입니다. ①번은 기수 정렬, ②번은 버블 정렬, ④번은 쉘 정렬에 대한 설명입니다.

27. 디지털 저작권 관리(DRM)에 사용되는 기술 요소가 아닌 것은?

① 키 관리
② 방화벽
③ 암호화
④ 크랙방지

전문가의 조언
디지털 저작권 관리(DRM)의 기술 요소에는 암호화, 키 관리, 암호화 파일 생성, 식별 기술, 저작권 표현 정책 관리, 크랙 방지, 인증이 있습니다.

28. 스택에 대한 설명으로 틀린 것은?

① 입출력이 한쪽 끝으로만 제한된 리스트이다.
② Head(front)와 Tail(rear)의 2개 포인터를 갖고 있다.
③ LIFO 구조이다.
④ 더 이상 삭제할 데이터가 없는 상태에서 데이터를 삭제하면 언더플로(Underflow)가 발생한다.

전문가의 조언
Front와 Rear의 2개의 포인터를 갖고 있는 자료 구조는 큐(Queue)입니다.

29. 필드 테스팅(Field Testing)이라고도 불리며 개발자 없이 고객의 사용 환경에 소프트웨어를 설치하여 검사를 수행하는 인수검사 기법은?

① 베타 검사
② 알파 검사
③ 형상 검사
④ 복구 검사

전문가의 조언
문제에 제시된 내용은 베타 검사에 대한 설명입니다.

병행학습 알파 테스트
- 개발자의 장소에서 사용자가 개발자 앞에서 행하는 테스트 기법이다.
- 테스트는 통제된 환경에서 행해지며, 오류와 사용상의 문제점을 사용자와 개발자가 함께 확인하면서 기록한다.

30. 소프트웨어 형상 관리(Configuration Management)에 관한 설명으로 틀린 것은?

① 소프트웨어에서 일어나는 수정이나 변경을 알아내고 제어하는 것을 의미한다.
② 소프트웨어 개발의 전체 비용을 줄이고, 개발 과정의 여러 방해 요인이 최소화되도록 보증하는 것을 목적으로 한다.
③ 형상 관리를 위하여 구성된 팀을 "chief programmer team"이라고 한다.
④ 형상 관리의 기능 중 하나는 버전 제어 기술이다.

전문가의 조언
Chief Programmer Team은 개발 팀의 구성 방식 중 하나로 형상 관리와는 관계가 없습니다.

31. 그래프의 특수한 형태로 노드(Node)와 선분(Branch)으로 되어 있고, 정점 사이에 사이클(Cycle)이 형성되어 있지 않으며, 자료 사이의 관계성이 계층 형식으로 나타나는 비선형 구조는?

① tree
② network
③ stack
④ distributed

전문가의 조언
문제에서 설명하는 자료 구조는 트리(tree)입니다.

32. 이진 검색 알고리즘에 대한 설명으로 틀린 것은?

① 탐색 효율이 좋고 탐색 시간이 적게 소요된다.
② 검색할 데이터가 정렬되어 있어야 한다.
③ 피보나치 수열에 따라 다음에 비교할 대상을 선정하여 검색한다.
④ 비교횟수를 거듭할 때마다 검색 대상이 되는 데이터의 수가 절반으로 줄어든다.

전문가의 조언
이진 검색과 피보나치 수열은 아무런 관계가 없습니다.

33. 소프트웨어의 일부분을 다른 시스템에서 사용할 수 있는 정도를 의미하는 것은?

① 신뢰성(Reliability)
② 유지보수성(Maintainability)
③ 가시성(Visibility)
④ 재사용성(Reusability)

전문가의 조언
비용과 개발 시간을 절약하기 위해 이미 개발된 기능들을 파악하고 재구성하여 새로운 시스템 또는 기능 개발에 사용하기 적합한 정도를 재사용성(Reusability)이라고 합니다.

병행학습
- 신뢰성(Reliability) : 소프트웨어가 요구된 기능을 정확하고 일관되게 오류 없이 수행할 수 있는 정도를 나타냄
- 유지보수성(Maintainability) : 환경의 변화 또는 새로운 요구사항이 발생했을 때 소프트웨어를 개선하거나 확장할 수 있는 정도를 나타냄
- 가시성(Visibility) : 대상을 확인할 수 있는 정도

34. 하향식 통합 시험을 위해 일시적으로 필요한 조건만을 가지고 임시로 제공되는 시험용 모듈은?

① Stub
② Driver
③ Procedure
④ Function

전문가의 조언
하향식 통합 테스트에서 사용하는 시험용 모듈은 스텁(Stub)입니다.

35. 해싱 함수(Hashing Function)의 종류가 아닌 것은?

① 제곱법(Mid-Square)
② 숫자 분석법(Digit Analysis)
③ 개방주소법(Open Addressing)
④ 제산법(Division)

전문가의 조언
해싱 함수의 종류에는 제산법, 제곱법, 폴딩법, 기수 변환법, 대수적 코딩법, 계수 분석법(숫자 분석법), 무작위법이 있습니다.

36. 다음 중 블랙박스 검사 기법은?

① 경계값 분석
② 조건 검사
③ 기초 경로 검사
④ 루프 검사

전문가의 조언
조건 검사, 루프 검사, 기초 경로 검사는 화이트박스 테스트에 속합니다.

정답 31.① 32.③ 33.④ 34.① 35.③ 36.①

등급 A

37. 다음 트리를 Preorder 운행법으로 운행할 경우 다섯 번째로 탐색되는 것은?

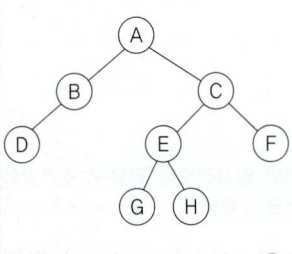

① C
② E
③ G
④ H

전문가의 조언
선택 정렬은 n개의 레코드 중에서 최소값을 찾아 첫 번째 레코드 위치에 놓고, 나머지 n-1개 중에서 다시 최소값을 찾아 두 번째 레코드 위치에 놓는 방식을 반복하여 정렬하는 방식입니다.

- 원본 : [8][3][4][9][7]
- 1회전 : [8][3][4][9][7] → [3][8][4][9][7]
  첫 번째부터 마지막 값 중 최소값 3을 찾아 첫 번째 값 8과 위치를 교환합니다.
- 2회전 : [3][8][4][9][7] → [3][4][8][9][7]
  두 번째부터 마지막 값 중 최소값 4를 찾아 두 번째 값 8과 위치를 교환합니다.
- 3회전 : [3][4][8][9][7] → [3][4][7][9][8]
  세 번째부터 마지막 값 중 최소값 7을 찾아 세 번째 값 8과 위치를 교환합니다.
- 4회전 : [3][4][7][9][8] → [3][4][7][8][9]
  네 번째부터 마지막 값 중 최소값 8을 찾아 네 번째 값 9와 위치를 교환합니다.

전문가의 조언
먼저 서브 트리를 하나의 노드로 생각할 수 있도록 서브 트리 단위로 묶습니다.

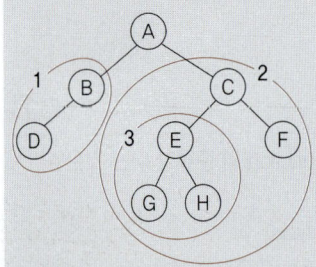

❶ Preorder는 Root → Left → Right이므로 A12입니다.
❷ 1은 BD이므로 ABD2입니다.
❸ 2는 C3F이므로 ABDC3F입니다.
❹ 3은 EGH이므로 ABDCEGHF입니다.
따라서 다섯 번째로 탐색되는 노드는 E가 됩니다.

등급 B

39. 자료 구조에 대한 설명으로 틀린 것은?

① 큐는 비선형 구조에 해당한다.
② 큐는 First In – First Out 처리를 수행한다.
③ 스택은 Last In – First Out 처리를 수행한다.
④ 스택은 서브루틴 호출, 인터럽트 처리, 수식 계산 및 수식 표기법에 응용된다.

전문가의 조언
큐(Queue)는 한쪽에서는 삽입이, 다른 한쪽에서는 인출이 이루어지는 선형 자료 구조입니다.

등급 C

등급 A

38. 다음 자료에 대하여 "Selection Sort"를 사용하여 오름차순으로 정렬한 경우 PASS 3의 결과는?

| 초기상태 : 8, 3, 4, 9, 7 |

① 3, 4, 7, 9, 8
② 3, 4, 8, 9, 7
③ 3, 8, 4, 9, 7
④ 3, 4, 7, 8, 9

40. 테스트 케이스에 일반적으로 포함되는 항목이 아닌 것은?

① 테스트 조건
② 테스트 데이터
③ 테스트 비용
④ 예상 결과

전문가의 조언
테스트 케이스에는 비용에 대한 항목이 포함되지 않습니다.

3과목 데이터베이스 구축

41. 다음 릴레이션의 카디널리티와 차수가 옳게 나타낸 것은?

아이디	성명	나이	등급	적립금	가입년도
yuyu01	원유철	36	3	2000	2008
sykim10	김성일	29	2	3300	2014
kshan4	한경선	45	3	2800	2009
namsu52	이남수	33	5	1000	2016

① 카디널리티 : 4, 차수 : 4
② 카디널리티 : 4, 차수 : 6
③ 카디널리티 : 6, 차수 : 4
④ 카디널리티 : 6, 차수 : 6

전문가의 조언
테이블에 속한 튜플의 수를 카디널리티(Cardinality), 속성의 수를 차수(Degree)라고 하므로 카디널리티는 4, 차수는 6입니다.

42. 데이터베이스 성능에 많은 영향을 주는 DBMS의 구성 요소로 테이블과 클러스터에 연관되어 독립적인 저장 공간을 보유하며, 데이터베이스에 저장된 자료를 더욱 빠르게 조회하기 위하여 사용되는 것은?

① 인덱스(Index)
② 트랜잭션(Transaction)
③ 역정규화(Denormalization)
④ 트리거(Trigger)

전문가의 조언
데이터 레코드를 빠르게 접근하기 위해 〈키 값, 포인터〉 쌍으로 구성되는 데이터 구조는 인덱스로, 인덱스가 가리키는 데이터와는 별개로 추가적인 저장 공간이 필요합니다.

43. 데이터베이스 설계 단계 중 저장 레코드 양식 설계, 레코드 집중의 분석 및 설계, 접근 경로 설계와 관계되는 것은?

① 논리적 설계
② 요구 조건 분석
③ 개념적 설계
④ 물리적 설계

전문가의 조언
문제에 제시된 내용은 물리적 설계에 대한 설명입니다.

44. 시스템 카탈로그에 대한 설명으로 틀린 것은?

① 시스템 카탈로그의 갱신은 무결성 유지를 위하여 SQL을 이용하여 사용자가 직접 갱신하여야 한다.
② 데이터베이스에 포함되는 데이터 객체에 대한 정의나 명세에 대한 정보를 유지관리한다.
③ DBMS가 스스로 생성하고 유지하는 데이터베이스 내의 특별한 테이블의 집합체이다.
④ 카탈로그에 저장된 정보를 메타 데이터라고도 한다.

전문가의 조언
시스템 카탈로그는 일반 이용자도 SQL을 통해 검색할 수는 있지만, 갱신은 허용되지 않습니다.

45. 정규화를 거치지 않아 발생하게 되는 이상(anomaly) 현상의 종류에 대한 설명으로 옳지 않은 것은?

① 삭제 이상이란 릴레이션에서 한 튜플을 삭제할 때 의도와는 상관없는 값들로 함께 삭제되는 연쇄 삭제 현상이다.
② 삽입 이상이란 릴레이션에서 데이터를 삽입할 때 의도와 상관없이 원하지 않는 값들로 함께 삽입되는 현상이다.
③ 갱신 이상이란 릴레이션에서 튜플에 있는 속성값을 갱신할 때 일부 튜플의 정보만 갱신되어 정보에 모순이 생기는 현상이다.
④ 종속 이상이란 하나의 릴레이션에 하나 이상의 함수적 종속성이 존재하는 현상이다.

전문가의 조언
이상의 종류에는 삽입 이상, 삭제 이상, 갱신 이상이 있으며, 종속 이상은 존재하지 않습니다.

등급 A

46. 다음과 같은 트랜잭션의 특성은?

시스템이 가지고 있는 고정요소는 트랜잭션 수행 전과 트랜잭션 수행 완료 후의 상태가 같아야 한다.

① 원자성(Atomicity) ② 일관성(Consistency)
③ 격리성(Isolation) ④ 영속성(Durability)

전문가의 조언
문제의 지문은 일관성(Consistency)에 대한 설명입니다.

병행학습

- **Atomicity(원자성)**
  - 트랜잭션의 연산은 데이터베이스에 모두 반영되도록 완료(Commit)되든지 아니면 전혀 반영되지 않도록 복구(Rollback)되어야 한다.
  - 트랜잭션 내의 모든 명령은 반드시 완벽히 수행되어야 하며, 모두가 완벽히 수행되지 않고 어느 하나라도 오류가 발생하면 트랜잭션 전부가 취소되어야 한다.
- **Isolation(독립성, 격리성, 순차성)**
  - 둘 이상의 트랜잭션이 동시에 병행 실행되는 경우 어느 하나의 트랜잭션 실행 중에 다른 트랜잭션의 연산이 끼어들 수 없다.
  - 수행중인 트랜잭션은 완전히 완료될 때까지 다른 트랜잭션에서 수행 결과를 참조할 수 없다.
- **Durability(영속성, 지속성)** : 성공적으로 완료된 트랜잭션의 결과는 시스템이 고장나더라도 영구적으로 반영되어야 함

등급 B

47. 뷰(VIEW)에 대한 설명으로 옳지 않은 것은?

① DBA는 보안 측면에서 뷰를 활용할 수 있다.
② 뷰 위에 또 다른 뷰를 정의할 수 있다.
③ 뷰에 대한 삽입, 갱신, 삭제 연산 시 제약사항이 따르지 않는다.
④ 독립적인 인덱스를 가질 수 없다.

전문가의 조언
뷰는 기본 테이블이나 또 다른 뷰를 이용해서 만든 가상 테이블로서, 기본 테이블과 비교할 때 삽입, 삭제, 갱신 연산에 제약이 있습니다.

등급 A

48. 다음 SQL문의 실행 결과는?

[R1 테이블]

학번	이름	학년	학과	주소
1000	홍길동	4	컴퓨터	서울
2000	김철수	3	전기	경기
3000	강남길	1	컴퓨터	경기
4000	오말자	4	컴퓨터	경기
5000	장미화	2	전자	서울

[R2 테이블]

학번	과목번호	학점	점수
1000	C100	A	91
1000	C200	A	94
2000	C300	B	85
3000	C400	A	90
3000	C500	C	75
3000	C100	A	90
4000	C400	A	95
4000	C500	A	91
4000	C100	B	80
4000	C200	C	74
5000	C400	B	85

[SQL 문]

```
SELECT 이름
FROM R1
WHERE 학번 IN
    (SELECT 학번
     FROM R2
     WHERE 과목번호 = 'C100');
```

①
이름
홍길동
강남길
장미화

②
이름
홍길동
강남길
오말자

정답 46.② 47.③

이름
홍길동
김철수
강남길
오말자
③ 장미화

이름
홍길동
④ 김철수

전문가의 조언
SQL문의 실행 결과로 옳은 것은 ②번입니다.
- 〈R2〉 테이블에서 '과목번호' 속성이 "C100"인 학번을 〈R1〉 테이블에서 찾아 '이름' 속성을 출력합니다.

❷ SELECT 이름 FROM R1 WHERE 학번 IN
❶ (SELECT 학번 FROM R2 WHERE 과목번호 = 'C100');

❶ SELECT 학번 FROM R2 WHERE 과목번호 = 'C100' : 〈R2〉 테이블에서 '과목번호'가 "C100"인 튜플의 '학번'을 검색한다. 결과는 1000, 3000, 4000이다.
❷ SELECT 이름 FROM R1 WHERE 학번 IN (❶) : 〈R1〉 테이블에서 '학번'이 1000, 3000, 4000인 튜플의 '이름'을 검색한다. 결과는 "홍길동", "강남길", "오말자"이다.

등급 A

49. 조건을 만족하는 릴레이션의 수평적 부분집합으로 구성하며, 연산자의 기호는 그리스 문자 시그마(σ)를 사용하는 관계대수 연산은?
① Select
② Project
③ Join
④ Division

전문가의 조언
조건을 만족하는 릴레이션의 수평적 부분집합으로 구성하며, 연산자의 기호는 그리스 문자 시그마(σ)를 사용하는 관계대수 연산은 Select입니다.

등급 B

50. 관계 데이터 모델에서 릴레이션(relation)에 관한 설명으로 옳은 것은?
① 릴레이션의 각 행을 스키마(Schema)라 하며, 예로 도서 릴레이션을 구성하는 스키마에는 도서번호, 도서명, 저자, 가격 등이 있다.
② 릴레이션의 각 열을 튜플(Tuple)이라 하며, 하나의 튜플은 각 속성에서 정의된 값을 이용하여 구성된다.
③ 도메인(Domain)은 하나의 속성이 가질 수 있는 같은 타입의 모든 값의 집합으로 각 속성의 도메인은 원자값을 갖는다.
④ 속성(Attribute)은 한 개의 릴레이션의 논리적인 구조를 정의한 것으로 릴레이션의 이름과 릴레이션에 포함된 속성들의 집합을 의미한다.

전문가의 조언
릴레이션(relation)에 관한 설명으로 옳은 것은 ③번입니다.
① 릴레이션의 각 행은 튜플이라고 불리며, 스키마는 데이터베이스의 구조와 제약 조건에 대한 명세를 의미합니다.
② 릴레이션의 각 열을 속성이라고 합니다.
④ 릴레이션의 논리적인 구조를 정의한 것으로 릴레이션에 포함된 속성들의 집합을 릴레이션 스키마라고 합니다.

등급 C

51. 다음에서 설명하는 스키마(Schema)는?

데이터베이스 전체를 정의한 것으로 데이터 개체, 관계, 제약조건, 접근권한, 무결성 규칙 등을 명세한 것

① 개념 스키마
② 내부 스키마
③ 외부 스키마
④ 내용 스키마

전문가의 조언
데이터 개체, 관계, 제약조건, 접근권한, 무결성 규칙 등을 명세한 것은 개념 스키마입니다.

병행학습
- 외부 스키마 : 사용자나 응용 프로그래머가 각 개인의 입장에서 필요로 하는 데이터베이스의 논리적 구조를 정의한 것
- 내부 스키마 : 물리적 저장장치의 입장에서 본 데이터베이스 구조로서, 실제로 데이터베이스에 저장될 레코드의 형식을 정의하고 저장 데이터 항목의 표현 방법, 내부 레코드의 물리적 순서 등을 나타냄

정답 48.② 49.① 50.③ 51.①

52. 3NF에서 BCNF가 되기 위한 조건은? [등급 A]

① 이행적 함수 종속 제거
② 부분적 함수 종속 제거
③ 다치 종속 제거
④ 결정자이면서 후보키가 아닌 것 제거

전문가의 조언
제3정규형(3NF)에서 BCNF로 정규화하기 위해서는 모든 결정자가 후보키가 될 수 있도록 결정자가 후보키가 아닌 것을 제거해야 합니다.

53. 다음 정의에서 말하는 기본 정규형은? [등급 A]

> 어떤 릴레이션 R에 속한 모든 도메인이 원자값(Atomic Value)만으로 되어 있다.

① 제1정규형(1NF)
② 제2정규형(2NF)
③ 제3정규형(3NF)
④ 보이스/코드 정규형(BCNF)

전문가의 조언
모든 도메인이 원자값인 정규형은 제1정규형(1NF)입니다.

54. '회원' 테이블 생성 후 '주소' 필드(컬럼)가 누락되어 이를 추가하려고 한다. 이에 적합한 SQL 명령어는? [등급 B]

① DELETE
② RESTORE
③ ALTER
④ ACCESS

전문가의 조언
기존의 테이블에 새로운 속성(필드, 컬럼)을 추가하는데 사용하는 명령어는 ALTER입니다.

55. SQL에서 스키마(Schema), 도메인(Domain), 테이블(Table), 뷰(View), 인덱스(Index)를 정의하거나 변경 또는 삭제할 때 사용하는 언어는? [등급 A]

① DML(Data Manipulation Language)
② DDL(Data Definition Language)
③ DCL(Data Control Language)
④ IDL(Interactive Data Language)

전문가의 조언
스키마, 도메인, 테이블 등의 개체를 정의할 때 사용하는 언어는 DDL입니다.

56. 릴레이션 R1에 속한 애튜리뷰트의 조합인 외래키를 변경하려면 이를 참조하고 있는 릴레이션 R2의 기본키도 변경해야 하는데 이를 무엇이라 하는가? [등급 B]

① 정보 무결성
② 고유 무결성
③ 널 제약성
④ 참조 무결성

전문가의 조언
외래키 변경을 위해서는 참조 릴레이션의 기본키도 변경해야 한다는 내용은 참조 무결성에 대한 설명입니다.

57. 트랜잭션을 수행하는 도중 장애로 인해 손상된 데이터베이스를 손상되기 이전에 정상적인 상태로 복구시키는 작업은? [등급 C]

① Recovery
② Commit
③ Abort
④ Restart

전문가의 조언
문제의 지문은 DCL(Data Control Language)의 Rollback에 대한 설명으로, 이처럼 손상된 데이터를 복구 및 복원하는 것을 회복(Recovery)이라고 합니다.

정답 52.④ 53.① 54.③ 55.② 56.④ 57.①

58. E-R 다이어그램의 표기법으로 옳지 않은 것은?

① 개체 타입 – 사각형
② 속성 – 타원
③ 관계 집합 – 삼각형
④ 개체 타입과 속성을 연결 – 선

전문가의 조언
E-R 다이어그램에서 사용되는 기본 도형 중 관계 집합을 표현하는 기호는 없습니다.

59. 병행제어의 로킹(Locking) 단위에 대한 설명으로 옳지 않은 것은?

① 데이터베이스, 파일, 레코드 등은 로킹 단위가 될 수 있다.
② 로킹 단위가 작아지면 로킹 오버헤드가 증가한다.
③ 한꺼번에 로킹할 수 있는 단위를 로킹 단위라고 한다.
④ 로킹 단위가 작아지면 병행성 수준이 낮아진다.

전문가의 조언
로킹 단위가 작아지면 병행성 수준이 높아지고, 데이터베이스 공유도가 증가합니다.

60. 결과 값이 아래와 같을 때 SQL 질의로 옳은 것은?

[공급자] Table

공급자번호	공급자명	위치
16	대신공업사	수원
27	삼진사	서울
39	삼양사	인천
62	진아공업사	대전
70	신촌상사	서울

[결과]

공급자번호	공급자명	위치
16	대신공업사	수원
70	신촌상사	서울

① SELECT * FROM 공급자 WHERE 공급자명 LIKE '%신%';
② SELECT * FROM 공급자 WHERE 공급자명 LIKE '대%';
③ SELECT * FROM 공급자 WHERE 공급자명 LIKE '%사';
④ SELECT * FROM 공급자 WHERE 공급자명 IS NOT NULL;

전문가의 조언
결과를 표시하는 SQL 질의로 옳은 것은 ①번입니다.
① LIKE '%신%' : 공급자명에 "신"이 포함된 레코드

공급자번호	공급자명	위치
16	대신공업사	수원
70	신촌상사	서울

② LIKE '대%' : 공급자명이 "대"로 시작하는 레코드

공급자번호	공급자명	위치
16	대신공업사	수원

③ LIKE '%사' : 공급자명이 "사"로 끝나는 레코드

공급자번호	공급자명	위치
16	대신공업사	수원
27	삼진사	서울
39	삼양사	인천
62	진아공업사	대전
70	신촌상사	서울

④ IS NOT NULL : 공급자명이 NULL이 아닌 레코드

공급자번호	공급자명	위치
16	대신공업사	수원
27	삼진사	서울
39	삼양사	인천
62	진아공업사	대전
70	신촌상사	서울

4과목 프로그래밍 언어 활용

등급 C

61. 운영체제를 기능에 따라 분류할 경우 제어 프로그램이 아닌 것은?

① 데이터 관리 프로그램
② 서비스 프로그램
③ 작업 제어 프로그램
④ 감시 프로그램

전문가의 조언
운영체제의 제어 프로그램의 종류에는 감시 프로그램, 작업 관리 프로그램, 데이터 관리 프로그램이 있습니다.

등급 B

62. 교착상태가 발생할 수 있는 조건이 아닌 것은?

① Mutual exclusion
② Hold and wait
③ Non-preemption
④ Linear wait

전문가의 조언
교착 상태 발생의 필요 충분 조건 4가지는 상호 배제(Mutual Exclusion), 점유와 대기(Hold and Wait), 환형 대기(Circular Wait), 비선점(Non-preemption)입니다.

등급 B

63. 기억공간이 15K, 23K, 22K, 21K 순으로 빈 공간이 있을 때 기억장치 배치 전력으로 "First Fit"을 사용하여 17K의 프로그램을 적재할 경우 내부 단편화의 크기는 얼마인가?

① 5K
② 6K
③ 7K
④ 8K

전문가의 조언
내부 단편화는 분할된 영역이 할당될 프로그램의 크기보다 크기 때문에 프로그램이 할당된 후 사용되지 않고 남아 있는 빈 공간을 의미합니다. 최초 적합(First Fit)은 프로그램이나 데이터가 들어갈 수 있는 크기의 빈 영역 중에서 첫 번째 분할 영역에 배치시키는 방법으로 17K의 프로그램은 23K의 빈 영역에 저장됩니다. 그러므로 내부 단편화는 23K-17K = 6K가 됩니다.

등급 A

64. 결합도가 낮은 것부터 높은 순으로 옳게 나열한 것은?

(ㄱ) 내용 결합도
(ㄴ) 자료 결합도
(ㄷ) 공통 결합도
(ㄹ) 스탬프 결합도
(ㅁ) 외부 결합도
(ㅂ) 제어 결합도

① (ㄱ) → (ㄴ) → (ㄹ) → (ㅂ) → (ㅁ) → (ㄷ)
② (ㄴ) → (ㄹ) → (ㅁ) → (ㅂ) → (ㄷ) → (ㄱ)
③ (ㄴ) → (ㄹ) → (ㅂ) → (ㅁ) → (ㄷ) → (ㄱ)
④ (ㄱ) → (ㄴ) → (ㄹ) → (ㅁ) → (ㅂ) → (ㄷ)

전문가의 조언
결합도는 가장 낮은 자료 결합도부터 순차적으로 스탬프 결합도, 제어 결합도, 외부 결합도, 공통 결합도, 내용 결합도 순으로 높아집니다.

등급 C

65. 다음 설명의 ㉠과 ㉡에 들어갈 내용으로 옳은 것은?

가상기억장치의 일반적인 구현 방법에는 프로그램을 고정된 크기의 일정한 블록으로 나누는 (㉠) 기법과 가변적인 크기의 블록으로 나누는 (㉡) 기법이 있다.

① ㉠ : Paging, ㉡ : Segmentation
② ㉠ : Segmentation, ㉡ : Allocatin
③ ㉠ : Segmentation, ㉡ : Compaction
④ ㉠ : Paging, ㉡ : Linking

전문가의 조언
동일한 크기로 나누는 가상기억장치 구현 기법을 페이징(Paging) 기법, 다양한 크기의 논리적인 단위로 나누는 기법을 세그먼테이션(Segmentation) 기법이라고 합니다.

등급 C

66. C언어에서 문자열을 정수형으로 변환하는 라이브러리 함수는?

① atoi( )
② atof( )
③ itoa( )
④ ceil( )

전문가의 조언
문자열을 정수형으로 변환하는 라이브러리 함수는 atoi( )입니다.

정답 61.② 62.④ 63.② 64.③ 65.① 66.①

병행학습

- atof( ) : 문자열을 실수형으로 변환하는 함수
- itoa( ) : 정수형을 문자열로 변환하는 함수
- ceil( ) : 실수를 정수형으로 올림처리하는 함수

- 표현 계층(Presentation Layer) : 응용 계층으로부터 받은 데이터를 세션 계층에 보내기 전에 통신에 적당한 형태로 변환하고, 세션 계층에서 받은 데이터는 응용 계층에 맞게 변환하는 기능을 한다.
- 응용 계층(Application Layer) : 사용자(응용 프로그램)가 OSI 환경에 접근할 수 있도록 서비스를 제공한다.

등급 C

67. WAS(Web Application Server)가 아닌 것은?
① JEUS
② JVM
③ Tomcat
④ WebSphere

전문가의 조언
WAS의 종류에는 Tomcat, GlassFish, JBoss, Jetty, JEUS, Resin, WebLogic, WebSphere 등이 있습니다. JVM은 자바가상머신으로 다양한 컴퓨터 환경에서 Java 프로그램을 효율적으로 실행하기 위해 사용됩니다.

등급 B

68. C언어에서 산술 연산자가 아닌 것은?
① %
② *
③ /
④ =

전문가의 조언
C언어의 산술 연산자에는 +, -, *, /, %가 있습니다. =는 대입 연산자입니다.

등급 A

69. OSI 7계층에서 물리적 연결을 이용해 신뢰성 있는 정보를 전송하려고 동기화, 오류제어, 흐름제어 등의 전송에러를 제어하는 계층은?
① 데이터 링크 계층
② 물리 계층
③ 응용 계층
④ 표현 계층

전문가의 조언
문제에 제시된 내용은 OSI 7계층 중 데이터 링크 계층에 대한 설명입니다.

병행학습

- 물리 계층(Physical Layer) : 전송에 필요한 두 장치 간의 실제 접속과 절단 등 기계적, 전기적, 기능적, 절차적 특성에 대한 규칙을 정의한다.

등급 C

70. IEEE 802.3 LAN에서 사용되는 전송 매체 접속 제어(MAC) 방식은?
① CSMA/CD
② Token Bus
③ Token Ring
④ Slotted Ring

전문가의 조언
IEEE 802.3의 매체 접근 제어 방식은 CSMA/CD 방식입니다.

등급 B

71. IPv6에 대한 설명으로 틀린 것은?
① 멀티캐스팅(Multicast) 대신 브로드캐스트(Broadcast)를 사용한다.
② 보안과 인증 확장 헤더를 사용함으로써 인터넷 계층의 보안기능을 강화하였다.
③ 애니캐스트(Anycast)는 하나의 호스트에서 그룹 내의 가장 가까운 곳에 있는 수신자에게 전달하는 방식이다.
④ 128비트 주소 체계를 사용한다.

전문가의 조언
IPv6는 유니캐스트, 멀티캐스트, 애니캐스트의 3가지 방식의 주소 체계를 사용합니다.

등급 B

72. TCP/IP 프로토콜에서 TCP가 해당하는 계층은?
① 데이터 링크 계층
② 네트워크 계층
③ 트랜스포트 계층
④ 세션 계층

전문가의 조언
TCP는 OSI 7계층 중 전송 계층(Transport Layer)에 해당합니다.

정답 67.② 68.④ 69.① 70.① 71.① 72.③

73. 다음 중 응집도가 가장 높은 것은?

① 절차적 응집도 ② 순차적 응집도
③ 우연적 응집도 ④ 논리적 응집도

> **전문가의 조언**
> 응집도를 강한 것에서 약한 것 순으로 나열하면 '기능적 응집도 → 순차적 응집도 → 교환(통신)적 응집도 → 절차적 응집도 → 시간적 응집도 → 논리적 응집도 → 우연적 응집도'입니다.

74. 다음 JAVA 코드 출력문의 결과는?

```
..생략..
System.out.println("5 + 2 = " + 3 + 4);
System.out.println("5 + 2 = " + (3 + 4));
..생략..
```

① 5 + 2 = 34   ② 5 + 2 + 3 + 4
   5 + 2 = 34   5 + 2 = 7
③ 7 = 7   ④ 5 + 2 = 34
   7 + 7   5 + 2 = 7

> **전문가의 조언**
> 코드 출력문의 결과로 옳은 것은 ④번입니다. Java의 print( ) 또는 println( ) 사용시 '숫자 + 숫자'는 연산 수행 후의 숫자 결과를, '문자 + 숫자'는 두 값을 이어서 문자 결과를 출력합니다.
>
> ❶ System.out.println("5 + 2 = " + 3 + 4);
> ❷ System.out.println("5 + 2 = " + (3 + 4));
>
> ❶ (("5+2=" + 3) + 4)의 순서로 수행되며, ("5+2=" + 3)는 문자+숫자이므로 "5+2=3"이라는 문자를, ("5+2=3"+4) 또한 문자+숫자이므로 "5+2=34"라는 결과를 출력합니다.
> ❷ ("5+2=" + (3+4))의 순서로 수행되며, 3+4는 숫자+숫자이므로 7이되고, ("5+2="+7)은 문자+숫자이므로 "5+2=7"이라는 결과를 출력합니다.

75. 다음은 파이썬으로 만들어진 반복문 코드이다. 이 코드의 결과는?

```
>> while(True) :
    print('A')
    print('B')
    print('C')
    continue
    print('D')
```

① A, B, C 출력이 반복된다.
② A, B, C
③ A, B, C, D 출력이 반복된다.
④ A, B, C, D 까지만 출력된다.

> **전문가의 조언**
> while(True)는 조건이 항상 참이므로 블록 내의 코드들을 무한 반복시키며, continue는 이후 코드를 수행하지 않고 반복문의 처음으로 돌아가는 예약어입니다. 따라서 화면에는 D를 제외한 A, B, C 출력이 반복되게 됩니다.

76. C언어에서 변수로 사용할 수 없는 것은?

① data02   ② int01
③ _sub   ④ short

> **전문가의 조언**
> 2Byte 정수 자료형을 의미하는 short는 예약어이므로 변수의 이름으로 사용될 수 없습니다.

등급 D

77. 라이브러리의 개념과 구성에 대한 설명 중 틀린 것은?
① 라이브러리란 필요할 때 찾아서 쓸 수 있도록 모듈화되어 제공되는 프로그램을 말한다.
② 프로그래밍 언어에 따라 일반적으로 도움말, 설치 파일, 샘플 코드 등을 제공한다.
③ 외부 라이브러리는 프로그래밍 언어가 기본적으로 가지고 있는 라이브러리를 의미하며, 표준 라이브러리는 별도의 파일 설치를 필요로 하는 라이브러리를 의미한다.
④ 라이브러리는 모듈과 패키지를 총칭하며, 모듈이 개별 파일이라면 패키지는 파일들을 모아 놓은 폴더라고 볼 수 있다.

전문가의 조언
프로그래밍 언어가 기본적으로 가지고 있는 라이브러리가 표준 라이브러리, 별도의 파일 설치를 필요로 하는 라이브러리는 외부 라이브러리입니다.

등급 A

78. UDP 특성에 해당되는 것은?
① 양방향 연결형 서비스를 제공한다.
② 송신중에 링크를 유지관리하므로 신뢰성이 높다.
③ 순서제어, 오류제어, 흐름제어 기능을 한다.
④ 흐름제어나 순서제어가 없어 전송속도가 빠르다.

전문가의 조언
UDP는 흐름제어나 순서제어가 없어 전송속도가 빨라 신뢰성보다는 속도가 중요시되는 네트워크에서 사용됩니다.

등급 B

79. 운영체제의 가상기억장치 관리에서 프로세스가 일정 시간동안 자주 참조하는 페이지들의 집합을 의미하는 것은?
① Locality ② Deadlock
③ Thrashing ④ Working Set

전문가의 조언
프로세스가 일정 시간 동안 자주 참조하는 페이지들의 집합을 워킹 셋(Working Set)이라고 합니다.

등급 A

80. JAVA에서 변수와 자료형에 대한 설명으로 틀린 것은?
① 변수는 어떤 값을 주기억장치에 기억하기 위해서 사용하는 공간이다.
② 변수의 자료형에 따라 저장할 수 있는 값의 종류와 범위가 달라진다.
③ char 자료형은 나열된 여러 개의 문자를 저장하고자 할 때 사용한다.
④ boolean 자료형은 조건이 참인지 거짓인지 판단하고자 할 때 사용한다.

전문가의 조언
char 자료형은 문자 한 글자를 저장할 때 사용하는 자료형입니다.

5과목 정보시스템 구축 관리

등급 C

81. 다음 내용이 설명하는 것은?

- 블록체인(Blockchain) 개발환경을 클라우드로 서비스하는 개념
- 블록체인 네트워크에 노드의 추가 및 제거가 용이
- 블록체인의 기본 인프라를 추상화하여 블록체인 응용프로그램을 만들 수 있는 클라우드 컴퓨팅 플랫폼

① OTT ② Baas
③ SDDC ④ Wi-SUN

전문가의 조언
문제의 지문은 Baas에 대한 설명입니다.

병행학습
- OTT(Over The Top service) : TV, PC, 스마트폰 등으로 드라마, 영화 등의 미디어 콘텐츠를 제공하는 온라인 서비스
- SDDC(Software Defined Data Center) : 데이터 센터의 모든 자원을 가상화하여 인력의 개입 없이 소프트웨어 조작만으로 관리 및 제어되는 데이터 센터
- Wi-SUN : 스마트 그리드와 같은 장거리 무선 통신을 필요로 하는 사물 인터넷(IoT) 서비스를 위한 저전력 장거리(LPWA; Low-Power Wide Area) 통신 기술

정답 77.③ 78.④ 79.④ 80.③ 81.②

82. 소프트웨어 개발 방법론 중 CBD(Component Based Development)에 대한 설명으로 틀린 것은?

① 생산성과 품질을 높이고, 유지보수 비용을 최소화할 수 있다.
② 컴포넌트 제작 기법을 통해 재사용성을 향상시킨다.
③ 모듈의 분할과 정복에 의한 하향식 설계방식이다.
④ 독립적인 컴포넌트 단위의 관리로 복잡성을 최소화할 수 있다.

> **전문가의 조언**
> 분할과 정복(Divide and Conquer) 원리를 사용하는 설계 방법론은 구조적 방법론입니다.

83. LOC 기법에 의하여 예측된 총 라인수가 36,000라인, 개발에 참여할 프로그래머가 6명, 프로그래머들의 평균 생산성이 월간 300라인일 때 개발에 소요되는 기간은?

① 5개월   ② 10개월
③ 15개월 ④ 20개월

> **전문가의 조언**
> 프로그래머의 수가 6명이고, 월 평균 생산이 300 라인이라면 6명이 생산하는 월 생산은 1,800 라인입니다. 총 라인 수가 36,000일 경우 개발에 소요되는 기간은 20(36,000 / 1,800)개월입니다.

84. 다음 내용이 설명하는 소프트웨어 개발 모형은?

> 소프트웨어 생명주기 모형 중 Boehm이 제시한 고전적 생명주기 모형으로서 선형 순차적 모델이라고도 하며, 타당성 검토, 계획, 요구사항 분석, 설계, 구현, 테스트, 유지보수의 단계를 통해 소프트웨어를 개발하는 모형

① 프로토타입 모형   ② 나선형 모형
③ 폭포수 모형   ④ RAD 모형

> **전문가의 조언**
> 문제의 지문은 폭포수 모형에 대한 설명입니다.
>
> **병행학습**
> • 프로토타입 모형(Prototype Model, 원형 모형) : 사용자의 요구사항을 정확히 파악하기 위해 실제 개발될 소프트웨어에 대한 견본품(Prototype)을 만들어 최종 결과물을 예측하는 모형
> • 나선형 모형(Spiral Model, 점진적 모형) : 폭포수 모형과 프로토타입 모형의 장점에 위험 분석 기능을 추가한 모형으로, 나선을 따라 돌듯이 여러 번의 소프트웨어 개발 과정을 거쳐 점진적으로 완벽한 최종 소프트웨어를 개발함
> • 애자일 모형(Agile Model) : 고객의 요구사항 변화에 유연하게 대응할 수 있도록 일정한 주기를 반복하면서 개발과정을 진행하는 모형으로, 어느 특정 개발 방법론이 아니라 좋은 것을 빠르고 낭비 없게 만들기 위해 고객과의 소통에 초점을 맞춘 방법론을 통칭함

85. 소프트웨어 공학에 대한 설명으로 거리가 먼 것은?

① 소프트웨어 공학이란 소프트웨어의 개발, 운용, 유지보수 및 파기에 대한 체계적인 접근 방법이다.
② 소프트웨어 공학은 소프트웨어 제품의 품질을 향상시키고 소프트웨어 생산성과 작업 만족도를 증대시키는 것이 목적이다.
③ 소프트웨어 공학의 궁극적 목표는 최대의 비용으로 계획된 일정보다 가능한 빠른 시일 내에 소프트웨어를 개발하는 것이다.
④ 소프트웨어 공학은 신뢰성 있는 소프트웨어를 경제적인 비용으로 획득하기 위해 공학적 원리를 정립하고 이를 이용하는 것이다.

> **전문가의 조언**
> 소프트웨어 공학은 소프트웨어의 품질과 생산성 향상을 목적으로 합니다.

86. 다음 암호 알고리즘 중 성격이 다른 하나는?

① MD4   ② MD5
③ SHA-1 ④ AES

> **전문가의 조언**
> AES는 개인키 암호화 알고리즘이고, MD4, MD5, SHA-1은 해시 알고리즘입니다.

87. 다음 LAN의 네트워크 토폴로지는 어떤 형인가?

```
         ← 데이터 전송 방향 →
─┬──────┬──────┬──────┬──────┬─
 │      │      │      │      │
[스테이션1][스테이션2][스테이션3][스테이션4][스테이션5]
```

① 그물형 ② 십자형
③ 버스형 ④ 링형

전문가의 조언
문제의 그림은 버스형(Bus)으로, 한 개의 통신 회선에 여러 대의 단말장치가 연결되어 있는 형태입니다.

병행학습
- 성형(Star, 중앙 집중형) : 중앙에 중앙 컴퓨터가 있고, 이를 중심으로 단말장치들이 연결되는 중앙 집중식의 네트워크 구성 형태
- 망형(Mesh) : 모든 지점의 컴퓨터와 단말장치를 서로 연결한 형태로, 노드의 연결성이 높음

88. 정보보호를 위한 암호화에 대한 설명으로 틀린 것은?

① 평문 – 암호화되기 전의 원본 메시지
② 암호문 – 암호화가 적용된 메시지
③ 복호화 – 평문을 암호문으로 바꾸는 작업
④ 키(Key) – 적절한 암호화를 위하여 사용하는 값

전문가의 조언
복호화(Decryption)는 암호문을 평문으로 바꾸는 과정입니다.

89. 정보 보안을 위한 접근통제 정책 종류에 해당하지 않는 것은?

① 임의적 접근 통제   ② 데이터 전환 접근 통제
③ 강제적 접근 통제   ④ 역할 기반 접근 통제

전문가의 조언
접근통제 기술에는 임의 접근통제(DAC), 강제 접근통제(MAC), 역할기반 접근통제(RBAC)가 있습니다.

90. 정보 보안의 3요소에 해당하지 않는 것은?

① 기밀성   ② 무결성
③ 가용성   ④ 휘발성

전문가의 조언
소프트웨어 개발이 있어 충족시켜야 할 3대 주요 보안 요소에는 기밀성(Confidentiality), 무결성(Integrity), 가용성(Availability)이 있습니다.

91. 소셜 네트워크에서 악의적인 사용자가 지인 또는 특정 유명인으로 가장하여 활동하는 공격 기법은?

① Evil Twin Attack   ② Phishing
③ Logic Bomb   ④ Cyberbullying

전문가의 조언
지인 또는 공공의 무선 AP(Access Point)로 속이는 Evil Twin Attack과 허위 웹 사이트나 이메일로 속이는 Phishing이 중복 정답으로 인정되었습니다.

병행학습
- Evil Twin Attack : 공유기나 공공 Wi-Fi 등의 특정 AP(Access Point)와 동일한 이름을 가진 가짜 AP를 만든 후 사람들의 접속을 유도하여 개인정보를 유출하거나 강제로 광고에 노출시키는 수법
- 피싱(Pishing) : 낚시라는 뜻의 은어로, 허위 웹 사이트나 가짜 이메일을 전송하여 사용자의 개인 신용 정보를 빼내는 수법
- 논리 폭탄(Logic Bomb) : 특정 조건을 만족하면 수행되는 악성코드로, 예를 들어 12월 5일이 되면 컴퓨터의 모든 파일을 지워버리는 스크립트 코드
- Cyberbullying : 개인이나 집단이 인터넷에서 상대에게 나타내는 적대 행위로, 전자 우편, 문자 메시지, 인터넷 메신저 따위로 모욕이나 위협을 주는 메시지를 보내 누군가를 괴롭히는 행위

정답 87.③ 88.③ 89.② 90.④ 91.①,②

등급 A

92. 소프트웨어 비용 산정 기법 중 개발 유형으로 Organic, Semi-Detach, Embedded로 구분되는 것은?
① PUTNAM
② COCOMO
③ FP
④ SLIM

전문가의 조언
문제에서 설명하는 비용 산정 기법은 COCOMO 모델입니다.

등급 B

93. 나선형(Spiral) 모형의 주요 태스크에 해당되지 않는 것은?
① 버전 관리
② 위험 분석
③ 개발
④ 평가

전문가의 조언
나선형 모형의 주요 태스크에는 계획 수립, 위험 분석, 개발 및 검증, 고객 평가가 있습니다.

등급 B

94. 정형화된 분석 절차에 따라 사용자 요구사항을 파악, 문서화하는 체계적 분석방법으로 자료흐름도, 자료사전, 소단위 명세서의 특징을 갖는 것은?
① 구조적 개발 방법론
② 객체지향 개발 방법론
③ 정보공학 방법론
④ CBD 방법론

전문가의 조언
문제에서 설명하는 소프트웨어 개발 방법론은 구조적 개발 방법론입니다.

등급 C

95. 전기 및 정보통신기술을 활용하여 전력망을 지능화, 고도화함으로써 고품질의 전력서비스를 제공하고 에너지 이용 효율을 극대화하는 전력망은?
① 사물 인터넷
② 스마트 그리드
③ 디지털 아카이빙
④ 미디어 빅뱅

전문가의 조언
문제에서 설명하는 용어는 스마트 그리드(Smart Grid)입니다.

병행학습
- 사물 인터넷 : 정보 통신 기술을 기반으로 실세계(Physical World)와 가상 세계(Virtual World)의 다양한 사물들을 인터넷으로 서로 연결하여 진보된 서비스를 제공하기 위한 서비스 기반 기술
- 디지털 아카이빙(Digital Archiving) : 디지털 정보 자원을 장기적으로 보존하기 위한 작업을 말함. 아날로그 콘텐츠는 디지털로 변환한 후 압축해서 저장하고, 디지털 콘텐츠도 체계적으로 분류하고 메타 데이터를 만들어 DB화함
- 미디어 빅뱅(Media Big Bang) : 새로운 미디어의 등장 및 시장의 변화로 기존의 미디어 질서가 변화하는 것을 빅뱅에 비유한 것

등급 C

96. 크래커가 침입하여 백도어를 만들어 놓거나, 설정 파일을 변경했을 때 분석하는 도구는?
① tripwire
② tcpdump
③ cron
④ netcat

전문가의 조언
파일 변경 및 인터페이스 취약점을 분석하는데 사용되는 도구는 데이터 무결성 검사 도구로, 종류에는 Tripwire, AIDE, Samhain, Claymore, Slipwire, Fcheck 등이 있습니다.

등급 B

97. 스트림 암호화 방식의 설명으로 옳지 않은 것은?
① 비트/바이트/단어들을 순차적으로 암호화한다.
② 해쉬 함수를 이용한 해쉬 암호화 방식을 사용한다.
③ RC4는 스트림 암호화 방식에 해당한다.
④ 대칭키 암호화 방식이다.

전문가의 조언
해쉬 암호화 방식은 블록 단위로 해쉬 알고리즘을 적용하는 방식으로, 스트림 암호화 방식과는 무관합니다.

등급 A

98. 공개키 암호에 대한 설명으로 틀린 것은?
① 10명이 공개키 암호를 사용할 경우 5개의 키가 필요하다.
② 복호화키는 비공개 되어 있다.
③ 송신자는 수신자의 공개키로 문서를 암호화한다.
④ 공개키 암호로 널리 알려진 알고리즘은 RSA가 있다.

전문가의 조언
공개키 암호화 방식에서 키의 개수는 2n개로, 10명이 사용할 경우 20개의 키가 필요합니다.

등급 B

100. 세션 하이재킹을 탐지하는 방법으로 거리가 먼 것은?
① FTP SYN SEGMENT 탐지
② 비동기화 상태 탐지
③ ACK STORM 탐지
④ 패킷의 유실 및 재전송 증가 탐지

전문가의 조언
세션 하이재킹의 탐지 방법에는 비동기화 상태 탐지, ACK Storm 탐지, 패킷의 유실과 재전송 증가 탐지, 예상치 못한 접속의 리셋 탐지 등이 있습니다.

등급 C

99. 다음 내용이 설명하는 것은?

- 사물통신, 사물인터넷과 같이 대역폭이 제한된 통신환경에 최적화하여 개발된 푸시기술 기반의 경량 메시지 전송 프로토콜
- 메시지 매개자(Broker)를 통해 송신자가 특정 메시지를 발행하고 수신자가 메시지를 구독하는 방식
- IBM이 주도하여 개발

① GRID ② TELNET
③ GPN   ④ MQTT

전문가의 조언
문제의 지문은 MQTT에 대한 설명입니다.

병행학습
- GRID : 한 번에 한 곳만 연결할 수 있던 기존의 웹(WWW)과는 달리 동시에 여러 곳에 연결할 수 있는 인터넷 망 구조
- TELNET : 멀리 떨어져 있는 컴퓨터에 접속하여 자신의 컴퓨터처럼 사용할 수 있도록 해주는 서비스
- GPN : 제품이나 서비스의 생산, 배포, 소비가 다국적으로 상호 연결되어 기능 및 운영되는 현상

정답 98.① 99.④ 100.①

나는 시험에 나오는 것만 공부한다!
이제 시나공으로 한 번에 합격하세요.

기초 이론부터 완벽하게 공부해서 안전하게 합격하고 싶어요!

기본서
(필기/실기)

― 특 징 ―

자세하고 친절한 이론으로 기초를 쌓은 후 바로 문제풀이를 통해 정리합니다.

― 구 성 ―

본권
기출문제
토막강의

온라인 채점 서비스
- 워드프로세서 실기
- 컴퓨터활용능력 실기
- ITQ

― 출 간 종 목 ―

컴퓨터활용능력1급 필기
컴퓨터활용능력1급 실기
컴퓨터활용능력2급 필기
컴퓨터활용능력2급 실기
워드프로세서 필기
워드프로세서 실기
정보처리기사 필기
정보처리기사 실기
정보처리산업기사 필기
정보처리산업기사 실기
사무자동화산업기사 실기
ITQ OA Master
GTQ 1급/2급

이론은 공부했지만 어떻게 적용되는지 문제풀이를 통해 감각을 익히고 싶어요!

총정리
(필기/실기)

― 특 징 ―

간단하게 이론을 정리한 후 충분한 문제풀이를 통해 실전 감각을 향상시킵니다.

― 구 성 ―

핵심요약
기출문제
모의고사
토막강의

온라인 채점 서비스
- 컴퓨터활용능력 실기

― 출 간 종 목 ―

컴퓨터활용능력1급 필기
컴퓨터활용능력1급 실기
컴퓨터활용능력2급 필기
컴퓨터활용능력2급 실기
사무자동화산업기사 필기

이론은 완벽해요! 기출문제로 마무리하고 싶어요!

기출문제집
(필기/실기)

― 특 징 ―

최신 기출문제를 반복풀이 하며 학습을 최종 마무리합니다.

― 구 성 ―

기출문제
핵심요약(PDF)
토막강의

온라인 채점 서비스
- 컴퓨터활용능력 실기

― 출 간 종 목 ―

컴퓨터활용능력1급 필기
컴퓨터활용능력1급 실기
컴퓨터활용능력2급 필기
컴퓨터활용능력2급 실기
정보처리기사 필기
정보처리기사 실기